创新思维法学教材
Legal Textbooks of Creative Thinking

武汉大学规划教材建设项目资助出版

网络与数据法学

孙晋　主编

WUHAN UNIVERSITY PRESS

武汉大学出版社

图书在版编目(CIP)数据

网络与数据法学/孙晋主编 . —武汉：武汉大学出版社,2022.9
创新思维法学教材
ISBN 978-7-307-23184-9

Ⅰ.网…　Ⅱ.孙…　Ⅲ.计算机网络—数据管理—法规—中国—高等学校—教材　Ⅳ.D922.17

中国版本图书馆 CIP 数据核字(2022)第 132761 号

责任编辑:张　欣　　　责任校对:李孟潇　　　版式设计:马　佳

出版发行：**武汉大学出版社**　　(430072　武昌　珞珈山)
　　　　　(电子邮箱：cbs22@whu.edu.cn　网址：www.wdp.com.cn)
印刷:武汉图物印刷有限公司
开本:787×1092　1/16　印张:28.75　字数:572 千字　插页:2
版次:2022 年 9 月第 1 版　　2022 年 9 月第 1 次印刷
ISBN 978-7-307-23184-9　　定价:68.80 元

　　孙晋，武汉大学法学院教授，国家社科基金重大项目首席专家、武汉大学竞争法与竞争政策研究中心主任和网络治理研究院副院长，加州大学伯克利分校法学院访问学者。兼任中国商业法研究会副会长、中国法学会经济法研究会常务理事、亚洲竞争法协会（ACA）常务理事。应邀在美国斯坦福大学、加州大学伯克利分校、日本国士馆大学、澳门大学、澳门科技大学讲学。曾在中共中央党校进修学习。主持国家社科基金重大项目、重点项目、一般项目和最高人民法院司法调研重大课题等60余项；在《中国社会科学》《中国法学》《新华文摘》《中国社会科学文摘》等报刊发表或转载论文201篇；出版专著12部、教材9本。

数字时代"网络与数据法学"课程的教学探索
——代序①

孙　晋

中共中央政治局于 2021 年 10 月 18 日就推动我国数字经济健康发展进行第三十四次集体学习。习近平总书记在主持学习时指出，党的十八大以来，党中央高度重视发展数字经济，实施网络强国战略和国家大数据战略，拓展网络经济空间，支持基于互联网的各类创新。随着数字经济的高速发展，国家多次表明对科技、人工智能、电子商务等互联网领域发展的重视，不仅在政策文件层面，而且在网络与数据的法律制度层面也持续发力。《网络安全法》和《电子商务法》早已生效，《个人信息保护法》与《数据安全法》也于 2021 年底实施。2017 年起杭州、北京、广州互联网法院相继挂牌成立，从这些举措中不难看出我国网络与数据法的法治体系正在加速完善。

高校法学人才的培养历来是法治体系建设中不可或缺的基础环节。近年来，数字经济与经济社会高度融合，对现行法律体系和法治建设带来全方位冲击，如何解决这些新型法律问题也引起了法学界实务界极大关注。数字经济发展不仅为法学研究提供了新方向，同时对高校法学人才的培养也提出了新要求。网络与数据法学作为一门新兴法学学科，应时而动，进入高校法学教育课堂。笔者在武汉大学法学院开创了"网络与数据法学"本科课程和硕士研究生课程，并分别于 2019 年和 2020 年为本科生和研究生授课，对这门全新课程的开设和教学进行了初步探索。就目前发展形势来看，国内对网络与数据法的理论探讨已经日趋激烈，学界相关科研活动也甚是频繁。"网络与数据法学"作为一门新课，应当如何定位？如何设计教学内容？如何有效开展教学活动？学生在课程学习过程中应该获得哪些能力？这些问题都尚未有明确答案，亟待深入探讨并提供方案。

一、网络与数据法学课程的内涵

"网络与数据法"这一概念是伴随着数字经济迅猛发展逐步兴起的。目前对于网络与数据法的研究处于起步阶段，许多问题尚无定论。对于网络与数据法学的引入，各大高校仅

---

① 该文系孙晋教授发表于《中国大学教学》2022 年第 1—2 期的教学研究论文，此处有删节。

在对课程名称如何确定的问题就产生了极大争议，是将课程称为网络法、数据法、计算法，抑或是未来法、信息法、人工智能法，学者们对此各执己见。尽管一些知名高校已经开设或正在积极筹备开设这门课程，但从实际情况看，对该课程的内涵并没有达成共识。不少学者认为广义的网络法学不仅应当包括较为传统的信息法学的内容，还应当包含目前高速发展的大数据法学、物联网、人工智能、自动驾驶、区块链、工业互联网等新兴科技立法的内容。

数据被公认为是数字经济的关键生产要素，与劳动、资本、土地、知识、技术、管理并列，是数字时代的"石油"。毋庸置疑，在互联网技术广泛运用中，数据在网络中占据至关重要的基础性地位。事实上，对于网络法与数据法的关系也是众说纷纭，有学者在阐述二者的关系时提出，数据法是由网络法逐渐衍生出来的一个重要分支，但数据是作为互联网生产方式的核心要素而存在的，如何理解数据法在网络法中所处的地位至关重要。基于数据在网络中的基础性地位以及数据法在网络法中重要程度，笔者主张将课程名称确定为"网络与数据法学"，具体是指符合国家规定、有计划结构性的、以高校法学专业学生为教学主体、以网络设施与数据技术运用产生的主要法律问题为授课内容的课程。开设该课程，顺应了科技创新与实体经济深度融合的趋势，是传统法律体系对数字经济发展的时代回应，也是社会创新需求愈演愈烈背景下传统法学教育的应然转向。同时，也是高校法学教育紧跟数字经济时代发展步伐的必然要求，以及我国积极参与国际规则制定和全球治理的必然选择。

二、"网络与数据法学"课程的教学目标和教学内容

1. 教学目标

在网络强国战略背景下，网络与数据法学科建设重要性愈发凸显。总体而言，网络与数据法教育教学的目标，是为建设网络强国、推动网络法治，培养合格的复合型专门法律人才。

为此，学生掌握必要的专业知识是开展教学的首要任务和学生开展学科研究的前提条件，而如何打好学生的专业基础，则需要教师在"网络与数据法学"授课过程中有意识地培养学生。首先，要求学生系统掌握法学学科的基础理论、专业知识和相应的运用能力及分析方法；其次，通过课程学习使学生形成较为全面的网络与数据法学知识体系；再次，由于网络和数据的跨国性和网络与数据法的国际性，熟练掌握一门外语通常也被高校作为开设课程的前置条件。因此，网络与数据法学课程的培养目标应当包括对学生思维能力的提升和创新意识的培育，使学生获得分析解决法律问题的方法与技能。从课程的教学目标来看，高校要培育具有国际视野，能适应社会需求的高层次、宽口径、复合型和应用型专业

人才，为网信部门、企事业单位、学术研究机构培养既懂技术又懂法律的复合型网络法治人才。就网络与数据法学课程而言，网络与数据皆与"信息"这一概念息息相关。数字经济发展迅猛，人们对信息理解的速度远远跟不上其增长速度，如何对信息进行提炼与识别成为教育的重点内容。学生抓取分析信息的能力也将被作为衡量学生综合素养的重要标准。另外，还应当培养学生同时关注互联网技术进步与公共政策的因应、个体权利与互联网发展的互动，将培育学生的综合素质贯穿于课程学习，全面提升学生的整体素质和总体能力。

2. 教学内容

网络与数据法学基本知识是课程基础。就具体教学内容来讲，网络与数据法专业基础知识应当包括：系统的网络与数据法学专业基础知识，使学生由此了解国家网络与数据法制体系，熟悉网络与数据法原理，掌握国内外网络与数据法律制度及规则；至于学习网络云计算、大数据、人工智能、区块链等数字技术原理，目的是使学生能够根据自身兴趣，进一步确定研究方向，以便后续展开更为深入的研究。

网络与数据法和其他专业的跨学科交叉内容是教学关键。网络与数据法学本身即具有"跨学科"性质，很难用传统的法学学科范围将其归类。目前，国内不少知名高校都在积极推动网络与数据法学设立为法学目录外二级学科或交叉学科，开设相关课程。无论是将其设立为二级学科还是交叉学科，本专业领域的知识与其他专业的跨学科交叉内容都被认为是关键内容。一方面，网络与数据法学不可避免地要植根于传统法学的二级学科，其基本概念和理论模式大多也是脱胎于传统法学的二级学科，因此与传统的法学二级学科具有千丝万缕的联系，这是客观事实；另一方面，网络与数据法学作为一个新兴交叉学科，需要合理借鉴计算机科学与技术、应用经济学等其他学科成熟经验，从而促进学科基本概念术语和理论模式更加符合技术实践和经济管理实践。是故教学内容不仅包括与网络、数据有关的宪法与行政法、经济法、民法商法、刑法等法学二级学科知识，也要跨越法学与社会学、行政学、管理学、经济学等社会科学分支，而且还要尽可能具备计算机科学、信息工程学等理工科知识。

课堂知识与实践内容相结合是教学重点。不论是考虑到学生对专业知识的理解程度，还是考虑到社会对法学专业学生的需求，高校法学人才培养都应当实现理论知识与实践操作的无缝对接。具体到授课内容也要包括相关实践内容。网络与数据法学实务导向特征明显，必须了解国家法治建设的信息化、数据化和智能化走向，把握实践中与专业相关的智慧法院、"互联网+"政务服务系统等诸多方面。从大数据战略实施和信息科技产业发展中发现问题，运用专业知识展开学理分析，并找出精准可行的解决方案。通过课堂传授与实践教育相结合的方式以提升学生对课程知识的掌握和实践运用。

以问题为导向是教学培养的务实之举和重要路径。快速迭代的科技创新、快速发展的经济社会和与时俱进的制度演变,造就了网络与数据法的创新特质,快速成长与不断演化的网络与数据法体系,给网络与数据法学教育教学持续带来挑战,在课程教学探索中我们发现,在短期内很难让学生打通法律与技术的壁垒,但教学过程中我们坚持以问题为导向,通过不断回应前沿问题解决新生矛盾来实现知识更新,教学效果良好,所以我们认为,以问题为导向开展教学实乃人才培养的务实之举。

三、现阶段我国"网络与数据法学"课程教学的挑战

1. 新兴专业基础薄弱造成教学资源匮乏

随着数字经济深入发展,世界各国有关网络与数据等方面的立法、执法和司法活动频率不断增加,许多国家法学学者已经着手或独立或跨部门开展网络与数据法的相关研究。几乎所有的美国法学院都开设了一门或多门和网络与数据法有关的必修课或选修课,欧洲国家情况也大体如此。然而我国目前对学生开设网络与数据法相关课程的高校尚且不多,且课程设置年限尚短。作为一门新兴交叉学科,其学科自身的复杂性对教师团队提出了较高的专业性要求。教师不仅需要讲授法学基础理论、网络与数据法学专业知识,也要介绍计算机学科、信息学科和其他社会学科基础知识。教学的高门槛导致课程师资力量薄弱、专业教师短缺、教学水平受限等问题尤为突出。作者任教的武汉大学,在课程开设伊始,主要由本人与一两名法学院同事共同承担教学任务,发现教学团队对于网络信息技术的知识短缺难以满足教学需要,教学广度不足;为了改变这种尴尬局面,将要采取以法学二级学科多个学科教师为主、网络信息技术专业老师加盟,组成跨专业教学团队共同授课的方式来应对师资困局,为了避免联合授课对学生建立系统完整的网络与数据法认知体系造成不利影响,需要在课程统筹、集体备课和知识整合方面下功夫,还要持续在实践环节补足短板。

2. 缺乏坚实的教学理论作为指导

目前,多数人同意将网络与数据法学视为法学二级学科,各大高校在开设这一课程时也基本是由法学院作为主导。鉴于此,法学基础理论在网络与数据法学中也是适用的。然而,基于网络与数据自身的特有属性,网络与数据法学更多表现出与传统法学的差异性,网络、信息技术与大数据引发的法律科技问题,以及以此为基础透视出的全新规制理念和规则建构,是网络与数据法学独立价值的重要体现。因此,网络与数据法学理应具有自身独特的研究对象、研究方法、理论框架和研究重心。通过分析和研究互联网产业发展现状,其基本研究思路为网络安全保障与开发利用之间的利益平衡,基本价值是在进行网络数字化改革中最大限度地促进数据利用与网络安全的利益平衡,以充分发挥网络技术的经

济价值和数据要素的经济社会潜能。目前对于网络与数据法学的讨论尚未达成系统的理论共识。正如前述,该门课程名称不统一和尚无一套得到普遍认可的教材便是例证。

此外,相近专业之间的融合存在难度。作为结合互联网技术和大数据研究法律科技的新兴学科,网络与数据法学需要和其他专业相互融合。一方面,网络与数据法学教学与研究需要与其他法学二级学科结合,以夯实拓展本学科的法学理论;另一方面,也需要跨学科与计算机学、经济学等相融合,为网络与数据法学的教学研究提供技术保障,增强学科研究的实用价值。但网络与数据法和这些相近学科进行融合时如何把握界限?课堂上的有限课时内如何规划和协调对这些学科内容的讲授?武汉大学的做法是尊重网络与数据法作为交叉学科的教学与科研规律,对该门课程进行清晰定位、科学规划,以网络技术与数据关系引发的法律问题为导向,打通专业间的壁垒,实现法学与其他学科的深度融合,完善学科评价体系,这成为网络与数据法学的教学要旨。

3. 尚无成熟的教学体系作为支撑

从目前来看,设置该专业开设该课程的高校大多是硕士生和博士生培养环节,其中又以硕士生为主,博士生招收培养工作刚刚起步,在本科生阶段开设课程的高校非常稀少。因此,尽管将"网络与数据法学"定位为法科学生的必修课程,但受到学生培养层次的限制,课程的覆盖面较为狭窄。这与数字经济时代社会对网络与数据法学专业人才的需求严重不符。究其根源则在于网络与数据法学处于起步阶段,高校还缺乏成熟的教学体系作为支撑。而缺乏成熟的教学体系又亟待授课教师边授课边摸索,学生技术知识薄弱增加授课难度。对于本科生而言,在技术知识方面基本处于"白纸"状态,需要"补课";对于研究生来说,目前国内法学本科毕业生基本缺乏网络与数据法学基础,在硕士博士学习阶段同样需要"补课"。

四、"网络与数据法学"课程的教学策略

1. 科学设计课程:做好前期筹备和学科融通

鉴于目前网络与数据法学专业师资短缺的现状,为了实现当前教学资源的最优化配置,需要在学校层面对跨专业教师团队进行有机整合:从各相近专业选调任课教师以组建专业的教师团队,教师人选要突破法学学科,增加计算机、网络安全、信息工程等技术专业的师资,还要增加校外互联网产业和网络管理实务部门学者型人士加盟教学团队,促进法学教师和技术教师以及校外实务指导教师密切交流、共同筹备、联合授课,实现1+1+1>3的教学效果。同时适时建立高校间彼此互助模式,由先行设立网络与数据法学专业的高校定向帮助起步晚的高校,多途径化解教学资源不足的困境。

作为交叉学科,网络与数据法课程的教学需要打破学院和专业壁垒,在大学内部整合

法律和技术等不同院系的支持，实现优势教学资源跨学院跨专业协作与共享，推进专业之间知识融合；探索理论与实务相结合的开放、立体的教学模式。"网络与数据法学"课程的教学内容已然突破了传统学科专业教育将个人才能禁锢于某一特定专业领域的不足。在厘清课程教学内容时，必须注重填补相近专业之间的沟壑，深入推进相关学科之间融合的广度和深度。新文科建设要求通识教育和专业教育相结合，可将教学内容分为基础教学和专题教学两个模块，教学从课堂环节延伸到校外实践环节，追求实现法学与技术的融合、理论与实践的融通；同时将人文精神、社会关怀与科技伦理融入课程教学的全过程，以价值理性引领技术向善，实现网络与数据法学科对于我国新文科建设的独特贡献。

2. 灵活授课方式：提升课堂的教学效果

第一，重视通过教师讲授，弥补学生基础薄弱的状况。目前高校教育强调"还权于生"，发挥学生在课堂上的主体作用，甚至对本科生授课采用"学生讲课为主、老师补充为辅"的方式。不可否认，学生是大学课堂的第一主角，然而，对于"网络与数据法学"课程来说，需要凸显教师的重要性。就该课程而言，无论是本科生还是研究生大多数都处于"专业新人"的状态。在专业基础较为薄弱的前提下，采用学生主导课堂的上课模式，既不科学也不合理。

第二，提升学生对课堂的参与，注重课堂互动，提高教学效率。教学过程是教师和学生之间的互动过程，这就客观地要求设计的教学活动要具有灵活性，必须能够保证师生之间在课堂上拥有充分交流的环节。课堂讨论可以贯穿教学全过程，只要学生产生疑惑或有难以理解的知识，可以及时向教师提问，也可以设置专门的互动环节，不仅包括师生互动，也应当包括学生之间的互动。我们在教学探索中发现，就社会热点问题比如"阿里巴巴集团'二选一'垄断行为被罚182亿"、"滴滴美国上市与数据安全事件"，通过在老师引导下课外展开资料搜集、分组讨论、课堂汇报方式，自主学习和互动学习完美结合，取得良好的教学效果。

3. 注重教学反思：增加课后互动以查漏补缺

第一，加强师生之间的沟通交流，鼓励学生课后实时反馈，以便教师及时调整上课方式和更新授课内容。课程处于起步阶段，教师难以保证自己的授课方式一定是最利于学生的，需要及时进行教学反思和总结，在此过程中，教师也需要查漏补缺，通过课后总结与反思，改进教学方式、增进授课效果。教师个人往往难以准确评估授课效果，这就离不开学生的实时反馈。作者认为教师可以在每次课后留给学生提出建议的机会，并且鼓励学生对本次课堂内容进行反馈；教师既可以个别反思，也可以由教学团队组织集体检视和总结。

第二，及时开展期末评价，在征求学生意见基础上进行自我反思。目前国内各高校普遍设置课程评价环节，通常都是在课程结束后，把评教环节作为查询期末成绩的前置程序。但这种评教方式存在一定的弊端：有的学生本着"多一事不如少一事"的心态草草应付；也有学生对教师心存不满进行恶意评价；另外由于评教是在课程结束一段时间后查阅成绩时进行，学生对课堂的记忆很可能模糊了。以上诸因素导致评价的客观性大打折扣。因此，在最后一节课或者课后一周内，让学生对本学期课程进行评价，可以评价课堂效果，也可以提出改善建议，能够保证课程评价的准确性和及时性。

4. 合理课程考核：实现考核多样化形成合理的综合成绩

其一，引入学生互评方式，将互评结果适当计入期末成绩。在教学中，教师与学生人数始终处于"一对多"情况，信息极不对称。为了有效填补教与学、学习与考评的信息不对称，切实提高考评的准确性，增加平时自主学习考查、在其中和期末引入学生互评，是笔者在教学过程的一种探索。经过笔者在任教过程中的多年尝试和观察，学生之间的相互评分在督促学生课后自主学习鼓励课外集体讨论、增加考核的客观性方面，确实效果良好。

其二，引入面试综合考核方式，由任课教师对学生进行面试打分，将考核成绩纳入期末考试的总成绩。"网络与数据法学"多位教师共同授课，完全可以由授课团队组成面试即综合考试专家组，对学生以逐一或者分小组的形式进行考核。这种方式不仅可以更加有效地考查学生的综合能力，而且可以锻炼学生的语言表达能力、现场反应能力和思维逻辑能力。面试考核在期末总成绩中的占比约30%，宜高于学生互评成绩。以多样化考核全过程考查方式避免一考定成绩的不合理性，即不以期末考试作为单一的评分标准，以考核方式创新倒逼学生注重课堂之外的自主学习和提升综合素质，值得推广。

目　　录

第一章 互联网技术的飞速发展及其
对传统法律的挑战

20 世纪中期，人类发明创造的舞台上，降临了一个不同凡响的新事物。众多学者认为，这是人类另一项可以与蒸汽机相提并论的伟大发明。这项可能创生新时代的事物，叫做互联网。

——摘自中央电视台大型纪录片"互联网时代"①

到了 20 世纪 90 年代，在短短的几年时间中出现了重大的突破：互联网出现了，这提供了以极低的成本进行全球沟通的工具；万维网创造了一个魔术般的虚拟世界，每个人都能够把自己的数字化信息传到网上，其他的人可以很容易地接触这些信息；各种搜索引擎出现了，人们可以方便地寻找在网站上的各种网页，这种搜索引擎是如此简单，每个人都开始上网了。互联网技术的革命推动了世界变平的过程。

——[美]托马斯·弗里德曼(Thomas Friedman)②

大数据并不是一个充斥着算法和机器的冰冷世界，人类的作用依然无法被完全替代。大数据为我们提供的不是最终答案，只是参考答案，帮助是暂时的，而更好的方法和答案还在不久的未来。

——[英]维克托·迈尔-舍恩伯格(Viktor Mayer-Schonberger)
肯尼斯·库克耶(Kenneth Cukier)③

互联网平台经济是生产力新的组织方式，是经济发展新动能，对优化资源配置、促进跨界融通发展和大众创业万众创新、推动产业升级、拓展消费市场尤其是增加就

---

① 《互联网时代》主创团队：《互联网时代》，北京联合出版公司 2015 年版，第 3 页。
② [美]托马斯·弗里德曼：《世界是平的——21 世纪简史》，何帆、肖莹莹、郝正非译，湖南科学技术出版社 2008 年版，第 48 页。
③ [英]维克托·迈尔-舍恩伯格、肯尼斯·库克耶：《大数据时代》，盛杨燕、周涛译，浙江人民出版社 2013 年版，第 233 页。

业，都有重要作用。

——《国务院办公厅关于促进平台经济规范健康发展的指导意见(国办发〔2019〕38 号)》

毫无疑问，我们正在经历一个互联网的时代，它改变着人类生活的方方面面。作为一种技术创新，互联网对社会的影响力不亚于历次工业革命对人类历史发展的推动。如何拥抱互联网时代成为世界各国政府面临的重要议题之一。新世纪以来，我国互联网行业发展进入高速轨道，并逐渐成为我国经济发展的重要版图。党的十九大报告在肯定我国互联网发展成就的基础上，明确将"推动互联网、大数据、人工智能和实体经济深度融合""网络强国""建立网络综合治理体系"等措施作为我国深化供给侧改革，加快建设创新型国家的重要举措。2018 年 4 月召开的全国网络安全和信息化工作会议更是明确了"抓住信息化发展历史机遇、自主创新推进网络强国建设"对我国经济社会发展的重要作用。2020 年 10 月，《中共中央关于制定国民经济和社会发展第十四个五年规划和二○三五年远景目标的建议》将"推动互联网、大数据、人工智能等同各产业深度融合，推动先进制造业集群发展，构建一批各具特色、优势互补、结构合理的战略性新兴产业增长引擎，培育新技术、新产品、新业态、新模式"作为发展战略性新兴产业的重要规划部署。顶层设计的日渐清晰为我国互联网融合发展奠定了良好基础。

世界不是既成事物的集合体，而是过程的集合体①，诚然任何事物的发展并非一帆风顺的。伴随互联网技术的升级与互联网融合的深化，互联网的"两面性"逐渐显现：人们在享受互联网技术带来的创新与变革之时，也面临着网络安全、数据保护、市场竞争等现实问题的侵袭。互联网在改变世界的同时，也为社会秩序带来不可预知、纷繁复杂的新型风险。法谚有云，"法律一经制定，便已落后于时代"，机遇与挑战并存的时代何尝不是思想闪光的时代，在如浪潮般的互联网时代如何厘清法律与互联网的关系，有效应对互联网的挑战成为法律工作者亟待攻克的难题。

本章主要对互联网发展的基本态势作出简要介绍，并重点阐释互联网对传统法律秩序的冲击。具体内容安排如下：第一节为"互联网的发展源流：前世、今生与未来"，介绍互联网技术的发展源流与现实影响，重点探究互联网对我国社会发展的影响力；第二节为"互联网治理：政策与立法变迁"，以国内外互联网治理的政策与立法变迁为线索，系统介绍互联网治理的经验与教训；第三节为"互联网与法律的关系逻辑"，阐释互联网与法律的逻辑关系，分析互联网对传统法律学科的挑战，并对未来互联网与法律的融合发展作出展望。

---

① 参见《马克思恩格斯选集》第四卷，人民出版社 1995 年版，第 244 页。

第一节　互联网的发展源流：前世、今生与未来

互联网产生至今不过四十余年，在多次技术更迭之下，互联网逐渐从简单的节点连接发展为系统的网络覆盖。起初定位高端的互联网科技研发也逐渐成为社会发展不可缺失的常规工具。在现代公司制度的保驾护航之下，互联网技术得以深入社会发展的方方面面，形成制度化与体系化创新，而互联网企业也逐渐成为全球经济社会发展中不可忽视的新兴力量。诚然，我们仍需清醒认识的是，互联网对技术创新、经济发展、社会进步与国家治理升级起到不同程度的促进作用，而与此相对，互联网也引发了技术、经济、政治、文化与社会发展等诸多层面的现实风险。

本节教学内容重在梳理互联网的发展源流，客观评价互联网的现实影响，并对互联网发展已经发生或将要发生的现实问题作出梳理，厘清互联网发展的历史逻辑。

一、互联网的起源与发展

(一)互联网的基本认知

互联网，又称因特网(Internet)，顾名思义是通过计算机之间互联所形成的巨大网络。从技术角度而言，互联网的形成与发展实现了多轮次的科技创新(详见表1)，而从社会发展角度而言，互联网已经成为人类生活不可缺少的一部分。具体而言，互联网的特征表现在：

表1　　　　　　　　　　互联网发展中的相关概念[①]

概念	内　　容
移动互联网	移动互联网是指互联网的技术、平台、商业模式和应用与移动通信技术结合并实践的活动的总称。
大数据	大数据(big data)是指无法在一定时间范围内用常规软件工具进行捕捉、管理和处理的数据集合，是需要新处理模式才能具有更强的决策力、洞察发现力和流程优化能力的海量、高增长率和多样化的信息资产。
云计算	云计算(cloud computing)是分布式计算的一种，指的是通过网络"云"将巨大的数据计算处理程序分解成无数个小程序，然后，通过多部服务器组成的系统进行处理和分析这些小程序得到结果并返回给用户。

---

① 本表根据"百度百科"及其他相关资料整理而成。

续表

概念	内　　容
人工智能	人工智能(Artificial Intelligence)是研究、开发用于模拟、延伸和扩展人的智能的理论、方法、技术及应用系统的一门新的技术科学。
物联网	物联网(The Internet of Things)是一个基于互联网、传统电信网等的信息承载体,它让所有能够被独立寻址的普通物理对象形成互联互通的网络
互联网+	"互联网+"是把互联网的创新成果与经济社会各领域深度融合,推动技术进步、效率提升和组织变革,提升实体经济创新力和生产力,形成更广泛的以互联网为基础设施和创新要素的经济社会发展新形态。
虚拟现实	虚拟现实技术(Virtual Reality)是一种可以创建和体验虚拟世界的计算机仿真系统,它利用计算机生成一种模拟环境,使用户沉浸到该环境中。
共享经济	共享经济(Sharing Economy)指个人、组织或者企业,通过社会化平台分享闲置实物资源或认知盈余,以低于专业性组织者的边际成本提供服务并获得收入的经济现象,其本质是以租代买,资源的支配权与使用权分离。
数字经济	数字经济是人类通过大数据(数字化的知识与信息)的识别—选择—过滤—存储—使用,引导、实现资源的快速优化配置与再生、实现经济高质量发展的经济形态。
平台经济	平台经济(Platform Economics)是一种基于数字技术,由数据驱动、平台支撑、网络协同的经济活动单元所构成的新经济系统,是基于数字平台的各种经济关系的总称。
产业互联网	产业互联网是基于互联网技术和生态,对各个垂直产业的产业链和内部的价值链进行重塑和改造,从而形成的互联网生态和形态。
工业互联网	工业互联网的本质和核心是通过工业互联网平台把设备、生产线、工厂、供应商、产品和客户紧密地连接融合起来。

第一,互通性。如果说传统通信技术的发展打破了信息交换的地域限制,那么互联网的出现则是在广泛的程度上打破信息交互的空间局限,世界的发展更趋扁平化。借助先进技术手段的应用,互联网使得人与人之间保持近乎无障碍、低成本的信息互通。在互联网视域之下,每个个体都是平等的用户,网站与网页成为不可或缺的信息平台,而伴随技术的深化与拓展,互联网更加深化其互通性特征,实现更为便捷、快速的网络互通。在互联网的支撑之下,经济全球化、区域一体化等时代进程得以实现跨越式发展,信息互通的价值将在更大层面促进人类社会的进步与发展。

第二,虚拟性。互联网的虚拟经济特征不仅表现在技术特征的虚拟性,也表现在互联网发展中的空间虚拟化导向。一方面,区别于传统信息交互的实体性,互联网的信息通融借助数字化处理技术进而实现信息交互的虚拟性。在互联网的网状运营之下,各个节点的数字化表达成为加速信息交互,提升信息价值的有效保障。另一方面,从本质上讲,互联网并不存在实体化的运行空间，它的发展与运行均建立在虚拟空间基础之上。毫不夸张地讲，互联网在人类社会的实体维度之外衍生出具有相对独立性的崭新空间，而这一崭新空间与人类社会的碰撞则会激发出更多的发展火花。

第三，开放性。作为一个平等的信息交互平台，互联网对社会大众平等开放。在共享与包容的理念之下，互联网用户并无国界、性别、年龄、种族之分。互联网的开放性使得全人类共享技术创新成果，并加速科技创新与技术发展的融合度。一个形象的比喻在于，互联网好似将一台台形如"孤岛"的计算机连接起来，"交通"的便利性为社会发展带来更多的可能。

（二）互联网的技术起源

互联网的技术起源最早可追溯至美国国防部高级研究计划局（Defense Advanced Research Projects Agency，简称 DARPA）于 1968 开始组建的阿帕网（Advanced Research Projects Agency Network，简称 ARPANET）。阿帕网运行的核心理念是通过技术创新实现硬件、软件和数据的资源共享。作为互联网发展的雏形，阿帕网的研发规模虽然仅限于协定美国国内四所大学的节点互联，但其为后期互联网技术的应用升级奠定技术基础。值得一提的是，阿帕网后期技术衍生中的"TCP/IP"（Transmission Control Protocol/Internet Protocol）协议解决了不同网络之间的数据传输问题，为更大规模网络互联的运行创造必要的"语言"载体。20 世纪 80 年代以来，阿帕网的互联思维逐渐在民用领域得到拓展，美国国家科学基金会（National Science Foundation，简称 NSF）主导下的 NSFNET 成为推动现代互联网形成与发展的基础。20 世纪 90 年代，英国计算机科学家蒂姆·博纳斯·李（Tim Berners-Lee）公开在 HTTP 协议（Hyper Text Transfer Protocol）的支撑下万维网（World Wide Web，简称"Web"或"WWW"）项目研究成果，而后伴随万维网向社会公众的免费开放与万维网联盟的发展推广，万维网成为现代互联网的主干架构，而其发明者蒂姆·博纳斯·李也成公认的"互联网之父"。

概览而言，互联网的起源与发展不仅仅是从单一的节点连接向广泛的网络连接的技术演进，其背后还蕴含互联网思维从军用转向民用，互联网技术创新从高端科技走向社会普惠的实质性特征。追根溯源，作为互联网雏形的阿帕网，其计算机"互联"思路起源于冷战思维下美国军方建立应急军事指挥中心的构想。阿帕网早期研发的资金来源与应用路径也表现出较为鲜明的军用导向，而 NSFNET 的出现则标志着互联网逐渐实现其发展的平民化思路。伴随现代互联网基础设施的日趋完备，互联网技术应用在"高、精、尖"探索之外，也逐渐成为社会发展与社会民众福利提升的重要技术工具。

（三）互联网发展的理论基础

当互联网从技术创新走向社会融合，网络社会的形成成为一种必然。在互联网以及网络社会的发展过程中，多元的理论交融为其影响经济社会发展奠定了基础。在互联网发展仰仗的诸多理论中，我们选取较为典型的一些理论进行简要介绍。

第一，长尾理论。长尾理论是美国媒体人克里斯·安德森（Chris Anderson）提出的关于互联网商业模式运行特征的阐释，它是网络时代发展初期较为时兴的一种新型理论。长尾理论认为，互联网的出现使得原本在成本与效率因素考量之下需求极低的产品得以在市场中寻找有效的供需匹配。进一步讲，只要产品的存量与流通渠道规模足够大，那么任何产品都能实现可观的市场份额。长尾理论表现出互联网时代商业与经济发展的多元化对传统经济社会大众化的广泛冲击。在长尾理论的支撑之下，借助互联网的开放性，更具个性与特色的产品思维得到有效释放，市场在深度与广度之上均得到有效的拓展。

第二，"去中心化"。去中心化是关于互联网时代网络关系特征的理论阐释，它的基本观点在于互联网的平等性与开放性使得每个节点都可以成为一个中心，而中心的多元化在客观上造就了去中心化的发展表象。美国学者马克·博斯特（Mark Poster）认为，依托于电子的信息传播使得"自我去中心化、分散化和多元化"。①"在流动的网络空间中，社会的中心—边缘结构失去了存在的根基，进入一个'去中心化'过程。"②可以说，上至大型互联网平台，下至互联网网页，信息传播不再具有实体维度的门槛限制。此外，去中心化理论是对互联网平等性、开放性特征的强化，在技术创新成果的人类共享之下，互联网有助于实现信息传播的现实价值。在平等、自由的虚拟空间，信息传播的广度与深度得到有效拓展。

第三，网络社会理论。20世纪90年以来，西班牙学者曼纽尔·卡斯特尔（Manuel Castells）在信息社会学维度提出网络社会理论。卡斯特尔的理论研究认为，网络社会是在信息工具创新基础上衍生的新型社会形态，它形成了新的流动空间、新的网络化经济乃至新的社会认同。③网络社会理论的研究视域聚焦政治、经济与文化发展的三元架构，深刻地预测互联网技术应用引发的对社会发展的多维挑战。在网络社会理论的支撑下，互联网在经济信息化、全球化进程中的关键性作用得到广泛认可。

第四，创造性破坏理论。创造性破坏理论并非如前述理论一般为互联网时代首创，但是它缺位互联网时代的发展提供了理论依据。创造性破坏理论是知名经济学家约瑟夫·熊彼特对资本主义经济发展规律的重要解释，其理论的核心表现为经济秩序在动态失衡下的常态化衍生。④依照创造性破坏理论的思维路径，互联网时代中一大批互联网企业正是借

---

① ［美］马克·波斯特：《信息方式——后结构主义与社会语境》，范静哗译，商务印书馆2000年版，第13页。

② 张康之、向玉琼：《网络空间中的政策问题建构》，载《中国社会科学》2015年第2期。

③ 参见［美］曼纽尔·卡斯特：《网络社会的崛起》，夏铸九等译，社会科学文献出版社2000年版。

④ 参见［美］约瑟夫·熊彼特：《经济发展理论》，何畏、易家详译，商务印书馆2019年版。

助技术创新实现对传统经济发展模式的颠覆与超越。从互联网企业对传统经济发展模式的冲击而言，对传统经济社会秩序的"破坏"是表象，而能否确保"创造性"则是互联网时代能否可持续发展的关键。创造性破坏理论为互联网的发展提供了较为有利的舆论语境，减缓互联网冲击下的社会矛盾激增。

（四）互联网的发展阶段

虽然互联网从兴起到应用，再到与社会发展的深度融合不过短短四五十年，但是不同阶段的互联网技术应用表现出不同的特征。目前，国内关于互联网发展阶段较为权威的学术成果显示，从技术创新、商业创新和制度创新等三个维度入手，互联网的发展可以分依年代分为七个阶段（详见表2）。除此以外，仍有"三阶段论""四阶段论"等与互联网发展阶段相关的学界与舆论界定。

表2 **全球互联网发展阶段划分（以年代为界）**①

阶段	特征	年代	变革特点	治理机制	代表性应用	通信基础	网民普及	社会变革
1	基础技术	20世纪60年代	军方项目	RFC（1969）	包交换	有线电话	—	欠联结
2	基础协议	20世纪70年代	技术社区形成	ICCB（1979）	TCP/IP	有线电话	—	欠联结
3	基础应用	20世纪80年代	学界全球联网	IAB（1984）、IETF（1986）	电子邮件	有线电话	-0.05%	弱联结
4	Web1.0	20世纪90年代	商业化	ISOC（1992）、ICANN（1998）	门户	有线宽带	0.05%~4%	弱联结
5	Web2.0	21世纪00年代	改变媒体	WSIS（2003）、IGF（2006）	社交媒体	2G、3G	4%~25%	弱到强
6	移动互联	21世纪10年代	改变生活	UNGGE、Net Mundial	APP	4G	25%~50%	强联结
7	智能物联	21世纪20年代	改变社会	AI治理	AI	5G	50%~	超联结

我们认为，对于互联网发展阶段的认知应当立足于互联网技术创新引发的社会变革与制度创新。因此，从网络法学角度出发，应当重视两方面互联网发展逻辑的澄清：

其一，互联网技术与社会发展的互动逻辑。技术创新与社会发展在不同阶段呈现出不同的动力导向。具体而言，早期互联网技术尚需一个从初级走向成熟的过程，在这一

---

① 本表格源于2018年度国家社科基金重大项目"全球互联网50周年发展历程、规律和趋势的口述史研究"的阶段性成果，摘自方兴东、钟祥铭、彭筱军：《全球互联网：发展阶段与演进逻辑》，载《新闻记者》2019年第7期，第7页。

阶段互联网技术对社会发展的推动效果较为有限，更多表现为政府主导下技术应用推进。而在互联网技术较为成熟的中期，伴随大批互联网企业的推动，互联网技术的社会应用与互联网技术的创新得到"双丰收"，互联网与社会发展的联系日益紧密。当我们站在当下展望未来，互联网技术与社会发展的深度融合也会呈现出更多的互联网主导特征。因此，从早期，中期到未来，互联网技术对社会发展的动力导向不断加强，政府与市场在发展中的角色发生根本性变化，原本自上而下的技术推广，逐渐演变为自下而上的发展变迁。

其二，互联网应用与社会需求的互动逻辑。人类对互联网的需求并非一成不变的，互联网的技术水平与融合程度决定了不同阶段互联网应用表现出不同的特征。按照社会舆论较为认可的分类方式，互联网的发展经历了 Web1.0 到 Web3.0 的演变，并且正在憧憬 Web4.0 之下互联网时代的到来。具体来看，Web1.0 时代主要是指互联网发展初期，单纯立足于信息传播的发展特征，表现为门户网站与搜索引擎的广泛发展。在此阶段，互联网技术与社会需求停留于原始的信息传播，互联网应用为人们更便捷地获得信息提供了便利。在 Web2.0 时代，立即于互联网之间的信息交互与内容交互成为本阶段的主要特征。在此阶段，互联网并非 1.0 时代单向的信息供给，而是双向的信息交互，并以社交媒体的发展为典型代表。进言之，在 2.0 时代，每一个用户都可以成为互联网的一个信息中心，互联网的交互特征表现得更趋实质性。在 Web3.0 时代，信息的个性化与多元化特征发挥得更加淋漓尽致，伴随移动终端的广泛应用，互联网在更大程度上迎合不同社会群体对信息、资源的不同需求。互联网的"人本主义"也逐渐引发新的商业变革与社会升级。展望未来，社会舆论对以人工智能和大数据为代表的互联网应用抱有极高的期待，迎合社会多元深化的互联网发展将如何缔造 Web4.0 时代也成为热议的命题。据《2021 年全球数字报告》显示，全球互联网用户数突破 46 亿，52.2 亿人(约占世界总人口的 66.6%)可以通过手机实现移动互联。① 从计算机互联网到移动互联网，再到未来可期的万物互联与人工智能，互联网正在成为引领世界发展的中坚力量。

(五)互联网的中国发展

互联网在中国的技术引入可追溯制 20 世纪 80 年代，与国际互联网领域的衍生路径相同，我国互联网最早也发轫于科研与教育领域。1994 年，"中美在中美科技合作联委会会议期间达成中国接入国际互联网的共识，同年 4 月中国正式接入国际互联网"。② 在政策

① 《2021 年全球数字报告》(Digital 2021)是由"Hootsuite"和"We Are Social"开展的一项全球调查，报告显示 2021 年初，世界人口 78.3 亿，如今已有 46.6 亿人使用互联网，同比增长 1.8%；全球有 46.6 亿人使用互联网，比去年同期增加 7.3%；全球有 42 亿社交媒体用户，同比增长超过 13%。

② 参见中华人民共和国国务院新闻办公室：《中国互联网状况》，http://www.scio.gov.cn/tt/Document/1011194/1011194.htm。

支持与宏观规划之下，我国互联网基础设施建设稳步推进。根据中国互联网络中心相关数据统计显示，"截至 2021 年 6 月，我国网民规模达 10.11 亿，互联网普及率达至七成"，①互联网的应用场景不断丰富与深入。

"我国在人口规模、经济体量、互联网技术创新、移动终端普及程度等方面具有独特优势，因此在网络时代的服务全球化发展中，有显著的规模经济优势，并将形成较强的全球竞争力。"②回归中国互联网的发展历史我们不难发现，互联网发展的各个阶段均表现出鲜明的"中国元素"。在 Web1.0 时代，以新浪、搜狐和网易为代表的门户网站以及以百度为代表的搜索引擎成为中国互联网发展的先驱者；在 Web2.0 时代，以腾讯为代表的社交媒体以及以阿里巴巴为代表的电商平台已经成为民众社会不可分割的网络工具；在 Web3.0 时代，以华为、小米为代表智能终端厂商以及多元化互联网平台的建设为中国互联网版图的丰富提供有力支撑。概览而言，互联网的发展在改变民众生活质量的同时也缔造了互联网企业的"东方神话"，而依托互联网企业的科技创新也正在成为影响未来中国的关键要素。正如国务院《关于积极推进"互联网+"行动的指导意见》指出那般，"积极发挥中国互联网已经形成的比较优势，把握机遇，增强信心，加快推进'互联网+'发展，有利于重塑创新体系、激发创新活力、培育新兴业态和创新公共服务模式，对打造大众创业、万众创新和增加公共产品、公共服务'双引擎'，主动适应和引领经济发展新常态，形成经济发展新动能，实现中国经济提质增效升级具有重要意义"。

二、互联网的现实影响

互联网对全球发展的影响是多方面的：互联网引导下的多轮次技术创新已经成为支撑社会发展与进步的核心力量，互联网影响下的多元经济形态正在时时刻刻改变着人们的生活，互联网独特的思维模式也在冲击着人们对事物发展的传统认知。而在国家治理与全球化的大背景下，互联网的核心竞争价值愈发得到世界各国的重视。2002 年以来，我国已成功举办 18 届中国互联网大会，4 届世界互联网大会，依托技术进步而产生的经济、政治、文化与社会发展的联动是人类崭新时代下，互联网现实影响的最佳表征。

---

① 参见中国互联网络信息中心：《第 48 次中国互联网络发展状况统计报告》http://www.cnnic.cn/hlwfzyj/hlwxzbg/hlwtjbg/202109/t20210915_71543.htm。

② 江小涓、罗立彬：《网络时代的服务全球化——新引擎、加速度和大国竞争力》，载《中国社会科学》2019 年第 2 期。

表3 历届中国互联网大会一览①

届次	地点	主　题
2002 年第一届	上海	互联网应用·呼唤创新
2003 年第二届	北京	透视互联网，迈向 e 时代
2004 年第三届	北京	构建繁荣诚信的互联网
2005 年第四届	北京	拓展区域合作，把握产业机遇
2006 年第五届	北京	创新，互联网带来的机遇
2007 年第六届	北京	和谐网络　品质服务
2008 年第七届	南京	融合促进发展，渗透创造价值
2009 年第八届	北京	危机·转机·契机——金融危机下的中国互联网力量与信心
2010 年第九届	北京	服务——网络价值之本；绿色——网络发展之路
2011 年第十届	北京	网络中国——责任与活力
2012 年第十一届	北京	开放·诚信·融合——迎接移动互联新时代
2013 年第十二届	北京	共建良好生态环境，服务美好网络生活
2014 年第十三届	北京	创造无限机会——打造新时代经济引擎
2015 年第十四届	北京	产业融合，互联共享——新技术、新机遇、新生态，共筑安全网络新空间
2016 年第十五届	北京	繁荣网络经济，建设网络强国
2017 年第十六届	北京	广连接、新活力、融实业
2018 年第十七届	北京	融合发展，协同共治——新时代、新征程、新动能
2019 年第十八届	北京	创新求变再出发，优质发展谱新篇
2020 年第十九届	云端	共赢网络新时代，共创产业新未来
2021 年第二十届	北京	新阶段、新理念、新格局——互联网引领数字经济新发展

表4 历届世界互联网大会一览②

届次	地点	主　题
2014 年第一届	浙江乌镇	互通互联·共享共治
2015 年第二届	浙江乌镇	互联互通·共享共治——构建网络空间命运共同体
2016 年第三届	浙江乌镇	创新驱动·造福人类——携手共建网络空间命运共同体
2017 年第四届	浙江乌镇	发展数字经济促进开放共享——携手共建网络空间命运共同体
2018 年第五届	浙江乌镇	创造互信共治的数字世界——携手共建网络空间命运共同体

---

① 根据媒体报道资料整理。
② 根据媒体披露资料整理。

续表

届次	地点	主　题
2019 年第六届	浙江乌镇	智能互联开放合作——携手共建网络空间命运共同体
2020 年"互联网之光"博览会	浙江乌镇	数字赋能　共创未来——携手构建网络空间命运共同体
2021 年"互联网之光"博览会	浙江乌镇	迈向数字文明新时代——携手构建网络空间命运共同体

（一）互联网与技术创新

互联网的技术创新并非一蹴而就的，而是在不断地更新换代中寻求支撑社会进步与发展的不竭动力。虽然作为一类技术，互联网产生的时间并不长，但是经过多轮次的技术衍生，互联网技术日臻成熟，并在与社会发展不断融合之中产生新的技术增长点。我国政府历来重视互联网在信息化发展中的关键作用，早在上世纪末本世纪初就已经开始布局互联网技术的应用与发展。1996 年《国民经济和社会发展"九五"计划和 2010 年远景目标纲要》明确"初步建立以宽带综合业务数字技术为支撑的国家信息基础设施"，通过互联网产业的深入推进，提升我国国民经济信息化进程；2002 年《国民经济和社会发展第十个五年计划信息化发展重点专项规划》充分认识到互联网技术应用在全球性信息化革命中的重要地位，强调通过产业政策支撑，提升现代信息基础设施与电子信息产业的快速发展；2005 年《2006—2020 年国家信息化发展战略》同样指出作为"信息传播和知识扩散新载体的互联网，……在重塑世界政治、经济、社会、文化和军事发展新格局中的重要作用"，明确将互联网技术创新作为我国信息发展的战略重点。2010 年国务院加速推进三网融合信号的释放更是在实质上推进互联网的技术创新进程。①

在政府主导与政策支撑之下，我国互联网技术创新表现出较为明显的"双轨制"特征：一方面，通过互联网基础设施完善，实现互联网技术的"普惠式应用"。新世纪以来，我国互联网用户数与普及率远超世界平均水平，网络发展数量与质量持续优化调整。另一方面，通过互联网产业的激励扶持，实现互联网技术的"中国创造"。近年来，我国在云计算、大数据、人工智能、物联网与虚拟现实等互联网技术创新核心领域发展成绩喜人。在云计算领域，工业和信息化部发布的《云计算发展三年行动计划》从技术增强、产业发展、应用促进、安全保障与环境优化等五个方面布局云计算技术发展格局。在大数据产业领域，在央地协同联动之下，我国业已建立贵州、京津冀、珠三角、上海、河南、重庆、沈阳、内蒙古等 8 个国家大数据综合试验区，并在河北、内蒙古、上海、四川和贵州等地建

---

① 2010 年，国务院总理温家宝主持召开国务院常务会议，决定加快推进电信网、广播电视网和互联网三网融合。参见佚名：《温家宝主持国务院常务会决定加快推进三网融合》，http：//www.gov.cn/ldhd/2010-01/13/content_1509622.htm。

设完成 5 个国家大数据新兴工业化示范基地。在人工智能领域，在"充分发挥人工智能技术创新引领作用"①的宏观导向下，依托产学研用相结合，我国人工智能专利数量、企业发展数量据处于世界前列。在物联网领域，在政策环境优化支撑之下，物联网技术应用成果显著，我国业已成为全球物联网产业市场的领军者。在虚拟现实领域，借助信息通信技术的升级，"预期在 2020 年实现产业链条健全，核心技术创新取得显著突破"。②

（二）互联网与经济发展

相关数据统计显示，全球市值排名前十的上市公司企业中有七家为互联网公司，互联网企业已经成为全球经济发展的主流导向（参见表5）。回看我国，阿里巴巴、百度、腾讯等互联网企业的崛起也印证了互联网经济大势在中国的喜人局面。国外权威咨询机构曾经预言，"预计到 2025 年互联网在中国国民经济生产总值增长总量中贡献 7% ~ 22%"，③ 而据第三方机构统计数据显示，"2017 年全国数字经济体量为 26.70 万亿元人民币，较去年同期的 22.77 万亿元增长 17.24%，数字经济占国内生产总值的比重由 30.61% 上升至32.28%"④正如《中国互联网状况白皮书》指出的那般，"互联网成为推动中国经济发展的重要引擎"。

表5　　　　　　　　　　　　　2019 年全球市值百强企业中的主要互联网企业⑤

排名	公司名	股票市值	国家
1	微软（Microsoft）	9050 亿美元	美国
2	苹果（Apple）	8960 亿美元	美国
3	亚马逊（Amazon. com）	8750 亿美元	美国
4	Alphabet	8170 亿美元	美国
6	脸书（Facebook）	4760 亿美元	美国
7	阿里巴巴（Alibaba）	4720 亿美元	中国
8	腾讯控股（Tencent）	4380 亿美元	中国
22	英特尔（Intel）	2410 亿美元	美国
23	思科（Cisco Systems）	2380 亿美元	美国
52	奈飞（Netflix）	1560 亿美元	美国

① 参见国家发展改革委，科技部，工业和信息化部，中央网信办：《"互联网+"人工智能三年行动实施方案》（发改高技〔2016〕1078 号）。

② 参见工业和信息化部：《关于加快推进虚拟现实产业发展的指导意见》（工信部电子〔 2018 〕276 号）。

③ 参见麦肯锡全球研究院发布的《中国的数字化转型：互联网对生产力与增长的影响》。

④ 参见腾讯研究院发布的《中国"互联网+"指数报告（2018）》。

⑤ 相关数据源自普华永道会计师事务所发布的《2019 全球市值百大企业排名》（Global Top 100）。

具体而言，我国互联网经济形态丰富，呈现出鲜明的多元化特征。在电子商务领域，据国家统计局数据显示，2018 年我国电子商务交易额达至 31.63 万亿元，同比增长 8.5%。在多批次、多种类电子商务平台的崛起之下，平台经济成为时代我国互联网经济较具代表性的发展模式。并且，电子商务的发展在实现经济形态的创新同时，也实现了对消费需求"最后一公里"的供应。在移动互联领域，"中国已经形成全球最大的移动互联网应用市场"，[①] 移动互联网行业在经历前期的"野蛮增长"之后，正在步入更趋理性、更趋规范的行业发展态势。伴随新技术的研发与应用，移动互联网的深度融合将会成为我国经济发展的持续增长点。在互联网金融领域，网络的高效匹配使得金融活动实现多方位的线上脱媒。从依托于电商凭条的第三方支付，到更具金融产品特色的网络贷款、股权众筹、供应链金融等多品类发展，互联网金融市场的结构逐渐清晰，行业竞争入去激烈。除互联网经济的常态化形态之外，以共享经济为代表的互联网新兴衍生业态也在经济社会发展中扮演中重要角色。2017 年，国务院发展与改革委员会、中央网信办等八部委联合发布《关于促进分享经济发展的指导性意见》，明确肯定了发展共享经济对加速经济供给侧改革，推动大众创业万众创新的重要功能。权威机构研究显示，"2018 年共享经济市场交易额为 29420 亿元，比上年增长 41.6%；平台员工数为 598 万，比上年增长 7.5%；共享经济参与者人数约 7.6 亿人，其中提供服务者人数约 7500 万人，同比增长 7.1%。共享经济推动服务业结构优化、快速增长和消费方式转型的新动能作用日益凸显"。[②]

概览而言，互联网对经济发展的现实影响首先表现在借助产业化实现技术红利的外溢。移动互联、电子商务、即时搜索等传统互联网经济业态的发展为技术与社会发展的深入融合提供载体要件，而以共享经济为代表的衍生业态也表现出互联网经济顽强的生命力。其次，互联网与工业制造业的融合成为未来互联网经济的重要发展潮流。国务院《关于深化"互联网+先进制造业"发展工业互联网的指导意见》指出"推动互联网、大数据、人工智能和实体经济深度融合，发展先进制造业，支持传统产业优化升级"的重要意义。应用场景的实质化推进与基础设施的不断完善为互联网经济发展提供了更多的可能。最后，值得注意的是，我国互联网经济发展表现出较强的资本催化特征。互联网融合领域的不断生成、互联网概念的不断扩张使得互联网经济的广阔红海汇聚大量社会资本。

（三）互联网与国家治理

互联网技术的广泛应用在为社会发展带来现实影响的同时，也在影响着国家治理的转型与升级。互联网与国家治理的关系处理是技术创新下社会发展必然面临的现实问题。客观而言，互联网对国家治理的影响是多元的：一方面互联网技术的发展与应用为国家治理

---

① 参见人民网研究院：《中国移动互联网发展报告（2018）》。

② 参见国家信息中心发布的《中国共享经济发展年度报告（2019）》。

提出诸多新命题；另一方面，互联网与国家治理的融合也可以成为国家治理现代化的重要导向。

在创新与监管维度之下，互联网的技术创新本质在为经济社会发展带来诸多新气象的同时，也不断考探着监管者的智慧。面对互联网技术创新的浪潮，一国能否以拥抱的姿态迎接互联网时代的到来；面对互联网金融、共享经济等新型经济业态，一国监管政策能否为创新提供适当适度的衍生制度环境；面对人工智能、虚拟现实等未知的互联网新语境，一国发展政策能否进行宏达格局下的发展布控，这些问题的答案决定着互联网在区域内能否为经济社会发展提供不竭动力。客观而言，我国政府较早地认识到以互联网为重要载体的信息化建设对国民经济社会发展的重要导向功能，互联网基础设施的不断完善与互联网经济形态的包容审慎使我国成为世界互联网经济体量的领军者。诚然，面对技术、思维与产品的现实差距，国家治理的水平提升是互联网时代中国社会可持续发展的必要保障。

党中央十八届三中全会明确指出推进国家治理体系和治理能力现代化，而以互联网为载体的信息化建设在国家治理体系和治理能力现代化的功能发挥已得到多方认可。据《2018 年联合国电子政务报告》显示，"我国电子政务发展指数处于全球中上水平（65 位），在线服务指数位列全球领先水平"。① 近年来，以电子政务为代表的互联网与国家治理的融合成为我国各地发展的重要动态之一。在互联网信息整合、数据共享等基础性功能发挥之下，电子政务助力国家治理在决策、执行与监督等多环节实现有效拓展。智慧政府、智慧城市、智慧法院等新型概念的形成也表明信息化技术在助力政府治理水平提升中的重要作用。

（四）互联网与文化融合

互联网对文化领域的显著影响源于其为信息传播提供了更为便利、直接的载体环境。借助互联网技术的高效传播，人与人之间、群体与群体之间、地区与地区之间的信息具备更多的沟通可能，而信息传播的便利性与高频次是文化生成与碰撞的必要条件。互联网对文化传播的影响不仅表现在传统媒体的线上运行，更突出表现在去中心化理念下个体信息借助博客、微博、微信等新型社交媒体自主内容输出。"自媒体"（We Media）概念的形成也印证了普通社会民众借助互联网工具实现信息传播的发展潮流。

伴随互联网技术的广泛应用，"人们对于民族、国家等各种共同体的认同感超越了时空的阻隔、在最广阔的范围内得到扩大"，② 互联网的价值、思维与哲学也为社会文化的丰富提供多元可能。互联网技术发展中蕴含的平等、自由与共享的理念在商业领域得到广泛认同与拓展。在与传统商业发展逻辑的融合之下，标签思维、粉丝思维、痛点思维、流

---

① 参见联合国发布的《2018 联合国电子政务调查报告》。
② 王迪、王汉生：《移动互联网的崛起与社会变迁》，载《中国社会科学》2016 年第 7 期。

量思维等互联网新型思维被充分应用于商业世界的探索之中，①而互联网思维的"创新性"也成为互联网经济吸纳资本、占有流量、应对监管困境的重要依托。

互联网对文化发展更为突出的表现在于互联网融合下的文化产业转型与升级。游戏、动漫、音乐、影响等传统文化产业借助互联网信息工具实现行业实力的整体提升。据最新统计数据显示，我国网络音乐、网络文学、网络游戏、网络视频与网络直播等文化产业领域规模不断攀升。依托于互联网文化产业发展的文化融合也得到社会各界的广泛认同。

（五）互联网与社会进步

从前沿的技术探索到普惠的工具应用，互联网已经成为社会发展与进步的重要依托。无论是手机、电脑等智能终端，还是电商凭条、物流、电子支付、网约车等新型服务，人类生活已经与互联网技术与思维的应用密切相关。互联网对社会进步的影响经历了从早期的"+互联网"到近期的"互联网+"，互联网技术的日臻成熟与互联网思维的升级转型促使社会发展呈现出多元的互联网元素。在互联网技术应用的早期，门户网站、即时搜索、社交软件、电子邮件等新型信息平台的出现为社会信息深度沟通提供载体，人们可以在更为便捷、更为高效的平台上寻求信息合作与交流。在此阶段，传统社会信息交流的"网络化""线上化"运行表现出社会发展对互联网技术的初级要求。在互联网技术升级与社会融合的高级需求之下，互联网逐渐成为社会发展中不可忽视的动力源头，"互联网+"概念的提出即是明证。

具体而言，互联网在社会进步不同阶段的实效性差别在于：其一，如果说在"+互联网"发展阶段是传统行业与社会生活的单纯线上运行，那么"互联网+"则是在技术与思维主导下，互联网与社会经济、政治、生活、文化等各个领域的深度融合。其二，"+互联网"发展阶段停留于互联网的工具价值，而"互联网+"更加重视互联网的制度价值与理念创新；其三，"+互联网"发展阶段仅仅表现出互联网信息沟通的便捷性与高效性，而"互联网+"更加强调互联网技术对工业、金融、商贸、通信、交通、医疗、教育、农业等经济生活各行各业的全面、普惠性覆盖。我国政府于 2015 年发布《关于积极推进"互联网+"行动的指导意见》，确立开放共享、融合创新、变革转型、引领跨越与安全有序的"互联网+"行动推进原则，互联网对社会发展的全面推进仍将成为历史发展不可逆的潮流。

三、互联网时代：机遇与挑战并存

2014 年，中央电视台制作播出大型纪录片《互联网时代》，全面解析互联网所引发的深刻时代变革。如同其他技术创新一般，互联网的发展在为社会进步提供助力的同时，也

---

① 参见陈光锋：《互联网思维：商业颠覆与重构》，机械工业出版社 2014 年版。

引发诸多社会风险与现实问题。当下，拥抱互联网、迎接互联网时代的到来在国际社会达成共识，但更为亟待紧迫应对的命题是如何趋利避害、引导互联网在理性的轨道发展，防范风险、解决问题。在机遇与挑战并存的互联网时代，我们认为应当立足技术应用的"两面性"，有效识别互联网的创新属性与风险属性，在技术、经济、政治、文化与社会等多领域形成互联网发展的长效支撑机制。

（一）创新与风险：互联网治理的统筹规划

毋庸置疑，互联网的创新性客观上增进了社会福利，但是，互联网安全事件频发也反映出互联网发展中不可回避的风险问题。在早期互联网发展中，计算机病毒的网络传播的较为典型的互联网安全事件。《中华人民共和国计算机信息系统安全保护条例》将"计算机病毒"界定为，"编制或者在计算机程序中插入的破坏计算机功能或者毁坏数据，影响计算机使用，并能自我复制的一组计算机指令或者程序代码"。[1] 2006 年底至 2007 年初，一种名为"熊猫烧香"的计算机病毒在互联网上大规模传播，数以百万计的计算机终端受到严重影响，造成较大经济损失。[2] 而在单一病毒传播事件之外，黑客（Hacker）群体的出现也反映出互联网技术发展潜在的安全隐患。

近年来，数据安全成为互联网安全事件中较为引人关注的重要一环，用户数据泄露事件在国际社会频繁发生。2018 年 3 月，美国媒体披露国际知名社交互联网平台 Facebook（脸书）向总统竞选团队泄露千万用户数据。经内部调查，Facebook 创始人马克·扎克伯格公开承认数据泄露的既成事实。此次事件之后，Facebook 用户数据泄露事件在美国、欧洲频发，个人数据保护成为国际社会亟待应对的风险问题之一。无独有偶，我国互联网发展中的信息安全问题愈发得到社会各界的重视。2012 年，电影《搜索》讲述了互联网时代个人信息泄露下的网络暴力，人们开始认识到，在互联网社会之中，个人隐私在科技发展面前显得着实渺小与无助。2017 年"3·15 晚会"曝光部分企业批量搜集用户信息并用于市场买卖，互联网科技支撑下的用户数据产业链条的发展令人发指。实际上，以电信诈骗、信息泄露、数据买卖为代表的信息安全问题已成为近年来"3·15 晚会"的"常客"。相对于市场主导下的信息安全问题，国家公权的不当使用也会使互联网安全风险演变成国际争端的导火索。2013 年，美国前 CIA 技术分析员爱德华·斯诺登向社会舆论披露了美国政府旨在搜集公众隐私数据的"棱镜计划"，一时间，政府窥探民众隐私的合法性与合理性争论成为国际社会舆论关注的焦点。2018 年，经过多年的讨论与论证，欧盟终于颁布《通用数据保护条例（General Data Protection Regulation，GDPR）》，这是今年来国际数据隐私保护领域重要的立法变化。在"个人赋权、公司限权"的立法思想下，各国互联网企业均面临着较

---

① 　参见《中华人民共和国计算机信息系统安全保护条例》第二十八条。

② 　相关涉案人员于 2007 年 2 月落网，此案被认为是我国警方破获的首例计算机病毒大案。

为严峻的数据合规风险。与此同时，数据隐私保护法律制度的完善也迎来崭新的一页。

概览而言，技术的进步为各国政府带来不同程度的治理难题，如何有效预防互联网安全风险、应对互联网安全事件仍需建立在有效的综合治理与国际交流合作基础之上。对于我国而言，相关统计数据显示，"2018 年网络安全事件报告累计约 10 万余件，较 2017 年同比增长 3.1%"。2021 年 6 月，《中华人民共和国数据安全法》正式颁布，数据处理行为规范与数据安全保障成为未来我国互联网技术发展的重要议题。在依法治国理念之下如何在互联网时代"依法管网、依法办网、依法上网"，将互联网的创新性持续发挥在社会福利提升事业之上是我国政府不可回避的问题。

（二）颠覆与失序：新经济模式的包容审慎

互联网在为经济发展带来"创造性破坏"的同时，也对市场秩序的稳定产生重要影响，并在互联网与经济融合的不同阶段呈现出不同的表现形式。从早期的电商平台发展来看，互联网购物在为消费者提供便利的同时，也使消费者面临着诸多产品质量、商品运输、消费安全等传统消费者问题的新型表现，而互联网创新下的法律变更滞后在客观上加剧了消费者的维权难问题。伴随互联网与经济发展的深入融合，经济市场发展要素的多元创新也引发诸多现实问题。2013 年以来，互联网金融领域安全事件频发，从早期的 P2P 跑路潮、爆雷潮，到近期的 e 租宝案、"校园贷"事件，互联网助力下的金融市场发展仍然面临诸多风险质疑。2016 年，"魏则西事件"表现出互联网企业在追求快速增长过程中的社会责任与法律责任缺失。① 2018 年，共享经济领域网约车重大安全事件的频发也为新经济形式的发展蒙上阴影。② 2020 年底，金融科技头部企业上市争议引发的平台经济反垄断浪潮更是表明监管层开始调整互联网经济监管策略，"强化资本无序扩张与反垄断规制"成为下一阶段互联网发展进程中的重要命题。

在互联网经济的发展中，包容审慎是在"互联网+"、共享经济等新业态背景下，我国政府探索监管创新的重要向度。国务院总理李克强在涉及电子商务、移动支付、快递与网约车等新业态、新模式的命题讨论中，多次强调确立包容审慎原则的必要性，并从"创新

---

① 2016 年 5 月，大学生魏则西因罹患"滑膜肉瘤"四处求医，后经百度搜索推介，前往北京总队第二医院花费巨额医疗费用，最终仍无效果并因病逝世。此事件发生后，百度竞价排名、莆田系医院、互联网虚假宣传等系列热点话题受到社会舆论广泛关注。新型互联网商业模式下的企业法律责任与社会责任意识淡薄屡遭社会舆论诟病。

② 2018 年 5 月，郑州空姐李某在郑州航空港区搭乘滴滴顺风车惨遭司机杀害。事后滴滴声明指出："我们会全力做好后续工作，同时全面彻查各项业务，避免类似事件的发生。"但就在同年 8 月，温州一女孩乘坐滴滴顺风车被强奸杀害，滴滴随后宣布全部下线顺风车业务。

包容"与"安全底线"的辩证角度阐释包容审慎的核心要义。① 《"十三五"市场监管规划》《关于促进分享经济发展的指导性意见》等多份规范性文件也确立了包容审慎、融合创新的监管原则。面对互联网时代经济社会的创新发展，如何处置市场风险，引导市场秩序有效行程是摆在政府面前的重大命题。在创新与监管之间，确保市场秩序的稳定、促进消费者福利提升是新经济模式运行的应有之义。

（三）竞争与垄断：信息时代的话语权争夺

互联网时代的竞争不仅表现在技术创新层面的"军备竞赛"，更多体现在企业与国家层面的全面竞争。互联网技术的衍生性特征与经济社会发展的元素多样性为互联网经济运行提供了可持续发展的丰富载体。然而，在企业利益与国家利益冲突之下，经济发展的竞争势必面临诸多既得利益的垄断排斥。虽然平等、自由是互联网得以发展的理念基础，并且互联网的广泛传播也得益于技术发明者的无私共享，但伴随技术与社会发展的深度融合，企业的逐利性本质与国际层面的国力竞争势必引发不同程度的利益冲突。

从国家层面来看，互联网经济在经济发达国家的发展比重日益提升。在以科技和经济为主导的综合国力竞争中，互联网经济为各国经济腾飞提供不可多得的机遇。如果说在互联网应用的初期，各国还在徘徊是否布局互联网经济，那么在互联网业已对社会发展产生重要影响的今日，互联网经济的发展已成大多数经济发达国家之争的重要竞争领域。在技术的高速更新换代之下，前沿科技研发与应用是国力竞争的重中之重。但是，互联网经济发展中也面临着诸多技术垄断问题，早期技术研发市场的"先占"，为部分发达国家在该领域领先地位的保持奠定基础。换言之，互联网经济后起国家的发展仍然需要突破诸多技术壁垒与创新瓶颈。更进一步讲，由于互联网经济的重要性，技术垄断地位的维持也是部分国家在国际社会施行单边主义政策的绝佳注脚。

从企业层面来看，互联网科技企业的崛起已经成为经济发展中不可忽视的力量。据相关数据报告披露，"在全球互联网企业市值最高的前30家企业中，美国占18家，中国企业占7家"。② 互联网企业的竞争打破原有企业竞争的地理区域限制，在广阔、开放的互联网平台之上竞争无处不在。近年来，国家互联网企业的发展不仅仅停留于现实经济利益的获取，更多着眼于未来科技前端的先手优势。航空探索、智慧城市、人工智能等新领域

---

① 2018年9月11日，李克强总理在考察国家市场监管总局时指出："所谓'包容'，就是对那些未知大于已知的新业态采取包容态度，只要它不触碰安全底线。所谓'审慎'有两层含义：一是当新业态刚出现还看不准的时候，不要一上来就'管死'，而要给它一个'观察期'；二是严守安全底线，对谋财害命、坑蒙拐骗、假冒伪劣、侵犯知识产权等行为，不管是传统业态还是新业态都要采取严厉监管措施，坚决依法打击。"参见中国政府网：《李克强详解为何对新业态实施"包容审慎"监管?》，http：//www.gov.cn/xinwen/2018-09/12/content_5321209.htm? _zbs_baidu_bk，最后访问时间：2018年12月2日。

② 本数据来源于玛丽·米克尔（Mary Meeker）发布的《2019年互联网趋势报告》（Internet Trends）。

命题的探索成为互联网企业表彰竞争实力的最佳代言。与此同时，互联网企业引发的技术垄断与市场垄断问题也是互联网时代发展中的重大瓶颈之一。知名互联网企业谷歌在全世界范围内面临广泛的垄断质疑，仅在欧盟地区的反垄断罚款总额已接近百亿欧元。反观国内，2021 年 2 月，国务院反垄断委员会发布《关于平台经济领域的反垄断指南》，同年 4 月，国家市场监督管理总局因滥用市场支配地位对阿里巴巴集团开出 182.28 亿元的"史上最大反垄断罚单"。在保障产权与创新基础之上，如何有效促进互联网对人类福利的整体提升仍需国际规范体系的完善，以及企业与国家之间有效合作机制的建立。

（四）冲击与认同：理念融合下的文化安全

互联网时代的文化交融比以往任何时代更具深度与广度，但是技术载体的中立性也决定了互联网也会因不良文化的冲击产生诸多安全风险。首先，互联网信息传播的高效在确保公民言论自由、监督等权利行使的同时，也会产生自由主义泛滥的风险。对于网络舆情事件的即时处置是确保文化安全的重要命题之一。其次，互联网文化产业发展因规范体系不健全而产生特殊群体的利益保护失位，其中作为典型的表现在未成年人保护与网络产权保护。网络游戏、网络直播、互联网金融等新型经济形态的出现，使得未成年人在并未具备充分的民事行为能力前面临诸多诱导乃至权益侵害的风险。网络暴力、网络沉迷、"裸贷"等事件频发让社会各界开始重视互联网文化产业高速发展中的社会责任与法律责任命题。此外，互联网内容与产品的高速输出也引发网络虚拟财产、知识产权侵权等新型问题的出现。最后，互联网在加速中西方文化交融的同时，也对我国意识形态安全产生影响。国际网络信息霸权是普遍存在于国家社会之中，依托互联网信息传播工具，宣扬普世价值、自由思潮、民粹主义等威胁国家稳定秩序的重要表现。互联网时代，占领互联网文化高地，合理传播我国特色文化，有效防范不良文化冲击，净化网络文化环境是理念融合下的重要议题。

（五）融合与共享：多元目标的互联网实现

近年来，我国互联网基础设置覆盖率不断提升，网络质量与物理覆盖率的提升为互联网与经济社会发展深度融合奠定环境基础。在技术创新与经济转型之外，互联网被赋予多元目标期待，具体表现在以下两个方面：一方面，普惠性目标的互联网实现。普惠性目标旨在通过互联网建设为"不同性别、不同年龄、不同社会阶层的网民提供发展的新机遇，成为造福人民的新动力"。[1] 近年来，围绕乡村振兴、教学文化传播、电子政务、智慧城市等具有社会公共属性的普惠性目标实现成为互联网应用的重点支持领域。依靠互联网技术打通社会福利传导的"最后一公里"是互联网共享价值的最佳注脚。另一方面，发展性目

---

[1]　参见中国互联网络信息中心：《第 44 次中国互联网络发展状况统计报告》，http://www.cac.gov.cn/2019-08/30/c_1124938750.htm。

标的互联网实现。发展性目标旨在发挥互联网对稳定经济增长，促进经济改革，调整产业结构方面的辅助功能发挥。在"互联网+"的大背景下，拓宽经济发展的宽度，加大经济融合的深度，推进互联网经济对实体经济与国民经济可持续发展的支撑作用。综上所述，在互联网时代互联网不仅仅人类信息传播的基本工具，互联网的制度价值与创新应用应当在更加广阔的平台实现社会发展的多元目标。

第二节　互联网治理：政策与立法变迁

随着互联网与社会发展融合的不断深入，针对互联网引发的现实风险与社会问题，各国政府相继展开互联网治理。"互联网治理是指各国政府、私营部门和公民社会在各自的角色中，旨在规范互联网和适用而制定和应用共同的原则、规范、规则、决策程序和规划。"①不同于传统经济社会发展变迁中的治理逻辑，互联网对现实世界发展影响的多元性考验着各国政府的治理智慧。从各国政策与立法变迁出发，我们可以较为清晰、客观地掌握互联网治理的现实脉络，并未未来互联网治理的发展维度作出判断。

本节教学内容首先梳理学界对互联网治理的普遍研究认知，其次通过以美洲、欧洲、大洋洲、亚洲为代表的国际互联网政策与立法变迁明细互联网治理的普遍经验，最后通过梳理我国互联网政策与立法变迁，在理论与实践、国内与国外的多元比较借鉴基础上，阐明互联网治理的发展向度。

一、互联网治理研究综述

互联网治理是近年来政治学、管理学、经济学与法学等学科的重点关注领域。以中国知网（CNKI）检索为例，以"互联网治理"进行主题期刊检索，关联文献高达2000余篇；以"互联网规制"进行主题期刊检索，关联文献将近800余篇。近年来，伴随我国政府"互联网+"战略的提出，学界关联研究文献更加呈现井喷式增长，相关研究集中于互联网治理工具的选择、互联网治理中的政府职能、互联网与社会发展的关系等命题。在不同学科研究方法的碰撞中，互联网治理的理论逻辑愈发清晰。以国内权威文献为基础，我们依照互联网治理的衍生逻辑作出如下梳理：

（一）治理动机：互联网及其治理的特殊性

从治理动机上看，互联网"先天"的特殊性对互联网治理提出了特殊的要求，而对于互联网"特殊性"的探索，学者们多从"技术改变社会"的维度进行阐释：大部分学者主张"技

---

① Working Group on Internet Governance：Report of the Working Group on Internet Governance，http：//www. wgig. org/docs/WGIGREPORT. pdf，2005.

术赋权论"，即互联网技术的应用从本质上讲是对普通社会民众的"赋权"，个体能力的激活与新的权力的享有使得人与人之间、人与社会之间较为稳定的社会关系被打破。① 互联网主导下的社会变迁使得社会空间更为复杂，知识与权力的关系日益密切，社会主体也因此具备了多重身份。②

从前述特殊性逻辑出发，互联网在政治、社会与价值等多方面与现有国家治理秩序产生信息安全、权力结构扁平、矛盾激化与理念多元化等冲突。③ 早期研究摇摆于"网络空间自治论"与"国家治理规制论"之间，④ 而近期研究则在国家治理必要性的认可之下，主张基于技术应用的治理改良。⑤ 这表明，互联网对国家治理带来的并不完全是冲击，学界对互联网工具与制度价值表现出认可态度。

此外，"互联网+"的大力推进更是将互联网的特殊性推向社会融合的前端，相关研究显示，对"互联网+"存在"形式普及论"与"实质创新论"两种理解，⑥ 相对而言"互联网+"下实体世界与网络世界的深度融合缔造了新的互联网思维，乃至"互联网文明"得到学界的广泛认可。⑦ 除此之外，学者们也认识到"互联网+"在应对"中国人均资源不足、经济发展结构性与素质性矛盾、经济发展后劲不足"等发展瓶颈中的关键性作用。⑧

(二)治理模式：从微观到宏观

学界对互联网治理模式的讨论表现在微观与宏观两个不同的层面：微观层面过多聚焦域名分配与 IP 地址的管理，而宏观层面则更多关注互联网问题的综合治理。综合而言，学者们虽然讨论角度不同，但是关于互联网治理模式形成相近似的研究结论。

从微观技术层面来看，学者们依据互联网治理实践发展将治理模式区分为以美国为代

---

① 参见张丙宣：《政府的技术治理逻辑》，载《自然辩证法通讯》2018 年第 5 期；喻国明，马慧：《互联网时代的新权利范式："关系赋权"——"连接一切"场景下的社会关系的重组与权力格局的变迁》，载《国际新闻界》2016 年第 10 期。

② 参见白锐：《"治理态"：理解互联网时代国家治理的内涵与趋势》，载《中国行政管理》2018 年第 5 期。

③ 参见钟瑛，张恒山：《论互联网的共同责任治理》，载《华中科技大学学报(社会科学版)》2014年第 6 期。

④ "网络空间自治论"基于互联网空间的独立性，主张空间内主体的自我规制，而"国家治理规制论"则强调公权力对网络空间的主动干预。参见张建军：《国际互联网治理研究热点与前沿分析》，载《电子政务》2019 年第 6 期。

⑤ 参见白锐：《略伦互联网与国家治理逻辑的再建构》，载《社会科学战线》2016 年第 9 期。

⑥ 参见后向东：《"互联网+政务"：内涵、形势与任务》，载《中国行政管理》2016 年第 6 期。

⑦ 参见黄璜：《互联网+、国家治理与公共政策》，载《电子政务》2015 年第 7 期。

⑧ 参见宁家骏：《"互联网+"行动计划的实施背景、内涵及主要内容》，载《电子政务》2015 年第 6期。

表的多利益相关方治理模式，以及以中国为代表的互联网主权治理模式。① 多利益相关方治理模式是传统公司治理模式在互联网领域的延续，其特征表现为政府、商业机构与市民社会对互联网的共同治理，而互联网主权治理模式则强调网络空间发展中的平等参与与命运共同体构建。两种模式的重大区别表现在于，"如何在最大化实现互联网空间平等自由的基础上实施有效治理"，② 而"两种技术管理政策偏好背后的国家利益之争与人文主义传统区别也得到学者的关注"。③ 更有学者研究指出，看似完美的多利益相关方治理，实则暗藏网络霸权玄机，④ 协调网络空间先行者与后来者的关系，让全球共享互联网福利是互联网治理的可持续发展逻辑。

(三)治理要点：政府职能的发挥

互联网治理的本质在于如何运用公权力、有效发挥政府职能，促进互联网与社会发展的深度融合，并对互联网发展中的潜在风险与现实问题进行有效处置。因此，如何运用和发挥政府职能是互联网治理命题的关键所在。对于该命题的破解，相关研究主要从两个方面展开：一方面，学者们重视互联网技术在政府职能改进中的重要作用。互联网"赋能"不仅表现在市民社会一端，政府职能的技术升级在客观上提升了政府管理效率，"以审批、沙箱、查询、监控、接入和平台为代表"的多种"互联网+监管"模式的提出即是明证。⑤ 另一方面，学者们也重视查明互联网发展对现有政府职能发挥的挑战，"法律规则与监管方式的滞后，以及政府对互联网问题的应对延迟产生政府权威信息在互联网上的'失声'，进而产生互联网治理'失序'"。⑥

从治理模式治理要点，学界相关研究已经从"技术-社会"维度转向"政府-市场"维度，换言之，互联网治理逻辑下政府与市场关系的协调是各方研究的重要之一：经济学学者重视"探讨平台经济对市场开放与创新的倒逼，进而引发新型政府与市场互动关系的话

---

① 仍有学者将互联网治理模式细分为自我演化制序模型、编码模型、跨国机构和国际组织模型、国家管制模型以及市场激励模型等。参见孙宇：《互联网治理的模型、话语及其争论》，载《中国行政管理》2017 年第 5 期；还有学者遵循互联网技术与治理的衍生逻辑，将互联网治理类型分为自由主义、技术主义、社群主义、威权主义与多利益相关者等模式。参见罗昕：《全球互联网治理：模式变迁、关键挑战与中国进路》，载《社会科学战线》2017 年第 4 期。

② 参见管素叶、谢遥、翟渊明：《全球互联网治理的模式选择与优化——基于对多利益相关方模式的反思》，载《治理研究》2019 年第 3 期。

③ 参见王小伟、姚禹：《网络主权与全球互联网治理》，载《哲学分析》2018 年第 1 期。

④ 参见王高阳：《基于主权的网络空间全球治理："中国方案"及其实践》，载《当代世界与社会主义》2018 年第 5 期。

⑤ 黄璜、成照根：《"互联网+监管"：政策演变与模式划分》，载《电子政务》2019 年第 7 期。

⑥ 于施洋、童楠楠、王建冬：《中国互联网治理"失序"的负面效应分析》，载《电子政务》2016 年第 5 期。

题"；① 管理学学者重视探索市场监管职能的多元配置；② 法学学者则强调对市场主体经济自由权与市场竞争机制的法治保障。③

（四）路径选择

针对互联网时代国家治理的发展向度，学者们在"转变"与"改变"的逻辑共识下，提出政府既要通过政策引领促进互联网与社会的深度融合，④ 也要通过"互联网+政府"的运行，实现监管目标、监管机构、监管方式的多元转型。⑤ 具体来看，学者们提出了诸如放松管制、包容性治理、综合治理等多元路径，并提倡通过监管沙盒、负面清单等新型监管工具的使用提升管制效率，促进互联网创新性发挥。⑥

在与互联网治理相关的路径选择中，"共同治理"是经常被学者们提及的关键词汇。学者们从两种维度出发阐释互联网"共同治理"的内涵：一方面，互联网共同治理是一国范围内监管资源的统筹利用。从主体范围看，互联网的共同治理包括政府机构、互联网经营者、个人、社会组织等多方主体；⑦ 从规则动力机制看，互联网治理规则可以通过自上而下、自下而上以及多元协同等多种路径生成。⑧ 值得关注的是，共同治理虽然有助于主体能动性的发挥，但是也会引发治理"碎片化"问题，⑨ 互联网治理的完善仍需借助有效的政府职能转变与共同责任的承担。⑩ 另一方面，共同治理是国际范围内监管机构的通力合

---

① 参见李凌：《平台经济发展与政府管制模式变革》，载《经济学家》2015 年第 7 期。

② 参见郁建兴，朱心怡：《"互联网+"时代政府的市场监管职能及其履行》，载《中国行政管理》2017 年第 6 期。

③ 参见张守文：《政府与市场关系的法律调整》，载《中国法学》2014 年第 5 期；侯利阳：《市场与政府关系的法学解构》，载《中国法学》2019 年第 1 期。

④ 参见张锐昕，张昊，李荣峰：《"互联网+"与政府的应对》，载《吉林大学社会科学学报》2018 年第 3 期。

⑤ 参见尹少成：《"互联网+"与政府监管转型：机遇、挑战与对策》，载《法学杂志》2016 年第 6 期。

⑥ 参见许立勇，高宏存：《"包容性"新治理：互联网文化内容管理及规制》，载《深圳大学学报（人文社会科学版）》2019 年第 2 期；戚聿东，李颖：《新经济与规制改革》，载《中国工业经济》2018 年第 3 期；王明国：《全球互联网治理的模式变迁、制度逻辑与重构路径》，载《世界经济与政治》2015 年第 3 期。

⑦ 参见张华冰：《中国互联网治理的困局与逻辑重构》，载《学术研究》2017 年第 12 期。

⑧ 参见阙天舒：《网络空间中的政府规制与善治：逻辑、机制与路径选择》，载《当代世界与社会主义》2018 年第 4 期。

⑨ 参见赵玉林：《协同整合：互联网治理碎片化问题的解决路径分析——整体性治理视角下的国际经验和本土实践》，载《电子政务》2017 年第 5 期。

⑩ 参见华涛：《网络空间合作治理：政府治理的拓展与重构》，载《江苏行政学院学报》2016 年第 6 期；钟瑛：《论互联网的共同责任治理》，载《华中科技大学学报（社会科学版）》2014 年第 6 期。

作。"国际合作开展与国际规则确立"是互联网共同治理国际范畴下的基本命题。① 面对"网络空间发展不均衡、网络主权争议纷争、网络安全事件频发，网络空间命运共同体的构建尤为重要"。②

二、国际互联网治理概述

信息与通信技术的发展在于社会生活深化融合的同时，也引发了网络暴力、网络犯罪、新经济市场发展失序与新旧市场矛盾等亟待各国政府治理的问题。时下，全球各国政府均重视到互联网在提升国际竞争力以及对一国经济社会发展的重要作用，与之相关的配套法规与政策层出不穷。互联网治理的尝试并非美国、英国等发达国家的"专利"，韩国、新西兰、巴西等新兴经济体均根据各国发展实际展开卓有成效治理措施。此外，在区域与国际层面的互联网治理制度形成也为互联网服务区域一体化与经济全球化奠定基础。国家互联网治理浪潮的出现一方面印证互联网发展引发的诸多现实问题，另一方面，有效的治理措施与政策激励不仅可以激励本国互联网产业化进程，也在本质上有利于国际话语权与核心竞争力的争取与维持。因此，从各国立法与政策变迁出发，我们可以较为清晰地掌握国际互联网治理发展的一般趋势。

（一）美国的互联网治理

作为世界互联网发展的先导国家，美国不仅在互联网技术探索处于世界领先地位，互联网治理也具有较为深厚的历史积淀。即便在奉行言论自由至上的美国社会，促进信息传播的互联网也因其潜在的安全风险而面临政府的诸多管制。概览而言，"数十年来，美国国会及各政府部门已通过130多项与互联网相关的法律法规，数量高居世界之首，主要涉及未成年人保护、国家安全、保护知识产权、计算机与网络安全等四大领域"。③ 从具体实践来看，网络安全与隐私保护是美国互联网治理的重中之重。我们认为，美国互联网治理一方面表现出对现实问题与风险的及时治理，另一方面也通过前沿技术探索的政策与立法保障，维护美国在互联网时代的先导地位。具体而言，美国互联网治理的发展趋势表现在：

第一，隐私保护。④ 互联网时代的隐私保护往往是传统法律意义上隐私权保护的领域延伸。在互联网技术成型发展之前，美国对通信技术发展带来的隐私保护问题非常重视。《1974年隐私法案》（Privacy Act）明确对联邦政府收集与使用个人信息的行为作出详尽的规

① 参见杜潇枭：《从互联网数字分配机构管理权移交探析互联网共治的新格局》，载《学术交流》2016年第6期。
② 参见周建青：《"网络空间命运共同体"的困境与路径探析》，载《中国行政管理》2018年第9期。
③ 余晓葵：《美国：网络立法起步最早、数量最多》，载《光明日报》2012年12月21日第2版。
④ 参见1999《电子隐私权法》。

定。20 世纪 70 年代到 80 年代，美国出台诸多与通信手段发展引发的隐私保护法案，例如《1984 年有线通讯政策法》(The Cable Communications Policy Act)、《1984 年有线电视隐私法案》(Cable TV Privacy Act)、《1986 年电子通讯隐私法案》(Electronic Communications Privacy Act)、《1988 年视频隐私保护法》(Video Privacy Protection Act)、《1991 年电话消费保护法》(Telephone Consumer Protection Act)。上述方案的陆续出台对电子通信、视频运营商未经授权搜集公平个人隐私的行为给予明确禁止，并且伴随法律规范的推陈出新，通讯领域个人隐私保护的范围不断扩展，个人隐私保护理念不断得到强化，而《1996 年电信法案》的出台也将个人财产信息保护提升到电信经营者的法律义务高度。当技术的发展推动美国社会从电讯时代走向互联网时代，更为细致与全面的信息保护与数据保护法令应运而生。1997 年，美国政府发布《全球电子商务框架报告》(A Framework for Global Electronic Commerce)，该报告明确将个人隐私保护作为电子商务时代亟待应对的重要法律命题之一，并且提出了电子商务个人隐私保护的"告知与许可原则"(Note and Consent)。进入 21 世纪，美国对互联网时代用户的个人隐私保护在联邦与地方均取得不同程度的突破：在联邦层面，2011 年国会通过《互联网反追踪法案》(Do Not Track Me Online Act)，严格限制以互联网企业为代表的新媒体行业基于商业发展的个人隐私侵犯行为；在地方层面，2018 年美国加利福尼亚州颁布《消费者隐私法案》(California Consumer Privacy Act)，通过数据访问、数据删除、拒绝销售、禁止歧视等针对互联网消费者的新型权利赋予，形成美国国内最为严格的互联网隐私保护法律规范。

第二，未成年人保护。色情、暴力等不良信息的互联网传播对未成年人的成长容易造成不利影响，有鉴于此，美国针对互联网领域的未成年人保护提出了比一般公民隐私保护更高的标准与要求。除通讯、电视、视频等领域的普遍立法之外，美国也出台了针对互联网领域未成年人保护的专项法案，例如《1998 年儿童在线隐私保护法案》(The Children's Online Privacy Protection Act)《2000 年青少年互联网保护法案》(Children's Online Privacy Protection Act)等。以最新实施的《2000 年青少年互联网保护法案》为例，该法案旨在保护 12 岁以下儿童的隐私权，有效预防儿童网络安全问题的发生。与此同时，该法案也通过对网站运营商与互联网交互行为的有效行为指引为儿童进行合理、充分的网络交流提供合理化依据。尽管上述个别法案曾因与言论自由的权利底线产生冲突而被废除，但是这并不妨碍立法表现出美国政府对互联网时代未成年人保护问题特殊性的关切。

第三，网络运行保障。互联网的综合治理表现在域名分配、电子交易、税收管理、知识产权等各个方面。与此同时，互联网管理并非传统交易、税收与知识产权发展形式的单纯"线上转移"，因此法律制度的更新换代尤为必要。

在 21 世纪到来之前，美国通过多部法案的实施完善互联网运行安全保障。1998 年，

《数字千禧版权法》(Digital Millennium Copyright Act)开启网络知识产权保护的新篇章。《数字千禧版权法》承继知识产权保护的国际潮流，以网络著作权为标的，通过网络著作权侵权责任限制、计算机维护与修理的著作权豁免、综合条款以及原创设计保护等内容，强化对网络运营商的行为约束，确保网络著作权人合法权益保障。同年，美国国会通过《互联网免税法》，禁止美国各州和政府对互联网接入服务征税，对电商发展给予充分的税收支持。1999 年，美国国会通过《反网络域名抢注消费者保护法》(Anti-cybersquatting Consumer Protection Law)应对互联网域名与商标争议频发。更为值得注意的是，美国的互联网治理在自上而下的政府导向下，也存在着自上而下的"民间立法"尝试。1999 年，美国统一州法全国委员会(The National Conference of Commissioners on Uniform State Laws)向各州发布《统一电子交易法》(Uniform Electronic Transactions Act)。该法案通过对电子商务领域的术语澄清，对电子商务交易的诸多环节进行合规指引，明确责任归属。《统一电子交易法》的实施也是美国商法统一化趋势在互联网领域的有效沿袭。

进入新世纪，美国互联网运行安全治理更趋问题导向，《2000 年互联网虚假身份证明防范法》(Internet False Identification Prevention Act)、《2003 年反垃圾邮件法》(Controlling the Assault of Non-Solicited Pornography and Marketing Act)、《2006 年互联网博彩禁止和强化法案》(Internet Gambling Prohibition and Enforcement Act)等相关立法均根据互联网运行中的安全环节进行行之有效的立法控制。

第四，国家安全保障。早在 1996 年《电信法》出台之际，美国就将国家安全确立为法律重点关切领域之一，"9·11"事件发生后，美国政府对网络国家安全保障的制度构建尤其重视，《国土安全法》(Homeland Security Act)与《爱国者法案》(USA PATRIOT Act)是其中最为典型的代表。出于预防恐怖袭击的需要，根据《国土安全法》与《爱国者法案》的规定，美国政府在认为有必要的情况下可以对社会公众的互联网信息进行监视。此后，《2015 年网络安全信息共享法案》(Cybersecurity Information Sharing Act)的出台对前述法案赋予美国国家安全部门的技术措施与手段进行合理化改良，明确网络威胁与防御性两大类网络安全信息共享内容。除法律措施之外，美国网络国家安全治理还在联邦政府层面得到更为突出的重视，"9·11"事件后的历任总统均重视从国家安全角度出发强化国家治理职能的发挥，例如布什执政期间的《国家网络安全综合计划》(Comprehensive National Cybersecurity Initiative)、奥巴马执政期间的《网络安全国家行动计划》(Cybersecurity National Action Plan)等。

(二)欧洲的互联网治理

受欧洲经济社会一体化进程的影响，欧洲互联网治理表现欧盟整体治理与成员国个别治理两种维度。从欧盟整体治理来看，欧盟通过了与互联网数据流通与保护相关的一系列重要法案，确保欧盟范围内互联网的运行安全；从成员国个别治理来看，各成员国在欧盟统一规范指引下，根据各国互联网技术与应用的发展现状，进行针对性的政策制定与法律实施。欧盟关于互联网信息的治理措施集中体现在 2018 年出台的《通用数据保护条例》（General Data Protection Regulation）、《非个人数据自由流动框架条例》（Regulation on a framework for the free flow of non-personal data in the European Union）以及 2019 年发布的《网络安全法案》（EU Cybersecurity Act）。[①] 概览而言，欧洲互联网治理的核心仍在于安全理念下的信息保护。

首先，《通用数据保护条例》被誉为"史上最严数据保护法案"，该法案明确数据主体、控制者、处理者与监管者的权利义务，通过法律责任方式的明确与特定情形的处理将个人数据作为一项基本权利予以保护。此外，《通用数据保护条例》确立了个人数据使用中的合法性、合理性和透明性、目的限制、数据最小化、准确性、限期储存、完整性与保密性等诸多基本处理原则，并对儿童、特殊类型的数据处理作出特别规定。自 2008 年《通用数据保护条例》实施以来，Facebook、WhatsApp、Instagram、苹果、微软、Twitter 等国际知名互联网企业均招致不同欧盟成员国的数据调查与处罚。更值得一提的是，欧盟《通用数据保护条例》的有力实施为互联网时代其他国家的数据保护提供借鉴模板，美国、印度、新加坡、中国等多国的数据保护与安全立法均在不同程度上借鉴欧盟规定。

其次，《非个人数据自由流动框架条例》通过个人数据与非个人数据的区分，在《通用数据保护条例》对个人数据的全面保护基础之上，寻求对非个人数据的最大化与合理化利用。《非个人数据自由流动框架条例》旨在解决非个人数据的低于限制问题，确保合理监管理据下信息的有效流动以及避免因数据的高压管理而引发正常市场行为的矫枉过正。从目标上看，《非个人数据自由流动框架条例》在《通用数据保护条例》的安全理念之外，更加强调数据发展的发展理念与市场原则，即通过数据流通性限制的合理解除，确保欧洲数字经济市场的持续发展。

最后，欧盟《网络安全法案》是更为宏观、更注重整体性的网络安全保障法案。该法案旨在应对日益增长的网络安全风险，通过明确互联网安全统一监管机构、强化网络安全核心议题，为互联网时代欧洲经济社会一体化的深入提供有效制度保障。

在欧盟的整体探索之外，欧洲其他国家的互联网治理也表现出较为鲜明的个人隐私保护与网络安全保障导向。例如，英国在个人隐私保护领域于 1998 年、2018 年根据欧盟指令的统一要求修订《数据保护法》，而 2003 年发布实施的《隐私与电子通信条例》（Privacy and Electronic Communications Regulations）更是明确电子服务终端对用户个人信息的保护义

---

① 参见《关于欧洲网络与信息安全局信息和通信技术的网络安全，并废除（EC）第 526/2013 号条例》。

务。在网络安全领域，英国于 2009 年发布了全球首个《国家安全战略》(Cyber Security Strategy of the United Kingdom)。英国政府在 2016 年新近发布的《国家网络安全战略》中将防卫网络威胁、制止网络攻击和发展网络安全行业作为发表目标，力争将英国发展为安全的数字国家。又如，德国于 1997 年发布了全球第一部互联网法律——《多媒体法》，① 该法对个人隐私保护、网络犯罪与未成年人保护等互联网技术应用引发的新问题给予前瞻性规制。而德国《联邦数据保护法》也伴随新世纪以来的多次修正，使其能够较好地应对互联网时代个人信息处理问题。此外，德国互联网治理最值得称道的则要数网络安全的宏观设计。2015 年德国发布实施《网络安全法》，该法案将原有德国法律体系中分散的网络安全条款进行统筹，扩大政府对网络监管的权力，建立网络安全报告制度，并首次提出了"关键基础设施"运营者的法律责任。

（三）亚洲的互联网治理

与欧美国家治理路径相类似，亚洲国家也多采用政策与立法的方式对互联网发展中的问题与风险进行综合治理。

1. 日本

日本于 19 世纪 80 年代相继实施和修改《电讯事业法》《信息处理促进法》以及《著作权法》从行业合规、政府职能与知识产权保障等多方面为日本信息产业的发展奠定基础。进入 20 世纪 90 年代，日本政府制定发布《日本信息通信基础建设基本方针》，确立民间力量主导、政府重点支持与拓展合作三项行动原则，大力推进信息化建设。进入新世纪，日本互联网治理更趋标准化与合理化，通过多个互联网安全战略的出台，分阶段推进互联网的有序发展。例如早期的《e-Japan 战略重点计划(2001)》《信息安全总体战略(2003)》《关键基础设施信息安全措施行动计划(2005)》，以及近期的《网络安全战略(2013)》《国际网络安全战略网络安全合作计划(2013)》等。伴随战略与行动计划的有序推荐，日本互联网治理逐渐从附庸走向独立，并不断寻求网络安全国际治理的主导地位。

在政策大力支持信息产业发展之下，日本政府也重视通过立法防范互联网发展中的多维安全风险：在未成年人保护领域，相继实施《有关儿童买春、色情行为等的处罚及儿童的保护等的法律(1999)》《打击利用异性交友网站引诱未成年人法(2003)》《青少年网络环境整治法(2008)》》；在网络运行领域，相继实施《禁止非法访问法(1999)》《反黑客法(2000)》《信息技术基本法(2001)》《规范特定电子邮件法(2002)》《电子契约法(2002)》《反垃圾邮件法(2002)》《电子签名鉴别法(2005)》《网络安全基本法(2014)》等；在个人信息保护领域，相继实施《禁止非法读取信息法(2000)》《个人信息保护法(2003)》《反跟踪骚扰法(2017)》等。概览而言，日本互联网治理立法秉承较为清晰问题导向，及时回应互

---

① 参见《联邦信息与电信服务框架性条件建构规制法》。

联网发展中的现实风险，对维持互联网发展秩序、激励互联网产业发展起到关键作用。

2. 韩国

韩国互联网治理同样采取法律与政策相结合的手段，充分发挥政府在互联网行业发展与问题处置中的重要作用。从政策引导方面看，韩国于1996年制订实施《促进信息化基本计划》，并于1999年修订并同时发布《网络韩国21世纪计划》，推进韩国互联网基础设施的建设与完善。从法律控制方面看，韩国针对电子商务、个人隐私保护、网络运行安全等领域出台相应法规。互联网内容分级、青少年网络道德推广等一系列配套措施与活动的实施是韩国互联网治理中较具特色的内容。此外，在国家安全领域，韩国政府也通过《国家网络安全法案》的形式，确认互联网国家安全的责任机构，明确互联网重大安全事件的基金相应机制。

三、我国互联网治理概述

我国互联网治理工作的开展伴随互联网与社会融合程度的加深而不断拓展。自1994年国务院颁布实施《计算机信息系统安全保护条例》以来，我国互联网治理相关政策、行政法规、部门规章以及规范性文件多达400余件，领域涉及网络信息安全、电子商务、个人隐私与信息保护、知识产权保护、未成年人保护以及互联网行业管理等各个方面。"网络治理的基本目标是在线行为的有序化与合秩序，这需要持续地进行网民生活样态的范式化、网络合作关系的模式化，以达成网络自由与社会秩序的均衡状态。"[①]在政策与法规的指引下，我国形成了中国特色的网络治理观。

(一)我国互联网治理的政策与立法变迁

学界关于我国互联网治理政策与立法变迁的研究存在"三阶段论"与"四阶段论"两类典型代表。不同的分类理解表现出我国互联网治理发展的多元化特征。本书选取其中较具代表的分类方式进行简要介绍。

其一，有学者从我国互联网治理的政策议题出发，将我国互联网治理政策的变迁逻辑划分为规制接入、规范应用以及引导产业发展三个阶段(参见表6)。"三阶段论"反映出我国互联网治理逐渐从微观视角转向宏观引导，互联网与社会发展的融合为政府制造了诸多治理难题。当互联网从"星星之火"到"燎原之势"，更具长远规划意义的治理政策实施，是确保互联网创新性发挥的重要依托。

---

① 何明升：《中国网络治理的定位及现实路径》，载《中国社会科学》2016年第7期。

表6 互联网治理"三阶段论"①

时间段	特 征	核心表现	典型法规
1994—1999	以规制接入为核心的起步阶段	中央政府共发布的规章政策25项，重点涉及域名、互联网国际联网、网吧、信息安全等议题。	《中华人民共和国计算机信息系统安全保护条例》《关于加强信息网络国际联网信息安全管理的通知》《关于加强人事部门在国际互联网上所建站点及网页管理防止发生失泄密事件的通知》
2000—2009	以规范应用为重点的发展阶段	网络经济泡沫不断发酵，越来越多的应用主题，包括医疗卫生、网络出版、网络知识产权、数字印刷、互联网地图、医疗卫生、网络文化、网络游戏、网络音视频传播、电子商务、电子支付、电子银行、网络税务、网络民事纠纷等等被纳入政策议题。	《中华人民共和国电子签名法》《关于维护互联网安全的决定》《互联网上网服务营业场所管理条例》《互联网上网服务营业管理场所办法》
2010—至今	以引导产业发展为特征的转型阶段	信息产业发展进入战略阶段，互联网创业投资兴起，产业主管部门、意识形态主管部门纷纷出台政策，推动互联网接入服务、数据服务、应用服务、网络文化等行业的转型。	《互联网网络安全信息通报实施办法》《关于加强互联网域名系统安全保障工作的通知》《通信网络安全防护管理办法》《电信和互联网用户个人信息保护规定》《关于加强网络信息保护的决定》

其二，有学者基于我国政策文本的分析，将我国互联网信息服务政策阶段划分为探索起步、体制成型、调整优化以及强化完善等四个阶段。此种分类方向表现出虽然立法位阶与管理机构的不同提升，我国互联网治理强制程度明显加强。此外，随着互联网行业的兴起，互联网治理中的协同程度也得到一定程度的提升。进言之，互联网企业、社会组织与公民对互联网治理的参与程度不断加深。

---

① 参见孙宇、冯丽烁：《1994—2014年中国互联网治理政策的变迁逻辑》，载《情报杂志》2017年第1期。

表 7 　　　　　　　　　　　**互联网治理"四阶段论"**①

时间段	特征	核心表现	典型法规与事件
1994—1999	探索起步阶段	由于该时期互联网自身还处于初级阶段，政府对互联网的认识较为有限，网络立法主要是以维护计算机信息系统安全和社会秩序稳定为主，对于互联网信息服务的管理主要是内嵌于有关互联网的法律法规中。	《计算机信息系统安全保护条例》《计算机信息网络国际联网管理暂行规定》
2000—2008	体制成型阶段	我国互联网信息服务政策制定进入体系化建设阶段，一系列特定领域的互联网信息服务政策法规开始相继出台。	《互联网信息服务管理办法》《互联网等信息网络传播视听节目管理办法》《互联网药品信息服务管理办法》《互联网新闻信息服务管理规定》
2009—2013	调整优化阶段	该时期微博、微信等社交媒体的崛起及移动互联网的推广使用，使互联网信息服务开始朝向移动化、智能化、社交化的方向发展。	2011 年 5 月国家互联网信息办公室成立，标志着我国互联网信息服务治理的行政级别进一步提高。
2014—2018	强化完善阶段	中央网络安全和信息化领导小组成立，习近平总书记亲自担任组长。互联网信息服务管理的领导体制被提升到前所未有的高度。网络信息立法层级更高，适用领域更广，调整程度更深	《网络安全法》《互联网新闻信息服务单位约谈工作规定》《微博客信息服务管理规定》

其三，有学者从互联网在不同阶段的发展特征出发，依照"发展-治理"间的供需逻辑，将我国互联网治理的制度变迁划分为基础建设促进、媒体属性规制、社交属性规制以及复杂网络社会规制等四个阶段。此种划分方式表现出我国互联网治理伴随互联网的社会融合逐渐从专项治理向常态化治理转变。当互联网从单一化走向多元化、复杂化，更为具体、系统的治理措施成为互联网可持续发展的有效保障。

---

① 参见李文娟、王国华、李慧芳：《互联网信息服务政策工具的变迁研究——基于 1994—2018 年的国家政策文本》，载《电子政务》2019 年第 7 期。

表8 互联网治理"四阶段论"①

发展阶段	互联网特征	治理机构	治理侧重点	治理方式
1994—1997	基础设施建设	公安部为主	关注基础设施和联网安全	旁观、尝试
1998—2004	媒体属性凸显：门户网站等	信息产业部为主	关注网络新闻、出版、视频、论坛等	媒体拟制
2005—2009	社交属性凸显：博客、SNS等	网络协调小组+信息产业部为主的多部门	关注实名制、信息备案、网络新闻等	端点控制+媒体拟制
2009至今	复杂网络社会：微博、微信等	网信领导小组/委员会+工信部（前）/网信办（后）为主的多部门	网络信息、网络安全和网络社会管理等领域的综合立法	端点控制+媒体拟制进一步完善

（二）我国互联网治理的基本特征

我国互联网治理顺应互联网时代的发展趋势，充分借鉴国外互联网治理发展的有益经验，并通过互联网治理实践的推进形成较为鲜明的"中国特色"。具体而言，我们认为我国互联网治理的基本特征表现在：

1. 网络治理与行业引导相结合

我国互联网治理既表现在互联网运营行为与风险治理的政策与法律规范发展，又表现在针对互联网基础设施完善、国家信息化战略以及"互联网+"战略深入实施宏观规划。

我国互联网治理的政策与立法实施领域涵盖网络信息安全、电子商务、个人隐私与信息保护、知识产权保护、未成年人保护以及互联网行业管理等各个方面。网络治理的政策与立法变迁表现出政府通过法治手段寻求对互联网运行与发展等诸多风险环节的现实对策。法律规范体系的健全有助于互联网发展的有序性，提升互联网行业主体行为的可预测性，并对可能产生的社会风险进行有效的预防与制止。

在风险导向的网络治理之外，我国互联网治理也通过发展战略与规划的渐次实施，实现对互联网行业发展的制度激励与政策保障。例如，2006年国务院发布《2006—2020年国家信息化发展战略》；2013年国务院发布"宽带中国"战略；2016年中共中央办公厅、国务院办公厅印发《国家信息化发展战略纲要》；2016年国家互联网信息办公室发布《国家网络

---

① 参见李彦、曾润喜：《历史制度主义视角下的中国互联网治理制度变迁（1994—2019）》，载《电子政务》2019年第6期。

空间安全战略》等。除宏观发展战略外，不同时期针对不同领域的规范文件的出台也为互联网行业与监管发展指明方向。例如 2015 年国务院发布《关于积极推进"互联网+"行动的指导意见》、中国人民银行等十部委发布《关于促进互联网金融健康发展的指导意见》；2017 年国家发改委等八部委发布《关于促进分享经济发展的指导性意见》等。

2. 综合治理与合作共治相结合

我国互联网治理由初期偶发的微观治理逐步向当下常态化的综合治理演进，进言之，互联网治理不再是某一领域孤立的治理事件，关联性基础下的多部门综合治理已成为互联网治理的一般特征。例如，2007 年针对网络游戏读博问题，公安部、信息产业部、文化部与新闻出版总署联合发文规范；① 同年，在网吧与网络游戏的管理问题处置中，文化部、国家工商总局等十四部委联合发文，强化执法联动。②

在"自上而下"的综合治理之外，政府与企业、社会组织的合作共治逐渐成为热议的互联网治理发展命题。互联网治理中的合作共治表现在：一方面，强化企业、社会组织在互联网经济发展中的法律责任，强化行业自律。例如，2017 年深圳交警与滴滴出行就平台融合、酒驾干预、推进城市基础设施完善签订战略合作协议，探索互联网时代城市交通的社会协同治理升级；③ 再如，中国互联网协会曾于 2002 年发布"中国互联网行业自律公约"，号召互联网企业规范经营、遵纪守法。此后，中国互联网协会更是通过举办"绿色网络联盟"、出台多项行业自律公约、设立"互联网电子邮件举报受理中心""12321 网络不良与垃圾信息举报受理中心"等机构，强化行业自律、净化网络环境。另一方面，政府与企业就互联网深度融合达成有效政企合作。例如，重庆市曾于 2017 年与腾讯公司就共建"智慧城市"，助理"互联网+"产业升级等事项签订战略框架协议。2018 年重庆市又与京东集团就大数据智能化创新发展签订合作协议，推进互联网新兴技术与实体经济发展的深度融合。

3. 普遍防范与专项治理相结合

我国互联网治理的普遍防范表现在高位阶立法对互联网领域普遍存在的、已被国家社会普遍重视的风险领域的统一治理。例如，2004 年全国人大常委会通过《中华人民共和国电子签名法》规范互联网时代特殊签名行为引发的法律效力问题。④ 2015 年全国人大常委会通过《中华人民共和国国家安全法》，这是我国首次在法律层面确立网络安全对国家安全

---

① 参见公安部、信息产业部、文化部、新闻出版总署：《关于规范网络游戏经营秩序查禁利用网络游戏赌博的通知》。

② 参见文化部、国家工商行政管理总局、公安部、信息产业部、教育部、财政部、监察部、卫生部、中国人民银行、国务院法制办公室、新闻出版总署、中央文明办 中央综治办、共青团中央：《关于进一步加强网吧及网络游戏管理工作的通知》。

③ 参见佚名：《滴滴与深圳交警战略合作，构建网约车用户信用体系》，载新华网，http://www.xinhuanet.com//info/2017/01/17/c_135989121.htm。

④ 该法于 2015 年、2019 年两次修改。

的重要性，明确建设网络与信息安全保障体系。① 2016 年全国人大常委会通过《中华人民共和国网络安全法》，针对网络运行安全、网络信息安全进行全面治理。

在普遍风险防范之外，以问题为导向的专项治理是我国互联网治理中发生频次较高的核心事件。我国互联网专项治理一方面表现为国务院下属职能部委对特殊领域互联网问题的综合治理，例如互联网金融、共享经济等互联网经济部门的规制；另一方面也表现在司法部门对互联网领域焦点事件的集中治理，主要表现为最高人民法院、最高人民检察院对互联网领域特殊案件的司法解释。此外，还包括司法机关与执法机关联合发布的解释性质文件等。

第三节　互联网与法律的关系

互联网技术的兴起为社会发展带来诸多立法未能预见的现实难题。互联网与法律并非单向的影响制约，而应在相辅相成中寻找更能激励创新、更符合社会公共利益、更有利于社会可持续发展的平衡点。网络社会发展如何在法治社会的既定轨道下有序进行，网络社会引发的风险如何在法治路径下有效预防与化解，面对互联网发展中的不确定性现有法律体系如何调试，这些问题的解决都需要互联网与法律关系的澄清。

本节教学内容通过对现有互联网与法律关系文献的梳理，厘清互联网与法律关系的理论逻辑，并结合不同学科的不同特征分析互联网时代法律发展的现实挑战与热点问题。

一、互联网与法律关系的理论综述

我国学界关于互联网与法律关系命题的研究建立在互联网治理的法治化认同之上，通过分析互联网对传统法律理论与实践两方面的冲突，明确互联网时代法律发展的变革向度。

第一，互联网治理的法治化研究。作为互联网治理的核心命题，"法治"是互联网时代社会发展有序化的必要依托，学者们多从网络安全、网络主权、治理法治化等多视角出发论证互联网发展法治化的重要性。② 相关研究表明，"互联网社会的法律之治并不是对原有法律的否定和抛弃"，③ 而是通过法律理念、法治思维与法制工具的更新，将"网络社会

---

① 第二十五条　国家建设网络与信息安全保障体系，提升网络与信息安全保护能力，加强网络和信息技术的创新研究和开发应用，实现网络和信息核心技术、关键基础设施和重要领域信息系统及数据的安全可控；加强网络管理，防范、制止和依法惩治网络攻击、网络入侵、网络窃密、散布违法有害信息等网络违法犯罪行为，维护国家网络空间主权、安全和发展利益。

② 参见陈红梅：《全球互联网治理法治化思考》，载《湘潭大学学报（哲学社会科学版）》2019 年第 1 期；支振锋：《网络安全风险与互联网内容治理的法治化》，载《改革》2018 年第 1 期。

③ 参见严存生：《网络社会的法哲学思考》，载《北方法学》2019 年第 3 期。

治理要素、治理结构、治理程序、治理功能纳入法治范围及运行轨道的治理理论、制度与实践"。① 互联网时代的网络治理应当立足互联网发展的特殊性，通过规制方式的创新，调整网络空间中崭新的权利义务关系，最终实现互联网创新的有效支撑。②

第二，互联网对法律的影响研究。互联网对法律的影响表现在实践与理论两个方面，实践中的问题展现与理论中的观点升华构成我国互联网法律影响研究的现实镜像。

从实践问题表现形式上看，"互联网的安全问题、网上言论表达自由、电子商务、人格权保护、著作权保护、侵权责任等问题都是互联网时代的法律所面对的新挑战"；③ 而从问题深层逻辑上看，互联网的快速兴起与现有法律的滞后，④ 引发"社会法律的关系不清、框架不完整、内容不完善等问题"。⑤ 针对上述现实问题，我国互联网治理的实践逐渐由个别监管纵向法律布控，⑥ 大批法律规范文件的出台表现出我国互联网法治的阶段性成就。诚然，有学者同样指出，我国互联网时代的法治应对也存在着"立法位阶整体不高、相关立法存在空白、法律间协调性不足、相关立法'权利—义务'结构失衡等问题"。⑦ 此外，对互联网与法律关系命题的思考也表现在共享经济、算法规制、平台经济规制等现实问题的回应型思考之中，学者们普遍认为，法律客体的多元化对法律发展提出新的要求，固守传统法律思维不利于对新的法律关系的调整。⑧

从理论角度分析，更多学者通过对互联网法律事件的分析、互联网新型社会关系的澄清，阐明互联网对法律影响的理论本质。相关研究显示，互联网对法律的冲击体现在秩序、规则与思维三种维度：首先，从秩序来看，"新的社会关系格局和结构形态"⑨ 使得

---

① 参见徐汉明，张新平：《网络社会治理的法治模式》，载《中国社会科学》2018 年第 2 期。

② 参见于雯雯：《法学视域下的中国互联网治理研究综述》，载《法律适用》2015 年第 1 期；许娟：《法律运作中的权利话语——中国网约车案与美国的 Uber 案、Airbnb 案比较研究》，载《法学评论》2017 年第 2 期。

③ 参见张新宝：《互联网发展的主要法治问题》，载《法学论坛》2004 年第 1 期。

④ 参见吴志攀：《"互联网+"的兴起与法律的滞后性》，载《国家行政学院学报》2015 年第 3 期。

⑤ 参见王晓君：《我国互联网立法的基本精神和主要实践》，载《毛泽东邓小平理论研究》2017 年第 3 期。

⑥ 参见徐汉明：《我国网络法治的经验与启示》，载《中国法学》2018 年第 3 期。

⑦ 参见郭少青，陈家喜：《中国互联网立法发展二十年：回顾、成就与反思》，载《社会科学战线》2017 年第 6 期。

⑧ 参见张凌寒：《算法规制的迭代与革新》，载《法学论坛》2019 年第 2 期；赵鹏：《平台、信息和个体：共享经济的特征及其法律意涵》，载《环球法律评论》2018 年第 4 期；彭岳：《分享经济规制现状及方法改进》，载《中外法学》2018 年第 3 期；于莹：《共享经济法律规制的进路与策略》，载《法律适用》2018 年第 7 期。

⑨ 有学者研究指出互联网发展引发"众创"式制度变革与创新，即"在智慧社会建设与'大众创新、万众创业'的国家战略指引和鼓舞下，民间力量通过新技术、新平台来自发创制的新业态、新模式的运行机制与规则，突破了传统监管体制、法律规则和既定秩序，使得监管部门不得不作出适时的制度回应和法律变革的过程。"参见马长山：《智慧社会建设中的"众创"式制度变革——基于"网约车"合法化进程的法理学分析》，载《中国社会科学》2019 年第 4 期。

"国家与社会关系产生深刻变革",① 现有法律制度受到法律价值、法律关系与法律行为的多维冲击。② 从规则来看,网络社会的多元化本质使得法律规则秩序不再是单一的、自上而下的形成,而更多表现出规则形成的"双向路径"。③ 其次,从思维看,互联网科技的快速兴起引发"从人类中心主义到去人类中心主义的法律机制之转型",④ 并对法律与科技关系的传统认知产生冲击。⑤

第三,互联网时代法律变革研究。针对互联网时代的法律变革,学者们从制度思路与制度设计两个维度出发进行卓有成效的探索,突出表现出互联网时代法律制度变迁的参与性、回应性与创新性。

首先,从参与性来看,"共治""合作""协同"是相关研究中的高频词汇,从中我们不难发现,应对互联网时代的复杂法律问题需要规制资源的有效统筹与规制工具的综合运用。相关研究指出,互联网时代应坚持"共建共治共享"的治理理念,⑥ 强调政府与民间力量的规制合作、⑦ 外部规制与内部规制相结合、⑧ 建设国家"硬法"与民间"软法"的良性互动。⑨ 其次,从回应性来看,互联网时代的法律变革应当着眼于不同领域不同问题的基本特征,在政府与市场边界的明晰之下,寻求互联网问题的动态应对与妥善解决。⑩ 最后,从创新性来看,互联网时代的法律变革应当重视规制思维与规制方法的创新。相关研究指出,"互联网法律体系的建设应当秉承发展、协同、开放和全球的新型思路"。⑪ 此外,通过法律与技术的融合,实现立法与执法的效能提升得到学界的普遍认可,相关研究着眼互联网技术对科学立法、法治政府等互联网法律变革关键领域的创新影响,强调法律与技术

① 参见马长山:《互联网时代的双向构建秩序》,载《政法论坛》2018 年第 1 期。

② 参见马长山:《智能互联网时代的法律变革》,载《法学研究》2018 年第 4 期。

③ 参见徐汉明,张新平:《网络社会治理的法治模式》,载《中国社会科学》2018 年第 2 期;马长山:《智慧社会建设中的"众创"式制度变革——基于"网约车"合法化进程的法理学分析》,载《中国社会科学》2019 年第 4 期。

④ 参见高全喜:《虚拟世界的法律化问题》,载《现代法学》2019 年第 1 期。

⑤ 参见郑玉双:《破解技术中立难题——法律与科技关系的法理学再思》,载《华东政法大学学报》2018 年第 1 期。

⑥ 参见马长山:《智慧社会建设中的"众创"式制度变革——基于"网约车"合法化进程的法理学分析》,载《中国社会科学》2019 年第 4 期。

⑦ 参见刘绍宇:《论互联网分享经济的合作规制模式》,载《华东政法大学学报》2018 年第 3 期。

⑧ 参见张楚:《关于网络法基本问题的阐释》,载《法律科学》2003 年第 6 期。

⑨ 参见张祺好:《互联网新业态的"软法"兴起及其规制》,载《法学》2018 年第 2 期。

⑩ 参见蒋大兴、王首杰:《共享经济的法律规制》,载《中国社会科学》2017 年第 9 期;陈越峰:《"互联网+"的规制结构——以"网约车"规制为例》,载《法学家》2017 年第 1 期。

⑪ 参见网络安全课题组:《论网络治理与信息安全的法律保障体系》,载《电子政务》2014 年第 7 期。

的相辅相成。①

此外，"互联网法"的制定依据与内容澄清是现有文献研究的重要方向。虽然学者们对"互联网法"的内涵与外延存在认知冲突，② 但是互联网时代立法从特别法调整向专门立法的趋势不可逆。③ 互联网社会关系的特殊性决定了法律调整的特殊性，在传统法制不适应互联网创新发展引发的社会变革之时，构建针对性的互联网法律规范应当成为互联网法治化发展的重要步骤。④

二、互联网对法律发展的现实挑战

（一）宪法与行政法

互联网对宪法的现实挑战表现在网络社会高速发展下社会主体基本权利的新诉求以及对传统主体基本权利的边界明确。互联网技术在加速信息传播的同时也影响着社会关系的多维变化，在一个更加自由与开放的社会，公民对基本权利的诉求也出现了新的理据与载体。有鉴于此，学者们针对互联网时代公民的特殊诉求，提出网络权、⑤ 网络匿名表达权、⑥ 公民通信自由权、⑦ 网络政治参与权⑧等多种新的权利概念。

在权利种类的发展之外，传统公民基本权利也因互联网时代的发展亟待内容的重新厘

---

① 参见郑智航：《网络社会法律治理与技术治理的二元共治》，载《中国法学》2018 年第 2 期；江必新、郑礼华：《互联网、大数据、人工智能与科学立法》，载《法学杂志》2018 年第 5 期。

② 有学者认为，"互联网法"应当囊括与互联网相关的所有领域，并提出"电子信息法-网络法-信息化法""基础法—应用法—信息法—危机管理法"等多种构建思路（参见蒋坡：《论网络法的体系框架》，载《政治与法律》2003 年第 3 期；王晓君：《我国互联网立法的基本精神和主要实践》，载《毛泽东邓小平理论研究》2017 年第 3 期。）。与此同时，也有学者明确指出，"不宜制定一部大而全的'互联网管理法'，应当针对突出问题领域进行个别立法"（参见王利明：《论互联网立法的重点问题》，载《法律科学》2016 年第 5 期）。

③ 参见张新宝：《互联网发展的主要法治问题》，载《法学论坛》2004 年第 1 期。

④ 参见周汉华：《互联网对传统法治的挑战》，载《法学》2001 年第 3 期；周汉华：《论互联网法》，载《中国法学》2015 年第 3 期。

⑤ "网络权是人权在网络空间的延伸，其包含了上网权、网络言论自由权、网络隐私权和网络社交权。"参见何勤华、王静：《保护网络权优位于网络安全——以网络权利的构建为核心》，载《政治与法律》2018 年第 7 期。

⑥ "网络匿名表达权是公民通过网络匿名或使用假名针对公共事务发表意见而不受非法干涉的权利，具有宪法权利的属性，受宪法保护。"参见杨福忠：《公民网络匿名表达权之宪法保护——兼论网络实名制的正当性》，载《法商研究》2012 年第 5 期。

⑦ "通信自由权是宪法所保障的一项公民基本权利，它是国家权力在新情势下出现的新的权益冲突"。参见帅奕男：《基本权利"新样态"的宪法保障——以互联网时代公民通信自由权为例》，载《法学评论》2018 年第 6 期。

⑧ "网络政治参与权是公民通过互联网表达利益诉求与政治主张，进行自由讨论以及参与公共事务、公共决策，从而直接或间接影响现实政治生活的一项新兴公民权利，应受到法治保障。"参见杨峰：《论网络政治参与权的法治保障》，载《电子政务》2016 年第 6 期。

清，言论自由正是互联网对宪法冲击的重要表现之一。在互联网"去中心化"的高速发展中，信息的生成与传播远远超出法律的逾期，"传统的言论自由理想在现实中正受到越来越多的挑战"。① 实践中因网络不当言论引发的司法案件使人们反思互联网时代言论自由应当如何自处。② 无度地追求言论自由的保护不仅引发网络言论失范现象丛生，也不利于社会秩序与网络秩序的稳定。正如学者指出那般，"'电子民主'既可能促进民主，也可能带来民主乱象，甚至导致反民主的倾向"。③ 因此，结合中国发展实际，有效界定互联网言论自由的边界是宪法应对互联网冲击的重要议题。

互联网对行政法的冲击表现在公共利益空间在互联网环境下的急速扩张，引发行政法公共利益概念的拓展。④ 而互联网新经济形式的不断推出，也对固有的行政准入与行政管制产生冲击。例如，互联网金融的脱媒属性使其得以绕开传统金融管制，实现线上的闭环运行。再如，以网约车为代表的共享经济发展初期，多处于规避行政许可的"灰色地带"。面对互联网的挑战，行政法规制如何改良与升级、法治政府建设如何借助互联网技术应用是未来行政法发展亟待解决的命题。

（二）刑法

互联网的发展与深化在客观上为网络发展的蔓延提供了载体，在新技术与新空间的共同作用下，网络犯罪的发展亟待刑事立法的特殊回应。从发展趋势来看，"互联网犯罪从早期的'以计算机为犯罪媒介'向'以计算机为犯罪对象'转变、从'以网络为犯罪工具'向'以网络为犯罪空间'转变"。⑤ 互联网技术的更迭促进网络犯罪的本质变化。

当下我国刑法学界对互联网发展的应对表现出三种鲜明向度：第一，问题导向，即从互联网引发的实际问题出发，探讨刑事责任明确对特殊互联网行为的有效规范，例如网络平台犯罪、网络信息犯罪等；⑥ 第二，热点案例导向，即从社会舆论广泛的现实案例出

①　参见张西明：《从 Non-regulation 走向 Regulation——网络时代如何保障言论自由》，载《法学》2001 年第 7 期。

②　例如北京金山安全软件有限公司与周鸿祎侵犯名誉权纠纷案（（2011）一中民终字第 09328 号）、余丽诉新浪网公司案、方是民诉崔永元名誉权纠纷案（（2015）一中民终字第 07485 号）。

③　赵司空：《民主巩固与挑战：反思"电子民主"及其两面性》，载《社会科学》2018 年第 9 期。

④　有学者指出，"作为行政法原则的公共利益内涵与外延进一步拓展，公共利益主体的年龄大为降低、作为内容的经济利益与非经济利益进一步扩展、'互联网＋'成为扩充私权的手段并大大拓展了大众福利的存在空间"。参见严新龙：《"互联网＋"时代的行政法律规制》，载《重庆社会科学》2017 年第 7 期。

⑤　参见于志刚、吴尚聪：《我国网络犯罪发展及其立法、司法、理论应对的历史梳理》，载《政治与法律》2018 年第 1 期。

⑥　参见孙道萃：《网络平台犯罪的刑事制裁思维与路径》，载《东方法学》2017 年第 3 期；王莹：《网络信息犯罪规则漠视研究》，载《中外法学》2018 年第 5 期。

发，思考互联网技术应用下刑法的理念发展与技术审视，例如快播案、① 互联网金融规制
等；② 第三，立法评析导向，即根据与互联网时代密切相关的刑事立法与司法解释，作出
科学、合理、客观的理论评价。例如2015年《中华人民共和国刑法修正案(九)》通过以来
关于拒不履行信息网络安全管理义务罪、帮助信息网络犯罪活动罪等罪名的讨论。③

概览而言，互联网对刑法的发展需要"立足于刑法谦抑价值和法律解释的发挥"，④ 调
整刑法理念，⑤ 充分发挥刑法预防犯罪、维护秩序的基本价值，为互联网可持续发展提供
底线保障。

(三)民商法

互联网的发展"扩大了民事权利体系的范围，客观上造成民事权利之间的相互冲突和
不协调，并对传统民事法律行为制度、代理制度与交易制度产生重要影响"。⑥ 为了更好
地维护交易安全与民事主体秩序，民法对互联网的冲击应当从主体与课题两方面进行针对
性回应。从主体而言，互联网时代的人格权与个人信息保护是立法亟待应对的重要命题之
一。"进入信息社会，每一个人都是'信息人'，个人既是信息的生产者也是信息的消费
者，任何人都不可能离开信息而生存"，⑦ 信息与数据的高速传播为个人信息保护提出了
诸多现实挑战。在大数据时代，思考个人信息保护立法的调整维度是民法学界关注的重点
命题之一。⑧ 此外，在个人信息保护之外，网络时代虚拟人格的证成与保护也是学界关注
的重点命题之一，相关研究着眼网络空间虚拟人格与自然人人格的区别，提出在现有法律
框架之内的保护路径。⑨ 从客体而言，网络虚拟财产对现有民法物权体系产生冲击，衍生

① 参见陈兴良：《快播案一审判决的刑法教义学评判》，载《中外法学》2017年第1期；范君：《快
播案犯罪构成及相关审判问题》，载《中外法学》2017年第1期；车浩：《谁应为互联网时代的中立行为买
单?》，载《中国法律评论》2015年第3期。

② 参见阴建峰、刘雪丹：《互联网股权众筹的刑法规制问题论纲》，载《法律科学》2018年第1期；
王勇：《互联网时代的金融犯罪变迁与刑法规制转向》，载《当代法学》2018年第3期。

③ 参见谢望原：《论拒不履行信息网络安全管理义务罪》，载《中国法学》2017年第2期；皮勇：
《论网络服务提供者的管理义务及刑事责任》，载《法商研究》2017年第5期；张明楷：《论帮助信息网络
犯罪活动罪》，载《政治与法律》2016年第2期。

④ 徐剑锋：《互联网时代刑法参与观的基本思考》，载《法律科学》2017年第3期。

⑤ 有学者指出，"'该宽则宽''该严则严''分而治之'是网络时代下最为妥适的刑法理念。对网络
犯罪一律从严、从重、从早打击的观念似有不妥，应予纠正。"参见刘宪权：《网络犯罪的刑法应对新理
念》，载《政治与法律》2016年第9期。

⑥ 刘德良：《论互联网队民法学的影响》，载《南京社会科学》2002年第1期。

⑦ 张新宝：《从隐私到个人信息：利益再衡量的理论与制度安排》，载《中国法学》2015年第3期。

⑧ 参见张平：《大数据时代个人信息保护的立法选择》，载《北京大学学报(哲学社会科学版)》2017
年第3期。

⑨ 有学者指出，"虚拟人格是人格权在电控空间之延伸，是准人格的一种类型。"参见李佳伦：《网
络虚拟人格对民法典中民事主体制度的突破》，载《法学论坛》2017年第5期。

权利客体的新命题。虽然《中华人民共和国民法总则》顺应互联网发展趋势，将网络虚拟财产权利写入立法，① 但网络虚拟财产的权利性质仍有待厘清。②

互联网对商法的直接冲击表现在电子商务领域新型商事关系的出现与衍生。电子商务的出现并非实体交易的线上化处理，伴随"互联网+"的推进，借助互联网的平台优势，网络时代的商事主体身份多元、商事关系复杂多变、交易类型推陈出新。值得一提的是，目前互联网发展对商法冲击较为突出的领域表现在互联网公司引发的公司治理与证券上市规则的演变。进言之，互联网公司的发展逐渐突破传统"同股同权"的公司发展模式，通过优先股、表决权代理、合伙人制度等新型公司治理机制的推出，实现公司控制权的集中。③ 与此同时，这些新型公司股权设计结构也引发了证券法规则的联动变迁。

（四）经济法

互联网对经济法的冲击主要表现在经济模式创新发展下，法律规则如何有效预防与化解市场风险，稳定社会秩序。"互联网表现出的尊重个体需求、跨界融合、结构创新、开放共享等特性成为法治研究的主要基点，契合了经济法特征，需要经济法治予以必要的回应。"④从形式上看，以平台经济、共享经济和数字经济为代表的互联网经济模式的迭次发展为经济法制造了诸多崭新的规制领域。市场秩序规制如何有效识别互联网经济的创新属性与风险属性，及时对市场风险进行有效处置，考探着监管者的智慧。从实质上看，"以问题为导向的市场规制法终究是以解决市场失灵问题作为规制目标"，⑤ 互联网经济对经济法的冲击更多在创新与监管、政府与市场这些基本命题内的标准掌握。进言之，监管能否支持创新发展、政府与市场的边界如何厘清、在市场自下而上的创新驱动中法律规则如何变迁，这些问题的解答在某种程度上决定着互联网经济与社会发展的融合程度。学者们从互联网经济发展的特征与我国市场监管实际出发，提出了激励性规制、包容性规制、合作规制、协商规制等诸多新型规制理念。

此外，从经济法内部的部门法探索而言，互联网与法律发展的融合趋势更为明显：金融法学者从互联网金融引发的金融创新与金融脱媒出发，论证在宏观审慎与系统性风险预

① 参见《中华人民共和国民法总则》第一百二十七条 法律对数据、网络虚拟财产的保护有规定的，依照其规定。

② 参见温世扬：《民法总则中"权利客体"的立法考量——以特别"物"为重点》，载《法学》2016 年第 4 期；李岩：《"虚拟财产权"的证立与体系安排——兼评〈民法总则〉第 127 条》，载《法学》2017 年第 9 期；沈健州：《从概念到规则：网络虚拟财产权利的解释选择》，载《现代法学》2018 年第 6 期。

③ 参见吴飞飞：《现代公司控制权分配中"智识多数决"现象探究》，载《证券市场导报》2019 年第 8 期；孙亚贤：《股权众筹公司创始人控制权维持的法律路径》，载《法商研究》2017 年第 5 期；马一：《股权稀释过程中公司控制权保持：法律途径与边界——以双层股权结构和马云"中国合伙人制"为研究对象》，载《中外法学》2014 年第 3 期。

④ 杨松、郭金良：《互联网创新发展中的经济法治研究》，载《江海学刊》2017 年第 4 期。

⑤ 宋亚辉：《网络市场规制的三种模式及其适用原理》，载《法学》2018 年第 10 期。

防目标之下，金融监管如何适应创新并与互联网前沿技术相结合，实现规制的转型升级；竞争法学者重视对互联网新型不正当竞争行为与垄断行为的法律属性阐释，在市场竞争、消费者福利与市场秩序的多元目标之下探讨互联网经济发展的竞争政策与竞争法治支撑；财税法与劳动法学者也从互联网新型经济模式引发的新型法律关系出发，对法律调整作出阐释与分析。

第二章　网络法基本原理

第一节　网络法的概念和特征

一、网络法的概念

科学技术通过对于生活方式和思想观念的深刻变革而使得自身成为西方文明的重要组成部分，并且进一步对于世界文明的历史进程产生了重要影响。① 以计算机及信息技术为代表的第三次工业革命对于网络社会法律变革的影响，绝不亚于前两次工业革命文明时代的法律发展的影响。特别是"人与人之间的社会关系，潜移默化地影响着我们的日常行为。"②据此，进入网络时代后，世界主要国家都把互联网作为经济发展、科技创新、社会治理转型的重点，把互联网作为谋求竞争新优势的战略方向。③

党的十八大以来，以习近平同志为核心的党中央对我国网信事业发展进行了全面部署。习近平总书记坚持以"网络空间不是'法外之地'。网络空间是虚拟的，但运用网络空间的主体是现实的，大家都应该遵守法律，明确各方权利义务"④为指导理念，习近平总书记亲自担任中央网络安全和信息化领导小组组长，并提出了努力把我国建设成为网络强国的战略目标。习近平总书记提出的网络强国的建立，必然是网络法对各种网络关系的依法调整为条件，网络法作为国家权力运行的重要组成部分，是互联网时代国家权力运行和法治建设的首要环节，是要与"两个一百年"奋斗目标同步推进的社会治理手段之一。

法律概念在法律文件中具有重要作用，它将各种法律现象加以整理归类，为规范和原

---

① ［美］斯塔夫里阿诺斯（Stavrianos. L. S.）著：《全球通史：从史前史到 21 世纪》，吴象婴、梁赤民、董书慧等译；吴象婴校，北京大学出版社 2006 年版，第 484 页。
② 胡凌：《网络法中的"网络"》，载《思想占线》2020 年第 3 期。
③ 周汉华：《习近平互联网法治思想研究》，载《中国法学》2017 年第 3 期。
④ 习近平：《网络空间不是"法外之地"》，http：//www. xinhuanet. com/video/2021-09/24/c＿1211381725. htm，最终访问时间 2021 年 7 月 20 日。

则的构成提供前提和基础。"网络法是囊括网络应用涉及的法律问题的规范"①，因此，网络法的概念是网络法研究中必须搞清楚的重要概念。至今为止，学界上对网络法还没有形成统一的概念定义。法理学角度来看，法的调整对象和调整手段是法律部门划分的重要标准。当前，国内法中还没有形成独立网络法律部门的情况下，按照法理学中的划分标准对网络法下定义时，网络法是指调整信息网络社会关系的法律规范总称。网络法调整的主要社会关系包括：电子政务关系、电子商务关系、电信管理和电信服务关系、网络诉讼关系、信息网络传播关系等。② 当然，跟着网络社会关系形成的核心要素信息技术的日新月异及其应用领域的扩大，网络法所调整信息网络关系也不断扩展。

二、网络法的特征

网络法作为信息网络关系调整的法律总和，与传统法律部门比较具有以下几个方面的特征：

（一）法律效力范围的虚拟性

网络法效力范围与传统部门法调整的效力范围的空间有所区别。网络法调整的空间是实体人不能直接进入的虚拟空间，必须借算机等电子设备的作用才能进入。所有人可相对匿名地互动，不分释族、性别、经济条件、教育背和阶，都在平等地相互影响，国与国之间、人与人之间不存在物理界的界限；信息来源多、真伪难辨，再说不良信息一旦网上发布只能其慢慢沉淀下来，不容易消失。这就使得传统法律通常难以直接适用于网络空间，也是网络法与其他法律区别的一个重要特征。

（二）法律行为的特殊性

法律行为是行为人要实现某种法律效果的一种意思表示，属于法律调整的主要对象。从法律行为构成要件来看，现实空间的法律行为与网络上的法律行为都是一种意思表示，但两者有很大的区别。在现实生活中的法律行为受到特定时空的影响，其成立往往要求完成一系列的行为过程；反而网络律行为上不存在上述的过程，即使住在偏僻南极洲的独处一个人，也可以亲自完成网络法调整对某项法律行为。

（三）高度技术依赖性

传统法调整的法律行为或者是书面的或者是口头的，并通过法律规范所要求多种证据方式证明行为的客观存在。反而在网络法中的法律行为，带有很强的技术性。比如，最简单的收发邮件到各种网络地址的搜索访问，都要求特殊信息技术对支撑。如没有网络信息

---

① Cyberlaw or Internet law is a term that encapsulates the legal issues related to use of the Internet. From Wikipedia, the free encyclopedia. https://en.wikipedia.org/wiki/Main Page，访问日期：2021 年 7 月 23 日。

② 参见孙站利：《电子商务信息》，厦门大学出版社 2012 年版，第 11 页。

技术的支撑网络法调整的相关法律行为不能进行，虽然进行也属于传统法的调整范围。

（四）短期的时效性

网络法的技术依赖性特点决定，其短期时效性的属性。网络技术日新月异，既会导致无法可依的情况，也容易出现有法过时的局面。[1] 某一种网络法规范虽然经过长时间的酝酿、讨论和颁布生效，但维持很短时间后，可能就会被修订或废除。究其原因，网络技术的更新促使新的网络法理念、网络法价值的出现，并与新颁布的网络法价值存在价值冲突原因事实上失效。

（五）权利的特殊性

德国学者哈贝马斯说，私人领域就是个人交往的领域，其核心是内心领域（家庭和私人财产），同时包括商品流通领域和社会劳动领域等；公共领域则在一定意义上指政治公共领域（如国家）及一些特定的领域，如文学公共领域。[2] 按照哈贝马斯的观点，传统法律部门中的权利界限比较简单，权利与自由是私人领域和公共领域分界的结果，在传统法律部门中私人领域和公共领域的界限比较明显；而在网络条件下，私人领域和公共领域的界分已经十分困难。[3]

总之，从法律效力、法律行为、技术依赖性及权利划分方法的特殊性角度来看，网络法是一个网络空间的行为为调整对象的，传统法律部门不简单重复的特殊规范体系。

第二节　网络法的调整对象

在当今任何国家，网络法没有从传统法律部门独立出形成一个新的法律部门，反而是全新的、不断更新的一个法律体系。这一个全新法律体系应该包括哪些内容的这个问题上，世界上都没有形成一个统一的模式。从它的调整对象来看，网络法调整的关系既包括互联网领域的特有权益关系，又包括围绕网络领域特殊权引发的各类主体之间的关系。[4] 当然关于我国网络法的调整对象，学者们有不同的理解。

蒋坡教授认为，网络法所调整的对象包括在该虚拟空间中网络环境平台上的活动和行为所发生的各种法律关系，具体表现在四个方面：第一、关于网络法律关系的确认；第二、关于网络及其系统本身的建设、维护、运行、管理活动和行为规范；第三、关于发生在网络环境中各个平台上的各种活动和行为的规范，例如，电子商务、电子政务、网络安全、网络知识产权、网络个人隐私保护、网络犯罪活动预防和惩治等；第四、关于网络及

① 参见来小鹏：《论作为独立法律部门的网络法》，载《法学杂志》2019 年第 11 期。
② 参见［德］哈贝马斯：《公共领域的结构转型》，曹卫东译，学林出版社 1991 年版，第 171 页。
③ 周江洪：《网络法律问题的哲学分析》，载《兰州大学学报》2002 年第 6 期。
④ 参见于志刚：《中国互联网领域立法体系化建构的路径》，载《理论视野》2016 年第 5 期。

其系统有关的其他各种法律关系的调整。①

张楚教授将网络法规范划分为三种：第一、技术性法律规范，即针对技术问题，以技术为实施手段，体现立法者价值趋向的法律规范；第二、网络社区法律规范，即通常所称的网络法，它以社会化的网络应用关系为对象；第三、其他法律规范，即非网络法，或者产生于网络之前，或者虽然产生在网络之后，而与网络问题无直接关系，但间接约束人们网络行为的规范。②

按照我国著名法学家郑成思先生的观点，"网络法"是20世纪90年代后期，跟着互联网的广泛应用及电子商务的迅速发展而产生的一种新的法学概念，③ 其调整对象并不像"刑法""民法"或者"专利法""商标法"一样基本法或单行法，因为这样划分必将大乱已有的法律体系，或者与有法律重复乃至冲突。

不难看出，网络法的调整在学术界上处于分歧对象，学者们都出于自己的法理观点提出不同的意见，各有各的优点，亦各有不足。我们认为网络法的调整对象界定，既要立足于解决网络法律难题，也要关注网络法的完善与发展，更重要的是适合于我国社会主义法律体系的关系。具体来说，以信息技术为依托而形成的各种社会关系为调整对象的新颁布法律或者对已有的传统法律进行大范围的修改而受到调整的关系。

第三节 网络法中的基本权利义务

一、网络法中的公权力

(一)网络公权力的产生基础

自20世纪90年代互联网引入中国至今，互联网的快速发展使中国社会留下了互联网时代的深刻烙印，对网络社会的认识和研究经历了从基于物理设备架构的网络空间到作为一个新的社会形态的网络社会的发展过程，一个以网络应用为基本特征、与传统社会既分离又关联的中国网络社会正在形成。

"网络逐渐可见或可被直观感知，通过不断增加的连接而成为影响个体社会行为的动态'架构'。"④据此，既有人认为网络社会应是纯粹的虚拟社会，因而不需要政府的监管和法律的保护；也有人认为网络社会就是现实社会的延伸，需像现实社会一样加以事无巨细

---

① 参见蒋坡：《论网络法的体系框架》，载《政治与法律》2003年第3期。
② 参见张楚：《关于网络法基本问题的阐释》，载《法律科学》2003年第6期。
③ 参见刘品新：《网络法学》，中国人民大学出版社2009年版，第12页。
④ 胡凌：《网络法中的"网络"》，载《思想战线》2020年第3期。

的管理。事实上，网络社会既具备了与现实社会不同的虚拟性特点，又无时无刻与现实社会产生着高度关联。一项线上行动的完成，线下环节往往是其不可缺少的一环，在网络上发表言论的是现实中真实的个体，网络交易的最终完成倚赖线下的货物流动……离开了线下的真实社会，资本、技术、人员就成为空话，网络社会便会失去其存在的意义。毫无疑问，网络社会改变了传统的信息传播和交流模式，强化了网络媒介的公共性，在削弱精英对舆论的主导地位的同时为普通民众的交往与互动提供了全新领域。① 与此同时，网络社会与现实社会的直接或间接碰撞，使得网络社会的运行中出现了许多公共危机与治理困境。

1. 公民与网民在身份上的非对称性

在互联网中，一个公民可能衍生出多个网民身份，而这些不同的"网民"在言论、行为上很有能够展现出与现实社会中公民本人有巨大差异的言行。由于网民在网络社会中对言论的真实性和行为的合法性意识较为薄弱，再加上公民与网民在身份上的不对称等原因，公安机关对网络谣言、网络犯罪等违法行为难以追踪、取证并落实处罚到公民身份上。网络违法行为追求责任的这种现象，导致网络谣言、网络犯罪近年来呈高发增长趋势。

2. 现实地域与虚拟网域的对接失调

网络空间作为在信息技术基础上创设出来的虚拟空间，具有空间上的无限性。而当网络空间的治理活动从网络社会延续到现实社会时，网域的无限性同传统的基于地缘的属地管理之间就出现了对接上的困难。网络治理遇到的这些困难，导致网络上的治理问题无法准确与现实社会中的辖区对应解决。

3. 线上管理模式的失序

网络社会创造出了许多传统社会未曾出现过的交往场景和互动方式，同时也对传统社会已有的交往场景和互动方式进行了拓展和延伸。我国目前对于线下生活已形成一套全面而系统的管理模式，但这样的管理模式在线上生活中可能会遭遇不适。线上线下管理模式之间的缝隙，对网络治理工作的两个挑战。一方面线下的管理模式可能无法应对线上新创设的场景和互动方式；另一方面对同样的管理场景也可能难以实现线下与线上的一致性管理。

4. 公私界限的模糊化

网络社会不仅将"公"与"私"融入同一场域之中，也使公域与私域在技术进步与交往便利之下不断侵入对方边界。故而，网络社会中公域与私域的界限渐渐消失。随着信息技术的不断进步和大数据分析能力的不断提升，网络社会中的个人变得越来越透明。因此，

---

① 参见张峰：《网络公共领域的政府治理模式创新——从协作向合作的嬗变》，载《理论与改革》2014年第2期。

公权力对个人隐私的窥探、采集和分析将会成为难以阻止的可能。再加上网络社会的包容性使个人参与公共事务、引导社会舆论、成为意见领袖变得越来越容易的原因，私事公化的情形常有发生。

综上，网络社会作为新的社会空间，并非独立运行于网络的虚拟世界，而是与现实生活产生着千丝万缕的联系。据此可言，网络正在深刻地改变着社会权力结构与交往关系。正因为如此，公共部门有责任对网络社会的运行秩序加以管理，对网络社会中出现的公共危机加以化解。尤其是，线下管理体制与线上生活存在诸多冲突的情况下，如何构建适应于网络社会的治理体系，实现线上生活与线下生活的完美衔接，推动网络社会与传统社会和谐一致发展，是现代政府需要探索和解决的问题。

（二）网络公权力与"线上"政府

随着网络社会新的场景和互动关系的出现，网络社会呈现出比传统社会更为复杂的治理局面。网络治理局面的此种变化产生了全新的治理需求。在此情形下，政府治理的改革与创新不应囿于对网络技术和网络媒介的应用范围，而应当将治理视域延伸至网络社会，规范网络社会公共秩序、化解网络社会公共危机，构建完善的网络社会治理体系。线上政府就是为应对网络社会治理而提出的全新政府概念。所谓线上政府，是指政府构建基于网络社会需求、政府职能面向网络社会治理、政府辖区辐射网络社会空间，以工作对象的跨区域性、工作内容的网络相关性、工作方式的信息技术依赖性为特征的，从事线上活动管理、维护网络社会运行秩序的政府架构。① 目前，我国对网络信息监管、网络犯罪治理、网络经济活动等领域，虽然积极介入治理并陆续出台了一系列法律法规，但总体上网络治理仍然处于治理手段较为被动、治理范围点状分布、治理效力严重不足的状态。线上政府正是致力于改变这种治理现状上的不足，全面、系统地建立网络社会法治化治理体系。

1. 线上政府的内涵

前文已勾勒出线上政府的概念，但正确理解线上政府的内涵，应着重注意以下几点：

（1）线上政府并非在传统政府之外重建的新政府

线上政府与线下政府，是基于政府治理对象、工作领域、服务内容的不同，而形成的二元分析概念。据此，网络社会与传统社会在社会治理中要并驾齐驱，并线上生活与线下生活缺一不可。故而，"线上——线下"同时治理成为符合时代背景、利于问题解决的分析框架。

我们对服务国家公民、治理传统社会的线下政府（即传统政府）已然熟知，对于面向网络空间、治理网络社会的线上政府，则可以进行类比推及。首先，线上政府同线下政府一

---

① 参见陈国权、孙韶阳：《线上政府：网络社会治理的公权力体系》，载《中国行政管理》2017 年第 7 期。

样，是实体的政府，而非虚拟的政府。尽管线上政府的治理对象是网络虚拟身份——网民，但网络中产生的关系、交易甚至犯罪，其结果都能够映射到现实社会之中，并产生着实际的影响。因此线上政府不能仅仅虚拟化于网络空间，而是应实体存在于现实社会中。其次，线上政府与线下政府是统一的政府，而非割裂的政府。一方面，线上政府与线下政府在网络治理中具联动性，线下环节是网络治理中的基础环节。另一方面，线上政府与线下政府它们既可以是同一政府的不同部门，也可以是同一部门的不同职能分工，线上政府并非要在传统政府之外重建一个新的政府。

（2）线上政府延伸了政府治理领域

线上政府建构的目的，一方面并非等同于电子政府、网络政府等藉由信息技术和网络平台实现传统政府服务的网络化、便捷化的概念内涵，另一方面也并不意味着将传统政府的组织职能在网络上一一映射而构建传统政府的网络化形态。线上政府是对政府治理领域朝向网络社会的延伸，着重于维护网络社会本身的运行秩序，要解决由网络社会的存在而衍生出的与线下生活截然不同的新问题，并对线上、线下同时存在的问题进行协调一致的解决。目前我国网络社会的舆论秩序建构、交易安全保障、网络产权保护、网络违法行为打击等都还处于系统性法律制度保障的探索阶段。故而，线上政府重要作用于发现线上问题、探寻解决方案、进行有益尝试、推动立法进程的各个环节，并防止线上生活的政府缺位和法律失效。

2. 线上政府的主要职能

关于政府在网络社会中应该行使什么样的职能，是线上政府构建中最为重要的问题。党的十八届三中全会审议通过的《中共中央关于全面深化改革若干重大问题的决定》将政府职能概述为宏观调控、市场监管、公共服务、社会管理、环境保护，精练地概括了政府的职能领域。线上政府的职能范围既形成于上述的政府职能框架之内，又与网络社会当前面临的问题密切相关，基于以上两方面的分析，我们将线上政府的当前职能归纳为网络安全保障、网络市场监管、网络公共服务、网络秩序管理。

（1）网络安全保障

从线上政府的基本属性来看，线上政府的网络安全保障职能体系包含了国家安全、个人隐私安全和网络交易安全。在信息时代，网络已经成为国际竞争的主战场，网络黑客窃取国家机密、军事机密的情形不仅出现在科幻剧作中，也真实地存在于现实世界里。在国家层面上抵御外部势力经由互联网的网络攻击、信息窃取以及价值渗透和舆论操纵，已成为线上政府维护网络安全的重大责任和挑战。此外，大数据技术的快速发展使个人变得越来越透明。人们在网络生活中也经受着隐私泄露的不安全感，保护公民的个人信息不受非法利用、隐私权不受不法侵害。据此，个人隐私安全也是线上政府需行使的职能。同时，随着网络金融的普及，线上交易变得越来越频繁，看得见的资金交易变成了看不见的信息流动，线上政府应在此过程中防止线上资金在交易过程中被拦截、窃取，保护网络交易安全。故而，构建线上政府，实施网络安全保障，是新时期"总体国家安全观"对国网络治理提出的新要求。

（2）网络市场监管

根据联合国宽带可持续发展委员会发布的最新报告，2016 年中国已成为全球第一大互联网市场；① 据《中国互联网发展报告 2021》数据，2020 年中国数字经济规模达到 39.2 万亿元，占 GDP 比重达 38.6%，保持 9.7% 的高位增长速度，成为稳定经济增长的关键动力。② 由此可见，数字经济成为国民经济的重要组成部分。在此际遇下，规范网络市场秩序，维持网络市场健康发展成为新一轮推动经济增长、助力结构转型的关键。数字经济发展的此种背景下，线上政府不仅要对面向消费者的网络消费者市场进行有效监管，同时还应规范网络企业间竞争行为，遏制网络不正当竞争情况的出现。故而，线下政府则应整合现有的网络市场监管资源，建立全面、系统的网络市场监管体系。

（3）网络公共服务

提供公共服务是现代政府的重要职能，也是政府合法性的重要来源。网络空间作为新产生的公共领域，易于接纳和创设新的公共服务内容和服务形式，网络社会的政府公共服务大有可为。线上政府的网络公共服务除了常见的电子政务服务，还包括了网络基础设施服务和云计算服务。互联网与大数据产业的快速发展有赖于网络基础设施的建设，网络基础设施需求量大、统筹性强、造价高，需要政府部门"集中力量办大事"。据此，提供有效的网络公共服是今后的社会经济管理的不可或缺的一部分，也是线上政府职能实现的重要组成部分。

（4）网络秩序管理

相比其他方面，政府在网络秩序管理上的行动已经走在了前面，在规范网络言论、限制不健康内容传播等方面已经形成了相对完善的法律体系。但网络中信息的真实性和透明性的不确定使得网络突发事件、网络群体性事件的概率和可控难进一步加大。因此，线上政府进行网络秩序管理，还需进一步探知网络突发事件的演变规律，加强对网络虚假言论和煽动行为的打击，做好网络群体性事件的疏导。而建立社会问题的线上——线下协调解决机制，维护安全、稳定的网络社会秩序，是线上政府不可推卸的重要职能之一。

---

① 参见 The State of Broadband 2016：Broadband catalyzingsustainable development. http：//www. urenio. org/2016/09/21/broadband-2016-sustainabledevelopment/。

② 参见中国网络空间研究院：《中国互联网发展报告》，电子工业出版社 2021 年版，第 1 页。

二、网络法中的权利

由于网络空间的开放性、互动性、匿名性以及高效性等特性，促使网民在网络空间的活动中失去现实社会的物理距离感而武断，基于虚拟网络空间尽情行使他们自己认为的"权利"，并产生享受着最大程度上的活动自由错感。实际上，在现代社会中，"权利"一词已被过度使用。故而，权利往往涉及权利主体自身需求或利益时便提出"这是我的权利"的错误认识。然而，对于权利究竟是什么，暂且不提普通民众很难给出具有说服力的解释，就连法学理论界对于权利的定义也莫衷一是。《牛津法律大词典》中"权利"这一词条这样写道："这是一个受到相当不友好对待和被使用过度的词。"[1]20世纪最著名的法学家、任美国哈佛大学法学院院长职务长达20年之久的罗斯科·庞德说过："法学之难者，莫过于权利也。"[2]张文显教授在他的论著中也列举了关于权利的八种学说：资格说、主张说、自由说、利益说、法力说、可能说、规范说、选择说。

综上而言，虚拟网络空间中的权利界定并非容易之事，基于权利本质属性，网络法中的权利是指，网络主体在网络社会生活中所享有的特殊权利和利益。从现实生活中其他方面具体的权益结合在一起，网络法中的权利范围包括如下几个方面：

(一)信息共享权

信息资源共享体现出权利的平等，某些过去只有少数人才能享有的文化资源正通过网络而为大众共享，如远程医疗和远程教育。信息公共权要求信息的使用价值可以被无限次分享。因此，只有共享信息才能充分发挥信息潜在的价值，极大降低信息生产的社会费用。而且在信息社会中，信息是最重要的社会资源，谁能更有效地收集信息，掌握信息，加工信息，使用信息，谁就能够在社会中发挥更大的作用并处于更有利的地位。所以，从社会共同进步，缩小国家间、地区间的贫富差距，创造一种每个人不论其出身都能充分发挥其潜能的环境来看，信息应当共享。

(二)网络行为主体的人身权

首先，是网络行为主体的隐私权。合理的个人隐私权是人的基本权利之一，应该得到保障。我国法律规定，只有专门机关才有权在必要的情况下对嫌疑人进行监视、调查、取证。信息社会由于电子信息网络深深融入社会生活，人们会在网络上工作、娱乐、交往并且发挥社会作用，而网络服务提供商和网络服务站点为了收取入网费和使用费，需要详细记录其客户的行踪。同时，由于电子信息网络信息收集的便利性，电子信息网络上的个人生活在技术上极可能成为"通盘为文件所记录的生活"，它可能细致到令人恐怖的程度。如

---

① 张恒山：《法理要论》，北京大学出版社2009年版，第59页。
② 张文显：《法哲学范畴研究》，中国政法大学出版社2001年版，第60页。

果这些信息不能被保护，个人隐私权将受到极大的侵犯。目前一些欧陆国家学者试图以一般的民法原则解释网上隐私权同样属传统法保护，以美国为代表的一些国家则通过电信法、"数据法"等成文法直接保护计算机网络上的隐私权。鉴于我国近年来重视个人隐私权的呼声日渐高涨，人们的观念也在发生变化，立法面临如何确立符合国情的隐私权保护制度的任务。从民法基本原则到计算机信息网络具体法律规则，都应确立起网络隐私权的地位。

其次，是网络行为主体的名誉权。对于一个行为是正常的批评监督还是对名誉权的侵犯，本身就是争论不休的敏感问题，一到网上就更为复杂了。北京一小学生因在某著名快餐店就餐引发疾病，向其索赔不成，于是寻求网上支援，轰动一时。有人认为这是一场"网上消费者权益保护运动"，称"信息制裁对整顿和规范市场行为，可能比现实社会更有力量"；但也有意见认为，未经调查的评论很可能与事实有较大的出入，不排除某些人在自己的不合理要求得不到满足时编造不实之词诋毁他人名誉的情形发生。对此，立法至少要规定一些原则，切实保护网络主体的名誉权。

(三)网络知识产权

众所周知，对知识产权的侵犯是当今社会的一个严重问题，而因特网的出现加剧了其严重性。许多国家和地区，软件盗版相当普遍。再加上因特网对传播非法拷贝提供了方便快捷的工具，对知识产权的有效保护带来了新的挑战。故而，世界各国政府为了充分保护在网上发送的音乐、录像、电影、文学和其他数字作品拥有者的权利，正在全力改变现行的版权法律。

伴随着我国网络信息业的快速发展，人民法院受理的涉及计算机网络的著作权纠纷案件呈上升趋势，并导致审判过程如何适用法律问题比较突出。为了保护著作权人的合法权益，规范网络环境下对作品使用的正常秩序，以及促进网络信息业的健康发展，最高人民法院经过调查研究，在总结审判经验的基础上，参考借鉴国外网络著作权司法保护的实际做法，并发布了《关于审理涉及计算机网络著作权纠纷案件适用法律若干问题的解释》。据最好人民法院颁布的《关于审理涉及计算机网络著作权纠纷案件适用法律若干问题的解释》相关规定，网络环境下的作品被使用的方式主要体现为网络传播。故而，基于著作权法的立法精神，网络著作权人应当享有以该种方式使用、许可他人使用并由此获得报酬的权利。

(四)信息自由交流权

网络存在和发展的原因，在于它为人类行为提供了充分施展各种能力的空间。人们在网络空间会感到一种前所未有的自由感。通过网络，网民可以给世界各地的人发电子邮件，并参加自己感兴趣的多种讨论组；在电子公告牌上发表自己的论文而不必担心所谓的

"出版""发表"等问题；随时调阅网上图书和资料库的东西，如果高兴，随时打开电脑就可以去白宫或罗马的艺术博物馆去"漫游"一番。

但应该注意的是，网络主体的以上交流自由，不仅仅是网络提供给人们的优越条件，更主要的是网络本身的需要。因此，网络自由交流权应当包括了网络主体能从任何地方得到任何(非特权)信息的权利；控制和授权知识产权的权利；给任何人发送任何合法信息的权利；在任何网络场所出版任何合法信息的权利，当然在其有损知识产权时应该限制。

三、网络法中的义务

我国的网络技术尚正处于全面发展的阶段。网络技术有关的监管和立法都不健全。然而，网络空间中的民众，习惯任意行使着他们所认为的权利，如发表网络言论。通常民众会认为，自己在虚拟空间中的行为一般很难对现实社会造成物质性的损害，也不会对人类整体社会的存续和发展造成损害，所以不应当受到过多的限制，换言之，即不应当承担义务。这样一种网络空间里的权利与义务的失衡状态，为网络空间的正常秩序埋下了隐患。参与网络关系，享有一定网络权利的主体，必须对自己、他人和社会所应履行一定的责任、使命与任务。根据我国现行法律法规中的网络有关内容，网络法中的行为主体应要承担法律义务以具体行为和技术两个层面承担以下不同的两种法律义务：

（一）网络行为主体的法律义务

从网络律关系的行为主体在网络空间中进行的行为种类来看，行为主体要遵循四大种类法律义务。一是必须遵守国家法律、法规，执行国家保密制度并对所提供的信息内容负责；二是不得利用互联网从事危害国家安全、泄漏国家秘密等犯罪活动；三是不得利用互联网查阅、复制、制造和传播妨碍社会治安和淫秽色情的信息；四是不得利用国互联网从事危害他人信息系统和网络安全、侵犯他人合法权益的活动。

（二）网络行为主体的技术性义务

就技术层面而言，以网络交易安全和消费者权益保护为出发点，网络行为主体可以自身制定一定的规则，承担一定的义务，从而保障网络商务、网站建设、网络知识产权等网络行为的规范化，并促使消费者对网络商务建立足够的信心。技术性义务的内容依不同的空间而有所不同，但其基本的准则有以下方面：

1. 网络商务方面。为网络商务事业的有序进行，网络行为主体在技术层面承担三个技术性法律义务。一是从事电子商务者，应在网页上以明显且消费者易于取得的方式，诚实且完整提供电子商务业者的证明资料，以利于消费者辨识及确认业者的身份。二是从事电子商务从业者，应提供完整的交易条件信息，尊重消费者的个人资料及隐私权保障，承诺只在所允许的使用目的下使用消费者的个人资料，未经消费者同意不向第三人提供。三是电子商务业者应提供安全的付款机制及交易环境，在技术和管理反面，确保交易环境及信息系统的安全。

2. 网站建设方面。承担起保护隐私和信息安全的义务，包括：网站不会将用户为参加特定活动所提供的资料用于其他目的的义务；网站应对用户所提供的资料进行严格的管理及保护，使用相应的技术防止用户的个人资料丢失被盗用或篡改的义务；网站应建立和维持统一合理的程序，以保护个人资料的保密性及安全性；网站有根据执法单位的要求或为公共安全的目的提供个人资料的义务；网站有承担起对网上有害内容管理的义务等。

第四节　网络法的体系与原则

一、网络法的体系

(一)网络法体系的基本问题

"所谓网络法的体系是指网络法作为一个法律的有机体所应当具有的组成部分及其之间的合理的链接关系。"①法律体系问题是法学研究的一个核心命题之一。因网络法与传统法相比有其独立的内容、不同的特性与基本原则，它具有自己的基本法律体系。

对于网络法体系问题的研究，最早从信息法律体系角度展开。比如，俄罗斯国立莫斯科法学院法信息学教研室主任 B. A. 科佩洛夫在"论信息法体系"一文中，对网络法律体系进行了一个较为科学的划分。他认为以信息利用权的割让原则、信息流通性能的原则、信息客体(信息物)原则、信息可传播原则、组织形式原则等五个原则来确定信息法律体系，才能比较全面地划分网络法法律体系。② 我国著名知识产权研究者齐爱民教授也从信息法的角度，提出了网络法基本体系有关的观点。他认为，作为一个独立的部门法，信息法的体系由信息产权法、信息交易法、信息保护法、信息公开法、信息管理法和信息安全法六大部分组成，③ 进而从信息法体系化角度分析了信息法原理，④ 并强调了法律原理中的体系化原论作用。

后来的研究中，国内法学界也从整体性的角度提出网络法律基本体系相关的观点，并丰富了网络法律基本有关的研究。比如，戴维民系统阐述了网络法律体系构建的原则和分类，⑤ 胡荣也认为，我国目前仍缺少网络相关法律对其进行有效规制，应充分认识网络立

---

① 蒋坡：《论网络法体系的架构》，载《政治与法律》2003 年第 3 期。
② 参见［俄］B. A. 科佩洛夫：《论信息法体系》，赵国琦译，载《国外社会科学》2000 年第 5 期。
③ 参见齐爱民：《论信息法的地位与体系》，载《华中科技大学学报》2006 年第 1 期。
④ 参见齐爱民：《信息法原论——信息法的产生与体系化》，武汉大学出版社 2010 年版，第 11 页。
⑤ 参见戴维民：《我国网络法律体系建设的现状与任务》，载《信息管理》2003 年第 6 期。

法的必要性与紧迫性，并从网络立法原则、模式、重点及配套法律等方面理清网络立法的思路。① 汪晓方也指出，从目前的情况来看，我国的网络法律法规并不完善，人们在主张自己的网络权利时，找不到合适的法律来引用，有些网络行为甚至触及到了法律盲区。②

(二) 网络法体系结构的分类

"任何一个体系的存在都必然是由特定的合理的结构予以支持的。"③但是，有关网络法体系结构分类研究中，也有很多不同的划分与观点。冯艳光、李微娜等学者，在介绍我国部分学者对于网络信息立法研究的基础上，系统性地概括了4网络信息立法框架模式和内容，并探讨了网络信息立法内容之间的关系，整合、重建了网络信息法的框架模型。刘桦在分析了网络立法存在的各种问题基础上，提出应当建立一个以网络基本法为主，辅以配套的网络行政法规和部门规章的网络法律体系。④ 祁建平指出，我国应该对现行行政法规进行系统编纂，并依据一定的原则尽快制定一部《中华人民共和国信息网络法》。⑤ 马海群教授也构建了我国电子政务法律体系框架，包括基本结构框架和立法体系框架，为推进我国电子政务法制建设提供了有益的参考。⑥

总体来看，目前对于网络法律体系的划分还没有达成一致共识，并且，这些划分角度标准各异，整体结构的完整性和逻辑性仍有很多值得商榷之处。比如这些提法中没有将实体法与程序法进行全面提出，不同效力级别的法律系统问题也需要进行分析，网络信息内容及网络技术工具及设施乃至产业问题也需要作出细分。但从网络法要规范的行为方式来看，主要调整因网络应用而产生的各种社会关系和行为主体与网络技术规律之间的关系。⑦

(三) 网络法体系的合理构建

我们在前文所述，网络法不同于其他的法律部门，具有主体多元化特征的法律规范总称，它的法律渊源具有广泛性。据谢永江等学者的统计分析，我国有关互联网管理的法律法规在数量上已形成一定的规模，但这些众多的法律法规却不能构成一个完整、系统、条理清楚的体系。

我国网络法中的一些立法，都是依照传统的解决实体社会问题的思路来进行立法创制

---

① 参见胡荣：《完善我国网络立法的必要性及思路》，载《晋中学院学报》2008 年第 1 期。

② 参见汪晓方：《我国网络法律问题的现状研究》，载《科教文汇》2006 年第 1 期。

③ 参见蒋坡：《论网络法体系的架构》，载《政治与法律》2003 年第 3 期。

④ 参见刘桦：《从"网络通缉令"谈网络立法的完善》，载《人大建设》2007 年第 4 期。

⑤ 参见祁建：《论我国信息法律保护的实然与应然》，载《兰州学刊》2001 年第 8 期。

⑥ 参见马海群、宗诚：《电子政务的立法状况、法律框架及核心问题》载《中国图书馆学报》2006 年第 2 期。

⑦ 参见张楚：《关于网络法基本问题的阐释》，载《法律科学》2003 年第 6 期。

或修改，虽暂时解决了问题，但是难以有长效机制，并没有将互联网作为法律关系的客体进行网络新兴法律的创制。与此同时，本身属于虚拟空间独有的问题早就解决的问题，仍无法解决。比如域名及虚拟数字资源的财产属性问题等，难以通过修修补补作出调整。相较而言，发达国家也建立了涵盖互联网资源管理、电子商务、网络信息安全、个人信息保护、防治网络犯罪等各个方面的完备的互联网法律体系。比如，美国2009年制定的《网络安全法案》。据此，网络法体系的架构合理安排，是今后的网络立法中重点研究的问题之一。

二、网络法立法现状

（一）美国的网络法立法状况

众所周知，美国是互联网的发祥地，也是网络立法最早、最多、最完整、最全面的国家。从立法层面上看，美国对于互联网的管理，基于其存在联邦和各州均具有各自的立法权的国情，也是从联邦和州两个层次立法管理。据此，美国立法相对于其他国家特别是后起的发展中国家已经较为成熟，可以借鉴参考。

1. 在互联网的信息政策方面

美国从20世纪50年代就开始制定信息政策，是最早制定国家信息政策的国家，这些信息政策常常具有法律效力。在关乎互联网络方面，美国拥有具有极强的连续性发展规划和具体计划。比如，美国先后制订和实施了：1993年的《国家信息基础设施行动计划》（NII, National Information Infrastructure Agenda of Action），又称"信息高速公路战略"，标志着美国信息化建设工程的开始；1994年的《全球信息基础设施计划》（GII, Globalb Information Infrastructure：Agenda for Coperation），并在五项基本原则的基础上，致力于促进各国信息基础设施的发展和各国间的合作，鼓励政府和民间私人的合作，以促进全球的信息发展；1996年的《下一代网络计划》（NGI, Next Generation Internet），旨在促进网络的更新换代，解决原有网络设施陈旧落后、不堪重负的问题，以保持美国在信息通信技术上的绝对领先地位，确保其继续成为世界经济、政治领域的无可争议的领导者；1997年的Internet2计划，以保证大学和研究机构使用先进的网络、在全球范围内促进高层次的教育和信息服务。简言之，网络作为美国信息化发展的主要内容，这些发展计划对于推动美国的经济增长，保持其在世界竞争中的优势地位，促进其网络立法，有着极其重要的指导性的作用。

2. 在维护网络安全与进行网络内容管理方面

美国为了便利网络内容管理而实现网络安全，早在1977年制定了《联邦计算机系统保护法》，并首次将计算机系统纳入法律的保护范围。到了1987年制定《计算机安全法》。

《计算机安全法》是美国计算机安全管理的基本法律，目的在于提高联邦计算机系统的安全性和保密性。为了更好地保护国家安全，1996年美国国会先后通过了《电信法》《国家信息基础设施保护法》。其中前者明确规定，不允许利用互联网宣扬恐怖主义、侵犯知识产权、向未成年人传播色情以及从事其他违反美国法律的行为，而后者则加强了对侵害国家信息基础设施的行为的认定和处罚。

进入新世纪后，美国开始关注信息安全有关的立法工作。2000年通过《政府信息安全改革法》，并规定了联邦政府部门在保护信息安全方面的责任，建立了联邦政府部门信息安全监督机制。同一年通过的《互联网虚假身份证明防范法》中，规定司法部长和财政部长必须设立反虚假身份证明协调委员会，进而实现通过现有的跨机构专门小组或者其他措施，保障有力地调查和起诉虚假身份证明文件。而美国网络安全和内容管理的最重要法案中，即《美利坚合众国法典》第18编第1028节增加计算机网络有关内容。

更值得关注的是，"9·11"恐怖袭击发生后，美国迅速通过立法赋予政府网络监控权。2001年通过的《爱国者法》，以及修订的《联邦刑法》《刑事诉讼法》《1978年外国情报法》《1934年通信法》等，授权国家安全和司法部门对涉及化学武器或恐怖行为、计算机欺诈及滥用等行为进行电话、谈话和电子通信监听，并允许电子通信和远程计算机服务商在某些紧急情况下向政府部门提供用户的电子通信。2002年11月通过的《国土安全法》，进一步要求提供网络服务的公司在调查机关要求下，有义务向美国政府提供用户的有关信息和背景；警方有权监视互联网上包括个人电子邮件在内的信息来往；如果出现"危及国家安全"的情况，或"受保护的电脑"遭到袭击，当局无须事先征得法院同意，即可监视电子邮件和互联网上的其他相关信息。在此情形下，服务商信誉和客户机密须让位于国家安全。2015年，《2015网络安全法》获得美国国会通过。该法的颁布，进一步推动了美国网络安全法律的发展进程。

如前所述，在过去的数十年间，美国政府已经制定、颁布了一系列国家战略、行动计划、行政指令以及多部法律，旨在通过制度化安排，妥善处理、应对网络空间安全及网络信息安全。以推动多元主体的信息共享为核心内容的《2015网络安全法》，延续此前立法宗旨，成为美国网络安全法律的一大特色。

3. 在个人信息保护方面

为规范网上信息的收集、利用、发布，保护隐私权，美国先后制定了《电子通信隐私法》（1986年）、《通信净化法》（1996年，后被联邦最高法院宣布为违宪）、《数据保密法》（1997年）、《儿童在线隐私权保护法》（1998年）、《电子隐私权法》（1999年）、《网络安全信息法》（2000年）等法律。其中，《数据保密法》规定，对出于商业目收集个人（包括儿童）信息、发送主动式电子商务邮件等行为，要建立自我规范制度。《数据保密法》还规定了出现纠纷后的调解和仲裁办法，同时禁止透露或使用某些政府信息、个人保健和医疗信息等。《公共网络安全法》规定，政府在保证网络安全的同时，还要保证个人的隐私权、知识产权及网络使用者的个人安全，如有侵权行为发生，应对侵权人进行惩罚。

4. 在未成年人保护方面

未成年人保护是美国政府对网络管理的重点。2004年制定的《儿童在线隐私权保护法》，针对在线收集13岁以下儿童个人信息的行为，规定了网站管理者要遵守隐私规则，必须说明何时和如何以一种可以验证的方式向儿童家长索求同意，并且网站管理者必须保护儿童在线隐私和安全。该法案规定防止向未成年人传播色情淫秽信息的有关规定。2000年12月通过的《儿童互联网保护法》(也称《青少年互联网保护法》)规定，中小学校、公共图书馆等必须在其网络服务程序的目录上提供过滤器，确保未达17周岁的未成年人不接触到有色情内容的成人网站。此前，美国国会还制定过两部管制互联网内容的法律——《通讯净化法》和《儿童在线保护法》，以保护未成年的儿童，使他们不致被网络上污秽的言语或图片所侵害，但被美国联邦最高法院分别于1997年、2004年裁定为"违宪"。

5. 在电子商务方面

从联邦层面，1997年7月美国政府正式发布《电子商务政策框架》，确定了电子商务发展的原则。1997年在《统一商法典》(并于1998年进一步作了修改)中增加了两章：电子合同法和计算机信息交易法。1999年，美国颁布了《统一电子交易法》，允许在网上实现各种商业交易，包括使用电子签名和电子公证。2000年通过了《国际国内电子商务签名法》，赋予电子签名和一般书写签名同等的法律效力。2007年发布了《互联网博彩管理法》。近10多年来，美国又出台了一系列的法律文件，基本上构成了电子商务的法律框架。

6. 在知识产权保护方面

美国网络知识产权保护方便，最重要的是1997年的《反电子盗窃法》和1998年的《千禧年数位版权法》。前者旨在为互联网上有关作品的使用实施知识产权保护，并为指控互联网上的侵犯知识产权行为提供法律依据。根据其规定，未经授权而故意在互联网上复制、传播和共享受知识产权法保护的作品的电子文档侵犯知识产权的，其造成的损失零售总金额超过1000美元，可以处3年以下监禁和25万元以下罚金。《千禧年数位版权法》，是为执行世界知识产权组织1996年通过的《世界知识产权组织表演和录音制品公约》《世界知识产权组织著作权公约》而专门制定的法律。《千禧年数位版权法》旨在将两项国际公约国内化，以解决国际互联网发展而引起的著作权保护问题。

7. 在电子政务方面

在电子政务方面，美国是世界上最为发达的国家，也是电子政务法律体系最为完备的国家，既制定了专门的电子政府法，也出台了一系列与电子政务有关的法律：

2002 年的《电子政府法》，是美国电子政府的基本法，无论是就篇幅还是内容而言，都是世界上迄今为止最为详细、覆盖面最广的一部法律。它将联邦信息安全管理法整合进去，建立了美国电子政府的管理与推进体制，规定了联邦政府推进电子政府的责任。根据《电子政府法》，美国设立专门基金，投入巨资实施电子政府计划，同时建立"电子政府办公室"，负责政务公开、内部办公电子化、实现资源共享、提供互联网服务和安全保障等方面的具体工作。目的在于"确保对联邦各机构信息技术活动的有力领导，确保信息安全标准，设定综合性的电子政务框架，确保互联网和计算机资源广泛用于公共服务的提供"。

此外，从 20 世纪 90 年代起，美国联邦政府还相继出台了一系列与电子政务相关的法律，主要有：《行政绩效评估法》（1993 年）、《公文削减法》（1995 年，要求政府各部门呈交的表格必须使用电子方式）、《电子信息自由法》（1996 年）、《联邦征购改革法》（1996年）、《信息技术管理改革法》（1996 年）、《电子签名法》（1998 年）、《因特网免税法》（1998 年通过，后来又几次延长免税时间）、《政府公文排除法》（1998 年）、《协助美国投票法》（2002 年）等。2006 年，美国参议院批准了《计算机犯罪公约》（《Convention on Cybercrime》），也称《打击网络犯罪公约》《网络犯罪公约》，该公约于 2007 年 1 月 1 日在美国正式生效。

（二）欧盟、欧盟成员国和俄罗斯的网络法立法概况

互联网于 20 世纪从美国迅速发展应用于全球，世界各国也充分意识到其不可估量的战略意义，不但纷纷出台信息产业支持计划和政策，也根据各自信息网络发展情况加强了网络立法。欧洲国家网络法立法情况主要体现在如下几个方面：

1. 打击网络犯罪保障信息安全方面

瑞典于 1973 年 4 月 4 日通过的《数据法》，是世界上第一部涉及计算机犯罪惩治与防范的法律。

英国制定的《1990 年计算机滥用法》，将未经授权接触计算机数据，未经授权非法占用计算机数据并意图犯罪，故意损坏、破坏、修改计算机数据或程序认定为违法。

德国修改了《刑法》，规定资料间谍、计算机欺诈、伪造证据、与数据处理有关的交易诈骗、伪造证书、伪造证明材料、毁弃文书、篡改资料、计算机破坏、职务文书伪造等计算机犯罪及处罚。

2001 年 11 月，欧盟通过了国际上第一个针对计算机系统、网络或数据犯罪的多边协定：《计算机犯罪公约》（Convention on Cybercrime，也译做《网络刑事公约》），也称《打击网络犯罪公约》《网络犯罪公约》，明确了网络犯罪的种类和内容，要求其成员国采取立法和其他必要措施，将这些行为在国内法中予以确认；要求各成员国建立相应的执法机关和

程序，并对具体的侦查措施和管辖权作出规定；加强成员国间的国际合作，对计算机和数据犯罪展开调查(包括搜集电子证据)或采取联合行动，对犯罪分子进行引渡；对个人数据和隐私进行保护等。依照欧盟制定的统一指令和本国的实际情况，欧盟成员国纷纷研究出台本国的信息安全法律法规。2003年1月28日，欧洲理事会又通过了《公约》的附加协议，将通过计算机系统实施的种族主义和仇外性质的行为犯罪化。该公约于2004年7月开始生效，是目前唯一具有法律效力的专门解决与计算机相关的犯罪行为的多边文件。

在俄罗斯，1995年，网络信息安全首次通过《俄罗斯宪法》的规定被纳入了法律的保护范畴。同年2月，俄罗斯联邦紧接着颁布了《联邦信息、信息化和信息保护法》，该法规定俄罗斯联邦的职责是"为完成俄罗斯联邦社会和经济发展的战略任务，提供高质量、高效益的信息保障创造条件"，这条规定确定了网络信息安全的保护主体，即保护网络信息安全成为了联邦政府在网络信息化发展工作中的法律责任。该法还建议以后在新的刑法典中增加一条关于电脑犯罪的罪名，根据这条建议，1996年俄罗斯新制定的《俄罗斯联邦刑法典》中，专门设置了"计算机信息领域的犯罪"一章，用刑法典的形式规定了网络信息犯罪的定罪量刑。

1995年2月杜马通过《俄罗斯联邦国家安全法》，至2001年12月经多次修订、修正。该法对联邦安全局的使命、组成、法律框架和活动准则，联邦安全机构的活动范围、能力及经费，以及管理和监督的程序作了比较全面的规定。其中"保证信息安全"是其工作任务之一。

2. 在规范和管理网络内容方面

德国于1997年通过《为信息与通讯服务确立基本规范的联邦法》(又称"多媒体法")。该法是世界上第一部网络专门法，对包括网络内容在内的电子网络空间的行为提供了全面、综合的专门法律规范。该法将出版物概念扩展到"音像载体、数据存储设备、图片和其他表现形式"，规定了网络服务提供商的内容责任，对未成年人保护作了明确规定。2000年12月，德国联邦最高刑事法院通过对"托宾案"的裁定，还确立了网络内容域外司法管辖权。

英国政府将网络媒体视为出版物的一种，沿用现有法律——如《刑法》《诽谤法》《藐视法庭法》《青少年保护法》《种族关系法》《公共秩序法》《性侵犯法》《淫秽出版物法》《广播法》等来规范其内容。为应对恐怖威胁，英国也注意在立法中赋予政府一定的网络管制权力。2000年制定的《通信监控权法》，规定在法定程序条件下，为了国家安全或保护英国的经济利益，政府可以截收或强制性公开认为必须予以公开的网上信息内容。2001年开始实施的《调查权管理法》，要求所有的网络服务商均要通过政府技术协助中心发送数据。该中心则由军情五处负责运营，其官员可以检查和阅读所选定的任何电子信息。

1996 年 6 月，法国邮电、电信和空间部长菲勒对一部有关通信自由的法律进行补充并提出《菲勒修正案》。该法案根据互联网的特点，为互联网从业人员和用户之间自律解决互联网带来的有关问题提出了 3 个方面的措施并规定了相关刑事责任，但这一修正案在宪法委员会进行的事先审查中就被否定，胎死腹中。从 1999 年初开始，法国开始执行"共同调控"的互联网管理政策，共同调控建立在以政府、网络技术开发商、服务商和用户这几方经常不断的协商对话基础上。为了使"共同调控"真正发挥作用，法国还成立了一个由个人和政府机构人员组成的常设机构，即互联网国家顾问委员会。

《信息、信息化和信息保护法》作为俄罗斯网络信息安全领域的基本法，确立了该领域的基本规范，成为后来网络信息安全相关法律的立法基础。1997 年，俄罗斯总统普京签署发布了《俄罗斯国家安全构想》，该文件强调了网络信息安全的重要性。1999 年，为了促进国内互联网的健康发展，保障其联邦的国家利益，俄罗斯联邦政府颁布《俄罗斯网络立法构想》（草案），该纲领性文件指出在网络信息安全保护中，政府应加强个人信息的保护，更提出加强网络信息安全立法的必要性。

2000 年，俄罗斯联邦安全会议公布了《国家信息安全学说》，经普京总统批准发布，该文提出了网络信息安全工作的四个方面，即保证网络信息安全的必要性、基本原则、方法和组织基础。该学说指出了俄罗斯目前维护网络信息安全的利益所在和开展网络信息安全工作所面临的内外威胁和要采取的工作措施，标志着俄罗斯网络信息安全立法工作的起步。同年 8 月，俄罗斯联邦出台了《发展和利用互联网之国家政策法》，用于调整与网络供应商的各种关系，该法规定，国家权力机构应当保障公民在网络社会中所享有的宪法规定的权利和义务，法律调整通过网络进行的网络信息的交换行为，禁止网络供应商向网络参与者提供、传播法律禁止或限制的信息等。

值得注意的是，俄罗斯《信息、信息化和信息保护法》第十五条之一，首次提出建立"可识别禁止在俄罗斯联邦境内传播信息的互联网网站的统一域名、网页索引和网址名录"。

3. 在隐私权保护方面

欧盟将隐私权视为一项基本人权并延伸到个人数据的保护，于 20 世纪 90 年代出台了一系列有关网上隐私保护的法令。主要有：1995 年欧洲议会通过的《欧盟数据资料保护指令》、1996 年欧洲理事会通过的《电子通信数据保护指令》、1999 年欧盟委员会通过的《互联网上个人隐私权保护的一般原则》《关于互联网上软件、硬件进行的不可见的和自动化的个人数据处理建议》《信息公路上的个人数据收集、处理过程中个人权利保护指南》等。这些法令为网络用户和网络服务商提供了清楚的隐私权保护法则，为成员国立法提供了明确的路径。同时还规定，第三国的隐私法律只有经欧盟委员会判定达到"充分的"保护标准，才能自欧盟向其进行跨境个人信息传输。2001年欧盟又出台规范共同体的职能机构组织处理和传播个人信息的专门规章。至此，欧盟已在其成员国间建立起统一有效的网络隐私权保护法律法规体系。

欧盟成员国中，英国早在1984年就制定了《数据保护法》，此后又出台了《2002年电子商务条例》。法国1978年制定的《信息技术与自由法案》涉及个人数据保护。德国先后1997年、2002年制定了《电信服务数据保护法》（作为《多媒体法》的一章）、《联邦数据保护法》等，加强对公民个人数据的保护。

俄罗斯2006年7月通过并于2007年1月生效的《俄罗斯联邦个人信息法》，专门用于调整在处理个人信息时发生的各种关系，对合法使用个人数据的条件、个人数据主体的权利、个人数据持有者的权利和责任，以及国家对个人数据的管理等方面进行了全面规范。至2013年4月，该法还根据信息网络发展情况还先后进行了2010年7月、2011年4月、7月及2012年7月、2013年4月多次修订。

4. 在保护未成年人方面

欧盟先后于1998年出台了《保护未成年人和人权尊严建议》，2004年制定了《儿童色情框架决定》，要求各成员国制定相应的法律法规，保护未成年人权益，打击儿童色情。

法国实行对侵害未成年人的网络行为从严惩处的法律原则。1986年的《新闻自由法》对网络内容的过滤进行过专门规定。《刑法典》则是防止未成年人遭受暴力、淫秽和有损人类尊严内容侵害的主要法律依据。1998年6月17日第98-468号《保护与消除性伤害及未成年人保护法》对《刑法典》中的有关规定进行了修改，从严从重处罚利用网络危害未成年人的行为。

德国《多媒体法》修正了其《刑法典》和《危害青少年道德的出版物传播法》等的相关条款，规定有害青少年身心健康的内容只有在通过技术手段确保未成年人无法获得时方可得以传播。2002年，德国政府在《广播电视和电信媒体中人格尊严保护和少年保护国家合同》中，详细开列了10项不允许向青少年提供的有害内容。2009年制定了《屏蔽通信网络儿童色情内容法》。

俄罗斯2010年12月特别推出了《关于保护青少年免受对其健康和发展有害的信息干扰法》，规定："本法用于调整与保护青少年免受对其健康和/或发展有害的信息，包括含有此类信息的信息产品干扰相关的各种关系。"规定要加强对互联网的管理，每天12时至18时对有未成年子女的家庭互联网用户采取专门的"信息过滤"措施，以防止淫秽和色情网站对青少年的侵蚀。

5. 在促进电子商务发展方面

欧盟于1997年提出《欧洲电子商务行动方案》《远程销售指令》，为规范欧洲电子商务活动制定了框架。1998 年 8 月出台了《关于信息社会服务的透明度机制的指令》。1999 年 12 月，颁布了《关于建立有关电子签名共同法律框架的指令》(又称《电子签名指令》)。2000 年 5 月，欧盟又出台了《电子商务指令》。这几项法律文件构成了欧盟电子商务立法体系的基本框架，成为欧盟各成员国电子商务立法的基础。1998 年颁布《关于信息社会服务的透明度机制的指令》。其中 1999 年制定的《电子签名指令》，主要用于指导和协调欧盟各国的电子签名立法。

欧盟成员国中，德国于 1997 年 8 月制订了《信息与通讯服务法》，该法内容广泛，涉及到了与电子商务相关的各个方面，其中包括：《通讯服务使用法》《通讯服务中个人信息的保护法》《电子签名法》《刑法典修正案》《版权法修正案》等。这说明，德国为了实施其电子商务法，对整个相关法律体系进行了全面的调整。这种做法，体现其立法的严谨性。

英国在 1984 年出台了《数据保护法》，1996 年 3 月 23 日，颁布了《电子通信法案》；意大利于 1997 年制订了《意大利数字签名法》，为了实施该法，又于 1998 和 1999 年分别颁布了总统令，并制订了《数字签名技术规则》；法国 2000 年通过《信息技术法》；奥地利 2000 年颁布了奥地利《联邦电子签名法》，都对电子商务的发展起到了支持和保障作用。

在俄罗斯，1995 年 1 月俄罗斯国家杜马通过了《俄罗斯联邦信息法》，该法承认了经由电子签名的电子信息文件的法律效力。2002 年 1 月，普京总统签署了《电子数字签名法》，该法的颁布，标志着俄罗斯电子商务立法趋于完备。除此之外，俄罗斯政府还起草、修订了《电子商务法》《电子合同法》《国际信息交易法》，以支持电子商务的发展。

6. 在促进电子政务发展方面

从 20 世纪 90 年代开始，国际上掀起了"电子政府"建设的热潮，与之相应，有关电子政务的立法也大量出现。欧盟电子政务政策一直以来是信息社会政策中的子政策，在电子政务立法方面走在前面，许多国家制定了专门的电子政务立法或电子政务相关法律。2006 年，欧盟发布了《2010 电子政务行动计划》，开始制定单独的电子政务政策，通过硬政策和软政策，在成员国之间推动电子政务的发展。欧盟的政策和指令，连同成员国独立的法律，在欧盟国家共同构成了促进、保障电子政务发展的规则。

英国于 2000 年 5 月通过了《电子通信法》，确定电子签名和其他电子证书在法院审判中可以作为证据使用，并授权政府部门修改有关法令为电子政务的实施扫除障碍。

德国在《数据保护法》《联邦行政程序法》《电子签章法》等法律之中散见有关电子政务的规定。

奥地利 2004 年出台《电子政府法》、保加利亚 2007 年推出《电子政务法》。

(三)我国网络立法概况

自 1994 年 4 月 20 日我国全面接入国际互联网以来，我国的网络治理大体可以分为 3

个阶段：2000年之前属于网络自由发展阶段，几乎没有针对互联网管理进行专门性立法；2000年到2013年属于网络治理探索阶段，这时期相关部门开始进行一些专门立法，但分散并且位阶低，立法多着眼于网络安全和信息服务活动；从2014年起，中央开启了对网络空间的全面治理，互联网立法步入快速发展阶段，相关部门加快推动一批基础性、全局性、综合性立法，立法内容开始向各行各业进行辐射。

1. 第一阶段：自由发展阶段（1994—1999年）

在2000年以前，我国的互联网尚处于引进、建设阶段。人们刚刚接触互联网，对互联网的了解和运用非常有限，互联网治理还没有进入到人们的视野。在这个阶段，政府关注的重点是网络基础设施的建设和运行，很少干预网络虚拟世界，这给互联网企业创造了一个自由发展空间，使上网用户数量迅速增长。截止到1999年12月31日，我国共有上网计算机350万台，上网用户数890万，年增速100%以上。①

为了促进信息化建设，1996年4月，中央决定在原国家经济信息化联席会议基础上，成立国务院信息化工作领导小组，统领全国信息化工作。② 1997年6月，受原国务院信息化工作领导小组办公室的委托，中国科学院组建了中国互联网络信息中心（CNNIC，China Internet Network Information Center），行使国家互联网络信息中心的职责，负责国家网络基础资源的运行管理和服务。1998年3月，国务院新组建了信息产业部，负责推进国民经济和社会服务信息化的工作。1999年12月，成立了国家信息化工作领导小组，进一步加强对推进我国信息化建设和维护国家信息安全工作的领导。

在此期间我国仅出台了极少的几部有关信息化和计算机信息安全的行政法规和规章。最早的一部规章是劳动部于1991年1月11日发布的《全国劳动管理信息计算机系统病毒防治规定》。此后，国务院出台了《中华人民共和国计算机信息系统安全保护条例》（1994年）、《中华人民共和国计算机信息网络国际联网管理暂行规定》（1996年），公安部出台了《计算机信息网络国际联网安全保护管理办法》（1997年）、《计算机信息系统安全专用产品检测和销售许可证管理办法》（1997年），国务院信息化工作领导小组办公室制定了《中国互联网络域名注册暂行管理办法》（1997年）等。上述行政法规和规章的内容主要是关于计算机信息系统安全保护以及国际联网、域名注册方面的管理规定，内容极为简单，条文最多也只有30余条。

2. 第二阶段：网络治理探索阶段（2000—2013年）

随着互联网技术的进步和应用软件的普及，上网用户呈爆发式增长。截止到2000年6

---

① 中国互联网络信息中心：《第五次中国互联网络发展状况调查统计报告》。

② 汪玉凯：《中央网络安全与信息化领导小组的由来及其影响》，2014年3月3日．http://theory.people.com.cn/n/2014/0303/c40531-24510897.html。

月 30 日，我国上网用户人数达到 1690 万人，上网计算机约 650 万台，上网用户人数和上网计算机数均比上年同期翻了两番。① 2008 年 7 月，CNNIC 发布的《第 22 次中国互联网络发展状况统计报告》显示，我国网民数量、宽带网民数量、国家域名数量均跃居世界第一。② 互联网开始向社会各个领域延伸、渗透，极大地便利了人们的生活，与此同时，网络信息安全事件不断出现，网络信息安全问题成为全球互联网治理的核心问题之一。我国在大力开展信息化建设的同时，加强了互联网治理和安全保障工作。

2003 年 9 月 7 日，为进一步提高信息安全保障工作的能力和水平，维护公众利益和国家安全，促进信息化建设健康发展，中共中央办公厅、国务院办公厅转发了《国家信息化领导小组关于加强信息安全保障工作的意见》，要求各地结合实际认真贯彻落实。2006 年 3 月，为了进一步促进信息化发展，国家制定了《2006—2020 年国家信息化发展战略》，确定了我国信息化发展的战略目标、战略重点、战略行动。2012 年 6 月，国务院发布了《国务院关于大力推进信息化发展和切实保障信息安全的若干意见》，兼顾信息化发展与信息安全。2013 年 8 月，我国制定了《"宽带中国"战略及实施方案》，旨在加强战略引导和系统部署，推动我国宽带基础设施快速健康发展。③

为了有效规范互联网，全国人大常委会、国务院和各部委出台了一些规范互联网信息产品和服务、保护网络信息安全的法律、行政法规和部门规章。全国人大常委会先后制定了《全国人民代表大会常务委员会关于维护互联网安全的决定》(2000 年)、《中华人民共和国电子签名法》(2004 年)、《刑法修正案(七)》(2009 年)、《全国人民代表大会常务委员会关于加强网络信息保护的决定》(2012 年)等同互联网相关的法律。国务院出台的互联网行政法规主要有《互联网信息服务管理办法》(2000 年)、《中华人民共和国电信条例》(2000 年)、《计算机软件保护条例》(2001 年)、《互联网上网服务营业场所管理条例》(2002 年)、《信息网络传播权保护条例》(2006 年)。各部委出台的规章涉及到互联网产品和服务的各个领域，包括互联网新闻信息、互联网文化、电子公告板、网络游戏、互联网视听节目、互联网地图、互联网教育、互联网药品信息、电子出版物、网络购物、电子邮件、互联网信息服务市场秩序、网间互联、网络设备入网、网络安全防护、电信服务等。

在管理体制方面，2008 年 7 月，国务院进行机构改革，重新组建了工业和信息化部，将有关信息化的工作职责集中到工信部。2011 年 5 月，成立了国家互联网信息办公室，负责落实互联网信息传播方针政策和推动互联网信息传播法制建设，指导、协调、督促有关

---

① 中国互联网络信息中心：《第六次中国互联网络发展状况调查统计报告》。

② 参见中国互联网络信息中心：《第 22 次中国互联网络发展状况调查统计报告》。

③ 《国务院关于印发"宽带中国"战略及实施方案的通知(国发〔2013〕31 号)》，2013 年 8 月 17 日，http：//www.gov.cn/zwgk/ 2013-08/17/content_2468348.htm。

部门加强互联网信息内容管理，依法查处违法违规网站等,① 强化了对互联网信息的管理。

2001 年 5 月 25 日，由国内从事互联网行业的网络运营商、服务提供商、设备制造商、系统集成商以及科研、教育机构等 70 多家互联网从业者共同发起的中国互联网协会正式成立。② 中国互联网协会积极开展互联网行业自律，先后组织制定了《中国互联网行业自律公约》《搜索引擎服务商抵制违法和不良信息自律规范》《互联网站禁止传播淫秽、色情等不良信息自律规范》《中国互联网协会抵制网络谣言倡议书》等近 20 项自律公约。

总体来看，这一时期我国互联网产业快速发展，在网络治理方面取得了显著的成绩，但也存在一些问题：制定的网络法律层次较低，以部门规章和其他规范性文件为主，核心法律严重缺失；互联网治理以网络管制为主，侧重于行政监管，企业和社会公众参与较少；面对互联网的快速发展，缺乏长期有效的治理手段和方法，以被动式应对为主。

3. 第三阶段：网络重点治理完善立法阶段（2014 年至今）

随着互联网的进一步发展，互联网的现实性、互动性、广域性和即时性特征越发明显，治理难度加大。2014 年 2 月，中央成立了网络安全和信息化领导小组，开始大刀阔斧地进行互联网治理，政策着眼于"健全机构、顶层设计、促进发展、安全保障、依法治网、国际合作、行业自律、全民参与"的宗旨，旨在形成系统化、体系化的互联网治理格局，提升国家治理能力和国际影响力，维护国家主权和利益。习近平同志在中央网络安全和信息化领导小组第一次会议上强调，"网络安全和信息化是一体之两翼、驱动之双轮，必须统一谋划、统一部署、统一推进、统一实施。"③这为我国网络空间治理提供了总的指导方针。一年多来，我国互联网治理建设的顶层设计逐渐明朗，中国进入互联网治理新常态，开启了中国互联网治理建设新元年。

近些年，我国进一步大力推动互联网产业和"互联网+"产业的发展。2014 年 8 月，国务院颁布了《国务院关于加快发展生产性服务业促进产业结构调整升级的指导意见》，提出加快生产制造与信息技术服务融合的发展导向，将信息技术服务、电子商务等作为重点发展的生产性服务业；2015 年 1 月，国务院出台了《国务院关于促进云计算创新发展培育信息产业新业态的意见》；2015 年政府工作报告中提出要制定"互联网+"行动计划，政府通过各项政策鼓励支持大数据、云计算等技术的发展，继续推进我国的信息化进程。2015 年 7 月，国务院发布了《国务院关于积极推进"互联网+"行动的指导意见》。2015 年 5 月，国

① 参见《中国互联网协会简介》，http：//www.isc.org.cn/xhgk/xhjj/。
② 参见《国家互联网信息办公室设立》，http：//www.scio.gov.cn/zhzc/8/5/Document/1335496/1335496.htm。
③ 习近平：《把我国从网络大国建设成为网络强国》，http：//news.xinhuanet.com/politics/2014-02/27/c_119538788.htm。

务院发布了《关于大力发展电子商务加快培育经济新动力的意见》，2015 年 8 月，国务院办公厅又发布了《关于运用大数据加强对市场主体服务和监管的若干意见》，大力促进电子商务和大数据产业的发展，推动我国经济转型升级。

与此同时，互联网领域的个人信息保护工作，也得到了党中央和国务院的高度重视，并前后颁布实施一系列规范性法规进一步保护了个人信息安全。2012 年 2 月，国家质量监督检验疫总局(已撤)、国家标准化管理委员会公布《信息安全技术公共及商用服务信息系统个人信息保护指南》。2019 年 4 月，公安部指导发布《互联网个人信息安全保护指南》。2019 年 9 月，国家互联网信息办公室颁布《儿童个人信息网络保护规定》。2019 年 11 月，国家互联网信息办公室、工业和信息化部、公安部、国家市场监督管理总局联合发布《APP 违法违规收集使用个人信息行为认定方法》。2020 年 9 月，全国信息安全标准化技术委员会颁布《网络安全标准实践指南—移动互联网应用程序(APP)个人信息保护常见问题及处置指南》。2021 年 8 月，全国人大常委会通过《个人信息保护法》。《个人信息保护法》不仅对个人信息内涵作出科学的界定，而且也对网络技术保护个人信息作出了相关规定。

值得一提的是，中央网信办成立以来，积极对网络进行清理整顿，开展打击网络敲诈、网络淫秽色情信息等专项行动，并先后制定了《即时通信工具公众信息服务发展管理暂行规定》《互联网用户账号名称管理规定》《互联网危险物品信息发布管理规定》等规定，网络治理成绩斐然，使得网络空间日渐清朗。

三、网络法立法原则

任何立法活动都必须在一些基本原则的指导下进行。立法原则是立法过程中乃至以后的执法中都能起主导作用的准则。立法原则是法律精神和价值，宗旨和本质的体现。相对于具体的法律规范，它更具有指导性和概括性。因此，网络立法同样应当遵循一定的原则，由这些原则指导立法主体进行立法活动，并使其贯彻于相应的法律文本中。"但是，网络法并非一个独立的法律部门，而是一个高度综合的法律领域，其调整对象和手段具有多重性。"[①]尽管如此，网络法也具有自己的价值取向。

网络立法原则是国家立法机关调整网络空间的社会关系时应该遵循的根本指导思想，体现国家对于网络社会行为与社会关系评判的价值理念。网络法除遵循《立法法》规定的合宪原则、法治原则、民主原则、科学原则等一般立法原则之外，结合互联网应用的特性，从保障网络空间安全、有序，扶持新兴产业，保护相关权利人利益的角度出发，健全与完善我国网络立法，还应注重下列特有原则：

---

① 张楚：《关于网络法基本问题的阐释》，载《法律科学》2003 年第 6 期。

（一）保障网络安全原则

秩序与安全无论是在网络空间还是现实社会，都是法律创制必须坚持的首要原则。但是在互联网时代，保障网络空间的网络安全具有特殊的意义和价值，以至于成为网络立法必须遵循的重要法则。[①]当今时代，互联网已经渗透到社会中的方方面面，网络安全又是保证互联网功能实现的基石，一个安全的网络既是国家政治、军事、经济、科技、文化的保障，也是网络应用持续、健康发展和维护网络用户利益的前提。

而网络在技术层面的开放性、多节点性、互联互通性，使得互联网的运行变得极为脆弱，网络中的信息系统很容易受到攻击，这种攻击又极具扩散性。单个计算机或者服务器受到病毒或黑客的攻击，有可能导致整个信息系统和网络节点瘫痪。实践中，网络安全问题日益突出，成为各国普遍关切的问题，我国也面临着严重的网络安全威胁。有效维护网络安全是我国网络管理的重要范畴，在网络立法中确立和贯彻保障网络安全原则，是保护国家利益、公共利益的必然要求，也是维护网络应用过程中相关个人、法人和其他组织的利益的客观要求。

广义上，网络安全是一个系统的概念，它主要包括实体安全、软件安全、信息安全和运行安全等几个方面。[②]具体而言，实体安全，又称物理安全，是指互联网硬件和存储介质等设施不受损害地正常工作；软件安全是指互联网软件以及各个主机、服务器等设备中运行的其他软件不被篡改或破坏，功能不失效，不被非法复制；信息安全，或称数据安全，是指网络中存储及流通的数据信息不被篡改、非法增删、复制、解密、显示、使用等；运行安全，是指互联网中各个信息系统能够正常运行并能正常地通过互联网交流信息。网络平台作为载体和通道，自身很难说具有独立的价值，其与作为内容物的信息结合后形成的信息系统才具有巨大的价值。因而信息安全是保障网络安全最根本的目的，硬件安全、软件安全和运行安全这些网络平台自身的安全，都是为保障信息安全服务的。因此，网络安全在狭义上指的就是信息安全。

具体而言，保障网络安全原则要求在网络立法过程中，全面、审慎决策，通过设定合理的权利义务规则，以制度化的手段确保网络的可用性、完整性和保密性。保障网络安全原则中的可用性，是指在互联网中的各种信息资源根据需要都可随时使用，不会因系统故障、错误操作或人为攻击使网络信息资源损坏、丢失或无法使用；完整性是指，网络中信息的安全、精确和有效，不因偶然或故意的因素而改变信息原有的内容、形式和流向；保密性是指，网络中只限一定范围人员知悉的信息，不被该范围以外的其他人所显露或窃取。

---

① 参见周庆山：《信息法教程》，科学出版社 2002 年版，第 316 页。

② 参见李静：《计算机网络安全与防范措施》，载《湖南省政法管理干部学院学报》2002 年第 1 期。

（二）技术中立原则

技术中立要求互联网研发的技术本身不包含价值导向，仅提供网民活动的空间架构，让法律主要规范互联网行为，而具有价值偏向的技术将使法律难有作为。[①] 据此，技术中立是互联网发展过程中的一项基本原则。从网络法立法层面而言，技术中立原则是指，立法不能对任何一种技术的发展造成任何的设限或偏袒效果，而必须保持一种中立的态度，即法律应平等对待各种技术手段，不能强制采用或者不采用某种特定的技术形式，要一视同仁地为各种技术手段提供公平竞争的机会。

技术中立至少包含两个层面的含义：（1）网络法必须对线上技术采取和线下技术同等对待；（2）网络法不得对特定的技术采取支持或歧视的立场。技术中立原则，已在我国《电子签名法》《电子商务法》中明确确立了。具体而言，《电子签名法》第 2 条[②]为电子签名设定了一个相对宽泛的概念，把数字签名技术作为实现电子签名的一种主要技术手段，并没有限定使用哪一种技术来达到标准，从而为以后新技术的采用留下了空间；《电子商务法》第 4 条规定："国家平等对待线上线下商务活动，促进线上线下融合发展，各级人民政府和有关部门不得采取歧视性的政策措施，不得滥用行政权力排除、限制市场竞争。"

（三）促进互联网经济发展原则

边沁和博登海默认为，法律的创制并不是为了直接促进经济发展和提高人民生活水平，而是通过为人们追求幸福生活创造条件，并激发人们的进取心和创造欲望。[③] 促进互联网经济发展原则指的是，强化网络立法的指引和促进功能，实现互联网经济在规范中发展和在发展中规范的统一，也就是要统筹推进互联网经济的创新发展和网络空间的法治化，在制度设计上坚持法律的规范保障功能和引导促进功能的相互协调，推动互联网新兴业态的有序发展、规范发展和法治化发展。

网络立法在相关法律制度设计上必须充分考虑互联网产业发展的需要，要尽量降低管制对互联网产业发展增加的成本，更多地从引导、保护、支持的角度对待互联网产业发展中的问题，不求全责备。此项原则，早在美国网络基础立法上世纪末期至本世纪初期所坚持。例如，为了实现著作权保护与互联网经济业态之间的平衡发展，美国在著作权法中设置了"避风港"制度，使互联网服务提供商可以在符合法律规定的条件下免于为他人利用互联网服务所实施的著作权侵权行为承担责任。而我国当前对于促进互联网经济的发展也制定和发布了一批法规和文件，例如，此前财政部、国家税务总局、商务部、海关总署日前

---

① 参见陈奎、刘宇晖：《网络法十六讲》，对外经济贸易大学出版社 2014 年版，第 9 页。

② 《电子签名法》第 2 条："本法所称电子签名，是指数据电文中以电子形式所含、所附用于识别签名人身份并表明签名人认可其中内容的数据。本法所称数据电文，是指以电子、光学、磁或者类似手段生成、发送、接收或者储存的信息。"

③ 参见博登海默：《法理学法律哲学与法律方法》，法律出版社 2015 年版，第 106 页。

联合发文明确，从 2018 年 10 月 1 日起对跨境电子商务综合试验区电商出口企业实行免税新规。据此可知，促进改论文经济发展原则是网络法立法中必须遵循的重要原则之一。

（四）保障权利与自由原则

过去很长一段时间，我国网络立法有片面追求网络管制之嫌，也就是说，立法者网络立法的目的在于整饬网络秩序、净化网络空间。实际上，网络立法还应当从用户权利和自由保障的角度出发，将立法的重点放在网络维权上，如虚拟财产权、隐私权以及消费者权益等保护方面。尤其是大数据、云计算、移动互联等新技术新模式的快速发展，以及网络信息技术对经济社会生活各领域的深度融合渗透，推动了各行业各领域的信息化、自动化和智能化，互联网的高度连接性打通了相互隔离的信息孤岛状态。网络社会的人与人之间的连接、人与物之间的连接等无处不在无时不在，并导致互联网空间的利益格局呈现相互交织、相互依存、相互纠葛的高度复杂化特征。

面对以上复杂的社会关系，立法者要根据不同的利益形态采取分类处理的方式，对于仅涉及到私权利、个人利益的法律关系采用民事的调整方法，而对于网络违法犯罪、国家公权力滥权行为则分别采用刑事的或者行政的法律调整方法。对于不具有公共利益属性的网络行为和社会关系，国家权力机关应谨守职权范围边界，不轻易干涉公民自由权利的合法行使，应当由公民通过自由协商讨论和行业自律等方式实现自下而上的自治。①

（五）谦抑性原则

根据马克思主义的观点，法律乃是对现存经济关系的反映和体现。传统社会的法律规则、法律原则体现的是农耕文明、工业文明时代的社会生产关系和社会生活形态。到了信息时代，传统社会法律规则、法律原则、法律制度存在的土壤已经发生根本性质变，具有保守性的法律规范如何在互联网时代调整云计算、大数据、人工智能等新技术、新模式、新业态催生的新型社会关系和社会行为，成为互联网立法需要正面直视的问题。例如对于作为互联网技术衍生的经济发展新模式之共享经济立法，旧的法律规制、立法技术和司法运作远远不能有效应对网络约车、共享单车等新经济业态法律规制需求。

网络社会的法律创制不能再沿用传统社会中的立法模式，互联网时代的社会变迁速度远不是传统的农业社会和工业社会所能比拟的，因此，适用于传统社会的立法技术、立法程序、规范内容等在网络空间需要进行自我调适。否则，极有可能出现刚对于某一类型的新兴经济关系加以法律规制，网络信息技术和商业模式的创新变革使得原有的经济关系和商业模式在网络社会销身匿迹，从而使得基于原有社会关系的立法成为一纸空文。

综上，网络空间的法律规制应该保持一定的谦抑性和包容性，不妨让子弹先飞一会，不急于对新技术、新模式、新业态、新的社会关系进行立法规制，而是统筹做好互联网空

---

① 参见罗楚湘：《网络空间的表达自由及其限制》，载《法学评论》2012 年第 4 期。

间的基本法律保障，如网络信息安全保障、个人信息保护、避风港制度等。即使万不得已要进行法律规制，也可以先通过扩张性法律解释，延伸原有法律规范的适用范围和领域。

（六）全球性原则

网络具有跨地域性，而法律本身具有地域性，遵循以实际国家地域作为管辖的标准。为缓解二者之间的矛盾，使网络法律具有普遍适用性，网络立法不能一味追求国内的特殊性，更要站在国际的平台上，坚持国际化和全球化的原则。建构网络社会法律制度时，必须坚持国际化和全球化的原则，跳出传统法律框架的桎梏，以更开阔、开放的视野引导和规范网络社会。① 只有既照顾国家发展的现实，又照顾全球化的进程，既顺应国家自身经济和文化的发展需要，又适应经济、政治、文化全球化的发展进程，才能避免网络立法各自为政，与其他国家产生不必要冲突的情形。

第五节　网络空间及其治理

一、网络空间的概念

（一）网络空间的概念

网络空间的概念经历了一个由现象技术层面描述到现实社会层面概括的逐渐丰满的发展过程。第一代网络学者曾经提出这样的定义："一个由计算机支持、连接和生成的多维全球网络，或'虚拟'实在。在这一实在中，每个计算机都是一个窗口，由此所见所闻的对象既非实在的物体，也不一定是实在物体的形象。在形式上，其涉及的符号或操作，都由数据和纯粹的信息构成。这些信息一部分源于与自然和物质世界相关的运作，而更多的则来自维系人类的科学、艺术、商业和文化活动的巨大信息流。"②

随着网络空间的不断发展，学者们已经逐渐意识到网络空间是一种新型的社会空间，里面存在着不同于现实社会的结构和行为模式。美国网络理论家斯通将网络空间视为一种社会空间，认为："毫无疑问它是一个社会空间……网络空间就是以网络为平台提供了成员之间真实交往的环境和形式。"③国内也有学者认为："网络空间并不是一个物质的或有形的实体，而是一个无形的虚拟空间，一个无中心的全球信息媒介，它能将全世界的人、组织、机构、政府等联结在一起。它不仅为网民们的人际互动提供全新的平台，而且为网

---

① 参见彭美、夏燕：《全球化视野中的网络社会及其法律建构问题》，载《学术论坛》2010 年第 5 期。

② Miehae1Benedikt, Cyberspace: First Step, Cambridge, MA, MIT Press, 1991, pp. 122-123.

③ ［美］迈克尔·海姆：《从界面到网络空间：虚拟实在的形而上学》，金吾伦、刘钢译，上海：上海科技教育出版社 2000 年版，第 163 页。

民重新塑造自我认同提供了一种后现代的社会生态地貌的全新场域。"①

在当今理论界，许多学者又对网络空间做了结构性分析。有人把它视为一个三层次的结构，包括：最下层的物理层，即构成网络信息系统的物质性基础；中间的语法层，即系统设计者与使用者发给机器的指令、程序以及机器之间彼此交互所依赖的协议等；最上层的语义层，主要指机器所含的信息以及一些服务于系统操作的信息。② 也有学者把它归类为物理层、协议层、逻辑/代码层、内容层和关系层五个层次。③ 由此，学者们不仅看到了构成网络空间的物质性、技术性基础，而且揭示了网络空间所内涵的人的关系性要素，从而把网络空间视为一种"虚拟现实"。

从前述可以看到，对于网络空间，我们考虑的绝不仅仅是由网络或者地址联系起来的上亿的电脑，而是更多地思考这一事实：网络空间对现有社会人类的存在方式、经济模式、政治结构都产生了深刻的影响，并给法律和其他领域的制度带来了根本性的变化。网络作为一种技术性工具，代表了一种先进的生产力，体现了人的智慧和能力。网络以互联网技术平台为依托，"加上现实的人"的社会性参与，而使网络空间得以形成和发展。网络空间，不仅为人类提供了一种先进的信息传输手段和开放式的信息交往平台，而且提供了一种独特的社会人文生活空间。④ 总而言之，本书中所述的网络空间是指，伴随网络技术的发展而产生的社会性空间形态，是社会空间在互联网技术背景下的进一步延伸和拓展。

(二)网络空间的外延

社会空间在互联网技术背景下的进一步延伸和拓展，是社会空间自身的生产与再生产的过程，本质上是人的社会关系生产与再生产过程。对于网络空间自身而言，一方面，正是人基于不同的兴趣、目的、利益的交往实践活动促使网络空间不断产生分化，以微博、论坛、贴吧、朋友圈等次级空间的生成为标志；另一方面，网络次级空间一旦生成，就会产生一定的价值和意义的聚合或排斥功能，进而在一定意义上把人区分为不同的网络群体。前者体现了人对网络空间的分化与整合，后者体现了网络空间对人的分化与整合，这是一个交互的过程。

(三)网络空间的特征

网络空间立基于现实的社会空间，是对现实生活的拓展和延伸，也是对现实社会的高度模拟，但其毕竟并非对现实空间的简单复制，具有自身的特征。按照依恩·C. 巴隆的

① 黄少华、翟本瑞：《网络社会学—学科定位与议题》，中国社会科学出版社 2006 年版，第 14~15 页。

② 参见马丁·C. 利比基·兰德：《美国如何打赢网络战争》，薄建禄译，东方出版社 2013 年版，第 11 页。

③ 参见沈逸：《美国国家网络安全战略》，时事出版社 2013 年版，第 200~201 页。

④ 参见夏燕：《网络空间的法理分析》，重庆：西南政法大学博士学位论文，2010 年。

观点，互联网不仅已经改变了我们的生存方式、商业行为和娱乐方式，还改变了——并在继续改变着——我们实践法律的方式和我们所实践的法律。①

1. 互联性和交互性

众所周知，互联网中的各个端点在遵守一定通信规则的基础上才能实现互联互通属性。据此，当现实空间的主体通过特定的设施和手段接入互联网之后，不同的用户就可以利用互联网实现彼此之间信息的交流与共享。② 互联网的这种技术架构设计从根本上颠覆了传统"点到面"的信息传播方式，实现了用户间"点对点"的信息交流。在这种交流模式中，信息提供者和信息消费者之间能够实现积极双向地交流。尤其是在以微博为代表的新型互联网应用中，互联网应用的交互性意味着信息提供者与信息消费者在信息的传播过程中已经很难被区分为两个独立的身份。③

互联网最核心的特性是传受一体化互动，交互方通过彼此间信息的交流实现相互影响的效果。网络交互虽然克服了现实中交互的时间和空间的限制，而并不需要参与方面对面，但很多情况下，参与方彼此间都完全不认识，存在信息不对称的情况，因而增加了交互的风险。总之，互联网的互联性和交互性一方面极大地促进了信息的高速流通和思想的自由碰撞，而另一方面，由此催生的网络暴力、人肉搜索等恶性事件的高频发生以及微博、微信等即时通信技术在缺乏秩序规制的情形下的大范围应用，都对新的互联网立法提出了迫切的需求。

2. 虚拟性和匿名性

所谓"虚拟"（virtual），它并非汉语意思中的虚假、不真实，而是指另一种方式的存在。现实社会是以原子作为基本要素，而网络社会以一种虚拟的介质——比特（bit）为基本要素构成，网络社会的人际关系和社会交往表现为一串串看不见摸不着的信息数据。"虚拟现实能使人造事物像真实一样逼真，甚至比真实事物还要逼真。"④

虚拟性虽然可以让人隐匿现实生活的真实身份，但网络空间的另一个特点匿名性由此产生。网络社会提供了一个可以将姓名、性别、年龄、职业、相貌等所有个人真实信息完全"隐形"的场域，每一个人可以完全按照自己的喜好设计本人在网络社会的形象、自由地发表各种意愿和见解，个人的言行可以摆脱其在现实社会中特定角色的制约，这就是网络社会的匿名性。

虚拟性和匿名性所带来的网络交往表现出非身体性和非身份性相统一的状态，与之伴

① 参见［美］依恩·C. 巴隆著：《电子商务与互联网法》，张平总编译，中国方正出版社2005年版，第1页。
② 参见张平：《互联网法律规制的若干问题探讨》，载《知识产权》2012年第8期。
③ 参见张平：《互联网法律规制的若干问题探讨》，载《知识产权》2012年第8期。
④ ［美］尼葛洛庞帝：《数字化生存》，胡泳、范海燕译，海南出版社1996年版，第140页。

随而来的就是网络空间因身体的缺乏而导致的责任落空。在现实社会中，自由也意味着责任，一个人无论何种意义上自由的追求都能回归到应该担当的责任，但在网络空间人们能轻易地享受到最大的自由，也能轻易规避应有的责任。这样的后果就是，各种网络欺诈、侮辱诽谤案件层出不穷，而侵权或违法行为发生后的责任追究也更加困难。

3. 开放性和无中心权威性

网络空间对每一个人都开放，任何人可以自由进出各种不同的网络文化中，甚至不受国界的限制。即使语言不通，随着网络翻译词典不断出世和创新，语言问题也会迎刃而解。网络空间对所有的人开放的同时，将传统权力结构不断的分散化，实现人与人之间相互沟通的扁平化。在现实社会之中，人们的社会活动空间往往有一个中心。网络空间却不再是以某个人或权力中心为原点的"放射性"联系的空间，而是成为一个"处处皆中心"的互联网络的社会空间。①

网络空间的开放性和无中心权威性对现实社会产生了巨大的影响。首先，在网络空间，信息处于不断流转并趋于对称，每个人基于网络空间的开放性都有获取信息的权利和可能。其次，网络空间分散化、扁平化、多元化的结构使人们更能感受到开放和平等的含义。在网络各种论坛上，不同阶层、不同信仰、不同利益的人之间的"对话"不断产生，人们以平等的姿态对各种事务进行充分的讨论。最后，网络社会的无中心权威性，使得个人的自我认同感空前提高。特别是个人在网络社会以自我的兴趣爱好以及共同的利益作为聚集和表达的连结体，这会使得人们脱离对集体的单向度认同而重构自我认同。

4. 即时性和全球性

在网络空间中，流动的信息以比特的形式以光速前进，数据信息传输的时间和地理距离无关，无论实际时空距离远近，一方发送信息与另一方接受信息几乎就是同时的。网络空间的这种即时性极大提高了人类社会生活的效率，却同时也带来诸多的新问题和新挑战。具体表现在，即时性一方面极大地提升了信息传播的速度、便捷了人们的生活，另一方面也为虚假、不良信息的快速、大范围扩散提供了途径。

在互联网催生的信息爆炸时代，人们对于网络信息不加筛选予以轻信的恶习极易造成大范围恐慌，导致社会秩序混乱，因而对网络立法提出新的要求。在网络空间，鼠标只需轻轻一点，就可以到世界上任何一个国家，体现出全球化的特征。这种全新的空间支配模式已经完全打破了国家地界的限制，让世界变成一个近在咫尺的"地球村"。这意味着网络作为全球性的信息交流和社会互动平台，已经超越了现实时空的限制，打破了国家和地区之间有形和无形的壁垒，不再有国家疆域和边界之分。互联网的全球性在拉近物理空间

---

① ［美］保罗·莱文森：《数字麦克卢汉：信息化新纪元指南》，何道宽译，社会科学文献出版社2001年版，第129页。

距离、加速地球村的形成的同时，也为远距离甚至跨国侵权犯罪提供了可乘之机，追责难度加大、法律适用冲突这些问题都亟待网络立法予以解决。

二、网络空间治理的原则与进路

（一）网络空间治理的原则

1. 从国情出发与有益经验借鉴相结合

回顾我国网络空间治理法治建设实践历程，我国始终从网络空间治理所面临的世情、国情出发，重视网络空间治理法治建设，以适应网络信息技术革命后的国际崭新格局和网络时代国家治国理政与经济社会发展的现实风险和挑战。自 1994 年以来，为适应经济全球化、政治多极化、文化多样化、治理多元化、信息现代化交融发展的国际趋势，有效应对国内网络犯罪活动猖獗、计算机病毒频发、盗版垃圾信息泛滥、网络恐怖极端主义、国家安全威胁、网络虚假等新情况、新问题。

我国的网络空间治理从"以经济建设为中心"的国情和"全球化"的世情出发，学习借鉴发达国家关于网络物理安全、技术安全、运行安全等基础性制度建设及网络空间治理方面的有益治理经验，始终关注全球网络法治建设的新成果、新制度、新方式，借鉴有关国家网络空间治理先进立法技术和治理成果，出台了《电子签名法》《网络安全法》《电子商务法》等一系列法律规范，并形成了我国网络空间治理法治建设的"后发优势"。坚持从国情出发与有益经验借鉴相结合，我国网络空间治理法治建设正逐渐向体现网络空间治理法治建设时代性，把握网络空间治理法治建设规律性，具有网络空间法治体系科学性，维护国家网络空间主权坚定性的方向发展。

2. 问题导向与制度建设相结合

从立法者的角度来看，"立法工作以问题为导向，紧扣实践需求，突出重点，区分轻重缓急"①而进行。据此，网络治理工作，必须坚持以问题为导向，面对不同时期出现的不同问题，始终重视法律制度建设，而坚持法治方式进行治理。我国网络空间治理工作，也始终坚持问题导向与制度建设结合的工作思路，在网络空间起步和发展阶段，面对网络领域出现的网络赌博、诈骗、计算机病毒、盗版垃圾信息等问题，国家先后出台《互联网著作权行政保护办法》等多部法规规范。而在转型新时期，网络极端恐怖主义、网络用户信息保护、账号安全、网络交易信用障碍、网络金融资金安全、搜索信息推广等新问题不断出现，国家出台了《网络安全法》等一系列法规规范，以应对现实问题及预防未知风险。坚持问题导向与制度建设相结合，重视网络治理法律制度建设，我国正逐步形成从点到面

---

① 许安标：《立法工作以问题为导向　紧扣实践需求　突出重点区　分轻重急》，https：//baijiahao. baidu. com/s？ id=1627494686634848594&wfr=spider&for=pc。

的网络治理法规体系建设，不断走向从"被动性与跟进式"的行政法规体系的搭建到网络空间治理基本制度法律框架的空间预留，取得了良好治理效果。

3. 安全保障与发展并重

随着计算机和智能手机的普及和应用，网络已然成为现代社会工作和生活的必需品。网络无纸化办公、信息零延迟传送、可视化交流等，互联网领域的微博、微信、QQ、贴吧等网络软件的广泛使用，网络在带给人们低成本、高效率、优质量的服务，推动经济社会快速发展的同时，网络域名安全、网络金融安全缺乏保障、个人信息安全亟待加强、国家安全、网络安全应急机制体系尚不完善等突出问题也日益受到关注。

十八届三中全会确立的"积极利用、科学发展、依法管理、确保安全"的互联网发展方针，明确了我国网络安全与网络发展的关系，两者互为表里、协调一致、齐头并进。为此，我国相继颁布《电子签名法》等规范性文件，重点关注网络治理与网络安全保障问题。转型发展新时期，为保障网络安全，维护网络空间主权和国家安全、社会公共利益，保护公民、法人和其他组织的合法权益，促进经济社会与信息现代化协调发展，国家专门出台了《网络安全法》，并明确提出国家"坚持网络安全与信息化发展并重"的基本原则。而随着以电子商务为代表的互联网新经济业态蓬勃兴起，消费者权益保护、产品质量责任、平台间不正当竞争等问题日益凸显，为此，国家又制定了《电子商务法》，以规范电子商务行为，保障电子商务各方主体的合法权益，维护市场秩序，促进电子商务持续健康发展。

4. 法律规制与行业自治兼顾

传统的社会治理模式在互联网时代遭遇了种种不适应。这种不适应主要表现在：网络空间的法律规制主要是事后之惩罚性，不能有效预防网络社会违法犯罪行为的发生；法律规制成本高企，互联网空间海量信息的存在使得国家通过法律的社会控制需要付出比传统现实社会中高得多的社会治理成本，例如信息搜集成本、机构增设成本、执法人员培训成本等等；信息不对称局限，由于网络的平台化、生态化发展，使得网络社会运行的大量数据和信息集中于少数如阿里巴巴、百度、腾讯等互联网服务中介平台，国家手中掌握的信息资源相对有限，不能及时发现互联网经济社会运转中的存在的各种问题，信息的不充分性加剧了网络空间法律治理的难度。因此，在网络空间，有必要根据信息技术的特点创新社会治理模式。①

现行法律架构难以应对层出不穷的商业模式创新，网络约车、共享单车等通过金钱补贴、免费服务等烧钱模式谋求行业垄断地位的方法，很难在反不正当竞争法、公司法等现有的法律体系框架内获得合法性证成，因而对于反垄断法律制度构成了挑战。法律如何应对新兴经济模式和新的商业形态的挑战，在互联网产业繁荣发展和现行法律秩序有效维护

---

① 参见尹建国：《我国网络信息的政府治理机制研究》，载《中国法学》2015年第1期。

之间保持一种恰当的平衡，对于互联网时代的立法者来说是两难抉择。

在网络空间进一步发挥行业性协会、网络中介服务平台的自律性作用，可以形成对推进网络空间法治化治理的重要补充。① 网络信息服务提供商可以凭借其强大的技术实力和垄断性平台的优势，利用大数据技术，精准定位网络用户的真实身份，解决网络社会因虚拟性而产生的主体不易识别难题。网络中介服务平台如淘宝、京东商城等可以利用网络商户和买家在商业平台上的交易记录建立起一套真实有效的信用评价体系，实现网络平台参与主体的自我管制、追责与惩罚。互联网中介服务平台还以通过屏蔽、删除、断开链接等手段定向清除发生在平台上的各类违法信息，并采用技术过滤手段，如微博删除违法信息等，有效阻止恐怖信息、淫秽信息和网络谣言通过特定的网络中介服务平台传播扩散。

从网络空间行业自治的实施效果来看，阿里巴巴等互联网服务提供商平台建立的资质审核、信用评级、先行赔付、损害赔偿等自治性机制对于有效监督网络经营平台的合法运行、保障网络参与主体的正当合法权益，起到了积极的效果。从实践上也证明了网络社会行业自治机制的可行性、可能性和有效性。另外，在互联网社会空间，行业协会的自治将发挥更多的作用。如中国互联网协会通过制定互联网行业自律公约建立行业自律机制，对于维护行业发展秩序起到积极作用。

(二)网络空间治理的进路

1. 对现有法律进行调适

传统法律调整的对象是现实的社会关系，而网络空间虽是现实社会的延伸和拓展，但并非对现实社会的简单复制，它具有自己的运行逻辑和不同于现实社会的特征，因而传统法律在进入网络空间时难免无所适从。为了稳定现有的法律体系，继续保证法律的普遍适用性，此时就需要对现行法律作出相应的调适，使其扩展到网络空间场域。

以刑法为例，互联网在成为必备生活平台的同时，也给各种犯罪提供了一个方便、快捷的工具和场域，使传统犯罪在网络作用下出现了倍增效果和异化现象。因此，当前亟需对现实法律条文进行涉网络调适和文本对接，就像有学者所言："未来网络犯罪司法解释资源的重点和中心问题一定仍然是传统犯罪网络化实施的定罪量刑问题，尤其是'罪状'的网络化解释(包括罪状整体、关键词语在信息时代含义的扩张解释)，以及网络犯罪的立案标准体系的明确"。② 可以说，在网络犯罪可及的地方都存在如何将现实法律条文进行涉网络调适和文本对接的问题，这应该是法治网络建设的基本要务。不同于刑法领域的网络

① 参见蔡文之:《自律与法制的结合和统一》，载《社会科学》2004 年第 1 期。
② 于志刚:《网络、网络犯罪的演变与司法解释的关注方向》，载《法学论坛》2013 年第 11 期。

调试还停留于解释论层面，2017 年修订《反不正当竞争法》第十二条①采取"概括+列举+兜底"的立法模式正式增设了互联网专条，用以确定与厘清网络空间竞争的规则与边界。

2. 创制网络专门法律

从广义上说，互联网专门法律包括网络法律、网络行政法规、网络部门规章、地方性网络法规等，具有稳定性、规范性和可预期性的特点。近年来，我国网络立法取得了不小的进步，《电子签名法》《网络安全法》《电子商务法》等网络专门法相继出台，但相对于网络超快速发展、网络法益屡遭侵害、网络企业无序竞争等复杂局面，仍是一个法律基础薄弱的网络"后发"国家，对互联网专门法律的创制工作仍显滞后。

当前，需要从三个方面继续完善和创制互联网基础法律。一是推进互联网使用和虚拟财产保护法；二是进一步完善信息权益法；三是出台数据资源权益(保护)法。同时，在分类基础上也要注重分层，而分层的重点和难点是如何界定违规网络行为，尤其应以法律形式明确哪些是必须禁止的、哪些是限制性信息，告诉网民如何识别侵权行为，如何保护合法权益等。

3. 建立和完善网络法律救济体系

对网络治理实践而言，一个完善的法律救济体系，不仅能保护网络空间中的权利，也提供了以权利限制权力的可能。目前，我国有关互联网的法律法规多为禁止性条例，既限制了网络信息流动，也未能向网络服务商和网民提供相应救济保障。为此，需要尽早完善网络法律救济体系，在着力构建和完善公力救济体系的同时，借助民间仲裁这一社会救济机制，依靠社会力量化解网络民事纠纷。网事仲裁无疑是一种符合我国民间调解习惯和"无讼"文化传统的社会调节器，此外，它不仅能够节约有限的司法资源，而且还可以丰富我国的网络治理模式。② 在此基础上，厘清互联网领域内的权、责关系。

三、网络空间治理制度的构建

(一)构建和完善相应法律规范体系

构筑网络空间治理制度，首先需要完备的法律体系。治理网络空间的法律体系的完善须以宪法授权性规定为根本，厘定相应的调整的范围，准确界分其法律主体、调整对象、

---

① 2017 年修订的《反正不正当竞争法》第十二条规定："经营者利用网络从事生产经营活动，应当遵守本法的各项规定。经营者不得利用技术手段，通过影响用户选择或者其他方式，实施下列妨碍、破坏其他经营者合法提供的网络产品或者服务正常运行的行为：（一）未经其他经营者同意，在其合法提供的网络产品或者服务中，插入链接、强制进行目标跳转；（二）误导、欺骗、强迫用户修改、关闭、卸载其他经营者合法提供的网络产品或者服务；（三）恶意对其他经营者合法提供的网络产品或者服务实施不兼容；（四）其他妨碍、破坏其他经营者合法提供的网络产品或者服务正常运行的行为。"

② 参见何明升：《中国网络治理的定位及现实路径》，载《中国社会科学》2016 年第 7 期。

法律关系的内容；清理检查网络法规规章及规范性文件中存在的问题，及时"废、改、立"。以保护国家大数据安全、规范电子商务活动、网络行为规范类型化、公民信息权利保护、未成年人网络权益保护、网络平台责任风险防控等为重点领域。

长期以来，我国通过创制或改善以上领域的立法，初步形成了以保障网络基础设施防护安全、大数据安全、计算机技术安全、网络运行安全的《网络安全法》《大数据保护法》《信息安全等级保护法》《国家安全法》等基本法为主干，以保护公民信息权益、消费者权益、未成年人网络权益的《个人信息保护法》《消费者权益保护法》《未成年人保护法》等基本法为支撑，以规范电子商务活动、涉网政务活动规范、网络平台风险责任规范的《电子商务法》《电子政务法》《网络平台责任风险防控法》等专门法为切点，并以相应的行政法规、规章、规范性文件及地方性法规为补充的"门类齐备，结构合理，功能健全，保障有力"的法律规范体系。

但值得注意的是，相比于传统领域的立法，网络空间治理法律规范的制定须寻求国家职权适度让渡与个人私权有序保护的统一，坚持比较借鉴、创新转化和不断完善开展立法。在今后网络空间立法实践中，通过网络社会治理立法成本效益前置评估、立法项目辩论、立法民主协商，拓宽公民、社会组织、基层网民群众实现网络立法的知情权、参与权、表达权、监督权的渠道，不断完善立法后评估机制，完善权力机关内部的制约协调机制、民意表达机制以及民意与立法的对接机制、实施效果评估机制等。[①]

(二)建立网络空间治理法律实施、监督及保障体系

1. 建立高效的网络空间治理法律实施体系

法律的实施是指各种网络空间治理法律规范被各种主体贯彻实施、有效执行的活动及其过程。法律规范本身具有可实施性、可接受性以及法律规范自我实现的动力与能力，是网络空间治理法律高效实施之根本。规范网络空间活动有序开展的网络空间治理法律制度，通常需要"压制性资源"和"引导性资源"两种资源的整合运用，才能使强制性功能与引导性功能有机结合。

这种"压制"和"引导"直接体现在网络空间治理法律实施的主体上。网络空间治理法律规范"硬法"属性与网络空间治理公约、民约"软法"属性的彰显，网络空间治理自律性和他律性的功效互动释放，网络空间治理法律的实施，既要求网络空间治理主体积极主动地行使权利(力)和履行义务(责任，遵守网络空间治理法律规范)；也要求国家行政机关、司法机关以及经授权或委托的组织及其公职人员，须毫不例外地依照法定职权和程序，执行网络空间治理法律规范；还要求网络空间治理主体根据法定职权和法定程序，运用网络

① 参见江必新：《怎样建设中国特色社会主义法治体系》，载《光明日报》2014年11月1日，第1版。

空间治理法律规范，处理网络空间治理事务、自治事务及个人事务的活动。

综上可见，网络空间治理主体界定为与《宪法》《民法典》等相一致，包括国家网信部门，有关行业主管部门及各级政府、行政执法、司法机关，公民（网民）、法人（网络组织）及其他组织等。据此，建立政府主导、社会协同、公众（网民）参与的网络空间多元主体治理格局，形成国家专门机关实施与自治组织、社会团体、行业组织、网络组织和网民的自治自律、合作共治，使网络空间治理主体多元性与共治性有机结合，保障网络空间治理法律实施。

2. 健全严密的网络空间治理监督体系

监督是权力正确运行的根本保证。网络空间发展秩序与安全的维护，公民、法人和其他组织网络空间主体的合法权益保障，既需要法律来规范调整，还需要法律的监督。据此，职权机关依照法定职责和程序，对网络社会治理活动或某一环节、过程进行监视、督促和管理极其重要。网络空间治理监督体系的核心，是对网络空间治理活动的合法性进行监察和督促。在这里所谈的职权机关监督的内容不仅指人大立法机关制定网络空间治理规范的合法性监督，而且还指行政执法活动的合法性监督，更是指司法活动的监督。

此外，如我们在前文所述，行业组织是网络空间治理的重要参与者。据此，行业组织的自治监管和人民群众的社会监督也是网络空间治理监督体系的重要组成部分。具体而言，通过完善公民、社会（网络）组织参与网络治理事务的渠道，赋予其充分的知情权、参与权、表达权和监督权；对职权机关有关网络治理事务及网络事业发展的重大决策、政策出台、中长期发展规划、相关法律法规制度的创制，都需引入风险评估；向社会公开征求意见，吸收社区公民或网络企业、网络社会组织参与论证；组织专家提供咨询论证意见；开展社会问卷调查、通过第三方进行评估，或者采用民主协商、政治协商方式，提出完善相关法律制度的提案、议案。从而使网络治理的重大决策活动、立法创制活动、监管活动、行政执法活动乃至司法活动置入严密的监督体系，确保创制良法促进善治。

3. 完善有力的网络空间治理保障体系

网络空间治理法律保障体系同样建立在技术保障的基础之上，充分运用现有技术，又要放眼长远，占领未来网络社会的技术高地。具体而言，普及应用防火墙、数据加密、过滤、身份认证、数字签名等技术，全面构筑我国网络安全保护屏障。但是，完善治理保障体系内在地要求统筹推进技术优化与人才培养。因此，组建国家互联网关键技术攻关重点实验室，引进全球高端人才，加大对网络信息核心技术的研发攻关力度，形成引领世界且具有自主知识产权的计算机芯片、操作系统、安全防控等关键核心技术体系，打破以美国等现代发达国家为绝对主导的全球互联网发展格局，是我国网络空间治理保障体系建设必须直面的现实问题之一。

在今后的网络空间治理体系完善过程中，占领未来网络社会发展的技术高地和战略高地；鼓励企业、科研机构参与网络技术革新与研发；加大对企业的政策、资金支持和投入力度，通过贷款贴息、税收优惠减免、进出口退税等措施，鼓励互联网企业、网络服务提供商革新技术，参与国际网络技术交流合作，是极其重要。在今后的制度建设中，当务之急是倾力打造一支忠于职守、严明监管、秉公执法、清廉文明、技术精湛的网络监管执法队伍与公正司法的专门人才队伍。

目前，我国网络治理法学教育相当薄弱，一定意义上仍是空白。这与"互联网是技术密集型产业，也是技术更新最快的领域之一"①的现实以及其对法治保障的精准化急迫要求不相匹配。因此，培养网络法治专门人才，需要下大工夫、下大本钱，请优秀的老师，编优秀的教材，招优秀的学生，不仅要建一流的网络空间安全学院，还要建立一流的"网络治理法学院"。尤其是需要有效整合法学+经济学+管理学+社会学+政治学+计算机学+信息工程与计算机安全学等学科资源，实现法学与其他人文社科学科和理科、工科多学科知识的破垒融合，形成新型交叉网络法学学科体系，培育和造就一大批"复合型、创新型、能力型"的网络治理卓越法治人才。从而为网络空间的治国理政、治党治军、内政外交提供源源不断的人才生力军，为由"网络大国"向"网络强国"跨越提供强有力的人力资源与法治人才保障。

---

① 参见习近平 2016 年 4 月 19 日在网络安全和信息化工作座谈会上的讲话，载《人民日报》2016 年 4 月 26 日，第 2 版。

第三章　网络空间全球治理的挑战及应对

第一节　网络空间的特征及其全球治理

一、网络空间的突出特征

"网络空间"一词译自英文单词 cyberspace，由 cybernetics 和 space 这两个单词组合而成，它最早是由美国科幻小说作家威廉·吉布森在 1984 年版的著作《神经漫游者》中使用，本意是指将电子信息设备与人体神经系统相连接后所产生的一种虚拟空间。20 世纪末期以来随着互联网在全球范围内的勃兴普及，人类的经济、文化、政治、军事等主要活动越来越依赖于计算机网络，无迹可寻却又无处不在的"网络空间"日渐成为人们高频热议、国家竞相角逐的焦点所在。

在网络空间中，人们的生产、生活、思维方式和话语表达摆脱了层级体制的诸多限制，首次拥有了实现平等和自由交流的可能。[①] 网络空间作为相对独立的虚拟空间，与现实的物理空间存在天壤之别，作为建立在互联网上的"王国"，除了具备互联网本身固有的虚拟性、开放性、多元性、全球即时性、不对称性、不确定性、作用距离远、传播速度快等特性之外，还具有许多独有的突出特征：空间规模无限大、空间效应牵连强、空间属性高度政治化。当然这四个突出特征并不是概括了网络空间的所有特征，而主要是彰显一种总体趋势，重在勾勒网络空间现在甚至将来要呈现的状态。

（一）空间规模无限大

在网络空间中，数十亿网民的思想相互连接、实时交互，无数个企业和个人合作生产、协同创新，共同筑就了一个不断扩展、全面交互的络信息空间[②]。信息技术的突飞猛进催生出了与物理世界并行的虚拟世界互联网的"包罗万象"使得人类经济、文化、社会活

[①] 参见［美］曼纽尔·卡斯特：《网络社会：跨文化的视角》，周凯译，社会科学文献出版社 2009 年版，第 27 页。

[②] 参见惠志斌：《我国国家网络空间安全战略的理论建构与实现路径》，载《中国软科学》2012 年第 5 期。

动空前活跃且日益便捷。网络空间这一曾经看似乌托邦式的社会发展形态使现实中相对有限的活动规模得到了理论上的无限延伸，轻松突破了主权国家传统意义上的疆域界限，衍生出了一系列的新生事物或理念。

（二）空间效应牵连强

网络空间看似无形但大到国家金融、教育、军事、交通、能源、电力、传媒、电信系统，小到个人电子邮件、银行账户、投资理财、网上交易系统都属于网络空间的广阔范畴，各个领域均被互联网连接起来，产生十分紧密的牵连效应，"牵一发而动全身"，一个领域受到波动其他领域也会作出反应。从世界信息化、网络化的整体程度来看互联网不局限于一个单纯的网络技术系统的概念，而是同时兼具经济联系的纽带、文化传播的媒介、社会运行管理的方式以及国家间竞争力比拼的战场等诸多远远超出互联网本身的特殊意义。正因为此，故而在网络空间极易产生各式各样的"外溢"现象，即当网络空间的某一个角落掀起了涟漪波纹就会迅速扩散至网络空间的其他领域进而不断传导建起一个基本完整的因果链条。

（三）空间属性高度政治化

互联网究其起源并非某一完美计划的预设结果，其创始人也绝不会料到它能发展出今天的规模和影响。从某种意义上互联网可以说是美苏"冷战时代军备竞赛的产物，其起源就带有强烈的政治含义"当前，基于互联网技术之上的网络空间不仅承载着世界各国、广大公众巨大的利益与能，而且也重塑着各国国家安全管理的边界与维度。当病毒、黑客、网络犯罪、网络战争等越来越直接地关乎公众权益乃至国家利益之时，网络空间安全也继国防安全、政治安全、经济安全、金融安全之后成为国家综合安全体系中的又一重要内容。网络空间已逐步发展为与一国的陆、海、空、天四维并列的"第五疆域"，具有高度的政治意义，构成国家安全的一个新的制高点与承载体，并且随着信息技术、产品的升级换代，还将可能迸发出更多超乎人想象的特质。虚拟空间的这些特质很难在现实的陆、海、空、天等物理空间中一一找到对应的参照物，这也就在某种意义上蕴藏着网络空间全球治理跳脱传统治理模式拘囿的无限可能性，或将另辟一条不同以往的治理路径。

二、网络空间全球治理的主体与博弈

（一）网络空间全球治理的主体

在过去20年里，互联网获得了突飞猛进的发展，这一背景也促进了全球化的进程，但是，从全球范围来看，互联网的发展也在另一方面加深了国与国之间的鸿沟，因不同的利益主张形成了不同的阵营，各国在全球治理的权力争夺更多体现在网络空间中。国家和政府对网络空间治理的深度介入已成为不争的事实，而商业和市场主体也不甘示弱，至于最早介入互联网的非政府组织和民间团体乃至个人也在网络空间寻找到各自的定位。各网络行为主体由于利益取向的差异，而分化、组合成不同的阵营。网络空间行为主体的分化组合方式有四种，即利益共同体、竞争共同体、身份共同体和风险共同体。① 如果说在人类社会早期曾存在着"丛林现象"，那么，网络所开辟的虚拟空间则再现了这一现象。尽管中国、俄罗斯等国曾在国际社会倡导"信息安全国际行为准则"，但是，美国凭借着国家实力和网络先发优势，牢牢把握了网络空间国际治理的主导权，美国的主要盟友与美国的立场基本一致。

网络空间治理主体阵营分化的根本原因是治理主体对网络空间治理现状的不满以及对于网络全球治理所持立场的分歧。究其根本，网络空间治理主体阵营分化的原因还在于各网络行为主体的权力和利益较量。尽管网络空间治理主体呈现多元化的趋势，但总体来看，国家在网络空间治理中的地位和作用越来越突出。世界各国政府在网络空间治理中参与的方式和介入的深度各不相同，然而，国家作为网络空间治理主体是不可或缺的。也有人认为，网络结构已经由最初形成的去中心化的分散结构向等级体系结构发展。

国家在网络空间治理的深度介入必然会引发市场、市民社会和其他力量的抵制，但是网络空间治理本质上倡导政府是重要的治理主体，而非唯一主体。只不过在特殊情况下，政府这一主体要发挥更为重要的作用，事实上，政府自身不可能有能力完全主导网络空间治理，特别是在自媒体时代，"人人都有麦克风，人人都是出版家"，政府自身很难控制信息源头和信息传播的渠道，甚至，当某些网络媒体被外国资本所控制时，政府能否通过网络媒体进行信息控制都是存在问题的。网络空间"泥沙俱下""鱼龙混杂"，各种犯罪现象是无法通过网络自身、市场或社会的力量加以解决的，这进一步论证了网络空间国家治理的必要性，当然，网络空间的有效治理最终尚需构建国家、市场和社会的合作治理模式。

(二)网络空间全球治理主体之间的博弈

网络空间全球治理进程伴随着治理主体之间的博弈过程，各主权国家是网络空间全球治理的重要主体。根据各国网络发展程度的不同，可以将主权国家分为网络发达国家、网络发展中国家和网络不发达国家，这种分类与根据经济发展程度进行的分类(发达国家、发展中国家、不发达国家)基本重叠，但是经济发展程度并非唯一决定因素，网络发展程度主要参考指标是各国掌握的网络技术、网络能力和网络使用度等，故而，可能会出现两种分类方式并不完全一致的情况。② 网络空间治理的力量博弈主要有三个方面：一是信息发达国家与信息发展中国家在网络权归属、网络资源分配方面的博弈；二是非政府行为体

① 参见蔡翠红：《国家—市场—社会互动中网络空间的全球治理》，载《世界经济与政治》2013年第1期。

② 参见杨剑：《数字边疆的权利与财富》，上海人民出版社2012年版，第158~159页。

与政府之间就互联网关键资源控制、网络安全与自由等问题的博弈；三是作为网络空间中的主导国家，美国政府联合其境内的私营部门、市民社会与其他国家之间在互联网关键资源归属等问题上的博弈。①

网络空间全球治理过程中的博弈首先表现为网络发达国家与网络发展中国家的博弈，二者博弈的焦点在于网络空间的关键基础设施和网络技术。在互联网治理的早期，美国作为网络发达国家利用其技术先发优势，制定了一系列有关互联网的国际技术标准、互联网行业和产业规范，而网络发展中国家尚处于学习、借鉴阶段，所以，网络发达国家在网络空间治理领域处于绝对优势地位。在联合国召开的信息社会世界峰会(包括 2003 年日内瓦会议和 2005 年突尼斯会议)上，联合国、网络发展中国家，甚至一些欧洲国家要求美国交出互联网关键资源(主要包括互联网域名注册和解析及其与此相应的 13 台根服务器的控制权、互联网协议地址分配等)，但是遭到了美国的拒绝。② 进入 21 世纪后，以中国为代表的网络发展中国家在用户人数、注册域名数等方面已经超过了网络发达国家，但是在网络空间治理方面的代表性不足，因此，对既有的网络空间治理体系的合法性提出质疑。2011年，中国、俄罗斯等国向联合国大会提交了"信息安全国际行为准则"，主张联合国应当在网络空间治理方面发挥主导作用。与此针锋相对，由美国、英国主导的全球网络空间治理会议在伦敦召开，强化既有网络空间治理体系的合法性。网络发达国家和网络发展中国家争议的焦点转变为网络空间是"全球公域"还是"主权领域"，治理主体是政府主导还是非政府行为体主导，治理文化是西方主导的"一元文化"还是各国协商参与的"多元文化"。2011 年，中国、俄罗斯等国向第 66 届联大提交了"信息安全国际行为准则"，主张联合国在网络空间治理中发挥主导作用。同年，美英等国政府主导的全球网络空间治理大会，又称伦敦进程正式召开。这一阶段网络空间治理博弈的特点是，随着网络技术的不断突破及其对现实社会的颠覆性变革，网络空间已经成为人类社会的"第五战略空间"。围绕网络空间中秩序、权力与财富的分配，信息发达国家与信息发展中国家在下列问题上产生了严重分歧：网络空间属性是"全球公域"还是"主权领域"；治理手段是政府主导的"多边治理"，还是非政府行为体主导的多利益攸关方模式；治理文化是西方主导的"一元文化"，还是平等协商的"多元文化"。③ 这一时期的矛盾焦点还集中体现在信息内容的自由流通领域，希拉里·克林顿就任美国国务卿时，针对互联网自由发表了多次讲话，鼓吹美国的互联网自由战略。在始于 2010 年年底的西亚北非动荡之中，美国政府与社交媒体网站在背后所扮

———————

①　参见鲁传颖：《网络空间治理的力量博弈、理念演变与中国战略》，载《国际展望》2016 年第 1 期。

②　参见沈逸：《全球网络空间治理原则之争与中国的战略选择》，载《外交评论》2015 年第 2 期。

③　鲁传颖：《试析当前网络空间全球治理困境》，载《现代国际关系》2013 年第 9 期。

演的角色引起了信息发展中国家的广泛关注，并加强了对互联网的管理。①

在网络空间全球治理过程中，政府与企业、市民社会之间也在网络安全、公民隐私等问题上展开博弈。2013年"棱镜门"事件后，网络空间治理的重点又转移到网络空间的安全问题。通过"棱镜门"事件，各国均认识到，网络空间的安全问题并非哪一个国家可以独立解决，维护网络空间的安全需要各国的共同参与，由此，网络空间治理中的合作因素开始增加。"棱镜门"事件曝光后，微软、谷歌、脸书（Facebook）等企业纷纷起诉美国联邦政府，因为这些企业曾被美国国家安全局要求开放数据库以接受监控。市民社会也起来反对美国政府所进行的大规模数据监控。另外，"棱镜门"事件也引起了其他国家对与美国政府合作参与数据监控的企业的强烈不满，各国纷纷采取相应措施来保护本国的网络空间安全。比如，中国政府从法律层面强化了网络安全，在《中华人民共和国国家安全法》《中华人民共和国反恐怖主义法》《中华人民共和国网络安全法》和《中华人民共和国刑法修正案（九）》中均增加了与网络安全有关的条款，特别是《中华人民共和国反恐怖主义法》中规定"电信业务经营者、互联网服务提供者应当为公安机关、国家安全机关依法进行防范、调查恐怖活动提供技术接口和解密等技术支持和协助"。这些措施对于维护国家安全和网络安全无疑是极为重要的，但是这也必然会增加信息通信技术企业的技术成本。只要网络空间治理未实现突破，政府与私营部门、市民社会之间的博弈会继续存在，并在一定程度上将演变为国家间博弈。

网络空间全球治理过程中的博弈还表现为复杂的结盟博弈。美国与其国内的企业、市民社会结盟并与其他国家就互联网关键资源的归属问题展开博弈。由于美国是互联网的发源地，这些资源一直由美国国家电信与信息管理局下属的互联网数字分配机构负责管理。国际社会对美国垄断互联网关键资源的做法表示不满，希望用政府间机构或全球性机构来接管互联网关键资源。在这种情况下，美国一些所谓的网络自由主义者转而为美国辩护，允许其控制和主导互联网。

三、网络空间全球治理的模式与变迁

与信息革命历经从互联网时代到网络化时代的演进进程同步，网络空间的治理也经历了最初合作为主到当前利益分化、竞争加剧的过程。国际网络空间治理问题最初主要集中在全球性的技术、执法合作层面，包括信息技术标准制订、信息基础设施合作、打击网络犯罪等。然而，随着信息革命步伐的加速，网络空间的国际治理重要性提升，内涵不断深化，各国由此产生的矛盾分歧日益彰显。目前在国际网络空间治理领域，虽然各方都认为

① 参见 Secretary Clinton's Remarks on Internet Freedom," IIP Digital, December 8, 2011, http://iipdigital. usembassy. gov/st/english/texttrans/2011/12/20111209083136su0. 3596874. html#axzz2eIWPYNRu。

亟需"建章立制",却难以回避其间的结构性困境:即存在着网络空间"主权"和"全球公域"两种属性;"政府主导"和"多利益攸关方"两种治理模式;"联合国"和"伦敦进程"两种治理平台等分歧。

第一,当前对网络空间的属性认知上存在"全球公域"与"国家主权"之争。网络空间是由人类创造出来的概念,且其本身有一个不断演进的过程。一方面,技术本身快速演进正在改变人们的观念,Web2.0、物联网、云计算、大数据在重塑传统社会结构的同时本身也在不断地拓展网络空间的资源与权力;另一方面,在从互联网时代迈向网络空间时代的进程中,网络空间的内涵和外延正在不断扩展,从最初技术层面的概念日益延伸至经济、军事、社会、情报收集乃至主权领域等每一个建立在信息系统和网络系统之上的节点中。因此,目前国际社会对"网络空间"这一概念尚无普遍认可的定义。美国在《网络空间政策评估》中将其定义为包括互联网、电信网络、计算机系统和嵌入式处理器组成的相互依赖的信息基础设施。[①] 美国政府认为,网络空间是由人类创造出来的虚拟空间,具有"全球公域"属性,并将其纳入美国的全球公域战略。但实际上,美国的战略目标是通过在全球公域建立霸权,攫取这些没有明确国家属性空间的资源与权力;同时限制竞争对手进入公共空间,获取政治、经济、军事资源。[②] 另一种观点针锋相对地认为,网络空间建立在信息基础设施之上,存在于国家、社会之间,具有明确的主权属性。主权国家既有促进网络空间发展、维护网络空间稳定、保护网络空间安全的职责,也有依法对网络空间行使管理,打击网络犯罪,保护信息隐私的权力。因此,网络空间不是所谓的"全球公域",它是国家主权的重要组成部分。[③] 网络空间的两种不同属性认知决定了各国在网络空间全球治理模式、平台、路径上的分歧,这也是国际社会在网络空间全球治理进程中最难达成共识的核心问题之一。

目前,这两种观点已有过两次较大交锋。一是在2012年第66届联合国大会上,中国、俄罗斯联合上合组织成员国向联合国提交"信息安全国际行为准则",遭到以美国为首的西方国家强烈抵制。该文件认为,与互联网有关的公共政策问题的决策权属于各国主权范畴,应尊重各国在网络空间的主权,尊重人权和基本自由,尊重各国历史、文化和社会

---

① 参见 The White House,"Cyberspace Policy Review: Assuring a Trusted and Resilient Information and Communications Infrastructure", http://www.Whitehouse.gov/assets/documents/Cyberspace_Policy_Review_final.Pdf。

② 参见 Barry R. Posen,"Command of the Commons: The Military Foundation of U.S. Hegemony", International Security, No. 1, Summer 2003, pp. 5-46。

③ 参见 CSCAP:"Ensuring a Safer Cyber Security Environment, a Memorandum from the Council for Security Cooperation in the Asia Pacific", May 2012。

制度多样性等。① 二是在 2012 年迪拜国际电信联盟大会上，89 个信息发展中国家与 55 个信息发达国家在将"成员国拥有接入国际电信业务的权力和国家对于信息内容的管理权"写入《国际电信规则》问题上出现对立，由于 55 个信息发达国家联合抵制，该条约没有生效。② 网络空间的属性之争反映了各国对于网络权力扩张和限制两种截然不同的观点。美国等西方发达国家想借助其在网络空间的优势，谋求在网络空间建立霸权。而广大发展中国家一方面要维护网络空间的开放、稳定，让网络空间更好地服务于经济发展、政治稳定、社会进步；另一方面要抵制美国等西方国家借助其在国际网络空间基础设施和信息产业上的优势，以所谓"全球公域""信息自由"等为借口将自身的势力扩张到他国的网络空间和主权领域。

第二，当前网络空间全球治理中存在"政府主导型"和"多利益攸关方"两种治理模式之争。③ 前者认为各国政府是网络空间治理的最主要行为体，在网络空间履行国家职能，负责网络空间所依赖的信息基础设施的安全、运营，管理网络空间的信息，并依法打击网络犯罪行为。"多利益攸关方"治理模式认为，网络空间是由一个个行为体组成，既包括国家行为体，也包括公司、非政府组织、学术团体乃至个人用户，政府无法像在现实世界那样管理网络空间，非国家行为体对于网络空间的开放、繁荣、透明具有与国家同等重要的角色。因此，网络空间治理应当建立在所有非政府行为体参与的"多利益攸关方"治理模式之上。

对于这两种治理模式之争，显然前者的可操作性更强，后者的代表性更广泛。目前，主权国家仍是国际关系主要行为体、全球治理的主要推动者和参与者。非国家行为体参与全球治理往往面临能力、权力、资源缺乏等问题，而发展中国家则面临代表性不足的困境。以笔者参与的多个国际研讨会为例，与会非国家行为体主要包括以哈佛大学、麻省理工学院、国际战略研究中心（CSIS）、兰德公司（RAND）、英国查塔姆研究所（Chatham House）等为代表的西方高校和智库，微软、思科、谷歌等主要来自美国的互联网公司，美国国家科学院（National Academy of Sciences）、"全球网络倡议"（Global Network Initiative）、"互联网工程任务组"（IETF）等西方非政府组织代表。因此，很多发展中国家代表质疑所

① 参见中俄等国向 66 届联大提交的《信息安全国际行为准则》，http：//www.fmprc.gov.cn/chn//pds/ziliao/tytj/t858317.htm。

② 参见 BBC，"US and UK Refuse to Sign UN's Communications Treaty"，December 14，2012，http：//www.Bbc.Co.uk/news/technology-20717774。

③ 参见 CFR，"Defending an Open，Global，Secure and Resilient Internet"，June 2013，http：//www.cfr.org/cybersecurity/defending-open-global-secure-resilient-internet/p30836；Jonathan Cave，etc.，"Responsibility in the Global Information Society：Towards Multi-stakeholder Governance"，Santa Monica，CA：RAND Corporation，2007，http：//www.rand.org/pubs/technical_reports/TR472。

谓的"多利益攸关方"治理的代表性仅仅代表了以美国为首的西方国家，而广大发展中国家在网络空间的非国家行为体由于缺乏国际行动能力，其声音难以被听到，更不用说参与网络空间的全球治理进程。因此，发展中国家主张为确保网络空间全球治理进程的公平性，应平等看待发展中国家与发达国家的诉求。多数发展中国家代表认为"多利益攸关方"治理模式可以用于在一国之内制定互联网公共政策，主权国家应作为参与网络空间全球治理的进程代表，但需广泛听取和采纳非国家行为体的意见。"多利益攸关方"支持者认为，政府主导型模式如果成为全球治理标准，就赋予了政府合法监控网络的权力，政府往往会封锁、过滤、阻碍特定信息，损害网络空间的言论自由和人权。此外，政府对于网络空间控制也会阻碍全球经济、金融、贸易的自由流通，甚至会在某些情况下导致网络空间的分裂。根据美国对外关系委员会(CFR)的报告，多数美国跨国企业认为政府对网络的控制会影响企业的日常运作，对商业产生负面影响。出于不同的社会结构和认知观念，上述两种模式之争将会继续主导今后一段时间网络空间全球治理进程。

第三，上述两种不同的治理模式导致各国在网络空间全球治理平台的选择上存在巨大差异。"政府主导型"治理模式的支持者倾向于在联合国框架内寻求解决方案；"多利益攸关方"治理模式的支持者则主张绕开联合国，建立新的国际网络空间全球治理机制。多数国家认为，联合国是当前国际关系中最具合法性和权威性的国际组织，诸多全球性议题都是在联合国框架下通过谈判取得进展的，因而联合国是开展网络空间治理的最佳平台。不仅如此，联合国及其下属的相关机构已经在早期网络空间全球治理的合作当中发挥了重要作用。如联合国下属的国际电信联盟在电信基础设施合作领域，国际刑警组织在打击网络犯罪的跨国行动中都有出色表现。此外，联合国本身也对承担网络空间国际治理工作表现出积极的态度。联合国副秘书长彼德·朗斯基(Peter Launsky)指出，"网络问题是需要大家集体解决的挑战之一，而联合国是一个应对全球挑战的平台，因此作为全球性挑战的网络问题需要由联合国来解决"。① 目前，在联合国推动下，网络空间全球治理已经取得了诸多进展，如联合国专家组(GGE)在 2013 年 6 月向联大提交了一份关于现有联合国宪章适用于网络空间的报告，该报告取得了广泛共识，推动了网络空间"建章立制"的进程。此外，联合国专家组秘书处编写的《网络犯罪问题综合研究报告》具有广泛的代表性，被很多国家认为可以作为国际社会合作打击网络犯罪的综合性多边法律文书和示范性条款。另一种观点认为，网络空间不同于物理世界，其复杂性和深刻性都使得联合国无法胜任其治理的任务。尤其是在网络安全领域，现有的联合国机制无法对迅速发动的网络攻击作出快速反应。因此，在应对有国家支持的高持续性威胁(APT)时，联合国框架下的决策机制和决

---

① "联合国副秘书长：网络安全是全球挑战　要由联合国来解决"，2013 年 6 月 27 日，http：//news.xinhuanet.com/world/2013-06/27/c_124922893.htm。

策过程会延误解决问题的最佳时间。这种观点认为，应当由网络空间的每一个使用者，也就是企业、公民社会和学术团体来共同维护网络空间的秩序，并凸显其非官方性和扁平化架构，在此基础上建立一种自我管制、强调私营部门领导权、自下而上的治理模式。2011年美欧开始推动的"伦敦进程"（London Agenda）可谓这一主张的重要实践。在经历过"伦敦会议""布达佩斯会议"和"首尔会议"后，该进程已具备一定影响力，并获得部分国家认可。在2013年10月的首尔网络空间大会上，共有87个政府代表团与会，43位部长级官员发言，初步彰显出其在国际网络空间治理方面的巨大潜力。① 然而这种观点目前还只是一种理念，且未提出解决问题的有效方案和路径。此外，发展中国家由于社会信息化发展程度较低，其国内的企业、公民社会、技术团体等非国家行为体并没有能力代替国家应对网络空间的威胁。这两种观点并非针锋相对，相反在实践中可以互为补充。目前在多方推动下，各国在治理平台选择上已经取得了一定共识，即网络空间全球治理离不开联合国的协调，也不能没有企业、市民社会、技术团体的参与。今后网络空间全球治理的可能趋势是，在联合国框架下通过设立相应的机构和制定相应的规则，把企业、公民社会、技术团体等纳入治理进程，同时充分考虑发达国家和发展中国家在网络能力上的差距，通过机制性安排消除不平等问题。

四、网络空间全球治理的基本理念

2015年12月16日，以"互联互通、共享共治——构建网络空间命运共同体"为主题的第二届世界互联网大会在中国浙江乌镇开幕，习近平总书记在这次大会上提出了"互联网治理四项原则"，包括：尊重网络主权，维护和平安全，促进开放合作，构建良好秩序。"互联网治理四项原则"是"和平共处五项基本原则"在国际网络空间的延伸和发展。1953年12月，周恩来总理在会见来访的印度代表团时提出了"和平共处五项基本原则"，具体包括"互相尊重主权和领土完整、互不侵犯、互不干涉内政、平等互利、和平共处"。"和平共处五项基本原则"主要针对领陆、领水和领空所构成的三维实体空间。当人类迈入互联网时代，国家主权不仅包括领陆、领水、领空所构成的三维实体空间，还包括基于互联网的虚拟网络空间。国家主权丰富为领陆、领水、领空、领网。领网权的本质即网络主权。"网络主权"是中国最早提出并倡导的一项国家主权观。2010年6月中国国务院新闻办发布的《中国互联网状况》白皮书指出，互联网是国家的重要基础设施，中国境内的互联网属于我国主权管辖范围，中国的互联网主权应受到尊重和维护。维护国际网络空间的公平正义，必须坚持《联合国宪章》和国际法基本准则，尊重各国网络空间主权，尊重和维护

---

① 参见鲁传颖：《发展中国家积极参与网络空间治理》，载《中国社会科学报》2013年10月21日第1版。

各国人民自主选择网络空间治理的权利，反对网络霸权主义和强权政治。①

（一）尊重网络主权原则

国家主权是一个国家独立自主地处理自身对内对外事务的最高权力。国家无论大小、强弱，都有自主的主权。信息技术和互联网的迅速发展，只是使国与国之间的交往更加便利，而并未改变国家主权的本质。国家主权相应地从原来的领陆、领空、领水扩展到网络空间，形成了基于国家主权的领网权。领网权的法律地位应当得到国际法的确认。互联网的发展给人类带来了更多的便利，加速了经济全球化的进程，人们对互联网的依赖程度也更高，这意味着一旦一个国家的互联网及其他信息基础设施受到攻击，便可能导致极为严重的后果，甚至不亚于战争所造成的破坏性后果。中国目前已经成为网民人数最多、联网区域最广的国家。同时，中国也是更易受到网络攻击犯罪的国家。网络安全关乎国家安全，同样也关乎个人信息安全。我国目前所面临的最大网络风险即来源于互联网本身内在的运作机制。网络空间最重要的网络是 Internet（因特网），这是由美国国防部研发的军用科研网演化而来的，其关键通道管理系统和关键节点管理系统是由美国政府或美国公司所掌控的。一旦发生战争，美国完全拥有使网络失灵的能力。迄今为止，有关网络安全方面的问题尚未在国际法体系中得到明确的规范和解释。虽然一些技术专家希望网络空间能够成为摆脱政府的"自由王国"，但是，事实上由于网络空间与现实世界的密切联系，它不可能成为法外之地。2010 年我国政府即明确表示，互联网是国家重要基础设施，中国境内的互联网属于中国主权管辖范围，中国互联网主权应受到尊重和维护。领网权有充分的国际法基础和依据。故而，领网权应以主权国家的边界范围为其生效基础。领网权赋予国家对网络空间的管控权。尽管网络具有虚拟性和跨国界性质，但网络基础设施以及网络主体的活动是与实体世界不可分割的，领网权具有国家主权的法律属性。领网权在一国内部是指国家运用行政、经济、法律等手段对网络基础设施和网络主体活动的管辖，旨在维护网络空间秩序，维护国家利益、社会公共利益以及网民合法权益。领网权在国际层面主要指国家对网络空间国际治理活动的参与权，以及遭受外来势力的网络攻击时行使网络自卫权。

2015 年 7 月 1 日，全国人大通过了《中华人民共和国国家安全法》，其中第二十五条规定："加强网络管理，防范、制止和依法惩治网络攻击、网络入侵、网络窃密、散布违法有害信息等网络违法犯罪行为，维护国家网络空间主权、安全和发展利益。"领网权不仅是国际网络空间发展的需要，也适用于国家主权原则在网络空间的运用。确定领网权有助于国家对网络空间的活动进行依法管理，对危害国家网络安全和信息基础设施的行为进行打击。网络安全实现的先决条件是对国家网络空间主权的尊重和维护。

---

① 参见侯云灏、王凤翔：《网络空间的全球治理及其"中国方案"》，载《新闻与写作》2017 年第 1 期。

（二）维护和平安全原则

六十多年前，我国倡导的"和平共处五项基本原则"之所以能够成为国际行为准则，主要在于其出发点是对现实空间和平与安全的维护。当前，我国倡导维护网络空间和平安全的呼求，催生了网络空间主权的概念。习近平总书记指出，网络空间不应成为各国角力的战场，更不能成为违法犯罪的温床。各国应采取合作的立场，防范网络犯罪活动。网络安全涉及多个维度，如国家安全、产业安全、软件安全、信息安全等。网络安全是一个国际性的问题，维护网络安全是每一个国家的共同责任。这要求各国超越社会制度和意识形态的差异，共同建立和维护网络空间治理的基本秩序和规则，防范和打击利用网络进行的各种犯罪。从互联网国际治理的局面来看，现在是"一家独大"的状况，其中互联网名称与数字地址分配机构（ICANN）是"业界老大"，它负责管理全球互联网域名系统（DNS）、根服务器系统，IP地址资源的协调、管理和分配，协议参数配置和主服务器系统等。美国掌控了根域名服务器，从理论上讲，美国可以瞬间将某个国家从互联网上清除。由于ICANN是设在美国的非营利组织，它只受美国法律管辖。这样，美国就占据了网络空间的制高点。美国非常重视网络安全问题，2004年美国政府设立了总统网络安全顾问，制定了国家层面的网络安全框架和网络安全战略。到奥巴马政府时期，网络安全战略进一步由被动应对发展为主动防御，而且从立法层面进行保护。尽管2014年"棱镜门事件"后，美国政府迫于舆论压力，宣布放弃对ICANN的管辖权，而要构建一个"多方共治"的互联网治理模式，但并非将ICANN移交给联合国相关机构，而是移交给一个所谓的"全球利益相关体"。①

（三）促进开放合作原则

习近平总书记提出的"促进开放合作原则"是指所有国家基于主权平等而互相依靠、彼此合作。促进开放合作要求丰富开放的内涵，提高开放的水平，通过搭建更多沟通交流平台，创造更多利益共同点，增进合作。网络技术的发展已经使世界各国联结为一个整体，不同地区、不同民族的人们已经生活在一个信息共享的流动空间中。国家之间再也不会因社会制度和意识形态的差异而相互隔绝。互联网经济是一种新型经济形态，充分发挥了网络在资源配置、信息传输中的优势，将信息技术和网络技术的创新成果融合于各个经济领域，有助于释放经济的活力。在经济全球化条件下，各国无论经济发展水平高低，都要在国际法框架下展开合作，只有各国秉持合作的立场，才能谋求人类的共同福祉。

---

① 参见惠志斌：《全球治理变革背景下网络空间命运共同体构建》，载《探索与争鸣》2017年第8期。

(四)构建良好秩序原则

我们现在正进入信息时代，互联网已经深深地嵌入社会生活的各个领域，也彻底改变了人们的生产和生活方式。网络空间主权已经成为国家主权的重要构成部分。国家对内通过对网络基础设施和网络活动的管辖，运用行政、法律、经济等手段维护网络良好秩序，保护网民合法权益，维护国家利益；对外意味着国家有权参与网络空间国际治理活动，以及遭受外来网络攻击时行使网络自卫权。习近平总书记就构建网络空间秩序提出了如下主张：网络空间同现实社会一样，既要提倡自由，也要保持秩序。我们既要尊重网民交流思想、表达意愿的权利，也要依法构建良好的网络空间秩序，这有利于更好地保护广大网民的合法权益。网络空间不应成为"法外之地"。虽然网络空间是虚拟空间，但作为现实空间的映射，与现实空间存在着密不可分的联系。因此，网络行为主体应当遵守法律。当然，由于网络空间的关系更为复杂，也需要有与之相适应的法律和规制，但是这不能成为网络空间回避法律约束的理由。构建网络空间的良好秩序，必须依靠法律来提供基本规则。尽管网络空间是一个开放的平台，但是网络行为主体，包括国家、组织、个人都必须遵守相关法律。依靠法律的强制、规范、引导和评价，有助于更好地维护网络空间的基本秩序。国际网络空间良好秩序的形成，需要充分尊重各国网络主权；综合考虑网络产品用途、安全等级、客户群体、技术应用和法律的社会成本。

第二节　网络空间全球治理面临的主要挑战

一、网络空间全球治理中的主权争议

世界各国无论是强大的国家还是弱小的国家，在国际交往中各国的国家主权都应平等地被尊重。不仅如此，各国对别国的国家主权也应给与相同的尊重。但是，这只是应然层面上的平等，是一种形式上的平等，实然层面上，各国的国家主权几乎没有实现实质意义上的平等。

互联网的出现是在冷战期间。1957 年，"伴侣号"作为首颗人造的地球卫星被苏联成功发射，之后，国防部高级研究计划局随即在美国成立，该局成立的目的是保障美国的网络被苏联核攻击后还可以继续使用，并且其资助名为兰德公司的网络，于 1969 年这种测试型的网络正式上线，用该局的名称命名为阿帕网，成为网络的雏形。从网络的起源来看，美国享有得天独厚的优势，其不只是互联网技术的诞生地，美国也同时控制着互联网的域名解析设备。在制定国际规则方面，西方技术强国掌控着话语权，因此在此背景下制定出来的规则毫无疑问地符合其本国的利益，这导致了国家在行使权力时存在实质意义的

不平等。

(一)"集中式"根域名解析体系限制国家独立权

正如帕尔马斯岛案(the Island of Palmas case)①中所述,国家主权意味着独立。独立性的一个方面的表现为行使该国的权利时,不受其他任何国家、国家职能部门的限制。在网络空间背景下,国家行使独立权表现为一国网络独立运行、自主决定是否连接国际网络及独立制定国内互联网政策。目前各国行使独立权主要面临的问题来自于根域名解析体系。

"集中式"根域名解析体系是互联网域名体系中最核心的部分。具体来说,在层次域名解析体系中,当网民提出域名解析请求时,根域名起到引导主机递归解析的作用。网络中没有缓存的数据,必须通过根域名服务器,才能够逐步完成解析后形成人类主体能够观看并理解的信息。一旦这种基础的服务器出现问题,将直接导致根域名的解析体系无法正常运转,数据无法传输、转化成有效信息,系统将崩溃,互联网将拒绝任何人的访问。目前,全球 13 台根服务器中,有且只有 1 台主服务器,而且该主服务器由美国威瑞信公司(VeriSign)负责运营。其余的 12 台均为从服务器,而且从服务器上还存在众多的镜像。然而,一切从服务器和镜像都完全受制于主服务器,一旦主服务器出现问题,必然导致网络的全球瘫痪。由此也不难看出,美国在互联网技术上的发达,直接决定了其在网络空间具有的霸权地位。

"集中式"根域名解析体系对美国之外的国家来说,主要存在着以下三种风险,即"消失性风险""致盲性风险"及"孤立性风险"。而这三种风险导致美国以外的国家在网络空间的独立权严重受到影响。

1. 消失性风险

如果一国国家的顶级域名被主跟域名服务器数据库删除,该国的顶级域名空间就会从互联网的名字空间中被"抹去",导致国际社会无法找到该国顶级域名所承载的所有域名空间,就如同这个国家的顶级域名所承载的网络空间被消失了一样。正如,前文所述 2003 年伊拉克及 2004 年利比亚的根域名.iq、iy 分别被停止解析事件。由此可见,让一个国家从世界网络中消失是一件很容易的事情,只要在主跟域名服务器数据库删除其等级域名即可。

2. 致盲性风险

如果根域名服务器对来自某个国家 IP 地址的域名解析请求拒绝响应,就意味着该国所有网民都不能再访问国际互联网,因为该国网民无法再获得所需要的域名解析结果。这

---

① 参见 The Palmas Island Arbitration. Bishop, International Law, Cases and Materials. 转引自刘家琛:《国际法案例》,法律出版社 1998 年版,第 118 页。

种"一国网络用户被限制到互联网上访问的风险"又可以称之为"索马里式风险"①。因为传言历史上索马里曾遭遇过这种封杀。与"消失性风险"相比,"致盲性风险"的影响面要更大,其影响到整个国家的网民。而"消失性风险"只影响这个国家的顶级域名所承载的网站。但是,"致盲性风险"的实施比"消失性风险"复杂,既要确保所有 13 个根服务器及其全部对应的竞相服务器都拒绝解析,还要确保能够判断出来哪些 IP 地址属于这个国家所有。

3. 孤立性风险

如果一个国家的所有国际出入口都被阻塞,按照现行的域名解析体系,该国的互联网域名解析过程将因无法访问根域名服务器而被终止,从而导致该国互联网相当于处于瘫痪状态。相比"消失性风险"与"致盲性风险","孤立性风险"的实现难度非常大,因为要切断一个国家国际互联网的接入需要动用的资源是巨大的。但若孤立成功,所带来的损害也将是最大的,因为"致盲性风险"尽管也是影响整个国家,但至少通过 IP 地址直接访问还能访问到国际互联网上,但"孤立性风险"则彻底切断了一个偶家与外界的联系,使之成为孤岛。

(二)多利益攸关方网络空间治理模式限制国家平等权

各国在网络空间中平等交互,平等参与网络空间国际治理的权利也在遭受不断的挑战。目前来看,面临的主要问题是各国和 ICANN 签约形成的多利益攸关方治理模式存在的弊端。

网络空间在这种治理模式下,负责顶级域名分配的 ICANN 成为出租的甲方,其他使用域名的国家则是承租乙方。早在 2005 年,在突尼斯举行的信息社会世界峰会上形成的《突尼斯议程》(Tunis Agenda)中,多利益攸关方主义(MUltistakeholderim)第一次被提出。到了 2013 年,国际互联网管制论坛(Internet Governance Forum)协调执行人 Markus Kummer 把多利益攸关方治理模式描述为"一种让所有利益攸关方在平等地位上,经由开放性、包容性和透明性的程序参与到政策对话之中的手段"。类似地,美国国家电信和信息管理局(National Telecommunications and Information Administration,简称 NTIA)部长劳伦斯·斯特里克林(Lawrence Strickling)指出,多利益攸关方程序包括了所有利益攸关方的全面介入、基于同意的决策制定以及开放、透明和有责的方式。②

由上分析可知,多利益攸关方治理模式主要有如下几个特征。首先,该模式之下,各个利益攸关方是多方主体,而并非单一或者以某国为中心领导之下的治理模式;其次,各利益攸关方平等参与,同时在享有权利的时候承担义务与相应责任;最后,这种治理模式

---

① 参见《从"国家网络主权"谈基于国家联盟的自治根域名解析体系》,http://ah.anhuinews.com/qmt/system/2014/11/28/006610829.shtml[2019-06-12]。

② 参见黄志雄:《网络主权论——法理、政策、与实践》,社会科学文献出版社 2017 年版,第 98 页。

不是自上而下，相反是由下至上（bottom-up）的模式。虽然已经得出多利益攸关方治理模式的三个特征，也即其具备的看似公平、合理可以平衡各方利益的优点。但实际上，这种模式之下却存在着"正当性"和"有效性"两个严重问题。

1. 多利益攸关方治理模式缺乏正当性

根据马克斯·韦伯（Max Weber）的解释，"正当性"（legitimacy）即"相信有权统治的信念"。由此，多利益攸关方治理模式就是将利益相关的主要主体聚集，进行"参与式民主"（participatory democracy）。主张人们自发自愿亲自参与决定，强调以自我管理的方式实现公共目标和社会利益。由于统治者与被统治者的身份彼此重合，多利益攸关方治理模式的正当性自然得以确立。

即使这样，实践与理念间的差距也不容忽视。利益攸关方治理模式的"正当性"仍然存在几个问题。第一，利益攸关方的模糊性。利益攸关方只是一个统称，但究其本质，却正如学者所质疑的，到底哪些人属于利益攸关方，他们又享有什么样的权利，需要履行什么样的义务？这一切都具有不确定性；第二，利益攸关方存在片面性。网络空间具有的技术性特征，要求网络空间治理中需要有专业化的技术团队和专业的商业组织。但是，作为网络空间重要构成要素之一的行为人，即一般的消费者和网络一般使用者却被忽略，导致利益攸关方包含的主体存在片面性；第三，"网络发达国家"的网络技术推动着网络空间的形成，同时促成了网络空间治理模式的形成，但是对于后来加入网络的国家而言，无论是"网络新兴国家"还是"网络发展中国家"若想实现与全球网络的互联互通，那么必须接受这种意境形成的网络空间治理模式，而无法真正表达自己的意愿。实为限制了一些国家参与网络空间治理的平等权；第四，某些国家由于网络技术的发达或者历史原因，容易造成利益攸关方治理模式之下的不公平现象。例如，ICANN 与美国商务部的协议关系，使得其受制于美国国家电信和信息管理局，这背离了其生成的多利益攸关方治理原则。

2. 多利益攸关方治理模式缺乏有效性

有效性（effectiveness）的不足主要体现在以下几个方面。第一，指导较为抽象，缺乏具体行为指导。例如，利益攸关方治理模式明确主张了"包容性"，但包容具体包含哪些具体方式，包容是否需要进行必要的限制等问题均没有给出详细的指导；第二，该治理模式对于某些重点问题没有给出分析与解决，反而试图回避。例如，有关权力的归属以及相关制度设计等议题，在该治理模式下并没有给予主动积极的回应，导致停滞不前；第三，在决策方式上，表面看摆脱了行政干预，但不意味着摆脱了全部的外部干涉。例如，利用更加隐秘的形式，私人主体就可以对网络进行控制；[1] 第四，权力分散后的问责制度不足。网

---

[1] 参见 Neil Weinstock Netanel，"Cyberspace Self-Governance：A sceptical View from Liberal Democratic Theory"，California Law Review，Vol. 88（2000），No. 2，pp. 395-498。

络空间治理的权力既分给了行政机构，又分给了各利益攸关主体，权力分散后没有有效的时候追责机制，必然导致无人承担责任，最终形成权力的滥用。

基于以上两点，ICANN 作为顶级域名的政策制定部门，可以不考虑国家的政治、民族利益的感受，接受某些对一国政治或民族属性的挑战性的域名作为顶级域名，例如，适用某种宗教、或使用某种被部分国家所抵制的邪教的词汇作为域名，这都将违反公平性原则，从而构成对国家在网络空间行使平等权的威胁，但这种行为目前还没有限制手段。此外，多利益攸关方中仍以美国为主导，例如历史上，美国利用其网络强势国家地位，要求微软中断对古巴等五个国家的服务，导致古巴等五国所有 MSN 即时通信账号都处于离线状态。此次事件再一次证明了多利益攸关方治理模式对国家主权在平等权方面的侵犯。

（三）信息及数据挑战国家管辖权

网络空间的构成较之一般物理空间存在逻辑层面上的差异，其逻辑层面中的信息及数据的特有属性加之网络空间具有的虚拟性和跨国界性，导致国家在网络空间如何对数据及信息行使主权权利存在争议。下文将分别对国家在网络空间对数据和信息行使管辖权存在问题进行分析。

1. 网络空间信息管辖权争议

信息主要指以传播为目的的内容信息。对信息行使管辖权主要面临如下两个问题，即网络空间国家是否要对信息行使管辖权及如何行使管辖权问题。

（1）是否对网络空间中信息行使管辖权的争议

目前在国际社会中，尚不存在对此确认的统一规范文件。在国际标准和实施机制尚未建立之前，各国都按照如下几个相关文件，遵守国家的公开通信活动。第一，联合国教科文组织 1972 年通过的《为情报自由流通，扩大教育范围和发展文化交流而使用卫星无线电广播的指导原则宣言》（Declaration of Guiding Principles on the Use of Satellite Broadcasting for the Free Flow of Information, the Spread of Education and Greater Cultural Exchange）；第二，1978 年通过的《关于大众传播工具为加强和平与国际了解，为促进人权以及为反对种族歧视、种族隔离和反对煽动战争作贡献的基本原则宣言》（Declaration on fundamental principles concerning the contribution of the mass media to strengthening peace and international understanding, to the promotion of human rights, and to countering racialism, apartheid and incitement to war）；第三，联合国大会 1982 年通过的《各国利用人造地球卫星进行国际直接电视广播所应遵守的原则》（Principles Governing the Use by States of Artificial Earth Satellites for International Direct Television Broadcasting）。

正是由于缺乏统一规范，且各国价值观存在差异，对信息的理解也有所不同。又因为掺杂了意识形态的因素，各国对特定信息的重要性及其与国家利益的关系理解也不尽相同。以美国为代表的国家主张在网络空间中对信息而言，国家应尊重信息传递的自由，尊重人权，而不对某些信息行使管辖权。总体而言，西方社会不太接受对信息行使主权的讨论。而以中国为代表的国家则刚好相反，主张应当对全部信息行使国家主权。

（2）如何对网络空间中信息行使管辖权

如何对网络空间中信息行使管辖权主要来自于互联网特征带来的以下几个方面的质疑。第一，网络空间具有的技术性，使得信息的承载和传输离不开编码技术，而对技术进行规制的技术性规范是由立法者或法律工作者从事，还是直接由技术占优势的公司企业来完成？此时国家是否有能力对网络空间中基于技术存在的信息行使管辖权存在了争议；第二，网络空间具有虚拟性，使得信息的存在不依托于任何物理存在的媒介形式，且信息传递速度飞快，导致国家管辖权难以行使；第三，网络空间具有无国界性，使得物理世界中的地理边界无法直接适用于网络空间下的信息，导致传统的以地域为基础的国家管辖权难以行使；第四，网络空间具有自由开放性，互联网的自由传播极大挑战了国家的监管能力，互联网上的信息可以在各个网站之间自由流动，此时基于地域的现实法律难以规制网民对信息作出的跨国界行为。导致一些原本属于国家垄断或管制的信息可以轻易为一般人所获取。

2. 网络空间数据管辖权争议

与对信息行使管辖权不同，数据往往针对的是未经加工的数据，与意识形态无关，针对数据行使主权的讨论也只是各国自身经济利益之间的博弈，各国的需求大体相当，所以西方社会比较接受对数据行使管辖权的讨论。当然，信息技术强国不需要靠对数据行使管辖权保护自己，也能够理解或接受信息技术弱国从主权角度对本国数据提出保护的诉求。因而，国际社会更容易在对数据行使管辖权对数据进行保护基础上推动国际共识的形成。例如各国依法确立对数据进行国内法的保护。欧盟于1995年颁布了《数据保护指令》（Data Protection Directive），对个人数据使用的目的、披露等作出了限制。

欧洲议会2012年公布了《一般数据保护条例》（General Data Protection Regulation，以下简称 GDPR）草案，该草案由欧盟前司法专员维维安·瑞汀（Viviane Reding）提议的《关于电子通信领域个人数据处理和隐私保护的指令》（General Data Protection Regulation），取代了以上1995年指令。欧洲议会2016年再一次发布了商讨多年的《一般数据保护条例》。但是，网络空间国家对数据行使管辖权依旧存在不足。具体而言，主要体现在以下两个方面：

（1）国内：数据量巨大导致行使管辖权实际操作难度大

随着大数据与云计算时代的到来，网络背景之下的数据种类越来越多，数据数量也急剧增长。加之网络具有的跨国性特征形成的互联网地址和物理地址无法一一对应关系，都导致原本"事先同意"的数据跨境传输的原则遭到严重质疑。同时，一国想要全面、完全的掌握其国家内部的数据也十分困难，甚至成为了不可能。那么，从实然角度看，若只让一国掌握其可能掌握的部分数据，对这部分数据行使管辖权，是否又意味着是对不完全主权（incomplete sovereignty）的承认呢？目前还存在争论。①

（2）国际：网络空间自身特征导致对数据的管辖权存在冲突

网络空间具有的跨国特征，加之数据流通的速度之快形成数据储存、占有和传输地存在不同，最终导致两个甚至两个以上国家对该数据享有管辖权。即我们常说的管辖权的积极冲突，造成多重管辖。总的来说，各国积极强调该国对数据享有的独立主权，那么国际社会上将呈现出对数据管辖的"无政府状态"（anarchy）。国际社会早已出现具体实例。例如，美国和欧盟于2000年缔结的《安全港协议》（Safe Harbor Agreement），具体从七个隐私原则方面限制了美国公司从其欧盟附属公司传输数据的行为，具体包括通知（notice）、个人选择权（choice）、第三方保护水平一致（onward transfer）、个人可获得（access）、安全性（security）、数据完整性（data integrity）和实施要求（enforcement）。美国2001年《爱国者法案》规定，美国政府相关机构不需要履行特定程序规定，依职权自动获得与反恐相关的所有数据。这意味着，美国政府能够依据国内法的授权，在权利许可范围内随意获取存储在美国云上的各种信息。②

如上所述，面对各国国内数据量巨大导致行使管辖权实际操作难度大、国际社会上网络空间自身特征导致对数据的管辖权存在冲突这两大问题现状，如何从制度构建角度解决主权国家对数据进行有效管辖，达到数据安全目的显得尤为重要。

二、网络空间全球治理中的意识形态较量

当今，作为社会主义国家的中国在世界秩序平衡中起着十分重要的作用，而美国作为超级大国，在资本主义世界里扮演"领头羊"的角色，在全世界的政治、经济、文化领域具有无可撼动的霸权地位。基于两种截然不同的政治制度利益的维护与发展需要，衍生出了中美两国之间的网络空间意识形态较量。近年来，互联网在中国迅猛发展起来，我国已成为拥有最大网民规模的国家。但我们应该清醒地认识到，互联网在推动中国特色社会主义事业的同时，也给作为互联网发源地的美国以及西方国家向世界各国渗透意识形态提供了

①　参见 Forest B. Information sovereignty and GIS: The evolution of 'communities of interest' in political redistricting. Political Geography, 2004, 23（4）: 425-451. http: //www. doc88. com/p-6897792004645. html ［2018-06-12］。

②　参见 Carol M. Celestine, "'Cloudy' Skies, Bright Futures? In Defense of a Private Regulatory Scheme for Policing Cloud Computing", University of Illinois Journal of Law, Technology and Policy, Vol. 13, 2013, p. 152。

可乘之机，导致各国之间，尤其是中美之间的网络空间意识形态较量呈现出复杂多样的态势。

（一）社会思潮在网络空间蔓延

当前，历史虚无主义、新自由主义、普世价值论等社会思潮在我国网络空间大行其道，此类社会思潮的渗透方式具有很强的隐蔽性和伪装性，使得人们放松了警惕。

一是以政府机构、非政府组织为主的渗透。通常，本国政府机构通过非政府组织向受援国本土提供资金等支持，并在受援国本土开展各类渗透活动。比如，美国国际开发署（USAID）是具有美国官方背景的向全世界各国提供非军事援助的机构，全世界已有近200个国家和地区接受了它的资金或其他方面的资助。近年来，非政府组织在世界各地区、各主权国家的政治活动越来越活跃，在东欧剧变、各地区"颜色革命"中都有它们的身影。非政府组织在中国的发展非常迅速，目前境外非政府组织在我国的合作项目近6000个。客观地讲，非政府组织在我国民生、公益事业的发展壮大起到了一定的促进作用，但是，许多境外非政府组织在我国的活动日显政治色彩和意图。美国有一大批研究中心、智库等专门研究民主渗透手段和战略的机构，美国政府提供专项经费，这些机构为美国式价值观念的输出立下汗马功劳。西方国家还通过各类基金会向受援国的企业、大学，甚至政府部门渗透意识形态。对此，很多国家已经有了清醒的认识和强有力的措施。比如，我国为了规范境外非政府组织在我国境内的系列活动，出台了《境外非政府组织管理法》（2017年1月1日起正式实施）；2011年俄罗斯政府禁止美国国际开发署在本国境内的活动，2012年颁布《非政府组织法》，2013年俄罗斯司法部依法关停约9000个非政府组织；2015年印度政府将"福特基金会"（The Ford Foundation）列入国家安全重点监控名单。

二是以部分领导干部为重点，培植政治代理人。西方敌对势力通过送往美国培训、资金扶持、高规格接见等方式，对部分党员干部进行思想渗透。以美国为代表的西方国家以权力体系内的领导干部为渗透对象，持续开展政治代理人培植活动，妄图由内而外、自上而下，实现一个政权的自行解体。积极鼓励和支持政治代理人适时发表一些观点和言论，试探或挑战一个国家的政治底线，对党和国家的重大决策施加压力，甚至，不失时机地鼓动他们传播反动言论。一些具有美国政府背景的基金会物色年轻有为的中国官员选送至美国本土进行考察和培训，同时，以各种合作名义资助部分党政机关，部分官员崇尚新自由主义，信奉美国式民主和自由，正是西方国家意识形态渗透的结果。

三是以学术界专家学者为重点，占领理论高地。随着全球化的深入，各国之间的学术交流更加频繁，为各国吸取人类社会的优秀成果提供了良好契机，在一定程度上推动了学术理论的不断提升，但是，这也成为西方资本主义国家以"学术"名义传播西方价值观念提供了可乘之机。一些基金会对这些自由派学者和青年学者进行思想渗透，并以学术研究、学术交流和学术访问之名，掩饰政治意图，先以创新性、学术性的理论思想吸引更多的有识之士，以日常化、网络化渗透，给专家学者们"洗脑"，使其成为理论代理人。西方新自由主义理论在中国的大量传播并形成一定气候就是这种模式"成功"实施的结果，20世纪90年代后期，随着网络空间大量出现，部分专家学者对于西方新自由主义理论的解读与传播，给我国政治、经济、文化、教育等各个领域造成极为恶劣的影响。

(二)西方话语霸权试图主导网络空间

总体来说，话语权包括以下三个权力，一是话语内容传播权。表达权、传播权在权力链条中扮演重要的角色，是网络空间意识形态话语权建设中不可或缺的要素。互联网丰富了话语表达的渠道，使每个普通网民都享有表达的权力，如此一来，话语主体的传播权就成为了意识形态话语权建设的前提。目前来看，网络空间意识形态话语传播权掌握在拥有大量网络资源的大媒体手中，如西方的"四大媒体"，即合众国际社、美联社、路透社、法新社。二是话语主题设置权。掌握网络空间话语主题设置权，可以选择性提供信息、利己式解读信息，从而主导舆论，影响普通网民想什么、怎样想。在很多事件上，西方国家凭借网络信息技术优势，早知道、早发布、早解读相关网络信息，将自身的态度和意见附着其上，通过不同解读赋予事件不同的意义，左右人们的判断思路和方向。因此，话语主题设置权成为网络空间意识形态话语权建设的枢纽环节。三是话语载体使用权。随着互联网技术的不断发展，极大地丰富了人们使用的话语载体。但是，这种表象掩盖不了技术垄断和信息霸权导致的话语载体的使用不平等和集中化，2013年暴发的"棱镜门"事件，很好地证实了这一点，美国政府利用技术优势，不仅监视中国等社会主义国家，还在监视自己的盟友。掌握话语载体使用权的美国，无时无刻实施着对全世界各国的监听、渗透和破坏活动。近年来，虽然我国在主流意识形态话语权建设方面取得了一定的成绩，但至少目前很难与西方国家的网络话语霸权相抗衡。

在互联网时代，掌握网络信息的传播方式和流向，就可以拥有传播某种思想文化的权力。事实上，全球约80%以上的网络信息来自于西方媒体，而以中文为载体的网络信息仅占全球网络信息总量的5%左右。当前，作为信息大国的美国在网络信息收集、处理、传播等方面具有绝对优势，制定着国际互联网的"游戏规则"，操纵着理解世界的网络话语。以美国为首西方国家具有强烈的话语优越感，根源于"西方中心主义"，网络空间的话语霸权是现实社会中的霸权主义在网络空间的延伸。在网络空间，美国为主的西方国家通过议题设置、话语干预、引导、解释，建构网络空间话语霸权，由此维护其在网络空间继续实施霸权主义的根本利益，谋求在网络空间的利益最大化。美国等西方国家利用话语优势，在全球网络空间主动设置议题，借用话语权在网络空间制度建设、规范解释、舆论引导等方面的特殊功能，降低美国在网络空间维持、拓展霸权主义的阻力和成本。从美国在国际上通过"中国网络威胁论""互联网自由",再到谷歌退出中国(2010年1月)等对我国进行的话语围攻,就可见一斑。近年来,美国政府不断以"中国黑客攻击事件"为名向中国政府发难,不管是告示、警告,还是威慑,其真实目的是要在网络空间制造紧张度,并借助自身的国际话语权,向中国以及全世界强调其在网络空间的霸权地位,制造、解码和散布一种话语,即美国是全球网络空间的霸主,其地位不可撼动,任何国家包括中国,只要威胁到了美国网络空间的根本利益,就要将其作为敌人加以遏制。

"互联网自由"是美国政府利用网络空间话语优势,编织出的网络空间话语制度。通过制度和技术方面的确立,确保西方意识形态的传播。2011年5月,美国政府颁布了《网络空间国际战略》,明确了"互联网自由"的战略框架及其在全世界推广的详细步骤,"互联网自由"是具有明显的意识形态网络渗透的制度保障意图。另一方面,利用网络技术优势,向一些国家和地区提供网络空间资源。突尼斯、埃及等北非中东国家政权的更替与美国的意识形态网络渗透有着直接的关系,当时,所在国政府为了遏制网络对社会动乱的影响,坚决关闭了全国网络。但是,西方国家百般指责此举,并在Twitter、Facebook等互动式网络空间平台开通了多种国家语言服务,为反对派煽动和组织更广泛的暴动提供了强有力的网络资源,最终导致国家政权的颠覆。当今时代,全世界任何一个国家都会对本国网络空间的信息进行审查和规制,英国政府明令禁止侮辱女王的任何形式的网络信息内容;在新加坡,网络空间看不到讨论种族、宗教等任何有损于社会和谐的敏感信息,因为政府不允许;包括美国政府也在禁止任何传播恐怖主义的网络信息。应该说,每个国家都有自身的核心利益,无论是在现实社会,还是在网络空间,保护本国的核心利益是维护国家主权的根本要义。

"9·11"事件(2001年9月11日)之后,美国政府颁布了《爱国者法案》(2001年10月26日),实行史上最为严格的网络审查和监控制度。根据此法,美国政府和相关部门随时随地都可以查阅任何人的E-mail,并有权力控制、屏蔽可能危及国家安全的网络信息。由此可见,美国已将现实世界中的"双重标准"拓展至网络空间。目前,美国在网络空间继续推行霸权主义的最大阻碍就是基于现代国际关系,并已写入联合国宪章的主权观念。中国政府强调,"尊重网络主权、构建网络空间命运共同体",提出全球互联网发展治理的"四项原则""五点主张",并赢得了世界绝大多数国家赞同。对于这些原则和主张,美国是不能接受的。近年来,中国政府积极主动参与互联网秩序的重构,在国际上清晰阐述我国在网络空间治理和国际秩序方面的立场和主张。基于霸权主义观念,美国等国家不可能作出让步和调整,势必会升级所谓"中国威胁论",并利用网络空间话语权优势,遏制我国网信事业的蓬勃健康发展。

(三)网络事件容易引发意识形态安全问题

当前,网络空间已成为意识形态较量的主战场。一方面,国家政治制度的稳定与安全要通过意识形态维护，另一方面，往往又是通过意识形态的渗透，从而改变一个国家的政治制度，网络空间意识形态阵地也成为资本主义与社会主义制度之间的必争之地。不同制度之间，并与之相适应的意识形态之间，产生冲突具有必然性，也是历史性的。当承载着意识形态的海量网络信息不断冲击人们的大脑，最终导致人们思想观念和行为习惯的改变。当前，网络空间俨然成为各种政治观点、社会思潮的"跑马场"，各种势力为了达到各自不同的目的展开了激烈的"角逐赛"，这种意识形态较量的复杂性、多变性，日益变得深刻。目前，以美国为首的西方国家大量运用先进的新媒体传播手段，在网络空间对我国实施意识形态渗透，不遗余力地对中国特色社会主义的政治、经济、文化等领域大肆开展渗透、攻击、破坏性活动。在参与主体方面，有别有用心的网络大V和互联网企业，也有受雇于境外敌对势力的国内代理人，每个参与主体的目的不同，表现出来的言论和行为也极其迥异，尤其是敌对势力借助网络空间的开放性和便捷性，广泛开展大量的政治活动。在话题内容方面，涉及意识形态论争的内容包括社会道德状况、重大改革方案、改革开放前后比较、近代史及英雄人物评价等。

网络空间与现实社会不同，因此，网络空间意识形态较量也呈现出不同于现实社会的特征。一是虚拟性。与现实社会不同，网络空间具有虚拟性，网络空间意识形态斗争的主体以虚拟身份在网络空间渗透价值观念。虽然，意识形态斗争的主体以虚拟形式表现出来，但意识形态斗争的内容、后果是实实在在的，虚拟与现实界限的模糊，造成缺乏辨别能力的青少年糊里糊涂地成为网络空间意识形态斗争的牺牲品。虚拟性是相对而言。实际上，意识形态本身不是虚拟的，一方面，意识形态的物质基础来源于现实社会，另一方面，网络空间意识形态斗争，往往可以转化为现实社会中的矛盾冲突，产生相应的现实社会效应。二是多样性。在互联网普及之前，传播工具掌握在少数人手里，信息流动也受到了很多综合因素的制约。而在网络空间打破了时空界限，实现了全面、实时的互动，"人人都是麦克风"，每个人都可以成为独立的信息生产者和传播者，而且，在网络空间意识形态可以借用文字、图片、影像等诸多载体，通过微博、微信、论坛等多种空间，实现全方位立体式的传播，使得网络空间意识形态斗争的战火遍布各个领域和角落，呈现出多样化的特征。三是隐蔽性。在网络空间，大部分主体是匿名的，出于各种考虑，很多人使用匿名发表言论、政治参与，国内外敌对势力更是利用网络空间的隐蔽性特点，开展各种攻击社会主义制度和破坏中国特色社会主义事业进程的活动。如果，不借助特殊的信息技术手段，很难制止匿名政治活动，普通网民更是几乎不可能识别在网络空间"发声"的主体在哪里，意图是什么等。西方国家正是利用这一特点，在国内广泛培植一批网络空间代理人，发挥信息技术优势，不断渗透非主流意识形态。四是欺骗性。以美国为首的西方敌对势力往往以电影、网游、广告等文化产品输出本国的价值观念，这种传播已经区别于传统的灌输模式，更多的是在日常生活中潜移默化地加以渗透和影响。好莱坞电影是典型的传播"意识形态的国家机器"，目前全世界电影市场中美国好莱坞份额高达85%以上。每一部电影都在传播美国式"自由、民主、人权"的价值观念，宣扬西方资本主义的优越性。这种美国式信仰很容易被正处于价值观形成阶段的青少年群众接受和追求。因此，这几年中国政府和文化行业协会进一步推进国内民族文化产业的发展，限制好莱坞电影等国外文化产品的引进。

现实社会中发生的突发事件，往往给并不平静的网络空间带来更多的不平静，在各大网站论坛、微信朋友圈、微博等网络舆论场上，网友们热衷于传播和评论现实社会中发生的各类突发事件，最终引发舆论风暴，诱导网友们的尖锐论战，随着论点的深入，不断出现失实的"内幕"报道，小到娱乐明星的私生活、城管执法，大到国家层面的重大改革决策，大大小小的社会热点、突发事件在线上线下引起"共振"。国内外敌对分子借题发挥，引导舆论，不断地抛出"体制问题""执政合法"等问题。表面上看，这些舆论场的背后，体现的是不同意见的碰撞，但更深层次的则是不同意识形态之间的交锋。从表面上看，网络空间发生的各种舆论战是推进民主政治的必然结果，但实则不然，网络论战中的很多观点不限于重大突发事件本身，论战的目的也不指向解决实际问题，很多普通网民也不仅仅是为了发泄不满情绪，很多论点已上升到意识形态层面。甚至，所谓有"网民"对西方民主政治体制歌功颂德，强烈暗示美国民主、自由的优越性，否定中国政治体制，否定政府重大决策，否定中国领导人。总之，现实社会中的重大突发事件，容易引发网络舆情论战，处理不好，必将升级为意识形态安全问题。

各种意识形态抑或政治思潮又会竞争性地引领人们的行为从而改变着制度安排。社会热点，突发事件首先发生于现实社会，随即变成网络舆论事件，如果再有不明真相的民众，国内外敌对势力的参与，就可能发展为群体性政治事件。从现实社会到网络空间，再从网络空间到现实社会，是国内外敌对势力固定的炒作模式，借网络空间言论自由打法律擦边球，是国内外敌对势力惯用的手法。一些人和势力，有意把普通社会事件炒作成热点社会事件，把敏感社会事件升级为国家政治事件，引导和煽动不明真相的民众持续质疑官方言论和做法，进而演变成现实社会的街头政治事件。西藏"3·14事件"、新疆"7·5事件"就是民族分裂分子在网络空间长期开展分裂宣传活动的恶果，导火索就是一件突发事件，而突发事件转向"街头暴乱"和意识形态安全问题是反华势力通过网络空间的舆论战造成的。这种模式和手法将导致国家意识形态安全问题，需要引起高度重视。

三、网络空间全球治理中的国家安全威胁

根据国际电信联盟发布的数据《衡量信息社会报告》显示，截止到2017年底，全球近

37 亿人在使用互联网，占世界人口的 41% 左右，其中一半以上的用户来自发展中国家。①信息革命和全球化促使人类对互联网的研究使用达到新的高度，开辟了人类活动的新空间，丰富了人类的互动模式，提高了全球资源共享率，为人类生活提供了极大的便利，它渗透到社会的政治、经济、军事、安全等领域。但是，网络的负面效应也使得全球性问题随之而来，网络攻击事件频发，网络犯罪屡禁不止，网络恐怖主义层出不穷，国家间网络军备竞赛如火如荼。这些问题严重损害跨国公司和个体的利益，特别是对国家安全造成威胁，网络空间领域的系列问题往往是政治、经济、科技、文化交织在一起，使得网络空间的治理更加复杂，对新时代下全球治理提出新的挑战。

网络空间议题在全球范围内受到关注，特别是来自国家行为体的关注，主要是其对国家安全造成了极大的威胁。世界的主要大国已相继颁布政策法令，将网络空间的安全提升到国家安全战略层面。网络空间对国家安全的威胁是按层级递进表现的。美国学者 Bruce Schneier 依据网络空间安全威胁的递增程度，将其划分为三个层级：网络犯罪、网络恐怖主义、网络战，三个层级依次递进。②

但是，这种划分忽视了网络间谍和网络颠覆活动对国家安全的恶劣影响，所以应该加上第四层级。即，网络颠覆。划分网络威胁的层级需要区分网络行为的目的，是蓄意损害国家安全行为，还是仅仅为了证明个人能力，获得某种荣誉感。比如，有的计算机天才少年会黑进地方电力系统，使全城断电，瞬时漆黑一片，他的目的可能仅是为了向同学证明自己的计算机编程能力。对这种，类型的攻击发动者，管理者就不必上升到恐怖主义的程度。网络空间对国家安全的威胁分类有助于决策者区分高级持续型威胁（APT）和骚扰类攻击，最终采取恰当的应对措施来解决问题。特别是在全球治理中，区分威胁的级别对外交政策的制定具有决定性的意义。

（一）网络犯罪活动猖獗

网络犯罪，是指不法份子利用计算机技术对其系统或信息进行攻击，破坏或利用网络进行其他犯罪的总称。犯罪分子利用互联网制造事端，新型犯罪形式层出不穷。如，网络远程窃取密码、网络偷窥、网络图片携带病毒、网络暴力等形式的犯罪都属于网络犯罪，它常与其他犯罪形式结合在一起，对公民个人、社会、国家、国际安全构成威胁，成为一国无力独自解决的国际性问题。

对网络进行有意图的恶意破坏和攻击都是网络犯罪的表现形式之一。最常见的是网络攻击，每个使用网络的人都受到过网络攻击，很多情况下本人并不知情。网络攻击利用网络漏洞和安全缺陷对网络系统进行攻击的行为。常见的网络攻击方式有特洛伊木马、web

---

① 参见余丽：《互联网国际政治学》，中国社会科学出版社 2017 年版，第 12 页。

② 参见张笑容：《第五空间战——大国间的网络博弈》，机械工业出版社 2014 年版，第 105 页。

欺骗、邮件炸弹、口令入侵、节点攻击、黑客入侵等，网络攻击导致个人信息泄露，网页内容被篡改，网站运行出现障碍，甚至网络整体瘫痪等后果，造成大范围的经济和社会损失。如，黑客入侵通过盗取信息、非法修改数据、DDOS（DDOS 是攻击者采取"分布式"的攻击，利用成千上万台电脑向目标发送服务请求，使得系统服务器瘫痪，致使该网站的合法用户无法获得服务，而且这些被利用的计算机使用者并不知道自己参与了攻击）攻击进行敲诈勒索。当前存在的勒索软件主要有 CryptoWall、CryptoLocker、CoinVault 和 Bitcryptor 等。[①] 这些恶意勒索软件的危害性是一般性的，还有危害性更大的新型的勒索软件，软件中藏有隐形战术，对系统和后台的数据进行无声加密，利用核心组件在空中加密文件窃取信息或破坏系统。最近，全球爆发的最出名的勒索软件是 2017 年 5 月 12 日出现的"永恒之蓝"，病毒是对 Windows 网络共享协议进行攻击传播的蠕虫恶意代码。犯罪分子通过改造泄露的 NSA 黑客武器库中的攻击程序来制造出新的病毒，专门用来攻击 Windows 网络共享协议。这个蠕虫恶意代码很快在英、俄、欧洲、中国等地区出现，特别是高校校内网、大型企业内网和政府机构网页，受到的国际频率最高，它要求受害者支付高额赎金来换取解密文件权限。此类网络犯罪活动在全球范围内每天都大量存在，难以控制。

（二）网络恐怖主义此起彼伏

1997 年美国研究员柏利·科林首次提出"网络恐怖主义"概念，将其定义为网络与恐怖主义相结合的产物，是一种有预谋的、有政治目的，针对计算机系统、程序、数据、信息进行的恶意攻击的活动。目的是想要利用网络达成恐怖效应，一般由非国家组织发动的一系列暴力活动。[②] 此后，网络恐怖主义的定义不断完善。到 2009 年，联合国"反恐执行工作组"（CTITE）将它定义为：通过互联网，改变计算机系统上的数据信息，或是干扰计算机系统之间的数据通信来进行恐怖袭击，散布与恐怖活动目的相关信息的行为。目的是用暴力、毁坏公共设施的行为造成社会恐慌，阻碍政府顺利实现其政治、宗教、经济利益等。

总体而言，网络恐怖主义，一是利用网络空间的虚拟隐蔽性，使攻击者可以对互联网系统、软件、数据发起恶意袭击。二是利用互联网作为工具，对公共设施进行暴力破坏或毁灭。网络恐怖主义具有成本低、隐蔽性强、手段多样、破坏力大、跨国性等特点，是国家社会共同的敌人，需要各方合作共同打击。当前，通过互联网宣传暴恐思想、招募组织成员、筹集活动资金、组织恐怖主义活动已经成为众所周知的行为。如，臭名昭著的"蓝鲸死亡游戏"就是一个典型的网络恐怖主义心理战事件。游戏由俄罗斯一个学心理学的大

---

① 参见邵国松：《损益比较原则下的国家安全和公民自由权——基于棱镜门事件的考察》，载《南京社会科学》2014 年第 2 期。

② 参见高铭暄、李梅容：《论网络恐怖主义行为》，载《法学杂志》2015 年第 36 期。

学生研发，通过网络组织一批 10~14 岁的青少年，采取渐进式的方式，瓦解参与者心理防线，最终完成自杀。蓝鲸游戏设置了群主管理自杀群，管理者只需缴纳 60 欧元(约 464 元人民币)即可，按要求循序渐进听不同等级的恐怖音乐，观看不同等级的恐怖画面，每晚完成持续加剧的自残行为，和网络蓝鲸对话，从第 30 天开始还要求参与者每天凌晨 4：20 起床开始玩游戏，在第 50 天实现死亡。蓝鲸游戏先是在俄罗斯导致数百位涉世未深的青少年自杀，接着在英国、墨西哥、中国、阿根廷等世界各地传播开来，各国警方发现蓝鲸游戏导致了越来越多青少年自杀，凡参与者持续游戏到第 50 天的，无一幸免于难。更有甚者，他们利用特效、动画等媒体手段将参与者自杀的视频放到网上，将死者沾满血和脑浆的衣物放到网上销售，对世界各国青少年身心造成严重侵害，制造恐怖氛围，最终各国政府不得不采取行动，大力排查、监管和抓捕相关人犯。

（三）网络战争不断升级

网络战是利用计算机系统有组织地对另一个国家发起破坏性的攻击以达到其政治目的，利用网络手段形成与实际战争相似的状态。当前国际社会都存在一个担忧，国家间如果爆发网络战争怎么办？网络给现代军事新的变化，成为新式武器，新作战方式，新式战场。当前，国家黑客部队的普遍存在是一个没有争议的事实，世界各国都在大力提升本国的网络战斗力。因为国家组建网军、招募黑客，网络武器的制造和使用成本、风险较低，但是收益高，隐蔽性极强，对窃取情报极为有利。[1] 加上缺少国际约束，各国之间展开了研发网络武器的"军备竞赛"，据统计，全球已经有 140 多个国家正在发展网络作战力量，研发基于互联网的攻击性武器，使程序潜伏于电脑中，随时可激活，通过代码远程控制或攻击计算机，迫使大量电脑瘫痪，干扰系统正常运行，美、俄、欧盟等主要大国纷纷把网络军事竞争上升到国家战略层面，积极组建网络部队，形成强有力的作战能力，正在成为各国普遍追求的新目标，以期一招制敌，在信息时代占据绝对优势。

网络战其实在上个世纪末出现过——科索沃战争。1999 年，南斯拉夫联盟黑客攻击了北约的通信系统，严重阻碍了北约电子邮件系统的正常使用，这一事件在当时造成极大的轰动，使世界各国认识到网络对国家安全已经起到决定性的作用。另外，2008 年俄罗斯与格鲁吉亚爆发军事冲突时，俄军攻击了格鲁吉亚的国内网络，使其通信、交通、金融等系统全面瘫痪，民众的社会生活被打乱。美国和俄罗斯利用技术优势，已经建立国内网络安全司令部，有网络部队，研制网络武器，并且暗地里使用这些网络武器进行情报收集活动。这引起其他国家的紧张情绪，在国际社会激发了网络军备竞赛。目前，各国对防范网络战尚未达成一致意见，没有形成全球范围内规范各方行动的国际公约，网络战随时存在爆发的可能性，潜在的不稳定状况依然持续威胁着国际社会安全。

---

① 参见张笑容：《第五空间战——大国间的网络博弈》，机械工业出版社 2014 年版，第 177 页。

（四）网络渗透屡禁不止

国家发展和社会安定、人民安居乐业的基本前提是政治稳定。当前国际社会中存在利用网络干涉他国内政和意图颠覆他国政权的行为。[①] 在西方主导的全球化条件下，一些西方国家利用其政治价值观，用自己的历史经验、政治利益为出发点审视中国政治制度的现象时有发生，对部分中国人的国家道路的自信造成侵蚀。这种全球政治软实力试图将西方的制度和价值体系复制到后发展中国家，这种"政治渗透"对广大发展中国家的冲击力很大。西方对华也存在这种渗透行为，未必全是国家行为，或是一个完整、连续的预谋计划，但对中国社会的政治凝聚力有极大的负面影响。

网络意识形态渗透是一国对另一国进行网络颠覆的重要方式之一。网络上充斥着各种思想文化，彼此之间相互激荡、交锋、融合，当下，中国的许多优秀传统文化和主流价值观面临着巨大冲击。由于化水平参差不齐，网民素质良莠不齐，抵制诱惑的能力低，以及低成本轻易可接触，国外不少媒体基于特殊利益，在国际社会散布谣言，对社会大众的负面影响隐秘而深远，影响了国家形象，败坏了社会的风气，误导大众的价值取向，严重危害我国的文化安全。

当前网络犯罪、网络渗透问题越演欲烈，面对复杂的国际环境环境和，网络军备竞赛也在如火如荼地展开。这样的局势对国际社会稳定造成了巨大的威胁，为恐怖主义打开缺口，使发展步伐遭到阻滞。面对这种局势，各国应该加强合作，促进战略互信，增进交流沟通，使军备竞赛处于一种静态发展状态之中，防止网络空间成为新的战场。

第三节 国家主权在网络空间全球治理中的适用

随着科技的发展，网络空间逐渐成为人们必不可少的社交场所，影响着我们生活方式和经济模式的同时也对现实社会形成了巨大的冲击力。作为全球治理和国际规则制定的新兴领域，习近平总书记强调，要"加大网络、极地、深海、外空等新兴领域规则制定的参与""加快提升我国对网络空间的国际话语权和规则制定权"。实现以上要求的前提是国家主权适用于网络空间这一新兴领域，才可使得各国基于主权平等，互相尊重，对内依主权行使管辖权，对外平等参与国际规则的制定及国际事务的处理。

一、国家主权理念概述

（一）国家主权理念的发展

拉丁文的 Superranus 是主权这个词语的起源，本意为最高。主权一词被首先引用是在

---

① 参见杜友文、王建冬：《美国国家信息安全政策综述》，载《晋图学刊》2008 年第 6 期。

1290 年。西方学者关于主权概念的起源，往往从亚里士多德的《政治学》和古典罗马法算起。① 但最早提出国家主权学说的是法国著名的哲学家让·博丹，他对于国家主权做了一个系统的论述，奠定了资产阶级主权理论的发展基础。他认为，一个国家的君主享有对其人民至高无上的权力称之为主权，其不受令形成了国内法则。② 主权的特性为绝对与永久性。绝对性指的是统治者"绝对地"掌握所有臣民，制定法律有绝对权。永久性是主权者的任期不从中断，永久享有。博丹首次提出"至高无上"的"君主主权论"主权理念和国家主义，但这仅仅是一种学说，国家主权还未得到世界各国的认可和国际实践。

直至近代，国际法学的奠基人格老秀斯在《战争与和平法》这本著作中对国家主权理念也做了论述。他强调"主权是其行为免于被其他人行为的控制，因此不至于被外界的原因而使权利使用无效"。格老秀斯对主权理念对内对外特性的描述，丰富与完善了博丹的主权论，适应了国际社会政治发展的需要。之后，国家主权内涵在各种学者论述下不断地发展与完善。欧洲战争结束后，《奥斯纳布吕克和约》和《明斯特合约》被战争方签署，后来统称为《威斯特伐利亚和约》。③

这则合约规定，诸侯国只要具有独立地位，它对其国内的掌控权就具有绝对性，对外享有独立处理事务的权力。在国际惯例上，这样一种体制机制就是"威斯特伐利亚的国家主权体系"。这场会议打开了欧洲国际关系进入以主权与国际法为核心的国家体系的新局面。自此之后，国家主权理论才真正地成为近现代国家体系运行的核心要素。

二战以后，国家主权的理论才得以在国际社会中得到各国的承认。典型的代表摩根索在《主权问题的反思》文章中表示，主权国家一种权威的机构，它拥有至高无上的法律制定权与强制实施权，主权是不受法律所拘束的权力。摩根索认为，一个国家不可或缺的权力是主权。在国际法层面，主权并不意味着一个国家的权利与义务对等，主权所具有的法律地位表现于不平等和各国彼此独立的地位。政策定向学派于 20 世纪 60 年代兴起，他们认为主权应具有新的内涵，也应被各国所尊重。除此之外，全球正在形成一种趋势，即国际层面影响力的扩大与国内层面管辖范围的减小。

主权理论于 20 世纪以后得到实质意义的发展。伴随亚非拉民族独立运动的事态越来越严重，民族国家的建立，越来越多的民族承认国家主权理论。这从侧面说明，只局限在欧美等发达国家的主权理念正在变成具有普适性的意义。为了早日使国家主权实现实质意义上的平等，发展中国家一同努力，对其内涵与理念进行了完善。《国家权利义务宣言草案》由联合国于 1946 年通过，这则草案有 14 个方面的内容涉及关于国家权利与义务的规

①　参见梁西：《国际法》，武汉大学出版社 2000 年版，第 15 页。
②　参见杨泽伟：《主权论》，北京大学出版社 2005 年版，第 16 页。
③　参见俞可平：《论全球化与国家主权》，载《马克思主义与现实双月刊》2004 年第 5 期。

定。1955 年 4 月，亚非国际会议召开，西方的殖民国家未参与此次会议，会议上发表了《关于促进世界和平合作的宣言》，这是发展中国家第一次站在世界的舞台发表主权观。不仅如此，联合国通过一系列的法律文件确认了主权理论，例如《关于各国依联合国宪章建立友好关系及合作之国际发原则宣言》，这则宣言表明世界各国的主权应得到尊重。这一时期，国家主权始终是国际关系的出发点，国际法的理论基础大都围绕国家主权理念展开。20 世纪 60 年代以后，一些发展中国家为了发展本国经济，于是提出了经济主权理念。之后联合国大会于 1996 年通过了《经济、社会、文化权利公约》，这个公约规定"所有的公民都可以自由地分配与处置他们所拥有的天然资源与财富"的主权理念。20 世纪 90 年代，主权的范围扩展至文化领域，虽然针对文化主权，国际文件还难以准确界定，不过它已被各国承认并使用，文化主权通常是指一国维护本国的价值理念与生活方式的权力。

（二）国家主权的概念

国家主权虽具有历史性的特征，但也会伴随社会的发展而进一步完善。① 国家的主权特性具有绝对权威性，对外保持自身的繁荣，对内享有制定政策以维护本国利益的权力，并且选择合适的方式组建政府机构维持社会秩序。在法律层面，主权是凌驾于一切的世俗权威。

中外学者对国家主权的概念分别作出了界定。汉斯·摩根索认为："主权是一国在其国内具有最高的立法和执法的权利。由此，在国际法层面，主权是独立与平等的。"② 阿诺德·沃尔弗斯认为，主权是一国通过本国政府，不受别国干涉自主处理本国事务的权力，是在处理对外关系时不受别国结盟，参战而保持中立的态度从而维护本国利益的权力。主权的基本特征即表现为对内最高与对外独立性。③ 我国的国际法学界对主权内涵解读最权威的代表为学者奥本海和周梗生先生。奥本海认为"主权是最高权威，即一个独立于世界上任何权威之外的权威。因此，依照最严格和最狭隘的意义，主权含有完全独立的意思，无论在国土以内或者国土以外都是独立的"。④ 我国国际法学家周梗生先生指出："一国享有的对内对外独立处理事务的最高权力，称之为主权，它具有对内最高，对外独立的两个基本属性。"⑤

尽管学者对主权理念有不同的论述，但是他们几乎都论证了主权是一种绝对的、至高无上的、不可分割的、不可转让的权力。何谓主权？一般认为，主权是一国固有的最基本

① 参见刘飞涛：《全球化与民族国家主权关系辨析》，长征出版社 2001 年版，第 121～124 页。
② [美]汉斯·摩根索：《国家间政治——寻求权力与和平的斗争》，中国人民公安学出版社 1990 年版，第 393 页。
③ 参见王逸舟：《当代国际政治析论》，上海人民出版社 1995 年版，第 47 页。
④ 奥本海：《国际法》上卷，商务印书馆 1971 年版，第 97 页。
⑤ 周鲠生：《国际法》上册，武汉大学出版社 2009 年版，第 64 页。

的属性,是一国独立行使对内对外事务的最高权力。对内最高权是指对其本国领土范围内的人与事享有管辖权,对外独立权即是一国在对外关系上,享有的独立自主地处理事务不受别国干涉的权力。主权是一国的灵魂,主权国家丧失了主权,就不能称之为国家,国际社会秩序将处在混乱之中,有了主权,不管强国或弱国,才可以称之为平等国。在国际关系中,一国的主权首先象征着一国的身份,代表的是一国独立从事外交活动的独立人格,是一国在国际关系下不隶属于全球任何权力的法律权威。主权理念始终是国际法最为基本的理念,国家主权原则始终是国际法的一项基本原则。

(三)网络空间国家主权理念的演变

互联网的出现使全球的经济联系越来越密切,全球一体化的局势趋向明显。国家的边界延伸至陆地、海洋、太空,网络形成五位一体的新格局,国家主权的范围也随之扩展。网络改变了人们的思维方式和生活方式,但同时互联网是一把"双刃剑",在这个链条上,任意的个人或者组织均可在一定限度内突破国家对其的监控,这种行为极易打破传统的国家边界。从这个角度来看,网络的兴起对国家主权产生了一定程度的冲击和影响。

1. 司法管辖权弱化

互联网具有跨国的特性,这一基本的特征于 1997 年的海牙的国际私法会议 "Internet 中的国际私法问题" 的探讨中达成一致意见。网络空间没有一个中心的控制机制,没有集权,这使得网络空间活动的主体和行为无法同现实空间的地理位置一一对应。个体在网络上的活动,国家无法明确活动的地点。因此,个体在网络上的行为,国家对其管理与掌控的难度就增大。传统的国家管辖权的划分是以一定的物理空间为基础,以"领土"为边界,国家只能在其领土界限内行使最高权。但是,网络因具有虚拟性和开放性,这就导致国家很难对其行使管辖权。互联网的虚拟性,导致它无法跟领土一样可以被瓜分,也无法明确地界定它的拥有者。因此,国家管理网络时,通常心有余而力不足,国家对传统以领土为界限的管辖权难以确定,网络使用者无一不自觉遵守网络规则,网络空间的非中心化特点让每个网民心甘情愿地遵守互联网服务商制定的规范,入侵防御系统(Intrusion Prevention System)简称 IPS。它是通过协商来协调规则,那么国家的管辖权就会被架空。①

即使世界各国加大管制互联网的力度,但是不管是理论层面还是实践层面,互联网的特点都使国家行使管辖权面临困境,互联网的非封闭性提供给跨国犯罪者一个方便的平台。在传统意义上,国家对境内的居民活动享有完全的司法权,但是网络上的犯罪却可能在任何一个地方发生,而其行为却在另一个地方或者国家造成破坏,因而司法管辖权问题越来越复杂。除此之外,在网络空间里发生的同一案件可能会面临多国管辖的情形,各国由于法律的不同,可能会出现同案不同判的情况,最终导致无法执行判决。其典型案件之

---

① 参见王逸舟:《主权范围再思考》,载《欧洲》2006 年第 6 期。

一是雅虎案件，因为法国的判决结果和美国的法律相违背，如果执行这一判决，将会侵犯美国的主权。

2. 信息控制权削减

信息控制权，是指主权国家对跨国信息内容与形式的控制。狭义的信息控制权是指主权国家控为避免别国窃取、毁坏本国的数据与防御有害信息对本国的渗透的权力。互联网诞生之前，国家控制着信息传播的渠道，仅仅小部分的个体和组织才可以广泛地传播信息，自然国家享有信息传播的权威。传统意义上的传播媒体包括电视、广播与报纸等等，哪些信息应让世人了解，哪些信息修改后再传播都是由这些传统的媒体所掌控。即便是宣称"新闻传播自由"的西方国家，国家严格管制信息的传播。平民百姓所了解到的信息都是经过过滤掉的信息，国家通过特殊的监控部门与行政组织掌控、管理个人信息。网络的出现使得信息传播可以不被任何新闻机构所检查，打破了传统媒体宣传的壁垒。

网络具有虚拟性与自由开放性，不具有领土边界，信息可以自由地流通，国民不仅可以任意地跨越边境获取大量的全球信息，而且还可以通过互联网平台畅所欲言，信息发布者与传播者的身份被互联网虚拟的空间结构完美地覆盖了。任何人均可以在一定程度上脱离国家监管，相互交流，参与政治、经济与社会活动，任何人也可以根据自己的偏好选择与发布信息，选择针对特定的一部分人，也可以针对不特定人。网络使用者通过廉价的费用向全球自由地发布信息，从而空前绝后地开拓了受众的视野。这种自由权利的行使如果缺少有效的管制，很可能造成权力的滥用，不利于一国政权的稳定，这也会使一些原本就应该归属于国际垄断的信息轻易地让一般人所取得，国家控制信息的能力被弱化。而一些反动势力就可以利用此机会建立自己的网站来宣传其思想，壮大自己的势力，反对政府的管制。典型例子如我国邪教组织"法轮功"利用网络平台在境外进行大范围地传播，严重威胁到了我国的国家主权。

此外，互联网的交互性使得大众对信息有更多的选择，有相同兴趣的网民借助互联网平台跨越国界形成不同的社群，甚至可以建立以自己为首的"网络党派"或者"虚拟组织"，更有甚者利用互联网形成"虚拟政府"。在网络上，受众不分地域，不分信仰，其生活观念不受其国籍国的影响，人们渐渐形成相似的生活方式与思想观念，对本国的归属感大大降低，国家主权意识淡化。如今，全球各国都试图掌控互联网的信息控制权，因为他们希望通过传播信息来宣传本国的理念，干涉别国内政，最终达到不战而胜的目的。

3. 国家主权范围的扩张

前文述及，国家主权的内涵一直处在动态变化之中。主权理念形成时期，其外延主要是陆地主权。因为人类处在自然经济的时代，其主要活动的是陆地，一个国家最根本的生存空间是领土，它为人类生存与发展提供基本的条件。航海技术的不断进步，各国加强了对海洋领土的意识，哥伦布、麦哲伦等人的成功，人类的领域实现了从大陆到海洋的延伸。由此，人类进入了严格范围内的全球史时期。①

从那以后，谁能掌控海洋，谁就成为强者。这直接使国家主权的范围扩展到了海洋，《联合国海洋法公约》也就此产生。公约首次明确了沿海国可以建立不超过 12 海里的领海和领海的范围相等的毗邻区，同时通过法律的形式正式确认了海里的专属经济区制度。20 世纪初期，航天技术的发展，国家主权的范围从陆上领土延伸到领海。20 世纪 50 年代，伴随人类对太空活动探索的增多，主权的范围延伸到了太空。美国的总统肯尼迪于 20 世纪 60 年代提出"未来各国主要竞争的领域是在宇宙，谁能掌握整个宇宙，谁就能掌控地球。"②从此美国与苏联两国竞争最为激烈是对于太空的掌控权。就像美国于 1998 年在航天的发展规划上提出的那样掌控制天权，应能使"美国和盟国在空间自由地行动而不受人干扰，他人对空间的使用能力被禁止"。20 世纪 60 年代末，信息技术的发展，互联网成为了信息传递的媒介，人类进入了"网络时代"。

二、国家主权适用于网络空间的法律依据

（一）国际条约

国际条约，简称条约（Treaty），是指依据国际法，由两个或两个以上国际法主体缔结的，用来确定相互权利、义务的书面协议。③ 条约有多个名称，例如公约（Conventions）、国际协定（International Agreements）、宪章（Charters）、规约（Statues）及宣言（Declarations）等。④ 依据"约定必须遵守"（pacta suntservant）的国际习惯，各国必须遵守条约。但并不是一切条约都可作为国际法渊源，只有符合有大量国家的参加及有可能制定对所有国家都有拘束力规则这两条件的"造法性条约"（law-making treaties）才被视为国际法渊源。条约有多个名称，例如公约（Conventions）、国际协定（International Agreements）、宪章（Charters）、规约（Statues）及宣言（Declarations）等。依据"约定必须遵守"（pacta suntservant）的国际习惯，各国必须遵守条约。但并不是一切条约都可作为国际法渊源，只有符合有大量国家的参加及有可能制定对所有国家都有拘束力规则这两条件的"造法性条约"（law-making

---

①　参见斯塔夫里阿诺斯：《全球通史》，上海社会科学院出版社 1992 年版，第 23 页。

②　参见张军：《IT 战争》，科学出版社 2000 年版，第 55 页。

③　参见周忠海．：《国际法（第二版）》，中国政法大学出版社 2013 年版，第 203 页。

④　例如：1973 年《华盛顿公约》（Convention on International Trade in Endangered Species of Wild Fauna andFlora）、2015 年《巴黎协定》（The Paris Agreement）、1945 年《联合国宪章》（Charter of the United Nations）、1945 年《国际法院规约》（Statute of The International Court of Justice）及 1943 年《开罗宣言》（Cairo Declaration）。

treaties)才被视为国际法渊源。①

1.《联合国宪章》

从酝酿建立联合国到签署《宪章》共历时约 4 年，直至 1945 年 10 月 24 日《宪章》正式生效，同时意味着联合国(United Nations)的正式成立。《宪章》被称为联合国的基本大法。从内容上看，它不但对联合国进行定性，确立了联合国的宗旨、原则和组织机构设置，而且对成员国进行明确的规范，规定了成员国的责任、权利和义务。② 从加入联合国的成员国数量上看，截至 2011 年南苏丹共和国加入联合国后，目前联合国共有 193 个会员国。

从性质上，《宪章》作为联合国的基本大法，凡是联合国成员国，都应当遵守《宪章》。正如 1962 年时任联合国国际法委员会委员的 Humphrey Waldock 在演讲中指出的，《宪章》虽然是国家间缔结的多边条约，但却不是纯粹的条约，而是联合国组织的宪法。而且，《宪章》也明确规定在必要时，即使非联合国会员国也必须遵守《宪章》。这完全是条约只约束缔约方的国际法一般原则的例外。《宪章》虽没有获得全球所有国家和地区的加入，但其加入国家数量的绝对多数以及世界各大国均加入的情况下，加之其规定事项存在对所有国家都有效的可能性，由此《宪章》满足"造法性条约"的两要件，成为具有普遍适用性的一般国际法，属于国际法渊源之一。

关于《宪章》能直接适用于网络空间经历了 20 多年的沉淀。自 1996 年联合国的两部长级会议以后，到 1999 年联合国采取各类行动，时至今日，联合国组织各个成员国经历了不断思考和博弈，使得联合国大会逐步强调《宪章》和主权原则在网络空间适用的重要性。2015 年联合国信息安全政府专家组(United Nations Group of Governmental Experts on Information Security，以下简称 GGE)报告确认了包括《宪章》在内的现有国际法在网络空间的基本地位。

2. 国际互联网公约

国际互联网条约不是独立的公约，而是由《世界知识产权组织版权条约》(World Intellectual Property Organization Copyright Treaty，以下简称《WIPO 版权条约》)，和《世界知识产权组织表演和录音制品条约》(WIPO Performances and Phonograms Treaty，以下简称《WIPO 表演和录音制品条约》)两个条约构成的。两条约均由世界知识产权组织主持，并

---

① "造法性条约"与"契约性条约"对应，指有多数国家参加的、以宣告或修改国际法规范或制订新的规范或创立某些新的国际制度为目的和内容的多边条约或国际公约。这类条约在产生法律的规范的作用上相当于国内立法。考虑到现实的局限性，一般认为凡是世界上绝大多数国家或包括五大国的主要国家，共同参加的造法条约即具有一般国际法的约束力，而个别不参加的国家享有不受公约约束的权利。参见周鲠生：《国际法(上册)》，商务印书馆 1976 年版，第 11~12 页。

② 具体来说，《宪章》第 1 章规定了联合国的宗旨与原则；第 3 到 5 章规定了组织机构设置；第 6 到 7 章规定了维护世界和平与安全的方法和原则。

于 1996 年 12 月 20 日，由 120 多个国家代表参加的外交会议上缔结的，且两个条约中国均由加入。截止到 2019 年 5 月，目前共有 96 国家成为《WIPO 表演和录音制品条约》缔约国。

从性质上看，构成国际互联网公约的两个条约均属于造法性条约，应当属于国际渊源。从两条约的缔约国数量上看，都有较多国家，且美国、法国、中国等在世界上较有影响力的国家均属于其缔约国。从其规范的内容看，均应对新问题而缔结的条约。即为解决国际互联网络的新环境下，因使用数字技术而出现的版权保护问题。并且从将来适用的可能性上看，两条约均存在获得全球适用的可能性。综上分析可知，国际互联网公约应为国际法律渊源。且其具体内容就是对网络环境下的版权保护，自然属于网络空间下国家主权在知识产权领域内适用的法律渊源。

3. 网络犯罪公约

《网络犯罪公约》(Cyber-crime Convention) 于 2001 年 11 月在布达佩斯签订。成员国主要有 26 个欧盟成员国、美国、日本和加拿大等 30 多个国家。从内容上看，该公约是世界上第一个针对网络犯罪行为签订的公约。面对网络的快速发展，网络犯罪行为的不断出现，该公约的签订对其他国家打击跨国网络犯罪的立法与国际合作起到重要作用。

从性质上看，目前该公约共有 30 几个国家加入，美国、法国及英国都加入了该公约，而中国和俄罗斯是该公约的观察员国。虽目前看来该公约仍不具有全球适用性，但不可否认，其主张通过国际合作打击网络犯罪本身就是对于网络空间行使国家主权的一种肯定。而且，作为世界上第一个打击网络犯罪的国际公约，加之网络犯罪、网络威胁的与日俱增，该公约具备了全球适用的可能性。所以，可以成为造法性条约，构成国家主权适用于网络空间的法律渊源。

(二) 国际习惯

国际习惯(Custom)是国际法最古老、最原始的渊源。包括国际条约在内的国际法渊源往往都是通过习惯发挥作用的。构成国际法渊源的习惯需具备如下两个要素，即实践(usus or diuturnitas)及法律确信(opinio juris or opinion necessitatis)，前者要求实践具有"一贯并一致"性，后者要求国家将其行为视为履行法律义务的行为而非道德或政治行为。① 由于习惯的不成文性，国际习惯的查明异常重要。一般认为，查明国际习惯主要有三种方式，即国家间外交活动、国际组织和机构实践及国家内部行为。

1. 国家间外交活动

国家间外交活动表现为国家间签订条约、宣言以及各种外交文书。

(1)联合国五大国的外交活动

---

① 参见[英]马尔科姆·N. 肖著：《国际法(第六版)(上册)》，白桂梅、高健军等译，北京大学出版社 2011 年版，第 57~74 页。

①美国

美国在面对国家主权是否适用于网络空间一直坚持的是"双重标准"。即对外为维持其全球网络霸权地位，坚持网络空间属于"全球公域"和"互联网自由"学说，反对各国的在网络空间主张主权的观点。但是在国内，一系列文件则表明美国认可网络空间中国家主权的存在。尤其是在涉及域名系统管理的问题时，美国为保持互联网的优势地位，其希望利用"利益攸关方"的模式。通过技术方面的专家和商业机构与民间团体等组织对互联网进行管理，政府对其无权干预，有些情况甚至包括国家间的政府组织，例如联合国，也被排除在外的管理模式就是'利益攸关方'。① 尽管如此，美方依旧不认可由政府间的机构进行管理互联网。美国对待网络主权的立场奉行双重标准，对外大力强调"互联网自由"，并要让任何公民都能通过网络表达自己的观点，但是，如果出现别国的主权被侵害的情况，美国政府不予理睬，漠不关心。另一方面，美国在行动上竭力维护本国的网络主权，"根据《爱国者法案》，任何个人或组织的电子邮箱、个人的网址，都可以由美国任意查看与搜索。"②美国重视网络的管理与控制，这从侧面表示美国政府对网络主权的高度重视，其在官方文件与口头表达并未见对互联网主权一词的表述，其原因是为了实现让美国更加便利地通过借助"网络自由"的理念达到干涉别国主权的目的。

②英国

英国通过全球制止网上儿童性剥削行为联盟（WePROTECT）③等倡议，牵头应对跨界网络安全挑战。英国还致力于在国际上分享最佳做法，确保全球社会在拓展网络安全能力方面获得援助。同时该国积极参加公益网络安全问题的国际讨论。并积极主张各国遵守国际法特别是《联合国宪章》规定的义务，是各国使用信息通信技术的基本行动框架。

③法国

法国一直主张，当今社会的运作越来越依靠信息系统和网络。攻击重要的信息系统和网络，会导致个人及国家产生严重经济损失。除了国内相关立法以外，在国际舞台上，法国积极参与加强国际网络安全的合作。自从 2011 年在法国多维尔举行八国集团首脑会议（G8 Summit）以来，法国对加强网络空间的国际监管一直很感兴趣。为此，法国积极参加 GGE 和欧洲安全与合作组织（Organization for Security and Co-operation in Europe，以下简称 OSCE）的工作，以根据现有国际法制定一个国际规范框架，并制定建立信任的措施和网络空间的具体行为规范。借助欧洲联盟和北大西洋公约组织，法国不断努力通过双边和多边的具体法案，以实现国际网络安全能力建设的目标。由此可见，法国积极推动国际网络安

---

① 方滨兴：《论网络空间主权》，科学出版社 2017 年版，第 393 页。

② 叶征、宝献：《"网络国防"脆弱，后果不堪设想》，载《中国青年报》2011 年第 9 版。

③ 详见"Global Threat Assessment 2018"，https：//www.weprotect.org/［2018-06-12］。

全建设中已然是对国家主权适用于网络空间进行确认。

④俄罗斯

2011 年由俄罗斯国家安全会议牵头组织的 52 国情报部门负责人闭门会议在俄罗斯叶卡捷琳堡举行。此公约中的主要条款浓缩了俄罗斯关注的 23 个关于信息空间（Information Space）的基本问题。其中明确规定"所有缔约国在信息空间享有平等主权、有平等的权利和义务"。① 各条款已经指出国家应该对网络空间行使主权。此外在 2011 年伦敦举行的国际网络空间会议上，俄强调国家主权适用于网络空间。2012 年 10 月在布达佩斯举行的网络空间国际会议上，与会人员就经济发展、社会福利、网络安全、网络犯罪等议题展开讨论。俄再一次强调在网络空间环境下，尊重国家主权并制定网络空间规则的重要性。

⑤中国

2015 年 5 月中国与俄罗斯发布了《中华人民共和国政府和俄罗斯联邦政府关于在保障国际信息安全领域合作协议》，2016 年 6 月又联合发布了《中华人民共和国政府和俄罗斯联邦总统关于写作推进信息网络空间发展的联合声明》。该双边协定中都表示对国家主权适用网络空间的立场。

2014 年 7 月，中国与巴西联合发表《中华人民共和国和巴西联邦共和国关于进一步深化中巴全面战略伙伴关系的联合声明》，双方一致认为，应对全球网络安全，国际社会应平等、互相尊重、积极开展合作。共同呼吁制定具有普遍约束力的国际规则。

2015 年 7 月，中德互联网产业圆桌会议在柏林召开。会上，双方就互联网产业合作、加快网络安全等主题进行深入的探讨。

总体来说，自 2014 年 11 月浙江乌镇举办首届世界互联网大会以来，中国陆续举办了"中国——阿拉伯博览会网上丝绸之路论坛""中国——东盟网络空间论坛"，在中日韩、东盟地区论坛、博鳌亚洲论坛中举办网络议题研讨会，并先后与美、英、韩、俄、印度、巴西、南非举办一系列双边或多边网络会议。未来，中国将继续深化与上合组织、金砖国家网络安全方面的合作，积极推动中国与其他地区的论坛与组织开展关于网络安全与网络空间治理的合作。

（2）非常任理事国的国家外交活动

①印度

---

① 《保障国际信息安全》公约（草案）在微调保障国际信息安全的主要原则中罗列了缔约国在信息空间中英遵守的 21 条原则，其中第 4 条为"所有缔约国在信息空间享有平等主权，有平等权利和义务，作为信息空间的利益相关者在经济、社会、政治方面均享有平等权利"、第 5 条为"个缔约国须作出主权规范并根据其国家法律规范其信息空间的权利。它的主权与法律适用于缔约国领土内或以其他方式拥有管辖权的范围内的信息技术基础设施。缔约国须努力协调国家立法，清除创建稳定安全的信息空间道路上的差异阻碍"。参见方滨兴：《论网络空间主权》，科学出版社 2017 年版，第 393 页。

印度一直积极投身于对网络治理问题的国际讨论中，印度作为信息通信技术的重要利益攸关方，支持在网络治理中推行多利益攸关方主义，但其认为设计国家安全的网络安全问题上，各国政府要发挥首要作用。所以印度积极参加各类国际论坛，包括政府专家组、信息社会世界首脑会议成果文件执行情况全面审查公开协商程序，以及互联网名称与数字地址分配机构。可见，印度对于政府在网络空间治理的作用上时积极肯定的，同时也在积极促成国家为主要主体的对网络空间的治理模式。

②日本

日本一直致力于加强信息安全。就促进国际合作而言，日本主要在以下几个方面不断作出努力。首先，建立信任机制（Confidence Building Measures，以下简称 CBM）。即通过双边对话和东盟地区论坛等多边框架，积极促进该制度的构建；其次，网络空间的法治建设。即促进国际社会对现有国际法适用于网络空间的共同理解；最后，能力建设。即以东盟地区为重点，积极参与网络技术的人力资源开发、援助和技术合作。总的来说，日本承认网络空间具有主权，但是享受主权的同时也要承担应有的义务。

③瑞典

瑞典参加各种国际性的网络空间论坛，并在其中积极发声做贡献，同时还力求就各类具体网络问题开展区域对话，最近的一次，例如 2018 年北欧和波罗的海国家议长访问中国，期间瑞典第一副议长芬内提到，希望能与中国发展对话机制，在国际项目的合作上取得综合成就。

此外 2014 年瑞典主办了斯德哥尔摩互联网论坛，该论坛积极深化互联网自由、推动互联网全球发展。虽然瑞典坚持多利益攸关方治理模式，但在网络安全领域，一致主张国际社会协调应对威胁，各国通力合作加强网络安全，并呼吁制定一套网络空间行为标准，可见其实际已经承认了国家在管辖和网络空间治理中的国家主权了。

2. 国际组织和机构实践

（1）联合国决议及专门机构文件

2013 年联合国 A/68/98 文件中虽然没有直接使用"网络空间主权"的表述，但实际上已经对在网络空间行使国家主权构成了事实上的认可。分析可知，"信息通信技术基础设施"及"信息通信技术活动"就是网络空间的重要组成部分，由此可以将上述描述等效于国家主权和源自主权的国际规范和原则适用于国家的网络空间。值得一提的是，美国在此次的协商中，也接受了上述观点。欧盟和日本等"网络发达国家"在讨论中基本与美国的观点保持一致。

（2）北约的观点

《塔林手册》1.0 第 1 章就明确指出了国家主权的含义。主权意味着国家有权控制其领土内的网络基础设施和行为。对于网络基础设施的主权主要有两方面的意义。一方面，一国有权对位于其领土范围内的网络基础设施制定法律规范。另一方面，国家主权可以对这些基础设施予以保护，无论位于其领土内的设施属于政府、私人实体还是个人所有，也无论该设施被用于什么用途。一国干扰位于另一国的网络基础设施，构成对该国主权的侵犯。由此也肯定了网络空间存在国家主权并对管辖权和自卫权进行了具体阐释。

在编纂《塔林手册2.0》时，为增强《塔林手册》的代表性和权威性，总体维持原版人马的前提下，原国际专家组邀请包括中国、白俄罗斯和泰国的名非西方国家的专家加入。《塔林手册2.0》将网络空间分为物理层、逻辑层和社会层，而主权在这三个层面上均可适用于网络空间。①

总体看来，《塔林手册1.0》关于主权的专门论述仅有一条，且主要侧重于一国对有形物体和活动行使主权。而到了《塔林手册2.0》则对网络主权展开了较为系统的分析与论述，具体设置了专章、利用5条具体规则以及相关评注。从对内主权和对外主权两个方面系统阐述其主权在网络空间的具体内涵更是确认了网络主权适用于网络空间所有层面和领域。

此外，2016年北约正式将网络空间视为除海、陆、空以外的又一战场。且北约秘书长斯托尔滕贝格(Jens Stoltenberg)也明确指出针对某一成员国的网络攻击可能触发《北大西洋公约》所有成员国对受攻击国的援助。可见主权在网络空间的适用问题上学者们不断的探索和追求。

(3)上海合作组织

继2011年中、俄等国向第66届联大提交《信息安全国际行为准则》(International Code of Conduct for Information Security)之后，2015年1月中国、俄罗斯联邦、乌兹别克斯坦、哈萨克斯坦、吉尔吉斯斯坦和塔吉克斯坦常驻联合国代表向联合国秘书长潘基文致函，请其把升级版《信息安全国际行为准则》即联合国A/69/723文件作为第69届会议议程下的文件分发。该准则对2011年版进行修订并具体提出八方面主张。其中2015年版准则重申了"与互联网有关的公共政策问题的决策权是各国的主权"，并主张遵守包括尊重各国主权在内的《宪章》和公认的国际关系基本原则与准则。

上海合作组织(The Shanghai Cooperation Organization，以下简称SCO)虽为地区性国际组织，但是其成员国数量多，代表了亚洲国家的一般观点。经过几年的努力可见，该组织一直坚持在网络空间适用国家主权。

---

① 参见黄志雄：《网络主权论——法理、政策、与实践》，社会科学文献出版社2017年版，第235页。

三、应对网络主权挑战的科学路径

伴随人类活动范围的扩大，传统上以领土疆域为边界的国家主权受到冲击。互联网空间虽然具有虚拟性与无边界的特性，但是互联网技术实施的主体与产生的后果紧紧与现实世界联系在一起，无法脱离国家而存在。因此，在互联网空间进行各种活动都必不可少地具有国家主权属性。传统主权的理论表明，国家所做的任何行为和出台的相关政策都是为了维护其主权。国家主权事关国家的根本利益，自2013年开始到现在，美国不断的在国际舆论中发出"中国威胁论"的声音。

一方面，棱镜计划曝光后，美国并没有改变其态度，反而更变本加厉，将矛头对准了中国，肆意宣称中国的黑客已经威胁到了美国的网络安全，美国的司法部于2014年的5月宣称将起诉中国的五名军官，控诉他们利用黑客手段盗取了美国企业的商业秘密。针对美国诬陷的恶劣行为，中国立即作出反击，外交部与国防部发言澄清事实，这是美国针对中国的一场捏造事实，毁坏中国国际形象的阴谋。中国近几年来经济的迅猛发展，综合国力的增强，让美国这个超级霸国充满危机感，自然将中国列为其头号的竞争对手，极力遏制中国的崛起。借此番控诉行为，美国向世界发出了这样一种信号，即任何国家都不被允许挑战美国在互联网领域的霸权地位，美国始终掌控着全球的网络空间，任何可能威胁到美国网络利益的行为是会受到打击的。另一方面，美国政府经常借助"网络自由"的理念，对中国管制互联网横加指责，肆意宣传"中国互联网威胁论"。希拉里于2011年2月发表《互联网的是与非：网络世界的选择与挑战》的演讲，提到中国有四处，其三处声称中国政府阻碍了网络自由，并宣布美国将资助有关网络技术人才开发出网络访问的工具以便打破互联网的压制。

除此之外，美国一直主导着互联网信息传播内容的有利地位。冷战期间，美国政府借助美国国际广播电台"Voice of America"向别国进行意识形态渗透，实行反共策略。现今，美国通过各大社交软件加快了价值输出的速度，中国的政治安全受到了威胁。美国政府不满中国政府对互联网的治理，曾经公开指责中国不尊重人权，侵犯公民隐私权。这一系列的举措对中国的社会矛盾起到了一定程度的激化作用。在此背景下，中国面临巨大的压力与挑战，中国要想维护在网络空间的国家主权，就必须制定一系列的战略措施。

（一）积极倡导网络主权理念

西方国家出于对自身利益的考量主张"人权高于主权"，在互联网空间里主张"网络自由主义"，不认可政府管制网络空间，这对互联网发展中国家等同于主动放弃了网络主权。然而，世界各国形成统一的网络主权观是各国参与全球互联网治理的合作前提。目前，在国际层面，各国对网络主权理念的看法不完全一致，这导致国际合作与网络安全规则的制定陷入了困境。想要从困境中走出来，中国需要做的是积极地倡导网络主权观念，使网络主权理念得到全球各国的认同。

全球互联网治理体系的建立需要认可独立的、不受压制的个体权利。从国际政治方面来讲就是各国普遍认可网络主权。这种认可第一层面表现对主体资格的认可，即各国都可以对互联网空间进行控制。假如否认国家在互联网层面拥有主权和控制的能力，那么通过网络进行的各种实践活动就相当于摆脱了国家公权力对其的管辖，这在现有国家的体制中是完全不能够接受的。前文提到过，美国是互联网的诞生地和技术强国，垄断着全球网络的战略资源，控制着管理器与 IP 地址的分配。美国于 2014 年提出放弃对 ICANN 的管理，但制定一系列的严苛的移交条件，依然拒绝由政府间的机构管理 ICANN，其真实意图是排斥其他国家对互联网的治理，继续维持美国对互联网基础资源分配的霸权地位。要想使 ICANN 的管理权不被美国控制，我国就要大力提倡网络主权观念，使主权理念得到国际社会的广泛认可。并且我国要进一步完善互联网的主权体系，制定一系列的相关规则，界定国家对网络管辖权的范围，并且加强与西方技术强国关于互联网主权实践操作的对话机制，以便对此问题加深彼此的了解，进一步消除分歧。除此之外，我国可以借助"世界互联网大会"等平台，积极地倡导网络主权理念，大力推动网络主权原则在理论与实践层面的运用。

2013 年的一组政府报告提出了网络主权理念，主要内容为国家主权以及由其发展出的国际规则，适用于国家展开的信息的通信技术活动，同样地各国对处在本国领土下的信息通信技术的基础设施享有管辖权。首届国际互联网会议于 2014 年举行，习近平总书记表示，中国将和世界各国携手努力，使国际合作向纵深方向发展，让网络空间更加安全化，更加公开化，更加透明化。在此之前，2010 年，美国、俄罗斯与中国等 11 个国家在联合国签署了一份协议，此协议使得互联网的行为活动的规则得到了国际社会的认可。不仅如此，对于各国关注的互联网安全的立法机制与战略机制，世界各国在联合国大会上都进行了详细的讨论与交流。这充分体现出我国在倡导网络主权理念从而得到国际社会的认同是有效的。

(二)提高网络技术建设水平

互联网技术建设水平的高低事关各国国家的安全。现如今，大部分国家的网络核心设备严重依赖技术强国提供的电信网络系统，在紧急情况下对网络进行控制的水平有待提高，有关建立互联网核心设施准备得还不充分，弱国在网络运行制定的规则层面处于被动状态，网络强国把控着网络技术与信息技术。因此，打破网络技术强国对核心信息技术的垄断，成为解决问题的关键出路。我国以及其他发展中国家要努力研发具有本国知识产权的网络设备，加强信息技术与核心技术的产业发展，摆脱对网络技术强国的依赖，形成一套不依赖别国的网络信息产业生态链。

前文提到，各国经济实力的强弱使各国的网络主权在行使权利过程中从未得到平等对待，这一定程度地加重了本来就处于劣势地位国家的网络主权权利行使的难度。例如我国的软件市场大部分已经被美国的软件设备所垄断，我国使用的微软操作系统与办公系统占据了90%；全球网络信息的自由输出量的四分之二以上由美国占据，而中国信息的输入量与输出量加起来不到0.2%。目前，我国在信息领域起步较晚，互联网关键环节被外国企业控制，互联网信息关键技术依靠于以美国为首的网络技术强国，网络硬件（如CPU、网桥等设备）与网络软件（如数据库、操作系统等）几乎依赖于进口，在这种情况下，我国在国际互联网的平台管理上处于一种被动接受的地位。我国信息技术产品的制造，除华为等少数企业外，信息技术企业大部分依赖国内的市场，智能手机核心技术主要来源于国外厂商。我国的网络企业于2016年至今实行"走出国门，迈向世界"的战略，开始进入跨国领域。因为文化、政策、市场需要等与海外市场存在差异性，中国互联网企业"走出国门"，必然面临很多困难，最大的困难就是来自境外的安全审查。例如中兴与华为因为国家安全等问题，美国限制其产品进入市场。

习近平总书记指出："我们应突破技术难关，要树立不服输，顽强拼搏的意识与精神。加快创新，抓核心，把握重点，投入更多的人力、物力与财力。"衡量一个国家是否能安全运营，最重要的标准就是技术建设水平的高低，它也是实现网络空间主权的基础。目前强国在依托技术优势实现网络霸权的情况下，一方面，我国应不断地提升网络空间技术建设的水平，大力地发展网络科技，让中国制造变成中国创造。另一方面，我国应大力推进下一代互联网的发展域名解析和芯片技术等网络运行的重要环节，努力自主研发先进的防卫与信息筛选的技术，主动地参与研究前瞻性技术的创新过程，紧紧跟上国际互联网技术发展的潮流，对各国的网络先进技术与设备有所了解，完善前瞻性的技术发展的鼓励措施，形成各方面都有所侧重但又可以兼顾到总体平衡的技术发展格局，提高网络技术的创新能力，形成一套适合本国国情又跟上时代发展的互联网技术体系。只有网络关键技术能够走在世界的最前列，才能保证我国的网络不受到别国攻击，才能打破技术强国对某些领域的网络垄断，才能实现网络主权的真正安全，赢得平等对话权。

(三)建立全球网络信息新秩序

互联网的兴起与信息技术的快速发展，全球开始从工业社会迈向信息社会。这种趋势在20世纪末21世纪初得到加速，信息技术与产业成为各国的主导产业，人类社会由此步入了全新信息化的时代。网络首先改变了信息的传播渠道，因此互联网空间可被看作信息秩序传播的新阶段。信息传播的不平等，西方强国因网络技术发达控制信息的分配与流向，掌控传播的秩序，中国和发展中国家无法获得与分享人类文明的成果，在很长的一段时期，信息的传播仅仅只是美英两国的单项传播。在此背景下，要想打破这一不对等的信息发展格局，我国应出台一系列的策略，对个别国家利用信息霸权地位谋求利益的做法坚决反对。欧共体委员会主席雅克·桑特曾表示，欧洲人应掌控全球信息的流通，包括内容的提供与创造，而不要成为在信息高速公路等车的人。为了阻挡不平等的全球网络信息传播给发展中国家带来的安全隐患，我国提出在国际社会中建立"全球信息新秩序"具有重要意义。信息的新秩序新在各国在彼此尊重，去异求同的理念上，通过互联网平台将本国的信息予以平等的输出，使其思想与文化得到碰撞。

"新世界信息秩序"的概念于 20 世纪提出。这个秩序由发展中国家提出，目的是改变信息在传播过程中不平衡的情况。此后在联合国第三十三届的一次专题会上提出"信息的非殖民化"，后来演为"信息和传播的世界新秩序"，提出"信息自由流通"已经在实践层面演变成个别传播强国的特权，信息流通自由应承载着一种各国平等传播信息的价值观，信息传播大国对弱国的伤害应减少至最低。之后，联合国第 33 届大会于 1978 年 12 月通过了关于"世界信息与传播新秩序"这项决议。随着各国国家力量的博弈，国际信息新秩序这一称呼被"交流新秩序"这一口号所替代。这场新秩序运动遭到了西方国家的强烈抵制。美国的出版商建立了世界媒介自由委员会，该委员会致力于在国际社会中进行全球斗争，意图'打破世界信息与传播新秩序'。美国和英国于 1984 年和 1985 年相继退出联合国教科文组织借以施加压力。20 世纪 90 年代，冷战结束，建立世界信息与传播新秩序的运动也随之沉寂，以美国为首的西方国家通过经济一体化趋势发挥其主导作用，利卫星试图通过技术与跨国公司实现西式文化的全球化。可以明显看出，西方技术强国在信息技术中拥有绝对优势，他们不愿让渡其在网络空间中信息自由传播的霸权权利。

如何才能重建公平合理的全球信息网络新秩序，打破原有信息传播不平等、不平衡的格局。这就成为新世纪一个急需解决的难题。首先，在当今国际社会，双赢的理念已经成为世界各国共识，在重建"全球信息新秩序"的进程中，各国要树立协商的理念，用合作赢得秩序，在某些非敏感性的政治问题上各退一步，各国同样要处理网络犯罪、构建网络防火墙等一系列共同的问题，互不妥协往往造成两败俱伤。汉斯·摩根索除表示要对政治加以重视外，也认为"各国在处理一些非重大争论问题的事情时必须得愿意妥协"。目前，全球政治仍然是权力政治，各国只有通过自己的斗争才能维护其根本利益。最后，发展中国家在力促全球信息化机制确立与实施的同时，积极通过关于信息传播安全的国际规则，建立一系列的全球信息技术的准则，减轻网络强国对网络弱国的迫害。

中国拥有的传媒市场现已成为全球最大的市场之一。世界各国均希望在构建全球信息新秩序的过程中中国担负起责任与义务，建立公开、透明的信息传播新秩序，目的是保持信息在世界各国均衡流通，以此丰富言论的多样性。2014 年，我国网络安全与信息化领导小组成立，2015年，第二届举办的国际互联网大会上，习近平总书记发表重要讲话，声称，"建立良好的秩序，构建网络管理体系，文化共享"等一系列主张，在2017年的中俄媒体论坛上，中方代表人提出，近几年来，中国致力于构建关于新媒体的制度框架，建立起互联网空间新秩序。俄方代表提出，中国与俄国的媒体应着力构建有关世界信息的新秩序，借以提升广大媒体接受者的素质水平。这都表明我国通过借助网络这个平台传播信息的契机来构建全球信息传播的新秩序。

（四）加强网络文化建设

随着美国信息传播战略的全面升级，英语的语言霸权地位也随之加以巩固。现如今，网络不平衡的信息流通现象越来越严重，别国语言的发展与信息的流通受到阻碍，网络空间出现语种单一的情况，令人担忧。中国社会科学院于2011年《中国新媒体发展报告》指出，中国现阶段面临的最大问题是新时代的网络与媒体信息传播的意识形态，网络成为了一种西式意识形态与思想观念输出的工具。那么在此情况下，如何打破美国的网络文化霸权就成为刻不容缓的课题。文化霸权，指的是一国利用本国的文化控制别国的意识形态，具体指发达国家利用其所具有的政治、经济、文化等主导地位，让其他国家遵循其本国的文化与生活方式，将其自身的价值观推行全世界的各个角落，并赋予其在文化层面的控制地位，企图用本国的意识形态掌控全球。

众所周知，网络的关键技术与操作系统是由英语来编写的，并且英语已经成为全球互联网通用的语言，在此基础上的信息流通渠道必然会被垄断，这本身就有一种很强的文化渗透力。目前，互联网上英语的信息量约占总量的五分之四以上，中国人口数量虽多，但是其在互联网上关于汉语信息占的比例却很少，其中一部分又来源中国台湾地区与中国香港特区。鉴于目前的状况，我国应建立一批高质量的中文网站，提升汉语的国际地位，从而使汉语信息往互联网的辐射面拓展。美国能够向全球宣传所谓本国的价值观，原因之一是美国拥有许多具有国际号召力的品牌。在当前的网络化背景下，我国的文化产业应进一步加强，向国际社会树立自己的文化招牌。据不完全统计，美国的经济在1995年到1998年增长了36%，增长的主要部分来源于网络信息产业的增长。由于网络的开放性与无国界性，使得信息的自由传播速度快，数量广，因此，我国应充分利用好互联网平台，提升文化建设水平，做好网络安全的防护政策，采取一系列重大的举措维持与维护本国的价值观和文化传统，坚决抵制网络上有关色情、暴力的不良信息，并构建抵制不良信息的渠道。

除此之外，由于我网络媒体传播能量的不足，信息平台未能充分利用，导致我国媒体功能趋向单一，信息流通闭塞，在国际社会上往往不能明确表明其态度，而几乎大部分的新闻报道权被西方国家垄断，这也间接使西式自由观被广泛传播，并肆意报道中国"妖魔化"的言论。所以我们应认识到问题的严峻性，建立具有马克思主义的宣传网站系统，提高本国的国际传播能力，精心地建立对外话语机制，充分利用以互联网为平台的新媒体发出中国声音，大力加强优秀文化的信息传播，增强在国际舞台的话语号召力，掌握话语主动权，建构一个正面的大国形象，以此抵制文化霸权。英国于 2000 年成立了一个名为"Planet Brutain"的网站，英国成立这个网站的目的是将一些有趣的事情传播给世界各地的年轻人。约瑟夫·奈曾指出"信息优势将与美国的外交、软实力、民主与自由市场的吸引力一同变成美国重要力量的一把武器。信息机构应发挥出比以前更强大和更高效的工具价值"。在美式价值泛滥的今天，我国应大力弘扬本民族的社会主义文化，增强民族文化认同感，借助互联网平台积极参与国际社会文化的交流，输出本民族的优秀文化信息，同时吸取别国保护其文化主权的经验，坚决反对以人权为借口实行文化霸权的做法，加强国际社会之间关于文化的交流与合作，使文化呈现多样性。

第四节　网络空间命运共同体及其建构

共同体向命运共同体的推进是人类社会变迁和时代精神发展的必然要求，也是共同体从自在的自然状态向自为的有机状态演进的形态轨迹。命运共同体意识本质上是一种类群体意识，是实体性的意识，同时也是人的终极忧患意识。① 网络空间命运共同体是命运共同体建构在网络空间的延伸和拓展，是共同体发展的新形态。网络空间命运共同体的建构逻辑，一方面要以网络空间和网络社会自身的特点为前提，另一方面要以对共同体理念的认知和认同为基础。因此，为破除网络空间命运共同体所面临的现实困境以期充分探索构建网络空间命运共同体的实现路径，准确厘清网络空间命运共同体的理论内涵，积极践行网络空间命运共同体的重要价值具有十分重要的意义。

一、厘清网络空间命运共同体的理论内涵

在以"互联互通、共享共治——构建网络空间命运共同体"为主题的第二届世界互联网大会上，习近平总书记指出："网络空间是人类共同的活动空间，网络空间前途命运应由世界各国共同掌握。各国应该加强沟通、扩大共识、深化合作，共同构建网络空间命运共同体。"这一重要论述为推动网络空间互联互通、共享共治注入了中国理念、中国智慧和中国贡献。因此，我们要深刻把握构建网络空间命运共同体的理论内涵，充分认识其重大现实意义。

---

① 参见杨小钵、覃小妮：《网络空间命运共同体建构的内在逻辑及其当代价值》，载《学术交流》2018 年第 4 期。

(一)追溯网络空间命运共同体的理论渊源

在网络技术发展的早期，西方学者曾提出"网络空间公域论"，认为网络空间是一片法外之地，认为网络空间与实体空间是截然相反的存在，同时认为网络空间是无所不在的以及无边际的公共领域，因此，实体空间与网络空间是相互独立的，实体空间的法律无法适用于网络空间。这种提法在西方国家得到了广泛的支持，如 2017 年联合国人权理事会便在美国的主导下通过了名为《互联网上推动、保护及享有人权》的决议草案。该草案以保护言论自由为名，要求"各国克制和停止任何干预信息在互联网上传播的行为，即便是在遭到了恐怖袭击以及选举期间"。该决议强调了网络空间的绝对自由以及免于政府的所有干涉，属于典型的"网络空间公域论思想"。与"网络空间公域论"针锋相对的便是中国、俄罗斯等国提出的"网络主权论"。上海学者李鸿渊在国内首先提出"网络主权"的概念，认为"网络主权是指国家主权在信息网络空间的自然延伸，其主要内容就是国家在网络空间的行使管辖权"。[①] "网络主权理论"的核心在于：认为如同实体空间一样，国家对网络空间活动和网络基础设施具有管辖权，国家拥有确保国家网络利益不受侵犯的权力，各国应平等参与网络规则制定，防止本国领土被用来从事危害他国网络主权的活动。2016 年 4 月，习近平曾在网络安全和信息化工作座谈会上明确指出："互联网不是法外之地，利用网络鼓吹推翻国家政权，煽动宗教极端主义，宣扬民族分裂思想，教唆暴力恐怖活动，这样的言行要坚决管控，决不能任其大行其道。"联合国大会在 2013 年提交的《信息和电信领域国际安全领域发展政府专家组报告》中也明确表示：产生于主权的国际法规则与原则也适用于规范一国的网络行为(ICT-related activities)，同时，对于一国领土内网络基础设施的司法管辖也需要使用上述国际法规则与原则。相比较而言，对于"网络空间公域论"所提倡的对网络空间不加干涉的绝对自由，我们无疑是应当持批判态度的。

(二)提出网络空间命运共同体的现实依据

共建网络空间命运共同体倡议之所以得到广泛赞誉和期待，主要是因为这一重要理念的提出具有充分的现实依据。其一，因应互联网技术的迅速发展。互联网技术的发展使得信息化与全球化高度融合，人类社会已经步入"数据时代"。但是，互联网是一把"双刃剑"，它在为人类发展提供无限可能的同时，也滋生出了一系列网络领域公共性难题，这进一步强化了人类社会的利益共同体特征，促使网络空间的利益共同体建设成为普遍共识。其二，因应新型国际互联网治理体系的紧迫需要。与网络空间的重要性不相匹配的是，当前全球互联网治理缺乏共识性规则。这就迫切需要新的网络治理理念凝聚共识、形成规则和体系。其三，因应国际社会的广泛期待。中国作为拥有 7 亿多网民的互联网大国，有责任为解决网络空间治理难题贡献自己的力量。尤其是广大发展中国家，不仅希望

---

① 李鸿渊：《论网络主权与新的国家安全观》，载《行政与法》2008 年第 8 期。

借鉴中国互联网发展与治理领域的相关经验，也期待中国能够在形成优良国际互联网治理格局方面提供解决方案。因此，中国提出共建网络空间命运共同体理念是审时度势、顺势而为的，是与国际社会特别是发展中国家的共同愿望相一致的。

（三）明确网络空间命运共同体的重要原则

归结起来，中国所提倡的网络空间共同体理念主要包括以下四条原则：一是网络主权原则。网络主权是国家主权在网络领域的具体体现，是国家主权的重要内容。网络自由与网络主权并不矛盾，必须坚决反对网络霸权国家借口网络自由损害他国网络主权。实践证明，只有在网络主权原则基础上，网络自由才能得到切实保障。二是权利平等原则。各主权国家平等参与网络空间国际治理，非国家行为体与国家行为体公平参与全球网络空间的国际秩序和规则建设。各国在利用互联网发展自身、保障安全方面是平等的，不能凭借技术优势和资源垄断剥夺或限制其他国家的网络权利，不能让互联网成为霸权争斗的新舞台、各国角力的新战场。三是多元共治原则。网络空间治理需要协调多重利益，鼓励政府、国际组织、互联网企业、技术社群、民间机构、公民个人等多元主体参与网络空间治理，打造多元一体的"互联网+全球治理"新格局。四是合作普惠原则。构建网络空间命运共同体离不开世界各国加强各领域合作，国际社会只有携起手来才能应对互联网时代的共同挑战。在合作基础上，互联网发展成果应该由各国共享。

（四）理顺网络空间命运共同体的基本逻辑

网络空间命运共同体的构建要从安全和发展两个战略维度来把握。"没有网络安全，就没有国家安全，没有信息化就没有现代化"，这是我国互联网发展与治理总结出来的一条基本经验。构建网络空间命运共同体既要遵循安全逻辑，又要遵循发展逻辑，关键在于找到两大逻辑的结合点。安全与发展是相辅相成的关系，安全是发展的前提，发展是安全的保障，安全和发展要同步推进。一方面，网络安全是网络空间命运共同体的基石。中国旗帜鲜明倡导网络主权，强调网络安全的极端重要性，我国始终是网络安全的坚定维护者。实践证明，互联网越发展，网络安全诉求就越高。维护网络安全，不应有双重标准。维护网络安全关键在于：拥有过硬的技术，完善互联网管理领导体制，做好网上舆论工作，依法治理网络空间。另一方面，互联网要造福人类，就要成为推动经济社会发展的重要力量。互联网技术为发展中国家提供了难得机遇，信息化是现代化战略的必然选择。当今时代，互联网经济已经成为国民经济的重要组成部分和国家经济竞争能力的重要领域。同时，互联网技术不仅具有经济属性，而且具有社会人文属性。互联网的发展也要服务于社会，体现以人为本理念，让更多国家和人民搭乘信息时代的快车、共享互联网发展的成果。

（五）贯彻网络空间命运共同体的目标取向

网络空间命运共同体理念背后蕴含着崇高的价值关怀，体现了深切的人类情怀和厚重的责任意识。中国政府历来强调，互联网是人类公共产品，关乎人类共同福祉。因此，共建网络空间命运共同体的根本目的在于推动互联网成为更为优质的公共产品，为人类社会的整体利益服务，为解决人类社会面临的共同难题提供帮助。从这个意义上讲，网络空间命运共同体理念体现的是一种超越国家、超越民族的普遍性诉求，本质上是一种深邃的价值理性。以网络空间命运共同体理念作为引领，国际社会应该认识到，网络空间里没有谁能够独善其身、置身其外。只有摒弃零和博弈、赢者通吃的旧思维，才能实现网络空间的合作共赢和有序发展。从人类根本利益出发，只有合作共赢才是国际互联网治理的根本之策。国际社会需要携起手来共建网络空间命运共同体，让各国在争议中求共识、在共识中谋合作、在合作中创共赢、在共赢中求大同，让互联网造福世界，实现世界网络大同。

（六）把握网络空间命运共同体提出的实践要求

共建网络空间命运共同体不仅是一项价值理念，也是一套具有明确制度内容和实施措施的现实纲领。近年来，为了推进网络空间命运共同体实践化发展，中国政府作出了积极努力，得到了国际社会的广泛认可。倡导并举办乌镇世界互联网大会、向发展中国家提供技术支持、向联合国提交《信息安全国际行为准则》，这一系列行动表明，中国不仅是网络空间命运共同体理念的倡导者，也是共建网络空间命运共同体的积极建设者。但是，要实现这一目标还任重道远。接下来，要重点从以下几个方面予以推进：加快全球网络基础设施建设，缩小各国之间的"数字鸿沟"，促进互联互通；推动网络空间治理多领域合作向纵深发展，实现互联网技术、法律和政策等诸领域的协调与融合；完善网络空间对话协商机制，着力推动制定各方普遍接受的网络空间国际规则；妥善处理网络空间冲突，彼此尊重网络主权，有效应对网络恐怖主义、网络犯罪、网络诈骗等跨国性难题，加强网络安全合作；推动互联网全球治理体系变革，共同构建和平、安全、开放、合作的网络空间，建立多边、民主、透明的全球互联网治理体系。

二、打造网络空间命运共同体的重要价值

2015年12月，习近平总书记在第二届全球互联网大会开幕式上发表的主旨演讲中，首次提出了"网络空间命运共同体"的思想。"网络空间是人类共同的活动空间，网络空间前途命运应由世界各国共同掌握。各国应该加强沟通、扩大共识、深化合作，共同构建网络空间命运共同体。"2018年11月7日，习近平总书记在致第五届世界互联网大会的贺信中进一步指出："各国应该深化务实合作，以共进、以共赢为目标，走出一条互信共治之路，让网络空间命运共同体更具生机活力。"①"网络空间命运共同体"是习近平人类命运共同体重要论述的延伸，是加强全球网络空间治理、确保全球网络安全的战略指引，这一主

---

① 新华社：《习近平向第五届世界互联网大会致贺信》，《人民日报》2018年11月8日。

张的提出必将有力推动人类命运共同体构建和全球网络空间治理结构的良性变革。

（一）助推人类命运共同体的构建

打造网络空间命运共同体是构筑人类命运共同体的生动实践，是对传统的"零和博弈""冷战思维"的全面超越，为完善全球网络空间治理体系提供了中国智慧和中国方案。"人类命运共同体，顾名思义，就是每个民族、每个国家的前途命运都紧紧联系在一起，应该风雨同舟，荣辱与共，努力把我们生于斯、长于斯的这个星球建成一个和睦的大家庭，把世界各国人民对美好生活的向往变成现实。"①习近平提出的人类命运共同体重要论述是对当前国际格局变化的积极应答，其中蕴含着对人类前途命运的深刻关切，也前瞻性地指明了未来社会如何构建的重要问题。当今国际社会正处于大发展、大变革、大调整时期，世界经济全球化和现代化水平都得到了不断的提高，各国间的交往程度日益深化。与此同时，国际社会所面临的不确定性日益突出，传统安全与非传统安全因素相互交织，给世界的和平与发展带来了严重威胁。网络化与信息化水平的不断提高创造出一个一荣俱荣、一损俱损的共享空间，使各国间的交往程度进一步深化。网络空间命运共同体以互联网为载体，以网络技术的广泛运用为基础，通过人们在网络空间的交往实践，将世界有机地联系起来。网络空间突破了时间和空间的双重束缚，实现了各国交流的零距离，人类地球村的构想在互联网的作用下变成了现实。网络空间的不断拓展，将网络用户纳入共同的利益环境中，形成了利益共同体；网络空间也将网络行为主体纳入共同的责任体系中，形成了共同治理网络空间的责任共同体。和羹之美，在于合异，"网络空间只有着眼构建命运共同体，才能真正实现共享共治"。② 网络空间命运共同体的生成与发展扩大了人类生产和生活的空间范围，实现了人类命运共同体从现实世界向虚拟网络世界的延伸，符合人类对美好生活的价值追求。

（二）提升网络空间治理的成效

"在信息时代，网络安全对国家安全牵一发而动全身，同许多其他方面的安全都有着密切关系。"③打造网络命运共同体是解决全球网络空间治理失灵的有效方案，它将引领世界各国有效地应对网络治理中存在的诸多问题，让网络空间的发展红利更多更有效地惠及世界各国人民。一是增强世界安全防御能力和震慑能力。全球网络空间安全是综合性的挑战，所涉领域广泛，安全威胁日益突出。网络安全的本质在对抗，对抗的本质在攻防两端能力较量。④ 倡导构建网络空间命运共同体，就是要引导世界各国携手共同推动网络信息

---

①　习近平：《携手建设更加美好的世界——在中国共产党与世界政党高层对话会上的主旨讲话》，《人民日报》2017年12月2日。

②　张绍荣：《网络空间命运共同体思想》，载《思想理论教育导刊》2017年第6期。

③　《十八大以来重要文献选编》（下），中央文献出版社2018年版，第309页。

④　参见《十八大以来重要文献选编》（下），中央文献出版社2018年版，第311页。

化和技术化发展，共同反对网络空间的"军备竞赛"，共同遏制网络技术的滥用，反对网络监听和网络攻击等非法行为；鼓励和引导各国不断加强交流与合作，推动和制定各方普遍接受的网络空间治理规则，制定网络安全标准；不断提高网络安全技术手段，以技术管技术，对网络恐怖势力以及网络犯罪行为进行共同打击，共同维护好网络空间的和平与安全。囿于世界各国在国家利益问题、意识形态问题上的分歧和矛盾，全球网络安全治理问题异常复杂，只有走一条合作安全、发展安全的网络空间治理之路，才能共同维护好网络空间安全、打造风清气正的全球网络空间治理格局。二是缩小各国之间的信息鸿沟。习近平指出："互联网领域发展不平衡、规则不健全、秩序不合理等问题日益凸显。不同国家和地区信息鸿沟不断拉大。"①信息鸿沟主要指由于社会经济地位高者通常能比社会经济地位低者更快地获得信息，因此，新闻传送的信息越多，这两者之间的鸿沟也越大。信息鸿沟源于信息富有者与信息贫困者之间的技术差距，反映的是国际社会经济和技术发展不平衡的问题。当前，全球网络空间的生成与发展仍然是由资本逻辑主导的，由此导致全球网络空间中的剥削和压迫问题仍然存在。打造网络空间命运共同体有利于缩小各国之间的数字鸿沟。信息流动速度的加快以及辐射范围的扩大是缩小信息鸿沟的关键所在。打造网络空间命运共同体，就是要不断加大各国在信息方面的相互合作，不断通过电子商务以及信息化服务共同打造新的合作平台和合作领域，实现信息之间的互联互通。正如马克思、恩格斯所说："只有在交往具有世界性质，并以大工业为基础的时候，只有在一切民族都卷入竞争的时候，保存住已创造出来的生产力才有了保障。"②加强信息流动也将进一步弥合信息鸿沟、打破信息孤岛，让更多国家分享网络数字的红利，从而筑牢网络空间命运共同体的坚强基石。

（三）实现中国网络强国的目标

习近平高度重视网络强国战略建设，强调要不断突破网络核心技术，努力掌握互联网竞争和发展的主动权，将中国互联网使用的规模优势转化为网络空间的话语权优势。根据中国互联网信息中心最新统计数据显示：截至 2018 年 12 月，我国网民规模已突破 8 亿人口。③ 这表明，互联网在中国的普及率不断增高，以互联网为支撑的数字化经济已经成为促进中国经济转型、构建中国国家竞争新优势的重要推动力。党的十九大提出的"数字中国""大数据""数字经济"等战略为中国经济的发展培育了新的经济增长点，使中国网络和信息化发展进入快车道。网络强国目标的建立既需要依靠科学技术的创新，也需要不断增强中国的网络话语权。坚持以"和平、安全、开放、合作"的理念构建网络空间命运共同

① 习近平：《在第二届世界互联网大会开幕式上的讲话》，《人民日报》2015 年 12 月 17 日。
② 《马克思恩格斯全集》第 3 卷，人民出版社 1960 年版，第 61~62 页。
③ 中国网信网，2019 年 8 月 27 日。

体，这是中国主动参与国际网络空间秩序构建，为维护网络空间安全所作出的重大贡献。网络空间命运共同体的打造既是我国网络安全战略的重要指南，也是中国为世界网络安全事业发展、推动国际网络空间治理所贡献的中国智慧和中国力量，彰显了中国作为一个负责任大国的使命与担当，并有助于提升中国网络话语权。网络空间命运共同体既立足于我国网络核心利益的维护，也符合世界各国在网络空间中的利益"最大公约数"，具有广泛性和普适性的特征。随着网络信息技术的不断发展，中国将与世界各国加强在网络基础设施建设以及网络法律制度规范领域内的相互合作，共同为网络命运共同体的打造保驾护航，让更多国家和人民共享网络信息时代的发展成果。

三、构建网络空间命运共同体的现实困境

打造网络空间命运共同体是对全球网络安全严峻形势和治理困境的积极回应，是破解全球网络空间治理难题、推动全球网络空间健康发展的有效方案。打造网络空间命运共同体有利于人类命运共同体的构建，有利于提升网络空间的治理成效、净化网络空间环境，有利于推动中国网络强国目标的实现，提高我国的网络现代化水平。在人类在打造网络空间命运共同体的过程中，一方面，伴随互联网技术的加速发展，国际社会日益成为相互依赖的命运共同体；另一方面，网络技术的运用以及网络交往程度的深化也带来了诸多弊端，国家主权、安全以及世界经济的可持续发展面临新的挑战，特别是网络体系不公正、网络环境不安全、网络意识形态领域不和谐等问题十分突出。

（一）网络体系不公正

在互联网空间中，一些西方国家凭借在网络技术上的优势地位，垄断全球互联网资源，主导网络议题的设置以及网络话语权的阐释，导致网络体系的公正性得不到彰显和发扬。"初创者往往是标准的创立者和信息系统结构的设计者，该系统的路径依赖发展反映了初创者的优势所在。"[1]在当前全球的互联网体系中，有 13 台支撑互联网运营的根服务器，其中有 10 台在美国（其中包括一台主服务器），其余 3 台分别放置在英国、瑞典和日本。根服务器被称为互联网运行的"中枢神经"，谁控制了根服务器，谁就控制了互联网，进而可以对现实的世界进行操控。2003 年伊拉克战争期间，在美国的授意下，互联网名称与数字地址分配机构终止了对伊拉克顶级域名的申请和解析工作，最终导致伊拉克境内所有以"iq"为后缀的网站从互联网上蒸发，这个国家在虚拟的世界中被美国彻底"消灭"。在网络空间治理上，一些西方发达资本主义国家采取双重标准，以大欺小、恃强凌弱，极力打压和排斥其他网络主体平等参与网络活动的权利，致使大部分发展中国家的网络正当权

① Robert O. Keohane and Joseph Snye Jr：" Power and Interdependence in the Information Age"，Foreign Affairs，September/October，1998，p. 5.

益得不到保障。"未来世界政治的魔方，将控制在信息强权的人手里，他们会使用手中所掌握的网络控制权、信息发布权，利用强大的语言文化优势，达到暴力与金钱无法征服的目的。"①一些西方发达资本主义国家利用网络空间管理模式中秩序不合理、规则不健全等漏洞，采取网络监听以及策划"颜色革命"等手段，以期达到颠覆他国政权、获得更大利益之目的。美国一直宣称"互联网自由"，"并将其作为网络安全战略的优先目标之一"。② 但美国所宣传的"互联网自由"是以其在网络空间中的绝对主导地位为前提的，本质上仍是一种不折不扣的网络霸权主义。控制着网络核心技术的美国利用网络霸权恣意妄为地监听别国消息，严重地践踏了别国的网络主权，导致网络空间秩序不合理进一步深化。西方网络霸权主义严重损害了发展中国家的网络权利，使发展中国家的网络话语权严重缺失，经济发展受制于西方发达国家，在网络空间中则明显处于被动局面。

(二)网络恐怖主义四处蔓延

互联网技术的不断发展，一方面给世界各国带来了巨大的发展红利，大大地方便了人们的生产和生活；另一方面也为网络恐怖主义的滋生和蔓延"培育"了新的土壤，成为恐怖组织进行宣传的新媒介、进行恐怖活动的新场所。网络恐怖主义是人类进入网络时代后产生的新现象，这主要表现为"以网络为媒介实行恐怖袭击的心理战、宣传战，以及以网络为攻击目标进行网络恐怖袭击战"。③ 恐怖组织通过各种手段在网络中制造恐怖效应，给虚拟世界和现实世界带来了双重危害。通过占有网络通道、阻塞网络消息、制造网络病毒，致使一些国家的官方网站陷于瘫痪；一些黑客组织通过侵入别国政府和企业的网络系统中，窃取网络数据、修改网络参数，导致一些涉及国家政治、军事、科技等核心机密的文件泄露，严重地威胁了国家信息安全。特朗普在竞选美国总统时就曾指出："要真正保证美国的安全，我们必须把网络安全作为首要任务。"一些恐怖组织在网络上发布各种恐怖袭击信息和暴力冲突的图片，广泛散播恐怖言论和消息，在社会中恶意制造社会恐慌，导致人心惶惶。一些恐怖组织依托互联网建立聊天室、论坛进行蛊惑宣传，扩大其影响力和渗透力。国际恐怖组织"伊斯兰国"就是利用社交软件招募和筹集资金，并且自行开发研究手机软件和手机客户端宣传关于"圣战组织"的新闻消息，以扩大其自身的影响力。

(三)网络空间意识形态安全问题突出

当前，网络空间已经成为意识形态斗争的主要场所，各种不同政治观点、社会思潮在网络空间中相互角逐，主流与非主流同时并存、先进与落后相互交织，意识形态间的斗争呈现出了复杂化多变的特征。西方发达国家凭借其在网络技术上的领先优势，采取各种传

---

① ［美］阿尔文·托夫勒著：《权力的转移》，吴迎春、傅凌译，中信出版社2006年版，第105页。
② 余丽：《关于互联网国家安全的理论探讨》，载《国际观察》2018年第3期。
③ 程聪慧：《网络恐怖主义的挑战及其防范》，载《情报杂志》2015年第3期。

播手段，对发展中国家进行意识形态渗透，破坏了发展中国家的政治、经济、文化环境。网络空间的开放性、自主性为不同主体间的自由沟通架起了方便的桥梁。但是网络空间的虚拟性和隐蔽性特征也为一些不良信息以及错误思想的传播创造了便利条件。近些年来，一些西方错误思潮，诸如新自由主义、历史虚无主义、普世价值等，借助网络在中国社会大肆传播。一些网络大 V、互联网企业受雇于境外敌对势力，甘当外国反华势力的国内代理人，借助自身的影响力在网上鼓吹西方的民主政治，恶意贬低中国特色社会主义制度。一些网络大 V 更是言之凿凿、信口雌黄地抹黑革命历史人物，企图矮化和丑化中国革命人物的伟大形象，进而企图抹杀中国共产党的历史功绩。他们往往别有用心地利用社会上的热点事件进行大肆炒作，进而将其演变成网络群体性事件，这给社会治理带来巨大挑战。美国等西方国家通过网络传播的方式向非西方国家输出自由主义、普世价值等价值观念，其目的并非让自由之光照耀这些国家，而是企图把它们纳入资本主义的世界体系，以便能够"在全球信息空间内免受传统主权观念束缚，在网络世界拓展美国的国家利益"①，达到"终结历史"的目的。网络世界鱼龙混杂、真假难辨，一些网民由于不能对错误思潮进行有效甄别，十分容易受到错误思想的干扰，影响其正确价值观的树立。

四、实现网络空间命运共同体的主要路径

习近平总书记指出，我们所要构建的网络空间命运共同体，应该是一个信息上互联互通、文明上交流互鉴、经济上共同繁荣、发展上安全有序、治理上公平正义的共同体。这五个方面，共同构成网络空间命运共同体的'五大支柱'。其中，互联互通是前提，网络的本质在于互联，信息的价值在于互通；交流互鉴是要求，文化因交流而多彩，文明因互鉴而丰富；共同繁荣是目标，互联网可以也应当成为携手合作互利共赢的平台，各国可以也能够创造更多利益契合点、合作增长点、共赢新亮点；安全有序是基础，网络安全是全球性挑战，没有哪个国家能够置身事外、独善其身；公平正义是保障，凡事应当由大家商量着办，不搞一方主导或由几方凑在一起说了算。构建这样的命运共同体，世界各国才能从互联网发展中最大程度地获益。由此可见，网络空间命运共同体的构建并非一日之功，相反是一项极其复杂的系统工程，其主要涉及网络设施、网络文化、网络经济、网络安全与网络治理等诸多方面。下面笔者仅从协同治理角度出发，以期探讨"网络空间命运共同体"的构建路径。

（一）提升网络空间协同治理层级，渐次推进网络空间命运共同体的构建

从治理主体及其疆域范围来看，网络空间协同治理可分为双边协同治理、多边协同治

---

① 任俊英：《互联网意识形态安全战略选择》，载《郑州大学学报》（哲学社会科学版）2015 年第 2 期。

理和全球协同治理三个层级，由此可以相应构建双边网络空间命运共同体、多边网络空间命运共同体以及全球网络空间命运共同体。根据中俄两国于 2016 年签署的《关于协作推进信息网络空间发展的联合声明》，其旨在大力倡导建立多边、民主、透明的互联网治理体系，支持联合国在构建网络空间全球治理机制方面发挥重要作用，表达了中俄两国对网络空间发展与治理的共同观点，有利于构建中俄双边网络空间命运共同体。此外，上海合作组织、金砖五国和"中国-东盟"等国际区域组织对网络空间建设与治理有着相近的理念，这在很大程度上也有利于构建多边网络空间命运共同体。但是，由于发达国家与发展中国家对网络空间治理方式存在分歧，因此，在构建全球网络空间命运共同体的过程中还存在较大困难，这就需要不同治理主体之间平等协商，反复沟通，适时作出部分妥协，以求达成共识，渐次推进全球网络空间命运共同体的构建。

（二）完善协同治理平台功能，构建网络空间协同治理机制

因应网络空间治理内容的纷繁复杂，网络空间治理的主体也呈现出明显的多样性特征。因此，考虑到网络空间治理关系重大、影响深远，为实现各式治理主体之间的良性互动与合作共赢，完善协同治理平台功能，构建网络空间协同治理机制具有现时必要性。目前，联合国机构中与互联网治理相关的国际组织主要有国际电信联盟（ITU）与世界知识产权组织（WIPO），与互联网治理有关的国际会议主要有信息社会世界峰会（WSIS）与互联网治理论坛（IGF）。但由于后两个国际会议的功能主要是为全球互联网治理提供一个交流与讨论的场所，并没有形成任何实际决策。因此，从协同治理角度来考虑，这只是进入了"讨论决策"阶段，与"形成决策，执行决策"还有相当大的距离。此外，印度、巴西、南非（IBSA）曾多次建议，在联合国系统中成立恰当机构，以"协调和发展与互联网相关的、一贯的、完整的全球公共政策"。因此，联合国作为全球最大的政府间国际组织，应通过完善信息社会世界峰会（WSIS）与互联网治理论坛（IGF）的功能，充分发挥互联网治理联合国工作组（WGIG）的功能与作用，让不同治理主体在这些互联网治理的国际平台上同时运作起来，以此构建起行之有效的网络空间协同治理机制。

（三）强化治理主体权利与义务，让多边与多方承担相应责任与风险

正如习近平总书记在第二届互联网大会开幕式上所强调的那样，"国际网络空间治理，应该坚持多边参与，由大家商量着办，发挥政府、国际组织、互联网企业、技术社群、民间机构、公民个人等各个主体作用，不搞单边主义，不搞一方主导或由几方凑在一起说了算。"[①]简言之，全球网络空间协同治理需要多边与多方不同主体共同参与。互联网作为全球共有资源，已经惠及到世界各国，对推动全球经济社会发展与改变人们的生活生产方式起着十分重要的作用。人们享有自由使用互联网的权利，但也有履行维护互联网安全的义

---

① 《习近平就共建网络空间命运共同体提五点主张》，新浪网，2019 年 8 月 31 日。

务。网络空间问题表现十分复杂。其一问题溯源难。由于实行动态分配 IP，人与地址没有固定对应关系，因此查找问题源头较难。其二网络空间问题治理难度大。由于全球网络互联互通，治理涉及主权国家合作，跨国治理不容易。其三网络空间问题表现多样。网络空间问题既有低俗、暴力等涉及社会伦理问题的，也有诈骗、赌博等涉及犯罪问题的，还有恐怖主义、网络攻击等涉及全球公害问题。面对网络空间诸多问题，多边与多方要承担相应责任，携手应对，确保网络空间安全。维护网络空间安全不能有双重标准，不能把本国的安全建立在他国的不安全之上。网络空间治理倡导主体平等参与，无论是政府机构与国际组织之间，还是企业与技术社群之间，等等，主体间不论大小、强弱，地位平等，享有同等权利，同时也要有承担相应责任与风险的义务。

(四)健全对话协商机制，共建网络空间治理国际规则

由于各国互联网发展历史与现状不同，存在的问题各不一样，加上各国之间政治、经济与文化等方面的差异，给全球互联网治理带来了不少困难。最棘手的互联网治理问题之一是全球价值体系的冲突：言论自由与法律实施的冲突、知识获取与知识产权保护的冲突、媒体自由与国家安全的冲突、个人隐私与基于数据收集的互联网商业模式的冲突等。因此，"各国应该加强沟通交流，完善网络空间对话协商机制，研究制定全球互联网治理规则，使全球互联网治理体系更加公正合理，更加平衡地反映大多数国家意愿和利益。举办世界互联网大会，就是希望搭建全球互联网共享共治的平台，共同推动互联网健康发展"。也即，通过协商、加强沟通、求同存异，寻求网络空间治理规则的最大公约数，共同制定各方主体均能接受的网络治理国际规则。在此基础上，要确保规则的实施，体现治理的效果。在对话协商、达成共识、制定规则与执行规则等这一系列的过程中，主体间协商合作十分重要。2017 年 3 月，我国外交部与国家互联网信息办公室共同发布了《网络空间国际合作战略》，倡导和平、主权、共治、普惠作为网络空间国际交流与合作的基本原则。坚持这些基本原则，网络空间治理对话协商机制与国际规则的制定就有了基础。

(五)发展中国家要加强基础网络设施建设，共同提高网络空间治理能力

网络的本质在于互联，信息的价值在于互通。只有加强信息基础设施建设，铺就信息畅通之路，不断缩小不同国家、地区、人群间的信息鸿沟，才能让信息资源充分涌流。网络空间是人类共同的活动空间，网络空间命运共同体的构建，需要全球各国共建共治。目前，全球网络空间南北鸿沟不断扩大，网络霸权仍然强势，治理体系极不完善，治理规则极不健全等诸多问题日益凸显。为了尽快缩小与发达国家的差距，广大发展中国家要加强网络基础设施建设，重视顶层设计，在互联网应用推广、技术研发、人才培养、政策制定与治理体系建设等方面要加大投入。发展中国家在依靠自身力量建设本国网络的同时，也要争取发达国家在互联网技术、资金与人才等方面的支助，多措并举，努力追赶，通过提

高本国互联网发展水平，进而提升网络空间治理能力与话语权，使本国在全球网络空间治理体系变革中占有重要一席。以中国实践为指引，其正在实施"宽带中国"战略，预计到2020年，中国宽带网络将基本覆盖所有农村，打通网络基础设施"最后一公里"，让更多人用上互联网。习近平总书记强调，"中国愿同各方一道，加大资金投入，加强技术支持，共同推动全球网络基础设施建设，让更多发展中国家和人民共享互联网带来的发展机遇"。①

网络空间命运共同体既是一个倡议，也是一种模式，更是一项准则，是新时代社会治理的网络空间样本。同时，网络空间命运共同体倡议也与我国的"一带一路"倡议、亚洲基础设施投资银行等相衔接，与"人类命运共同体""中华民族命运共同体""亚洲命运共同体"相衔接，构建起以"命运共同体"为主体的"一体同心""同心同促"结构。当然，机遇与挑战是并存的，网络空间命运共同体的提出意味着我国开放的大门将持续敞开，这是实体领土与网络的双重敞开，它意味着国内经济实体需要面对持续的全球化竞争，国内网络技术安全保障体系需要迎接发达国家高技术水平的检验与挑衅，网络文化需要面对西方文化的冲击和植入，等等。新的挑战意味着新的机遇和有质量的发展，这样的挑战是经济社会高质量发展过程中所必须经历的过程。因此，在构建网络空间命运共同体的过程中，面对网络空间诸多的复杂问题，要强化多边与多方的协同治理，共商共建共治共享一个和平、安全、开放、合作、繁荣、清朗的全球网络空间。

---

① 《习近平在第二届世界互联网大会开幕式上的讲话》，新华网，2019 年 8 月 31 日。

第四章　网络恐怖主义与国家安全

第一节　网络恐怖主义活动概述

一、网络恐怖主义的定义

（一）恐怖主义

现代恐怖主义最早出现在二十世纪中叶，在第二次世界大战后随着矛盾的激化和斗争的升级，具有恐怖主义性质的组织和团体开始出现，恐怖主义活动的手段日渐增多，攻击目标和活动范围也不断扩展，逐渐形成了国际性恐怖主义活动。

作为网络恐怖主义的逻辑起点，恐怖主义概念的界定无疑是一个最需要厘清的问题。由于恐怖主义涉及宗教、经济和民族等诸多因素，在不同的价值观上有不同的意识形态，使得恐怖主义成为一个较难定义的概念。各国对"恐怖主义"进行了大量的研究，已经产生数百种定义，莫衷一是。例如《简明不列颠大百科全书》对于恐怖主义的定义是：对于各国政府、公众和个人使用令人莫测的暴力、讹诈或威胁，以达到某种特定目的的政治手段。[①] 学者莱恩·詹金斯认为，恐怖主义是一种有计划地使用诸如恐吓、恐惧、强迫等暴力或者暴力威胁以达到政治、宗教或意识形态目标的行为。他还对暴力与恐怖主义的目的进行了辨析，认为暴力只是达到恐怖主义目的的一种手段，而不是目的本身，它往往旨在影响和打击目标之外的观众，常常针对的是普通大众，以获得民众恐慌，博得更大的宣传效果，以求达到既定的政治目的。学者博格罗斯·库珀将恐怖主义定义为一种使用或威胁使用无选择性的暴力和秘密战争，旨在通过制造恐惧气氛，达到改变人们的心理状态，或国家或其成员被威胁的群体的政策的目的。学者保罗·吉尔伯特认为恐怖主义是一种蓄意攻击那些本不该受攻击的目标的任何战争形式，是具有政治犯罪和非正义战争的双重性质的暴力活动，是非道德的、非正义的、无选择性的、随机的邪恶暴力活动。一般而言，恐怖主义是个人或团体通过使用暴力手段或威胁使用暴力手段让对方感到恐惧，从而影响对

---

① 参见《简明不列颠大百科全书第四卷》，中国大百科全书出版社 1985 年，第 617 页。

方的观点和行为。恐怖主义活动的目的通常是具有政治性的，但反对既有政府并不是唯一的目的，并且恐怖袭击事件所影响的群体比直接受害者要大得多。[①] 据荷兰学者亚历克斯·施密德统计，自 1936 至 1981 年间世界各国的文献中，就引用了 109 个表述各异、主张不一的恐怖主义概念。学界从多个学科和视角界定恐怖主义概念，给反恐立法带来巨大困扰。亚历克斯·施密德对上述概念所涉及的 21 种因素进行了研究，发现出现频率最高的内容要素主要是：暴力、武力（83.5%），政治性（65%），恐惧、恐怖（51%），威胁（47%）。其后，我国学者胡联合又陆续整理了 1982—2010 年间的 50 个具有代表性的恐怖主义定义，并参照亚历克斯·施米德的方法将这些定义所涉及的内容要素（共计 16 种）编写成表进行统计分析，结果发现出现频率最高的要素主要是：政治性目标（90%）、暴力威胁（54%）、恐惧及心理影响（54%）以及有计划的、系统化的、有组织的行为（40%）。胡联合把亚历克斯·施米德关于 109 个恐怖主义定义和他本人关于恐怖主义 50 个定义的两份统计表结合起来分析，得出的结论是：人们较有共识的是恐怖主义包含暴力、政治性、旨在制造恐惧和威胁（使用暴力）的行为这四种要素；而对于在恐怖主义概念中应否包含社会性、有组织性、重复性等要素，则存在明显不同的看法。[②]

鉴于恐怖主义对于国家安全以及社会秩序的巨大影响，很多国家都通过刑事立法对恐怖主义进行界定。比如《德国刑法典》在"建立犯罪组织罪"之外以第 129 条 a 独立设置了"建立恐怖主义组织罪"，并且以杀人、死绝种族、妨害人身自由、纵火爆炸等危害公共安全的具体犯罪行为，对恐怖主义组织的性质做了具有较大包容性的表述。《俄罗斯刑法典》第 205 条也专门规定了"恐怖行为罪"，而在对"恐怖行为"的界说上，同样以"行为类型"与"行为宗旨"为其内容的限定，具体列举了"爆炸、纵火或其他构成人员死亡造成重大财产损失、带来其他危害社会后果等危险的行为"。类似的立法例还有《法国刑法典》设立的"恐怖活动罪"、《意大利刑法典》中"以恐怖主义和颠覆民主秩序为目的的结社罪"及"以恐怖主义或者颠覆为目的的侵害罪"等。[③]

由于对恐怖主义内涵及其要素的认识各方差别较大，导致对恐怖主义犯罪构成界定的困难，加上对恐怖主义定义的不断修正，客观上反映了恐怖主义问题的复杂性、敏感性及不确定性特征。而且恐怖主义作为一个异常复杂且不断发展变化着的事物，其自身即有不易被人们正确认识的一面，同时也有不同意识形态矛盾冲突的因素。其不确定性、难界定

---

① 参见章远：《国外智库恐怖主义概念界定及其数据库建设的评析》，载《探索》2017 年第 2 期。

② 参见赵秉志：《法治反恐的国际视角：难点与对策》，载《东南大学学报（哲学社会科学版）》2020 年第 2 期。

③ 参见张小虎：《论当代恐怖主义犯罪的犯罪学认定界标》，载《中国人民大学学报》2020 年第 1 期。

性特征，反映了世界各国在对待恐怖主义态度上存在的不同利益需求。① 可以说，国际社会一直未能就国际恐怖主义一词的含义达成普遍一致的看法，也未能就预防恐怖主义所必须采取的措施达成充分的一般意见。

就我国而言，2003 年我国政府认定第一批恐怖组织和恐怖分子时，只是从手段、特征和情形等方面进行了列举描述，由于当时对恐怖活动没有系统认识，并没有明确恐怖主义和恐怖活动的概念。2011 年《公安机关办理刑事案件程序规定》第 374 条将恐怖活动与犯罪关联起来，在刑事诉讼领域界定了恐怖活动的概念。同年，立法机关立足我国反恐实践，出台《关于加强反恐怖工作有关问题的决定》，对"恐怖活动""恐怖活动组织和人员"进行界定。对恐怖活动的基础概念是从目的、手段、后果的方式予以描述，旗帜鲜明地宣示"国家反对一切形式的恐怖主义"，但是，并没有对恐怖主义进行更为具体的界定。2015年通过的《中华人民共和国刑法修正案（九）》规定了一系列恐怖活动犯罪，比如准备实施恐怖活动罪、帮助恐怖活动罪、宣扬恐怖主义、极端主义、煽动实施恐怖活动罪等，在罪行设定中较细致描述了涉及恐怖主义的相关行为。随后通过的《中华人民共和国反恐怖主义法》第 3 条则是明确规定了恐怖主义以及恐怖活动："恐怖主义是指通过暴力、破坏、恐吓等手段，制造社会恐慌、危害公共安全、侵犯人身财产，或者胁迫国家机关、国际组织，以实现其政治、意识形态等目的的主张和行为。本法所称恐怖活动，是指恐怖主义性质的下列行为：（一）组织、策划、准备实施、实施造成或者意图造成人员伤亡、重大财产损失、公共设施损坏、社会秩序混乱等严重社会危害的活动的；（二）宣扬恐怖主义，煽动实施恐怖活动，或者非法持有宣扬恐怖主义的物品，强制他人在公共场所穿戴宣扬恐怖主义的服饰、标志的；（三）组织、领导、参加恐怖活动组织的；（四）为恐怖活动组织、恐怖活动人员、实施恐怖活动或者恐怖活动培训提供信息、资金、物资、劳务、技术、场所等支持、协助、便利的；（五）其他恐怖活动。"

（二）网络恐怖主义

信息化时代，恐怖分子利用网络技术改变其传统的行为方式，由此，恐怖主义与互联网结合为网络恐怖主义。1996 年，斯里兰卡武装组织"泰塔米尔猛虎组织"针对驻外使馆发动电子邮件病毒攻击，被视为最早有记录的网络恐怖主义事件。在 2016 年召开的"全球反恐论坛"中有专家表示"据统计，当下世界的恐怖活动 90% 以上是通过网络组织或者直接发生在网络领域"。②

"网络恐怖主义"也面临与"恐怖主义"一样多元界定的境地。通过"网络恐怖主义"术

---

① 参见冯卫国：《恐怖主义定义相关分歧之辨析》，载《法学论坛》2018 年第 5 期。

② 白云怡：《全世界 9 成暴恐活动通过网络组织》，载环球时报，https：//world. huanqiu. com/article/9CaKrnJYd8s，访问时间 2020 年 5 月 30 日。

语的学术史考察，该术语最早是由美国加州情报与安全研究所的巴里·科林在上世纪八十年代提出的。他认为网络恐怖主义是动态恐怖主义，是从物理王国到虚拟王国的超然存在，是网络和恐怖主义的结合。[①] 马克·波利特进一步细化了这一概念，认为网络恐怖主义是有预谋、有政治目的的针对信息、计算机系统、计算机程序和数据的攻击活动，由次国家集团或秘密组织发动的打击非军事目标的暴力活动。

对于网络恐怖主义的界定，更多学者是从类型化角度进行研究。学者伯利艾尔·威曼指出网络恐怖主义是利用电脑网络工具破坏或关闭国家关键基础设施，强调了用网络作为工具来发动的袭击为网络恐怖主义。而学者克莱·威尔逊认为网络恐怖主义是由具有政治动机的国际性团体或组织使用计算机网络作为武器或攻击目标，来制造或威胁制造恐怖主义活动，意图影响民众，胁迫政府改变其决策的行为。这一定义不但强调了网络可作为恐怖主义的工具(工具型网络恐怖主义)，也指出网络本身也可成为恐怖活动攻击目标(黑客型网络恐怖主义)。因此，网络恐怖主义是指以网络为工具或为攻击对象的恐怖主义。此外，还有学者认为可将网络恐怖主义做广义和狭义的理解，狭义的网络恐怖主义是指网络恐怖分子组织通过扰乱计算机和网络空间制造伤害，以此实现他们的政治和社会目标；广义的网络恐怖主义是指有目的地损害计算机和网络空间，以此来实现犯罪者的目标，这些目标可能涉及到宗教、政治或个人仇恨。其借助电子邮件、病毒、网站、视频帖子等工具来宣传和传播恐怖主义信息，导致个人对安全的恐惧和对政府丧失信心。

英国是最早在国家层面提出"网络恐怖主义"概念的国家，在2000年颁布的《反恐怖主义法案》中，将影响到国家或社会公共利益的黑客行为划归为恐怖主义行为并作为打击对象。而美国对于网络恐怖主义的官方定义来源多元。美国国家立法会议将网络恐怖主义定义为："被恐怖集体或者个人使用信息技术去实现其目标，包括利用信息技术组织并执行对网络空间、计算机系统和电信基础设施的攻击，或对电子信息系统产生威胁。包括：通过电子通信入侵电脑系统，引入病毒到无防护的网络，攻击网站，攻击网络进行停止服务的恐怖威胁。"[②]美国联邦调查局对网络恐怖主义没有明确的界定，而是对网络犯罪和恐怖主义分别加以定义。在对网络犯罪的定义中涉及网络恐怖主义，联邦调查局认为网络犯罪是对国家重要基础设施的网络入侵(包括私人网络和公共网络)，入侵目标还包括美国公司的商业秘密和其他敏感的企业数据以及他们的前沿研究成果，还包括网上行骗和盗窃公民私人信息，网上侵犯儿童。美国国防部则将其定义为，"利用计算机和电信能力实施的犯罪行为，以造成暴力和对公共设施的毁灭或破坏来制造恐慌和社会不稳定，旨在影响政府或社会实现其特定的政治、宗教或意识形态目标"，强调了互联网是网络恐怖主义的手段

---

① 沈逸：《美国国家网络安全战略》，时事出版社2013年版，第11页。

② 苗争鸣：《〈塔林手册〉视角下的"网络恐怖主义"治理》，载《人民法治》2019年第3期。

而不是目标，其目标是特定的政治、宗教和意识形态目标。

国际社会也努力寻求精准的网络恐怖主义概念。联合国安理会第 2129 号决议认为网络恐怖主义就是用新的信息和通信技术，特别是因特网来进行招募和煽动恐怖行为，为恐怖活动进行筹资、规划和筹备。国际刑警组织从互联网这个侧重点对网络恐怖主义进行定义，按照网络在其中的地位不同进行类型化的区分。就认为，网络恐怖主义是网络犯罪的一部分。网络犯罪有两种：高级网络犯罪（或高科技犯罪）——针对计算机硬件和软件的复杂攻击；一般网络犯罪——由于网络的出现使恐怖主义与网络结合起来。联合国反恐执行工作组将网络恐怖主义界定为四类行为，基本上涵盖网络恐怖主义的各种形态：第一类是利用互联网通过远程改变计算机系统上的信息或者干扰计算机系统之间的数据通信以实施恐怖袭击；第二类是为了恐怖活动的目的将互联网作为其信息资源进行使用；第三类是将使用互联网作为散布与恐怖活动目的有关信息的手段；第四类是为了支持用于追求或支持恐怖活动目的的联络和组织网络而使用互联网。

我国学者也注重从网络恐怖主义类型化角度来分析和定义。比如我国学者范明强指出：网络恐怖主义从概念上说有两个基本含义，一是指恐怖分子以网络为技术手段从事恐怖活动的组织、管理和指挥；二是指恐怖分子以网络为攻击对象，或窃取情报，或破坏网络系统，或故意制造网络恐慌，或散布恐怖谣言，进行恐怖宣传等。[①] 朱永彪、任彦认为，现阶段网络恐怖主义可以划分为两种类型，即工具型网络恐怖主义和目标型网络恐怖主义，网络恐怖主义是指利用网络为工具或把网络作为攻击目标的恐怖主义行为，其目的是利用信息技术为其暴恐活动服务。[②] 于志刚和郭旨龙认为，网络恐怖活动犯罪是指出于恐怖主义目的，针对计算机、信息网络，或者利用信息网络，或者在信息网络上进行的攻击行为和威胁行为，以及建立恐怖活动组织、宣扬恐怖主义思想的行为。[③] 康均心和虞文梁认为，"网络恐怖主义是恐怖主义与数字化、网络化和信息化生活方式的结合，是传统恐怖主义在大数据时代的新形态。"[④] 俞晓秋认为，网络恐怖主义是一种由国家或非国家主使的，针对信息、计算机程序和数据以及网络系统带有明确政治目的的攻击行动。[⑤] 胡文祥界定网络恐怖主义为非政府组织或个人有预谋地利用网络并以网络为攻击目标，以破坏目标所属国的政治稳定、经济安全，扰乱社会秩序，制造轰动效应为目的的恐怖活动，是

①　参见范明强：《社会学视野中的恐怖主义》，解放军出版社 2005 年版，第 67 页。
②　参见朱永彪、任彦：《国际网络恐怖主义研究》，中国社会科学出版社 2014 年版，第 63~77 页。
③　参见于志刚、郭旨龙：《网络恐怖活动犯罪与中国法律应对——基于 100 个随机案例的分析和思考》，载《河南大学学报（社会科学版）》2015 年第 1 期。
④　康均心、虞文梁：《大数据时代网络恐怖主义的法律应对》，载《中州学刊》2015 年第 10 期。
⑤　参见俞晓秋：《全球信息网络安全动向与特点》，载《现代国际关系》2002 年第 2 期。

恐怖主义向信息技术领域扩张的产物。① 鲁世宗认为，网络恐怖主义，既是恐怖主义发展的产物，也是互联网发展的衍生品。网络恐怖主义的内涵、形态和特征都是随着网络技术演变和互联网发展而不断演化发展的。从互联网的发展历程来看，互联网本身大致经过了互联网 1.0 阶段（Web1.0）、互联网 2.0 阶段（Web2.0）和即时网络的互联网 3.0 阶段（Web3.0）三个阶段，正在向第四阶段（网络空间时代）演进。在互联网发展的不同阶段，网络恐怖主义活动也随着网络的发展而不断变化升级，呈现出不同特征，大致经过了黑客型、工具型、平台型等三个阶段。② 2008 年 7 月我国公安部印发的《公民防范恐怖袭击手册》中提出，利用网络散布恐怖信息、组织网络恐怖主义活动、攻击电脑程序和信息系统等行为属于网络恐怖袭击。这是我国官方文件中首次提出网络恐怖主义。

各国及学者对网络恐怖主义定义虽然不完全相一致，但是总体来说，对网络恐怖主义的认知都涵盖以下几点：第一，网络恐怖主义都是以网络为工具、或是以网络为攻击目标实施的恐怖活动；第二，网络恐怖主义都是通过恐怖主义活动来实现某种政治性、社会性或宗教性目的；第三，网络恐怖主义的主体可以是国家团体也可以是个人；第四，网络恐怖主义危及社会、政府和国家利益。

综上所述，恐怖主义以及衍生的网络恐怖主义均是非常难以界定的概念，之所以难以界定，就在于恐怖主义不仅仅是一个学术问题，而且更为重要的是还涉及到各国现实中的利益需求和价值判断，由于阶级、民族、国家利益不同而导致的政治偏见或对立，使各个国家从其国家利益角度在理论上构建恐怖主义概念的内涵和外延，或者在现实中认定某种行为是否属于恐怖活动。尽管"自古以来，凡哲学和神学上的争论，十分之九都是名词上的争论"，③ 确定恐怖主义的概念是一个不可能完成的学术任务。不论以一般定义或是列举行为方式定义恐怖主义都会遭遇困难，但在研究中对其适当的定义又是必不可少的。重点应该放在如何有效打击恐怖主义，不论是国际法或国内法，如何有效执行既有的刑法规范才是重点所在，因此与其归纳整理再重新定义恐怖主义，不如确实实践既有的法律规范。④ 因此，概念的重点在于圈定打击对象的范围，以便更好地开展反恐行动，而不应该在修辞上做过多的复杂辩论。为避免过多无谓争论，从规范角度而言，本书使用的恐怖主义概念采用《中华人民共和国反恐怖主义法》规定：通过暴力、破坏、恐吓等手段，制造社会恐慌、危害公共安全、侵犯个人财产，或胁迫国家机关、国际组织，以实现其政治、意识形态等目的的主张和行为。网络恐怖主义可做如下简约的理解：以网络等信息技术为手

---

① 参见胡文祥：《反恐技术方略》，化学工业出版社 2013 年版，第 354 页。
② 参见鲁世宗：《网络恐怖主义的演化及治理》，载《新闻知识》2016 年第 12 期。
③ 胡适：《胡适与中西文化》，台湾水牛图书出版事业有限公司 1984 年版，第 139 页。
④ 参见廖福特、李明峻：《反恐与人权——以美英两国的立法措施为中心》，载《台湾国际法季刊》2006 年第 2 期。

段或对象，实施恐怖主义的行为。

二、网络恐怖主义行为表现

(一)网络宣传恐怖主义

在网络宣传的内容上，恐怖组织通过网络宣传自己的恐怖主义和极端主义思想来提升影响力，但绝不会承认自己是恐怖主义组织，而是极力掩饰自己暴力行径，淡化暴恐活动的暴力性质，转而批判反恐组织在反恐行动中的冷酷与残忍，将自己的暴恐活动披上正义的外衣，以博取远离事实真相大众的同情。恐怖组织建设网络平台，大肆宣传恐怖组织的历史、政治目的、组织影响力人物以及丰功伟业等等。而发布恐怖资讯是为了营造恐怖氛围，透过网络发布并制造讨论，能引发舆论战、心理战。例如，恐怖组织发布视频宣传片，将恐怖分子粉饰成"正义"的"圣战英雄"。而且还会制作了一些"日常生活"的宣传视频。他们拍摄大量"帮助"占领区的民众修建基础设施，与民众融洽互动的生活画面，将恐怖组织描绘成一个"社会公平、人民幸福"的乌托邦世界。他们在社交媒体上传一些给儿童发放糖果或陪宠物玩耍等具有和谐生活气息的影像资料，以此吸引那些认为可以通过加入恐怖组织实现梦想的年轻人。恐怖组织还会通过歪曲宗教教义、宣扬极端思想，以"圣战流血来洗刷罪过"，唆使、煽动恐怖分子进行"圣战"。①

在网络宣传的形式上，很多恐怖组织充分利用新型媒介替代以印刷品、光盘等实物为载体的传统媒介传播方式。他们擅长利用自建网站、社交网站发布海报、电子杂志、视频等进行洗脑宣传，并针对受众的心理，研究出具有很大迷惑性的宣传策略，具有相当专业性的宣传材料，远胜传统媒体的拍摄手法和特效技术，大大增强其传播效果。通过制作网络游戏、网络视频、网络论坛及网络杂志，开办网上课堂来宣传恐怖主义精神。比如，本·拉登就曾建立基地组织网络宣传网站，在互联网上对圣战进行宣传。而"伊斯兰国"更是通过网络，以社群、媒体作为宣传工具，在网络上进行高效互动，使恐怖资讯传播更快。在"伊斯兰国"注册的一个 Twitter 账号中，成为重要的资讯管道，账号每个月发布千篇的推文来宣传恐怖组织的理念，招募圣战士、维系支持者，据估计每个月多达两百万浏览流量，超过一万多名关注者。甚至还有恐怖组织通过网络直播的方式对恐怖主义进行宣传。例如 2013 年 9 月，在肯尼亚首都内罗毕西门购物中心发生的恐怖袭击中，恐怖分子将袭击过程进行"推特直播"。同时，恐怖组织能够利用最新的网络技术锁定特定用户进行智能化宣传。自动化的计算机程序不但能够自动发送恐怖极端信息，还能够设置机器人账号模拟真实人物的在线行为，如浏览、悬停和点击，从而更有效地吸引潜在恐怖分子进一

① 朱永彪、魏月妍、梁忻：《网络恐怖主义的发展趋势与应对现状评析》，载《江南社会学院学报》2016 年第 3 期。

步了解、加入恐怖组织阵营。甚至，恐怖主义为防止社交媒体账号被锁定的风险，还特别研发推广专属的应用程序，2020 年 5 月，通过《伊巴》杂志，"基地"组织分支"沙姆解放组织"积极敦促追随者和叙利亚的其他好战团体永久远离 Telegram、Facebook、Messenger 和 Viber 等社交媒体，转而使用其他端到端加密应用程序，如 Conversations、Riot、Signal 和 Wire。[①]

此外，恐怖组织还利用研发各种线上游戏，通过大众娱乐的方式，吸引年轻人，进而传递伊斯兰国的意识形态。比如有一款名为"圣战虚拟器"的在线游戏，不仅有预告片来做宣传，还可透过人物的设定与章节的安排，塑造出敌我对抗，将极端思想灌输给游戏者，在虚拟游戏中选择参与圣战，玩家可以劫持军用车辆并引爆，或是枪击学校或商业建筑物，而且恐怖组织特别注重人物造型的设定，玩家外型设定并非戴头巾的恐怖分子，而是穿着风衣外套，留着长发的美国少年，塑造一种美好形象，以此吸引不谙世事的年轻人。电子刊物同样是恐怖组织注重的宣传环节，通过定期出版从而达到宣传恐怖主义战略以及功绩的目的。比如恐怖组织的知名电子杂志《达比克》，同时具有阿拉伯语、英语、德语、法语、俄语版本。

网络恐怖主义活动除了利用互联网扩大宣传效果外，还通过发布虚假的恐怖威胁信息，以此混淆视听，引发更广泛的社会恐慌。2015 年，ISIS 组织在巴黎恐怖袭击事件中，在互联网上同时对伦敦、罗马、华盛顿等地区发出恐怖袭击威胁，引起了全球性恐慌。英国、意大利、美国等国紧急采取增派反恐特工、提高边境安全监视等措施以应对威胁。[②] 2019 年底，俄罗斯莫斯科、圣彼得堡等大城市发生多起虚假"炸弹警告"事件，机场、火车站、地铁站以及一些著名景点等都收到了虚假威胁信息，造成各类公共场所正常运行受阻。恐怖组织常通过网络匿名电话、邮件发送的虚假炸弹威胁等方式给政府安全部门造成严重困扰。[③]

事后证明这些信息并非全部真实，各国的反恐部门在短时间内很难辨别信息的真实性，只能匆忙采取有限的应对措施，这也使恐怖组织获得了非对称优势。这类虚虚实实的恐怖威胁信息给各国的经济活动、社会稳定造成了巨大影响，使社会公众长期笼罩在恐怖袭击的阴霾之下。

中国也是恐怖主义网络宣传传播的受害者。"东突"恐怖组织长期利用互联网大肆发布恐怖音视频，进行恐怖主义、分裂主义等极端思想的宣讲，煽动对中国政府发动所谓"圣

---

① 参见范娟荣：《2020 年下半年全球网络恐怖主义态势分析》，载《中国信息安全》2020 年第 12 期。

② 参见蔡翠红、马明月：《以"伊斯兰国"为例解析网络恐怖活动机制》，载《当代世界与社会主义》2017 年第 1 期。

③ 参见屈佩：《俄罗斯强化反恐显成效》，载人民日报，http：//paper.people.com.cn/rmrb/html/2020-03/02/nw.D110000renmrb_20200302_3-16.htm，访问日期 2021 年 7 月 19 日。

战"，这成为近年来中国境内特别是新疆地区恐怖袭击多发的主要和直接原因之一。

简言之，恐怖主义是暴力与宣传的结合体，网络恐怖主义宣传事实上是一种心理战。恐怖分子利用互联网向社会发动心理战：它通过制造暴恐事件、传播暴力音视频，散播恐怖言论，给人们留下恐怖心理阴影，进而制造社会恐慌和混乱，使民众恐惧，从而达到胁迫社会的目的。

（二）获取信息

随着大数据时代的来临，互联网成为信息的海洋。除了人们在网络活动中产生的数据之外，全世界的公共设施和工业设备数据，涉及某一区域气候变化数据乃至空气中化学成分的变化数据，以及有关个人的位置、运动数据等，都是这海量的信息中的一部分。恐怖分子就通过网络对这些大数据加以收集和利用，意图实施恐怖活动，制造社会恐慌。

恐怖分子利用网络获取信息的手段之一，便是利用黑客技术入侵窃取资讯。恐怖组织通过攻破网络安全防护，进入目标网络来搜集涉密情报信息。如果恐怖分子们利用黑客手段盗取化学武器、生化武器、核武器等非常规武器的制造技术，其恶性影响将更为严重。

此外，恐怖分子使用大数据技术挖掘公开资讯获得信息。恐怖分子可以从网络中获取地铁、机场及火车站等公共基础设施的具体位置、人员流动信息和运营时间等一系列情况，他们整合信息，找到可以实施恐怖活动的薄弱环节。美国反恐人员在搜查基地组织成员使用的电脑时，发现一部源自公开网络的关于某水电站建筑结构和运行系统的视频，在对其他电脑的搜查中还发现恐怖分子曾在公开网络上浏览控制水、电、交通、通信网络的数字开关的相关资料。这些资料可以帮助恐怖组织的工程师了解该水电站运行情况与薄弱环节，协助策划者制定更加完善的恐怖袭击方案。美国前白宫反恐顾问理查德·克拉克指出，如果你将公开渠道获取的所有未加密的信息收集到一起，通过对这些信息的分析与组合归并，可以得到层级更高的涉密信息。同时，恐怖组织正在利用公开网络渠道收集信息来寻找恐怖袭击目标。著名安全专家丹·韦尔顿指出，恐怖组织通过互联网已经搜集并整理了许多名人的数据信息，这些人物已经成为恐怖组织袭击的潜在目标。

更有甚者，对网络信息的利用已经深度嵌入到恐怖分子实施恐怖活动的过程中。例如，在 2008 年印度孟买恐怖袭击事件中，恐怖分子使用互联网地图导航由海路秘密进入孟买境内，规避开出入境身份核查。入境后运用网络地图寻找到进行恐怖袭击的地点。在与当地军警对峙过程中，恐怖分子根据互联网信息比对劫持人质的身份信息从而判断人质身份。在巴基斯坦境内指挥者，根据网络媒体对恐怖袭击事件的实时报道，指导孟买境内的恐怖组织成员采取相应的反击对策。①

---

① 参见皮特·戈拉博斯基、迈克尔·斯托尔、陈波：《略论网络恐怖主义》，载《河南警察学院报》2016 年第 4 期。

（三）传授恐怖主义犯罪方法

互联网已成为网络恐怖主义传播犯罪方法的新阵地，对于恐怖分子新手而言，网络日益成为他们相互交流和学习技艺的平台。基地组织过去主要利用其分布在世界各地的训练基地来传授犯罪技能，在阿富汗战争后，基地组织在该处的训练基地被摧毁，其他地方的训练基地也受到不同程度的打击，基地组织开始将注意力转向网络，通过诸如"基地战斗训练营"等在线杂志，进行恐怖组织内部管理、人员身体素质培养、武器技能训练及野外生存教学等。

互联网论坛和社交媒体为极端分子提供了更多的机会和信息，网上学习实施恐怖袭击的手段，哪怕是一个人都能发动一场造成大量伤亡的恐怖袭击。有些网站提供专门技能的培训，如绑架人质的方法，从目标身份确认到如何藏匿人质，再到谈判技巧以及交出人质过程中的注意事项都进行详细的指导。还有一些网站提供制作爆炸物的教学，包括基础爆炸物的制作方法，以及如何提升爆炸物杀伤效果和各类爆炸物的引爆方式。[1] 比如，在波士顿马拉松赛恐怖袭击案中，恐怖分子就是通过社交网站接受极端思想，并学习在自家厨房制作简易爆炸装置，《纽约时报》将该案称为"社交媒体时代首例全方位互动式全国悲剧"。又比如，"东突"恐怖组织接受基地组织的指导后，将制造简易爆炸装置和实施自杀式袭击的技术，通过发布暴恐音视频的方式向境内的恐怖分子传授。"东突"组织曾经在网络上详细介绍黑炸药及硝化甘油炸药等的制作方法，并通过网络大肆进行传播。在新疆地区破获的暴恐案件中，其作案手法和爆炸物的制作方法，多数来自对暴恐音视频的模仿。[2] 2020年4月，英国战略对话研究所（ISD）的研究人员发现了一个"伊斯兰国"组织的"线上图书馆"。在这个数字资料库中，有90000多个类别，每月有大概10000人次匿名登录访问。这个数据库包含大量恐怖袭击行动的细节以及爆炸物的制造方法等内容，例如关于发生在2017年5月22日造成22人死亡、59人受伤的英国曼彻斯特体育场爆炸案。该资料库的文档包含9种语言，相关内容还在不断被补充和更新。[3] 甚至恐怖分子利用全球爆发新冠疫情，学校停课，学生居家上网课的时机，通过公开网站的各种链接、广告、图片等宣传、吸引和招募青少年群体加入其组织。[4]

---

① 参见李刚：《"网络恐怖主义"发展现状深度剖析 网络空间：恐怖主义蔓延的新战场》，载《中国信息安全》2014年第10期。

② 参见马国春、石拓：《国际涉恐音视频的网络传播及其治理》，载《阿拉伯世界研究》2016年第1期。

③ 参见李琦：《全球治理视角下网络恐怖主义现状、发展及应对》，载《中国信息安全》2021年第3期。

④ 参见程悦、程琳：《全球疫情背景下网络恐怖主义活动探析》，载《中国信息安全》2021年第3期。

（四）招募人员和募集资金

招募新成员是恐怖组织持续发展的生命线，除了使用传统的招募方式之外，现代恐怖组织更倾向于通过网络来招募成员。恐怖组织利用内部专门设立的网站和公开社交媒体来宣传自己的观点，然后对使用者浏览内容，及其在网上发表的言论进行分析，精确找到适合的"培养对象"进一步接触，从而招募、拉拢具有分裂国家意图和极端宗教思想的人员。为了吸引年轻人的加入，恐怖分子通过拍摄符合年轻人心理，且带有浓厚娱乐文化元素的影片。同时，女性也成为恐怖组织重点招募的对象。比如，在2015年，就有数名英国女孩离乡背井前往叙利亚加入"伊斯兰国"，只因为在网络上被那些参与圣战的男子吸引而过去并与之结婚，她们被称为"圣战新娘"。近年来，"东突"组织就使用网络宣传、招募的手法，将境内具有极端宗教思想的人员招募到叙利亚参战。2014年以来，东南亚警方抓获了数百名欲赴叙利亚的"东突"恐怖分子，一些甚至是举家"迁徙"。①

另一方面，恐怖分子还利用网络募集资金。恐怖组织的生存、行动需要大量的经费支持，而这些经费不能通过正规渠道获取，互联网则为他们提供了一个极为便利的渠道。恐怖组织可以使用网络支付服务功能，通过社交账号绑定金融资料，其实就可以透过网络交易进行资金转移。此项服务还有很强的匿名性，甚至不需了解付款人与收款人的资料就能进行，这就能成功隐藏恐怖组织和恐怖分子的资金流动来源与走向，进而提升了他们筹备资金的安全与便利性。同时，恐怖主义组织通过公开或地下渠道发布自己的账号，公开募集世界各地支持者的捐款。2006年8月，印尼警方经过长期的网络监控，发现两名恐怖分子通过互联网募集用于购买爆炸物和策划恐怖袭击的活动经费。在调查中发现，他们通过网络已经筹集到超过8万美元，如果这笔经费被恐怖组织用来进行暴恐活动，造成的后果不可估量。②

除此之外，恐怖分子还搭建和使用"暗网"平台，利用网络衍生出虚拟货币、预付卡、移动支付系统，拥有较高的匿名性、灵活性，从而逃避侦查。恐怖分子能够使用暗网进行融资、转移财产和非法购买武器炸药、使用比特币等虚拟货币和其他加密货币。以"伊斯兰国"为例，他们成立网络基金，将"圣战"募捐资金转化为比特币的深层网镜像，并附有网络操作教程，指导如何使用暗网进行秘密金融交易。"伊斯兰国"在线募资的负责人声称："圣战者应该意识到，一个可能的方式就是使用比特币进行匿名捐助，这能够为'圣战'提供价值数百万美元的比特币财富，每一个圣战者口袋里的每一分钱，都将化为支持圣战的不竭动力。"另一个例子来自于印度尼西亚的恐怖组织"伊斯兰祈祷团"，也是通过

①　参见杜娟：《当前我国网络恐怖主义的特点、原因及对策——以恐怖活动新变化为切入点》，载《云南警官学院学报》2016年第1期。

②　参见李刚：《"网络恐怖主义"发展现状深度剖析　网络空间：恐怖主义蔓延的新战场》，载《中国信息安全》2014年第10期。

在暗网的比特币交易平台对其进行资金捐赠。甚至通过从暗网中盗取的身份信息组织攻击了一个外汇交易网站，募集了近百万美元。①

（五）组织联络

网络通信技术为人们之间的交流带来了极大便利，社交平台等网络工具的加密通讯与即时交流特点，也让恐怖分子之间联络更加隐蔽化，给反恐工作带来了迷惑性与不确定性。恐怖组织利用在境外租借服务器，通过常规网络社交媒体使用暗语或者加密数据来发送和接收信息。一些具备网络技术的恐怖组织则自行开发软件，用于成员间的通讯联系，策划行动细节，汇报活动情况。

在具体实施线下恐怖袭击过程中，有恐怖分子使用具有阅后即焚的网络即时通讯软件，以掩盖行动内容和组织成员间的联络。为了逃避政府监控，一些非传统领域的通信方式也被恐怖组织所利用。比如恐怖分子在巴黎实施恐怖袭击的过程中，依靠游戏机内的聊天系统进行组织内部的秘密联络，这种小众的通联方式相较传统的通联渠道更为隐蔽，更容易规避警方的监控。②

国际恐怖组织还利用互联网建立跨国恐怖网络沟通渠道，协调行动。每一次恐怖活动前，都可以事先严密安排，对于散布在全世界各处很难直接碰面的恐怖分子，互联网是最便捷有效的管道，比如"9·11"事件之后，美国调查发现有几百封与恐怖分子有关的英语、阿拉伯语等的电子邮件，有的是美国国内发出，有的是其他国家发出，在信中有对发动恐怖袭击详细说明，这表明恐怖分子通过网络提前进行了精心的谋划。而发生在肯尼亚首都内罗毕西门购物中心的恐怖袭击事件，也是由来自索马里、英国等多国恐怖分子利用社交网站组织、策划并实施的。在2016年比利时首都布鲁塞尔的机场和地铁站爆炸案中，加密电子邮件和 WhatsAPP 新型社交软件同样为恐怖分子之间的联络沟通提供了极大的便利。

（六）发动网络恐袭

随着人类社会进入互联网时代，传统生活方式与互联网结合越来越紧密，这种依赖性使恐怖组织通过网络恐怖活动可以实现的破坏进一步扩大，任何一个依赖于网络运行的系统，如果遭到网络恐怖袭击，那么，造成的后果将会极其严重。恐怖分子可以在千里之外进行网络破坏活动，利用网络实施的远程攻击对恐怖分子更为有利，在使用低成本的攻击手段达成恐怖袭击效果的同时，既避免了人员伤亡，又能够隐藏自己的身份。

网络恐怖主义攻击目标主要指向关键基础设施和重要机密。恐怖组织可以对诸如水坝、核设施或金融领域等关键公共设施的计算机系统发动具有针对性的网络攻击，破坏并

---

① 参见肖洋：《"伊斯兰国"的暗网攻势及其应对路径》，载《江南社会学院学报》2017年第3期。

② 参见鲁世宗：《网络恐怖主义的演化及治理》，载《新闻知识》2016年第12期。

更改企业或组织财务数据、窃取资金，修改财经数据扰乱金融系统；还可以通过非法侵入重要民生基础设施的网络系统，进入管理研发等重要网站，破译或更改、破坏或盗取目标国家的重要机密信息数据，这类破坏活动一旦成功，将会严重威胁国家信息安全。恐怖组织还可以将整个互联网作为网络破坏活动的目标，恐怖分子通过在网络中散播木马等病毒程序，对互联网接入的所有计算机进行无差别的入侵和破坏，从而影响使用者的正常使用，营造社会恐慌。自 2010 年"震网"病毒被发现以来，通过网络攻击影响重要基础设施正常运行甚至破坏重要基础设施已经成为可能。2014 年 12 月，库尔德工人党声称制造了雷法希耶石油管道爆炸事件，恐怖分子利用通信软件漏洞侵入操作控制系统，在负责警报管理网络的电脑上安装恶意程序，从而在不触动警报的情况下加大石油管道内压力引发爆炸。2017 年 5 月，黑客组织成功渗透美国等国的核电站、工厂与能源设施的企业网络，围绕具有关键工控系统直接访问权限的工程师展开网络钓鱼活动，一旦系统遭受破坏，可能导致工厂爆炸、火灾或危险物质泄露等安全事故。[1] 2019 年 9 月 11 日开始，"基地"组织发行了多期英文杂志，敦促追随者"为现代战争做准备"。"基地"组织称，"美西方对互联网的依赖，特别是互联网、金融和安全系统的整合是一个弱点，必须无情地加以利用"，鼓励黑客对金融部门和航空、应急和水利等系统的网络进行渗透，意图提高网络攻击能力，威胁不容忽视。[2]

当前网络恐怖主义袭击不仅限于投放大量电脑病毒、通过电子邮件进行信息轰炸、网络发布暴恐视频等初级攻击，随着网络信息技术的不断发展，网络恐怖分子已经具备发起巨大现实破坏性网络攻击的能力。恐怖组织已经意识到网络所具备的巨大攻击价值，近年来，恐怖组织开始联合黑客建立具有恐怖主义背景的黑客团体，并通过网络招募或雇佣黑客人员来快速提升自身的网络攻击能力。例如，黑客组织"匿名者"曾于 2015 年至 2017 年发起过持续 5 波针对银行的大规模分布式拒绝服务攻击，致使 100 余家金融机构受到影响，这些金融机构不仅网站服务受到影响，印度卡纳塔克邦格莱明银行、亚洲开发银行等部分金融机构的敏感数据也被黑客窃取。[3] 2017 年 5 月与 6 月爆发的计算机勒索病毒，无数企业网络用户与个人网络用户遭黑客勒索赎金，经济损失巨大，难以估量。2019 年 11 月 15 日，黑客组织高调宣称他们顺利入侵位于全球知名的避税天堂开曼群岛的开曼国家银行，窃取并公开了 2.21TB 的机密数据，造成了严重的数据泄露事故。此外，黑客还劫

---

① 《2017 年第 26 期网络安全信息与动态周报》，载国家互联网应急中心，http：//www.cac.gov.cn/2017-07/10/c_1121292709.htm，访问时间 2020 年 5 月 30 日。

② 参见杨溪、李伟：《主要恐怖组织网络能力分析与打击策略》，载《中国信息安全》2021 年第 4 期。

③ 《2017 年第 26 期网络安全信息与动态周报》，载国家互联网应急中心，http：//www.cac.gov.cn/2017-07/10/c_1121292709.htm，访问时间 2020 年 5 月 30 日。

取了开曼国家银行数十万美元,用于向其他黑客支付报酬,以进行出于政治动机的网络攻击。此次事故泄露了该银行的 3800 多个公司、信托和个人账户的详细财务信息,可谓是损失巨大。① 虽然目前的调查结果显示这些网络攻击与网络恐怖主义无关,但是上述攻击技术和黑客成员随时可能成为恐怖组织的袭击工具,网络恐怖主义的攻击手段时刻在发生着巨大变化,其演进速度与巨大破坏力不容小觑。在"伊斯兰国"的恐怖行动中,核心情报部门就辖有网络小组,积极招募技术高强的程序员,组成一支网络战斗部队,通过恶意木马程序等在网络上进行攻击或是窃取机密资料,制造恐慌,扩大其影响力,试图建立一个网络伊斯兰帝国。

三、网络恐怖主义特征

相比传统恐怖主义,当前网络恐怖主义呈现出如下特征:

(一)组织结构去中心化

传统恐怖主义使用垂直控制金字塔式的组织结构,组织内部资深成员在活动中发挥决策作用,底层成员则负责执行任务。网络恐怖主义使用去中心化流沙式的组织结构,组织内部的每一个成员都是网状结构中的一个节点,总体构成一个无中心的、分散的、平等的组织体系。各成员之间能够自由交流,使得成员在策划各种恐怖活动时能够交流意见,形成一个平面状的内部组织结构。

这样去中心化的组织结构,优化了成员管理,恐怖组织内部的等级分工变得不那么明显,彼此之间形成一个交错的网状结构,成员间可以进行便利的信息交流,以保障恐怖活动的安全、高效、快捷。每一个恐怖分子也拥有了较传统恐怖主义更多的也更平等的自主权,提高了成员的参与恐怖活动的积极性,这也使得在恐怖活动中恐怖分子具有更强的应变能力,无疑增加了反恐的难度。

(二)恐怖活动成本低廉

与传统的恐怖主义行动相比,网络恐怖主义行动的成本更加低廉。网络作为手段参与到恐怖活动中,使其恐怖活动发生了质的变化。由于计算机和互联网的普及,恐怖分子实施网络恐怖主义犯罪甚至只需要一台个人电脑和一个简单的网络连接,不需要购买枪支、炸药等传统的攻击性武器;不需要高昂的武器成本,不需要组织成员冒生命危险(如人肉炸弹),恐怖分子也不需要花费金钱来租赁车辆或派成员去运送爆炸物,可以单凭电脑来实施恐怖活动,这使得网络恐怖主义具有低成本、低风险的特点。这种特点促使恐怖组织通过建立网站,在主流社交媒体开通账户来抢占网络资源。"伊斯兰国"是使用互联网最娴

---

① 《2019 年第 48 期网络安全信息与动态周报》,载国家互联网应急中心,http://www.cac.gov.cn/2019-12/09/c_1577427548037719.htm,访问时间 2020 年 5 月 31 日。

熟的恐怖组织，据"社交媒体监督记录组织"称，2014 年"伊斯兰国"先后创立了 70 万个账户从事恐怖活动，2015 年美国"布鲁金斯学会"研究报告发现，虽然大量相关社交媒体账户被关闭，但"伊斯兰国"仍拥有 46000 个账户。[①]

攻击网络的恐怖活动虽然不会有现实中人员大量伤亡的后果，但这种不对称的优势使得网络恐怖主义分子能够以极少的资源和极低的风险对拥有巨大资源的对手进行袭击，具有巨大的破坏性，会产生巨额的经济损失。例如，叙利亚电子军曾运用黑客技术攻击美联社的官方推特，并发布了白宫遭到恐怖袭击导致奥巴马受伤的消息，虽然是谣言，但依旧致使美国股市在数分钟之内大幅下跌，其中道琼斯指数下降 150 点，下挫幅度明显，股市市值蒸发了约 2000 亿美元。同时，恐怖分子利用网络从银行窃取巨额资金、破坏军方的行动计划、扰乱国家安全系统、攻击防控系统等，造成网络系统的瘫痪，使居民的正常生活受到影响，这一连串的反应极有可能被恐怖分子利用，而制造更大的灾难。借助网络的快速传播特性，进行网络恐怖活动甚至会引发民众的恐慌，造成社会混乱的效果，恐怖分子利用网络的广泛的传播性，只需要将一段视频或者照片、资料传播到全球范围内，就可以引起巨大的恐慌和恐惧，而他们也可以利用这种方式来不断增加自身的影响力。比如，恐怖组织常通过网络媒体发布斩首视频，所达到的恐怖效果是恐怖分子以前利用传统媒体所没有达到的，"伊斯兰国"恐怖组织在 2014 年上传的有关美国记者詹姆斯·佛利被斩首和 3 名女律师被杀害的视频等，就在社会中引发巨大的恐慌和无助。2019 年，恐怖分子通过社交媒体脸书直播了新西兰克莱斯特彻奇清真寺枪击案的作案过程，随后视频被分享至推特、优兔等网络平台，恐怖主义直播在社会中引发巨大的恐慌和无助，给国际社会带来难以弥合的伤害。

（三）行为更加隐蔽

网络最大的特点就是虚拟性，虚拟性使得网络具有很强的隐蔽性和匿名性。互联网在设计之初，基于方便性、人性化和保障隐私的考虑，并未对接入和使用网络者的身份开展甄别和鉴定进行规定，这使得网络遮蔽了现实生活中个体的身份标识，而是采用数字代码来表示，这便为恐怖分子隐藏自己的真实身份提供了方便。

网络恐怖主义利用互联网的匿名性、隐蔽性等特点，使其实施恐怖活动的行为隐蔽化。而且为了寻求传播效果的最优化，恐怖分子所使用的网络联络工具种类繁多，据统计"伊斯兰国"组织使用的网络工具超过 30 种，包含了几乎当前所有的主流社交媒体如推特、脸书、Skype、Instagram、Tumblr 等，庞大的数据流量极大地增加了甄别的难度。在网络活动中，计算机依靠各自唯一的 IP 地址来标识，尽管从理论上来说，通过 IP 地址，根据

---

① 参见唐志超：《当前国际恐怖主义演变趋势及中国应对策略》，载《中国人民公安大学学报（社会科学版）》2018 年第 1 期。

攻击目标是可以逆向追踪到攻击源的，但是由于现代社会无线网络，网络热点增多，追踪活动受到干扰，而且网络恐怖使用的联系方式和网络工具往往都是一次性的，这使得追踪困难重重。即使跟踪到恐怖分子，面对那些跨国跨地区的恐怖分子，其逮捕程序要通过国家、地方政府之间的干涉，等取得司法许可时，恐怖分子早已逃之夭夭。恐怖分子设计并利用各类匿名技术掩盖自己真实 IP 地址和行为内容，甚至还会利用虚假 IP 将犯罪行为嫁祸给他人，这样不仅隐蔽了犯罪行为，还给反恐工作带来了更大的困难，甚至造成误判。例如，英国于 2005 年在伦敦逮捕一名叫尤尼斯·特苏里的摩洛哥裔青年，经英美两国情报部门认定，这名 25 岁青年正是"基地"组织头号网络恐怖分子"伊尔哈比 007"，尤尼斯在 2002 年至 2005 年利用自己高超的计算机网络技能，帮助"基地"组织进行网络宣传、在线招募、募集资金、在线培训以及散布恐怖主义资料的活动。有证据显示他曾是多个极端主义网站的管理员，特别是那些为扎卡维发布消息的网站的管理员。不仅如此，他还在网络中对恐怖分子进行在线培训，教授恐怖分子计算机编程技术，以便让这些网络恐怖分子能够灵活地活动于网络，避开情报部门的追踪。

同时，网络的匿名性使恐怖分子的心理隐蔽化。恐怖组织通过潜移默化网络宣传，将恐怖主义思想点对点地对他人进行灌输，这一过程很难被外界察觉到。通过思想宣传让受害者成为恐怖分子后，犯罪分子在实施恐怖活动时，其犯罪心理也有别于传统恐怖主义所追求显明化的犯罪效果，更倾向于自身内化的追求，使犯罪分子的心理状态很难被周围人发觉。可以看出，网络恐怖活动使传统恐怖主义进入了"隐形时代"。

（四）活动范围全球化

互联网作为一个完全开放的平台，任何人在可以使用网络的任何地点都可以便捷地了解世界并影响世界。传统的恐怖活动受限于现实活动的局限性，通常局限于某一范围地区内，活动的目标也是有限的。而网络恐怖主义利用网络极大地扩展了活动范围，恐怖活动的目标也向全球扩张。恐怖分子通过网络将全球都纳入其活动范围，任何一个恐怖分子都可以在任何一个地区发起针对另一个地区的网络恐怖袭击，恐怖分子完全不需要长途跋涉亲自到现场，就可以通过网络策划并实施整个暴恐活动，可以随时向目标人、目标设施、目标地、目标国发起恐怖袭击。特别是以"伊斯兰国"为代表的恐怖组织利用互联网，将世界各个角落具有极端思想的潜在恐怖分子进行远程培训，极大地扩大了活动范围和社会危害。

互联网的开放性与各类新兴网络社交媒介的出现，极大地扩展了恐怖组织暴力宣传的受众范围，提升其传达信息的影响力，更大范围地制造全球性的混乱与恐慌。"伊斯兰国"组织从一个新兴的恐怖主义组织变成全球恐怖主义的代名词，正是凭借其互联网社交媒体战略，通过网络在各类社交媒体上广泛传播斩首人质和杀戮平民等残暴行为的恐怖信息，从而在短时间内获得全世界的关注。2015 年，恐怖组织绑架两名日本籍人质，随后在网络发布视频向日本政府索取 2 亿美元赎金，如不按时交付便将人质斩首并在网络上发布斩首视频，这一情况在日本国内引起强烈反应。[①] 2015 年 9 月 9 日，"伊斯兰国"公布樊京辉被该组织绑架，试图向我国政府索取赎金。11 月 18 日，樊京辉成为被"伊斯兰国"绑架并杀害的第一个中国公民。恐怖组织通过制造社会恐慌情绪，利用公众解救人质的意愿来要挟各国政府，以心理战来摧毁各国反恐的决心。

互联网时代的恐怖活动不仅是对某一个地区或国家的安全构成威胁，而且是对整个国际社会安全与发展的挑战。网络恐怖主义具有的跨国犯罪特征，使其成为影响全球共同安全的犯罪活动，打击网络恐怖主义已经不再是一个地区、一个国家的事情，而正在成为世界各国的共同行动。

第二节　网络恐怖主义原因以及对我国的影响

一、网络恐怖主义产生的原因

网络恐怖主义是特定时代的产物，它的兴起源于经济全球化所产生的负面效应，源于政治和社会矛盾日益复杂和激化的国际局势，也源于人们日益依赖、发展迅猛的互联网。

第一，政治因素。冷战后民族矛盾的加剧和宗教冲突的激化为网络恐怖主义的产生提供了社会和政治基础。冷战后，美国长期实行霸权主义和单边主义的政策，结果导致世界矛盾激化，特别是民族矛盾和宗教冲突的愈演愈烈造成极端主义不断扩大化。与此同时，国家控制力的下降、政府管理的软弱都客观刺激了网络恐怖主义的产生。伦敦经济学院教授约翰·克雷就指出："在最近二十年的时间里，政府的权力不断弱化，一些种族与宗教集团、非政府组织甚至是非法组织拥有越来越大的控制力，国际局势仍然处于无政府状态，国家控制力的日益下降将很难抑制高技术犯罪。"[②]

第二，经济因素。经济全球化推动信息技术的飞速发展，因而从客观上为网络恐怖主义的兴起提供了经济基础。经济全球化是一把双刃剑，一方面，它可以推动资源在全世界范围内的自由流动，实现资源的合理配置，创造出更多的财富；另一方面，因为国际分工的不合理，使得财富在世界范围内的分配不均衡，财富日益向发达国家和利益集团集中，导致全球贫富差距不断扩大。大量发展中国家的利益受到侵害，使得国际经济局势出现波

---

① 参见马国春、石拓：《国际涉恐音视频的网络传播及其治理》，载《阿拉伯世界研究》2016 年第 1 期。

② 王娟：《网络恐怖主义活动的危害及控制》，载《东北大学学报》2009 年第 5 期。

动。长此以往，落后国家或地区的人们会渐渐对这种不合理的经济秩序提出不满，但又不能通过合法途径来保护自己的合法权益，便会采取极端的方法甚至是恐怖活动来实施报复。"要知道，贫穷和绝望是招募恐怖分子的必要条件，而长时间的冲突往往会酿成大祸。"①

第三，文化因素。在解释恐怖主义和网络恐怖主义兴起的原因中，亨廷顿的文明冲突论具有相当的影响力，"文明冲突论"认为，文化认同是由共同的宗教信仰、历史经验、语言、民族血统、地理、经济环境等因素综合形成的，其特性比起政治、经济结构更不容易改变。亨廷顿认为，冷战后的世界，冲突的基本根源不再是意识形态，而是文化方面的差异。因此，全球化并不会给世界带来和谐，相反却会在不同文明之间引发冲突。"9·11"事件之后，"文明的冲突"成为西方学界的主流观点，尤其是巴黎暴恐事件之后，"文明的冲突"再次甚嚣尘上在很多人的论述中，恐怖袭击是伊斯兰文明与西方文明的冲突，恐怖袭击想要摧毁西方文明。近些年来，所谓的文明冲突似乎在日益加深，特别是在代表基督教文明的英美与代表伊斯兰教文明的中东国家之间。与此同时，暴力文化开始蔓延，极端思潮到处泛滥。虽然文化差异并不必然会产生冲突，但是文化差异又与暴力冲突和恐怖主义有着密切的关系。国际恐怖主义首先是一种社会现象，而不是一般意义上的安全现象。任何一场社会转型都不是短期可以轻易实现的，其中的极端现象也不是经历安全战略调整后就可在短期内消失的。在剧烈复杂的社会变革之中，国家疲于应对紧迫的经济与安全问题，疏于对社会问题的重视与管理，特别是缺少对文化与素质教育的关注，结果造成暴力文化与极端思潮的泛滥，这些都给予网络恐怖主义滋生的温床。②

第四，技术因素。互联网信息传播具有去中心化、开放和共享的特征。基于网络信息技术，网络用户可自由地通过虚拟社区和互联网络创造和分享信息，实现信息的高效传递和互动。首先，从内容来看，互联网用户自主生产的内容以及通过网络在线互动产生的数据是网络信息生态的核心，人人都可无差别地使用个人网站或社交媒体等平台接入互联网产生和分享内容。换而言之，恐怖分子能同普通社交媒体用户一样利用社交媒体工具在互联网上自由地发表观点、交流沟通、共享信息。这无疑给恐怖分子制造了一个完美的信息沟通平台。其次，从成本来看，信息在社交媒体等基于用户的信息沟通平台传播的成本极低，特别是恐怖信息这类极易吸引关注的信息类型，几乎是零成本传播。考虑到恐怖组织的活动目标是在受众心中制造恐慌，生命和财产的损失只是恐怖活动的副产品。从这一层面上讲，网络新媒体无疑是一个免费的"扩音器"。③ 最后，从应对来看，随着计算机技术

---

① 张骥：《网络恐怖主义产生原因、特点及危害性分析》，载《聊城大学学报》2005 年第 6 期。
② 参见王丹娜：《网络恐怖主义与网络反恐》，清华大学出版社 2020 年版，第 141~143 页。
③ 参见刘建：《网络恐怖主义的兴起及其发展趋势探析》，载《外交学院》2012 年第 6 期。

和全球互联网深入发展，恐怖分子运用互联网传播信息的技术能力不断提高并远远超出了各国安全部门能够应对的程度，恐怖分子可绕过传统的媒体审核而直接将宣传内容传递给目标受众，这给各国政府线下反恐行动和网络恐怖主义信息防范治理带来极大阻碍。

二、网络恐怖主义对我国总体国家安全的影响

（一）我国总体国家安全观之提出

在当代国际政治经济格局中，中国的内部环境和外部环境都发生了极为广泛而深刻的变化。在当今世界政治经济形势风起云涌，各种社会思潮暗流涌动的大形势下，国家安全的内涵及外延也随着环境变化面临新的问题与挑战。

2014年4月15日，习近平同志在中央国家安全委员会第一次会议上首次提出总体国家安全观。习近平同志关于总体国家安全观的重要思想，顺应时代潮流，体现了中国国家安全理念的最新发展，为走出一条中国特色国家安全道路，保障人民安康、社会安定、国家安稳提供了思想指南。

2014年4月25日，在十八届中共中央政治局第十四次集体学习时强调各地区各部门要贯彻总体国家安全观，准确把握我国国家安全形势变化新特点新趋势，坚持既重视外部安全又重视内部安全、既重视国土安全又重视国民安全、既重视传统安全又重视非传统安全、既重视发展问题又重视安全问题、既重视自身安全又重视共同安全，切实做好国家安全各项工作。要加强对人民群众的国家安全教育，提高全民国家安全意识。随后我国将每年4月15日设立为全民国家安全教育日，以总体国家安全观为指导，全面实施国家安全法，深入开展国家安全宣传教育，切实增强全民国家安全意识。要坚持国家安全一切为了人民、一切依靠人民，动员全党全社会共同努力，汇聚起维护国家安全的强大力量，夯实国家安全的社会基础，防范化解各类安全风险，不断提高人民群众的安全感、幸福感。

2017年10月18日，中国共产党第十九次全国代表大会报告指出：国家安全是安邦定国的重要基石，维护国家安全是全国各族人民根本利益所在。要完善国家安全战略和国家安全政策，坚决维护国家政治安全，统筹推进各项安全工作。健全国家安全体系，加强国家安全法治保障，提高防范和抵御安全风险能力。严密防范和坚决打击各种渗透颠覆破坏活动、暴力恐怖活动、民族分裂活动、宗教极端活动。加强国家安全教育，增强全党全国人民国家安全意识，推动全社会形成维护国家安全的强大合力。

2018年4月17日，在十九届中央国家安全委员会第一次会议上强调全面贯彻落实总体国家安全观，必须坚持统筹发展和安全两件大事，既要善于运用发展成果夯实国家安全的实力基础，又要善于塑造有利于经济社会发展的安全环境；坚持人民安全、政治安全、国家利益至上的有机统一，人民安全是国家安全的宗旨，政治安全是国家安全的根本，国

家利益至上是国家安全的准则，实现人民安居乐业、党的长期执政、国家长治久安；坚持立足于防，又有效处置风险；坚持维护和塑造国家安全，塑造是更高层次更具前瞻性的维护，要发挥负责任大国作用，同世界各国一道，推动构建人类命运共同体；坚持科学统筹，始终把国家安全置于中国特色社会主义事业全局中来把握，充分调动各方面积极性，形成维护国家安全合力。

2020年10月29日，中国共产党第十九届五中全会首次把统筹发展和安全纳入"十四五"时期我国经济社会发展的指导思想，并列专章作出战略部署，突出了国家安全在党和国家工作大局中的重要地位。这是由我国发展所处的历史方位、国家安全所面临的形势任务决定的。要加强国家安全宣传教育，增强全民国家安全意识，巩固国家安全人民防线。坚定维护国家政权安全、制度安全、意识形态安全，全面加强网络安全保障体系和能力建设。严密防范和严厉打击敌对势力渗透、破坏、颠覆、分裂活动。坚持人民至上、生命至上，把保护人民生命安全摆在首位，全面提高公共安全保障能力。坚持专群结合、群防群治，加强社会治安防控体系建设，坚决防范和打击暴力恐怖、黑恶势力、新型网络犯罪和跨国犯罪，保持社会和谐稳定。

（二）总体国家安全观之内容

习近平指出，贯彻落实总体国家安全观，必须既重视外部安全，又重视内部安全，对内求发展、求变革、求稳定、建设平安中国，对外求和平、求合作、求共赢、建设和谐世界；既重视国土安全，又重视国民安全，坚持以民为本、以人为本，坚持国家安全一切为了人民、一切依靠人民，真正夯实国家安全的群众基础；既重视传统安全，又重视非传统安全，构建集政治安全、国土安全、军事安全、经济安全、文化安全、社会安全、科技安全、信息安全、生态安全、资源安全、核安全等于一体的国家安全体系；既重视发展问题，又重视安全问题，发展是安全的基础，安全是发展的条件，富国才能强兵，强兵才能卫国；既重视自身安全，又重视共同安全，打造命运共同体，推动各方朝着互利互惠、共同安全的目标相向而行。

在"五位一体"的国家安全体系结构中，从人民安全，政治安全，经济安全，军事安全、文化安全、社会安全，国际安全五个方面来构建我国的国家安全体系。坚持以人为本，以人的生命安全为根本，坚持一切依靠人、一切为了人的国家安全理念，加强对人民群众的国家安全教育，提高全民的国家安全意识，最终实现社会和谐稳定、国家长治久安。加强中国共产党的执政地位，巩固和发展中国特色社会主义，必须把政治安全放在第一位，在坚持和发展中国特色社会主义的道路上，在理论上，在制度上，坚定不移地走下去。在经济安全的基础上，以经济建设为中心，把发展作为最大保障，确保经济持续健康稳定发展，筑牢民族复兴、人民幸福安康、社会和谐稳定的物质基础。在军事、文化和社会安全方面，更好地坚持党对军队的绝对领导，坚持人民军队的根本宗旨，使军队真正承担起党赋予的历史重任；在文化安全方面，更好地坚持中国特色社会主义先进文化的前进方向和发展道路，推动社会主义文化大发展大繁荣，充分发挥文化在引导社会风尚、教育人民、服务社会、促进发展等方面的作用；在社会安全方面，加快形成科学有效的社会治理体制机制，改善社会治理方式，健全社会治理体系，加强网络空间治理和网络秩序维护，激发社会组织的活力，提高社会治理水平，确保社会安定有序。与此同时，我们必须正确把握党的民族、宗教政策，及时妥善解决影响民族团结的矛盾纠纷，在新的形势下加强反分裂、反恐怖工作，坚决打击暴恐和分裂势力。立足于促进国际安全，就是要超越"你输我赢，你兴我衰"的"零和"思维，积极倡导普遍安全、平等安全、包容安全、合作安全的理念，通过促进国际安全来增强自身安全，打造命运共同体，推动各方朝着互利共赢、共同安全的目标走得更远。主动参与地区和全球治理，加强建设性参与，解决热点、难点问题，为促进世界和平与发展作出自己的贡献。

坚持总体国家安全观，统筹发展和安全，增强忧患意识，做到居安思危，是我们党治国理政的一个重大原则。必须坚持国家利益至上，以人民安全为宗旨，以政治安全为根本，统筹外部安全和内部安全、国土安全和国民安全、传统安全和非传统安全、自身安全和共同安全，完善国家安全制度体系，加强国家安全能力建设，坚决维护国家主权、安全、发展利益。

(三)网络恐怖主义对我国的负面影响

1. 威胁国家安全

随着世界的发展，影响国家安全的因素也在不断增加，国家安全的内涵得到了极大丰富。网络安全是总体国家安全观中信息安全的次级安全因素，随着信息化的发展，一个国家网络是否安全成为影响国家安全的重要因素。

首先，网络恐怖主义活动威胁国家政治安全。政治安全是国家安全的原生要素、传统要素，[1] 包括政治活动安全、政治体制安全以及政治思想安全，其关系到国家能否保持国体政体的稳定，同时政治安全还具有对社会矛盾变迁演化的调试功能。在互联网快速发展的背景下，信息的传播速度之快，传播量之大前所未有。国家的政治事件和信息可以通过网络迅速传播到全世界，在此过程中，恐怖势力隐藏在网络背后，成为与国家等量的主体。网络恐怖分子可以通过网络抨击国家政治主张，传播极端主义思想，寻找支持者，号召推翻政府；发出恐怖信息，造成社会混乱；攻击政府网站使其瘫痪，甚至篡改网站发布

① 参见刘跃进：《政治安全的内容及在国家安全体系中的地位》，载《国际安全研究》2016年第6期。

的内容，传递虚假的国家政策信息，引发骚乱和恐慌。① 恐怖组织在网络中对国家政治活动和政治思想的造谣与污蔑，不仅会对社会的稳定造成威胁，同时还有可能会引发政治思想的混乱，激发国家内部矛盾。同时，作为重要载体的网络已经不仅仅是一种获得和发布信息的渠道，它成为现代国家与社会的神经中枢，成为国家政治安全、军事安全、经济安全、社会安全等一系列安全的物质基础之一，而信息网络系统本身所具有的不可弥补的脆弱性，使得网络恐怖主义分子在现实世界和虚拟世界的结合处找到了最好的突破点。他们利用网络自身的漏洞对国家的政治、经济、文化、军事网络系统进行攻击和破坏，甚至对国家安全造成毁灭性打击。

其次，网络恐怖主义活动威胁国家经济安全。现如今，经济活动与互联网已经形成不可分割的关系，网络为各种经济活动提供了便捷的渠道，但由于经济与网络的高度结合，经济安全面临的网络恐怖主义活动威胁也越发明显。全球性的金融网中充满了各种经济活动的信息以及个人的财产信息，恐怖分子可以通过网络，运用他们所掌握的技术从中获得有价值的经济信息或者盗窃用户的信息，获取资金。更为严重的是，恐怖分子一旦入侵网络数据库，从中窃取或者篡改数据，将会对国家造成严重的经济损失。就国家而言，"网络恐怖分子通过网络窃取的经济机密数据如果发布出去，会干扰国家经济发展决策，导致国家经济发展出现混乱甚至崩溃"。② 依靠网络建立起来的各国及全球金融网等存在着数量庞大的信息，恐怖分子可以利用他们掌握的熟练网络技术，破解密码，攻击政府网站等。恐怖分子甚至可以侵入网络数据库盗窃经济方面的机密，篡改经济方面的数据。当他们获悉各种经济数据后，可以通过扰乱股市使自己迅速聚敛大量的资金，通过修改重要的财经数据扰乱股票市场和银行系统甚至可能使政府的某些机构根据错误的数据，作出错误的决断，制定错误的经济政策，导致国家经济崩溃。鉴于此，对这类重要信息网络的信息安全监管和风险防范已经成为各国政府维护国家安全工作的重要组成部分。

最后，网络恐怖主义活动威胁国家文化安全。网络交流是网络的主要功能之一，不管身处哪个地方，只要有网络，就可以将自己想要表达的信息通过网络传播到世界各地。网络信息的快速流通一方面加强了世界不同地区政治、经济、文化交流与合作，另一方面也为文化渗透提供了隐秘且快速的渠道，使得本土文化面临着巨大的冲击。在网络之中，恐怖分子可以肆意散布恐怖主义、极端主义思想，污蔑国家侵犯人权，宣扬无政府主义，号召人们反抗政府，严重冲击着国民爱国、敬国的思想；还通过网络传播暴力血腥的信息，用一些低劣的手段对民族地区青少年进行恐怖主义、极端主义洗脑，扭曲正确的人生观、

---

① 参见陈钟：《网络恐怖主义对国家安全的危害及其对策》，河南大学 2006 年硕士学位论文，第 23 页。

② 盘冠员、章德彪：《网络反恐大策略》，时事出版社 2016 年版，第 73 页。

价值观,将他们变成恐怖主义的牺牲品。

2. 严重扰乱社会秩序

利用网络传播的快捷性,网络恐怖分子通过入侵并修改主流媒体的网站内容来散布虚假消息,引发社会动荡。网络恐怖主义分子会极力宣扬自己的目标与宗旨,包括种族极端主义思想、宗教极端主义思想等。甚至网络恐怖分子通过制造并传播视频信息,极大地刺激公众的心理,从而引发社会恐慌。[①] 例如,据益普索调查,恐怖主义已成为当前国际社会担忧度排名第六的社会问题,全球约20%的人对恐怖主义持担忧态度,其中最担忧恐怖主义的国家是土耳其,其国内约有64%的人对恐怖主义持担忧态度;其次是法国,约有46%的人抱有以上想法;其国内对恐怖主义持担忧态度的人数比例超过30%的还有以色列、德国、美国、印度、沙特阿拉伯、英国、瑞典等国。[②] 以上国家恐怖袭击频发,时常出现人员伤亡和财产损失,社会秩序遭遇极大挑战。而以上国家恐怖袭击频发的重要原因正是因为其国内网络恐怖主义的蔓延。一些法国媒体指出,Facebook 中含有严重破坏社会团结和社会治安的内容。一些思想偏激的人在激进分子论坛等社交网络上浏览数周甚至几日很容易就遭到"同化",从而接纳恐怖组织的思想,甚至走上采取极端行动的不归路。严重扰乱社会秩序包括两方面,一方面是严重破坏社会团结,另一方面是给社会治安造成巨大压力。

网络恐怖主义活动还会造成社会严重恐慌心理,诱导了犯罪的发生。恐怖分子能够将恐怖主义的恐怖、暴力、极端、血腥等特点通过网络向社会大众直接表达,从而使社会大众受其影响,特别是对一些本身具有反社会心理的人来说,恐怖主义思想、极端主义思想无疑是一种强烈的刺激,诱导他人实施恐怖主义活动。例如,在波士顿马拉松爆炸案中,恐怖分子就是通过在网络中观看有关极端主义思想的视频后,产生了进行暴恐活动的想法,并实施了袭击。又如,2013 年 6 月 26 日发生在新疆吐鲁番地区鄯善县鲁克沁镇的暴力恐怖袭击案件,多名暴徒袭击了建筑工地、镇政府以及派出所,造成 24 人死亡。[③] 之后经过调查发现,恐怖分子收看过境外恐怖组织煽动实施暴力恐怖活动的音视频,因而产生了进行恐怖袭击的念头。

网络恐怖主义活动也诱导了普通刑事犯罪的发生,就一般群众而言,当网上出现恐怖袭击等言论时,由于无法区分网络信息的真假,很容易被网络恐怖信息所迷惑,进而成为恐怖主义的"帮凶",使恐怖气氛蔓延整个社会。公安机关与反恐部门也无法在短时间内消

---

① 参见刘建:《网络恐怖主义的兴起及其发展趋势探析》,外交学院 2012 年硕士学位论文,第 9~15 页。

② 参见廖政军、王远、冯雪珺:《防控恐怖主义及极端思想传播:欧美国家强化互联网监管措施》,载《人民日报》2016 年第 1 期。

③ 参见刘肖辉:《警方对公共场所突发团伙暴力案件的预防研究》,载《公安学刊》2014 年第 8 期。

除社会恐慌情绪，造成社会在某一时段内不稳定，治安压力急剧增加。同时，一些人出于好奇以及寻求刺激的心理，在社会中传播宣扬恐怖主义的音视频，构成犯罪。比如，在王瑞利用互联网宣扬恐怖主义犯罪一案中，2013 年初至 2014 年 10 月期间，被告人王瑞伙同他人利用位于北京市丰台区蒲芳路 9 号 GOGO 新世代 7 号楼 901 的服务器，开设"稀有录像馆论坛"网站。通过该网站，其上传以歪曲宗教教义等具有极强煽动性、示范性、恐吓性和暴力性的暴力、恐怖活动犯罪为内容的视频，向网站注册会员传授犯罪方法。经审查，其中多部视频属于暴力恐怖宣传品，危害程度极大。2014 年 10 月 23 日，被告人王瑞被北京市公安局网络安全保卫总队查获。2015 年 9 月 16 日，北京市丰台区检察院向北京市丰台区法院提起公诉，指控王瑞犯传授犯罪方法罪。其行为根据《中华人民共和国刑法修正案(九)》实施后规定的宣扬恐怖主义罪已经构成传授犯罪方法罪。

3. 严重破坏民族团结

网络的出现促进了各民族之间的交流与融合，民族凝聚力得到了进一步增强。然而，网络也成为了恐怖分子挑唆民族矛盾的平台。通过网络放大或者虚构民族之间的摩擦，加深不同民族群众之间的嫌隙，以此来破坏整个国家的民族团结，扰乱国家的稳定。例如，2009 年发生在乌鲁木齐的"7·5"打砸抢烧暴力犯罪事件，便是因为境外分裂势力与恐怖组织将发生在东莞的维吾尔族群众与汉族群众打架的治安事件渲染为民族矛盾，之后通过网络直接宣传分裂主义、极端主义，策划实施了这起有组织、有预谋的暴力恐怖犯罪活动，给我国新疆各族人民造成了严重的伤害。[①] 事件发生后，"东突"分子在网络中极力地美化暴恐分子的行径，将"7·5"事件歪曲为中国政府对维吾尔族的"残酷镇压"，截取公安机关抓捕暴恐分子的图片，将之描述为对维吾尔族人的"压迫"。而且，"东突"分子经常在境外社交媒体上发布挑起民族矛盾，捏造穆斯林无法在中国进行宗教活动的言论，攻击民族政策，以期通过民族间矛盾向政府施压，完成恐怖主义目的。

第三节　我国预防和打击网络恐怖主义之法治对策

一、国内打击网络恐怖主义的法治实践

1. 国内立法不断完善

随着科技的进步与发展，互联网已经成为滋生网络恐怖主义的摇篮，网络恐怖主义是恐怖主义同互联网科技相结合的产物，结合了恐怖主义和网络的特点。对网络恐怖主义的

[①]　参见王奇、梅建明：《Twitter 平台"东突"分子行为规律与对策研究》，载《情报杂志》2018 年第 3 期。

防范打击，需要国内法与时俱进，不断完善反恐法律体系。

（1）肇始：从无到有

自 20 世纪 90 年代起，我国开始在立法领域重视恐怖主义问题。1994 年《中华人民共和国国家安全法实施细则》第一次对恐怖犯罪问题作出了规定。该细则的第八条指出，组织策划或实施危害国家安全的恐怖活动的行为属于《中华人民共和国国家安全法实施细则》所规定的危害国家安全的行为。

1997 年，我国首次将"恐怖组织"写入刑法。立法机关鉴于有些地方已经出现有组织进行恐怖活动的犯罪，而组织、领导恐怖活动组织进行恐怖活动的犯罪都具有极大的社会危害性，对于社会稳定、公民人身财产的安全都有极大的破坏力，为了有力地打击这种犯罪，刑法第 120 条增加规定了"组织、领导、参加恐怖组织罪"，并规定同时实施了杀人、爆炸、绑架等其他犯罪行为的，则要依照数罪并罚的规定处罚。对于恐怖主义所涉及的劫持航空器、船只、汽车及暴力危及飞行安全等传统恐怖活动行为也作出了相应的刑罚规定。

（2）发展：不断完善

2001 年 12 月，我国对于 1997 年的《中华人民共和国刑法》进行修正，颁布了《中华人民共和国刑法修正案（三）》。该修正案集中对恐怖犯罪行为进行了修改补充，根据恐怖主义活动发展的新特点，提高组织、领导恐怖活动组织的刑罚：由原来的"三年以上，十年以下有期徒刑"提高到"十年以上有期徒刑或者无期徒刑"；增加了资助恐怖活动罪、投放虚假危险物品罪和编造、故意传播虚假恐怖信息罪等三个涉及恐怖主义罪名；把恐怖活动犯罪增列为洗钱罪的上游犯罪；坚决打击恐怖活动的组织、领导，对于"组织领导""积极参加"和"其他参加"做了明显区分，通过量刑加大了对恐怖主义活动的组织者、领导者的打击力度，从而为严厉打击恐怖主义的犯罪活动提供了更加完备的法律保障。

此外，我国其他法律也加强了针对恐怖主义的规定。2006 年全国人民代表大会常务委员会通过的《中华人民共和国反洗钱法》，对通过各种方式掩饰、隐瞒包括恐怖活动犯罪所得及其收益的来源和性质的洗钱活动，规定了一系列预防措施，如要求金融机构和特定非金融机构建立健全客户身份识别制度、客户身份资料和交易记录保存制度、大额交易和可疑交易报告制度等。

2011 年 2 月全国人大常委会通过的《刑法修正案（八）》对特别累犯作了修改，原来仅将危害国家安全罪作为特别累犯来规定，现在改为"危害国家安全犯罪、恐怖活动犯罪、黑社会性质的组织犯罪的犯罪分子，在刑罚执行完毕或者赦免以后，在任何时候再犯上述任一类罪的，都以累犯论处"。《刑法修正案（八）》对因有组织的暴力犯罪等被判处死缓的犯罪分子，规定人民法院根据犯罪情节等情况可以同时决定对其限制减刑；对因有组织的暴力犯罪等被判处十年以上有期徒刑、无期徒刑的犯罪分子，规定不得假释。由于恐怖活动犯罪大都与有组织的暴力犯罪有联系，因而这些条款也适用于符合条件的恐怖活动犯罪。《刑法修正案（八）》还规定犯罪集团的首要分子不适用缓刑，因为当今的恐怖活动犯罪大多以犯罪集团的形式作案，这也加大对恐怖活动犯罪惩罚力度。①

2011年10月，十一届全国人民代表大会常务委员会第二十三次会议表决通过《关于加强反恐怖工作有关问题的决定》，这是我国第一个专门针对反恐工作的法律文件，标志着我国反恐怖法律体系的初步形成。《关于加强反恐怖工作有关问题的决定》界定了恐怖活动、恐怖活动组织、恐怖活动人员等，明确了反恐怖工作领导机构和组织力量，完善了涉恐财产冻结机制等内容，为反恐斗争提供了重要的依据，为以后专门的反恐怖主义法的出台具有重大意义。

2012年3月，全国人大通过的《中华人民共和国刑事诉讼法》专门规定了针对恐怖活动等犯罪的技术侦查措施。同时，增设了对恐怖活动犯罪等重大犯罪案件违法所得的没收程序，据此，如果恐怖活动犯罪嫌疑人、被告人逃匿，在通缉一年后不能到案，或者恐怖活动犯罪嫌疑人、被告人死亡，司法机关可以缺席没收其违法所得；第三十七条针对恐怖活动等犯罪对辩护律师的会见权作出了限制；第六十二条增加规定了对恐怖活动等犯罪的证人、鉴定人、被害人及其近亲属的保护措施；第七十三条增加规定了对涉嫌恐怖活动等犯罪的犯罪嫌疑人在执行监视居住时，如果在住处执行可能有碍侦查的，经上一级人民检察院或者公安机关批准，可以在指定的居所执行；第八十三条关于应当在拘留后24小时内通知家属的规定，在涉嫌恐怖活动犯罪可以排除适用。上述特别规定，针对的都是恐怖活动犯罪和危害国家安全罪、贿赂罪、黑社会性质组织罪、毒品罪以及其他严重危害社会或重大的犯罪。但值得注意的是，除了对"恐怖活动犯罪"无任何限制性条件普遍适用这些特别规定外，对其他犯罪均不同程度地限制性适用或某些不适用，可见新刑诉法对恐怖活动犯罪的格外重视。②

2014年，随着社会转型和社会矛盾的发展变化，暴恐犯罪有所抬头，一些暴力恐怖和宗教极端分子在学校、医院、车站、广场等公共场所使用暴力手段制造事端，给无辜群众造成生命财产损失，威胁公共安全，引发社会恐慌。为应对暴恐音视频在互联网上的传播问题，最高人民法院、最高人民检察院和公安部联合下发《关于办理暴力恐怖和宗教极端刑事案件适用法律若干问题的意见》，该规范文件适应了我国反恐斗争司法实践的需要，针对我国暴恐犯罪的实际情况，结合国际反恐的相关规则和经验，明确了我国刑法中相关

---

① 参见周光权：《刑法历次修正案权威解读》，中国人民大学出版社2011年版，第331页。

② 参见樊崇义、张品泽：《论"恐怖活动犯罪"诉讼程序——以2012年刑事诉讼法修正案为分析对象》，载《社会稳定与反恐斗争学术研讨会论文集》，中国社会科学院法学研究所2012年版。

规范的司法适用，为惩治暴力恐怖犯罪提供了法律依据。以法律的形式彰显了我国依法严厉打击暴力恐怖犯罪活动的坚决态度和坚定决心。

在恐怖活动日益猖獗，国际恐怖主义势力威胁扩大的背景下，我国开始组织相关人员进行专项立法。2014年4月，在国家反恐怖工作领导机构的带领下，公安部和全国人大常委会法工委、国安部、工信部、人民银行、国务院法制办、武警总部等部门成立起草小组，组成专班，研究借鉴国外的有关立法经验，形成了《中华人民共和国反恐怖主义法（草案）》。此后，围绕恐怖主义定义，反恐工作机制、反恐国际合作机制的具体规定，立法机关进行广泛而深入的进一步公众意见征求和专项会议讨论，2015年12月27日，中华人民共和国第十二届全国人民代表大会常务委员会第十八次会议通过《中华人民共和国反恐怖主义法》，并于2016年1月1日开始施行。这表明我国第一部反恐专门法——《中华人民共和国反恐怖主义法》——正式确立并开始实行。这部法律就其本质而言并不是一部单行刑法，而是涵盖了行政法、行政诉讼法、刑法、刑事诉讼法等法律内容的综合性法律。《中华人民共和国反恐怖主义法》全文共10章97条，全面系统地规定了我国反恐怖工作的体制、机制、手段、措施，以法律形式确立了我国恐怖主义治理的基本方略，标志着我国的反恐工作进入了新阶段。该法首次以法律形式对恐怖主义、恐怖活动组织、恐怖活动人员、恐怖事件等概念进行了明确的界定，并对恐怖活动具体包括哪些类型进行了明确的列举，根据该法，全国反恐怖主义工作统一由反恐怖主义工作领导机构领导和指挥。任何单位、个人都有协助、配合有关部门开展反恐怖主义工作的义务，应当及时向公安机关或者有关部门报告所发现恐怖活动嫌疑或者恐怖活动嫌疑人员。

《中华人民共和国反恐怖主义法》弥补了我国刑法中概念缺乏的不足，并与刑法进行有效补充与衔接。《中华人民共和国反恐怖主义法》中明确规定，"本法所称恐怖活动组织，是指三人以上为实施恐怖活动而组成的犯罪组织。恐怖活动人员是指实施恐怖活动的人和恐怖活动组织的成员"。《中华人民共和国反恐怖主义法》第3条第2款还规定了恐怖主义行为，根据该规定，恐怖活动并未限定何种方式实施，即教唆、预备、帮助以及实施行为既可以通过传统的方式实施也可以通过网络实施。由此可见，该条主要是针对以网络为手段实施恐怖活动。虽然这些网络辅助型恐怖活动与网络恐怖袭击相比，对公众的人身、财产安全没有直接损害或威胁，但随着网络迅速发展，恐怖分子更倾向于利用网络便利进行线上招募、宣传、通信等活动，对公共安全具有潜在的间接损害或威胁。打击辅助型网络恐怖活动，从而从"源头"上遏制恐怖主义的发展。①

2015年8月29日通过的《刑法修正案（九）》对刑法关于恐怖主义犯罪的规定进行了大

---

① 参见王秀梅、魏星星：《打击网络恐怖主义犯罪的法律应对》，载赵秉志主编：《刑法论丛》第3卷，法律出版社2018年版，第46页。

幅度的修改。首先，对两个罪名进行完善，一是针对"组织、领导、参加恐怖活动罪"增设了关于没收财产和罚金的财产刑。鉴于恐怖组织往往需要大量的资金来运行，因此切断恐怖主义经济支持对遏制恐怖主义犯罪十分重要。二是将原先的"资助恐怖活动罪"修订为"帮助恐怖活动罪"，拓宽了刑法规制恐怖主义的范围："帮助"不仅仅是指金钱上的资助，也包括为恐怖分子提供物资、场所、技术等。其次，为了应对恐怖主义的新现实情况，《刑法修正案（九）》中还增设了5个与恐怖主义犯罪相关的新罪名：准备实施恐怖活动罪，宣扬恐怖主义、极端主义、煽动实施恐怖活动罪，利用极端主义破坏法律实施罪，强制穿戴宣扬恐怖主义、极端主义服饰、标志罪，非法持有宣扬恐怖主义、极端主义物品罪。对此，张明楷教授认为《刑法修正案（九）》关于恐怖主义犯罪的规定，在总体上具有法益保护早期化、处罚范围扩大化与处罚程度严厉化等特点。① 目前，我国刑法中一共有7个专门打击恐怖主义犯罪的罪名，再加上之前以恐怖主义活动为上游行为的"洗钱罪"以及《刑法修正案（九）》中新修改的第311条的"拒绝提供间谍犯罪、恐怖主义犯罪、极端主义犯罪证据罪"和第322条与恐怖主义有关的"偷越国（边）境罪"，这些罪名共同构建成了我国打击恐怖主义犯罪的刑法体系。此外，《刑法修正案（九）》最大的亮点就是增设了"拒不履行信息网络安全管理义务罪"，对网络服务提供者的法律义务和法律责任作出了明确的规定，加大了网络服务提供者的网络安全管理责任，更有利于从源头上更为有效地遏制网络恐怖主义。与此同时，工业和信息化部出台了《关于贯彻落实〈反恐怖主义法〉等法律规定进一步做好用户真实身份信息登记工作的通知》，细化了《反恐怖主义法》中要求互联网使用者实名登记的规定。

2016年11月，全国人民代表大会常务委员会发布《中华人民共和国网络安全法》，该法强调了保障国家网络安全和网络主权，如第12条规定："任何个人和组织不得利用网络宣扬恐怖主义、极端主义、宣扬民族仇恨、民族歧视、传播暴力等活动"明确了禁止一切形式的利用网络宣传恐怖主义的活动；第21条规定了网络服务运营商有安全防护义务为"保障网络免受干扰、破坏或者未经授权的访问，防止网络数据泄露或者被窃取、篡改"；第31条强调对于关系国家安全、国计民生的关键行业，网络安全应该重点保护。同时，第五章还明确了"国家建立网络安全监测预警和信息通报制度"。② 《网络安全法》在内容上吸取了其他国家遭受网络恐怖袭击的前车之鉴，从源头的防范到应急事件的处理均作出了明确规定。

2016年12月27日，经以习近平总书记为组长的中央网络安全和信息化领导小组批准，国家互联网信息办公室发布了《国家网络空间安全战略》（以下简称《战略》）。这是继《网络安全法》之后我国网络空间安全领域的又一件具有里程碑意义的大事，也是我国第一

---

① 参见张明楷：《论〈刑法修正案（九）〉关于恐怖犯罪的规定》，载《现代法学》2016年第1期。

② 康均心、虞文良：《大数据时代网络恐怖主义的法律应对》，载《中州学刊》2015年第10期。

次向全世界系统、明确地宣示和阐述我国对于网络空间发展和安全的立场和主张。该战略是我国国家安全战略的重要组成，将指导我国未来一段时间的网络安全工作。《战略》在分析网络空间面临的五方面严峻挑战时将利用网络干涉他国内政、攻击他国政治制度、煽动社会动乱、颠覆他国政权等活动视为对国家安全的首要威胁。一个国家的政治稳定是其经济发展、人民幸福的基本前提，任何一个国家都不应该在网络空间中或利用网络空间渠道强行推行自己的价值观而不顾他国的社会政治稳定，因此《战略》在九项战略任务的第一项中就提出要坚定反对通过网络颠覆我国国家政权、破坏我国国家主权的一切行为。《战略》还提出要加强网络反恐、反间谍、反窃密能力建设，严厉打击网络恐怖和网络间谍活动，这在《中华人民共和国国家安全法》《中华人民共和国反恐怖主义法》《中华人民共和国反间谍法》《中华人民共和国保守国家秘密法》和《中华人民共和国网络安全法》等法律中都有相应条款对应和要求。

由上可知，我国反恐立法越来越全面，涵盖内容越来越广泛，表明我国的反恐工作在法律层面上有了专门的法律依据，使司法和执法工作在立法相对完善的情况下，可以更顺利展开。

2. 国内执法水平的不断提高

在实体法方面，对于社会频频出现的通过网络等渠道宣扬恐怖主义和持有宣扬恐怖主义物品的行为重点进行立法规范，使得规制有据，依法反恐。比如对于宣扬恐怖主义、极端主义的行为，《国家安全法》第二十八条规定，国家反对一切形式的恐怖主义和极端主义，加强防范和处置恐怖主义的能力建设，依法开展情报、调查、防范、处置以及资金监管等工作，依法取缔恐怖活动组织和严厉惩治暴力恐怖活动。《反恐怖主义法》第四条第二款强调国家反对一切形式的以歪曲宗教教义或者其他方法煽动仇恨、煽动歧视、鼓吹暴力等极端主义，消除恐怖主义的思想基础。最后，在《刑法》第一百二十条之三中也规定以制作、散发宣扬恐怖主义、极端主义的图书、音频视频资料或者其他物品，或者通过讲授、发布信息等方式宣扬恐怖主义、极端主义的，或者煽动实施恐怖活动的，处五年以下有期徒刑、拘役、管制或者剥夺政治权利，并处罚金；情节严重的，处五年以上有期徒刑，并处罚金或者没收财产。我国立法形成有体系而且层层递进的反恐法网，根据行为的性质，依法作出相应妥当的处理。比如，2016 年年初，张某某通过手机移动上网下载暴力恐怖视频和图片。2016 年 2 月至 2016 年 10 月间，张某某先后将下载的部分暴力恐怖视频和图片上传至 QQ 空间，供他人浏览。因为其行为危害性大，触犯刑法，被法院认定为成立宣扬恐怖主义、极端主义罪，判处有期徒刑二年三个月，并处罚金人民币五千元。又如，2019 年 6 月份，管某在某微信群中下载并保存了一段暴恐音视频。8 月 8 日，管某又将收藏的暴恐音视频中上传至百度网盘上。管某的行为构成非法持有宣扬恐怖主义物品，9 月 11

日，南丰县公安局依据《中华人民共和国反恐怖主义法》的相关规定，对其处以行政拘留10日的处罚，并责令其删除相关视频。再如，2020年10月，赵某在网上购买了恐怖视频并保存在其手机上。经郑州市公安局反恐怖支队审读为暴力恐怖视频。法院经审理认为其情节严重，其行为已经构成非法持有宣扬恐怖主义物品罪，判处拘役三个月，并处罚金人民币二千元。

在程序法方面，网络恐怖活动受到网络空间本身所具有的延展强、跨度广等特点的影响，在犯罪活动实施以后，难以确定犯罪地，且犯罪影响地可能为多个区域和多个国家，如何在管辖上确定适用原则，就需要以实际情况为主。对于在本土产生的网络恐怖主义，需要从实际出发，遵循级别管辖原则，认真发挥好《刑事诉讼法》中规定的"中级人民法院管辖危害国家安全、恐怖活动案件"的作用。例如，云南省昆明市中级人民法院认定新疆籍被告人依斯坎达尔·艾海提、吐尔洪·托合尼亚孜、玉山·买买提所实施的昆明火车站"3·01"严重暴力恐怖犯罪行为系犯组织、领导恐怖组织罪、故意杀人罪，被告人帕提古丽·托合提犯参加恐怖组织罪、故意杀人罪，并判处相应刑罚，[1] 就是根据刑诉法的相关规定，结合实际情况，作出了能够积极回应社会，维护社会稳定的处罚判决。

由于网络恐怖活动犯罪的主体不特定，经常是具备网络使用能力就能实施犯罪，犯罪活动结果具有较大的危害性且能造成一定程度的恐慌，因此网络恐怖犯罪活动的侦查需要运用各类侦查措施。各级检察机关应配合公安和安全机关对危害国家安全、公共安全的暴力恐怖犯罪案件及旨在制造社会恐慌、严重破坏社会秩序的暴力恐怖犯罪案件实行侦查阶段检察机关提前介入机制；配合境内外取证、境内外追捕、境内外通缉、境内外搜查、境内外恐怖犯罪资金的查封、冻结、扣押、划转；在技术侦查措施方面，采取秘密侦查、密录、密取、电子监控、网络侦查、邮件破解等技术含量较高的侦查手段，通过相关执法机关有效的无缝对接及配合，使反恐侦查环节的成案效率明显提升，达到对该类犯罪快速惩处的刑罚目标。特别值得注意的是，在网络恐怖主义活动日益猖獗的背景下，除了构建反恐刑事特别程序，实施反恐特别措施，在现有法定程序之下，仍要坚持依法反恐，不能只为追求打击恐怖主义犯罪需要而罔顾法律程序的要求。

现阶段的网络反恐执法手段，已经实现了从过去的以事后惩治为主的模式到事前预防、事后打击且不断消除滋生恐怖主义土壤的转变。事前预防中，由公安机关、国家安全机关等执法机关通过各类侦查措施，对相关的重点人口进行监听监视，确保能提前预防并对点打击。事后惩治中，执行机关可以根据有关的判决、裁决、决定等审判结果进行冻结、查封、没收恐怖犯罪活动组织和人员的财产，严厉打击和摧毁恐怖分子的物质基础和

---

① 参见中华人民共和国最高人民法院网，http://www.court.gov.cn/fabu-xiangqing-8405.html，访问时间2021年5月31日。

技术手段。现有的法律体系里面，有较为完善的执法措施能用于惩罚犯罪，能够应对和处置各种恐怖活动的发生及其后果。

网络反恐执法的成效离不开专门反恐机构的努力。反恐工作需要统一指挥，专门的反恐机构应当在各方面发挥作用。因此，早在 2001 年，我国就设立了"国家反恐协调小组"，专门负责组织和协调全国的反恐工作。根据 2015 年颁布的《中华人民共和国反恐怖主义法》，国家设立反恐怖主义工作领导机构，统一领导和指挥全国反恐怖主义工作。2015 年底，我国决定设立"国家反恐安全专员"。国家反恐安全专员一方面是为了应对当前复杂的国际反恐形势而设立，另一方面是迎合当前国家有效应对反恐形势、加强国际反恐合作所作出的重要的创新举措。① 从反恐协调小组"协调合作"，到反恐怖主义工作领导机构的"领导工作"，再到"反恐专员"岗位的设置，我国在反恐机构设置方面的名称转换和岗位职责变迁的沿革，不仅反映了我国政府对反恐工作的重视，还表明中国特色的反恐工作机制正在逐步完善。

注重专业化的网络反恐人才队伍建设。跟传统的反恐人才力量比起来，网络反恐有其特殊性和艰巨性。网络反恐在追踪侦查、技术手段、情报收集等方面要求相关人员有较强的工作能力和技术能力。为此，我国设立了由工信部、公安部、最高人民检察院和文化部等多部门联合的治理机构"国家互联网信息办公室"。网信办利用大数据对重点人群进行追踪，以便及时发现恐怖信息，实现精确打击。全国网信办建立了系统化的处置措施，通过关闭网站、屏蔽信息和移交国家安全机关处理等措施，实现实时监控和打击。② 更为重要的是，网络反恐需要有专业网络技术背景的警察、专家及其他人才的积极加入，运用其网络技术进行侦查、调查取证，对相关信息情报进行过滤、筛选。我国已逐渐形成以网监、刑侦、特警等部门为依靠力量的网络反恐协作机制，现有网络人才库，已成为从上级到下级、中央到地方、网上到网下、跨区域的体系，并进行了专业化的训练，能在一定程度上有效防范、辨别、打击和应对网络恐怖主义的各种形态。

网络反恐情报信息体系在不断强化。打击网络恐怖主义要点在于情报，情报信息跟得上才能有效防范打击网络恐怖主义。我们要做到先发制敌、保持主动，必须要情报信息主导、情报信息先行，将恐怖事件制止在预谋阶段、未发之时，消灭在萌芽状态或者起初之时。③ 我国《反恐怖主义法》第四十三条规定："国家反恐怖主义工作领导机构建立国家反恐怖主义情报中心，实行跨部门、跨地区情报信息工作机制，统筹反恐怖主义情报信息工

① 参见程国平：《各国携手打击网络恐怖主义》，载《封面人物》2017 年第 9 期。

② 参见董媛媛、张明言：《论网络恐怖信息的传播及其应对策略——从美国费城网络恐怖威胁事件谈起》，载《新闻大学》2017 年第 1 期。

③ 参见盘冠员、章德彪：《网络反恐大策略：如何应对网络恐怖主义》，时事出版社 2016 年版，第 283 页。

作。有关部门应当加强反恐怖主义情报信息搜集工作，对搜集的有关线索、人员、行动类情报信息，应当依照规定及时统一归口报送国家反恐怖主义情报中心。地方反恐怖主义工作领导机构应当建立跨部门情报信息工作机制，组织开展反恐怖主义情报信息工作，对重要的情报信息，应当及时向上级反恐怖主义工作领导机构报告，对涉及其他地方的紧急情报信息，应当及时通报相关地方。"可以说，这项规定比较详细地规定了国家反恐怖主义情报中心的功能和职责，以及它与其他部门之间在情报收集、分享和分析研判的关系，表明我国已经在法律层面规定了比较符合实际且具有可操作性的反恐情报信息体制。同时，我国《国家安全法》第五十一条规定："国家健全统一归口、反应灵敏、准确高效、运转顺畅的情报信息收集、研判和使用制度，建立情报信息工作协调机制，实现情报信息的及时收集、准确研判、有效使用和共享。"目前的反恐情报工作得到了有效加强，已形成网络安全综合业务平台，各地查询到的重要数据和情报信息全部上报部级平台，形成共享机制，并实时更新。例如，全国 31 个省区市建成了网安综合业务平台，汇聚了网上各类数据，特别是北京、新疆、广东、广西、河南、云南等 11 个重点省区市的重要基础数据全部上报部级平台，可供全国查询。

二、打击网络恐怖主义的国际参与

打击和遏制网络恐怖主义，需要国际社会的共同合作与努力。在对外交往中，我国积极参与全球治理，推动打击网络恐怖主义的区域合作和全球合作，促进国际网络反恐怖主义法的立法进程，完善国际反恐怖主义法的体系，参与国际社会打击网络恐怖主义的行动，积极发出中国的声音，促进国际社会打击网络恐怖主义的共同行动。

我国积极参与联合国主导的反恐合作框架。2011 年 9 月 12 日，中国、俄罗斯等国联名致函时任联合国秘书长潘基文，请秘书长将上述国家共同商讨起草的《信息安全国际行为准则》作为第 66 届联合国大会的正式文件进行散发，并且通过联合国大会的平台呼吁各国在联合国宪章的框架内对此展开讨论，以便早日达成共识。这一举动体现了我国对于国际信息安全以及打击网络恐怖主义的强烈意愿，通过联合国大会的方式，为打击网络恐怖主义国际立法做好了前期导向。2013 年 12 月，联合国安理会通过第 2129 号决议，在决议中写入中国提出的关于"当前恐怖组织和恐怖分子利用互联网发布音频、视频等煽动、策划或实施恐怖活动"等内容。这是安理会决议首次明确要求各国就加强打击网络恐怖主义采取具体措施，对国际社会进一步打击恐怖组织和恐怖分子利用互联网从事恐怖活动具有重要意义。2016 年 11 月，中国举办了世界互联网大会，全世界 100 多个国家参会，就互联网问题的诸多内容广泛交流意见。世界互联网大会最终发布《2016 世界互联网乌镇发展报告》，重申了我国对于推动国际合作共同打击网络恐怖主义的决心。2017 年 3 月 1 日，中国外交部和国家互联网信息办公室发布了《网络空间国际合作战略》（以下简称《战略》）。通过《战略》，我国阐述了在网络问题上的立场，在互联网领域开展对外交流的工作原则及战略目标。《战略》是贯彻习近平同志"网络空间人类命运共同体"思想的体现。《战略》在内容上首先明确了有关网络空间的国际合作应该坚持的和平、主权、共治、普惠四项基本原则，提出国际社会应该严格遵守《联合国宪章》的宗旨，共同解决网络问题。对于网络恐怖主义问题，《战略》申明中国将与各国各地区加强合作，在以联合国为主导的前提下，推动网络空间国际法规则的制定，为网络空间国际法贡献自己的力量。2020 年 11 月，世界互联网大会组委会发布《携手构建网络空间命运共同体行动倡议》，进一步阐释了中国国家主席习近平为全球互联网发展治理贡献的中国智慧、中国方案——"四项原则""五点主张"，尊重网络主权，构建网络空间命运共同体等理念。倡议提出要深化打击网络犯罪、网络恐怖主义国际合作。对网络犯罪开展生态化、链条化打击整治，进一步完善打击网络犯罪与网络恐怖主义的机制建设。支持并积极参与联合国打击网络犯罪全球性公约谈判。有效协调各国立法和实践，合力应对网络犯罪和网络恐怖主义威胁。

同时，我国同邻国积极开展双边和多边反恐合作，互相进行网络反恐的技术交流和情报交流，提升打击网络恐怖主义的能力。2001 年我国主导成立的上海合作组织，签署《反对恐怖主义、分裂主义、极端主义公约》。公约表明了我国打击恐怖主义的坚定决心，也标志着上海合作组织区域反恐机制的形成。目前上海合作组织在乌兹别克斯坦首都塔什干设立了地区反恐中心，重点加强反恐合作，中亚各国在上海合作组织框架内展开反恐合作，签署了多项反恐声明和协议，多次举行反恐军事联合演习，以协调各国的反恐行动，相互密切协作，互换情报，使得该地区的国际反恐合作更有针对性，更富有成效。截至目前，我国先后批准加入 12 个全球性的国际反恐公约，并积极履行联合国宪章和所缔结、参加的国际公约规定的反恐义务，严惩恐怖主义。与此同时，我国积极参与联合国、国际刑警组织、上海合作组织、金砖国家、亚太经合组织、东盟地区论坛等多边合作机制，为国际反恐事业作出了积极努力和贡献。近年来，我国积极通过双多边渠道开展反恐合作，已与数十个国家建立了会晤交流机制，在情报交流、线索核查、案件侦办、能力建设等方面开展务实合作。

第四节　我国打击网络恐怖主义的问题与对策

一、我国打击网络恐怖主义的问题

（一）法律规范存有漏洞

伴随着网络科技的日新月异，网络恐怖主义也呈现出与以往经验不同的表现形式和攻击特点，如果对网络恐怖主义活动规律特点及其发展变化认识不足，运用对付传统恐怖主义的办法来应对网络恐怖主义，或者对网络恐怖主义认识片面、缺乏系统性，特别是缺乏清醒的认识，将会影响决策的针对性和科学性，这就要求相应的反恐规范必须与时俱进，及时回应网络反恐的需求。比如，美国在"9·11"事件以后，快速制定通过了《爱国者法》等法律，以解决互联网监控恐怖分子的立法问题；英国在 2005 年"7·7"系列恐怖爆炸事件后，不断强化网络监控措施，健全相关立法。

目前我国打击网络恐怖主义的法律体系还存有不足，无法完全适应网络反恐的需要，以刑事法律为例：首先，"网络恐怖主义"定义未明确。虽然我国在《反恐怖主义法》中明确了"恐怖主义"的定义，其第三条通过犯罪分子的实施手段和实施目的来界定了"恐怖主义"的定义，并一道列举了"恐怖活动"的形态，解释了何为"恐怖活动组织""恐怖活动人员"以及"恐怖事件"。但是缺乏对"网络恐怖主义"定义的统一界定。难以统一网络恐怖主义的定义会在特别是犯罪侦查和司法审判阶段带来一系列的问题。例如，网络恐怖主义与黑客行为如何界定？与一般的网络袭击事件如何区别？定义的不明确会造成对犯罪分子行为性质的界定不够精确，从而会导致在定罪量刑上的偏差。其次，我国还没有实施恐怖活动罪或者实施网络恐怖活动罪的罪名，对于恐怖分子实施网络恐怖主义犯罪行为只能够按照传统恐怖主义犯罪或者计算机犯罪的相关条文进行定罪处罚，这样难以全面有效地打击此类犯罪。①

（二）情报信息共享不畅通

信息孤岛现象较为严重。从数据应用方面看，我国的反恐工作主要是由国家反恐领导小组负责，但是反恐数据和情报却分散在公安部、国家安全部等各个部门，而各部门有保密制度、信息保障方式等限制，相互之间无法建立统一的反恐数据平台，有数据显示：关于反恐综合应用平台的使用建设情况，其中能正常使用的为 66.7%；能与其他地市共享的为 26.7%；有专人管理的占到 60%；拥有全国权限的仅有 13.3%。这些表明，在平台使用方面大部分派出所能做到正常使用，也设有专人管理，但是还存在反恐应用平台不能共享和无权限登录的问题。② 对反恐情报共享应用平台设立使用权限具有两面性，一方面它对涉及重大机密等情况有所保护，不至于出现泄密事件；但另一方面，会在实践中造成对一些人员的相关信息无法及时获取，降低其时效性。虽说全国各地已经逐渐形成较为完善的情报信息共享平台，但是出于各个地区对网络恐怖主义认识的不同，主要情报收集来源和类型较为单一，相关的奖励处罚机制不健全，面临网络反恐情报专门力量不足，特别是既

---

① 参见王秀梅、魏星星：《打击网络恐怖主义犯罪的法律应对》，载赵秉志主编：《刑法论丛》第 3 卷，法律出版社 2018 年版，第 49 页。

② 参见常馨：《内地派出所涉恐情报收集体系研究》，中国人民公安大学 2019 年硕士学位论文，第 19 页。

懂特定语言，又懂网络技术、具有情报技能的专业人员数量不足，以及情报收集能力的参差不齐，使相应的情报信息的搜集、过滤、筛选、分析、研判的能力受阻，对片面化、碎片化分散的情报信息缺乏整合提炼能力，无法有效形成整合型、综合型和共享型的平台，导致情报信息共享不畅通，从而影响对情报的分析研判能力。

信息孤岛现象不仅存在于国内各个机构之间，而且在国际合作中出现得更为频繁，基于国家安全和利益的考虑，每个国家对发生的恐怖活动中尤其是定性的问题，各国之间认知并不完全一致，存在很多争议之处，对网络反恐信息进行共享困难重重。

（三）网络反恐技术能力不足

由于网络本身无国界、开放性、隐蔽性等特点，使得网络恐怖主义活动的时间、地点、目标、范围更加广泛、灵活、难以预测，且网络恐怖主义思想宣传阵地规模庞大，海量多源异构的涉恐信息较多，以及信息的高速实时传播，不仅增加了反恐部门监测、识别和预警恐怖主义信息的难度，更增加了网络舆论控制的难度。而且，目前的网络恐怖主义已经吸纳了一批有技术的黑客，他们以黑客攻击、木马、计算机病毒等技术方式实施恐怖犯罪，给网络反恐工作带来了极大的挑战，造成无法及时预测、防范和打击等问题。

在我国，当前针对网络恐怖主义的网络反恐技术能力有待提高。面对网络恐怖主义活动形式多样、手段丰富、危害范围跨区域甚至跨国的特点，加之网络防御系统的不健全，缺乏完备的专家、设备和资源支持高效地对抗严峻的各种网络威胁，我国目前的技术水平在做到有效防范、严厉打击和反击方面处于弱势。例如，恐怖分子利用计算机操作系统中的漏洞与软件开发中存在的缺陷，攻击国家计算机网络系统，造成网络破坏、瘫痪，目的是制造心理恐慌，社会混乱，导致经济财富损失。面对这种情况，只能总是被动处理，通过打补丁、软件升级的方式来进行挽救。[1] 而且，技术能力不足也导致我国网络日常管理上的漏洞，例如，有关部门对 20 万个政府网站进行检测发现，平均每个政府网站的漏洞检出数量达 34 个，其中低级漏洞占比 57%，高危漏洞占 32.9%。部分政府网站遭入侵控制和非法篡改。[2] 网络技术的提高对维护网络安全，营造一个安全健康的网络氛围有着重要的意义，更安全的网络环境还需要更完备和强大的技术支持。

（四）暗网管控缺乏力度

近年来，网络恐怖主义不仅活跃在大众社交媒体上，也开始转入暗网活动。暗网，是指那些存储在网络数据库里、但不能通过超链接访问而需要通过动态网页技术访问的资源集合。"绝对隐形"是暗网的核心特点，这包括网站隐形、用户身份隐形、IP 地址隐形等。

---

① 参见苏莉：《国际网络恐怖主义的治理及其对中国的启示》，湘潭大学 2012 年硕士学位论文，第 23 页。

② 参见盘冠员、章德彪：《网络反恐大策略：如何应对网络恐怖主义》，时事出版社 2016 年版，第 232 页。

恐怖分子能够使用暗网进行融资、转移财产和非法购买武器炸药、使用比特币等虚拟货币和其他加密货币。比如，"伊斯兰国"进行巴黎暴恐案的武器就是通过暗网购买的。随着国际社会对网络恐怖活动犯罪打击力度的逐渐加大，暗网成为了恐怖分子新的避风港。

暗网的出现，对我国打击网络恐怖主义提出了巨大的挑战。首先，因为暗网本身可以形成无数个虚拟连接点，使得监测机关难以发现，即使发现了，再侦破追踪时也存在技术上的困难；其次，暗网长时间处于无人管理的状态下，这使得侦查机关在发现暗网上的违规内容后，无法快速摸清哪一方是上传者或者是浏览者。

（五）全民网络反恐意识不够

网络恐怖主义是全人类的公害，想要打赢这场没有硝烟的战争，需要统一思想，彻底认识到其巨大的危害性。但是我国长期处于和平时期，或多或少滋生了一些人麻痹大意的心态，加上个人认识水平、文化知识、生活背景的不同，在统一思想认识方面存在诸多困难。例如，传统的恐怖主义通过实施爆炸、抢劫等实实在在能感觉到的方式损害人民群众的利益，对这类恐怖主义的危害和打击理念上，全民一致，坚决反对。但是在网络恐怖主义上，对于在网络上散布宣扬恐怖主义、极端主义思想的行为，很多人就会不以为然，警惕性不够，任由涉及恐怖主义和极端主义的信息四处传播，更有甚者，对于涉及暴恐的音视频，有些人还出于猎奇刺激或者是获利的心理，主动传播，以身试法。2019 年，武汉就连续处理了三起网上传播暴恐音视频的案件，2020 年 6 月 8 日，厦门市中级人民法院依法开庭审理并当庭宣判厦门首例宣扬恐怖主义案，此类案件频出，充分说明了我国民众网络反恐意识亟待增强。

（六）国际合作难以深入

虽然各国都认识到网络反恐的重要性，倡导国际合作来打击和消灭网络恐怖主义。但是在实践中，很多国际合作涉及到国家主权和国家利益，往往是难以推进。有些国家以存在地区性公约为由，拒绝任何谈判制定全球性打击网络犯罪公约的努力，也有些国家以国际性公约、区域性公约损害了自身利益或者附加义务等原因决绝加入、合作。即便是签署国际合作协议的很多国家，比如网络恐怖主义管辖权的问题，这是大多数国家在国际合作中急需解决的前提性问题，却经常因为认定标准、国家利益等问题无法达成一致。又如，各国之间网络反恐情报信息共享机制的执行上，很多国家出于国家利益的考虑，拒绝与其他国家进行情报共享，并且共享的情报仅限于表层，真正涉及恐怖主义主体、行动、活动范围等具有价值的情报上缺乏相互信任。再比如，网络反恐中的刑事司法协助问题。若想有效预防和打击国际网络恐怖主义犯罪，国家之间需要在刑事领域开展多种形式的合作，从早期的文书送达、调查取证，到罪犯的引渡、被判刑人的移送、合作执行刑事判决等。涉及到两国具体法律制度的方方面面，绝非易事。一旦任何一个环节出现沟通衔接问题，整个国际合作就会停滞甚至停止。

此外，一些国家在反恐问题上屡屡采取双重标准，将反恐作为服务本国利益和意识形态的政治手段，甚至以反恐作为干涉他国内政的借口。反恐双重标准，是指根据自身诉求、利益等原因，采取不同的标准，对同一性质的事情进行不同的判断，主张伤害本国国民的就是恐怖主义、恐怖分子，而伤害他国国民的就成了无辜者甚至民主斗士。这严重破坏了国际网络反恐合作的基础。

总之，尽管各国就国际合作达成相当程度的共识，联合国、国际刑警组织及其他国际组织也都建立了运作平台，以促进不同国家之间的合作，但在实施机制方面，由于缺乏统一的法律制度、技术手段和标准，国际合作打击网络犯罪仍然面临着不少的困难。

二、我国打击网络恐怖主义的对策

(一)明确网络恐怖主义的定义

在明确网络恐怖主义的定义时，要能涵盖网络恐怖主义的现实特点和将来的发展趋势，应该注重把握以下几点：首先，定义要有适当的弹性空间，可以涵盖但不限于现今网络恐怖主义的类型、表现形式、手段和目的。目前来看，网络恐怖主义有两种类型，一是以计算机为工具的恐怖主义(称为工具型网络恐怖主义)，主要是把计算机当成媒介，通过计算机实施网络恐怖主义活动。其表现形式有：网络宣传、网络招募、网络培训、网络筹资、网络联络、网络策划、收集信息等。二是以计算机为目标的恐怖主义(称为目标型网络恐怖主义)，主要表现形式有：针对关键基础设施的网络攻击、针对政府网站的网络攻击、针对传统媒体网站的网络攻击等。但是是否网络恐怖主义只存在这两种类型，后期发展是否有其变体，能否在网络恐怖主义概念中得以涵摄，都需要认真研究。

其次，严格区分网络恐怖主义与一般黑客犯罪、网络袭击事件等。一般的黑客犯罪，与网络恐怖主义有一些共性，都依赖技术且会在一段时间内造成电脑瘫痪。但是二者有几点不同，即网络恐怖主义是基于恐怖主义为目的实施的，而黑客行为不是以追求恐怖效果为目的的；网络恐怖活动的危害性远远大于黑客活动。网络恐怖主义与网络袭击，虽然都是通过互联网实施的，但是二者的目的不一样，网络袭击不以恐怖主义为目的去实施，且在实施手段上也有所区别。网络恐怖主义概念的明确性，就要求能够在概念外延中能准确进行相似概念的区分。

(二)完善现有的反恐法律体系

虽然我国网络反恐法律体系已经基本成型，但仍然有不断完善和进步的空间，我国应结合本国网络恐怖主义的实际情况，充分学习优秀国家或区域组织治理网络恐怖主义的措施，借鉴相关法律、法规、国际条约的经验，要在重点领域的其他部门法中织密法网，有效控制和预防网络恐怖主义活动的发生，屏蔽恐怖主义信息，切断恐怖主义资金，加强网络反恐管理，威慑网络恐怖分子，有效治理网络恐怖主义。我们要在网络意识形态、重点保护领域、互联网金融、公共信息和个人信息、公共交通等方面重点加强相关网络恐怖主义的立法工作，强化刑法打击网络恐怖主义的力度，在刑法中完善网络恐怖犯罪相关立法。比如，在很多国外刑法典中都具体规定了实施恐怖活动罪，我们也可以结合我国具体反恐实践，考虑增设"实施恐怖活动罪"，① 既有利于我国与他国进行国际合作，又提升惩罚网络恐怖主义犯罪的力度，最终完善以刑事法律为主，行政和民事法律为补充的综合法治体系。

此外，对于现有反恐怖主义法律规范中原则性规定，要立法明确具体实施程序和标准等方面，出台实施细则和相应的司法解释，提升可操作性，同时处理好《反恐怖主义法》与其他部门法之间的衔接问题。确保与《刑法》《出入境管理法》等进行无缝衔接，确保法律用语的协调一致、填补部门法之间的立法空白。

(三)完善情报信息共享机制

2015年12月，中共中央政法委书记孟建柱在国家反恐怖工作会议讲话时强调，要进一步加强情报体系建设，推进情报平台的对接和深度融合，实现情报信息共享，提高情报信息分析研判和预警能力，有效预防、及时发现、快速反应，坚决将暴恐活动消灭在萌芽状态、摧毁在行动之前。

坚持"情报先行"这一指导思想，借助统一高效的反恐情报机制，用情报引导侦查，提升对于互联网恐怖主义行为精确查处与惩治力度。因此，首先，应该构建起以信息交流与共享为基础的情报控制网络，在国家层面完善国家级的情报共享机制、在各部门之间灵活处理情报信息、在下级内部各成员之间及时更新所获得情报信息，用各国安全机关掌握的网络恐怖主义犯罪情报进行情报共享。其次，应该扩大区域情报交流，全方位整合公安、国安、外交、军队等各个部门以及地方搜索采集的相关情报信息，尽快构建同电信、金融、交通等相关机构之间的信息交换与安全接入机制，加强同铁路、航空等相关部门信息动态共享，使反恐怖情报分析研究判断获得足够的、精确的数据支持，从而对区域性网络恐怖主义犯罪活动形成预判，做到"心中有数"。同时，应该在情报共享的过程中，有针对性地形成应对网络恐怖主义犯罪及潜在恐怖袭击的科学预案，提高情报共享的目标性与高效性。最后，应该综合利用多种科技手段搜集安全情报信息，加强预警系统，建立纵向、横向的反恐怖情报搜集、研判体制及高效的协调沟通机制，通过网络后台按图索骥，利用

① 王志祥、刘婷：《网络恐怖主义犯罪及其法律规制》，载《国家检察官学院学报》2016年第5期。

互联网技术治理网络空间上的恐怖主义犯罪。①

除此之外，还应该强化信息收集研判共享的效率，要从网络大数据中主动获取情报。在情报导侦的指引下，充分利用公安网平台数据资源，进行大数据分析与研判，即根据大数据的特征，运用计算机技术进行数据挖掘、碰撞，进而分析、预测恐怖活动的相关信息。拓宽信息收集来源，将网上网下的情报实时更新共享至网络平台，充分利用网络社交媒体平台的后台监测功能，对相关信息备份存储。同时提高分辨和识别有价值的情报信息的能力，在最短的时间内进行准确筛选、汇总、分析和研判。

(四)提升预防性反恐技术

在目前各国网络反恐技术的发展来看，由于各国的信息政策和对待恐怖主义的认定的不同，即使发现了恐怖主义网站也未必能将其关闭，这就需要我们独立研制先进的网络技术，从网络技术方面治理网络恐怖主义，采用技术手段对涉及恐怖主义和极端主义的网站进行封锁和干扰，阻止其传播恐怖主义，将可能产生的损害降低到最小。

首先，可以研发针对小语种的搜索引擎技术。网络恐怖主义作为恐怖主义与网络的结合物，其宣传网站已经不只采用英语、法语和德语等使用人数众多且容易发现的语言所建立了，很多小语种已经成为了恐怖分子建立网站的工具，这种网站因为使用人数较少，难以搜索、跟踪和追查。因此，努力提高我国网络技术的自主性，发明自主知识产权的软、硬件网络部分，研发专门针对小语种的搜索引擎技术，降低执法机构无法有效定位追查小语种的恐怖主义网站的难度。

其次，研发高水平的信息过滤技术和 Web 信息挖掘技术。恐怖分子只要在网络社会中活动，就一定会留下痕迹。② 我国可以利用现有的技术水平来研制信息过滤技术使之成为执法人员与海量涉恐信息之间的桥梁，通过过滤信息来达到准确获得有价值且符合需求的涉恐信息，并通过研发 Web 信息挖掘技术来获取恐怖分子使用电脑的登录时间、地点、访问日志等情况，从而科学定位恐怖分子的地点，提高网络反恐的技术水平。

最后，我国需要在网络反恐的技术上提高自主研发能力，持续加强对网络系统的监测，积极同国内信息技术企业联合研发相关互联网侦查与技术分析软件，保障网络反恐技术能力要始终领先于恐怖活动分子掌握的技术能力，在技术领域占据主动，抢在恐怖分子实施网络恐怖活动之前进行有效防范、反击和打击。特别是针对恐怖分子依赖的暗网，要研发新型的暗网技术框架，建立多层次、全方位的暗网防控机制，提升对暗网破解和防控

---

① 参见贾子东、王文华：《论网络恐怖主义犯罪治理中的六大关系》，载《南阳师范学院学报》2019年第 5 期。

② 参见曹诗权：《2017 年新型网络犯罪研究报告》，中国人民公安大学出版社 2018 年版，第 44~45页。

技术能力，用以发现、监控、利用暗网环境中的恐怖主义信息，为打击线上、线下恐怖主义寻找突破口，可以为相关机构提供一个用于预测未来可能发生的恐怖主义场景的数据分析框架，形成打击暗网恐怖主义线下活动的技术支撑条件。① 并加大对民众关于暗网知识的宣传，减弱暗网对民众的诱惑力。同时，还要在现实空间中通过加强对诸如快递等特定行业的监管，查处与罚没可能与暗网上黑市交易有关的违禁物品，并据此顺藤摸瓜，将其背后的暗网组织一网打尽。

（五）实施全民反恐理念

首先，建立以政府为主导、社会各种力量广泛参与的全民反恐格局。② 2014 年 4 月，习近平总书记就反恐工作作出重要指示："要坚持专群结合、依靠群众，深入开展各种形式的群防群治活动，筑起铜墙铁壁，使暴力恐怖分子成为过街老鼠，人人喊打。"反恐是全社会的战争，如果没有全社会、各阶级的广泛参与，形成全方位的反恐力量，就无法将反恐的力度最大化。全社会应当彻底贯彻全民反恐理念，反对任何形式的恐怖主义。政府要积极推动全民反恐教育，使企业、社会组织和公民个人都具备反恐的基本知识和技能，包括如何辨识、判断、举报网上恐怖信息。反恐教育要以社区作为基点，让社区成为预防和打击恐怖主义的第一道防线。

其次，建立健全网络涉恐信息奖励制度，鼓励群众主动及时报告可疑情况。积极组织并鼓励社会群体参与网络反恐行动及危机处置，动员公众参与，从群众中来，到群众中去，巩固和扩大网络反恐的群众基础，发动群众、引导和调动广大网民参与网络反恐的积极性。并积极通过政府的话语输出，推动人们对恐怖主义的防范意识，组建民间群众性网络反恐组织和研究机构，主动打压恐怖主义思想在互联网上的传播与藏匿空间。

（六）强化国际合作

加强国际合作是共同打击网络恐怖主义的前提条件。在全球化的大背景下，国家经济安全、环境安全等都离不开与其他国家的合作，只有合作才能取得对网络恐怖主义真正的胜利。随着国际恐怖主义在意识形态和组织层面不断向一体化进程迈进，打击恐怖主义的斗争也就意味着必须在全球层面。③ 2014 年第 68 届联合国大会进行《联合国全球反恐战略》第四次评审并通过决议，首次在全球反恐战略框架内写入打击网络恐怖主义的内容，这表明国际社会对网络恐怖主义危害和合作打击网络恐怖主义已经形成广泛共识。

要在总体国家安全观之下深入开展网络反恐国际合作，在人类命运共同体的理念下建立有效的国际合作机制。首先，积极发挥联合国的作用，促进各项有利于网络反恐推进的

① 参见谢玲：《暗网环境下恐怖主义信息挖掘与分析》，载《国际展望》2021 年第 3 期。
② 参见鲁世宗：《网络恐怖主义的演化及治理》，载《新闻知识》2016 年第 12 期。
③ 参见戴艳梅：《国际反恐实务》，中国言实出版社 2015 年版，第 232 页。

决议形成。尽早起草并推动各成员国签署实施专门的网络反恐公约，以便有效解决各国在司法协作时遇到的障碍和冲突。我国未来应当进一步加强国际条约制定的参与乃至主导作用，才能主导网络秩序的发展，在国际网络空间实现自己的话语权。要配合联合国的反恐战略部署，支持和执行联合国的反恐决策，加强与周边国家的边界管控和统筹合作，形成网络反恐合力。其次，推动与周边地区双边和多边反恐合作。在和平共处五项基本原则的前提下，与各个地区组织和国家建立平等互利共赢的外交关系，利用外交手段促进地区和平，促进反恐事务的发展。合作协商过程中，应遵循"求同存异，谋求共赢"。根据各成员国自身需求不同，考虑各方实际具体诉求，完善公约细则，制定治理网络恐怖犯罪的程序性规定和具体执行管理办法。积极参与和推动中亚和南亚区域的反恐合作，不断加强与我国接壤的周边国家的国际合作，同时推动多边多国在网络反恐领域内的合作。密切开展中美之间的网络反恐合作，不断完善与俄罗斯之间的网络反恐合作，努力创造一个和平稳定的发展环境。最后，具体细化全方位务实合作制度。一是积极开展技术合作。科技是第一生产力，技术在某种程度上决定着网络反恐的成败，而我国网络技术实力还不如西方发达国家，我们要和网络技术优势国家开展科技合作，吸引国际上高端技术人才加入到我国的网络反恐实践中，提高网络反恐的科技含量。二是加强法律层面的合作。在全球一体化和法治化背景下，法律方面的合作是反恐国际合作的基础。针对国际反恐合作中管辖权、司法协助等系列法律问题，我国要积极协调国家合作中的法律冲突问题，推进各成员国间法律协同性，以便与已经达成共识的组织治理公约结合，共同形成完整的治理网络恐怖主义的法律体系。三是努力开展网络空间国际反恐警务合作，以国际刑警组织为依托，增进互信、扩大共识，在情报信息共享、监控网络恐怖主义活动动向、发布预警信息以及抓捕恐怖分子等层面开展合作，积极参与各类打击网络犯罪的国际培训和国际会议，定期举行网络反恐警察合作实战演练。特别要在具体协同环境建设中，充分强调国际情报合作优势，建立双边和多边"安全信息交换网络"，提供涉及网络恐怖案件调查便利，识别、跟踪涉恐活动有关的线索，建立对网络恐怖主义的快速识别、互相通报的合作机制，给予各国网络反恐机构更大的反恐行动空间与更科学的信息情报整合。

第五章　互联网发展与刑法

2021 年中国互联网络信息中心（CNNIC）在京发布的第 47 次《中国互联网发展状况统计报告》显示，截至 2021 年 12 月，我国网民规模达 9.89 亿，互联网普及率为 70.4%。[①]过去二十年中，我国互联网的普及率呈几何倍数增长，互联网已然进入寻常百姓家。与此同时，商务交易、互联网金融以及各类互联网公共服务类应用均实现用户规模稳定增长，多元化、移动化特征明显。这说明，我国公民个体的社会生活、企业的生产经营以及政府对社会治理公共职能的履行，都逐渐构筑于互联网的基础架构之上，逐步形成了网络空间。正如国家互联网信息办公室发布的《国家网络空间安全战略》所指出，网络空间已成为信息传播的新渠道、生产生活的新空间、经济发展的新引擎和文化繁荣的新载体，以上功能的实现都依赖于网络空间中信息跨越边界的流动。

理想主义者们希望为网络空间的自由发展排除所有人为束缚，最具有代表性的观点见于 John Parry Barlow 所著的《网络空间独立宣言》："在网络空间里，我们没有选举的政府，也并不需要。我们没有常常以自由代理人自居的统治政权……你们没有任何权力与方法来管制我们。"[②]然而，事实上我们非常清楚，在这个"我们构筑的全球化社会空间"，通过互联网所连接的行为主体与涉及的法益都现实存在，当然不是法外之地，探索网络空间中信息网络犯罪的治理模式是当代刑法理论所面临的新课题。

第一节　网络空间的结构特征

一、流动性

社会结构特征决定了法律治理模式的选择，[③] 那么，首先需要考察的是作为新的犯罪

---

① 参见中国互联网络信息中心（CNNIC）第 47 次《中国互联网发展统计报告》，https://zndsssp. dangbei. net/2021/20210203. pdf，访问时间 2021 年 9 月 1 日。

② Barlow, J. P., "A Declaration of Independence of Cyberspace", Fitzgerald, B. (ed.), Cyberlaw I&I (Ashgate, Dartmouth 2006), Vol. I, p. 129.

③ 参见 Andrej Savin, EU Internet Law, Eldward Elgar Publishing, 2013, p. 107。

场域，网络空间所具备的全新结构特征。作为犯罪场域，网络空间的边界取决于其内犯罪行为的效力范围。信息是网络空间内行为的载体，信息的流动性决定了网络空间的流动性。

从宏观层面考察，自工业革命以来，人类社会一直朝着突破人身对地域的依附发展。工业社会实现的是地理上突破地域的限制，而当这样的趋势进一步延伸到网络空间，在信息技术的发展中，网络空间中的信息流动"不仅彻底地打破了地域的限制，而且正在突破领域、族阈的限制。可见，信息流动跨越了地域、领域以及族阈的界限，实现了在网络覆盖范围内的自由流动"。① 在信息的高速流动中，"所有的边界都是可以穿过的，因此，所有划出的边界在本质上都是无效的，至少是临时的和可更改的。所有的边界都是脆弱的、不坚固的、有漏洞的"。② 的确如此，在过去的"硬件"时代，权力与知识都附属于地域，是"地方性的"，所存在的空间范围稳固；而网络空间则是覆盖全球范围，具有流动性。

从具象层面而论，飞机、高铁使相隔千里的人可以迅速相聚，网络提供了一种革命性的连接方式，进一步突破了距离的阻隔，使人们能够做到"千里瞬息如晤"。基于生活空间持续的数据化和网络化，网络空间内行为人跨越时间与空间的界限，与不同主体的不同类型、重要程度与数量的法益产生连接，包括对之实施侵害成为可能。换言之，网络空间内犯罪行为具备的法益侵害风险相较于其他的犯罪场域呈几何倍数增长，呈现规模化的特征。但网络并没有为人们搭建起一个恒定的公共空间，每一个主体都可以自由选择接入或者退出互联网端口，登录或者退出互联网，以及接入多大范围的网络。因此，网络空间是流动的现实空间，时刻处在变化之中，而非恒定的虚拟空间，其内犯罪行为具备的法益侵害风险具有显著的不确定性。

二、多层次

多层次，是指互联网由硬件、软件和内容方能构成。③ 网络空间的多层次，决定了网络信息流动会关涉多方主体，刑法无法对它们进行统一规制，应该区分层次对各方主体进行综合治理。

究其本质，网络的出现是为人类社会提供了一种革命性的连接方式，进而将消极的信息接收个体变为积极的信息交互主体，创造了巨量的信息流动。作为流动空间的网络空间，其根基在于连接与交互，承担这个基本功能的是网络服务提供者。从广义的角度看，网络服务提供者是指专营为社会公众提供网络信息通讯服务，并保存任何经由其构建的网

---

① 张康之、向玉琼：《网络空间中的政策问题建构》，载《中国社会科学》2015 年第 2 期。
② [波]齐格蒙特·鲍曼：《被围困的社会》，郇建立译，江苏人民出版社 2005 年版，引言第 15 页。
③ 参见 Andrej Savin, EU Internet Law, Eldward Elgar Publishing, 2013, pp. 4-7.

络空间"收费站"之用户所留下的信息流动轨迹的"守门人"。① 而所谓网络服务提供者（Internet Service Providers）可以分为不同的类型。传统上，一般根据提供服务内容的不同将网络服务提供者分为两大类：第一类是网络信息内容提供者（ICP），指自己组织信息通过网络向公众传播的主体。第二类是网络中介服务提供者，指为传播网络信息提供中介服务的主体。②

随着信息技术的高速发展，网络服务提供者的类型在进一步分化。第一，本属于网络中介服务提供者的网络平台，其功能已远远超出"单纯通道"或技术保障，成为了网络空间信息交互的综合平台，网络平台提供者的角色也早已不具备被动性、工具性和中立性的特质，而是具备充分的能力，并且也已经积极参与到了对平台内信息流动的控制中，成为了网络空间中那只"无形之手"。③ 第二，互联网的触角能够延伸到的广度在逐步以"摩尔定理"的速度增加，网络服务提供者所能影响法益的层次也必然愈加复杂，法律保护的力度就不能一刀切。如果不对法律想要禁止的最终危害进行分类，也就很难对其想要禁止的行为分类。④ 在基本功能界分的框架下，还应当根据网络服务提供者所需保护法益的重要性作出第二层次的划分。因此，《网络安全法》第三至六章中采用了"关键信息基础设施运营者"和"网络运营者"的划分。

2019 年 11 月 1 日生效的最高人民法院、最高人民检察院《关于办理非法利用信息网络、帮助信息网络犯罪活动等刑事案件适用法律若干问题的解释》（以下简称《信息网络犯罪解释》）第 1 条的规定，将"网络服务提供者"明确为提供网络接入、域名注册解析等信息网络接入、计算、存储、传输服务，信息发布、搜索引擎、即时通讯、网络支付、网络预约、网络购物、网络游戏、网络直播、网站建设、安全防护、广告推广、应用商店等信息网络应用服务，以及利用信息网络提供的电子政务、通信、能源、交通、水利、金融、教育、医疗等公共服务的单位与个人。本条对接入、计算、存储、传输服务提供者，应用服务提供者以及公共服务提供者的划分，充分体现了《信息网络犯罪解释》在划分网络服务提供者规范类型时对服务内容与服务重要性标准的综合采纳。

此外，随着网络空间管理架构的进一步完善，责任主体也进一步细化。2017 年 9 月 7 日，国家互联网信息办公室还颁布了《互联网群组信息服务管理规定》以及《互联网用户公

---

① 参见 Christoph Demont-Heinrich, "Central Points of Control and Surveillance on a 'Decentralized' Net", INFO, Iss. 4, 2002, pp. 32-33。

② 参见刘文杰《网络服务提供者的安全保障义务》，载《中外法学》2012 年第 2 期。

③ 参见 Anne Cheung, Rudolf H. Weber, "Internet Governance and The Responsibility of Internet Service Providers", Wisconsin International Law Journal, Vol. 26, Nr. 2, pp. 406-408。

④ 参见［美］道格拉斯·胡萨克：《过罪化及刑法的限制》，姜敏译，中国法制出版社 2015 年版，第 249 页。

众账号信息服务管理规定》，网络聊天群组的群主也成为了法规范视野中的责任主体。

网络信息流动关涉主体的多样化，意味着网络空间犯罪行为潜在责任主体的多样化。对于刑法规制而言，这意味着在刑事责任认定时需要衡量的不同法益背后的权利主体愈加复杂。

三、去中心化

网络空间这一流动空间的运转并不依赖于中心控制系统，相反还具有显著的去中心化特征。去中心化的概念最先是由乔姆斯基在 1971 年与福柯的电视辩论中提出。乔姆斯基从实质合法性与形式合法性并不总是一致，提倡保留公民最大限度的自主权以防止国家权力不当侵害的角度，提出了去中心化的观点。他认为，"一个去中心化的权力体系和自由结社体制肯定会碰到这样的问题，就是不公平，比如一个地区比另外一个地区更富裕等。希望这些人本能的进步，比寄希望于来自中心化的权力机构所取得的进步要更安全些。这些中心化的机构几乎不可避免地服务于它最有权力的部分的利益"。① 乔姆斯基的"去中心化"表述指向的是瓦解公民对国家的绝对服从、扩大公民自主权利的民主价值观，拒绝在发展进步的名义下使公民陷入"自由即服从"的悖论。而网络技术革新推动的网络空间结构"去中心化"变革，为他的洞见作了最好的注脚。

在实然层面，去中心化的网络结构不仅带来了网络空间的易流变性，同时解构出了网络空间中行为的自主化和多元化。以技术根基而论，互联网唯一的标准——TCP/IP 协议直接决定了其体系结构上的去中心化特征。英国学者安德鲁·查德威克在其专著《互联网政治学：国家、公民与新传播技术》一书中，对 TCP/IP 协议与互联网技术的四点基本价值观进行了分析解读：其一，每个不同的网络必须代表它自己，当它接入互联网时不应该被要求进行任何内部调整。其二，网络传输应该基于最小努力的基础上，如果数据包不能抵达最终目标，那么这个数据包应从其来源之处迅速被再次传输。其三，以"黑盒子"来连接网络(这些"黑盒子"后来被称为网关和路由器)，信息流动数据包通过网关时不应该有信息滞留，因此，要使信息数据包简单化，避免复杂匹配，能够复原各种失败信息。其四，在运行方面不应有全球层面的控制。②

一言以蔽之，构建网络空间的技术根基就是互联网去中心化特征的根源所在，也是人们高呼"互联网是去中心化的"的理论基础。这一理论基础是互联网先驱从技术上奠定的，并融入了他们所倡导的价值理念。互联网先驱的设计保障了很难以中心权力对互联网进行

---

① 参见［美］诺阿姆·乔姆斯基、［法］米歇尔·福柯《乔姆斯基、福柯辩论录》，刘玉红译，漓江出版社 2012 年版。

② 参见［英］安德鲁·查德威克《互联网政治学：国家、公民与新传播技术》，任孟山译，华夏出版社 2010 年版，第 7~55 页。

控制，或者对它进行全局性、破坏性影响。而在当下，互联网的蓬勃发展使人类传播与获取信息的能力得到飞速提升，打破了国家对大量信息收集和管理的垄断，逐步形成了尽管只有少数人可以掌握信息源，但大多数人可以自由获取与传播信息的开放型信息社会。[①]这一点，即使 IPV6 协议全面普及，能够做到为每一个接入互联网的设备都分配一个 IP 地址，配合互联网准入的实名制实现完全的人机对应，也不会发生实质变化。而从刑法规制的视角来看，网络空间内行为人能够以自主的行为方式介入网络空间的信息流动，意味着犯罪行为没有确定的类型化模式，会随着互联网技术的发展进步根据行为人的自主意愿发生变化。公民个体的行为自由既是刑法保护的对象，也是刑法规制的对象，[②] 单一以犯罪行为人的行为模式为规制的中心，无法构建刑法适用的明确标准。

网络空间的结构特征导致的法益侵害风险规模化而不确定，刑事责任认定时需衡量主体及其享有之法益的复杂化，以及潜在犯罪行为人个体犯罪行为类型的多样化，此类现象可表述为法益侵害的社会化。

四、"双层社会"及其否定

关于网络空间的结构特征，我国学界还存在着影响较大的"双层社会"论。

所谓"双层社会"论认为"虚拟空间中已经逐渐形成了'现实社会'，网络实现了由'信息媒介'向'生活平台'的转换，成为人们日常活动的'第二空间'。网络开始由'虚拟性'向'现实性'过渡，网络行为不再单纯是虚拟行为，它被赋予了越来越多的社会意义，无论是电子商务还是网络社区，网络已经逐渐形成自身的社会结构……互联网的代际发展逐步使它本身从虚拟性的空间转向虚实结合、虚拟向现实过渡的空间……网络空间与现实空间正逐步地走向交叉融合，'双层社会'正逐步形成"。[③] 基于此，"网络已经由犯罪对象、犯罪工具发展到如今的需统一规制的犯罪空间，开始出现了一些完全不同于第二阶段的犯罪现象，它成为一些变异后的犯罪行为的独有温床和土壤。一些犯罪行为离开了网络，要么根本就无法生存，要么根本就不可能暴发出令人关注的危害性……此类犯罪行为本质上仍然是传统犯罪，但是它属于传统犯罪的网络异化，虽然有可能套用传统的罪名体系，但是如果不进行较大强度的扩张解释，传统的罪名根本无法适用于滋生在网络空间中的此类犯罪

---

① 参见［英］卡尔·波普尔《开放社会及其敌人》（第一卷），陆衡等译，中国社会科学出版社 2016年版，第 21 页。

② 参见 Henrique Carvalho, The Preventive Turn in Criminal Law, Oxford University Press, 2017, Preface, p. 2.

③ 于志刚：《"双层社会"中传统刑法的适用空间——以"两高"〈网络诽谤解释〉发布为背景》，载《法学》2013 年第 10 期。

行为"。①

本书认为"双层社会"论不乏新意，为刑法积极应对网络技术飞速发展所带来的挑战作出了实质努力，但对其观点无法赞同。"双层社会"论成立的前提，是稳定的网络空间已经形成。应当承认，随着信息技术的进步与发展，已经逐步形成了网络空间。基于极高的互联网普及率和网民数量，电子商务、电子支付蓬勃发展，各类聊天社区、QQ群、微信群迅速兴起，三网融合的发展趋势不可逆转，"使得互联网由'联'字当头向'互'字当头过渡，网络成为了人们的基本生活平台，普通网民成为了网络的主要参与者"。②该理论注意到了目前网络的蓬勃发展，以此为基点，认为"网络进入平台化时代之后，各类网络综合平台使人们能够借由网络的互联性满足诸多现实生活中的需求，网络空间和网络社会开始形成，现实社会与网络社会同时存在的'双层社会'成为新的社会结构。网络在网络犯罪中的地位也从作为犯罪对象、犯罪工具进入了一个全新的阶段——犯罪空间。网络空间成为一个犯罪的空间，成为了一个全新的犯罪场域。"③但犯罪空间等于稳定的虚拟空间吗？恐怕不然。

网络为人类提供了一种革命性的连接与交互途径，但并没有为人们搭建起一个恒定的公共空间，每一个网民都可以自由选择接入或者退出互联网端口，登入或者登出互联网以及与谁进行连接沟通，例如所有的网络社交空间组成都是在不断变化的。网络空间是流动的现实空间，时刻处在变化之中，而非恒定的虚拟空间，网络平台能够满足众多的现实需求并不能被用以论证网络空间的稳定存在。目前世界各国都有在投入对大脑连接方向的研究，有科学家甚至认为互联网发展的最终极方向将是脑联网，大脑之间将实现完全的网络连接，甚至出现真正的虚拟空间。如果科技真的到了如此程度，我们才可以认为网络已经超脱了工具的属性，成为了独立于现实社会的虚拟空间，反之则不然。人类的互联网水平没有真的发展到"思维互联"，就还没有创设出真正稳定的网络空间，而依现有科技水平的发展程度，实现这个目标仍为时尚早。

第二节　信息网络犯罪的概念厘清

应对网络空间内法益侵害社会化的应然路径是有效规制信息网络犯罪行为，那么明确信息网络犯罪的范畴，也就是厘清信息网络犯罪的概念，是展开进一步探讨的前提。首先应当指出，本书对信息网络犯罪概念的探讨，不是要在本体论的意义上回答"信息网络犯

---

① 于志刚：《网络犯罪的发展轨迹与刑法分则的转型路径》，载《法商研究》2014年第4期。
② 于志刚：《网络犯罪与中国刑法应对》，载《中国社会科学》2010年第3期。
③ 于志刚：《网络思维的演变与网络犯罪的制裁思路》，载《中外法学》2014年第4期。

罪是什么",因为犯罪的本质不是客观事实判断,而是价值判断,追求一个客观、统一的实质犯罪概念的努力注定是徒劳的。作为对犯罪本质的描述,法益侵害说与规范违反说的争执不休继而走向融合的趋势充分说明了这一点。应当从犯罪概念的功能,也就是作为对犯罪进行类型化的标准这一层面,对信息网络犯罪概念展开探讨。

犯罪学与刑法学都是以犯罪作为研究对象,但犯罪学视域内的犯罪概念有别于刑法学视域内的犯罪概念,这是由两个学科的不同任务所决定。犯罪学是跨学科的经验科学研究领域,研究犯罪行为的成因及分类、被害人行为模式、犯罪社会条件的控制、犯罪人改造可能性以及刑罚的实际影响;[1] 刑法学则是规范学科,是以刑法规范为基础,研究什么是犯罪,以及如何处罚犯罪,[2] 也就是刑事归责的学科。二者都以犯罪概念的界定作为研究开展的前提。但前者视域内,犯罪类型只需具有模糊指向性,这是犯罪学实证学科的任务决定的,它的任务是在分析犯罪现象、归结犯罪原因的基础上,提出犯罪预防的策略与措施。因此,根据控制变量的需求,犯罪人类别、犯罪侵犯对象、犯罪手段等,都可以成为犯罪类型划分的标准。例如,根据犯罪人的类别划分,可以有老年犯罪,女性犯罪等,根据侵犯的对象划分,可以有环境犯罪,经济犯罪等,根据犯罪行为手段的划分,可以有暴力犯罪,非暴力犯罪等。而后者则不同,刑法学的任务是划定刑罚处罚的范围,这包括立法层面犯罪化边界的确立,以及司法适用层面犯罪化边界,也就是以刑事责任为依据适用刑罚处罚的边界的确立。后者视域内的犯罪概念,应当为立法与司法层面的犯罪化提供明确的基础界限。

一、犯罪学视域的信息网络犯罪

(一)信息网络犯罪的代际演变:以数据为对象

对于信息网络犯罪概念的厘定,从世界范围内来看一直都在犯罪学视域下进行。在欧洲,"网络犯罪"是比较通行的指称。欧洲理事会《网络犯罪公约》中,将网络犯罪界定为两类犯罪行为,"侵犯计算机数据和信息安全的网络犯罪为一类;在滥用计算机技术、网络技术实施的其他犯罪中,根据它们的客观方面的特征,如犯罪行为、犯罪对象,将它们分为与计算机相关的犯罪、与内容相关的犯罪和侵犯著作权及其邻接权的犯罪。"[3]也就是将网络犯罪界定为两类犯罪行为,一类是狭义的网络犯罪,具体指侵犯计算机系统或数据机密性、完整性与可用性的犯罪行为;一类是广义的网络犯罪,具体指以互联网为工具实

① 参见 Hans-Dieter Schwind, Kriminologie und Kriminalpolitik: Eine praxisorientierte Einführung mit Beispielen, C. F. Müller, 2016, S. 8。

② 参见郑旭江、杨兴培:《论犯罪学与刑法学的相互关系与互补共进》,载《青少年犯罪问题》2014年第3期。

③ 参见皮勇:《网络犯罪比较研究》,中国人民公安大学出版社 2005 年版,第 19 页。

施的犯罪行为，① 这一区分标准也为联合国毒品与犯罪办公室②采纳。这一定义以犯罪行为侵犯的对象，也就是计算机数据或系统作为网络犯罪核心范畴的界定标准，以互联网为工具实施的其他犯罪以其激增的危害性也被纳入了广义网络犯罪的范畴。

我国学界目前处于通说地位的观点认为，信息网络犯罪主要经历了三次代际演变，③第一个阶段是将计算机信息系统作为犯罪对象的"互联网 1.0"时期。2000 年之前，互联网是以"联"为主，将计算机和网民连接到一起，计算机信息系统主要是犯罪对象。《刑法》设置了第 285 条非法侵入计算机信息系统罪和第 286 条破坏计算机信息系统罪，以及作为对利用计算机网络实施传统犯罪进行处罚之提示性规定的第 287 条。根据犯罪对象进行划分，这一阶段的信息网络犯罪的主体内涵是指计算机犯罪。网络犯罪的概念则主要指运用计算机技术，借助于网络实施的具有严重危害性的行为，④ 也就是刑法第 287 条所规制的情形，在当时的互联网发展阶段还远未受到足够关注。

第二个阶段是计算机、网络作为犯罪工具的"互联网 2.0"时期。2000 年之后，互联网逐渐成为了网络参与主体间实现"点对点"信息交流的介质，以"互"为主、借助网络实施的传统犯罪，特别是侵财犯罪大幅跃升，单一以计算机信息系统为对象的犯罪行为显著下降，立法者对刑法第 285 条和第 286 条进行了扩容，形成了以计算机信息系统、软件和数据为保护对象的罪名体系。这一阶段，以计算机网络为犯罪工具的犯罪行为大幅上升。2000 年全国人大常委会通过的《关于维护互联网安全的决定》与《刑法》第 287 条共同成为规制以计算机网络为工具、网络化的传统犯罪的主要规范根据，定罪量刑的标准则由最高司法机关主导下出台司法解释予以明确。到这一阶段为止，我国《刑法》第 286 条所规制的犯罪行为基本对应《网络犯罪公约》界定的狭义网络犯罪的范畴，第 287 条所规制的犯罪行为则对应广义网络犯罪的范畴。

第三个阶段是将互联网作为犯罪空间、三网融合的"互联网 3.0"时期。随着网络平台的生成，已经形成网络空间与现实空间并行交融的"双层社会"。⑤ 在网络空间这一新型犯罪空间内，犯罪行为的危害性呈几何倍数递增，需要特别规制。我国通过《修(九)》增设了第 286 条之一拒不履行信息网络安全管理义务罪，第 287 条之一非法利用信息网络罪，第 287 条之二帮助信息网络犯罪活动罪，第 291 条之一编造、故意传播虚假信息罪，这四

① 包括英国、德国在内的 26 个欧盟成员国以及美国、加拿大等国都是该公约的缔约国，均采纳了网络犯罪的这一界定。

② 参见 UNODC, Comprehensive Study on Cybercrime 2013, Exclusive Summary, p. 1。

③ 参见于志刚：《网络思维的演变与网络犯罪的制裁思路》，载《中外法学》2014 年第 4 期。

④ 参见刘广三、杨厚瑞：《计算机网络与犯罪》，载《山东公安专科学校学报》2000 年第 2 期。

⑤ 参见于志刚：《"双层社会"中传统刑法的适用空间——以"两高"〈网络诽谤解释〉发布为背景》，载《法学》2013 年第 10 期。

个只能发生在网络空间的"纯正"网络犯罪，①并修订了第 253 条之一侵犯公民个人信息罪来应对网络空间新的犯罪情势。而在网络空间实施的编造、故意传播虚假信息罪，本质属于网络化的传统犯罪，因而不在此列，真正的狭义网络犯罪只包含了其余 4 个罪名，这一类犯罪所侵犯的对象是互联网、信息系统②及其所存储数据。③

除了前文所持对"双层社会"论的否定观点，本书对以上有关网络犯罪代际演变的认知表示赞同，但以互联网、信息系统及其所存储数据作为评价的行为对象，信息网络犯罪的概念和范围界定仍不清晰。对互联网、信息系统及其所存储数据的侵犯一般包含以下三种情形：第一，通过侵犯计算机信息系统实现对三者的侵犯，也就是传统意义上的计算机犯罪；第二，通过对三者的侵犯实现其他犯罪目的，也就是网络化的传统犯罪；第三，通过侵犯所存储数据，主动或附随地实现对互联网或信息系统的侵犯。狭义信息网络犯罪的范畴仅限于第三种情形下的犯罪行为，信息系统所存储数据是其所侵犯对象。鉴于我国《刑法》中采用了信息而非数据的法律概念，对于二者还应进行进一步辨析，才能厘清犯罪学视域下信息网络犯罪所侵犯对象及其基本范畴。

(二)信息网络犯罪基本范畴：以信息为对象

1. "数据"与"信息"之辨

所谓数据，是指标准化、可再处理的信息表达形式，是信息内容的荷载符号，④包括图像、声音、文字以及它们能转换的形式等。互联网时代是本书的基本语境，在此前提下，数据被以电、磁等方法固定在硬盘等载体上，由此才能够聚合(aggregiert)并被进一步处理(weiterverarbeitet)形成电子数据。⑤当前各国的相关立法大多集中于电子数据的保护，因此一般认为相关的立法及文献中使用的"数据"指称的就是电子数据，本书使用的"数据"概念也是如此。信息是指不同主体之间的数据交换所产生的"意义"，或者说内容。⑥与数据不同，信息不具备先在的客观内涵，并不只是"对于一定物质存在的反应，具有一定结构和层次并能够为人所感受和认知的符号集合"⑦，因为意义，或者说内容的产生需

---

① 参见梁根林：《传统犯罪的网络化：归责障碍、刑法应对与教义限缩》，载《法学》2017 年第 2 期。

② "信息系统"的概念超越了计算机的单一载体范畴，不同于"计算机信息系统"。

③ 2014 年，第十九届国际刑法学协会所达成的"信息社会与刑法"决议中，基于犯罪行为愈加显著的网络化特征，将狭义信息网络犯罪的范畴界定为："数据和信息通讯技术系统的保密性、完整性和可用性。"参见孙道萃《网络刑法知识转型与立法回应》，载《现代法学》2017 年第 1 期。

④ 参见 Max von Schönfeld, Screen Scraping und Informationsfreiheit, Nomos, 2018, S. 27。

⑤ 参见 Max von Schönfeld, Screen Scraping und Informationsfreiheit, Nomos, 2018, S. 27。

⑥ 参见 Andréa Belliger, David J. Krieger, Network Publicy Governance: On Privacy and the Informational Self, Verlag Biefeld, 2018, p. 38。

⑦ 王肃之：《大数据环境下法人信息权的法律保护——以脱敏数据权利为切入点》，载《当代经济管理》2018 年第 8 期。

要依赖两个前提：第一，信息发出者和接收者之间的交换过程（Informationsprozess）；第二，信息接收者的主观认知。从行动者网络理论（Actor Network Theory）的视角出发，在本体论的意义上，信息只有在现实社会的行动者（包括人与物）参与形成的网络中才会存在。① 抛开信息形成的过程界定信息内涵，无法对信息的本体属性形成准确和完整的认知。

2. 信息：刑法评价的行为对象

基于以上认知，以主体、信息与数据的关系作为语境展开探讨，可以明确刑法评价的行为对象应是"信息"而非"数据"。我国刑事立法中"信息"和"数据"的概念都存在，例如"个人信息"与"计算机信息系统数据"，学界对二者一般不作区分。但在刑法视域中，通过加工处理数据制造、获取、传播与利用信息，可能会指向多种类型的法益侵害，若以数据作为对象构建全面的刑法规范与评价体系，会力有不逮，应当以信息作为刑法评价的行为对象。

例如通过加工处理数据制造、获取、传播与利用违法信息可指向秩序法益侵害，获取、传播与利用个人信息可指向人身法益侵害，获取、传播与利用商业秘密、游戏账号密码等信息可指向财产法益侵害。正是由于对数据与数据加工处理后形成的信息不加以区分，在司法实践中，单纯通过扩张解释"计算机信息系统"，数据作为"计算机信息系统"的附属概念几乎被扩张到包含网络中的一切数据，我国刑法第 285 条与第 286 条规定的计算机犯罪才逐渐有沦为口袋罪的趋势。② 与此同时，我国通过《修（九）》新增加与修订了 4 个信息网络犯罪罪名。③ 我国学界在以"代际演变"的视角，以"网络思维"④投入新罪名的研究时，往往忽略了应当厘清计算机犯罪与信息网络犯罪在刑法规范视野下的关系。

事实上，在对非法获取计算机信息系统数据罪的探讨中，已有学者以区分数据的技术属性与法律属性为前提，主张本罪所保护的法益是数据安全，应当将以数据为媒介侵犯个人信息权、财产权与知识产权的犯罪排除在本罪规制范围之外。⑤ 本书认为这还不够，需要更进一步从数据与信息的关系着手，厘清计算机犯罪与信息网络犯罪之间具备普适意义

① 参见 Andréa Belliger, David J. Krieger, Network Publicy Governance: On Privacy and the Informational Self, Verlag Biefeld, 2018, p. 41。

② 参见杨志琼：《非法获取计算机信息系统数据罪"口袋化"的实证分析及其处理路径》，载《法学评论》2018 年第 6 期。

③ 包括我国《刑法修正案（九）》新增的第 286 条之一拒不履行信息网络安全管理义务罪、第 287 条之一非法利用信息网络罪、第 287 条之二帮助信息网络犯罪活动罪，以及修改的第 253 条之一侵犯公民个人信息罪，第 291 条之一第 2 款编造、故意传播虚假信息罪属于网络化的传统犯罪，不在此列。

④ 参见于志刚：《网络思维的演变与网络犯罪的制裁思路》，载《中外法学》2014 年第 4 期。

⑤ 王肃之：《大数据环境下法人信息权的法律保护——以脱敏数据权利为切入点》，载《当代经济管理》2018 年第 8 期。

的关系。本书认为，以上计算机犯罪所规制的，是通过处理计算机信息系统内部、侧重于计算机信息系统功能维护的数据，从而获取、传播与利用权限认证信息的行为，其余信息网络犯罪的相关罪名所规制的，均为通过数据加工处理，制造、获取、传播与利用信息侵犯刑法所保护相应法益的行为。我国刑法中有对"事实""内容""秘密"等进行规制的罪名（具体罪名在下文展开），所评价的实质对象就是信息。从这个意义上来说，我国刑法评价的行为对象不是数据，而是信息。对于数据加工处理行为的刑法评价，应当首先判断通过数据加工处理所得到的信息类型，进而判断制造、获取、传播、利用相应信息所侵犯的具体法益，并结合具体的刑法规定明确所触犯具体罪名，依此路径才能避免产生不必要的竞合情形。

以德国刑法中数据犯罪的相关规定为蓝本，我国刑法学界有观点主张应以数据作为刑法评价的行为对象，[1] 这忽视了两国立法模式的本质区别。根据德国刑法第 202a 条探知数据罪第 2 款的规定，其"数据"是指"以电子、磁性或其他无法直接感知的方式存储或传输者，"也就是技术意义的电子数据与信息内容的结合，二者未作区分。[2] 以此为对象，根据德国刑法中数据犯罪的规定，数据处理行为受到一致的评价。[3] 我国刑法第 285、第 286 条规定的计算机犯罪，正如上文所述，处罚的是通过数据处理影响计算机信息系统功能的行为，其实质是获取、传播、利用计算机信息系统权限认证信息的行为。《修（九）》新增的信息网络犯罪则更是明确以"信息"为对象，规制对信息的制造、获取、传播与利用行为。因此，在我国刑法语境下，不能不对二者加以区分，需明确刑法评价的行为对象是信息而非数据。

至此，厘清信息网络犯罪的基本范畴已不存在障碍。狭义信息网络犯罪应指通过数据处理，制造、获取、传播、利用特定类型信息，主动或附随侵犯互联网或信息系统的行为；广义信息网络犯罪包括计算机犯罪，即通过处理计算机信息系统内部、侧重于计算机信息系统功能维护的数据，从而获取、传播与利用权限认证信息，以实现对互联网、信息系统及其所存储数据的侵犯行为，以及网络化的传统犯罪，即通过数据处理，制造、获取、传播、利用计算机信息系统权限认证信息以外的其他信息，以实现其他犯罪目的的行为。这样的分类，对于在刑法学这一规范学科视域中、在法益侵害社会化的现状下确立信

---

① 参见于志刚、李源粒：《大数据时代数据犯罪的制裁思路》，载《中国社会科学》2014 年第 10 期。

② 欧盟的《欧洲数据保护基本条例》也是如此。

③ 例如第 202a 条探知数据罪处罚"无权限而克服安全防护措施，使自己或第三人取得非为自己所制作，且无获取权限的、被特殊防护的数据"的行为，第 202b 条拦截数据罪处罚"使用技术方法，使自己或第三人从非公开的数据传输中，或数据处理设备的电子传输中，取得非其所用的数据"的行为，第 303a 条变更数据罪处罚"违法删除、封锁或变更他人数据，或使之失效"的行为，第 303b 条破坏计算机罪处罚"对他人重要的数据处理造成显著干扰"的行为。

息网络犯罪刑事规制的基础边界仍显不足，需要在刑法学视域中进行进一步厘清。

二、刑法学视域的信息网络犯罪

有关犯罪概念的界定，刑法理论中历来存在争议。从世界范围来看，刑法理论中主要形成了三种类型的犯罪概念，即形式概念、实质概念以及混合概念。① 形式的犯罪概念试图从犯罪的法律特征来进行界定，将犯罪表述为触犯刑法，应承担刑事法律后果的行为。② 实质的犯罪概念从犯罪的前提与根据入手，将犯罪表述为侵犯法益或者违反规范的行为。混合的犯罪概念则结合形式的法律特征描述与实质的犯罪本质界定。根据通说观点，我国《刑法》第 13 条的规定即为典型的混合犯罪概念，理论中将犯罪界定为具有刑事违法性、社会危害性以及应受刑罚处罚性的行为，③ 所谓应受刑罚处罚性以罪过与责任能力为成立条件，是将行为入罪的规范评价过程，犯罪的基本特征实为刑事违法性与社会危害性。

在德日刑法理论中多采用形式的犯罪概念，认为犯罪是具备构成要件符合性、违法性与有责性的行为。通过阶层式的犯罪构成理论，对刑法处罚的犯罪行为予以类型化，以确立犯罪化的基础边界。而为了避免出罪规范路径的缺乏，实质的犯罪概念通过违法性理论获得了存在与发展的空间。实质违法性是指行为对刑法规范所保护的法益造成了侵害结果，或具备法益侵害的抽象危险。鉴于法益本身即为立法者经过以宪法为依据的价值判断后，确认以刑法保护的现实生活利益，而法益侵害结果与抽象危险的认定也需要对相冲突的现实生活利益进行衡量，确认刑法不保护或者次优保护的利益，对刑法优先保护的利益造成损害或具备侵害的抽象危险，所谓实质违法性的判断即是对刑法所保护现实生活利益优先级的价值判断。形式与实质违法性是一体两面的关系，由此产生了违法阻却事由等衡量实质违法性的规范要素。而我国的刑法理论中，社会危害性与刑事违法性通常被理解为决定与被决定的关系，④ 前者是犯罪的本质特征，后者仅要求行为形式地违反了刑事法律规范，否认刑事违法性中实质违法性的意涵。其实质是认为社会危害性独立于刑事违法性，将行为入罪规范评价过程中的价值判断交由法律之外、极易被恣意解释的"社会危害性"来进行判断，无疑与罪刑法定的基本原则相冲突。这一点，在"玉米收购案""气枪案"等一系列热点案件的定罪判决与纠正中体现得非常清晰。不能只看到最后的结果是以"情节显著轻微，危害不大"来出罪，还应当认识到出罪与入罪都失于恣意。因此，本书选择

---

① 参见刘艳红：《入出罪走向出罪：刑法犯罪概念的功能转换》，载《政法论坛》2017 年第 5 期。

② 参见 Hans-Dieter Schwind, Kriminologie und Kriminalpolitik: Eine praxisorientierte Einführung mit Beispielen, C. F. Müller, 2016, S. 6.

③ 参见马克昌：《犯罪通论》，武汉大学出版社 1999 年版，第 75～76 页。

④ 参见高铭暄、马克昌：《刑法学》，北京大学出版社、高等教育出版社 2000 年版，第 49 页。

在德日刑法理论中形式犯罪概念的语境下，展开对信息网络犯罪概念的厘清。

如上文所指出，网络空间的结构特征催生了其内犯罪行为可能造成法益侵害的社会化。以犯罪行为网络化的基本特征为前提，在刑法学视域内，本书探讨的信息网络犯罪不包括计算机犯罪，限于狭义的信息网络犯罪以及广义信息网络犯罪中网络化的传统犯罪。传统犯罪网络化之后产生了法律规制漏洞，狭义信息网络犯罪的创制被视作对此类漏洞的弥补。两者范畴内，需要研究的问题却又不相同。对于狭义信息网络犯罪，由于潜在犯罪行为人的单一行为可侵害对象，以及法益的类型、数量与重要性都无法预测，单一以犯罪行为所侵害对象或行为模式为标准已无法妥当地界定刑罚处罚的基础范围，也就是区分出此类罪名有别于传统罪名的保护范围。而法益与行为事实上处于对置关系，应当统一于犯罪概念之中。换言之，侵犯特定法益，具备构成要件符合性、违法性与有责性的行为，才是犯罪的完整内涵。那么，狭义信息网络犯罪是指侵犯法定主体信息专有权、符合构成要件符合性、违法性与有责性的行为。对于网络化的传统犯罪，法益侵害社会化带来一个显著的问题：在创设狭义信息网络犯罪且明确其保护范围之后，还能够以传统犯罪行为与互联网结合之后法益侵害重大为理由对相应传统犯罪行为从重处罚①吗？这是否存在重复评价的问题？后文也将结合具体罪名进行探讨。

第三节　信息网络犯罪的主要类型与严峻现状

随着互联网逐渐成为世界范围内经济社会发展的基础架构，信息网络犯罪也随之呈现出高发态势。下文拟分别梳理德国、美国、英国这三个世界主要法治发达国家，以及我国信息网络犯罪的主要类型与严峻现状。

一、域外国家信息网络犯罪的主要类型与严峻现状

（一）德国信息网络犯罪的主要类型与现状

在欧洲理事会《网络犯罪公约》定义的基础上，基于信息网络犯罪行为愈加显著的网络化特征，德国联邦犯罪调查局在其最新的 2017 年《联邦网络犯罪现状报告》（Cybercrime Bundeslagebild 2017）中对其狭义信息网络犯罪的定义进行了更新，界定为"针对互联网、数据网络、信息系统及其所存储数据的犯罪行为"。② 这一定义，坚持了将犯罪行为所侵犯对象作为信息网络犯罪核心范畴的界定标准，又基于犯罪行为网络化的现实特征对《网

---

① 比如曾经被学界热议的网络寻衅滋事罪，在我国《刑法》中增设编造、故意传播虚假信息罪之后，对此类行为如何妥当评价？

② Bundeskriminalamt, Cybercrime: Bundeslagebild 2017, S. 2.

络犯罪公约》的传统定义进行了突破，将狭义信息网络犯罪的范畴明确为以数据为侵犯对象的犯罪。该类犯罪主要包含以下几类罪名：计算机诈骗罪①、探知或拦截数据罪②、变更数据罪③、破坏计算机罪④以及伪造有证明重要性之数据罪⑤和数据法律交往中的诈骗罪。⑥ 滥用信息通信服务的行为作为一类特殊的计算机诈骗行为受到独立的关注。而窝藏数据罪⑦本年度并未进入统计范围。

总体来看，根据警方的犯罪数据统计（Polizeiliche Kriminalstatistik），2017 年狭义信息

① 《德国刑法典》第 263a 条规定："（1）意图使自己或他人获取不法的财产性利益，通过利用非正确编写的计算机程序无权使用数据，或其他无权而介入数据运算，影响运算结果，导致他人财产损害的，处五年以下有期徒刑或罚金。（2）本罪适用第 263 条第 2 至第 7 款的规定。（3）为了实施本罪第 1 款规定的犯罪行为，编写，使自己或第三人取得、贩卖、保存计算机程序，或将计算机程序让与第三人的，处三年以下有期徒刑或罚金。"参见§263a StGB。

② 包括 202a 条探知数据罪，202b 条拦截数据罪以及 202c 条预备探知和拦截数据罪。202a 条规定："无权限而克服安全防护措施，使自己或第三人取得非为自己所制作，且无获取权限的、被特殊防护的数据，处三年以下有期徒刑或罚金。第 1 款所指数据，是指以电子、磁性或其他无法直接感知的方式存储或传输者。"202b 条规定："使用技术方法，使自己或第三人从非公开的数据传输中，或数据处理设备的电子传输中，取得非其所用的数据，且该行为不会依照其他罪名被处以更重刑罚的，处以两年以下有期徒刑或罚金。"202c 条规定："任何人制造、为自己或他人获取、出售、转让、传播或者通过其他方式，使他人获取可用于访问本法第 202a 条第 2 款规定之数据的密码，或其他安全代码，或者使他人获取用于实施数据探知或拦截的计算机程序，从而预备实施本法第 202a 条或第 202b 条规定的犯罪的，处两年以下有期徒刑或者罚金。本罪适用第 149 条第 2 与第 3 款的规定。"参见§202a, 202b, 202c StGB。

③ 《德国刑法典》第 303a 条规定："违法删除、封锁或变更他人数据（202a 条第 2 款），或使之失效的，处两年以下有期徒刑或罚金。处罚未遂犯。预备实施第 1 款犯罪行为的，适用 202c 条的规定。"

④ 《德国刑法典》第 303b 条规定："（1）对他人重要的数据处理以下列方法造成显著干扰的，处三年以下有期徒刑或罚金：以 303a 条第 1 款的行为实施；意图使他人遭受不利，输入或传输数据；毁坏、损坏数据处理或储存设备，或使之失效，或予以变更。（2）对以他人经营的组织、企业或机关重要的数据处理为对象，实施本罪规制的犯罪行为的，处五年以下有期徒刑或罚金。（3）处罚未遂犯。（4）犯第 2 款规定的犯罪行为，情节严重的，处以七个月以上十年以下有期徒刑。有下列情形之一的，原则上即为情节严重：造成重大财产损失；系职业行为或犯罪组织成员，其行为可能发展至与破坏计算机罪相联系；妨碍国民生活上的重大利益或服务供给，或德意志联邦共和国的安全。（5）预备实施第 1 款犯罪行为的，适用 202c 条的规定。"参见§303b StGB。

⑤ 《德国刑法典》第 269 条规定："（1）意图在法律交往中诈骗，储存或变更具有重要性的数据，致使查看该数据时仿佛存在一份真正的或伪造的文书，或使用此类被存储或变更之数据的，处五年以下有期徒刑或罚金。（2）处罚未遂犯。（3）本罪适用 267 条第 3 款与第 4 款的规定。"参见§269 StGB。

⑥ 《德国刑法典》第 270 条规定："在法律交往时对数据处理产生虚假影响，视为在法律交往中的诈骗。"参见§270 StGB。

⑦ 《德国刑法典》第 202d 条规定："（1）意图为自己或第三人的利益损害他人，对非开放给公众且由他人违法行为所取得的数据（202a 条第 2 款），使自己或他人取得、交付他人、散布或者以其他方法取得并使用的，处三年以下有期徒刑或罚金。（2）前款之罪，刑罚不得重于对先行犯罪行为所规定的刑罚。（3）仅为履行合法公务或业务的职业行为，不适用本罪第 1 款的规定，主要包括：公务员或受委托者仅为了在税款征收程序、刑事程序或秩序违反程序使用而提供数据的；刑事诉讼法第 5 款第 1 项第 5 句规定的人对于资料接收、使用或公开的业务行为。"参见§202d StGB。

网络犯罪的案件总数为 85960 件，较之 2015 年的 82649 件增长了 4%。其中，狭义网络犯罪范畴的计算机诈骗罪，也就是以为自己或他人谋取利益为目的，通过数据处理给他人造成财产损失的行为有 63939 件，居绝对多数，占比 74.3%；探知或拦截数据类犯罪有 9600 件，占比 11.1%；伪造有证明重要性之数据罪和法律交往中的数据诈骗罪共 8352 件，占比 9.7%；变更数据和破坏计算机罪共 3596 件，占比 4.1%；滥用信息通信服务的犯罪行为共 473 件，占比 0.8%。广义的信息网络犯罪，也就是互联网在犯罪行为的实施、犯罪计划的完成中发挥了显著作用（不包括实行行为之前通过互联网进行联络这样的情形）的犯罪，2017 年共有 251217 件，较之 2015 年的 2532098 件小幅下降了 0.7%。其中，通过互联网实施诈骗犯罪的有 183529 件，占比 74.4%，居绝大多数；通过互联网侵犯公民人身与自由的有 8140 件；通过互联网侵犯他人性自主权的有 7888 件，通过互联网实施附属刑法所规制犯罪的有 5143 件。

根据警方的统计，2017 年信息网络犯罪所造成的经济损失总额为 7180 万欧元，其中，狭义信息网络犯罪范畴内的计算机诈骗造成经济损失为 7140 万欧元，滥用信息通信服务造成的经济损失为 40 万欧元。根据第三方机构 2017 年 10 月所作调查显示，过去 2 年内，2 个网民中就有 1 个曾经成为信息网络犯罪的受害者，有超过一半的德国企业因为信息网络犯罪遭受了经济损失。[①]

（二）美国信息网络犯罪的主要类型与现状

美国也是《网络犯罪公约》的缔约国之一，因此对于信息网络犯罪的基本界定也沿用了该公约的二分法。美国联邦调查局是美国网络犯罪调查的领导机构，其下属的互联网犯罪投诉中心（Internet Crime Complaint Center）负责受理美国和世界各地受害人有关信息网络犯罪的报案，与其他通常向地方警局、联邦调查局和其他联邦执法机构、联邦贸易委员会以及邮政检查服务局举报的违法犯罪行为相区分。该中心负责撰写年度的美国网络犯罪调查报告，在最新的 2018 年度《网络犯罪报告》（2018 Internet Crime Report）中，由于对信息网络犯罪的报案受理机制不同，并未如德国一般依据警方对进入刑事调查程序的犯罪行为进行的统计，按照两类信息网络犯罪的分类分别计算，而是直接按照各类广义信息网络犯罪行为报案的受害人人数与造成损失，对联邦与各州的具体境况进行排序与统计。

在各类罪名受害人的统计中，该报告并未明确区分统计美国国内的受害人，仅按照受害者人数量对美国各州和世界各国进行了排序。而在以联邦州为标准的分类统计中，又并未纳入罪名的考量，因此，根据此份报告，本书无法区分出各类罪名的美国国内受害人，仅能按照整体的统计数字予以评析。该份报告显示，进入统计范畴的犯罪行为共有 35 类，

---

① 参见 Bundeskriminalamt, Cybercrime：Bundeslagebild 2017, S. 7。

进行举报的受害人共有 257664 人，造成经济损失约 6.44 亿美元（造成损失 25.7 亿美元，追回损失 19.26 亿美元）。按受害者人数多寡的顺序，包括拒不支付或拒不发货（65116 人），网络敲诈勒索（51146 人），个人数据泄露（50642 人）等。[①]

（三）英国信息网络犯罪的主要类型与现状

1990 年英国即颁布了《计算机滥用法》（Computer Misuse Act）作为应对信息网络犯罪的基础性专门法，英国国家统计局从 2016 年起开始将滥用计算机的犯罪行为与诈骗犯罪分开统计，根据法律规范所确立的表述，将狭义的信息网络犯罪表述为计算机滥用的犯罪，对广义的信息网络犯罪仅统计涉及互联网的各类诈骗犯罪，未涉及以互联网为犯罪工具的其他类型犯罪。2006 年成立的英国国家犯罪局（NCA）是英国负责打击信息网络犯罪的领导机构。该局在其最新的《网络犯罪评估报告》中将信息网络犯罪划分为两类，网络依赖型犯罪（Cyber-dependent Crime）和网络驱动型犯罪（Cyber-enabled Crime），[②] 这一界定相较于《网络犯罪公约》确立的两分法标准实质也并未发生变化。依据英国国家统计办公室最新的 2017《英格兰与威尔士犯罪统计报告》显示，从 2016 年 7 月至 2017 年 6 月所统计的犯罪总数为 5812000 件，其中计算机滥用的犯罪与诈骗犯罪共 4946000 件，占比超过 85%。这之中各类诈骗犯罪 3339000 件，包括银行与信用卡诈骗（2513000 件），消费者与零售诈骗（727000 件），预先付费而未获得对价给付（40000 件），其他类型诈骗（60000 件）；计算机滥用型犯罪共 1607000 件，包括计算机病毒攻击（1071000 件），非法获取个人信息（包括黑客攻击）（535000 件）。[③]

根据独立第三方机构的研究报告，仅 2016 年英国境内就有 290 万家企业遭受了网络犯罪的侵袭，占英国境内企业数量的 52%，造成的经济损失为 291 亿英镑。16 岁以上的英国居民，因为信息网络犯罪人均年均经济损失 210 英镑。[④]

经过上文对三个世界主要法治发达国家信息网络犯罪主要类型和现状的考察可以清晰地看到，单一的以黑客攻击为代表、以计算机信息系统为犯罪对象的计算机犯罪数量所占比例已非常小，狭义信息网络犯罪以及网络化的传统犯罪的数量与比例已很大，受害人数量与造成的经济损失都非常大，已成为各国亟待治理的严峻社会问题。那么，我国信息网络犯罪的类型与现状又是如何呢？

---

① 参见 Internet Crime Complaint Center, 2018 Internet Crime Report, p. 19。

② 参见 NCA, Cybercrime Assessment 2016, p. 5。

③ 参见 Office for National Statistics, Crime in England and Wales: year ending June 2017, pp. 18-19。

④ 参见 Marika Samarati: "Cyber crime cost UK businesses ￡ 29 billion in 2016", https://www.itgovernance.co.uk/blog/2016-cyber-security-breaches-cost-uk-businesses-almost-30-billion/，访问时间 2019 年 7 月 8 日。

二、我国信息网络犯罪的主要类型与严峻现状

(一)我国狭义信息网络犯罪的类型与现状

在我国,狭义信息网络犯罪的罪名经由 2015 年 8 月通过的《修(九)》新近创立。根据中国裁判文书网已经公开的判决文书显示,截至 2019 年 7 月 8 日,判处拒不履行信息网络安全管理义务罪的案件数为 1 件,[①] 判处非法利用信息网络罪的案件数为 80 件,[②] 判处帮助信息网络犯罪活动罪的案件数为 28 件,[③] 判处侵犯公民个人信息罪的案件数为 287件。[④] 随着国家"互联网+"战略的持续推动,"十三五"规划所提出的国家大数据战略的实施,以及以之为基础的人工智能(AI)产业的蓬勃发展,互联网更加广泛而深入地嵌入国家社会经济发展的基础架构,狭义信息网络犯罪的数量必然会随之增长。

(二)我国网络化传统犯罪的类型与现状

我国网络化的传统犯罪呈递增高发态势,类型向多样化发展,造成的经济损失也非常惊人。国际著名的互联网安全技术厂商 Mcafee 公司于 2014 年发布的《网络损失:网络犯罪损失估算报告》指出,仅在 2014 年,信息网络犯罪给中国造成的经济损失就占据了当年中国 GDP 总额的 0.63%。[⑤] 其中,如本书所考察的德、美、英三国一样,通过互联网实施的侵财犯罪,主要为电信网络诈骗犯罪、网络金融犯罪、网络型传销犯罪等,成为近来最为高发的网络化传统犯罪。根据相关统计,从 2020—2021 年的整体犯罪形势来看,利用信息网络实施传统的侵财与侵犯人身权利的犯罪已成为主导的犯罪类型。2020 年,全国检察机关起诉利用信息网络实施犯罪的嫌疑人共 14.2 万人,同比增长 47.9%,仅 2021 年 1月至 3 月,全国检察机关起诉利用信息网络手段实施犯罪的嫌疑人达 41847 人,同比增长1.1 倍。其中,利用信息网络实施的诈骗、赌博等非接触性传统犯罪是主要类型,侵犯公民个人信息罪、帮助信息网络犯罪活动罪等狭义信息网络犯罪也占据了较大比例。网络化传统犯罪的新手段更新很快,网络黑灰产业链已经形成,且犯罪利益链条化、组织集团

---

① http://wenshu.court.gov.cn/list/list/? sorttype=1&conditions=searchWord+QWJS+++全文检索:拒不履行信息网络安全管理义务罪,访问时间 2019 年 7 月 8 日。

② http://wenshu.court.gov.cn/list/list/? sorttype=1&conditions=searchWord+QWJS+++全文检索:非法利用信息网络罪,访问时间 2019 年 7 月 8 日。

③ http://wenshu.court.gov.cn/list/list/? sorttype=1&conditions=searchWord+QWJS+++全文检索:帮助信息网络犯罪活动罪,访问时间 2019 年 7 月 8 日。

④ http://wenshu.court.gov.cn/list/list/? sorttype=1&conditions=searchWord+QWJS+++全文检索:侵犯公民个人信息罪,访问时间 2019 年 7 月 8 日。

⑤ 参见 Center for Strategic and International Studies in Mcafee, Net Losses:Estimating the Global Cost of Cybercrime 2014, p. 22。

化、跨境化特征明显。①

而随着移动终端规模的加速扩张，我国网络化传统犯罪的规模会不断扩大，类型也会向更加多样化的趋势发展，整体呈现出以下特点：第一，犯罪便捷性大大提高，新的犯罪手法和形式不断涌现；第二，逐渐趋于专业化、规模化和产业化，逐渐走入日常生活的 AI 技术更会大大加速这个过程；第三，由于人机分离、跨地域性等特性，侦办的时间和金钱成本很高，破案率很低；第四，报案率非常低，导致犯罪黑数很大。

面对严峻的信息网络犯罪形势，2016 年 12 月 27 日国家互联网信息办公室发布了《国家网络空间安全战略》，说明我国已经从国家战略的高度将安全，或者说信息网络犯罪风险预防，作为我国构建网络空间法律治理体系的出发点。然而，刑法学视域中，信息网络犯罪刑事归责所面临的具体挑战还有待厘清与思考。

第四节 信息网络犯罪立法的特征

我国以及域外主要法治发达国家信息网络犯罪立法的特征，是进一步探讨适用刑法规制信息网络犯罪的明确标准前需要予以观察与分析的。

一、德国信息网络犯罪立法的特征

（一）狭义信息网络犯罪立法的特征

从 1986 年起，随着社会生活与经济发展的网络化程度不断加深，德国逐渐构建起以数据②作为新型保护对象的狭义信息网络犯罪罪名体系。1986 年通过的《打击经济犯罪第二法案》（2. WiKG），创设了伪造有证明重要性之数据罪（刑法典第 269 条）、计算机诈骗罪（刑法典第 263a 条）、变更数据罪（刑法典第 303a 条）、破坏计算机罪（刑法典第 303b 条）以及获取数据罪（202a 条）。③ 前两个罪名是对利用信息通信技术侵犯既有法益的犯罪进行规制，后三个罪名则是对新出现的法益，也就是数据处分权利人对数据的处分权（Verfügungsrecht über Daten）④所进行的保护。随着网络空间的日趋形成，潜在犯罪行为的

---

① 参见靳高风、杨皓翔、何天娇：《疫情防控常态化背景下中国犯罪形势变化与趋势——2020—2021 年中国犯罪形势分析与预测》，载《中国人民公安大学学报（社会科学版）》2021 年第 3 期。

② 《欧洲数据保护基本条例》将个人数据界定为"能识别或可识别自然人身体、生理、基因、心理、经济、文化或社会身份的所有信息。"这表明欧洲包括德国法中的"数据"内涵同于我国语境下"信息"。参见 EU General Data Protection Regulation, ABl. Nr. L119/1, 2016。

③ 之后被修改为了探知数据罪。

④ 参见 Thomas Fischer, Strafgesetzbuch mit Nebengesetzen, 61. Aufl., 2014, Vorbemerkung zu § 303a, Rn. 2。

网络化特征愈加明显，网络空间法益侵害社会化的特点逐渐显现，既有罪名构成要件的涵摄能力已显不足，需要予以修正。

2007 年，德国联邦议会通过了第 41 号刑法《修正案》，将刑法典第 202a 条修改为了"探知数据罪"，将"获取数据"修正为"获取取得数据的权限"，强化了对权利人对于数据享有之处分权的保护；增设了拦截数据罪（刑法典第 202b 条），预备探知和拦截数据罪（刑法典第 202c 条），修改了变更数据罪（刑法典第 303a 条）①和破坏计算机罪（刑法典第 303b 条）。2015 年生效的《通信数据的存储义务与最高存储期限引入法》（BGBI. I S. 1218）第 5 条又新增了刑法典第 202d 条窝藏数据罪。此外，修订后的德国《联邦数据保护法》（BDSG）②第 42 条第 1 款规定，职业性地将明显非大众可获取的、多人的个人数据转给他人，或以其他方式无权或越权获取的行为，应处以 3 年以下自由刑或罚金刑；第 2 款规定，无权限的情形下对非大众可获取的个人数据进行处理或通过不实陈述骗取，以获取酬金，使自己或他人获利或伤害他人的行为，应处 2 年以下自由刑或罚金。本条的属性，是保护个人为权利人时对数据享有之处分权的特别刑法。

依据《网络犯罪公约》对狭义网络犯罪侵犯计算机信息系统和数据"机密性、完整性和可用性"的界定，国内有学者将拦截数据罪保护的法益界定为处分权人对数据资料的保密权，将变更数据罪保护的法益界定为数据资料的可用性，将破坏计算机罪第 2 款保护的法益界定为他人公司、企业与机关计算机系统与数据的可用性，其余 4 款保护的法益是普遍意义的计算机系统与数据的可用性。③ 本书认为，以数据为德国刑法中狭义信息网络犯罪所侵犯对象是适宜的，但区分"机密性、完整性与可用性"已经不符合互联网结构样态的发展现状。随着网络空间内潜在犯罪行为的网络化，也就是法益侵害的社会化，德国刑法中狭义信息网络犯罪所保护的新型法益应当一致，即数据处分权利人对数据的处分权，这一点也为德国刑法学界的通说观点所确认。④

（二）网络化传统犯罪立法的特征

对于网络化的传统犯罪，德国通过创设专门罪名与制定专门法相结合的立法模式来加强规制。德国刑法典中的伪造有证明重要性之数据罪，以及计算机诈骗罪便属于以数据为新型的保护对象，规制借助网络在法律关系交往中伪造有证明力的数据，以及在互联网环

---

① 《修正案》生效前，《德国刑法》第 303a 条规定："1. 非法去除、掩盖、使其不能使用或变更第 202a 条第 2 款规定的数据的，处 2 年以下自由刑或罚金。2. 犯本罪未遂的，亦应处罚。"《修正案》第 5 条增加了第 303a 条第 3 款："对于准备实施第一款犯罪行为的，适用第 202c 条的相应规定。"

② 本法根据 2016 年欧盟的《个人数据保护基本条例》进行了修订，新法于 2017 年 7 月正式生效。

③ 参见皮勇：《论欧洲刑事法一体化背景下的德国网络犯罪立法》，载《中外法学》2011 年第 5 期。

④ 参见 Thomas Fischer, Strafgesetzbuch mit Nebengesetzen, 61. Aufl., 2014, Vorbemerkung zu § 303a, Rn. 2。

境下通过编写、保存、获得、贩卖、让与计算机程序，或影响数据处理进程给他人造成财产损失的行为。对于儿童色情影音制品泛滥的问题，德国刑法典第 176 条规定了对儿童性滥用行为的处罚，其中第 4 款规定，向未成年儿童展示（当然包括通过互联网展示）有关淫秽的图像、模型，放映包含淫秽信息的印音像、谈话的行为，处以 3 个月以上 5 年以下的自由刑。刑法典第 201a 条将通过拍摄照片侵犯高度私密生活空间的行为纳入了刑法规制，该条第 1 款规定，对于在他人公寓或者其他受法律保护的高度私密之生活空间内，未经允许拍摄其照片且进行传播（包括通过互联网进行传播）的行为，应处以 2 年以下自由刑或罚金刑。① 对于 14 岁以下无刑事责任能力的儿童，应当征得监护人同意，从源头预防儿童的影像资料在网络空间传播。

在专门立法方面，基于网络服务提供者在网络空间中愈加重要的基础性地位，德国通过《电信传媒法》（Telemediengesetz），以功能为标准明确了网络服务提供者的类型、义务与法律责任。而针对 2015 年德国迎来难民潮以来网络广泛散播针对难民的仇恨言论，德国政府认为如 Facebook 等网络社交平台对仇恨言论的自我监管不力，以监管网络社交平台为己任的德国《网络执行法》（Netzwerkdurchsetzungsgesetz）于 2017 年 10 月 1 日正式生效。该法针对网络空间的"仇恨、煽动性言论以及虚假新闻内容"，整合德国司法部于 2015 年以来颁布的相关法令，加强对德国境内提供内容服务的网络社交平台的监管要求。该法规定，网络社交平台应当对用户推出分类更详尽的举报表格，对明显违法的言论，应 24 小时内删除，争议言论应在举报后 7 日内作出处理决定，针对平台的不作为或处理不力，最高可处以 5 千万欧元的罚金。② 基于犯罪预防的刑事政策导向，通过该法明确加强了对网络言论的前置性管控。

二、美国信息网络犯罪立法的特征

基于立法模式的差异，美国规制信息网络犯罪的立法分为联邦与州两个层面，本书只考察联邦层面对于信息网络犯罪的立法规定。

在狭义信息网络犯罪的立法方面，美国联邦政府 1984 年制定、1986 年修订的《计算机欺诈与滥用法》（Computer Fraud and Abuse Act of 1986, CFAA），是美国规制狭义信息网络犯罪的基础性专门法。③ 本法制定前，信息网络犯罪被普遍认为只是"旧瓶装新酒"，是利

---

① 参见 § 201(a) StGB。

② 参见 § 1、§ 2、§ 3、§ 4 NetzDG。

③ 《全面控制犯罪法》是一部包含众多刑法条文的法律集，其中关于联邦第一个计算机网络犯罪的刑事立法位于该法律集的 2102(a) 节，具体名称为《伪造接入设备与计算机欺诈及滥用法》（Counterfeit Access Device and Computer Fraud and Abuse Act）。这一法条在 1986 年进行修订时，正式定名为《计算机欺诈与滥用法》（Computer Fraud and Abuse Act, CFAA），后被编入美国联邦法典第 18 编刑事法律部分，位列第 1030 条。

用计算机与网络实施的传统犯罪，通过对传统犯罪罪名犯罪构成的扩张解释即可妥当规制。但由于信息网络犯罪的侵犯对象、行为模式、损害结果等均与传统犯罪存在显著差异，司法机关在侦办案件及提起诉讼时，"必须对计算机网络犯罪有关的行为进行分析分类，然后为了达到诉讼目的尽力地将其硬塞入(Shoe-horn)可以适用的法条中"①，常常会产生刑法规定的犯罪构成无法涵摄法律事实的情形。例如，对于利用计算机网络盗取个人数据继而盗取财产的情形，无法适用入室盗窃(Burglary)的罪名进行处罚，因为后者要求行为人的身体进入他人房间或住所。

因此，美国联邦政府 1984 年出台了《伪造接入设备与计算机欺诈与滥用法》这一专门法。这一法案规制以下三种行为：其一，故意未经授权或越权访问计算机网络获取美国国防外交机密信息的，构成重罪。② 其二，故意未经授权或越权访问财务机构或消费者报告机构以获取财务信息的，构成轻罪。③ 其三，故意未经授权或越权访问联邦政府机关的计算机，以使用、更改、破坏、泄露其中信息，阻碍有权者使用的，构成轻罪。④ 1986 年修正为《计算机欺诈与滥用法》，增加了三个新规定：第一，新增联邦法典 1030 条(a)4 款，规制未经授权访问计算机网络以实施诈骗的行为，实质是将电信诈骗⑤的规定拓展为包含利用信息网络实施的情形；第二，新增(a)5 款，规制未经授权访问计算机网络，并更改、损毁其中信息，导致 1000 美元以上经济损失，危害医疗诊、疗或 1 人以上护理的行为；第三，新增(a)6 款，规制交易访问计算机网络访问密码的行为。⑥

1994 年出台的《暴力犯罪控制与法律执行法》，对《计算机欺诈与滥用法》进行了两个重要修正：第一，1030 条(a)5 款中增加了因过失及任何疏忽状况(严格责任的情形)造成法定之损失，构成轻罪。第二，在 1030 条中增加了民事救济规定，允许被害人得依该条提起损害赔偿诉讼。1996 年出台的《国家信息基础设施保护法》对《计算机欺诈与滥用法》进行了四个修正：第一，增加 1030 条(a)7 款，规制利用计算机实施敲诈勒索的行为；第

---

① 参见 Elizabeth A. Glynn, "Computer Abuse: The Merging Crime and the Need for Legislation", Fordham Urban Law Journal, Vol. XII, 1984, pp. 77-78。

② 参见 Pub. L. No. 98-473, tit. 22, ch. XXI, § 2102 (a), 98, Stat. 1837, contained in former § 1030 (a) (1), 1984, p. 2190。

③ 参见 Pub. L. No. 98-473, tit. 22, ch. XXI, § 2102 (a), 98, Stat. 1837, contained in former § 1030 (a) (2), 1984, p. 2190。

④ 参见 Pub. L. No. 98-473, tit. 22, ch. XXI, § 2102 (a), 98, Stat. 1837, contained in former § 1030 (a) (3), 1984, p. 2190。

⑤ 关于美国电信诈骗罪(Wire Fraud)的法条参见美国联邦法典第 18 编第 1343 条，其主要内容为：在州际或国际往来中以不实或虚假的说辞、代理或者承诺而使任何的文件、标牌、信号、图画或声音通过电缆、无线电或电视媒介方式传输或被传送，目的在于实施或意图实施诈骗行为，谋取钱财。参见 18 U. S. C. § 1343。

⑥ 参见 18 U. S. C. § 1030 (a) (4)-(6) (Supp. IV 1987)。

二，（a）2 款中保护的信息范围，被扩大为州或国际交往中任何类别的任何信息；第三，在该款的损害结果中增加了"导致他人身体伤害"和"威胁公共卫生与安全"两种情况；第四，将（a）4、（a）5 款中"关联联邦利益的计算机"，改为"受保护的计算机"。2001 年出台的《爱国者法》又对《计算机欺诈与滥用法》进行了两个主要修正：第一，将"受保护计算机"的范围扩大到美国国境以外；第二，区分了"损害"与"损失"，后者包括被害人采取应对犯罪合理措施产生的费用，以及其他因中断服务产生的损害结果。① 最后，在 2008 年出台的《身份盗窃与赔偿法》作出了三个重要修正：第一，将 1030 条（a）2 款中"州际交流"这一要件删除；第二，扩充（a）5 款，将造成损害不满 5000 美元的规定为轻罪；第三，进一步拓展"受保护计算机"的定义，将"用于州际或国际"改为"用于或影响州际或国际"。通过 1986 年到 2008 年之间的五次重大修订，对于狭义的信息网络犯罪，美国在联邦层面以受法律保护的计算机，实质是以其中存储的信息为对象，以行为模式为标准，基本确立了以侵犯访问行为（包括未授权访问和越权访问）、传播行为和破坏行为三种基础的行为构成要件，以故意、过失或严格责任造成法定损害或损失的一类罪名。②

对于网络化的传统犯罪，美国通过一系列的专门立法，逐步构建起系统化的法律规制体系。例如，为了应对侵犯知识产权犯罪的网络化趋势，美国于 1980 年出台了《计算机软件版权法》，③ 首次将计算机软件纳入知识产权的保护范畴；1997 年通过《禁止电子盗窃法》，④ 将非营利目的的侵权行为纳入规制；1997 年通过的《数字千年版权法》，⑤ 强化了对网络化知识产权犯罪的规制；2008 年出台《优化知识产权资源与组织法》，⑥ 设立重罪条款，加强了对知识产权犯罪的处罚力度。对于电信网络诈骗，通过联邦法典 1030（a）4 条，和 1343 条的独立罪名予以规制。针对通过计算机网络实施儿童色情相关犯罪，除了《淫秽法》以外，在不同时期增设了联邦法典第 2551 条，规制销售或购买未成年人色情物品的行为；第 2552 条，规制持有、发送或接收儿童色情物品的行为；第 2556 条，用以界定儿童色情的内涵，即写真描述，包括照片、电影等。⑦

三、英国信息网络犯罪立法的特征

相较于美国与德国，英国信息网络犯罪的立法相对滞后。1990 年出台的《计算机滥用

① 参见 Pub. L. No. 107-156，§814（d）（5），115 Stat. 384。
② 高仕银：《美国政府规制计算机网络犯罪的立法进程及其特点》，载《美国研究》2017 年第 1 期。
③ 参见 Computer Software Copyright Act of 1980。
④ 参见 No Electronic Theft Act of 1997。
⑤ 参见 Digital Millennium Copyright Act of 1998。
⑥ 参见 Prioritizing Resources and Organization for Intellectual Property Act of 2008，PRO IP Act。
⑦ 参见 18 U. S. C. §2256。

法》是英国滥用计算机犯罪的基础性专门法。该法最初创设了三类滥用计算机的犯罪：第一，未经授权获取计算机程序或数据；第二，以实施或帮助实施其他犯罪之目的，未经授权获取计算机程序或数据；第三，未经授权更改计算机程序或数据。① 随着信息通信技术的不断发展与网络空间的逐渐形成，犯罪行为的网络化特征已清晰显现，形成了法律规制的两类基础犯罪行为：第一，未经授权（包括进行黑客攻击）获取个人信息；第二，通过计算机病毒、恶意软件、分布式拒绝服务（Distributed Denial of Service）或其他方式攻击互联网服务。② 这样的分类标准实质包含了狭义信息网络犯罪与计算机犯罪。

由于立法模式的差异，英国并无统一的刑法典。对于网络化的传统犯罪，英国通过在各刑事专门法中增设专门规定，构建对网络化传统犯罪的针对性罪名体系，同时通过专门立法完善对网络化传统犯罪的规范应对机制。针对虚拟财产的盗窃，英国《盗窃法》第4条第1款规定有形与无形之财产均受保护；③ 针对电信网络诈骗，2006年英国出台了《诈骗法》，对《盗窃法》中有关诈骗的定义进行了更正，将利用虚假信息诈骗、隐瞒真相诈骗和滥用地位诈骗纳入了规制范畴，成为英国惩处电信网络诈骗的基本法律依据；针对淫秽视频的泛滥，英国1994年出台了《刑事司法和公共秩序法》，将1959年《淫秽物品出版法》中有关淫秽内容的界定扩张为包含可视化的电子信息传播；④ 针对网络化的知识产权犯罪，英国的《著作权、设计和专利法》第107条⑤设置了侵犯著作权行为的刑事责任；针对以网络空间中数据化的信息为媒介所实施的恐怖主义犯罪行为，英国政府于2014年通过了《紧急通信与互联网数据保留法》，允许警察与安全部门以打击犯罪及恐怖主义为目的获取互联网和电信公司的用户数据。⑥ 此外，由于英国也是欧洲理事会《网络犯罪公约》的缔约国，《网络犯罪公约》中所界定的网络化传统犯罪，英国直接适用其规定。

四、我国信息网络犯罪立法的不足

（一）我国信息网络犯罪的立法

信息网络犯罪的治理，不止是刑法问题，更是社会问题，需要整体法秩序予以系统应对。因此，网络犯罪治理所依据的法律法规，宏观层面包含规制整体网络空间的法律法规体系，微观层面主要是指刑事法律法规。

从整体来看，规制信息网络犯罪的刑事法律文件主要有《刑法》《全国人民代表大会常

① 参见 Section 1-3, Misuse Act of Computer of 1990。

② 参见 NCA, Cybercrime Assessment 2016, p. 5。

③ 参见 Theft Act 1968, Article 4 (2)。

④ 参见古丽阿扎提·吐尔逊：《英国网络犯罪研究》，载《中国刑法杂志》2009年第7期。

⑤ 参见 Criminal Justice and Public Order Act 1994。

⑥ 参见 Data Retention and Investigatory Power Act 2014。

务委员会关于维护互联网安全的决定》以及 10 部司法解释。在狭义信息网络犯罪的规制上，《刑法》分则设置了第 286 条之一的拒不履行信息网络安全管理义务罪、第 287 条之一的非法利用信息网络罪、第 287 条之二的帮助信息网络犯罪活动罪以及第 253 条之一侵犯公民个人信息罪，共 4 个罪名。明确狭义信息网络犯罪定罪量刑具体标准的司法解释，目前已生效的有最高人民法院、最高人民检察院《关于办理侵犯公民个人信息刑事案件适用法律若干问题的解释》《关于办理非法利用信息网络、帮助信息网络犯罪活动等刑事案件适用法律若干问题的解释》，以及《最高人民检察院检察机关办理侵犯公民个人信息案件指引》，共计 3 部；明确网络化传统犯罪定罪量刑标准的司法解释，现行有效的包括最高人民法院《关于审理毒品犯罪案件适用法律若干问题的解释》，最高人民法院《关于编造、传播虚假恐怖信息刑事案件适用法律若干问题的解释》，最高人民法院、最高人民检察院《关于办理利用信息网络实施诽谤等刑事案件适用法律若干问题的解释》，最高人民法院、最高人民检察院《关于办理利用互联网、移动通讯终端、声讯台制作、复制、出版、贩卖、传播淫秽电子信息刑事案件具体应用法律若干问题的解释》，最高人民法院、最高人民检察院《关于办理利用互联网、移动通讯终端、声讯台制作、复制、出版、贩卖、传播淫秽电子信息刑事案件具体应用法律若干问题的解释（二）》，最高人民法院、最高人民检察院、公安部《关于办理网络赌博犯罪案件适用法律若干问题的意见》，最高人民法院《关于审理危害军事通信刑事案件具体应用法律若干问题的解释》，最高人民法院、最高人民检察院《关于办理组织、利用邪教组织破坏法律实施等刑事案件适用法律若干问题的解释》，以及最高人民法院、最高人民检察院、公安部《关于办理电信网络诈骗等刑事案件适用法律若干问题的意见》，共计 9 部。

从宏观立法体系的层面来看，我国目前规制网络空间的专门立法有 8 部，包括《网络安全法》这一基础性的专门法，以及《密码法》《个人信息保护法》《数据安全法》《电子商务法》《电子签名法》《全国人民代表大会常务委员会关于维护互联网安全的决定》以及《全国人民代表大会常务委员会关于加强网络信息保护的决定》；包含互联网法律规范的相关法律共 21 部，如《刑法》《著作权法》《未成年人保护法》《治安管理处罚法》《侵权法》等；对互联网进行专门规范的行政法规，及行政法规效力的规范性文件共 51 部，如《电信条例》《互联网信息服务管理办法》《计算机信息系统安全保护条例》《信息网络传播权保护条例》等；部门规章和各部委的规范性法律文件 847 部，如《中国互联网络域名管理办法》《工业和信息化部关于中国联通互联网骨干网融合问题的批复》等。①

---

① 基础数据参见张平等主编《互联网法律法规汇编》，北京大学出版社 2012 年版。有所更新的是法律层级的《网络安全法》《电子商务法》，以及部委规范性文件层级的《互联网群组信息服务管理规定》《互联网用户公众账号信息服务管理规定》《GB/T 35273 信息安全技术：个人信息安全规范》《网络安全实践指南-移动互联网应用基本业务功能必要信息规范》。

（二）我国信息网络犯罪立法的不足

从整体来看，我国目前规制信息网络犯罪的刑事法律法规仍然存在以下问题：第一，以规制信息网络犯罪手段行为为中心，对狭义信息网络犯罪所侵犯的法益缺乏认知，导致相关罪名的解释适用存在显著障碍。第二，《修（九）》新增罪名，例如侵犯公民个人信息犯罪的入罪与量刑标准，在司法实践中缺乏可操作性。第三，《修（九）》新增罪名入罪门槛设置不合理。尽管通过 2019 年 11 月生效的《信息网络犯罪解释》，拒不履行信息网络安全管理义务罪、帮助信息网络犯罪活动罪以及非法利用信息网络罪的入罪与量刑标准都得到相当程度的明确，但该解释对于相关罪名设置的某些"情节严重"的标准，例如违法所得金额、帮助的人数、两年内是否因非法利用信息网络、帮助信息网络犯罪活动、危害计算机信息系统安全受过行政处罚等，并未体现出行为的不法内涵，实现了相关犯罪行为处罚标准的独立，并未实现其不法评价标准的独立，入罪门槛的设置体现了鲜明的刑事政策导向。

我国当前规制互联网空间的专门法律法规体系，仍然存在以下问题：第一，法律整体的位阶不足，重要立法的适用与执行的配套措施有待进一步完善。我国规制网络空间的专门立法有 8 部，立法体系已得到很大程度的完善，《网络安全法》《电子商务法》《个人信息保护法》《数据安全法》等重点领域的立法均已完成，但还需重视相关立法的具体落实，完善配套的制度措施。第二，部分立法缺乏系统性，不协调。相关立法中，部门规章和规范性文件占据了绝对多数，相互间各自为政甚至冲突的情形都存在。① 第三，相关立法重行政管制，缺乏权利保护的路径。由于我国目前的相关立法多为部门规章和规范性文件，大多从部门利益出发，从方便政府管理的角度出发，重行政管制，在管理方式上主要以市场准入和行政处罚为主，忽视了网络空间中各方主体利益的复杂性，思路方法机械。②

第五节　网络时代刑事法治运行机制的转变

如果说现代化一直是一个流动的过程，③ 是"时间对空间与社会的支配"④，那么技术革新就是最强劲的动力。信息通讯技术（ICT）对现代社会渗透的全面程度是前所未有的，

---

① 例如《互联网信息服务办法》和《计算机信息网络国际联网安全保护管理暂行规定》中，有关未取得经营许可证却从事经营互联网信息服务的行为的处罚方式就有冲突。

② 如在对互联网产业的管理方面，部分业务准入仍采用线下管理模式，在金融领域、互联网支付、互联网保险、互联网信托等业务的准入管理方面，仍然参照传统的线下业务准入条件设置，导致规模较小的企业难以进入。参见伦一：《互联网业务准入和监管政策》，载腾讯研究院等：《网络空间法治化的全球视野与中国实践》，法律出版社 2016 年版，第 37 页。

③ 参见[英]齐格蒙特·鲍曼：《流动的现代性》，上海三联书店 2002 年版，第 3~4 页。

④ [美]曼纽尔·卡斯特尔：《网络社会的崛起》，社会科学文献出版社 2001 年版，第 529 页。

互联网是其最新体现。互联网的出现与蓬勃发展给人类社会带来了两方面重大变革：其一，互联网为基础的信息公用事业逐渐成为社会的基本结构和象征，信息权利的保护具有了愈加重要的独立意义；其二，人类迅速而广泛传播与获取信息的能力得到飞速提升，导致对信息的传播与获取实现有效控制（Regulate）的可能性不断减弱，对由国家权力中心主导的传统保护模式形成了冲击。我国逐步构建起的信息网络犯罪刑事立法规范框架，无疑带来了刑事法治运行机制的转变，主要体现在网络服务提供者合作义务的增加以及监管部门权力边界的扩张。

一、企业与公民合作义务的增加

信息网络犯罪的迅速增加，以及此类犯罪在传统刑法理论视野下实行行为认定难、刑事责任认定难等问题，给相关犯罪的及时查处与损害修复带来了很大困难，[1] 也给网络空间健康有序的发展带来极大风险。这样的背景下，鉴于网络服务提供者[2]是网络空间信息流动中的"守门人"（Gatekeeper）[3]，处于对信息流动进行前端干预的有利位置，世界各国都开始尝试为网络服务提供者赋予更多的作为义务，以此为法定依据，要求网络服务提供者为他人借由其服务从事相关违法犯罪行为造成的危害结果承担责任，以期从源头加强对信息流动的监管，达到防控网络空间相关犯罪风险的目的。此外，一般企业与公民也被全面纳入信息网络犯罪的整体防控体系，开始被赋予越来越多的法定合作义务。

（一）网络服务提供者合作义务的增加

2016 年 11 月，我国首部网络专门法《网络安全法》获得通过。[4] 鉴于网络服务提供者所处的、对网络信息流动前端干预的有利地位，本法第三章和第四章分别为网络运营者，包括网络服务提供者设置了网络运营安全和网络信息安全的保护义务，第五章也为其不履行相应义务的不作为设置了警告、处分、罚款、吊销营业执照等法律责任。"刑事制裁是法律的终极威慑"[5]，《修（九）》增设了第 286 条之一拒不履行信息网络安全管理义务罪，对网络服务提供者增设了刑事作为义务，也就是"信息网络安全管理义务"[6]，对于我国网

---

① 参见 Edited by Mark F. Grady, Francisco Parisi, The Law And Economics Of Cybersecurity, Cambridge University Press, 2005, p. 222。

② 具体而言，目前学界探讨的网络服务提供者指不参加内容制作，也不以自己的名义发布内容的互联网服务提供者，即网络中介服务者，本书所使用的"网络服务提供者"，特指网络中介服务者。

③ 参见［以色列］艾利·里德曼等编著：《法律 信息 信息技术》（英文影印版），中信出版社 2003 年版，第 233 页。

④ 全国人大常委会 2016 年 11 月表决通过了《网络安全法》，这是我国网络空间治理的基本法。

⑤ Herbert L. Packer, The Limits of the Criminal Sanction, Stanford University Press, 2008, p. 250.

⑥ 根据罪名，将本罪设定的刑事作为义务作此指称，下文通过解析，会发现本罪设置的刑事作为义务并非"信息网络安全管理义务"。

络服务提供者而言，已经成为具备实际且最严厉法律效力的义务来源，是其法定作为义务体系规制范围的基准，试图以此实现犯罪风险防控的目的。

（二）一般企业与公民合作义务的增加

除了对网络服务提供者赋予特别的合作义务，信息网络犯罪风险防控的整体体系下，一般企业与公民的合作义务也在迅速增加。《网络安全法》《电子商务法》《互联网群组信息服务管理规定》《互联网用户公众账号信息服务管理规定》、正在制定中的《数据安全管理办法》《网络安全审查办法》等行政法律法规，以及《修（九）》所增设的第287条之一非法利用信息网络罪、第287条之二的帮助信息网络犯罪活动罪、第291条之一第2款编造、故意传播虚假信息罪，以及修改之后的第253条之一侵犯公民个人信息罪，事实上是给参与网络空间活动的一般企业与公民，包括网络服务提供者，增加了对信息网络犯罪风险广泛、多层次的管控义务。以帮助信息网络犯罪活动罪为例，本罪实质为提供技术支持、广告推广、支付结算等网络参与行为的一般主体创设了实质的犯罪风险审查与管控义务。

在我国网络空间治理规则初步构建与完善的当下，企业与公民合作义务的增加有其必然性与合理性。但当规则架构使权力主体的规制权力逐步达到新的高度，我们必须要为网络空间预留必要的自由成长空间。有关刑法介入信息网络犯罪规制的具体限度，有待本书进一步探讨。

二、网络空间监管主体权力边界的扩张

伴随着企业与公民合作义务增加的，是网络空间监管主体权力边界的不断扩张。我国信息网络犯罪的治理主体主要包括三类：一类是司法主体，包括人民法院与人民检察院，第二类是网络服务提供者，最后一类是行政主体，包括网信办、公共机关的网络安全保卫部门（以下简称"网安部门"）等，本书所指称的网络空间监管主体是指第二、三类主体。我国互联网监管模式的基本特征可以总结为以网安部门为主导、以网络服务提供者为支撑、以网信办为中枢的多头共治。

根据现行《公安机关刑事案件管辖分工规定》，网安部门直接管辖的七种刑事案件包括了计算机犯罪与狭义信息网络犯罪。对于网络化的传统犯罪，在相关案件的侦查、证据固定、鉴定等过程中，各级网安部门提供了最为必需的技术支撑，这也导致网安部门成为信息网络犯罪案件办理事实上的主导部门，在具体工作中产生了扩张权力边界的较大需求。例如，在实地调研中，网安部门认为在办理案件时，调取银行记录会遇到各种门槛和阻碍，应当予以清除。此外，他们还认为根据《网络安全法》的规定，网络服务提供者应当为他们提供"技术接口"，留存广泛的日志，而不局限于某一方面的特定内容，以便于他们及时掌握有关用户行为轨迹的所有有价值数据。①

与此同时，国家网信部门也承担了协调与执法的重要功能。根据《网络安全法》第八条的规定，国家网信部门负责统筹协调网络安全工作和相关监督管理工作，除了对涉及网络治理的所有职能部门，包括公安局、工商局、商务局以及国安等部门的工作进行协调，在政府职能部门同网络服务提供者就有关案件，比如相关证据的调取等事项的沟通中，也发挥了重要的协调功能，还承担了确定关键信息基础设施范围，进行网络安全执法状况检查，关停违法网站等重要执法功能。不能忽视的是，国家网信部门负责起草的一系列部门规章，例如正在起草的《数据安全管理办法》《网络安全审查办法》等，正在赋予它自身更加广泛的监督检查与执法功能。网络服务提供者的地位则较为复杂，兼具被规制对象，配合义务主体以及治理主体三重属性，对它的功能定位与责任分配需要进一步深入探讨。

第六节　网络时代预防刑法的理论基础与价值根基

网络时代刑事法治运行机制的变化，带来了对刑法基础理论范式的挑战。预防刑法作为当前应对信息网络犯罪的主流范式，本书需要对它的理论基础与价值根基进行进一步厘清。

一、网络时代预防刑法的理论基础

(一)作为刑法功能的犯罪预防

近年来，随着我国刑事立法的活性化与刑事处罚的日趋前置化，"功能主义"的刑法观②在刑法学研究领域获得了越来越多的关注。刑法的功能，应指刑法以其结构和运作所能产生的功效。而基于"刑法，是对于所实施的犯罪行为或社会危险行为，赋予其法律效果之刑罚或保安处分的法律规范体系"③的认识，可认为刑法的功能应当指其社会功能。所谓功能主义的刑法观，实质是指并非纯粹基于理性思辨，而是从社会现实问题出发，追求发挥刑法的社会功能，实现对社会问题积极回应的刑法观。

在本体论的意义上，传统的通说观点将刑法的功能界定为保护法益和保障人权。而在安全优先的价值导向下，面对新型、复杂的犯罪，例如信息网络犯罪、恐怖主义犯罪等，犯罪预防被从刑罚处罚的附随效果提升为了国家刑事政策主动追求的目标，也就是刑法功

---

① 参见武汉大学法学院：《我院刑事法中心博士生团队赴四川省调研信息网络犯罪协同治理》，http：//fxy.whu.edu.cn/archive/detail/102486，2019 年 7 月 8 日访问。

② 参见劳东燕：《风险社会与功能主义的刑法立法观》，载《法学评论》2017 年第 6 期。

③ 梁根林：《刑事法网：扩张与限缩》，法律出版社 2005 年版，第 1 页。

能。[1] 有关刑法功能的实质争议并不在于其本体内涵,这是刑事政策所探讨的内容,关于刑法功能的争议核心在于其功能属性。"社会是一个由不同部分组合运作中产生稳定与团结的复杂系统",[2] 所谓刑法功能属性,应指刑法在社会治理机制中的角色定位,也就是刑法应是社会治理的最后手段,还是优先选择。

首先需要明确,有关这一问题,本书在司法论而非立法论的层面探讨。传统理念中,为了避免刑罚恣意发动而对公民的自由、财产和生命进行不正当的限制与剥夺,刑法被认为是社会治理的最后手段,应当具备最后手段性。在司法论层面,界定刑法功能边界的是行为的刑事可罚性,刑法的最后手段性体现为对行为刑事可罚性评价标准应当明确和确定的要求。但在当今时代,"犯罪已是如同空气污染和交通堵塞一样普遍的日常风险"[3],学界多有观点赞同将刑事政策引入犯罪论体系,在应对新型、复杂犯罪,例如信息网络犯罪时,推动以风险取代危害结果作为刑罚发动的基点,由此造成行为刑事可罚性评价标准的不明确和不确定,也被视为现代刑法的基本特征。那么在刑法适用者认为应当将刑法作为社会治理的优先选择时,刑法可以被优先适用,刑法的最后手段性原则在事实上被消解。

(二)作为刑事政策的犯罪预防

对刑法功能的认知决定了刑事政策的基本走向。在以安全为价值基点、质疑乃至否定刑法最后手段性的语境下,犯罪预防成为了刑事政策的重要选项。

在犯罪学层面,具备"规范,处罚,程序"[4]三大基本要素的刑事法是社会控制机制的重要组成部分。所谓社会控制,通常是指对越轨行为,包括犯罪行为组织化的反应方式。[5] 而何为所越之"轨"?根据经典的共识理论,人类社会共享的规范和价值是安定有序社会得以维持的基础,[6] 也就是人类社会运行应遵循的"轨道"。

社会控制论视角下的犯罪预防有两个维度的分类标准。第一个维度的标准是以行为人作为控制对象,犯罪预防分为三个层次:对犯罪人施加直接影响,防止其再次犯罪;对潜在犯罪人施加间接影响,避免其犯罪;对全体民众施加干预措施,避免有人犯罪。[7] 以犯

---

① 梁根林:《刑事法网:扩张与限缩》,法律出版社 2005 年版,第 1 页。

② [英]安东尼·吉登斯:《社会学(第 6 版,英文影印版)》,北京大学出版社 2010 年版,第 23 页。

③ [英]戈登·休斯:《解读犯罪预防——社会控制、风险与后现代》,刘晓梅、刘志松译,中国人民公安大学出版社 2009 年版,第 216 页。

④ Kaiser, Kriminologie (Lb.), 207 ff; Stratenwerth/Kuhlen AT/I § 1/1 ff.

⑤ 参见[英]马丁·因尼斯:《解读社会控制——越轨行为,犯罪与社会秩序》,陈天本译,中国人民公安大学出版社 2009 年版,第 3 页。

⑥ 参见[美]詹姆斯·克里斯:《社会控制》,纳雪沙译,电子工业出版社 2012 年版,第 28 页。

⑦ 参见 Hans-Dieter Schwind, Kriminologie und Kriminalpolitik: Eine praxisorientierte Einführung mit Beispielen, 23 Aufl., C. F. Müller 2016, S. 22。

罪风险作为控制对象属于第二个维度的分类标准，犯罪预防就有了"预防犯罪行为再次发生"①和"预防危害结果发生"两种理解，后者才能涵盖前一维度中的第三个层次。在当前风险社会的语境下，后一种内涵无疑已被广泛接受，犯罪预防指的是通过控制犯罪风险预防危害结果发生。

试图以刑罚为手段控制犯罪风险以预防危害结果发生时，会产生一系列问题。首先，通过刑罚对犯罪人施加直接影响，也就是在福利国的意义上将犯罪视作待矫正而非处罚的行为，通过个体改造防止其再次犯罪的正当性与有效性，已在批判中被扬弃。自18世纪后期启蒙时代人类进入现代社会以来，在对以科学知识为根基、对理性与进步的信仰支配下，着眼于以刑罚为手段、对犯罪行为人个体改造使其回归"正轨"的思想极大影响了西方主要国家的刑罚理论与司法实践。然而，随着20世纪60—70年代西方主要国家犯罪率的大幅增长，以及随之而来的监禁人口过高等一系列突出的社会问题，社会学家们对于个体改造的正当性和有效性进行了深入反思与批判。② 随着当代社会结构由财富控制和分配为核心转变至风险控制和分配为核心，虽然着眼于个体改造的"再社会化"在刑事司法实践中仍占有一席之地，但着眼于避免危害结果发生、而非产生危害结果后组织对它的反应，实质内涵为对潜在犯罪人施加间接影响以及对全体公民施加干预措施的犯罪预防，逐渐成为刑事领域社会控制的主流范式。③ 我国"宽严相济"刑事政策的内涵之一即为惩罚与预防相结合，在信息网络犯罪的治理上已经逐渐发展为以犯罪预防为导向，《修（九）》信息网络犯罪新罪名的创设充分体现了这一点。

这个意义上的犯罪预防原本应是正式与非正式社会控制机制相结合的"多元干预机制"。④ 而在限于以刑罚为干预手段的探讨中，由于它的实施为国家权力最严厉的强制所保障，就存在一个不可忽视的副作用：可在强制力的保障下，基于风险分配的考量，以犯罪预防之名对不符合相应不法与责任要求的行为实施刑事规制。为了化解预防模式的这一正当性缺失，树立理性权威，将法律和制度的扩张作为理性权威的根源，继而通过刑罚的适用确证刑法规范的效力，为民众提供行为指引以实现犯罪预防，便成为可行的解答。依此进路，犯罪预防代替了个体权利成为刑事审判的中心原则，风险控制自身似乎就足以成为犯罪预防的正当性根基。

① 参见 Jörg-Martin Jehle, Hans-Jörg Albrecht, Legalbewährung nach strafrechtlichen Sanktionen, in: Forum Kriminalprävention 2014, S. 11。

② 参见 David Garland, The Culture of Control: Crime and Social Order in Contemporary Society, Oxford University Press, 2011, pp. 55-59。

③ 参见 Dennis J. Baker, The Right Not to be Criminalized, Routledge, 2011, p. 215。

④ 参见 Hans-Dieter Schwind, Kriminologie und Kriminalpolitik: Eine praxisorientierte Einführung mit Beispielen, 23 Aufl., C. F. Müller 2016, S. 22。

但正如贝克所言："风险的来源不是基于无知、鲁莽的行为，而是基于理性的规定、判断、分析、推论、区别、比较等认知能力，它不是对自然缺乏控制，而是源自对自然的控制能够日趋完美的期望。"①权力强制理性化的进路可以导出的只是风险评估与决策的科学化与精细化。风险本质上被视作不可消灭，犯罪预防成为风险精算与分配的代名词。这样一种"计算正义"②本质仍是被权力所支配，极易导致便利胜过良知，使刑罚成为风险归类以及对"危险人群"进行管理约束的单一行政管理工具。③ 因为这一语境下，"危险人群"未经审判而被推定为有害（具备风险），这是事实上的"有害推定"。在适用刑罚寻求犯罪预防的语境下，无害推定应是无罪推定原则的当然延伸，否定无害推定，"危险人群"作为自主责任主体④的地位即被否认，成为实现犯罪预防目的的纯粹工具。而且，这一控制理性化的过程本身也在制造着越来越多的犯罪风险。⑤ 犯罪预防这一"有着良好动机的刑事政策目的，对于决定是否剥夺一个人的自由而言，还不是足够有力的标准"。⑥ 作为社会控制机制，缺乏对其权力强制之维的规范控制，也就是缺乏刑法适用的限定标准，正当性难以证成。

（三）作为刑罚目的的犯罪预防

刑法理论语境下，犯罪预防的刑事政策通过刑罚目的真正进入到刑事归责的教义学判断中。德国刑罚理论中有绝对理论和相对理论两个基本流派，区别在于前者认为刑罚适用的正当性只在于恢复正义，后者则认为还需要考虑刑罚的社会效果，也就是犯罪预防，⑦后者语境下刑事政策有了存在空间。目前占据通说地位的预防性综合理论，其本质属于相对理论，以积极一般预防理论为基底，认为刑罚的目的在于保护民众对法秩序存在与效力的信赖，强化其法忠诚，⑧ 绝对理论对于正义恢复的考量则以法益保护原则和责任原则的形态，作为预防刑的上限而存在。换言之，其基本逻辑在于通过刑罚的适用确证刑法规范的效力可以达到犯罪预防目的，而有法益保护原则和责任原则约束的犯罪预防可以成为刑

① 薛晓源、刘国良：《法治时代的危险风险与和谐——德国著名法学家、波恩大学法学院院长乌·金德霍伊教授访谈论》，载《马克思主义与现实》2005年第3期。
② 参见[美]詹姆斯·克里斯：《社会控制》，纳雪沙译，电子工业出版社2012年版，第171页。
③ 参见[英]海泽尔·肯绍尔：《解读刑事司法中的风险》，李明琪等译，中国人民公安大学出版社2009年版，第23页。
④ 参见 R. A Duff, Pre-Trial "Detention and the Presumption of Innocence", in Andrew Ashworth, Lucia Zedner and P Tomlin(eds.), Prevention and the Limits of the Criminal Law, Oxford University Press, 2013, pp. 115-132; 119-120。
⑤ 例如，为了预防犯罪进行广泛的个人信息搜集，本身又制造了侵害公民个人信息犯罪的风险。
⑥ Andrew Ashworth, Lucia Zedner, Preventive Justice, Oxford University Press, 2015, p. 61.
⑦ 参见 Bernd-Dieter Meier, Strafrechtliche Sanktionen, Springer, 2001, S. 17 f。
⑧ 参见 Winfried Hassemer/Ulfrid Neumann, im Kindhäuser/Neumann/Päffgen, Strafgesetzbuch, 4. Aufl., 2013, Vorbemerkung zu § 1 ff., Rn. 154。

罚的正当化根据，继而成为刑事政策的价值取向。由于积极一般预防只能说明刑罚的作用方式，并无法明确限定处罚范围的标准,[1] 法益保护原则与责任原则承担了这一功能，因此这样的构建基本适当。

面对犯罪预防刑事政策导向下刑罚权的活性化，美国刑法学家 Douglas Husak 提出了内部与外部的双重限制机制[2]作为刑罚权运行的边界，这一思路值得借鉴。在刑法教义学范畴内，法益保护原则和责任原则可以承担内部限制的功能，作为宪法原则的比例原则可以承担外部限制机制的功能。但能否如"积极刑法观"支持者所主张的那样，只要刑罚的适用合比例，便无需再固守法益保护原则与责任原则？答案是否定的。首先，对于是否"合比例"的判断本质是风险的计算和分配。对计算与分配是否"合比例"的评价标准会随着社会发展而变化。考虑到犯罪是社会发展的副产品，不能使刑罚超出犯罪人"应得"的范围。其次，在当今风险社会的语境下，"不明的和无法预料的后果成为历史和社会的主宰力量"[3]，也在逐渐破除对于"计算"准确性的盲目信任。坚持刑法教义学的内部限制机制，以在规范层面给"计算"留下纠错空间，仍然非常必要。[4] 再者，比例原则的贯彻实施需要成熟的宪政体制和程序法作为保障，这一点上我国与德国这样的法治发达国家相比还有较大距离。有关这一问题，德国宪法法院在其判决中给出了精准的结论："任一刑罚都必须与犯罪行为的严重性(Schwere)和犯罪行为人的罪责(Schuld)成比例",[5] 此言得之。也就是说，"通过报应实现预防"(Prävention durch Repression)的基本路径具备合理性。有关适用刑法追求犯罪预防的教义学边界，后文将在信息网络犯罪治理的语境下详细展开。

(四)预防刑法的关键内涵

厘清了犯罪预防不同层次的内涵，需要进一步厘清的，是作为基础理论范式的"预防刑法"的规范表现与规范内涵，以此作为本书进一步展开研究的理论基础。"预防刑法"的概念在德国以及我国的刑法理论中都存在，但内涵各不相同。在德国语境下，预防刑法与风险刑法属于预防国图像中两个不同阶段的刑法模式，都着眼于刑法功能边界的扩张，都属于广义的预防刑法。两者的共性在于刑法的基本模式由绝对报应型向目的导向型转变，

① 参见 Volker Bützler, Staatsschutz mittels Vorfeldkriminalisierung: Eine Studie zum Hochverrat, Terrorismus und den schweren staatsgefährdenden Gewalttaten, Nomos, 2017, S. 19。

② 参见 Douglas Husak, Overcriminalization: The Limits of the Criminal Law, Oxford University Press, 2009, pp. 55, 120。

③ [德]乌尔里希·贝克:《风险社会》，何博闻译，译林出版社 2004 年版，第 19~20 页。

④ 参见 Franz Streng, Strafrechtliche Sanktionen: Die Strafzemessung und ihre Grundlagen, 3. Aufl., Verlag W. Kohlhammer 2012, S. 21。

⑤ 参见 BVerfGE 45, 187, 227ff。

刑法正在成为"全新的综合性安全框架"①，也就是社会控制机制的一部分，刑法开始由对既有法益侵害结果的限制性报应，向着眼于预防法益侵害风险以实现社会控制的授权性预防转变。② 两者的区别在于对刑法的最后手段性，也就是刑法功能应当有明确而确定的规范边界这一基本原则的背离程度，以及对限定刑法功能边界的相应教义学原则的解构程度在递增。

1. "风险社会""风险"与"风险刑法"

"风险社会"的概念由德国著名社会学家者乌尔里希·贝克在其1986年出版的《风险社会》一书中提出。总体来讲，风险社会即"世界风险社会"。③ 贝克将人类社会的形态划分为前现代社会、工业社会与风险社会，风险社会的基本特征是在全球化背景之下，核灾、化学灾难、生态污染等后工业时代的风险，在危害的时间、地点和对象等方面都难以控制，风险具备普遍性、平等性、不可感知性、不可预知性以及人为建构性。④ 贝克也已经注意到，基于后工业时代全球性技术风险的这些特性，人类无法对风险进行全面准确认知的前提下，试图应对时所采取的控制措施会催生更多的风险。英国著名社会学家吉登斯则从"社会反思"的视角进一步指出，在风险社会的形态下应对风险，并非既有知识越多控制就越强，人类基于既有知识对风险的干预与控制，反而会制造更多危及社会系统存续的不确定风险。⑤

也就是说，风险社会理论视域下的"风险"是一个普遍与中性的概念，是对社会现实状态的系统化描述，其基本内涵是对20世纪中期以来人类社会现代性新特征的解释，它认为人类在追求进步过程中的理性决策制造了核泄漏、化学污染等重大风险，而全球化造成社会空间紧缩使这些风险实现的几率、转化的结果以及影响范围的不确定性大为增加。这种风险的重大性以及不确定性提升了人类对于社会环境安全的实然需求；与此同时，普通民众面对风险的恐惧也激发了对于社会环境安全高于实际必要的强烈需要，促进了偏重社会环境安全保护的价值取向的形成。

而当风险概念引入刑法规范视野，虽然风险与损害结果距离仍远，但它的本质内涵是事物向消极方向进展的可能性，其中损害结果发生的趋势基本是确定与可测算的。⑥ 但测

① 参见[德]汉斯·约格·阿尔布莱希特：《安全、犯罪预防与刑法》，赵书鸿译，载《人民检察》2014年第16期。

② 参见 Peter-Alexis Albrecht, Kriminologie: Eine Grundlegung zum Strafrecht, C. H. Beck, 2005, S. 61。

③ 参见[德]乌尔里希·贝克：《世界风险社会》，吴英姿、孙淑敏译，南京大学出版社2004年版，第24页。

④ 参见孙万怀：《风险刑法的现实风险与控制》，载《法律科学》2013年第6期。

⑤ 参见[英]安东尼·吉登斯：《超越左与右——激进政治的未来》，李惠斌、杨雪冬译，社会科学文献出版社2009年版，第3页。

⑥ 参见 Cornelius Prittwitz, Strafrecht und Risiko, Vittorio Klostermann, 1993, S. 33。

算损害结果发生趋势的根据不再是具体行为人的具体行为，而是对某些人群群体或行为情境所具备风险的评价。① 在对社会环境安全需求的驱使下，以预防危害结果发生为导向的风险控制，成为了社会控制，包括犯罪控制的新范式，其重心逐渐由控制外在环境与物的风险转向控制人的风险。甚至只具有向民众确证社会控制机制依然有效的象征性刑事立法，② 即使这有可能导致严重的间接损害，包括公民个体自由和法治国保障的丧失，似乎也逐渐变得不是绝对不可接受。近代以来构建成型的自由法治国刑法的基本使命，是在公民个体面对国家这个庞大利维坦处于绝对弱势的情形下，限缩国家刑罚权以保障公民个体自由，在当下充满风险的社会环境中，作为刑法适用的价值基点，社会环境安全与公民个体自由的冲突似乎就愈加突出。

　　具体到信息网络犯罪的规制，将当代网络化、数据化的社会描述为充满风险的社会，是犯罪预防刑事政策驱动下的叙事路径，为我国相关立法所继受，也随之将"安全"设定为相关领域问题定义、解决路径探讨和法律规范构建的基调，我国《网络安全法》的出台便是非常清晰的例证。这一叙事路径下，信息网络犯罪风险的基本特质被描述为新型、普遍存在、不可预见、高频度与可衡量。③ 风险社会理论为这一叙事路径提供了理论基础，"行为人随时随地可以对任何网络连接的对象实施犯罪行为"，是对互联网环境下所面临犯罪风险的经典描述，以安全作为刑法适用的价值基点，这一主张似乎因此获得了现实基础的支撑。

　　早在 1993 年，德国刑法学界已由 Prittwitz 开启了对"风险刑法"的规范探讨，着重要厘清的，是刑法能否运用它自由法治国属性的工具应对现代社会人类所面临的生存风险。所得出的基本具有共识的结论，是刑法在应对现代生存风险的过程中不可或缺，但"只有在制造风险的决定可以被归咎于个人时，才有刑法介入的空间"。④ 这一进路在理论上的进一步发展演化出客观归责理论，以行为人是否制造、升高、实现法不允许的风险作为判断行为构成要件符合性的标准。风险刑法所依托的社会背景是传统的工业社会，由于面对工业发展带来的技术风险、环境危害等社会问题，既有包括法律规范在内的正式社会控制机制应对不力，以及由于失业率上升、城市化带来的匿名化与社区解构等原因导致的非正式社会控制机制失效，在犯罪预防的刑事政策指导下，以作为经验学科的犯罪学所作实证

　　① 参见 Tobias Singelnstein, "Logik der Prävention-Eine kriminologische Perspektive auf das Strafrecht und andere Formen sozialer Kontrolle", in: Brunhöber (Hrsg.), Strafrecht im Präventionsstaat. Franz Steiner Verlag, 2014, S. 41 (45 f.)。

　　② 参见 Peter-Alexis Albrecht, Kriminologie: Eine Grundlegung zum Strafrecht, C. H. Beck, 2005, S. 63。

　　③ 参见 Katharina Dimmroth, Wolf J. Schünemann, "The Ambiguous Relation Between Privacy and Security in German Cyber Politics", in: (Edited.) Wolf J. Schünemann, Max-Otto Baumann, Privacy, Data Protection and Cybersecurity in Europe, Springer International Publisher, 2017, p. 101。

　　④ Cornelius Prittwitz, Strafrecht und Risiko, Vittorio Klostermann, 1993, S. 384.

研究提供的科学测量标准为基础，刑法成为实现政策目标的工具。这一阶段刑法的主要变革在于立法，1970 年代以来德国刑法典中经济犯罪、环境犯罪、数据犯罪等着眼于预防的罪名的创设充分体现了这一点。

而在我国，劳东燕教授发表于《中国社会科学》2007 年第 3 期的"公共政策与风险社会中的刑法"一文，正式开启了我国学界对于风险社会理论与风险刑法的学理探讨，在这一领域至今已产出了丰富的学术成果。[①] 但我国学界大量观点直接将风险社会理论中"风险"的概念作为风险刑法理论构建的基点，这样的理解存在很大偏差。对于我国刑法学界把风险社会理论简单理解为关于风险的理论，进而在刑法理论中对"风险"概念进行的不当继受与泛化理解，劳东燕教授已经进行了系统批判，[②] 本书对其基本立场表示赞同，不再展开。风险概念对刑法理论范式的冲击实质是在预防刑法阶段展开，[③] 就此本书将进一步展开探讨。

2."预防刑法"

随着风险社会的到来，面对规模化、不可控且危及整体社会系统的技术性以及制度风险，既有的正式与非正式社会控制机制应对无力的弊端愈加凸显，刑法以其惩罚措施，即刑罚的即时可感性成为了象征性政策的有力工具，[④] 用以表达国家对社会问题的关注，以及显示对民众安全需求的回应，减少对于国家刑罚权规范约束的需求愈加强烈。预防刑法在理论上回应了这一需求，主要体现在以下三个方面：第一，新型犯罪的法益内涵去实质化，法益不再限缩国家刑罚权，而成为了刑法功能扩张的根据；[⑤] 第二，责任原则功能化，刑事责任成为了根据预防必要性的政策考量进行量刑的上限，丧失了作为决定刑罚是否发动的边界的内涵；第三，比例原则功能化，比例原则被简化为量刑的指导原则，刑法成为了社会治理的优先选项。总体来看，德国语境下的预防刑法和风险刑法是试图以自由法治国作为刑法预防转向的正当化事由，但实质在解构刑法功能的教义学边界。[⑥] 例如，德国风险刑法的首倡者之一 Prittwitz 教授即明确提出在当下的风险社会，刑法的图像应当已经从自由法治国转向限制自由的保护国。[⑦]

---

① 劳东燕教授构建了我国风险刑法的理论基础，以风险社会为背景系统考察刑法学理论流变。她的《风险社会与功能主义的刑法立法观》一文，系统构建了以风险控制为基础的功能主义立法观，及其法治风险的控制机制。

② 参见劳东燕：《风险社会与变动中的刑法理论》，载《中外法学》2014 年第 1 期。

③ 劳东燕教授在新近的《风险社会与功能主义的刑法立法观》一文中，已经实质进入了预防刑法的探讨。

④ 参见 Peter-Alexis Albrecht, Kriminologie: Eine Grundlegung zum Strafrecht, C. H. Beck, 2005, S. 59。

⑤ 参见古承宗：《风险社会与现代刑法的象征性》，载台湾《科技法学评论》2013 年第 1 期。

⑥ 参见 Henrique Carvalho, The Preventive Turn in Criminal Law, Oxford University Press, 2017, p. 38。

⑦ 参见 Cornelius Prittwitz, "Das Strafrecht: Ultima ratio, propria ratio oder schlicht strafrechliche Prohibition?" ZStW 2017(2), S. 399。

我国刑法理论中"预防刑法"的含义，实质与德国语境下广义预防刑法的内涵相同。而中国剧烈的社会变革与发展，导致我国刑法需要同时兼顾限制刑罚权恣意发动与优化社会控制机制的任务，因此，明确刑法的功能边界至关重要。

二、网络时代预防刑法的价值根基

(一)预防刑法视域下安全与自由的冲突

作为生活在文明社会中的现代人，我们可以骄傲地宣称，"一部文明史也就是一部进步史"。[①] 因为在启蒙时代以来短短的数百年里，人类理性控制下的进步创造了几乎所有构成现代人生活的东西。毋庸置疑，互联网的飞速发展也属于这一沛然不可阻挡的进步潮流，这充分说明了现代性一直是一个流动的过程，[②] 发展与进步是人类现代化进程的最高追求。然而，当今中国社会由互联网发展带来的社会进步与众多社会问题并存的事实表明，进步赋予现代社会的流动性本质，在创造空前发展的同时也带来空前的非确定性，理性无法绝对掌控。[③] 存在论的意义上，这种非确定性是指世界内部不存在规则简单的秩序，世界复杂而非确定。换言之，它指的是人类由被决定走向自我决定过程中，现实社会存在的一种机会空间，其中发展机遇与风险并存。

这样一种非确定性，构成了在网络空间的语境下考察刑法理论问题的社会背景。学界的争议点主要在于，面对网络空间严重的，也就是规模化而不可预测的法益侵害风险，应该适度突破传统上以个人责任为基础、以消极司法地位自守的罪责刑法的限制，将刑法的任务转向风险防控，以凸显刑法保护安全的功能，[④] 还是坚持罪责刑法的谦抑性原则和罪刑法定原则下刑法的确定性框架，守住刑法保障自由的底线。[⑤] 这一争议的实质在于是否应当为了更好实现犯罪预防放开对刑罚权发动的规范约束。[⑥]

基于责任主义的本质是限制国家刑罚权恣意发动的认识，刑事责任表征着自由价值应

① ［英］弗里德里希·奥古斯特·冯·哈耶克：《自由宪章》，杨玉生等译，中国社会科学出版社2012年版，第65页。

② 参见［英］齐格蒙特·鲍曼：《流动的现代性》，欧阳景根译，上海三联书店2002年版，第3~4页。

③ 参见吴玉军：《非确定性与现代人的生存》，人民出版社2011年版，第15~16页。

④ 参见舒洪水，张晶：《法益在现代刑法中的困境与发展——以德日刑法的立法动态为视角》，载《政治与法律》2009年第7期。

⑤ 参见刘艳红：《"风险刑法"理论不能动摇刑法谦抑主义》，载《法商研究》2011年第4期。

⑥ 包括法益的非人本化、精神化扩张，客观归责理论在规范目的指引下对构成要件实质化的判断，增设抽象危险犯的主张等，都是基于刑法提前介入有利于风险防控的考量。

无疑义，依据刑事责任确定刑罚的过程即为刑事归责。[1] 基于国家有发动刑罚的排他权，却没有采取犯罪预防措施的排他权[2]的基本认识，责任刑法以尊重公民个体理性，期待在保护公民个人自由的前提下，个人能够充分遵照刑法规范约束自己的行为，与国家共同承担法益侵害风险预防任务为基本特征。面对严峻的信息网络犯罪情势，公民个人的行为自由成为需要控制的犯罪风险来源，责任刑法的规范进路似乎缺乏稳固的信任基础。因此，责任刑法在应对网络空间严重的法益侵害风险时显得保守无力，使得国家应充分动用刑法预防犯罪风险，也就是保护安全优先的观点变得相当有力。[3] 该类观点认为，在当前网络空间内潜在犯罪行为具备的法益侵害风险规模化而不确定的背景下，自由不应被视作绝对的价值，而应根据当前的客观需求以安全为优先的价值基点。[4]

大陆法系语境中，"责任主义原则、罪刑法定原则与法益保护原则构成了法治国刑法的基本原则体系"。[5] 基于对道义责任论、社会责任论、规范责任论、人格责任论等诸种德日刑法中责任理论的考察，"可以作为成果继受的是：刑事责任是道义责任、行为责任和主体责任。"[6]换言之，传统责任刑法的意义上，刑事责任的根据是行为人个体自主选择为法益侵害行为而对其进行的道义谴责，责任主义原则意义上的刑事责任是一种个人责任，道义责任。对于刑事责任的要求是对封建时代野蛮的团体责任的反动，目的是限制国家刑罚权的处罚范围，保障公民自由。然而，随着现代社会的非确定性带来的不可控风险愈多，对公民个体是否能够自担其责的质疑愈多，倡导刑法保护前置化以控制社会风险的呼声便愈高，以保护安全价值为优先，放开责任原则对国家刑罚权的约束，以使之能够充分保障自由实现的现实社会条件，似乎成为应然之义。

(二)核心矛盾：自由与秩序的关系

应当说，安全与自由的对立从来都是伪命题，真正存在紧张关系的是自由与秩序，紧张的缘由是被用以维持社会秩序、具备强制力的权力。这一点，被我国学界主张"在秩序

---

[1]　大陆法系刑法理论中传统的归责概念，包括"客观归责"与"主观归责"，实质是将认定作为犯罪成立构成要件的刑事责任的过程描述为归责，以实现构成要件评价的实质化为诉求。参见李晓龙《刑事归责的概念与构造》，载《江汉论坛》2014年第4期。本书所指的"刑事归责"是对刑罚发动过程的体系化叙述，与"客观归责"和"主观归责"相区别。

[2]　参见 Andrew Ashworth, Lucia Zedner, Preventive Justice, Oxford University Press, 2015, p. 7。

[3]　参见孙道萃：《网络刑法知识转型与立法回应》，载《现代法学》2017年第1期。

[4]　参见 Cornelius Prittwitz, "Das Strafrecht: Ultima ratio, propria ratio oder schlicht strafrechtliche Prohibition?" *ZStW* 2017(2), S. 390-400。

[5]　梁根林：《责任主义原则及其例外——立足于客观处罚条件的考察》，《清华法学》2009年第2期。

[6]　冯军：《刑事责任论》，法律出版社1996年版，第7页。

价值的基础上追求自由与安全的平衡"①的风险刑法观论者有意或无意地忽略了。认可刑法作为社会控制有效手段的传统自由刑法论者延续了亚里士多德、柏拉图、康德以降追求具有同一性、确定性的先验理性的哲学传统，② 认为刑法规范中的立法意志在法律形成并颁布实行以后，就脱离了立法者个体的个人意志，成为客观的理性存在，只要在保证刑法规范确定性和明确性的前提下，在文义的范畴内对法律条文进行解释适用，就能避免刑罚权恣意行使，进而保障公民自由。作为客观的立法理性的产物，"法律不应当被嘲笑"，应当依据时代的发展变化对法条进行解释，这是客观解释论者的基本立场。

　　然而，在立法腐败③已然出现的当代社会中，这只是一个美丽的梦。在对立法理性应当保持质疑的前提下，以互联网为代表的新型技术创设的现代风险给社会控制带来的难题，又不断对刑法自我克制的底线提出挑战，导致的结果是刑法功能教义学边界的解构。按照客观解释论的立场，最终的走向是会回到古罗马法学家造法的时代，法学家的良心决定了刑法的功能边界。而对于安全刑法观论者而言，面对愈加弥散的生存风险，给约束刑罚权的规范机制松绑，使刑法积极回应社会的发展变化，更是应有之义。二者的发展殊途同归，在对秩序的追求中，实质消解了自由的元价值地位。

　　(三)价值根基：社会发展的消极自由

　　然而，自由能与权力控制下的秩序在犯罪预防的目的下统一吗？首先应当追问，自由的内涵是什么？自由如正义一般拥有一张普罗透斯之面，没有绝无争议的内涵。作为法律、政治权利范畴的自由，本书采最广为接受的分析范式，即积极自由与消极自由。所谓积极自由，即指人类的自我主宰与自我实现。④ 看似美好的追求，在社会共同体及其共享价值逐渐崩解的现代社会中，会导致对外在"理性"标准的依赖，蕴含了社会强制的风险。何以在避免这一强制风险的同时，避免社会因过度张扬个体自由而崩溃？答案唯有从消极自由中寻找。所谓消极自由，即将个体放在其所处的社会关系中考察保证其不受强制，核心诉求是避免个人自由取决于自我意愿以外的标准判断，因此"它是尊重人的学说，而非

<hr />

① 焦旭鹏：《自反性现代化的刑法意义——风险刑法研究的宏观知识路径探索》，载《政治与法律》2014 年第 4 期。

② 古希腊哲学中从外在宇宙寻找确定的"始基"。而随着科学技术发展，现代哲学中向内在寻找人类理性作为人类存在发展的确定性根据，对自我进行实体化、功能化抑或绝对化的理解，都是为了寻找确定的"一"，作为发展的价值支点。参见亚里士多德《形而上学》，商务印书馆 1959 年版，第 7 页；《柏拉图全集》第一卷，人民出版社 2002 年版，第 84 页；[德]黑格尔《精神现象学》(上卷)，贺贺麟、王玖兴译，商务印书馆 1979 年版，第 127~129 页；康德《纯粹理性批判》，商务印书馆 1960 年版，第 287~290 页。

③ 如郭京毅案，参见杨兴培：《反思与批评——中国刑法的理论与实践》，北京大学出版社 2013 年版，第 314~325 页。

④ [美]E. 博登海默：《法理学：法律哲学与法律方法》，邓正来译，中国政法大学出版社 2004 年版，第 109 页。

管教人的学说"。①

　　哲学、政治学领域内自由主义内部、社群主义、共同体主义、共和主义等诸学派，以消极自由忽视了共同体的价值共识，对消极自由展开的批判本书不予展开，总体的诉求是，在反思性现代化阶段应确认一个共同的价值标准，确保公民个体行为依据共同的价值标准作出，而不应消极无作为。若不将法律视为一套规则，而是当作"人们进行立法、裁判、执法和谈判的活动；分配权利义务、并据以解决纷争、创造合作关系的活生生的程序"②，便会理解，法律规范，包括刑法规范，其作用在于排除外在强制复归自由状态，处罚或预防犯罪是为了给形成进步与发展的自由社会空间创造秩序条件。而"文明不是人类设计的产物，我们要向前发展，就必须为目前的观念和理想留有不断修正的余地"。③只有消极自由所征表的权利活动空间而非任何权力行为或其结果的本身，才能为社会的持续发展以及对错误的修正提供可能。消极自由作为现代法治的基本精神，应当在当代社会的重构过程中继续承担元价值的地位。

　　当然，同样基于价值多元的背景，也有观点认为自由并不具有最高价值的地位，而应是以符合大多数人的利益为最高追求，可以在特定时空维度内以安全高于自由。④ 功利主义追求的实现大多数人利益被作为这种论点最好的注脚，被用来论证安全价值及其权力之维的正当性，这其实是对边沁思想的极大误解。虽然边沁把法律理解为一个以追求"最大多数人的最大幸福"为目标的掌权者的意志产物，但这是他基于对古典自然法学建构方法的批判，而从霍布斯那里寻求"支援"。他认为只要有民主政治的公民选举和良好的法律统治，加上社会监督等辅助机制的制衡，掌权者就只能安于功利原则的制约，而无需假定公民有不服从的权利。"个人自由仍是边沁最神圣的信仰，他的立场是个人必然是最有利于自己幸福的最佳判断者。"⑤他的功利主义法学实质是继承消极自由理念前提下的实践智慧，仅探讨公民权利的实践方式，我们不能只取其操作性探索而忽略其价值前提。

　　这个意义上说，重视理念启蒙的自然法学和作为实践智慧的分析法学在法治理论上殊途同归，都追求实现消极自由。"人类社会的发展不是通过人类理智运用已知的方法去追求一个确定的目标实现的。"⑥因为"人类的理智既不能预知未来，也不能着意塑造未来。

①　[英]以赛亚·柏林：《自由论》，胡传胜译，译林出版社 2003 年版，第 178 页。

②　[英]弗里德里希·奥古斯特·冯·哈耶克：《自由宪章》，杨玉生等译，中国社会科学出版社 2012 年版，第 325 页。

③　[英]弗里德里希·奥古斯特·冯·哈耶克书，第 44~46 页。

④　参见郝艳兵：《风险刑法——以危险犯为中心展开》，中国政法大学出版社 2012 年版，第 61 页。

⑤　邓春梅：《消极自由与积极自由——柏林法价值理论及其发展研究》，湘潭大学出版社 2014 年版，第 2 页。

⑥　[英]弗里德里希·奥古斯特·冯·哈耶克：《自由宪章》，杨玉生等译，中国社会科学出版社 2012 年版，第 66 页。

它的进步表现在不断发现错误"。① 现有的讨论似乎都集中在公民个体自我决定的自由与社会整体发展需求的冲突，而忽略了非确定性中的发展之维，即发展的自由，或者说不受强制的权利空间。

在刑法视域内，确立消极自由作为价值根基的最大意义，在于明确秩序，或者说安全本身不是刑法的目的。安全的概念只有在自由主体组成的社会语境下才有意义。个人自由是现代社会不确定性的源泉，却也是法律应当保障的对象。② 应当通过对权利的充分保护将个人导向合作，而不是压制性地实施控制。通过完善刑法对公民权利的保护，充分保护权利实现的自由空间，而非单向度地加强对现有秩序的控制，才是网络空间持续良性发展的前提。

第七节　网络时代刑法功能边界的厘定

以预防刑法观为指导，在信息网络犯罪治理领域，刑法的功能边界产生了显著扩张。刑法是否是信息网络犯罪治理的最后手段，是一个亟待解答的问题。

一、刑法功能扩张与最后手段性的内在冲突

长期以来，刑法学理论研究多致力于刑法解释的自洽，特别是犯罪论理论构成的体系性、一贯性和精密性，纵使有功能的考察，也多是以刑罚功能——报应和预防——为对象，以达成刑事归责妥当性的论证。其背后将刑法功能界定为社会控制的手段以实现维护社会共同体安定生活③的认识似乎不证自明。刑法目的决定了刑法的功能，通过对刑法目的的考察，我们会发现并非如此。所谓目的，就是人类在理性发展的过程中为自身的生存所设立的多元价值及核心支点。从这个意义上讲，"目的是全部法律的创造者。"④刑法目的就是刑法规范的创造者，同时也是刑事立法与司法不可逾越的界限。⑤ 社会的稳定与团结是社会进步的必要条件，推动社会进步是人类社会现代化进程的本质目的，也自然是刑法的本质目的。在视刑法为实现这一目的之工具的前提下，主张充分发挥刑法效力应对网

———

① ［爱尔兰］J. M. 凯利：《西方法律思想简史》，王笑红译，法律出版社2002年版，第303页。

② 参见 Henrique Carvalho, The Preventive Turn in Criminal Law, Oxford University Press, 2017, pp. 4-5。

③ 参 见 Claus Roxin： Strafrecht Allgemeiner Teil（ Band I）, Grundlagen. Der Aufbau der Verbrechenslehre）, 4. Auflage, Verlag C. H Beck, 2006, S. 16, Rn7。

④ ［德］耶林语，转引自［美］E. 博登海默：《法理学：法律哲学与法律方法》，邓正来译，中国政法大学出版社2004年版，第109页。

⑤ 参见丁慧敏：《刑法目的观转变简史——以德国、日本刑法的祛伦理化为视角》，载《环球法律评论》2011年第2期。

络空间犯罪行为法益侵害的社会化以确保网络空间的安全，为推动社会的进步与发展创造必要的秩序条件，具备正当性基础。

但反观刑法理论研究者们，鲜少有人像启蒙时代的先辈们那样旗帜鲜明地高举理性与进步的旗帜，反而有意或无意地忽略掉这一本质目的，以正义、共同幸福和法的安定性[①]进行委婉的表述，其中的原因恐怕是"那种对进步之必然性的过分而天真的信念达到一定程度之后，对它产生怀疑是必然的。"[②]二战的洗礼带来的自然法学派的复兴，当代新分析法学派重新承认了法价值研究的合理性并借鉴相关理论，[③] 这些事实都充分表明法学理论界对于以下认识开始了反思，即抽象的国家主权作为高级理性赋予立法者权力，进而可以制定能妥善应对网络空间法益侵害社会化的"有效"法律制度并能妥当执行，从而引领"低级理性"的庸庸大众走向自我主宰与自我实现，推动社会进步。其中蕴含着可能的权力强制，对于社会公众而言必然产生"自由即服从"的根本悖论。

正因为对刑罚权这一最具强制力的国家权力的警惕，才会在近代以来产生了有关刑法功能应当谦抑的理念。我国刑法理论中使用的"谦抑性"这一表述，直接来源于日本学者的论述。二战之前，宫本英修首先提出了刑法应当自我谦抑的基本理念，平野龙一将刑法谦抑性的概念总结为补充性、不完整性和宽容性，后两者与前者实质是一体两面的关系，这一概念被广泛接受。[④] 它的实质内涵体现为刑法的最后手段性，[⑤] 理论定位是贯穿刑事政策、立法与司法、有关刑法功能属性的基本理念。而日本刑法中的谦抑性又是从德国法学理论中继受而来，直接翻译自德国法学理论中的辅助原则（Subsidiaritätsprinzip）。[⑥] 德国刑法学界一般认为，辅助原则是宪法中比例原则派生的指导性立法原则，基本内涵限于将刑法的任务界定为辅助性的法益保护，也就是说如果国家有对公民负担更小的手段实现法益保护的，就没有必要动用刑法。[⑦] 这与日本以及我国理论语境下的刑法谦抑性内涵并不一致。

---

① 参见黎宏：《刑法的机能和我国刑法的任务》，载《现代法学》2003 年第 4 期。

② ［英］弗里德里希·奥古斯特·冯·哈耶克：《自由宪章》，杨玉生等译，中国社会科学出版社 2012 年版，第 65 页。

③ 参见邓春梅：《消极自由与积极自由——柏林法价值理论及其发展研究》，湘潭大学出版社 2014 年版，第 2 页。

④ 参见［日］陶山二郎：《謙抑主義に関する一考察》，载森尾亮、森川恭刚、冈田行雄主编：《人间回复の刑事法学》，日本评论出版社 2010 年版，第 67 页。转引自简爱：《一个标签理论的现实化进路：刑法谦抑性的司法适用》，载《法制与社会发展》2017 年第 3 期。

⑤ 参见［日］松宫孝明：《刑法总论讲义》（第 4 版补正版），钱叶六译，中国人民大学出版社 2013 年版，第 11 页；何荣功：《自由秩序与自由刑法理论》，北京大学出版社 2013 年版，第 63 页以下。

⑥ 参见王世洲：《刑法的辅助原则与谦抑原则的概念》，载《河北法学》2008 年第 10 期。

⑦ 参见 Claus Roxin：Strafrecht Allgemeiner Teil（Band Ⅰ），Grundlagen. Der Aufbau der Verbrechenslehre），4. Auflage, Verlag C. H Beck, 2006, S. 45, Rn 98.

对于刑法功能谦抑性的探讨，德国刑法学界在刑法的最后手段性原则（Ultima Ratio Prinzip）下展开。相较于辅助原则，最后手段性原则是对宪法中的比例原则在刑法理论中的适用更客观、完整的阐释，其基本内涵有两重：第一，必须要在所有可用的社会控制措施中考察比较刑法与其他可能的替代措施；第二，由于刑法适用过程中作为手段的刑罚是最为严厉的强制措施，它可能的错误适用会给公民个体和社会都带来严重的负面后果，因此，刑法不能被作为纯粹的社会控制工具，对刑法的适用必须有法治控制机制的保障。①我国学界普遍基于刑法二次规范的属性，认为刑法的最后手段性是指"只有在仅凭第一保护性规则之力难以有效保障被严重侵犯的调整性法律关系恢复正常的情况下，才有济之以刑事责任的追究与刑事制裁的启动，以补充第一保护性规则责任追究与制裁力量之不足的必要"，② 这样的理解是较为僵化和不准确的。刑法的最后手段性本就不是指穷尽前刑法规范的制裁手段而无力之后才能适用刑法予以规制，这样的逻辑经不起检验，比如对于杀人行为来说刑法当然是第一保护性规则。刑法的最后手段性应当是指，在有效性层面，应当与其他制裁措施比较后才能确定是否适用刑法，在正当性层面，刑法的适用应当有明确的限定标准，不能成为社会治理纯粹的政策性工具。而只有明确了刑法适用的限定标准，才能够明确刑法处罚的范围，进而与其他制裁措施的处罚范围进行衡量以确定其功能边界，从而针对具体犯罪行为确定应当适用的制裁措施。因此，刑法最后手段性的核心意涵应当是明确刑法适用的限定标准，以厘清刑法的处罚范围，所谓"最后"，是指基于刑罚的严厉性，与其他社会治理手段相比，刑法适用应最为谨慎、限定标准应最为明确与确定的理念，最后手段性是刑法的功能属性。

二、网络时代对刑法最后手段性的质疑

过去二十年以来，互联网的迅猛发展以及它对人类社会组织结构与生活空间的全面渗透，带来的不只是经济发展与文化繁荣。信息这一互联网环境下人类行为的基本载体在全球范围内的流动性，带来了网络空间法益侵害风险的社会化，犯罪预防成为了我国实质的刑事政策导向。对于自由法治国语境下以其谦抑性，具体表现为以确定的行为不法为归责根据的责任刑法，限制国家刑罚权恣意发动保障个人自由与国家动用刑罚权追求犯罪预防以充分保障个人自由实现之社会条件，这两个内在需求之间存在原生矛盾。③

基于网络空间中潜在犯罪行为法益侵害的社会化，以安全作为优先价值基点，提倡为了充分发挥刑法的保护机能应当否定刑法的最后手段性，以轻刑化、加强程序法保护等措

---

①　参见 Klaus Lüderssen, Cornelius Nestler-Tremel, Ewa Weigend（Hrsg.）, Modernes Strafrecht und ultima-ratio -Prinzip, Verlag Peter Lang, 1990, S. 11。

②　田宏杰：《行政犯的法律属性及其责任》，载《法学家》2013 年第 3 期。

③　参见 Henrique Carvalho, The Preventive Turn in Criminal Law, Oxford University Press, 2017, p. 132。

施为努力方向，从"限制处罚走向妥当处罚"的观点，在我国学界变得愈加有力。[①] 而正如上文所厘清的，这类对刑法最后手段性的批判，是针对最后手段性的错误理解所展开，偏离了真正的问题所在，也就是在功能扩张之后，刑法适用明确而确定的限定标准何在？提倡"妥当处罚"依然需要回答评价是否"妥当"的标准是什么。问题的实质不是是否应当突破刑法既有的功能边界，而是突破既有边界之后，刑法的功能边界在哪里。解答这一问题是刑法学的基本任务，轻刑化以及加强程序法保障等措施不是这一根本问题的答案。

三、对刑法最后手段性的坚持与重构

德国学界有关刑法最后手段性原则的争议都是围绕它能否，以及如何成为刑法适用的限定标准展开，基本观点分为三类。第一类观点认为，刑法的最后手段性原则只能成为"指引法律政策的明智准则"[②]，而不是刑事立法或司法应当遵守的原则或规则。[③] 这是我国学者在提倡积极适用刑法规制信息网络犯罪时所依据的理论基础。基于上文对最后手段性原则内涵的界定，最后手段性原则的理论定位不应是如此。第二类认为，刑法的最后手段性原则应当是判断行为刑事可罚性不可逾越的绝对界限。具体又有两种观点，第一种以Herbert Landau 为代表，他认为体现刑法最后手段性的载体是责任原则，无责任则无刑罚，继而应当适用其他法律规范予以规制。[④] 第二种是 Wolfgang Frisch 的观点，他认为依据责任原则与比例原则的要求，只有在社会伦理的意义上可责(sozialethisch verwerflich)、社会无法忍受的行为，才能够被作为犯罪行为予以规制。[⑤] 这一观点实质是社会相当性理论内容的表述，属于阻却行为违法性的一般原则。第三类认为，刑法的最后手段性原则应当成为刑事立法与司法层面犯罪化的相对界限。具体也有两种观点，第一种是广为刑法学界接受的观点，那就是核心刑法(Kernstrafrecht)的范围应当限定于保护个人法益，例如公民个人的生命、身体健康、财产等。[⑥] 这一观点随着法益概念的抽象化与去实质化逐渐受到冲击。第二种观点也在逐渐有力，那就是刑法的最后手段性原则是宪法中的比例原则在刑法

---

① 代表性观点参见周光权：《积极刑法立法观在中国的确立》，载《法学研究》2016 年第 4 期。

② 参见 Klaus Ferdinand Gärditz, "Demokratizität des Strafrechts und Ultima Ratio Grundsatz", JZ 2016, S. 641, 644。

③ 参见 Matthias Jahnund, Dominik Brodowski, "Das Ultima Ratio-Prinzip als strafverfassungsrechtliche Vorgabe zur Frage der Entbehrlichkeit von Straftatbeständen", ZStW 2017(2), S. 368。

④ 参见 Herbet Landau, "Die jüngere Rechtsprechung des Bundesverfassungsgerichts zu Strafrecht und Strafverfahrensrecht", NStZ 2015, S. 665, 668。

⑤ 参见 Wolfang Frisch, "Voraussetzungen und Grenzen staatlichen Strafens", NStZ 2016, S. 16, 24。

⑥ 参见 Jahn/Ziemann, "Die Fraukfurter Schule des Strafrechts：Versuch einer Zwischenbilanz", JZ 2014, S. 943, 946。

领域的具体体现。①

从以上德国学者的探讨中可以归纳出两个基本的争议核心：第一，最后手段性原则应当是行为刑事可罚性的绝对还是相对界限；第二，它的具体内涵是什么，最后手段性原则应当是行为刑事可罚性的界限没有争议，基本理由在于，对于预防与结果导向的刑法观，扩张刑法功能属于内在需求，其边界只能从功能考量之外理性的正义标准中寻求，② 只是对于它的功能定位与具体内涵存在不同观点。本书认为，最后手段性原则与罪刑法定原则应当是一体两面的关系，后者是形式要求，前者是实质要求。从这个意义上来讲，以上德国学者的观点都趋于片面。法益保护原则与责任原则，以及整体法秩序层面的比例原则，共同构成判断行为刑事违法性的实质标准，在教义学体系下共同构成了刑法功能边界的实质内涵。换言之，刑法的最后手段性原则是界定刑法功能的基本原则，这一结论应当能够证成。这样一来，在作为理念的刑法最后手段性同具体的刑法教义学原则之间，最后手段性原则承担起了中观层面指导原则的功能，成为了限定刑法功能边界的规范保障。

第八节　比例原则：信息网络犯罪刑事政策的指导原则

一、比例原则的基本内涵与功能

(一)基本内涵

比例原则发源于行政法，向来被视为公法领域的帝王条款。1958 年的"药房案"(Apothekenurteil)③是德国联邦宪法法院首次适用比例原则，1969 年德国联邦宪法法院正式在判决中宣布，"比例原则是所有国家行为的卓越标准"，约束所有公权力，比例原则正式成为了宪法层面的基本原则。④ 一般认为，比例原则的内涵包括适当性原则，即是指法律或行政权的行使，若无法达到法定目的，则不适当；必要性原则，即指能达到目的的所有措施中，应选择对公民权利减损最小的一种；以及狭义比例原则，即指实现目的法律必须之手段对公民权利的减损不能不成比例。我国《宪法》中虽然没有明文规定比例原则，但相关条文已经蕴含了比例原则的精神。⑤ 作为具备宪法位阶的基本法治原则，比例原则应

---

① 参见 Großmann, Liberales Strafrecht in der komplexen Gesellschaft, Dike Verlag Zürich, 2017, S. 59ff。

② 参见 Hellmuth Mayer, "Kant, Hegel und das Strafrecht", in: Bockelmann/Kaufmann/Klug (Hrsg.), Festschrift für Engisch, Vittorio Klostermann, 1969, S. 54 (79)。

③ 参见 BVerfGE 7, 377。

④ 参见 BVerfGE 23, 127(133)。

⑤ 本书认为我国《宪法》虽然没有明确规定比例原则，但其第 5 条、第 10 条第 3 款和第 13 条明确体现了比例原则的精神。

当是贯穿刑事立法、司法与执行阶段的指导性原则。

在刑事司法层面，比例原则要求对具体行为进行刑事规制时，应当考量是否，以及用何种方式适用刑法实现法益保护。从这个意义上来讲，比例原则应具备两重内涵：第一，在定罪阶段，不以刑法为本位，不以刑罚作为对犯罪行为唯一的回应手段，将非刑罚的制裁措施纳入定罪之前的规范判断；第二，在量刑阶段，行为人的刑事责任应当与所处刑罚成比例。概言之，比例原则的第一重内涵是刑事政策的整体指导原则，第二重内涵是量刑指导原则。然而在刑法功能边界扩张的背景下，比例原则的第一重内涵被抛弃，成为了纯粹的量刑指导原则。德国刑法学界1970年代就出现了用比例原则替代责任原则的观点，具体的主张是"应当衡量需保护的公众法益与犯罪人的基本权利，若所处刑罚能够对双方都进行了限制，从而使双方都分别可能继续实现的，此刑罚合比例。"①只要对犯罪行为人的处罚在最高法定刑以下就都是合比例的，这是这一主张的必然结论。

（二）功能：风险管理权能的分配

适用刑法防控犯罪风险，也就是对安全的诉求，在治理法益侵害社会化的网络空间时有其合理性与必然性。但防控犯罪风险只是限于在刑法理论的范畴内探讨刑罚应当如何发动吗？恐怕不然。基于国家不具备实施预防犯罪措施之排他权的基本认知，除了作为量刑指导原则之外，比例原则还应是设置预防措施之权能的分配原则，换言之，即整体刑事政策的指导原则。在此语境下，基于将犯罪作为一种社会现象，为了研究刑法规范在整体社会治理机制中对其适当反应②而展开的犯罪预防研究，非常具有借鉴意义。

在社会治理层面，犯罪预防是指通过积极主动的措施减少未来犯罪发生或者降低犯罪损害的结果，③ 是犯罪控制的一种新模式，是中央政府从传统上承担的直接社会控制角色，逐渐转变到加重基层个人及组织之社会控制责任这一转型的组成部分。④ 换言之，应当从社会治理公共政策的层面来理解犯罪预防，其实质是试图将犯罪风险作为一种社会运行中的风险进行有效管理，合理分配，从而将其转化为实害的可能性尽可能地降低，或者分散犯罪行为造成的损害结果，法律规范只是可供选择的应对机制之一，绝非全部。

在当代风险社会的背景下，社会共同体对分配正义的关注重心已经由财富分配正义向风险分配正义转变。因为在当下这个弥散高度不确定性和不可预见性的犯罪风险的社会

---

① 参见 Günter Ellscheid/Winfried Hassemer, " Strafe ohne Vorwurf. Bemerkungen zum Grund strafrechtlicher Haftung", in: Civitas. Jahrbuch für Sozialwissenschaften, Bd. 9, Pesch-Haus, 1970, S. 45.

② 参见 Bernd-Dieter Meier, Kriminologie, Verlag C. H. Beck 2003, S. 2。

③ 参见[挪威]托尔·布约格：《恐怖主义犯罪预防》，夏菲、李休休译，中国人民公安大学出版社2016年版，第5页。

④ 参见[澳]亚当·苏通、阿德里恩·切尼、罗伯·怀特：《犯罪预防——原理、观点与实践》，赵赤译，中国政法大学出版社2012年版，第5页。

中，从某种程度上讲不可能完全防范或消灭犯罪风险，它是人类理性追求发展的必然产物，只能通过人类社会共同认可的行为准则①进行管理。

刑法规范也已经由对犯罪人实施惩罚的社会机制，逐渐转变为实现犯罪风险管理的社会机制之一，绝非全部。希望在网络空间中通过处罚部分犯罪预防所有犯罪，② 这只能是一个美好的理想。值得关注的，是刑法规范作为一种犯罪风险管理的社会机制，是否可以通过激发其他的社会机制，来确保而非抑制刑法规范对于犯罪风险的有效管理，③ 同时避免刑法规范的运行抑制其他社会机制的积极作用。当然，本书关注的核心限于法规范领域内，不包括此外的综合应对措施。这种努力的核心，是要在刑法规范领域探讨犯罪风险预防时，摆脱以刑法为中心，选择性地将犯罪风险作为增加刑法在社会治理中话语权的理由的做法，④ 基于对刑罚权所具备强制力的谨慎态度，在明确刑法适用界限的前提下，寻找犯罪风险管理的整体考量下法规范对其整体的应然应对。

对于风险的管理，政府可以在预防性的社会公共政策指导下，综合运用各种手段对其进行前置性干预；刑法规范则只有在风险被规范体系判定为危险之后，才可以对其进行相应的规制。依据法达格·奥斯特尔伯格的分类，社会中的主要社会机构分为四个基本类型：以达到理性目标为主的生产机构，以照顾与服务为主的生殖医疗机构，以政治和权力为主的社会机构以及协调原则、价值和思维方式的社会机构。⑤ 鉴于法律规范的权威是由国家强制力所保障，广泛适用法律规范介入风险管理，由于缺乏规范体系的限制，必然依赖于政策性的抉择，从而会给予国家权力广阔的空间，逐渐使法律由协调原则、价值和思维方式的社会机构转向以达到理性目标为主的生产机构，导致法律沦为效用的工具，进而使整个社会治理结构失序。刑法规范可以介入的应当是危险而非风险，才能确保刑法不会超越自己的功能边界，对整体社会管理机制的运行产生破坏性影响。

二、比例原则的要求：作为义务、权限与法律责任分配的合比例

作为风险管理权能分配的指导原则，比例原则要求法定作为义务及相应权能主体权限以及法律责任的分配合比例，本书试以网络恐怖主义犯罪的规制为例进行阐释。

（一）刑事作为义务分配的合比例

在预防网络信息制造的恐怖主义犯罪抽象危险时，预防本类罪抽象危险的义务即为在

---

① 不仅是法律规范，还包括道德规范、职业伦理等一切人类社会的行为规范。

② 参见 Sarah Summers, Christian Schwarzenegger, Gian Ege, Finlay Young, The Emergency of EU Criminal Law, Hart Publishing, 2014, pp. 114-116。

③ 参见 J. Elster, Nuts and Bolts for the Social Sciences, Cambridge University Press, 1998。

④ 参见于志刚、郭志龙：《网络刑法的逻辑与经验》，中国法制出版社 2015 年版，第 25~34 页。

⑤ 参见 [挪威] 尼尔·克里斯蒂：《犯罪控制工业化》，胡菀如译，北京大学出版社 2014 年版，第 147 页。

本类罪名的法益保护目的指引下，合比例地规制网络信息流动的义务。对义务进行类型化明晰即是合比例性的要求。鉴于在当前大数据时代的背景下公民个体并不拥有控制网络信息流动的能力，因此，网络服务提供者是承担此项义务的主体。在立法新增诸多条款为网络服务提供者创设了广泛作为义务的背景下，对义务的层次加以明确，是在教义学层面进行细致展开的前提。

第一，功能标准。首先应当看到，我国已经为网络服务提供者构建了较为全面的作为义务体系，使以恐怖主义犯罪防控为目的的网络信息流动规制能够有法可依。在此基础上，以恐怖"蔓延"三个层次的路径阻断，作为区分其作为义务的功能标准，可以确立恐怖主义犯罪防控视域下，网络服务提供者法定作为义务的体系逻辑。

具体来看，就阻断恐怖主义思想与主张蔓延而言，网络服务提供者的法定作为义务主要有《修（九）》增设的第 286 条之一拒不履行信息网络安全管理义务罪所设定的刑事作为义务，① 其罪状中明确要求不得致使违法信息大量传播；就阻断恐怖活动在互联网中联络、资助、宣传招募与技术支持的路径而言，法定义务主要有 2015 年 11 月 27 日通过的《反恐怖主义法》，在其第三章"安全防范"中，以第 18 条、第 19 条和第 21 条为网络服务提供者设置了就网络中涉恐怖主义、极端主义信息的审查、储存，服务使用者的身份审查，和对有关部门就恐怖主义犯罪防控提供技术支持及相关配合的义务，以及《修（九）》对《刑法》第 311 条拒绝提供间谍犯罪证据罪的罪状作出修改，从而增设的向司法机关提供极端主义、恐怖主义犯罪证据的义务；② 就阻断狭义网络恐怖袭击的路径而言，则主要有2016 年 11 月 7 日通过的《网络安全法》中，第三章和第四章分别为网络运营者，包括网络服务提供者设置的网络运营安全和网络信息安全的保护义务，以及拒不履行网络安全管理义务罪设定的刑事作为义务。

第二，按照法律责任标准。通过上文的梳理不难发现，从法教义学的视角出发，网络服务提供者的法定作为义务还应通过性质上的区分，即基本法与特别法的法定作为义务，以及刑事作为义务和前刑法规范作为义务的区分，才能明晰其作为义务的性质以及附随之法律责任大小，继而勾勒出更加清晰的层次。就恐怖主义犯罪防控目的下的网络信息流动规制而言，应当以网络服务提供者的刑事作为义务为核心。

首先，正如前文所述，在恐怖主义之"恐怖"蔓延的三个层面上，网络信息流动规制均

---

① 本书探讨的是网络服务提供者积极的作为义务，我国《刑法》第 291 条之一规定的编造、故意传播虚假恐怖信息罪，所设定的不得编造、故意传播虚假恐怖信息之义务，属于消极的禁止性义务，不属于本书探讨的范畴。

② 《刑法修正案（九）》将第 311 条修改为了："明知他人有间谍犯罪或者极端主义、恐怖主义犯罪行为，在司法机关向其调查有关情况、收集有关证据时，拒绝提供，情节严重的，处三年以下有期徒刑、拘役或管制。"

是阻断其蔓延路径的关键。而在当下以信息交互为基本特征的互联网时代，网络服务提供者作为信息流动的中介，亦即"守门人"，是实现现实主体在网络空间内相互连接与信息交互的基石。因此，网络服务提供者是实现此信息流动规制的核心。

其次，法定作为义务只有配置了相应的法律责任才具备实际效力。考察《反恐怖主义法》第九章以及《网络安全法》第六章对于网络服务提供者法律责任的设置，可以发现主要有罚款、拘留、停业整顿等行政处罚层面的处罚措施。而恐怖主义犯罪是我国目前危害最大的犯罪之一，作为"法律的终极威慑"，网络服务提供者的法定作为义务体系中不能缺少附随刑事制裁的刑事作为义务，且因为其最为严厉的法律效果，应探讨其恰当的边界，作为此法定作为义务体系规制范围的基准。

刑法第311条所设定的义务，则是直接将《反恐怖主义法》第19条中设定的义务，即要求网络服务提供者保存涉极端主义、恐怖主义相关信息的记录，并向公安机关或有关部门报告上升为了刑事作为义务，其内容在《网络安全法》第三章的"网络运营安全保护义务"中均有体现，是"网络运营安全保护义务"在反恐领域的细化，本书对此不作详细展开。有关拒不履行信息网络安全管理义务罪为网络服务提供者设定的刑事作为义务，后文还将进一步深入探讨。

（二）权限分配的合比例

与作为义务的明晰相比，相关主体基于打击、预防恐怖主义犯罪的目的获取、适用网络信息的权限，似乎从未进入过学界探讨的视野。但提供网络信息的义务和获取网络信息的权限本质上是一体两面。在当前的网络时代，在打击、预防恐怖主义犯罪的过程中，要确保国家刑罚权对公民信息权、隐私权进行克减的合比例性，不能寄希望于立法者和司法者的价值判断，应当有专门法律的明确规定。

首先，应在立法中专门明确在打击和预防恐怖主义犯罪过程中，可对网络信息进行规制、作为国家机构的权力主体及其权限范围。例如德国，在2006年就通过了专门的《反恐数据法》（Antiterrordateigesetz），对基于"打击和破获涉及德国的国际恐怖主义犯罪"的目的，可以进行网络信息规制的主体、方式、数据范围、保存和销毁程序等进行了全面的规范。

如本法第1条第1款就规定："为打击和破获涉及德国的国际恐怖主义犯罪进行的集中性数据收集，由德国联邦犯罪调查局统一领导，《联邦警察法》第58条第1款列举的相关警察机构、各个州犯罪调查局、承担宪法保护职能的联邦和州相关政府机构、军事机构、联邦信息服务机构以及的德国税务调查总局参与进行。"在此基础上，本法第3条继而列举式规定了相关机构可以在此目的下储存的信息范围，以"对确认一个人的身份是必要的，而没有其他法律规定对此必要性加以否定"为外延；第4条结合《刑事诉讼法》和《数据保护法》规定了应当限制储存和秘密储存的信息范围；第5条规定了相关职能部门获取和使用相关网络信息的权限，特别规定了对于公民个人的基础信息的获取和使用，只能是在关涉正在调查的相关恐怖主义犯罪的情形下；第6条~12条规定了相关职能部门破坏信息保护义务的情形，和所应承担的法律责任，以及以此目的所搜集信息进行分类、储存、清除的标准和程序；最后的第13条，则规定了为了打击和破获涉及德国的国际恐怖主义犯罪，《基本法》第10条规定的通信自由，和第13条规定的住宅不被侵犯这两项基本权利可以受到限制。①

德国《反恐数据法》所规范的内容在我国的立法层面属于空白，这很大程度上是由于在预防性刑事政策的驱动下，一味强调刑法的积极能动所导致的。明晰网络信息规制的义务和权限，是实现恐怖主义犯罪合比例处罚的基础。

而有关网络服务提供者的信息提供义务，德国也用《电信传媒法》(Telemediengesetz)第5条和第6条进行了专门的规范。我国《网络安全法》和《反恐怖主义法》中为网络服务提供者设置的信息提供义务，上文已经进行了详细梳理。通过实践调研可以发现，有关信息提供，在我国的司法实践中网络服务提供者和网安部门之间存在很大矛盾。

在实地调研中，四川省某市网安支队反映了三个网络反恐工作中的痛点：一是运营商升级速度很快，他们对这些数据的掌握和了解不足，他们不能完全掌握该市网络上发生的情况；二是现在的新的网络协议、新的加密方式导致大量有害数据通过秘密渠道传输，使他们无法破解，需要网络服务提供者的支持；三是新型网络应用层数不穷，他们的侦查手段无法跟上，需要加强对网络服务提供的准入审核和长效监测。三个痛点都来自网安部门认为网络服务提供者没有提供足够的网络信息。他们的解决方案，是以我国《反恐怖主义法》第18条有关网络服务提供者应提供"技术接口"，和《网络安全法》第三章有关数据留存的规定为依据，要求该市的电信运营商在全市范围内将所有商户的网络服务设备改造为符合安全审计标准，并将数据接口接入网安部门的后台。

这样的诉求当然并不合理，不能支持。而诉求产生于国家职能部门和网络服务提供者在打击、预防恐怖主义犯罪的过程中关于网络信息规制权限的矛盾，这个矛盾来自于各个主体之间的权责并不分明，这个实际存在的痛点被掩盖在浮于表面的喧嚣中。我国目前急需的，是专门的反恐怖主义网络信息规制法，而非专门的反网络恐怖主义犯罪法。

以网络恐怖主义犯罪的规制作为微观切面，可以明确作为刑事政策的整体指导原则，比例原则要求作为义务设置与权限分配应当合比例。

(三)法律责任分配的合比例

作为刑事政策的整体指导原则，比例原则还要求为网络服务提供者构建层次分明的法

---

① 参见 BVerfG, Urt. v. 24. 4. 2013-1 BvR 1215/07。

律责任体系，理顺不同类型法律责任之间的界限与联系，也就是要求法律责任分配得合比例，以组织起法规范对信息网络犯罪风险有效且联动的反应。这样，既可以确保我国刑法坚守最后手段性，谨守对信息网络犯罪处罚最为严厉的最后一道防线，也可以能动地通过适宜的非刑法规范进行调控，对社会发展变化中出现的新问题进行及时回应。最为重要的是，这样一来，就能为刑法规范与非刑法规范之间搭建规范层面、而非政策层面的沟通桥梁，让民法规范与行政法规范调控的有效性切实纳入刑事立法变动与刑事司法判断的考量。这实质就是让"民法规范与行政法规范调控无效，再有刑法规范进行调控"的抉择建立在切实规范判断的基础上，而非政治正确、却无人问津的口号。

下面就以电信网络诈骗犯罪为例，进行具体分析。所谓电信网络诈骗犯罪，即以非法占有为目的，利用电信网络作为工具，实施各类骗取公私财物、数额较大的行为。这并不是实定法中一类特殊的诈骗犯罪类型，事实上具备司法解释效力的最高人民法院、最高人民检察院、公安部《关于办理电信网络诈骗等刑事案件适用法律若干问题的意见》（以下简称《电信网络诈骗意见》）对它的集中关注，是在回应我国日益严峻的此类诈骗犯罪形势。在间接性特征日趋显著，从而使信息交流结构逐渐取代社会生产模式[1]，进而成为考察人类行为之基本框架的当代信息网络社会，此类行为通过信息数据的流动实现，既导致行为对象的不特定性和所侵害法益的多样性，致使防控的困难，也导致对其行为轨迹获取困难，致使诈骗行为的罪过、因果关系等认定犯罪构成的关键要素确认困难，从而难以实现有效的法律规制。

本书认为，因为难以对此类犯罪实现有效规制，被害人的经济利益得不到有效保护，从而制造的对社会管理秩序的风险，是将此类犯罪类型化应对的实质动因。也就是说，对它类型化应对主要出于保护广大公众的经济利益，继而维护社会稳定的目的。此类犯罪行为所制造的对众多不特定被害人经济利益的危险，以及由此产生的对社会管理秩序的风险，实质上决定了它的外延。而对于社会管理秩序之风险产生的根源，在于此类犯罪被害人的经济利益得不到有效保护。

刑法能够实现的法益保护并非直接的法益保护，而是预防性或补偿性的。[2] 对于电信网络诈骗犯罪被害人的经济利益而言，刑法能够实现的只能是补偿性保护。《电信网络诈骗意见》第 3 条第 6 款和第 8 款所作出的尝试，是希望基于网络服务提供者在网络空间信息流动中所处的守门人地位，通过对它科赋前置性的刑事责任，实现对被害人经济利益的

---

① 参见［英］斯科特·拉什：《自反性及其化身：结构、美学、社群》，载［德］乌尔里希·贝克、［英］安东尼·吉登斯、斯科特·拉什主编：《自反性现代化——现代社会秩序中的政治、传统与美学》，赵文书译，商务印书馆 2014 年版，第 152 页。

② 参见［日］高桥则夫：《规范论和刑法解释论》，戴波、李阳译，中国人民大学出版社 2011 年版，第 45 页。

预防性保护。这本质是为网络服务提供者创设了间接刑事责任，本书对此持否定立场，具体论证将在后文展开。对于难以认定网络服务提供者主观明知程度，而电信网络诈骗犯罪分子又利用其服务为他人制造了财产损失的，可以在整体法律规范框架下，探索由非刑法规范实现被害人经济利益的预防性保护和补偿性保护，从而实现对社会管理秩序的预防性保护。

首先是赃款的追回。若能在犯罪行为给被害人造成实际损害之前及时追回犯罪人所获赃款，截回被害人的经济损失，当然最好。2016 年 10 月我国人民银行发布了《关于加强支付结算管理防范电信网络新型违法犯罪有关事项的通知》，其中规定的要求一人在同一银行只能开设一个一级账户、加强对异常开户的监控、要求银行与支付机构提供实时到账、次日到账等转账服务选项，就是通过加强对资金流的控制，加强对被害人经济利益预防性保护的有益尝试。

但是，在司法实践中，网络空间的间接性在此类犯罪中体现为犯罪行为的跨地域性和极强的隐蔽性，使追赃仍然非常困难。在赃款追回不可得时，基于《侵权责任法》第 36 条和《消费者权益保护法》第 44 条等相关法律的规定，完全可以通过追究网络服务提供者的侵权责任，来实现对被害人经济损失的补偿性保护。正如前文所述，相关法律法规中为网络服务提供者创设的相应注意义务与作为义务，可以作为网络服务提供者应承担的作为与不作为侵权责任的义务来源，不论网络服务提供者有无过错。

例如，根据《消费者权益保护法》第 44 条的规定，若被侵权的消费者通过网络交易平台提供者提供的信息，不能找到其平台之上实施侵权行为的商品或服务提供者时，该网络交易平台提供者应当承担不真正连带责任。[①] 也即是说，网络服务提供者应当为该实施侵权行为的商品或服务提供者承担赔偿责任，之后可以向其追偿。

而鉴于我国民法领域并未给网络服务提供者创设普遍的一般安全保障义务，且《侵权法》第 37 条为宾馆、商场、银行、等公共场所的管理人、群众性活动组织者所设置的安全保障义务是否能够对网络服务提供者适用，也尚未达成共识。在"被利用"实施电信网络诈骗犯罪时，若法律法规中没有为网络服务提供者创设相应的作为义务，根据具体情状，可以让网络服务提供者承担适当的公平责任。结合网络服务提供者的类型进行进一步的细化展开，则是今后结合相关立法的完善需要持续深化的问题，本书不作涉入。

---

① 参见杨立新：《网络平台提供者的附条件不真正连带责任与部分连带责任》，载《法律科学》2015年第 1 期。

第六章　互联网发展与民法

第一节　互联网发展与民法概述

民法是市场经济的基本法。"从本质上讲，近现代民法是商业社会、市场经济社会之法，它所调整的社会关系大多反映了价值规律所要求的平等和等价交换关系。"①从现实来看，"民法是一切市场经济国家，特别是发达国家制定最早、最完备、最基本的法律"。②从根本上而论，市场经济所张扬的个性、自由、平等交易与民法倡导的意思自治、私权保护、诚实信用等具有内在的契合性。经典作家恩格斯甚至认为，"民法的准则知识以法律的形式表现了社会的经济生活条件"。③作为社会生产力发展和进一步发展的产物，"互联网服务行业具备网络效应、技术标准和兼容性、产品的信息性、垄断和竞争并存等特征"④，而互联网强调的网络自由、互联互通、非公益必要不干扰等原则，则需要一种制度予以固化和提升，从而达到降低基于网络系统的交易成本的社会性目标。从宏观上看，互联网发展与民法的关系是非常复杂的，因为民法本身的范围也是很广泛的。正如有学者所指出的，从外延看，"民法，有所谓形式民法与实质民法之分"。⑤一般认为，形式的民法或者说狭义的民法应当指的是《中华人民共和国民法典》（2020 年 5 月 28 日通过 2021 年 1 月 1 日起施行，以下简称《民法典》），但实质的民法除了《民法典》，还应当包括《中华人民共和国票据法》《中华人民共和国公司法》《中华人民共和国商标法》《中华人民共和国专利法》《中华人民共和国著作权法》《中华人民共和国保险法》《中华人民共和国海商法》等，这些在广义上或者实质上都应属于民法的范畴。显然，要有效探讨网络发展与民法的关系，就不能机械地对照以上民法的形式构成来进行思考，而是要回到民法存在的技术性目的——调整平等主体之间的人身关系和财产关系的角度来进行思考。如果更进一步，就

---

① 马俊驹：《中国民法的现代化与中西法律文化的整合》，载《中国法学》2020 年第 1 期。
② 彭万林主编：《民法学（第二次修订版）》，中国政法大学出版社 1999 年版，第 1 页。
③ 《马克思恩格斯选集（第 4 卷）》，人民出版社 1995 年版，第 248 页。
④ 孙晋：《谦抑理念下互联网服务行业经营者集中救济调适》，载《中国法学》2018 年第 6 期。
⑤ 梁慧星：《民法总论（第五版）》，法律出版社 2017 年版，第 2 页。

需要了解民法上的三种典型法律关系:① 契约关系、财产所有关系、侵权关系(包括财产方面的侵权关系和人身方面的侵权关系)。如果沿着这个思路,我们就会发现,探讨网络发展与民法的关系,主要是探讨网络发展中以上三对关系对民法提出的新挑战和新问题。例如,网络发展对隐私权的保护就提出了新的挑战,在非网络时代,鉴于交易所受到的物理环境的限制,当你进入任何一家商场购物,如果商场通过一些手段记录下了你的行踪,如商场保安要求你留下名字,又或商场使用它的相机对你进行定点拍照,或者进行人脸识别,② 或者收银员要求你在付款时出示有效的证件(如身份证、学生证等),此时,作为消费者的你会清晰地感知这样做对你的后果。在买方市场时代,消费者拥有较为充分的选择权去应对这种可能侵犯你的隐私权的行为,其他商场可能会顾忌到这种行为对消费者造成的"不快"而停止类似的行为,至少,在最低的限度上,你享有对自己个人隐私是否可能被侵犯的知情权。但是,在互联网时代,这一切都发生了重大的改变,因为照相机已经被无所不在的摄像头替代,甚至某些经营者的试衣间和酒店客房都被曝出装有针孔摄像头,而网上购物的结果是你被定点投放广告——因为你浏览的网页已经被网络公司所记载并且这种信息在你毫不知情的情况下被出卖。总之,在互联网时代,消费者个体已经被分解为一个一个的"数字"——你在什么时候购物、购买的是什么、你还点击过哪些网站、你可能需要什么、你的偏好是什么、你的消费能力是什么……一句话,这种基于互联网电脑而自动完成的信息收集,会在消费者不知不觉中——遑论你是否同意——被真实且永久地记载,网络购物中的隐私权保护自此也遇到了前所未有的挑战。对此,我国《民法典》涉及到隐私权保护的法律条文为第 110 条、第 990 条、第 994 条、第 1032 条、第 1033 条、1034 条、第 1039 条、第 1226 条共 8 个条文。此外,互联网的发展也给自然人的民事行为能力制度提出了前所未有的挑战。一般说来,为了保障交易的安全,自然人的民事行为能力被分为三种:③ 完全民事行为能力、限制民事行为能力和无民事行为能力。在非网络时代,这种自然人民事行为能力的划分虽然也会带来交易安全的困扰——如限制民事行为能力人实施了超出自己民事行为能力范围的行为,但是,鉴于这些交易大多为一种面对面的交易,或者交易当事人通过特定的法律文本来固化这种交易,因此,交易过程中某个自然人是否具有相应的民事行为能力在很多情况下是一目了然的:只要交易对方尽到了必要的注意义务,一般即可判断该自然人是否具有针对该次交易相应的民事行为能力。但是,在互联网时代,我们会发现在网络构建的虚拟空间中,识别一个主体是否具有相应的民事行为能力

---

① 参见梁慧星:《民法总论(第五版)》,法律出版社 2017 年版,第 6 页。

② 有学者甚至认为,"法律应规定采集人脸信息之前,采集者应告知被采集者其采集的信息具体类型、目的、保存时间、被采集者的风险与权利,告知的方式必须是书面的"。邢会强:《人脸识别的法律规制》,载《比较法研究》2020 年第 5 期。

③ 参见王利明主编:《民法》,中国人民大学出版社 2000 年版,第 55~56 页。

要么根本不可能，要么成本过于高昂而经济上不可能。同时，互联网的开放性是无条件的，这意味着所有的主体，包括成年人和未成年人，都能同等地接触到任何信息。显然，这种开放性在带来便捷的同时，也会带来一些不可预测的社会问题。

总之，互联网发展与民法是一个非常广泛的议题，这两者在宏观上有很多的耦合之处，但也有较多的抵牾之节点，以下分述之。

一、互联网的发展离不开民法的规制

为了适应我国网络的发展，立法机关制定了一系列的涉及网络方面的民事法律制度：一是专门规制网络领域行为的民事法律制度。例如，《中华人民共和国电子签名法》《中华人民共和国电子商务法》《网络交易管理办法》《计算机软件保护条例》《中国互联网络域名注册暂行管理办法》《信息网络传播权保护条例》《计算机信息系统安全保护条例》《最高人民法院关于审理利用信息网络侵害人身权益民事纠纷案件适用法律若干问题的规定》《关于处理恶意占用域名资源行为的批复》《最高人民法院关于审理涉及计算机网络域名民事纠纷案件适用法律若干问题的解释》《规范互联网信息服务市场秩序若干规定》《互联网信息服务管理办法》等制度性安排。值得注意的是，在民事领域，《互联网信息服务管理办法》将互联网服务的性质进行了区分，即分为经营性和非经营性两大类，对前者实行许可制度以进行较为严格的管理规范，而对后者则实行备案制度以放活网络市场经济的发展。此外，《信息网络传播权保护条例》第6条明确规定，通过信息网络提供他人作品，属于以下情形之一的，可以不经著作权人许可，不向其支付报酬。这些情形包括：为介绍、评论某一作品或者说明某一问题，在向公众提供的作品中适当引用已经发表的作品；为报道时事新闻，在向公众提供的作品中不可避免地再现或者引用已经发表的作品；为学校课堂教学或者科学研究，向少数教学、科研人员提供少量已经发表的作品；国家机关为执行公务，在合理范围内向公众提供已经发表的作品；将中国公民、法人或者其他组织已经发表的、以汉语言文字创作的作品翻译成的少数民族语言文字作品，向中国境内少数民族提供；不以营利为目的，以盲人能够感知的独特方式向盲人提供已经发表的文字作品；向公众提供在信息网络上已经发表的关于政治、经济问题的时事性文章；向公众提供在公众集会上发表的讲话。同时，《规范互联网信息服务市场秩序若干规定》明确规定，互联网信息服务提供者应当遵循平等、自愿、公平、诚信的原则提供服务。其中，《规范互联网信息服务市场秩序若干规定》第5条明确规定，互联网信息服务提供者不得实施下列侵犯其他互联网信息服务提供者合法权益的行为：(1)恶意干扰用户终端上其他互联网信息服务提供者的服务，或者恶意干扰与互联网信息服务相关的软件等产品（"与互联网信息服务相关的软件等产品"以下简称"产品"）的下载、安装、运行和升级；(2)捏造、散布虚假事实损害其他互联网信息服务提供者的合法权益，或者诋毁其他互联网信息服务提供者的服务或者产品；（3）恶意对其他互联网信息服务提供者的服务或者产品实施不兼容；（4）欺骗、误导或者强迫用户使用或者不使用其他互联网信息服务提供者的服务或者产品；（5）恶意修改或者欺骗、误导、强迫用户修改其他互联网信息服务提供者的服务或者产品参数；（6）其他违反国家法律规定，侵犯其他互联网信息服务提供者合法权益的行为。值得注意的是，《中华人民共和国电子签名法》可以说是我国第一部真正意义上的网络法，上为我国电子商务活动的发展破除了瓶颈性的障碍。例如，《中华人民共和国电子签名法》将那些可以有形地表现所记载内容并可以随时调取查用的数据电文视为符合法律、法规所要求的书面形式，扩大了传统法律书面形式的范围。二是在有些法律规范中对网络发展进行了延伸性的立法，也即法律或者规范本身并不是专门性的针对网络领域的立法，但是，其在相关的条文中作出了规定。例如，《中华人民共和国民法典》《中华人民共和国消费者权益保护法》《中华人民共和国食品安全法》《中华人民共和国广告法》《中华人民共和国商标法》《中华人民共和国专利法》等都有相关的条文涉及了网络空间中社会关系的法律调整问题。例如，《中华人民共和国民法典》不仅认可普通的商事习惯与交易习惯，对于网络电子商务中的交易习惯也予以确认，同时，《民法典》第 469 条还规定了数据电文属于合同的书面形式。

　　从以上关于互联网发展过程中有关民事方面的规定可以看出，我国互联网的发展离不开民事法律制度的规范。事实上，互联网领域并非民事法律的法外之地，更不是有些学者所言中的"马法非法"[1]，而是民法必须有所作为也必将大有作为之地：无论是网络用户权益的保护、作为市场主体的网络平台的行为之规范，还是作为网络平台管理者的公权力及行业协会对网络领域的干预，都必须考虑到民法发挥作用的限度和范围。民法是权利之法，而互联网的发展使得传统权益呈现出网络化适用的特点，例如，虚拟财产权利的保护问题，我国《民法典》第 127 条对其作了原则性的规定，而网络秩序作为一种公序良俗的外延问题，都是需要民法大有作为的地方。同时，对于那些新型的基于互联网发展而兴起的个人权利，例如消费者或者用户的个人信息权、被遗忘权、数据可携权等，自然人在传统的社会场景中并不存在此类权利，但是，一旦步入网络领域，这些权利便是民事主体非常重要的权利类型，自然也需要民法的保护。值得注意的是，我国《民法典》对个人信息保护的条文多达 10 个条文，具体包括第 111 条、第 999 条、第 1030 条、第 1034～1039 条、第 1226 条。虽然这些有关个人信息保护的规定还比较原则，并且，在《民法典》中规定个人

---

[1]　美国联邦上诉法院法官弗兰克·伊斯特布鲁克（Frank H. Easterbrook）认为，不需要网络法的理由与一匹马不需要一部"马法"一样：因为马的所有权可以由财产法规定，马的交易可以由合同法规定，马伤人可以由侵权法解决，此外，马的品质、许可证、估价乃至马的治疗都有相应的法律进行规定。因此，他认为网络侵权法、网络合同法、网络财产法等构成的网络空间法是没有存在的必要。参见 Frank H. Easterbrook, Cyberspace and the Law of the Horse, U. Chi. Legal F, 1996, p. 207.

信息保护，正如有学者所指出的，"将个人信息作为私权客体的权利保护模式，在规范逻辑、制度功能等方面存在局限"，① 但是，这一规定也从侧面反映出《民法典》对这个问题的重视，也为我国个人信息保护制度构建预留了的空间。值得注意的是，2021 年 8 月 20 日，第十三届全国人民代表大会常务委员会第三十次会议通过了《中华人民共和国个人信息保护法》(以下简称《个人信息保护法》)，该法第 4 条明确规定："个人信息是以电子或者其他方式记录的与已识别或者可识别的自然人有关的各种信息，不包括匿名化处理后的信息。"

二、网络自由与民法意思自治的有机契合

习近平总书记在第二届世界互联网大会开幕式上指出，网络治理的总原则是既要尊重网民交流思想、表达意愿的权利，也要依法构建良好的网络秩序，这样有利于保障广大网民的合法权益②。由此看来，我们既要保障网络领域的自由，也要注意网络领域秩序的维护，因为从本质上看，网络就是一个社会的缩影。正因为如此，有学者就认为，网络社会本质上就是公民、法人和其他组织之间基于互联网技术聚合而成的社会关系格局和结构形态，是现实当中经济、政治、文化、社会、生态领域各种关系的单一或者综合反映与表达③。自由总是主体的自由，因此，网络自由事实上就是自然人、法人和非法人组织之自由，归根结底就是人在网络社会中的自由——不管这个"人"是个体的自然人，还是处于法人或者非法人组织中的人。但是，自由从来就不是没有任何拘束的，而是法律之内、权利之内的自由，如果再结合到网络的特殊性，我们会发现网络自由主要是针对自然人私权的保护而设定的，在民法领域，这主要体现为意思表示的自由——言论自由、所有权处分自由——特别是网络虚拟财产及数据权的处置自由。需要指出的是，在互联网时代，自然人的这种自由又在客观上表现为能够进入互联网的自由、能够利用互联网交换信息的自由、能够通过互联网进行交易的自由这三个基本维度。总之，这种基于规则的网络自由与基于规则的意思自治具有内在的契合性，具体而言，网络自由的表现与民法意思自治的内在关系可以分析为如下几个方面：

(一)自然人的网络自由

在民法意义上，自然人的网络自由事实上包括两个维度：一是将网络作为一种工具，自然人有使用这种工具的自由。具体来讲，就是自然人可以使用以互联网技术为基础的产品和服务，如运用各种即时通讯工具，使用各种移动终端 APP。当然，从实际情形来看，

① 参见王锡锌：《个人信息国家保护义务及展开》，载《中国法学》2021 年第 1 期。
② 参见习近平：《在第二届世界互联网大会开幕式上的讲话》，载《人民日报》2015 年 12 月 17 日。
③ 参见熊光清：《推进中国网络社会治理能力建设》，载《社会治理》2015 年第 2 期。

自然人对这些网络工具的使用本身并不是目的，通过运用这些网络工具便利其社会生活才是最终目的，如打车、叫外卖、购物、享受教育和医疗资源等。正是在这个意义上，我们认为，网络是自然人的一种工具，因为它事实上大大拓展了人类活动的广度和深度，而这种拓展是基于网络方式实现的，因此，自然人的这种网络自由也可以称之为网络工具使用的自由。二是自然人在网络这一虚拟空间的自由。与现实空间相对，网络空间是一个虚拟的空间，它事实上创造了一种与现实世界不同的虚拟世界，这种虚拟世界同样是自然人表达自己意志的重要场所。在这样一个虚拟空间中，自然人可以通过网络的帮助，实现对网络虚拟世界活动的参与和讨论——如在 BBS 中留言，在知乎上提问等等。与现实世界一样，自然人只要遵守相关的法律法规，就可以在这个虚拟空间中自由地社交、表达和互动，这些也是自然人网络自由的重要方面。

（二）基础网络服务提供者的网络自由

基础网络服务提供者是指为互联网的接入提供服务的组织，也即因特网 Internet。按照规定，因特网遵守 TCP/IP 协议，通常包括一个国家或者地区。正如庇护六世教皇所言："我们这个时代是个有着种种问题、有着种种极大的问题的时代。一切都正在科学技术的魔术般的影响下大为变样。如果我们要睁大眼睛生活，我们每天都会有一个问题需研究、需解决。"①事实上，正是由于互联网时代的到来，使得这些问题更多了，而需要解决的问题也更复杂了。可以认为，基础网络服务提供者在网络自由中居于主导地位、基础地位，网络自由本身就附属于基础网络提供者提供的网络服务质量和水平。作为数字化社会的体现，网络自由之实现可以说绝对依赖基础网络之提供，因为网络自由赖以存在的土壤就是基础网络，其他网络服务提供者所供给的丰富多彩的网络产品也是基于基础网络而存在的。对于网络使用者而言，② 基础网络决定着其信息提供、传播的速度和水平，属于网络自由中的关键设施。也正是在这个意义上，有学者认为基础网络服务提供者不仅有提供网络服务的义务，也承担着网络安全管理和治理的关键角色。③

（三）网络组织的网络自由

所谓网络组织，是指除基础网络服务提供者之外的网络服务或者产品提供者，主要包括网络平台、网络媒体等。如果说基础网络服务者为网络自由提供了"关键设施"，那么，网络组织则是网络自由得以真正实现的具体载体。概括起来，网络组织的自由包括如下几个方面：一是发布内容的自由。作为网络组织，以网络交易平台为例，其发布内容的自由

---

① 转引自［美］斯塔夫里阿诺斯：《全球通史：1500 年以后的世界》，吴象婴、梁赤民译，上海社会科学院出版社 2005 年版，第 913 页。

② 所谓网络使用者，是指在科研、教学、生产、管理、生活以及其他活动中利用网络的个体和群体。参见于志刚主编：《网络法学》，中国政法大学出版社 2019 年版，第 27 页。

③ 参见皮勇：《论网络服务提供者的管理义务及刑事责任》，载《法商研究》2017 年第 5 期。

意味平台其可以自由提供网络产品或者服务：在产品方面，网络交易平台几乎可以交易一切现实当中可以交易的商品，特别是物流企业发展起来以后，更为便捷的物流使得网络交易平台甚至进入了传统市场中的新鲜市场——销售鲜活商品，并赢得了广大消费者的青睐。在服务提供方面，网络交易平台可以发布新闻、广告、游戏、广播，其载体可以是文字的、音频的、视频的，也可以是图像的，甚至是图文并茂的综合性文本。当然，网络组织发布以上内容还是要受到限制的，即不能违反法律和法规及规章等规范性文件的要求。二是发布方式的自由。这是指网络组织可以自由选择发布的渠道与平台，如有的通过网站进行公布，有的通过邮件进行公布，有的通过自媒体账号进行公布。但是，无论哪一种公布方式，网络组织都必须保障这些发布方式的合理、合规，所发布的内容需遵守公序良俗、社会公德及社会主义核心价值观。三是网络媒体的自由。与纸质媒体一样，网络媒体作为网络组织的表现形式，其享有宪法和法律范围内的自由。值得注意的是，网络媒体的自由还包括自媒体的自由，并且这种自由愈发重要和关键。自美国新闻协会提出"自媒体"这个概念以来，"通过数字科技强化与全球知识体系的连通之后，普通大众提供与分享自己所知的事实与新闻的途径"已经成为网络媒体中的现象级的情形。① 从市场竞争的角度看，自媒体最大的优点就是改变了过去那种新闻和信息传播格局，属于典型的后现代主义的表现：无中心化发展。因为对于自媒体而言，其是否处于中心并不取决于这个自媒体是什么，而取决于其发表的作品受到关注的程度。需要注意的是，自媒体不仅能够为网络用户提供平等的、多维度的信息交流机会，其平台本身也是保障网络自由的重要管理切入点。以新浪微博平台为例，为了控制发布内容的长度，其设置了140字的技术限制，从而事实上制约着平台用户表达自由的法律限度。正因为如此，有学者就非常担忧自媒体是否会最终成为另一种性质的"公权力"。②

三、互联网发展中的民事侵权与民事责任

(一)互联网发展中民事权利的立法确认

与传统的法律空间不同，互联网空间一方面需要坚持民法的意思自治原则，以彰显互联网之互联互通、网络自由的基本宗旨，另一方面，互联网空间由于其强公共性的特征，使得其间民事权利的表达及确立都需在某种程度上接受监管部门及相关规则体系的引领，以确认网络社会中的一些新型权利，保障传统权利在网络领域的拓展性发展。在互联网的发展过程中，基于规范及合理权益保障的需要，网络社会催生了一些新的权利类型，如信

---

　　① 参见 Shayne Bowman, Chris Wills, "We Media, How Audiences are Shaping the Future of News and Information", The American Press Institute Thinking Paper7, 2003, p. 1。
　　② 参见梅夏英、杨晓娜：《自媒体平台网络权力的形成及规范路径——基于对网络言论自由影响的分析》，载《河北法学》2017年第1期。

息安全权、数据财产权及被删除权等，应当说，这些权利是网络发展中的总结和提炼，也是网络活动发展与存续的前提和基础。但是，值得注意的是，这些新型的权利如何来具体保护及救济，其保护和救济中的要点是什么。从目前的制度规则来看，主要还是基于一种类比思维来推进保护，这从根本上来讲是滞后于现实需要的，需要在民事权利领域进行进一步的回应和探索。同时，作为权益新载体的民事新型权利，其从根本上拓宽了传统民事权益的实现广度和深度，例如，网络直播游戏中游戏画面是否可以被定义为著作权①、数字版权到底特殊在什么地方、虚拟财产权又该如何具体来保护等，都呈现出数字时代特有的表征及提出了新的要求。

（二）互联网发展中的民事责任

1. 互联网发展中民事责任与公共利益的平衡

与传统的物理空间不同，互联网提供的主要是一种以信息为核心的交互平台，信息的流动在互联网发展中民事责任的认定及确立方面具有非常特殊的地位。同时，与传统信息传播的单向度不同，互联网信息传播的多位性、互动性非常显著，特别是随着网络评论等领域的开放，传统的信息接受者往往会成为新的信息提供者，这从根本上改变了传统的信息接受者的被动模式。在这样一个特殊的领域，其发生的民事责任特别是民事侵权责任具有如下一些典型特征：一是这种侵权的主体具有复合性。事实上，这些主体一般都包括基础网络服务的提供者、提供信息的网络使用者、获取相关信息的网民以及被侵权者。二是这种侵权者往往具有隐匿性。在很多情况下，网络侵权的主体可能都是一些分散在各地的匿名个体。在一些特殊的情况下，这些主体的真实身份甚至都是无法得到确认的，例如，"王菲诉大旗网侵犯名誉权案（2008 朝民初字第 29276 号）"就很好地体现了这一点。

从上述分析可以看出，互联网发展中的民事责任，特别是侵权责任的确立，不是一个"小众"问题，而是一个"大众"问题——它既涉及到相关民事主体的名誉权或者隐私权的保护问题，也涉及到社会公众获取信息权甚至是知情权的问题，同时还是一个牵涉到新闻自由等公共需求的问题。以网络民事侵权责任的制度构建为例，如果这种责任制度过于严苛，则基于网络而带来的诸如新闻自由等社会福利将会减少，反之，如果对这种责任制度设计过于宽松，恐怕又会引发相关主体权益的过分损害。值得注意的是，我国《民法典》第1164 条明确规定："本编调整因侵害民事权益产生的民事关系。"此外，《民法典》第 1194～1197 条对网络侵权责任、网络服务提供者侵权补救措施与责任承担、网络领域中的不侵权声明、网络服务提供者的连带责任做了较为原则性的规定，为规范我国网络领域的侵权行为提供了重要的依据。同时，从经典的侵权理论来看，一般认为侵权责任制度有三个目

---

① 参见肖顺武：《网络游戏直播中不正当竞争行为的竞争法规制》，载《法商研究》2017 年第 5 期。

标；① 一是对因为他人的行为而遭受损失或者伤害的人给予补偿；二是要求根据公正原则应该承担该补偿成本的人来承担该成本；三是防止将来的损失或者伤害的发生。两相对照，我们发现我国《民法典》的规定在调整网络领域中的侵权行为时，其对如何平衡其中的复杂社会关系应当说作出了很大的努力，包括所谓的"删除—通知"规则、不侵权通知规则、连带责任规则等，但是，这些规定更多地还是从一种私权保护法的角度来进行制度的架构，而对网络领域中侵权行为需要构建一种私益和公益的平衡关系还是相对不足的，特别是在制度的操作性、精细化方面还有待进一步。从根本上讲，在网络领域中，侵权责任制度不仅是私人权益的保护制度，也是对社会公众的教育制度，还是侵权成本合理配置的制度，具体而言，就是要平衡好基础网络服务提供者、普通网络用户、侵权人及被侵权人之间的利益关系。

2. 网络服务提供者民事责任配置中的安全港制度

所谓安全港制度，就是在发生网络侵权行为时，我们不应当对互联网服务提供者施加机械的严格责任或者连带责任，而是要求网络服务提供者承担一种消极性的义务，这种消极性的义务不是要求网络服务提供者像普通的出版行业经营者那样的严格审查和主动审查义务。事实上，法律一般不能要求民事主体从事一些客观不能或者主观不能的行为。以网络领域为例，如果原则上要求网络服务提供者承担网络侵权的严格责任或者连带责任，那么，网络服务提供者势必对网络用户发布的海量信息进行筛选或者甄别，这会极大地增加网络服务提供者的成本，甚至是一件技术上难以完成的事情。此时，作为经营者的网络服务提供者就会有两种选择：一种是利用技术手段筛选这些海量的信息，这会导致高成本的转移，从而最终消解网络自由带来的便捷；一种是干脆直接拒绝发布这些信息，除非信息发布方提供高额的保证金，这无形之中又损害了网络自由带来的社会福利。事实上，不管网络服务提供者采取哪一种方式，都是对网络自由福利的减损。因此，安全港制度事实上给网络服务提供者设计了一个保护的外壳。当然，这个外壳本身并不是坚不可摧的，在一些法定的情形下，网络服务提供者还是需要承担相应责任的。应当说，安全港这一制度安排已经成为世界各国比较通行的做法，也可以说是一种经验。以欧盟《电子商务指令》为例，其明确规定："为了享受免除责任的待遇，网络服务提供者在确实得知或者注意到非法行为的情况下，必须迅速采取措施来删除或者阻止接触该信息。这些删除或者阻止接触信息的行为应该遵守言论自由的原则和为此目的而建立起来的程序要求。"②

关于网络侵权，我国《民法典》共有 4 个重要条文：其一，《民法典》第 1194 条对网络侵权作了原则性的规定；其二，《民法典》第 1195 条对网络服务提供者侵权补救措施与责

---

① 参见［美］爱德华·J. 科恩卡：《侵权法（第二版）》，法律出版社 1999 年版，第 5 页。

② 转引自吴伟光：《网络与电子商务法》，清华大学出版社 2012 年版，第 86 页。

任承担作了规定；其三，《民法典》第1196条规定了网络领域的"不侵权声明"；其四，《民法典》第1197条对网络服务提供者的连带责任作了规定。从以上规定我们可以看出，对于网络侵权，我国《民法典》的规定可则要如下：

一是区分侵权主体原则。也就是说，到底是网络用户侵权还是网络服务提供者侵权，要分清楚责任主体，谁侵权，谁就要承担责任。事实上，《民法典》第1194条就明确规定了网络用户和网络服务提供者两个可能的侵权主体，并认为这两者谁侵害他人的民事权益，谁就要承担责任。

二是对被侵权人规定了救济措施。根据《民法典》第1195条的规定：(1)如果是网络用户利用网络服务实施侵权行为的，此时，权利人就有权通知网络服务提供者采取删除、屏蔽、断开链接等必要措施。需要注意的是，为了保障通知的严肃性，《民法典》第1195条还要求权利人的通知"应当包括构成侵权的初步证据及权利人的真实身份信息"。(2)在网络服务提供者接到上述通知后(带有初步证据和权利人真实身份信息的通知)，其一是要及时将该项通知转送相关网络用户，其二是要根据构成侵权的初步证据和网络服务类型采取必要的措施。需要注意的是，如果网络服务提供者没有及时采取必要的措施，此时，其应当对损害扩大的部分与该网络用户一起承担连带责任。需要注意的是，这个连带责任的范围是"损害的扩大部分"，而不是全部侵权损害。(3)如果权利人因为错误通知造成网络用户或者网络服务提供者损害的，此时，应当承担侵权责任。同时，法律另有规定的，依照其规定。

三是为侵权人提供了申辩的机会，这就是《民法典》第1196条的"不侵权声明"。网络领域的侵权行为和普通的侵权行为有很大的不同，很多时候，这到底是一种新的商业模式还是一种新的侵权行为，是很难作出明确回答的。因此，既然法律赋予被侵权人发出通知的权利，从对等的角度看，给予侵权人以辩护的权利也是非常必要的。根据《民法典》第1196条的规定：(1)当网络用户接到网络服务提供者转送的有关侵权的通知后，此时，可以向网络服务提供者提交一份不存在侵权行为的声明。与被侵权人的义务相对应，此时，为了保障不存在侵权行为的声明的严肃性，要求该声明包含不存在侵权行为的初步证据及网络用户自身的真实身份信息。(2)网络服务提供者接到该不存在侵权行为的声明后，应当将该声明装送给发出通知的权利人，并告知该权利人可以采取两项措施：其一，向有关部门继续投诉；其二，向人民法院提起诉讼。法律如此规定，道理就在于：既然权利人声称自己受到了侵权行为的损害并提供了初步证据，而所谓的侵权人声称自己没有侵权并且也提供了初步证据，此时，作为网络服务提供者事实上已经难以评判谁是谁非了，因此，告知当事人特别是权利人继续投诉或者向法院起诉，就成为必然的选择，毕竟，纠纷的司法解决是最终的解决和最权威的解决。(3)措施终止的义务。为了避免权利人的过度自保行为，网络服务提供者在收到侵权人的不存在侵权行为的声明并附加上初步证据时，将其该声明转达给权利人后，在合理的期限内，如果没有收到该权利人已经投诉或者提起诉讼通知的，则应当及时终止其所采取的措施，以免对相关的权利人不公平。

四是根据《民法典》第1197条的规定，网络服务提供者如果在主观状态方面"知道或者应当知道网络用户利用其网络服务侵害他人民事权益"，在客观方面是"未采取必要措施"，此时，网络服务提供者应当与网络侵权者承担连带责任。之所以如此规定，主要的原因可能有两个：其一，网络服务提供者在网络侵权中可以说是一个非常关键的角色，称其为网络侵权领域的"看门狗"毫无疑问；其二，法律对网络领域中的侵权人和被侵权人都规定了比较明确的义务，如被侵权人要指控某一主体侵犯了其权益，需要提供初步证据并标明其真实身份信息，反过来，如果被指控为侵权的主体要说自己没有侵权，则也需要向网络服务提供者提供初步证据并标明真实身份信息，在这种情况下，网络服务提供者根据自身的网络运营经验，其实是较为容易判断出是否存在侵权行为的。如此一来，如果网络服务提供者知道或者应当知道网络用户利用其网络服务侵害他人权益还不采取必要措施，法律规定其承担连带责任也就无可厚非的。值得注意的是，在审判实践中如何来定义《民法典》中的"知道或者应当知道"，《最高人民法院关于审理利用信息网络侵害人身权益民事纠纷案件适用法律若干问题的规定》已经作了比较详细的规定①，从该规定我们也可以体会出立法者对这个问题的基本态度。

第二节　互联网发展与隐私权保护制度

一、隐私权与网络隐私权

(一)隐私权

我国《民法典》在现行有关法律规定的基础上，强化了对隐私权的保护。虽然我国《民法典》第1032条仅仅对什么是隐私作了定义，认为隐私包括私密空间、私密活动和私密信息，但是，对于什么是隐私权，我国《民法典》并没有专门的定义，但是，值得注意的是，

---

① 《最高人民法院关于审理利用信息网络侵害人身权益民事纠纷案件适用法律若干问题的规定》第6条规定，"人民法院依据民法典第一千一百九十七条认定网络服务提供者是否'知道或者应当知道'，应当综合考虑下列因素：(一)网络服务提供者是否以人工或者自动方式对侵权网络信息以推荐、排名、选择、编辑、整理、修改等方式作出处理；(二)网络服务提供者应当具备的管理信息的能力，以及所提供服务的性质、方式及其引发侵权的可能性大小；(三)该网络信息侵害人身权益的类型及明显程度；(四)该网络信息的社会影响程度或者一定时间内的浏览量；(五)网络服务提供者采取预防侵权措施的技术可能性及其是否采取了相应的合理措施；(六)网络服务提供者是否针对同一网络用户的重复侵权行为或者同一侵权信息采取了相应的合理措施；(七)与本案相关的其他因素"。

《民法典》第 1033 条列明了禁止侵害他人隐私权的具体行为，并规定了兜底条款。事实上，隐私很重要，但是法律如何保护，特别是在信息网络时代如何保护就是一个非常具有挑战性的问题：问题不在于是否应当保护隐私，而是如何定义隐私、隐私的边界是什么、如何保护隐私等。如美国大法官布莱克所言，"隐私权是一个宽泛的、抽象的和模糊的概念"。[1] 甚至可以这样认为，如果一种权利需要我们判断是否是隐私权，这个问题可能并不难，但是，如果要我们给隐私权下一个精确的定义，我们马上发现这是一个无比艰巨的问题：因为这种权利本身就是一个不断发展的概念，要想准确地定义必然需要综合考虑定义时的种种新情况，这在技术上就产生了巨大的定义困境。特别是在互联网发展的背景下，鉴于信息传播成本基本为零和大数据分析的迅猛发展，我们会发现与个体有关的很多的传统非隐私信息，合在一起可能就成了隐私的信息。

根据学者的观点[2]，作为一种民事权利，隐私权在大类上属于人格权，[3] 其因出生而取得，因死亡而消灭，并不得让与或抛弃，在性质上可以与生命权、身体权、健康权、自由权、姓名权、名誉权、肖像权等权利相并列。有学者对隐私权进行了进一步的界定[4]，认为隐私权是指自然人享有的私人生活安宁与私人生活信息依法受到保护，不受他人侵扰、知悉、使用、披露和公开的权利，并且认为隐私权的内容包括如下具体权利：个人生活安宁权、个人生活信息保密权、个人通讯秘密权、个人隐私使用权。国外有学者亦认为[5]，隐私权应当包括家庭生活、住宅、身体、性以及通信等基本板块。事实上，著名的《世界人权宣言》第 12 条就明确规定："任何人的私生活、家庭、住宅和通信不受任意干涉"。

从人类社会存续的角度看，鉴于隐私的这种重要性，因此保护隐私是基本的社会共识。事实上，隐私权的保护来自于人类趋利避害的本能反应。在一个资源稀缺的时代，如何让自己生存和发展下去，了解更多的关于竞争对手的信息(包括隐私)以尽可能捂住自己更多的信息就成为人类最原始的动机之一，因为获取优势的信息是自身获得生存和发展优势的关键所在。但是，与此同时，人是社会的动物，是讲究集体行动的，这也是人的最大优点之一。如我国古代著名思想家荀子所言，"人，力不如牛，走不若马，而牛马为用何也？曰：人能群，彼不能群也"。从这里我们就可以看出，人类之所以能将牛马为其所用，主要就是人类能够利用群体的力量，利用集体的力量。从这个角度看，过分强调个人隐私

---

① Griswold v. Connecticut, U. S. Supreme Court 381 U. S. 479(1965).

② 参见梁慧星：《民法总论(第五版)》，法律出版社 2017 年版，第 72 页。

③ 有学者认为，"我国《民法典》单设人格权编，是民法典体系的重大创新。"参见王利明：《民法典人格权编的亮点与创新》，载《中国法学》2020 年第 4 期。

④ 参见王利明：《民法》，中国人民大学出版社 2000 年版，第 518~519 页。

⑤ 参见 Daniel J Solove, Understanding Privacy, Harvard University Press, 2008, p.58.

权的保护，可能不利于集体主义等需要社会团体行动予以推进的事业的发展。正因为如此，有学者就认为隐私权的保护应该有利于公民更好地参与社会而不是相反①。但是，如果没有必要的隐私保护，显然也会陷入过度集体主义的流弊之中，从而产生全能型的政府乃至"全景式敞视主义"国家，② 这也是现代法治社会所不欲的。因此，比较科学的进路是，既要适当保护好公民个人的隐私，以防止他人及公权力对个人权利的过分侵犯，也要适当平衡这种保护的程度和限度，避免因为过分的隐私权保护而损害社会公共利益的情形发生。这就需要建构关于隐私权保护的利益均衡制度，从而实现社会民众知情权等公益需求与公民个人隐私权保护之间的利益平衡。

（二）网络隐私权

所谓网络隐私权是指在网络环境中权利主体在最少的干涉下，顺应自己的意愿而生活的权利。③ 与传统的隐私权保护诉求不同，网络隐私权得以问题化——或者说成为一个社会性的普遍问题有几个前提条件：一是个人信息获取的方式多元化、多渠道化。在传统社会，个人信息被获取的渠道是非常有限的，往往限于熟人之间的传播，或者纸质媒体和电视的推波助澜，但是，由于传统的纸质媒体严格的出版审查要求，其侵犯个人隐私权的情况不能说没有，但较为罕见。然而，在信息网络社会，个人信息的获取方式日益多元，获取渠道日益丰富。从获取方式来看，特别是随着智能手机的普及以及 QQ、微信、脸书等社交媒体在世界各国的兴起，广泛使用的摄像头将一切可能采集到的个人信息以图文并茂的方式记载下来了，而且，最为关键的是，这种记载往往都是非常及时的、第一手的。以智能手机的摄像功能为例，尽管在智能手机发展之前，照相机已经得到广泛使用，但是，囿于携带的方便性等因素，很少出现当今这种人手一机、随时拍摄记录的情况。而智能手机的出现彻底改变了传统的信息获取方式和渠道，每一个人都可以成为个人信息的现场发布者。应当说，这是网络隐私权问题化的最重要原因。二是计算机信息传播技术的飞跃发展。有了多渠道、多方式的信息获取方式，如果信息本身的传播非常困难或者非常慢，那么，网络隐私权的保护也不会如此凸显出来。现实情况是，随着网络速度的不断加快，特别是 4G 甚至 5G 的飞速发展，图文之类的信息传播变得非常迅捷，且信息传播成本不断降低甚至接近为零。此外，鉴于我国《著作权法》对作为传播权中重要专有权利的广播权进行了重大修改，而传播权体系化的缺失又导致了立法和司法实践中的诸多问题，④ 在这种情况下，个人隐私被记载和传播的可能性就大大增加了。三是网络隐私权的传播往往具有

① 参见 Daniel J Solove, Understanding Privacy, Harvard University Press, 2008, p. 80。

② 参见［法］米歇尔·福柯：《规训与惩罚》，刘北成、杨远婴译，三联书店 2003 年版，第 219~259页。

③ 参见张楚主编：《网络法学》，高等教育出版社 2003 年版，第 155 页。

④ 参见王迁：《著作权法中传播权的体系》，载《法学研究》2021 年第 2 期。

多面性的社会效果。进言之，网络隐私权的传播如果只有有害的一面而无任何益处，那规则治理的方式就非常简单——直接发布一道命令禁止便是万事大吉。但是，现实的复杂性往往出人意料：一方面，网络隐私权的不当传播会损害相关主体的合法权益；另一方面，网络隐私权的合理利用也会带来一些意想不到的"好处"。例如，网络浏览的记忆功能，一方面会暴露我们的网络"行踪"，另一方面则会有助于我们迅速地抵达自己上次浏览过的网址，而被网络"无意"中记忆的网络商品浏览行为，会在你下一次打开网页时自动跳出来，为你节约宝贵的产品搜索时间。更进一步的是，那些"精明"的网络服务提供者，会根据你的网页浏览情况，有针对性地为你准备那些你可能需要的个性化的产品和服务。同时，从客观的角度看，那些被搜集个人信息的消费者其实也不能那么地反感甚至是反对商家的个人信息搜集行为，因为在这样一个信息爆炸的时代，不仅消费者要面对海量的信息，从而要浪费自己宝贵的时间在这些信息的海洋中撷取自己需要的信息，对经营者来说同样也面临海量信息如何选择和处理的问题，如果不能有效地处理和利用这些信息，经营者就难以开发针对性的产品和服务，甚至会对市场形成巨大的误判，进而造成社会资源的浪费。从这个角度看，在信息爆炸时代，经营者适当地搜集和利用一些可能涉及消费者个人隐私的信息，可能需要把握好度，但是，并不是那么的不可接受甚至是一无是处。由此看来，网络隐私权的保护具有相当的复杂性，但是又具有必须性。"网络空间不再是'虚拟空间'，一个有别于传统社会的网络社会已经形成。网络空间不是法外之地，只有依法治网才能扬网络技术之长、避网络治理之短"。[1]　因为我们在通过网络窥探世界的时候，世界可能也正在通过网络窥探我们，没有规则的治理和规范，这一切都是难以想象的和持久的。由于互联网时代强大的信息收集和处理能力，因此，从网络隐私权的范围看，其所包括的内容具有相当的广度和深度。有学者甚至认为，"一切与个人有关的信息，只要其能够构成对个人进行识别的信息都是个人数据"。[2]　如果考虑到网络隐私权既有相关民事主体积极作为的内容，也有相关民事主体要求其他主体不得作为的内容，则我们可以认为网络隐私权包括积极权利和消极权利两个方面：前者是指自然人可以自由决定和支配的个人信息的范围，后者指的是自然人依法享有的个人信息不被他人非法使用的权利。值得注意的是，网络隐私权保护中关于信息的搜集方面存在较大的制度漏洞——一些网络服务提供者往往通过设置自然人默示同意其使用个人信息的模式，这种模式往往不需要取得用户的明确同意，而是通过一些礼品卡或者券的方式，不合理地搜集了用户的个人信息并加以商业性利用：一方面利用网民对隐私信息的兴趣增加网站的浏览量从而获取相关的商业利益，另一方面通过将这些个人隐私信息作为商品进行交易，从而给消费者造成极大的生活困扰或者

---

[1]　李占国：《网络社会司法治理的实践探索与前景展望》，载《中国法学》2020年第6期。

[2]　汤啸天：《网络空间的个人数据与隐私保护》，载《政法论坛》2000年第1期。

伤害——如昼夜不停的骚扰电话、游走在灰色地带的"人肉搜索"等，这是网络隐私权保护中特别需要直面的问题。

二、我国网络隐私权的立法现状

目前，我国并没有一部专门的关于网络隐私权保护的法律或者法规，但是，在一些法律或者规范性文件以及最高人民法院的司法解释中，对网络隐私权进行了一些分散性的规定。具体而言，以时间为轴心，这些法律及规范性文件包括如下方面：

一是 1994 年 2 月 18 日颁布的《中华人民共和国计算机信息系统安全保护条例》第 7 条规定："任何组织或个人，不得利用计算机信息系统从事危害国家利益、集体利益和公民合法利益的活动，不得危害计算机信息系统的安全。"

二是 1996 年 4 月 9 日邮电部颁布的《中国公用计算机互联网国际联网管理办法》。《中国公用计算机互联网国际联网管理办法》第 11 条规定："任何组织或个人，不得利用计算机国际联网从事危害他人信息系统和网络安全、侵犯他人合法权益的活动。"第 15 条规定："违反本办法第 9 条和第 10 条、第 11 条规定的，由邮电部或邮电管理局给予警告、撤销批准文件并通知公用电信企业停止其联网接续的处罚。情节严重的，由公安机关依法予以处罚；构成犯罪的，提请由司法机关依法追究刑事责任。"

三是 1997 年 12 月 16 日公安部发布、2011 年修订的《计算机信息网络国际联网安全保护管理办法》第 4 条规定："任何单位和个人不得利用国际联网危害国家安全、泄露国家秘密，不得侵犯国家的、社会的、集体的利益和公民的合法权益，不得从事违法犯罪活动。"第 7 条规定："用户的通信自由和通信秘密受法律保护。任何单位和个人不得违反法律规定，利用国际联网侵犯用户的通信自由和通信秘密。"

四是 2000 年 10 月 8 日信息产业部发布的《互联网电子公告服务管理规定》第 9 条第八项规定任何人不得在电子公告服务系统中发布含有下列内容的信息——"侮辱或者诽谤他人，侵害他人合法权益的。"第 12 条规定："电子公告服务提供者应当对上网用户的个人信息保密，未经上网用户同意不得向他人泄露，但法律另有规定的除外。"

五是 2000 年 12 月 28 日 第九届全国人民代表大会常务委员会第十九次会议通过的《全国人大常委会关于维护互联网安全的决定》明确规定：为了保护个人、法人和其他组织的人身、财产等合法权利，对利用互联网侮辱他人或者捏造事实诽谤他人、非法截获、篡改、删除他人电子邮件或者其他数据资料，侵犯公民通信自由和通信秘密的行为，需依法追究刑事责任，同时，"利用互联网侵犯他人合法权益，构成民事侵权的，依法承担民事责任"。

六是 2012 年 12 月 28 日第十一届全国人民代表大会常务委员会第三十次会议通过的

《全国人大常委会关于加强网络信息保护的决定》明确规定：（1）国家保护能够识别公民个人身份和涉及公民个人隐私的电子信息。任何组织和个人不得窃取或者以其他非法方式获取公民个人电子信息，不得出售或者非法向他人提供公民个人电子信息。（2）网络服务提供者和其他企业事业单位在业务活动中收集、使用公民个人电子信息，应当遵循合法、正当、必要的原则，明示收集、使用信息的目的、方式和范围，并经被收集者同意，不得违反法律、法规的规定和双方的约定收集、使用信息。网络服务提供者和其他企业事业单位收集、使用公民个人电子信息，应当公开其收集、使用规则。（3）网络服务提供者和其他企业事业单位及其工作人员对在业务活动中收集的公民个人电子信息必须严格保密，不得泄露、篡改、毁损，不得出售或者非法向他人提供。（4）任何组织和个人未经电子信息接收者同意或者请求，或者电子信息接收者明确表示拒绝的，不得向其固定电话、移动电话或者个人电子邮箱发送商业性电子信息。（5）公民发现泄露个人身份、散布个人隐私等侵害其合法权益的网络信息，或者受到商业性电子信息侵扰的，有权要求网络服务提供者删除有关信息或者采取其他必要措施予以制止。（6）任何组织和个人对窃取或者以其他非法方式获取、出售或者非法向他人提供公民个人电子信息的违法犯罪行为以及其他网络信息违法犯罪行为，有权向有关主管部门举报、控告；接到举报、控告的部门应当依法及时处理。被侵权人可以依法提起诉讼。（7）有关主管部门应当在各自职权范围内依法履行职责，采取技术措施和其他必要措施，防范、制止和查处窃取或者以其他非法方式获取、出售或者非法向他人提供公民个人电子信息的违法犯罪行为以及其他网络信息违法犯罪行为。有关主管部门依法履行职责时，网络服务提供者应当予以配合，提供技术支持。国家机关及其工作人员对在履行职责中知悉的公民个人电子信息应当予以保密，不得泄露、篡改、毁损，不得出售或者非法向他人提供。

七是 2021 年 1 月 1 日起施行的《民法典》中关于隐私权的规定。根据《民法典》第 1032 条的规定，隐私权的主体限于自然人，同时对隐私的外延作了界定，认为"隐私是自然人的私人生活安宁和不愿为他人知晓的私密空间、私密活动、私密信息"。此外，根据《民法典》第 1033 条的规定，除法律另有规定或者权利人明确同意外，下列行为是侵犯隐私权的行为：以电话、短信、即时通讯工具、电子邮件、传单等方式侵扰他人的私人生活安宁；进入、拍摄、窥视他人的住宅、宾馆房间等私密空间；拍摄、窥视、窃听、公开他人的私密活动；拍摄、窥视他人身体的私密部位；处理他人的私密信息；以其他方式侵害他人的隐私权。

八是 2021 年 1 月 1 日起施行的《最高人民法院关于审理利用信息网络侵害人身权益民事纠纷案件适用法律若干问题的规定》（以下简称《规定》）第 1 条明确规定，利用信息网络侵害人身权益民事纠纷案件，是指利用信息网络侵害他人姓名权、名称权、名誉权、荣誉权、肖像权、隐私权等人身权益引起的纠纷案件。具体而言，其核心点包括如下几个方面：(1)关于网络用户或者网络服务提供者转载网络信息行为的过错及其程度的认定问题。该《规定》第7条明确了在认定过错及其程度方面需要综合考虑的因素：转载主体所承担的与其性质、影响范围相适应的注意义务；所转载信息侵害他人人身权益的明显程度；对所转载信息是否作出实质性修改，是否添加或者修改文章标题，导致其与内容严重不符以及误导公众的可能性。(2)明确了网络用户或者网络服务提供者发布的信息时侵权行为的具体表现。根据该《规定》第9条，这些情形包括：网络用户或者网络服务提供者发布的信息与前述信息来源内容不符；网络用户或者网络服务提供者以添加侮辱性内容、诽谤性信息、不当标题或者通过增删信息、调整结构、改变顺序等方式致人误解；前述信息来源已被公开更正，但网络用户拒绝更正或者网络服务提供者不予更正；前述信息来源已被公开更正，网络用户或者网络服务提供者仍然发布更正之前的信息。(3)加大了对侵权行为的经济惩罚力度。根据该《规定》第12条，其一，被侵权人为制止侵权行为所支付的合理开支，可以认定为民法典第1182条规定的财产损失。其二，合理开支的范围包括被侵权人或者委托代理人对侵权行为进行调查、取证的合理费用。其三，人民法院根据当事人的请求和具体案情，可以将符合国家有关部门规定的律师费计算在赔偿范围内。其四，被侵权人因人身权益受侵害造成的财产损失以及侵权人因此获得的利益难以确定的，人民法院可以根据具体案情在50万元以下的范围内确定赔偿数额。

三、网络隐私权的权利构成与网络隐私权侵权的表现形式

(一)网络隐私权的权利构成

应当说，网络隐私权本身是一个权利束，但是，网络隐私权到底应当包括哪些具体的权利，这在理论和实务界都有不同的看法。以经济合作与发展组织(OECD)的《隐私保护与个人数据跨界流通指南》(Guidelines on the Protection of privacy and Transborder Flows of Personal Data)为例，该指南共分为五章22条，其提出了个人隐私保护的八大原则：(1)限制搜集数据资料原则。概言之，数据不是不可以被搜集，但是，这种搜集必须通过合法和公正的手段，并且最为重要的是，数据的搜集在必要时需征得本人的同意或者告知本人。(2)数据资料应当真实、完整的原则。也就是说，如果数据不得不被搜集，那么，所搜集的数据必须保证在内容方面真实、完整，并且在必要时需及时更新。(3)数据资料的使用应受到限制的原则。换言之，如果数据需要被使用或者公开，那么，应当经过本人的同意，或者有法律的规定。否则，数据不得被公开或者被其他主体于限定目的以外进行使用。(4)数据搜集的目的固化原则。也就是说，在不得不搜集个人数据时，则这种数据的搜集必须根据搜集时的目的加以搜集和整理，数据搜集者不得超过该目的的范围处理和利

用个人信息。(5)数据安全保存原则。也就是说，被搜集的数据应当得到合理的保护，数据的搜集者应当采取措施防止这些数据的灭失、破坏、修改、泄露，或者被不当接触。(6)数据搜集情况对本人公开原则。换言之，如果个人数据需要被搜集，则本人有权知道这些数据是如何被收集、使用或者处理的，有权利知道这些数据的被利用情况。同时，数据搜集者应有关于如何开发和处理这些数据的操作规则或者公开政策，且该数据搜集者应当采取切实可行的措施以证实个人数据的存在和性质、被使用的目的以及持有该信息主体的身份和住址。(7)数据搜集中的个人参与原则。个人参与的范围包括如下基本方面：从数据搜集者或者控制者方面知悉其是否保存有个人信息、在合理期限内合理利用本人自己的数据(包括支付必要的费用等)、对个人数据使用的请求被拒绝时有异议的权利、基于合理的异议对个人数据资料进行删除、修改或者补充。(8)数据搜集者承担解释责任的原则。换言之，对于那些搜集或者控制了个人数据的主体而言，其应当对自己是否遵守有关数据使用的上述原则作出解释说明。

此外，欧盟1995年通过的《个人数据保护指令》(Directive 95/46/EC/ on the Protection of Individuals with regard to the Processing of Personal Data and on the Free Movement of such Data)对网络隐私权的保护也作了重要的规定，《个人数据保护指令》共34条，其中关于网络隐私权保护的条款主要有如下几个方面：(1)除非有合法的根据，否则不得处理个人数据。(2)数据使用的目的限定。也就是说，个人数据的使用仅仅限于本人同意的目的，或者不能超过该数据在被收集时该主体可能合理知悉的目的。(3)敏感数据处理的限制性原则。也就是说，对于个人数据中的一些敏感数据如果需要被处理，则必须征得本人的明确同意。(4)数据持有者必须保持个人数据的准确性，在条件许可或者必要的情况下，数据持有者还应当保障数据的新颖性。(5)数据的处理和数据的搜集在合适性和关联性方面必须匹配。(6)本人有权知道个人数据处理的目的，而数据处理者有义务告知本人这一目的。(7)数据搜集和处理机构应当采取必要的措施，防止数据处理过程中的风险。结合以上OECD和欧盟关于网络隐私权保护的立法规定，我们认为，网络隐私权的权利构成应当包括如下基本方面：

1. 知悉权

我国《个人信息保护法》第44条规定："个人对其个人信息的处理享有知情权、决定权，有权限制或者拒绝他人对其个人信息进行处理。"所谓知悉权，是指个人信息被搜集时，本人有权知悉信息搜集人要搜集哪些方面的信息、搜集的信息的具体内容是什么、搜集的信息将被用于何种使用目的、搜集的信息是否会被人共享、数据搜集者的身份、数据搜集者搜集的信息在何种环境或者条件下被使用等。显然，如果本人不能获取上述有关方面的信息，或者获取的信息不完全、不充分、不准确，则不能认为被搜集信息的主体享有知悉权。

2. 选择权

所谓选择权，是指个人信息被搜集时，本人有权决定是否提供个人信息、如何提供个人信息、提供哪些方面的个人信息、提供什么内容的个人信息。在网络经济发展的当今社会，社会公众对隐私权的保护也越来越重视，因此，一些网站也相机提出了"隐私倾向选择平台"，包括不需要获取网络用户任何个人身份信息的网站——"无交换网站"、不向任何第三方透露个人身份信息的网站——"一对一交换网站"以及可以向任何第三方透露个人身份信息的网址——"第三方交换网站"。应当说，给予消费者或者用户此类选择权能够更好地保护消费者或者用户的网络隐私权，也能在一定程度上提升那些对消费者或者用户个人信息提供零门槛网站的竞争力。但是，随着大数据的发展，以及精准市场营销的发展，越来越多的网站事实上视其占有的消费者或者用户的个人信息为一种财产，特别是随着大数据的进一步被挖掘和利用，越来越多的网站发现这样一个消费者或者用户的数据库事关其核心竞争力的确立。因此，形形色色的网站会员制、账号如雨后春笋般地生长出来。事实上，在很多情况下，一些网站如果不提供消费者或者用户的个人信息资料，或者部分提供个人信息资料，就无法获取这些网站或者客户端的服务，甚至会被拒绝访问和利用。从这个角度来看，如何较好地平衡这种消费者或者用户隐私的保护与商家经济利益，其间还有很多的问题和挑战需要直面，可以说，我国网络隐私权中的选择权保护可谓任重道远。

3. 介入权

所谓介入权，是指消费者或者用户的个人信息被搜集以后，本人在一定时间内根据合理的理由或者法律的规定有权对这些信息的保存、使用、修改和删除提出动议。客观而言，消费者或者用户的信息被搜集起来之后，在某种程度上就已经独立于消费者或者用户本人而存在了。但是，这种存在还是不能背离当初搜集这些信息的目的、不能不合理地背离消费者或者用户本人的利益范围，因此，法律应当赋予消费者或者用户对这些信息介入的权利，具体地讲，就是本人应当有权对错误的个人信息进行修改和补充、在个人信息资料利用期限完结之时有权要求信息搜集者删除这些信息、本人对其个人信息的传播享有决定权、本人有权依法利用自己的隐私信息从事各种活动以满足自身的需要。

4. 信息安全保护权

所谓信息安全保护权，是指消费者或者用户的信息被搜集之后，其享有的要求信息收集者保障其个人信息安全的权利，在消费者或者用户发现其个人信息安全遭受威胁或者可能遭受威胁时，本人有权要求信息搜集者采取必要的措施，甚至可以要求网站等停止使用该信息以保障本人信息的安全性。

5. 信息利用限制权

所谓信息利用限制权，是指消费者或者用户的信息被搜集之后，如果本人发现其个人信息之利用可能会损害网络环境的安定或者其他社会公共利益，则可以要求网站必须在合理的范围内利用其个人信息，在一些特殊情形下，甚至可以有要求网站停止利用该信息的权利。应当说，在互联网迅猛发展的今天，个人信息被贩卖和商业性使用的现象越来越普遍，个人信息被二次利用（又称加值利用）成为一个越来越普遍的行为，在没有法律明确规定或者合同约定的情况下，信息的二次利用只要不超过信息搜集时的基本目的和合理范围，一般来说这种二次利用就应当是被允许的，但是，何为合理本身并不是一个非常明确的问题，在这种情况下，强调信息利用限制权无疑具有非常现实的意义和价值。

6. 异议权

所谓异议权，是指消费者或者用户的个人信息被搜集以后，本人有权对个人信息的市场性运用甚至是公共性运用提出反对的意见，不管这种运用是关于个人信息数据的修正还是删除，或者其他任何形式的加工。当然，这种异议是否有效，还应当取决于这种异议的合理性或者合法性。

总之，网络隐私权的发展可以说方兴未艾，因此，具体应当包括哪些权利，理论和实践都在探索当中。因此，除了以上六个方面外，是否还有其他的方面，还需要理论界进一步地思考或者提炼。但是不管网络隐私权如何发展，其并不能脱离传统隐私权所厘定的基本范畴——私生活安宁和私生活秘密①，这是我们分析网络隐私权的权利构成时必须要注意到的。

（二）网络隐私权侵权的表现形式

要理解侵犯网络隐私权的表现形式，首先应当在理论层面明确网络隐私权的大体范围。一般认为，网络隐私权保护的基本范围包括：（1）个人资料信息的保护。在外延上，这些个人资料信息包括交易习惯、身体状况、宗教信仰、党派团体、纳税情况、犯罪记录、信用情况、住宅情况、财产情况等。单个地看，这些信息的作用是比较有限的，但是，如果将某人的以上信息汇集起来，就可以实现对这个人基本情况的全方位了解，从而实现一种基于信息的单项透明。因此，作为网络隐私权的保护范围，这些可从文字或者图像上识别的资料就具有较大的保护意义和价值。（2）个人生活安宁的保护。具体来讲，就是作为网络消费者或者用户有权在网上从事某种行为或者不从事某种行为，不受他人的非法干涉或者支配，这种个人生活的安宁事实上也是一种免打扰的权利。（3）个人私事的保护。与公事相对，私事是指一些非常个人化的信息，这些信息一般不可以也不应该在网络上被分享或者被关注，如果这些私事被非法公之于众，轻则对个人的正常生活造成严重的影响，重则伤风败俗，违背公序良俗或者社会公共利益的要求。四是个人领域的保护。在

① 参见张新宝：《隐私权的法律保护（第二版）》，群众出版社 2004 年版，第 7 页。

信息网络时代，每个公民都有自己的个人领域，包括 QQ、微信、邮箱等个人领域的交流或者通讯工具。一般说来，除非有法律的明确规定，或者当事人的同意，这些个人领域应当说完全属于网络隐私权的范围，不应当随便被侵入或者被公开。

明确了网络隐私权的大体范围，我们就可以归纳出侵犯网络隐私权的四种典型行为：(1)以不正当的手段获取他人的隐私信息。一般说来，这种不正当的手段可能包括盗窃、贿赂、欺诈、胁迫等各种不合理或者非法的手段。例如，一些网站利用部分消费者贪图小便宜的心理，故意设置一些陷阱，诱导消费者提供其个人的隐私信息，甚至通过大额度的折扣行为事实上逼迫消费者提供一些个人信息。如一些网店为了达到获取消费者个人身份证及面部特征的目的，要求消费者享受相关的折扣优惠之前必须先提供身份证和人脸验证。(2)非法使用消费者或者用户的隐私信息。从方式上看，这种侵犯网络隐私权的行为包括为了泄愤等目的而公布他人的隐私信息，或者将这些隐私信息交给第三方使用，或者将这些隐私信息自己加以使用，从而谋取基于隐私信息的不当利益，或者损害隐私信息主体的合理、合法权益。(3)隐私信息的搜集者违反法定或者约定的义务，披露、使用或者允许他人使用其所掌握的隐私信息。在社会越来越关注网络隐私权保护后，很多的消费者或者用户往往在提供一些隐私信息时，要求隐私信息的获取者或者持有者遵守一定的义务，如不能超过初始信息搜集目的对隐私信息加以利用、不得不合理地二次使用、不得随便将个人隐私信息交给第三方使用等。但是，在利益的诱惑下，很多隐私数据持有者往往铤而走险，甚至专门贩卖个人隐私信息以谋取各种利益。显然，这种行为是一种典型的侵犯网络隐私权的行为。(4)第三人明知或者应知是他人的隐私信息，依然获取、披露、使用或者允许他人使用这些信息，也是侵犯网络隐私权的行为。例如，明知是他人的邮箱，依然运用技术手段进行监控，或者针对性地发送垃圾邮件、进行广告邮件轰炸等，都是侵犯网络隐私权的行为。事实上，2002 年美国《反垃圾电子邮件法》(Controlling the Assault of Non-Solicited Pornography and Marketing Act of 2001)就明确规定，垃圾电子邮件(非索求商业电子邮件)可能为传输和接收它们的网络接入服务提供者、商业和教育以及非营利机构造成巨大的金钱损失，因为如果不对基础设施进一步投资，他们只能处理有限数量的邮件。

第三节　互联网发展与网络虚拟财产保护制度

一、网络虚拟财产保护概述

网络虚拟财产是"网络服务提供者向权利人提供的具有专属性质的服务行为"①。网络

---

① 参见陈甦主编：《民法总则评注(下册)》，法律出版社 2017 年版，第 885 页。

虚拟财产已经成为互联网时代不可忽视和回避的问题，并在现实中产生了一系列的纠纷。在"完美世界控股集团有限公司与完美世界（重庆）互动科技有限公司等网络侵权责任纠纷案"（（2019）京03民终10897号）中，法院就明确指出："网络游戏中的虚拟财产，虽然以数据形式存在于特定空间，但由于其具有一定价值，满足人们的需求，具有合法性，能够为人所掌控，属于在一定条件下可以进行交易的特殊财产，故而其具有财产利益的属性。"事实上，我国《民法典》第127条亦明确规定："法律对数据、网络虚拟财产的保护有规定的，依照其规定。"虽然该条没有进一步明确网络虚拟财产的概念，但是，该条明确表达了保护网络虚拟财产的立法态度，并且，值得注意的是，该条将"数据"和"网络虚拟财产"相提并论，也就是说，在立法者看来，这两者并不是一回事：数据是数据，网络虚拟财产是网络虚拟财产。由此可见，网络虚拟财产在我国已经成为一个明确的法律概念。从根本上讲，网络虚拟财产是计算机和互联网技术发展的"副产品"，而随着互联网对人类社会生活的深度介入——如各种各样的"互联网+"，网络虚拟财产可以说已经进入网民这一寻常百姓家，进而，围绕网络虚拟财产而产生的权利义务配置纠纷也随之不断增加。在上述"完美世界控股集团有限公司与完美世界（重庆）互动科技有限公司等网络侵权责任纠纷案"中，纠纷的起点就是网络游戏服务公司停止了网络服务，从而导致游戏玩家装备及游戏币等报废，遂引发双方的纠纷。

那么，从外延上看，网络虚拟财产包括哪些方面呢？对此，学术界和实务界主要有两种看法：一种观点认为网络虚拟财产，顾名思义，就是指哪些存在于网络之中的任何虚拟性的财产，其范围包括虚拟货币、网络账户、游戏装备、电子邮箱以及域名等，这事实上是一种广义的网络虚拟财产的观点；一种观点认为网络虚拟财产仅仅指网络游戏中存在的虚拟财产，包括游戏货币、游戏人物、游戏装备、游戏账号的等级等，这是一种狭义的网络虚拟财产的观点。从目前的司法实践看，本书取网络虚拟财产的广义的观点。理由在于：虽然现实中关于网络虚拟财产的纠纷大多数属于网络游戏中的游戏币、游戏装备等方面的交易或者服务纠纷，但是，对于那些非游戏中的网络虚拟财产，例如比特币等，我们难将其定义为狭义的网络虚拟财产，此时，基于网络的虚拟性财产之界定就会为法律调整这些纠纷提供依据，从而避免一些不必要的法律无明确规定的司法判决尴尬。应当说，网络虚拟财产凝结着游戏玩家等社会主体的无差别的人类劳动，其投入了大量的时间、金钱和精力来参与网络游戏和活动，通过游戏操作和升级等方式获取了网络虚拟财产，这种网络虚拟财产可以像实体财产一样给相关的主体带来精神上的愉悦和身心方面的快感，其具有的价值是显而易见的。值得注意的是，这种游戏装备或者游戏币因为其特定领域中的特殊价值和效用，其往往也可以在线上和线下进行交易，可以说既具有使用价值也具有交换价值，并且可以通过相应的账号和密码来控制、处分这些网络虚拟财产，从而达到一种类似实体财产的占有和处分的社会性功能。因此，网络虚拟财产是虚拟的，但是其毫无疑问是财产，并且这种财产理当受到相关法律制度的保障。

从上述分析可以看出，网络虚拟财产具有以下基本特征：（1）网络虚拟财产是基于网络虚拟世界而形成的财产形态。也就是说，这种财产有其存在的特殊空间范围。同时，虚拟性意味着这种财产主要是一个技术性的拟制，是非网络世界所不能支配和占有的。（2）网络虚拟财产是一种无形性的财产。此种特征有点类似于知识产权这样的智慧财产，它是一种典型的无体物。（3）网络虚拟财产是一种可增值的财产。以网络游戏中的网络虚拟财产为例，这种网络虚拟财产经过游戏玩家的使用和升级，其价值通常与游戏玩家需要投入的时间成正比。此外，为了吸引更多的游戏玩家，此类网络虚拟财产往往也可以基于通关的方式来进行升级，并因此获取更多的网络虚拟财产。（4）网络虚拟财产具有交易价值。从我国现实的网络虚拟财产来看，这种交易价值表现在两个层面：一个是网络虚拟财产在网络虚拟世界中是可以被交易的；一个是网络虚拟财产在现实世界中也是可以被交易的。事实上，也正是因为网络虚拟财产的这种可交易性，从而使得其具有了法律保护的意义——因为制度的保护总是有成本的，如果网络虚拟财产不具有交易的价值，则法律保护的目的必然迷失，甚至这种保护就是没有意义的。

二、网络虚拟财产的法律性质

网络虚拟财产的法律性质，学术界的认识处于一种众说纷纭的状态。有的学者甚至否认网络虚拟财产的财产属性，认为其不过是电脑中的一段数据而已。但是，在现实当中，网络虚拟财产所表现出来的经济价值是实实在在的，如有的网络游戏装备甚至达到几万元人民币，还有的人专门找人代练以升级网络虚拟财产的价值，甚至此类活动已经成为一个专门的职业群体①。因此，将网络虚拟财产的法律性质视为一种财产权，这基本成为学术界的共识。因为所谓财产权，是指可以与权利人的人格、身份相分离而具有财产价值的权利②，因此，包括物权、债权、知识产权等都属于财产权的范畴。概括起来，关于网络虚拟财产权的法律性质，学术界主要有如下观点，以下分述之。

（一）无形财产权说

这种观点认为，一方面，网络虚拟财产属于网络服务器上的数据或者图文形式，与传统的财产相比较，其是无形的——没有具体的外形；另一方面，这种无形的财产与现实的财产一样，其既可以和现实中的货币进行联系和交易，也可以在网络虚拟空间里进行交

①　参见饶传平：《网络法律制度——前沿与热点专题研究》，人民法院出版社 2005 年版，第 148 页。

②　参见梁慧星：《民法总论(第五版)》，法律出版社 2017 年版，第 72 页。

易，同时，这种网络虚拟财产与普通的财产一样，能够带来该种财产拥有者身心的愉悦，达到娱乐或者休闲的目的。事实上，在"李宏晨诉北京北极冰科技发展有限公司娱乐服务合同纠纷案（2003）朝民初字第 17848 号"中，法院就认为，关于丢失装备的价值，虽然虚拟装备是无形的，且存在于特殊的网络游戏环境中，但并不影响虚拟物品作为无形财产获得法律上的适当评价和救济。玩家参与游戏需支付费用，可获得游戏时间和装备的游戏卡均需以货币购买，这些事实均反映出作为游戏主要产品之一的虚拟装备具有价值含量。由此看来，从司法实践的角度看，将游戏装备这种网络虚拟财产视为"无形财产"是有其合理之处——因为游戏装备是基于现实货币的购买，具有相应的"价值含量"。

（二）新型财产权说

这种观点虽然认可网络虚拟财产是一种财产，但认为其是一种新型的财产。因为网络虚拟财产虽然具有财产的属性——具有使用价值和交换价值，并且具有价值——凝结了无差别的人类劳动，但是，这种财产毕竟只能在虚拟的空间中存在，也只能在虚拟的空间里使用并发挥其效用，同时，这种财产的存在并不是完全独立的，也就是说，网络虚拟财产的存在是基于网络而存在的，如果没有网络，我们就会发现网络财产根本无法被发现，也无法被使用和管理。因此，网络虚拟财产权的法律属性既不是物权，也不是债权或者普通的财产权，而是一种与以上权利有相似性，但是更有其独特性的权益，因此，其法律属性应当是一种新型的财产权。

（三）知识产权说

这种观点认为，网络虚拟财产的法律性质和知识产权一样，都属于智力成果的范畴：不管这种智力成果是基于网络游戏开发者的创造性劳动，还是网络游戏使用者的创造性劳动。从很多方面看，将网络虚拟财产视为知识产权，也就是智慧财产，具有很大的合理性和很强的解释能力，但是，网络财产作为知识产权与传统的知识产权有一个很大的不同，就是网络财产作为一种法律权利，其存在需要借助网络这个先决性的条件，而知识产权，特别是一些实用新型方面的专利，其存在并没有技术等方面的先决性条件。因此，将网络虚拟财产视为知识产权，其理由可能也不是那么的充分。同时，定性为知识产权，可能还需要重新定义知识产权的创新性问题，或者，至少在规则的层面上需要重新解释什么是网络时代的创新性问题——集合性创新是一种知识产权法意义上的创新吗？这个问题并不是没有争议的，因此，主张网络虚拟财产的法律属性为知识产权的学者，可能还需要进一步提出更为充分的理据方能有更大的解释力，从目前的角度看，网络虚拟财产和知识产权可能还是停留在一种"形似神不似"的境地：即表面上看很相似，但是从最根本的精神和要旨上来看，这两者是有很大差异的。

（四）物权说

我国《民法典》第 114 条规定，民事主体依法享有物权。物权是权利人依法对特定的物享有直接支配和排他的权利，包括所有权、用益物权和担保物权。根据学者的观点，物权具有如下基本特征①：一是物权是绝对权，它是不以特定的任何人为义务主体的民事权利。二是物权以物为客体，但这种物必须是特定物、独立物和有体物，但是，也不排除某些无体物作为物权客体的可能性，如光、热、电等就可以成为物权的客体。三是物权以对物进行支配并享受物的利益为内容。四是物权具有排他性。以此来对照，将网络虚拟财产的法律性质定义为物权，并没有任何显著的不妥当之处。因为网络虚拟财产当然可以依照法律的规定进行排他性的支配和控制，其是通过玩家付出了时间、精力、金钱等代价而交易取得的一种客观价值。但是，认为网络虚拟财产是物权的学者又可以细分为两种稍有差异的观点：一种观点认为网络虚拟财产的法律性质是一种所有权，因为权利可以对那些网络虚拟财产进行占有、使用、收益和处分，虽然这种所有权的行使依赖于网络环境的辅助性作用，但是，其权能的四个维度——占有、使用、收益和处分则是客观存在的。一种观点认为网络虚拟财产的法律性质是一种用益物权，这种观点的核心在于认为网络虚拟财产的所有权应当归属于网络服务运营商，对于玩家而言，其拥有的实质上是基于网络服务合同关系而获取的关于网络虚拟财产的使用权。但是，网络虚拟财产主要是相对于玩家或者用户具有实际意义和价值，因此，对于玩家或者用户而言，其所拥有的其实是用益物权。

（五）债权说

一般认为②，所谓债权是指债权人享有的请求债务人为特定行为的权利，其基本的特征包括：一是债权是一种请求权，也就是债权即为债权人得向债务人请求其为特定行为的权利。二是债权为相对权，即请求特定债务人为给付的权利。三是债权的设立具有任意性，债依其发生原因有意定之债和法定之债。四是债权具有平等性，即数个债权人对于同一债务先后发生数个债权时，各个债权具有同等的效力。五是债权无排他性，也即债权人只能请求债务人为特定行为，而不能直接支配债务人的行为与标的物。依此分析，我们可以发现，对于网络虚拟财产的拥有者而言，玩家与网络服务运营商之间可以说是一种基于合同的服务关系：一方面，网络虚拟财产不是一种物权，因为物权主体可以依据自己的意思对网络虚拟财产进行占有、使用、收益和处分，但是，我们可以发现，网络虚拟财产的拥有者并无对这种物权的绝对权，网络虚拟财产的拥有者如果要实现对网络虚拟财产的支配，必须基于网络运营商的介入；另一方面，网络虚拟财产的转让可以被视为是一种债权凭证的转让。虽然现实当中存在大量的线上和线下的网络虚拟财产的转让，但是，这种转让本质上并不是一种类似财产转让的绝对权利，而更多地是一种源自网络服务运营商允许基础上的请求权的转让。例如，某个游戏玩家向另一个游戏玩家转让了一套装备，这个与

---

① 参见彭万林主编：《民法学（第二次修订版）》，中国政法大学出版社1999年版，第235~237页。
② 参见王利明主编：《民法》，中国人民大学出版社2000年版，第251~252页。

现实当中交易一件具体的商品是不同的，因为这个装备发挥作用的前提是在某个特定的网络游戏生态环境之中。综上所述，网络虚拟财产的法律性质应当是一种债权。应当说，这种观点有其合理性的地方，但是，在网络越来越普及的今天，网络本身已经成为我们生活的一个部分，在这种情况下，过分强调网络对于人类社会的外在性作用和存在，虽然理论上有其合理的地方，但在现实中却并无这种必要。事实上，包括我国《民法典》在内的一些法律和规范性文件，越来越多地考虑网络虚拟财产对于我们现实生活的重要性，这可以说是《民法典》将网络虚拟财产单独例举出来的一个初衷。当然，对于网络虚拟财产的法律属性到底应当采用物权说、债权说还是其他的学说，可能还需要司法实践来回答。同时，如果主张是债权的观点能够成立，还需要回答其是否存在独立的请求权基础这样一个根本性的问题。因此，在我们看来，采用哪一种学说在实践中更有助于维护当事人的权益，特别是维护网络虚拟财产权利人的权利，就应当采用哪一种。

三、网络虚拟财产保护法律关系

网络虚拟财产是当今社会网络技术、计算机技术和数字化技术深入发展的具体表现，在网络已经成为现代人生活的一部分的今天，注重网络虚拟财产的保护应当说也是法律制度发展的题中应有之义：一方面，对个人而言，网络已经成为现代人日常生活的"标配"，人们通过网络购物、休闲、娱乐，从深层次上看，网络是现代社会过度市民化副作用的一剂良药：它使得陌生的、分散的个人可以通过网络在紧张、高节奏的现代生活中抽出偶尔的闲暇时间来娱乐和放松自己。而如何让这种娱乐变得可持续并且有成就感，网络虚拟财产就是很好的载体。另一方面，网络虚拟财产的现实遭遇也形象地说明，保护这样一种虚拟财产对于现代人的精神世界是多么的重要，更重要的是，这种保障也是现代电子商务活动得以发展和繁荣的先决性条件。可以想象，如果网络虚拟财产不能得到任何保护，那么，所有的网络商事活动，特别是网络游戏等，将失去可持续发展的动力。此外，更为重要的是，从宏观上看，网络社会对于大多数人来说是一个无规则的社会，这种无规则虽是网络经济发展的动力，但是发展到了一定阶段，这种无规则的虚拟空间的负面影响就会被无限扩大——网络空间的自由发挥和现实世界的规则治理之间会形成一种鲜明的对比。同时，网络空间的无规则并不意味着网络空间是没有纠纷和矛盾的，如何来解决虚拟世界的纠纷和矛盾，利用网络虚拟财产的定纷止争无疑是一条比较好的进路。因为，越来越多的网络虚拟财产的纠纷表明，光靠网民的道德自觉或者网络运营商的行业性自治，是难以让网络市场保持良好秩序的。在这种情况下，选择网络虚拟财产的法律保护可能具有意想不到的治理效果。

（一）网络虚拟财产的主体

要成为网络虚拟财产的主体，有两个方面的基本要求：其一，有合适的民事权利存在，在网络法中，这个民事权利就是网络虚拟财产权；其二，需经法律的认可，这一点应当说也是没有问题的，因为我国《民法典》第127条对此已经有了明确的规定。网络虚拟财产的主体到底应当是网络平台运营商还是网络用户？学术界对此有不同的看法，如有学者就基于平衡网络用户和平台运营商之间利益的现实考虑，提出网络虚拟财产权应归平台运营商所有，其具体根据包括如下方面：(1)网络用户与网络平台运营商之间是基于自愿基础上的合同关系。(2)网络虚拟财产应包含于服务内容之中，且网络用户对网络虚拟财产仅享有使用权而没有所有权。(3)尽管网络用户付出了金钱或劳动，但这并不能成为网络用户拥有网络虚拟财产权的充分理由。(4)如果将网络虚拟财产认定为网络用户所有，则会产生网络运营商无法收回开发与运营成本、关闭游戏需要对网络用户赔偿等复杂问题①。本书认为，根据以上理由否决网络用户的关于网络虚拟财产的主体地位，可能值得进一步商榷：(1)虽然网络用户付出的金钱和劳动不是网络虚拟财产产生的唯一原因，但是，如果没有网络用户付出的金钱和劳动，则没有网络虚拟财产的产生，依此路径，就会重新发现网络虚拟财产产生过程中网络用户的不可替代的作用和地位。更进一步的是，如果没有网络用户，网络虚拟财产的使用可能也是没有意义和价值的，而有了网络用户，网络虚拟财产的一切才真正变得有经济价值、社会价值和交易价值。(2)将网络虚拟财产认定为网络用户所有，即使产生了诸如运营商的成本收回问题、关闭游戏需要赔偿等问题，依然不能否认网络用户的主体地位：运营商作为企业，其获取基于网络虚拟财产运营的经济利益时，支付一些成本也是题中之义。如果网络运营商继续运营下去，肯定有继续运营下去的经济动机，而假设这一款游戏的价值已经被开发殆尽，也无须担心其被终止的问题，因为根据运营合同的相关条款，在用户大幅度减少的情况下，基于该网络运营的虚拟财产的价值也会大幅度下降，因此，要么玩家自己注销这些虚拟财产，要么因为这些虚拟财产因过度贬值而使得相关的赔偿变得无足轻重。反之，如果这款游戏继续火下去，有越来越多的网络用户参与其中，那么，其中的网络虚拟财产的价值也会水涨船高，网络运营商卖出网络虚拟财产时自然也就可以攫取更多的经济利益。总之，不管网络运营平台如何发展，对于作为网络虚拟财产主体的网络用户而言，其影响几乎可以忽略不计。因此，正如有论者所指出的，"网络虚拟财产的本质是代码的集合，平台运营商提供给网络用户的，只是单个的代码，最终能以何种方式组合在一起取决于网络用户本人的意志和行为而非平台运营商。在平台运营商对网络虚拟财产的形成不起决定性作用且未就网络虚拟财产生成付出时间、精力和财力的情况下主张平台运营商享有所有权，论证当中的不公正性显而易

① 参见杨立新、王中合：《论网络虚拟财产的物权属性及其基本规则》，载《国家检察官学院学报》2004年第6期。

见"。① 综合来看，本书认为，网络虚拟财产的主体应当是网络用户，当然，这不能否认网络平台在数字经济时代的特殊地位：其担负着维护网络市场秩序、保障用户权益的公共职能。②

（二）网络用户的权利和义务

1. 网络用户的权利

概言之，网络用户的权利主要包括如下方面：（1）网络玩家的账号所有权。网络虚拟财产并不是现实中可触摸或者控制的财产，其占有、使用、收益和处分都需要通过账号这一辅助性的手段方能实现，因此，在网络世界中，网络用户对账号的所有权是其最基本的权益，例如 QQ 账号、游戏账号、电子邮箱、微信号等，网络用户对此类虚拟财产往往是通过账号和密码的方式来进行控制。（2）网络用户对基于账号的网络虚拟财产享有所有权。与对账号的所有权不同，网络用户所享有的是基于账号而得以控制的网络虚拟财产，包括游戏币，装备，或者各种游戏武器等。（3）网络用户的个人资料享有受到保护的权利。在进入网络虚拟财产的过程中，网络运营商往往需要网络用户提供各种层面的个人信息资料以获取他们的账号，应当说，这种信息的搜集是符合网络平台开展业务的客观需求的，但是，网络运营平台不得侵犯网络用户的这些个人资料，除非有法律的明确规定，否则运营商也不能向任何第三方提供此类资料和信息。（4）网络用户在网络中的合法行为受到法律保护。这种法律保护包括两个层面：一个是网络运营商要保障网络用户对网络虚拟财产的基于网络规定的控制权，网络运营商不得无故删除或者冻结网络用户的账号或者账号所指向的网络虚拟财产；一个是网络运营商要保障网络用户在正常使用时免受其他网络用户非法地或者基于黑客技术手段地攻击，或者可以称之为保障网络用户的虚拟财产安全运行的安全网络环境权。

2. 网络用户的义务

网络用户的义务主要体现在如下几个方面：（1）账号申请的义务。要进入网络世界并控制网络虚拟财产，网络用户就必须自己申请一个账号，这是进入相关网络运营平台或者进行网络虚拟财产的占有、使用、收益和处分的前提性条件，也可以说是网络用户的基本义务。（2）按照网络运营商的要求，提供必要资料的义务。网络世界是虚拟的世界，这个空间没有现实世界的相应的规范制度体系，因此，网络运营平台基于管理和秩序的需要，要求网络用户提供必要的数据以进入此类平台或者空间，既是保障网络运营平台提供服务的技术性需要，也是网络平台追踪网络不当行为甚至违法行为的客观需要。（3）网络用户

---

① 孙山：《网络虚拟财产权单独立法保护的可行性初探》，载《河北法学》2019 年第 8 期。
② 参见刘权：《网络平台的公共性及其实现——以电商平台的法律规制为视角》，载《法学研究》2020 年第 2 期。

有遵守网络运营商软件生态环境的需要。也就是说，作为网络用户不得对网络运营商的软件进行非授权的修改甚至是破坏，从而造成网络运营商制造的虚拟空间的混乱或者功能性的障碍。(4)网络用户对自己的账号信息的完整性负有必要的义务。用户在网络运营平台注册之后，其账号就是网络用户的身份，作为网络用户有义务保障该账户的信息不被泄漏，如果一旦出现账号被劫持或者密码被盗，作为账号所有者的网络用户有义务遵守网络运营平台的规定，按照要求找回自己的密码以恢复对账号的控制。(5)网络用户对其基于网络账号的一切行为承担相应的法律后果。例如，两个或者多个网络用户基于自愿，在网络运营平台上交易自己的网络虚拟财产，只要这种交易没有违反法律的强制性规定，一般就应当认可这种行为的合法有效性，网络用户也无权要求网络运营平台在技术上恢复或者返回其已经被合法交易的网络虚拟财产。

(三)网络运营平台的权利和义务

1. 网络运营平台的权利

网络运营平台的权利主要体现在如下几个方面：(1)依法、依规收取网络运营服务费用，包括出售网络虚拟财产(包括装备、网络武器、游戏币等)。(2)网络运营商在一定条件下享有暂停网络服务、冻结甚至是删除网络用户账号的权利。当然，这种权利事实上需要受到两个方面的制约：其一是竞争对手的制约。显然，在网络平台这一买方市场中，如果网络运营平台的运营条件对网络用户过分严苛，则其势必将丧失必要的市场竞争力，将被市场淘汰；其二是法律和合同的制约。网络运营商如果要对网络用户采取诸如暂停网络服务、冻结甚至是删除网络用户账号的措施，必须基于法律的规定，或者与网络用户有明确的合同约定。需要指出的是，如果这种合同的约定是基于网络运营平台提供的格式条款的规定，并且属于排除网络用户主要权利的霸王条款，则这些约定并不具有法律的效力。因此，综合来看，网络运营平台对网络用户有其权利，但是其权利是受到相当制约的——因为这种制约不仅来自市场的竞争，也来自法律制度的规定。事实上，只有网络运营平台确认网络用户违法或者严重违约时，才能享有或者动用这种权利。(3)网络运营商有权根据重大情势变更原则修改网络服务条款，乃至终止网络服务条款。"竞争是人类社会进步的根本动力，也是资源优化配置的基本途径"，[1] 而网络领域的竞争可以说是白热化的，出于运营成本、用户粘附力、用户群体规模不断变化的情况，网络运营平台自然可以依据这些重大的变化对其网络服务的内容等作出相应的调整甚至是停止服务，以契合瞬息万变的市场竞争需要。当然，网络服务运营商在修改或者停止网络服务时，需要妥善处理一些关于网络用户的问题。

2. 网络运营平台的义务

---

[1] 孙晋：《公平竞争原则与政府规制变革》，载《中国法学》2021 年第 3 期。

网络运营平台的义务主要表现在如下几个方面：（1）保持网络运营平台在现有的技术条件下有序地、正常地运行。（2）重大事项变更的提前告知义务。如上所述，在网络运营环境发生重大情势变更时，网络运营平台一方面可以对其网络运营服务作出相应的调整，另一方面，这种重大的调整必须提前告知其网络运营平台的用户，从而有利于网络用户提前采取措施，减少不必要的损失。（3）对网络用户的网络虚拟财产具有谨慎看管的义务。网络虚拟财产不同于普通的财产，其所有权人无法实现传统有体物的占有和控制——因为网络虚拟财产只在网络运营平台提供的虚拟空间才能被呈现出来，所有权人此时才能行使其所有的权能，因此，网络服务平台对网络用户的虚拟财产具有谨慎的看管义务。（4）网络运营服务停止时的解释义务。如果网络运营平台不得不停止网络用户账号的运行，则应当向网络用户提供相应的合理的解释，不能一停了之。

四、网络虚拟产权保护的新思考

正如有学者所深刻指出的，虽然财产的标准还是最终可用货币衡量的经济利益，但财产利益的表现形式是随着经济发展不断更新的[①]。因此，探讨财产利益表现的新形式——网络虚拟财产的法律保护具有非常现实的意义和价值。如何具体来保障网络虚拟财产这种利益表现的新形式，学术界提出了一些对策和建议，但是，不管采用何种保护方式，有一点是必须牢记的，这就是网络虚拟财产作为一种虚拟的财产，其本身是受制于网络运营平台的，因此，离开了网络运营平台这一个条件，网络虚拟财产本身可能就不能被称为财产了。同时，正如有学者所深刻指出的，"技术支持的存在使得网络虚拟财产权受制于运营商：保护期限受制于平台运营商的经营状况，长短不确定；利用方式受制于运营平台的运营规则和平台本身的物理特性；权利的救济受制于平台运营商的技术支持，平台运营商负有安全保障义务；权利的消灭受制于平台运营商努力维持的网络虚拟财产之有用性和相对的稀缺性特征"。[②] 那么，如何来保障网络虚拟财产呢，本书拟提如下对策。

（一）规制网络运营平台基于网络虚拟财产控制的垄断行为

网络虚拟空间是一种人类社会构建的前所未有的空间，这种空间事实上形成了一个新的扁平化的、去中心化的结构，但是，网络自身具有几乎无限的延展性、高度的开放性、信息高度流动性，使得这种新型的社会结构又具有一种"形散神不散"的组织气质，从而使得一些大型网络运营平台会自觉甚至不自觉地运用它们的经济垄断能力。事实上，这一点在网络虚拟财产的控制中显得更加突出：因为网络虚拟财产事实上是对网络虚拟的第二次虚拟，因此，所有有关网络虚拟财产保护的制度安排都必须考虑网络虚拟财产自身这种二

---

① 参见尹田：《人格权独立成编的再批评》，载《比较法研究》2015 年第 1 期。

② 孙山：《网络虚拟财产权单独立法保护的可行性初探》，载《河北法学》2019 年第 8 期。

次虚拟性。而基于网络运营的技术性需要，网络运营平台可能"不得不"掌握很多网络用户的个人信息资料，包括网络虚拟财产在内，巨大的运营平台往往也意味着巨大的网络虚拟财产。而根据互联网自身的特点，这种网络虚拟财产的价值和网络平台的规模、互联互通事实上是成正比的：也就是说，如果一个网络用户在一个巨型网络平台中拥有网络虚拟财产，则意味着这种网络虚拟财产的价值也更高——因为巨大的平台往往意味着更多的网络用户，意味着更多的交易对象和机会——因为网络虚拟财产是基于网络运营平台而存在和发展的。如果我们进一步思考的话，这完全类似于福柯所宣称的权力产生知识、知识反过来又论证权力正当性的观点。① 以当今中国为例，我们甚至可以认为，通过搜索的内容，百度能洞悉我们想知道什么；通过微信，腾讯公司能知道我们共享的是什么；通过淘宝和京东，阿里巴巴和京东可以知道我们想买什么。网络运营平台在当今社会的这种"无所不能"，事实上已经内化为社会大众的行为准则——我们发现，《消费者权益保护法》中的很多新条款，和淘宝公司的网店经营规则可以说出奇一致。正是在这种意义上，学者甚至认为这些网络运营平台获得了"准立法权"和"准司法权"。② 因此，针对这些网络运营平台控制虚拟财产的行为进行反垄断的努力，自然就成为保障网络用户虚拟财产的重要进路。

(二)倡导国家公权力对网络领域的适度干预

网络领域是自由之地，但绝不是法外之地。因此，要保障好网络虚拟财产所有权人的利益，倡导国家公权力对网络领域的适度干预是非常必要的。(1)国家应当在制度层面制定网络技术发展的规范性文件。以我国为例，2017 年中共中央办公厅、国务院印发的《推进互联网协议第六版(IPv6)规模部署行动计划》、"十三五"规划中对 5G 网络的政府支持以及 2018 年政府工作报告中国对第五代移动通信技术的研发和转化的规划，都体现了这一点。事实上，只有整个网络运营平台的技术提升了，网络虚拟财产的保护才能真正上一个台阶，网络虚拟财产保护的价值才能被进一步凸显。(2)国家干预应当深入互联网运营平台，从而强化对互联网领域的国家治理。需要注意的是，这种介入需要建立在市场原则、公共利益原则的基础之上，这种合作"拥有的管理机制主要不依靠政府的权威，而是合作网络的权威。其权力向度是多元的、相互的，而不是单一的和自上而下的"。③

(三)强化互联网行业协会对网络运营平台的深度治理

鉴于网络虚拟财产的特殊性，我们可以想象，即使我们的法律规定非常详细，政府的介入深度和广度都恰到好处，我们会发现，鉴于网络领域自身的复杂性，以及财产呈现的依赖性——网络虚拟财产要在法庭上呈现还是得借助网络运营商，因此，强化互联网行业

① 参见陈弘毅：《从福柯的〈规训与惩罚〉看后现代思潮》，载《环球法律评论》2001 年秋季号。
② 参见马长山：《智能互联网时代的法律变革》，载《法学研究》2018 年第 4 期。
③ 俞可平主编：《治理与善治》，社会科学文献出版社 2000 年版，第 7 页。

协会对网络运营平台的深度治理，是保障网络虚拟财产的过程中一个不可回避也不能回避的重大问题。具体而言，强化互联网行业协会对网络运营平台的深度治理，一方面需要其对网络运营平台进行日常的监管，以切实规范该领域中网络用户和网络运营平台的相关行为，另一方面，也可以利用行业协会的有关力量，对那些侵害网络用户或者网络运营平台的行为进行救济和保护，必要时甚至可以以协助司法机关的专家证人出现，以提供强证据力的司法支持。同时，互联网行业协会还可以汇集众多的有关资源，在可能的前提下，提升网络运营平台的加密技术水平，从而更好地保护网络用户的账户安全、网络虚拟财产的安全。

第四节 互联网发展与网络著作权保护制度

一、网络著作权保护制度概述

网络著作权的保护随互联网技术的发展、信息传播的加速而渐成一个社会性的问题。如何保障互联网技术飞速发展背景下的著作权，立法者本来以为还在陆地上，但其实他们已经漂浮在一个孤岛上。自 20 世纪 90 年代以来，各国关于网络著作权保护的规范体系不断被完善：1998 年，美国制定了《数字千年版权法》（The Digital Millennium Copyright Act，简称 DMCA），并首创了"避风港原则"。2011 年，由美国众议员 LamarS. Smith 等所提出的旨在加强针对网络盗版与冒牌产品在线交易的打击力度的《禁止网络盗版法案》（The Stop Online Piracy Act，简称 SOPA）对网络著作权的保护可以说迈出了很大的步伐，根据《禁止网络盗版法案》，在得到法庭许可的情况下，司法部长能够要求搜索引擎等网络公司停止与任何侵犯知识产权的网站合作，包括对侵权网站链接的封锁和侵权网站 IP 地址的封锁。此外，美国提出动议的还有《保护知识产权法案》（The Preventing Real Online Threats to Economic Creativity and Theft of Intellectual Property Act of 2011，简称 PIPA），根据该法案，互联网运营商对那些有盗版内容的网站域名要进行屏蔽，否则将面临惩罚。虽然美国的《禁止网络盗版法案》《保护知识产权法案》因为对运营商施加了过大的网络审查压力进而可能限制网络自由而遭到网络巨头公司的抵制，但是，美国社会对直面互联网时代的著作权保护的基本立法态度已经被清晰地展示出来。欧盟的网络著作权保护立法也在不断推进。在社会舆论方面，早在 1995 年 7 月，欧盟便公布了著名的《信息社会中的版权和邻接权》（The Copyright and Neighboring Rights in Information Society），重点探讨了知识产权中的版权和邻接权如何在信息社会中的产品和设施中适用等 9 个重点课题，分析了媒体作品版权和邻接权的法律模式并拓展了一些相关权利的内涵，1996 年欧盟委员会颁布了该绿皮书的修订版，并将计算机中的短暂储存行为定义为复制的范畴。1998年，欧盟还通过了《信息社会中的版权与邻接权的指令》。此外，日本参议院2014年也通过了《著作权法修正案》，一方面将发行作品的版权维权范围扩大到数字出版物，并赋予出版社要求侵权人停止网络侵权的请求权；另一方面，该《著作权法修正案》也规定了出版社必须承担在一定时间内出版数字图书的义务以适应网络时代著作权传播与利用的客观需要。我国对网络著作权的保护也作出了相应的努力：（1）2001年的《中华人民共和国著作权法》修订中明确规定了网络传输权和侵犯网络著作权的法律责任，其中《著作权法》第10条之第十二项明确规定作者的信息网络传播权，也即以有线或者无线方式向公众提供作品，使公众可以在其个人选定的时间和地点获得作品的权利；第48条规定，通过信息网络向公众传播其制作的录音录像制品的，应当根据情况，承担停止侵害、消除影响、赔礼道歉、赔偿损失等民事责任；同时损害公共利益的，可以由著作权行政管理部门责令停止侵权行为，没收违法所得，没收、销毁侵权复制品，并可处以罚款；情节严重的，著作权行政管理部门还可以没收主要用于制作侵权复制品的材料、工具、设备等；构成犯罪的，依法追究刑事责任。（2）我国于2006年5月18日审议并通过了《信息网络传播权保护条例》（2013年修订），2012年11月26日，最高人民法院通过了《最高人民法院关于审理侵害信息网络传播权民事纠纷案件适用法律若干问题的规定》，2020年12月31日，最高人民法院又通过了《关于审理利用信息网络侵害人身权益民事纠纷案件适用法律若干问题的规定》。应当说，我国网络著作权保护虽然还是存在一些问题和挑战，但总体而言，我国的制度建设已经取得了重要的进步和长足的发展。

二、网络著作权的主体、客体和内容

（一）网络著作权的主体

根据我国《著作权法》（2010年修正）第9条的规定，"著作权人包括：（一）作者；（二）其他依照本法享有著作权的公民、法人或者其他组织。"总体而言，网络著作权的主体与传统的著作权主体并无本质的差异，在认定著作的作者的过程中，一般遵循"谁署名谁就是作者"的原则，除非有其他的证据能够证明署名者并非著作权的主体。在网络著作权主体的认定过程中，有两个点是比较特殊的：一是网络著作权的主体往往采用网名或者昵称，而很多网名或者昵称要证明其是否就是主张权利人的网名或者昵称，将面临较大的证明责任压力，在这个过程中，往往需要借助网络技术，如IP地址追踪等手段来辅助处理。二是如果在司法过程中认定网页构成了汇编作品，则此时网站的管理者将被认定为对该网页汇编享有著作权。

（二）网络著作权的客体

根据我国《著作权法》（2010年修正）第3条的规定，作品的范围是非常广泛的，其范围包括任何以下列形式创作的文学、艺术和自然科学、社会科学、工程技术等作品：（1）文字作品；（2）口述作品；（3）音乐、戏剧、曲艺、舞蹈、杂技艺术作品；（4）美术、建筑作品；（5）摄影作品；（6）电影作品和以类似摄制电影的方法创作的作品；（7）工程设计图、产品设计图、地图、示意图等图形作品和模型作品；（8）计算机软件；（9）法律、行政法规规定的其他作品。与此相对应，所谓网络著作权的客体就是网络作品，而网络作品就是以数字信息、图文信息、声音信息、影像信息或者这些信息的结合所构成的任何著作权法所明确的作品形式。由此看来，网络著作权的客体与普通著作权的客体并无本质的不同，只是其必须基于网络这一技术手段方能被呈现，因此其表现形式也就不同于传统的著作权的呈现方式。

（三）网络著作权的内容

《著作权法》（2010 年修正）第 10 条规定，著作权的内容包括如下人身权和财产权：（1）发表权；（2）署名权；（3）修改权；（4）保护作品完整权；（5）复制权；（6）发行权；（7）出租权；（8）展览权；（9）表演权；（10）放映权；（11）广播权；（12）信息网络传播权；（13）摄制权；（14）改编权；（15）翻译权；（16）汇编权。此外，《著作权法》还规定了关于著作权人权利的兜底条款——应当由著作权人享有的其他权利。值得注意的是，该著作权的兜底条款并没有加上常见的"法律或者法规规定"的修饰语，而是表述为"应当由著作权人享有的其他权利"，这个表述在立法技术和态度上来讲可以说是意味深长的。应当说，以上关于著作权的内容是完全适用于网络著作权内容的。需要注意的是，我国《著作权法》第 10 条第十二项之信息网络传播权系专门针对网络著作权的规定，这一权利事实上主要包括两个层面的意思：其一是网络著作权的主体有权以有线或者无线的方式向社会大众提供其作品；其二，权利人有权以该种方式使用（包括自用和允许他人使用）网络作品，并收取由此产生的网络著作权带来的收益。

三、侵犯网络著作权的表现形式

根据侵权主体的不同，我们可以将网络著作权的侵权形式划分为三种典型的类型：一是网络作品对传统作品的侵权；二是传统作品对网络作品的侵权；三是网络作品对网络作品的侵权，以下分述之。

（一）网络作品对传统作品的侵权

所谓网络作品对传统作品的侵权，是指未经传统作品著作权人的许可或者同意，将传统作品进行数字化后发表在相关网站或者网络平台的行为。这里面特别需要注意的一个问题是，尽管我国《著作权法》（2010 年修正）第 10 条规定了复制权，也即"以印刷、复印、拓印、录音、录像、翻录、翻拍等方式将作品制作一份或者多份的权利"，但是，对于将传统作品数字化的行为是否可以被定义为这里所讲的复制权的范围，从严格的文义解释的角度看，并不能得出明确的答案。这就造成一个非常尴尬的问题——因为几乎所有的网络作品对传统作品的侵权都是通过对传统作品进行数字化，然后进行上网。这个问题对于司法实践来说，可能问题不是很大，因为法院一是不能以法律没有明确规定而拒绝裁判，二是毕竟这里可以基于对《著作权法》第 10 条之"复印"甚至是后面的"等方式"作出扩大解释，从而认为数字化就是这里的"复印"，或者属于该规定之"等方式"的具体体现。但是，如果这个问题放到执法当中，就会成为一个非常令人困惑的问题，因为执法机构可不能这样去解释法律，只能"依法行政"，如果法律没有明确规定，将"数字化"理所当然地视为是"复印权"，执法机构将不得不承担行政诉讼败诉的风险。值得注意的是，一些国际公约，如《世界知识产权组织版权条约》(World Intellectual Property Organization Copyright Treaty，简称 WCT)明确指出："《伯尔尼公约》第 9 条规定的复制权及其例外完全适用于数字化环境，尤其适用于以数字化形式使用的作品。不言而喻，在电子媒体中以数字化形式存储受保护的作品，构成《伯尔尼公约》第 9 条意义下的复制。"话虽如此，理亦充分，但在成文法国家，以我国为例，要想尽可能减少执法和司法中的种种困惑，在规则层面明确数字化系《著作权法》第 10 条意义上的"复制"还是非常必要的。

(二)传统作品对网络作品的侵权

顾名思义，所谓传统作品对网络作品的侵权，就是指将网络作品直接下载并擅自通过传统作品的发表方式——如通过出版社、报纸、期刊等——进行发表和出版。需要注意的是，尽管我国《著作权法》(2010 年修正)第 33 条规定了报刊转载的法定许可制度——如《新华文摘》《中国社会科学文摘》以及中国人民大学复印报刊资料中心对已经发表的论文进行转载，但是，我国并没有明确的规定可以转载网络著作品，既然网络著作权是得到国家承认的，那么其理当得到与普通的著作权一样同等的保护。因此，除非经过网站或者平台的许可，否则，这种擅自将网络作品传统著作化的行为方式就是一种典型的侵犯网络著作权的行为，必须依法予以禁止。

(三)网络作品对网络作品的侵权

鉴于网络技术特别是复制技术和传播技术的发展，网络著作权的技术性保护——如加盖网络水印、或者采用技术手段限制复制也在加强。但是，这些网络著作权的技术保护措施不仅效果有限，更多的时候是力不从心。正因为如此，在网络著作权的侵权行为中，网络作品对网络作品的侵权是最常见的网络作品侵权形式。从具体形式来看，主要有两种形式：一是直接复制造成的侵权。这种网络著作权的侵权方式可以说"简单粗暴"——直接将他人发表的网络作品，原封不动或者稍有一些非实质性的修改就照搬到侵权者的网站或自网络平台上，既不标明作者也不标明出处，仿佛该网络作品就是该网站或者网络平台拥有的网络作品。二是深层链接行为。所谓深层链接行为，是指侵权网站通过技术手段，遮蔽了被链接的原始网站，也就是使得网络作品的访问者绕过被链接者的网页而直接进入侵权者的网页。需要注意的是，如果链接行为并没有屏蔽被链接者的网页，则这种行为不能被认定为网络著作权的侵权行为，因为这种链接本质上并没有不当获取应当属于被链接网站的传播利益。

四、网络服务提供者侵权的表现与免责条件

与传统的著作权保护主要涉及著作权人和社会公众之间的利益均衡不同，网络著作权的保护涉及到网络著作权人、网络服务提供者和社会公众三者之间的利益分配。鉴于网络服务提供者在网络著作权的发表和使用方面的巨大能力，因此，在网络著作权的保护当中，考虑网络服务提供者的网络著作侵权行为的表现及其免责条件具有非常现实的意义和价值。从制度架构来看，我国目前关于网络服务提供者的侵犯网络著作权的规定主要体现在 2013 年 1 月 1 日开始施行的《最高人民法院关于审理侵害网络信息传播权民事纠纷适用法律若干问题的规定》这一司法解释，以下分析也主要是围绕该司法解释来展开的。

（一）网络服务提供者的侵权表现

从侵权方式来看，网络服务提供者侵犯网络著作权的方式主要有两种：一种是直接侵权行为，另一种是间接侵权行为。就直接侵权行为而言，是指网络服务提供者未经权利人的许可，自行或者与他人通过分工合作等方式，借用信息网络这一网络技术手段，提供网络著作权人的作品、表演、录音录像制品，但是法律和行政法规另有规定的除外。关于直接侵权的具体规定，可以参考《最高人民法院关于审理侵害网络信息传播权民事纠纷适用法律若干问题的规定》第 3 条、第 4 条、第 5 条和第 6 条之规定。就间接侵权行为而言，是指网络服务提供者在提供网络服务时教唆或者帮助网络用户实施侵害网络著作权的行为。在这种情况下，网络服务提供者需对网络用户侵害网络著作权的行为承担连带责任。关于间接侵权的具体规定，可以参考《最高人民法院关于审理侵害网络信息传播权民事纠纷适用法律若干问题的规定》第 7—14 条之规定。

（二）网络服务提供者的免责条件

关于网络服务提供者的免责条件，主要规定于《信息网络传播权保护条例》。以下主要是根据该条例的有关规定进行的整理。具体而言，网络服务提供者的免责条件包括如下四个方面：

一是网络服务提供者根据服务对象的指令提供网络自动接入服务，或者对服务对象提供的作品、表演、录音录像制品提供自动传输服务，并且未改变所传输的作品、表演、录音录像制品，或者是向指定的服务对象提供该作品、表演、录音录像制品，并防止指定的

服务对象以外的其他人获得，此时，网络服务提供者不承担赔偿责任；

二是网络服务提供者为提高网络传输效率，自动存储从其他网络服务提供者获得的作品、表演、录音录像制品，根据技术安排自动向服务对象提供，并且没有改变自动存储的作品、表演、录音录像制品，或者不影响提供作品、表演、录音录像制品的原网络服务提供者掌握服务对象获取该作品、表演、录音录像制品的情况，或者在原网络服务提供者修改、删除或者屏蔽该作品、表演、录音录像制品时，根据技术安排自动予以修改、删除或者屏蔽，此时，网络服务提供者不承担赔偿责任。

三是网络服务提供者为服务对象提供信息存储空间，供服务对象通过信息网络向公众提供作品、表演、录音录像制品，并且明确表示该信息存储空间是为服务对象所提供并公开网络服务提供者的名称、联系人、网络地址，或者没有改变服务对象所提供的作品、表演、录音录像制品，或者不知道也没有合理的理由应当知道服务对象提供的作品、表演、录音录像制品侵权，或者没有从服务对象提供作品、表演、录音录像制品中直接获得经济利益，或者在接到权利人的通知书后根据《信息网络传播权保护条例》的规定删除了权利人认为侵权的作品、表演、录音录像制品，此时，网络服务提供者亦无须承担赔偿责任。

四是网络服务提供者为服务对象提供搜索或者链接服务，在接到权利人的通知书后，根据《信息网络传播权保护条例》的规定断开与侵权的作品、表演、录音录像制品的链接，此时，网络服务提供者不承担赔偿责任。需要指出的是，如果网络服务提供者明知或者应知其所链接的作品、表演、录音录像制品侵权的，则应当与侵权者承担共同侵权责任。

五、网络著作权保护的限制

网络著作权需要保护，但是任何权利的保护都是有成本的，因此，一种权利保护到什么程度、如何保护、在哪些情况下不能机械地进行保护，是立法者必须要衡量的重大问题。从根本上讲，网络著作权的保护需要证明如下两个基础性的问题：（1）信息网络时代的最大优势就是信息（包括著作）的传播速度非常快，这样可以让更多的人有更多的、更便捷的机会获取一些信息，从而提升整个社会的福利水平。但是，如果任何一次传播都需要不加区别地征得所谓网络著作权人的同意，则网络带来的信息传播速度优势将荡然无存，这样，网络文化的兴盛也就会成为一句空话。（2）网络著作权的保护，包括任何私人权利的保护，都需要在权利的保护和社会利益的平衡之间找到合适的平衡点。在网络著作权的保护过程中，如果要较好地平衡网络著作权人、网络服务提供者、社会大众之间的利益关系，显然不能一味地只注重网络著作权人的权益保护，而忽视或者完全忽视其他主体的利益关切。事实上，任何知识产权（当然包括网络著作权）的保护都是有所限制的，在传统的知识产权保护中就充分考虑了这一点，到了网络著作权保护领域中自然也不能例外。概括起来，网络著作权保护的限制主要表现在两个方面，以下分述之。

(一)合理使用的限制

所谓合理使用的限制，是指使用者根据著作权法等规定，在既不征求网络著作权人同意也不支付网络著作权人报酬的情况下，基于正当或者合理的目的而使用网络著作权人的作品。应当说，基于合理使用而不受网络著作权法等规定的约束系国际组织和发达国家的通行做法。如《伯尔尼公约》第9条第2款规定："本同盟成员国法律得允许在某些特殊情况下复制上述作品，只要这种复制不损害作品的正常使用也不致无故侵害作者的合法利益。"此外，《伯尔尼公约》第11条、第13条对合理使用也作了一些规定。美国《数字千年版权法》第一章对以下6种情况的使用是免责的：(1)非营利性图书馆、档案馆和教育机构例外；(2)反向工程，该例外允许规避技术措施和对此规避技术手段的开发；(3)加密研究；(4)未成年人保护；(5)个人隐私；(6)安全测试，该例外允许规避访问控制措施和对此规避的技术手段进行开发，目的是为在得到所有者或操作者许可的情况下，测试计算机、计算机系统或计算机网络的安全性。

我国《信息网络传播权保护条例》第6条、第7条也对合理使用的情形作了列举式的规定，在以下九种情形中通过网络提供他人作品可以不经网络著作权人的同意，也不必支付报酬，但是应当标明作品的名称和作者的姓名(名称)，并且不得侵犯著作权人依法享有的基于网络著作的其他权利。具体而言，这九种情况包括：(1)向公众提供的作品中适当引用已经发表的作品；(2)为报道时事新闻而不可避免地再现或者引用已经发表的作品；(3)基于学校课堂教学或者科学研究的需要向少数教研人员提供少量已经发表的作品；(4)国家机关为执行公务，在合理范围内向公众提供已经发表的作品；(5)将中国国内的汉语言文字作品翻译成少数民族文字作品并提供给境内少数民族；(6)不以营利为目的向盲人提供其能感知的已发表的文字作品；(7)向公众提供已发表的时事性文章；(8)向公众提供在公众集会上发表的讲话；(9)在当事人无另有约定的情况下，图书馆、档案馆、纪念馆、博物馆、美术馆等可以不经著作权人许可，通过信息网络向本馆馆舍内服务对象提供本馆收藏的合法出版的数字作品和依法为陈列或者保存版本的需要以数字化形式复制的作品，不向其支付报酬，但不得直接或者间接获得经济利益。

(二)法定许可的限制

法定许可的限制是指基于法律的明确规定，当事人可以不经网络著作权人的同意，有偿使用他人已经发表的网络作品。根据我国《信息网络传播权保护条例》第8条和第9条的规定，法定许可的限制主要包括两种情况：

1. 制作课件的法定许可

这主要是针对通过信息网络实施九年制义务教育或者国家教育规划，但是，这种许可需满足如下基本条件：其一，这种许可的目的必须是基于国家通过信息网络实施九年制义务教育或者国家教育规划；其二，作品的使用者范围是限定的，即课件的制作者或者远程教育机构；其三，被使用的作品必须是已经发表的作品，并且网络著作权人不能作出不准使用的事先说明；其四，对网络作品的使用必须标明作品名称以及作者姓名（或者名称）；其五，有偿使用，即必须按照规定给付网络作品作者相应的报酬；其六，不得有侵犯网络著作权人其他权利的行为。

2. 向农村提供特定作品的法定许可

基于扶贫等社会公共利益的需要，通过网络向农村提供特定作品是被允许的。但是，这种法定许可也必须满足以下基本条件：(1)使用网络作品的目的限于社会扶贫等社会公共利益的需要。(2)作品的作者限于中国公民，当然也包括法人和其他组织。(3)作品使用的范围是限定的，这就是局限于种植养殖、防病治病、防灾减灾以及适应基本文化需求的需要。(4)被使用的网络作品须已经公开发表并且作者事先没有作出不得使用的声明。(5)作品使用的地区限定为农村地区，使用的对象为农村地区的公众。(6)提供的方式需为免费。(7)提前公告拟提供的作品名、作者及拟支付的报酬标准，并给予网络著作权人30日的异议期间，但是，超过异议期著作权人依然可以提出异议。(8)网络著作权的使用者应当采取技术措施，防止目的地理范围和人群范围以外的主体获得网络著作权人的作品。(9)网络著作权使用人不得借此获取直接或者间接的经济利益，且不得侵犯网络著作权人依法应当享有的其他权利。

第五节 互联网发展与电子商务合同制度

基于互联网的商业活动已经成为一种世界级的现象：从亚马逊到阿里巴巴，从谷歌到百度，乃至京东、唯品会、拼多多等。鉴于这种基于互联网的商业活动主要是借助电子商务合同架构而成的，因此，探讨电子商务合同的签订和生效、分析电子商务合同的法律保护及存在的问题等，具有非常现实的意义和价值。

一、电子商务合同的特征及分类

(一)电子商务合同的特征

电子商务合同，又叫电子合同(Electronic Contract)，是指"当事人之间通过信息网络以电子形式达成的设立、变更和终止财产性民事权利义务关系的协议"。[①] 从制度建构的角度看，虽然我国《电子商务法》没有对电子商务合同进行明确的定义，但是，相应的规定

---

① 齐爱民、万暄、张素华：《电子合同的民法原理》，武汉大学出版社2002年版，第9页。

还是非常清晰的。例如，联合国《电子商务示范法》第 2 条就明确规定："'数据电文'系指经由电子手段、光学手段或类似手段生成、储存或传递的信息，这些手段包括但不限于电子数据交换、电子邮件、电报、电传或者传真。"此外，值得注意的是，我国《民法典》第 469 条明确规定："书面形式是合同书、信件、电报、电传、传真等可以有形地表现所载内容的形式。以电子数据交换、电子邮件等方式能够有形地表现所载内容，并可以随时调取查用的数据电文，视为书面形式。"如果从当然解释的角度看，既然数据电文可以视为合同的书面形式，那么，电子商务合同作为书面形式的理解就应当是题中之义。

　　电子商务合同是随着互联网技术和网络商务活动的发展而不断发展起来的，虽然其在本质上与传统的合同并没有什么不同之处，但是，其依然有一些自己的独特之处：(1)电子商务合同形式的特殊性。具体来讲，电子商务合同形式的特殊性表现在其"无纸性"或者"电子性"：一方面，电子商务合同双方的意思表示是通过电子数据来表达的，没有传统合同那种书面载体，即所谓的"意思表示的电子化"；另一方面，电子商务合同是通过电子数据来固定合同形式的，因此，合同签订的过程中，交易双方的电子信息交换就是合同的条款，整个电子信息交换的过程就构成了电子商务合同本身，进而，与传统的商事合同不同，在视觉感知方面，电子商务合同没有所谓的合同原件、复印件。① (2)电子商务合同的交易主体具有特殊性。这种特殊性体现在三个方面：其一，电子商务合同的主体之间的陌生程度很高，甚至可以认为其之间没有任何基于人缘、亲缘、地缘的信任，这与传统合同在签订之前已经有一个相对甚至是比较深入了解的情况是大不相同的。其二，电子商务合同的交易双方分布范围是异常广泛的。比如亚马逊网和淘宝网，基于这些网络平台的电子商务合同，其潜在的缔约方可能是世界上任何一个有互联网的地方，这在传统的合同语境下甚至可以说是不可想象的。其三，电子商务合同对交易对方主体的确认往往需要借助第三方交易平台，甚至是事先和交易平台的一体化捆绑。交易的重要目的是营利，但是，交易安全是交易的首要目标。如何保障这样一些陌生人之间的交易安全，网络平台上的交易方，特别是卖方，就会通过第三方对自己的身份进行认证，比如，我国市场监管部门对网上交易商家颁发营业执照，再比方，有的卖家会直接宣传其是网络平台直营的卖家，典型的如京东网上的"京东直营"。显然，这样一些交易安全的担保或者保证手段，在传统的商事合同签订中就是通过物保或者人保的方式来实现，而在电子商务合同领域采用这种传统的保障方式，不是说不可行，而是会过于繁琐而使得电子商务交易丧失其应有的便利性，从而不被大多数电子商务交易主体所接受和采用。(3)电子商务合同的签名具有特殊性。电子商务合同签名的特殊性就在于它是通过电子签名来完成的，而电子签名（Electronic Signature），又叫电子签字、电子签章，国家组织及各国对其定义有一致的地

---

　　① 参见苏丽琴主编：《电子商务法》，电子工业出版社 2006 年版，第 28 页。

方，但是也存在一些差异。例如，联合国《电子签名示范法》就认为电子签名是"在数据电文中，以电子形式所含、所附或在逻辑上与数据电文有联系的数据，它可用于鉴别与数据电文相关的签名人和表明签名认可数据电文所含信息"，而欧盟《电子签名指令》则认为，电子签名系"附在其他电子数据之上或与之有逻辑联系的，用作证明手段的电子数据"。2005年4月1日正式实施的《中华人民共和国电子签名法》(2019年4月23日修正)第2条规定："本法所称电子签名，是指数据电文中以电子形式所含、所附用于识别签名人身份并表明签名人认可其中内容的数据。本法所称数据电文，是指以电子、光学、磁或者类似手段生成、发送、接收或者储存的信息。"此外，与传统的合同签名通过合同当事人亲临现场进行签名不同，电子签名是一种远距离的签名方式，并且在技术层面，这种签名还具一定的"不稳定性"，例如，其容易被网络技术攻击或者截取，等等。

(二)电子商务合同的分类

应当说，依据不同的分类标准，我们可以对电子商务合同进行不同的分类，但总体而言，根据电子商务合同自身的表现形式的不同、合同主体类型的差异以及合同签订方式的不同可以将电子商务合同分为三大类型，以下分述之。

1. 基于合同签订形式的分类

这是根据电子商务合同是通过何种形式签订而对其进行的分类。虽然电子商务合同都是电子化的合同，都是通过运营电子化手段来订立的合同，但是，采用何种签订形式来最终达成电子商务合同还是存在较大差异的。据此，我们就可以将电子商务合同分为运用电子数据交换系统订立的电子商务合同、运用电子邮件订立的电子商务合同以及运用电子商务网站订立的电子商务合同。

所谓运用电子数据交换系统订立的电子商务合同，是指企业商事合同的签订是通过电子数据交换系统来完成的，其基本的合同订立流程是：第一步，企业通过网络收到商业订单；第二步，企业通过其电子数据交换系统对该商业订单进行自动化的处理；第三步，企业电子数据交换系统对该商业订单进行检查，在确认符合要求的基础上，向商业订单提供方发送订货确认报文；第四步，企业电子数据交换系统通知企业管理系统安排生产，并向物流部门等预订各种货物流通的各种手续，通知银行结算并开具企业数据交换系统发票。一句话，这种基于企业电子数据交换系统而订立的电子商务合同将利用企业这一电子数据交换系统的便利，将整个商业活动中的订货安排、生产安排及销售工作等一揽子事情予以贯穿，从而做到电子商务合同的无缝对接。

所谓运用电子邮件订立的电子商务合同，是指该商务合同的签订是通过电子邮件的方式来完成的。从某种程度上看，电子邮件可以发送文字、图像、视频或者声音以及这些电子信息的组合，因此，利用电子邮件来签订电子商务合同，不仅速度快——电子邮件的传送速度所需要的时间基本可以忽略不计，而且能够更完整、集中地展示该电子商务合同的全部内容，因此，这种电子商务合同的签订方式较之通过企业电子数据交换系统的签订方式来说更加便捷和高效，但是，利用电子邮件来签订电子商务合同的缺陷也是比较明显的，这就是电子邮件的安全性相对比较弱，电子邮件在传输的过程中，容易被截取、修改等。

所谓运用电子商务网站订立的电子商务合同，是指该类商务合同的签订是基于交易双方的用户注册，在电子商务网站(或者网络平台)的严格认证基础上，双方达成的商事交易合同。一般说来，通过电子商务网站(或者网络平台)签订电子商务合同需要如下步骤：第一步，交易双方在电子商务网站上注册。第二步，电子商务网站(或者网络平台)会对交易双方注册的相关信息进行真实性的审查；第三步，交易双方在电子商务平台的辅助下，完成商品搜索和分类，并完成价款的支付甚至是商品的配送，完成交易。在现实当中，亚马逊、当当网、苏宁易购、京东等就是这种电子商务合同签订的网络平台。这种电子商务合同交易的好处在于，买卖双方可以通过网络技术的运用而在直观上更好地了解交易方的产品和服务，并基于网站的信用担保作用而开展相关的商事活动。

2. 基于合同主体类型的分类

根据电子商务合同签订主体的类型差异，我们可以将电子商务合同分为以下几类：

一是 B-C(Business-Customer)电子商务合同，也就是公司(企业)与自然人之间在电子商务活动中所订立的合同。作为消费者运用互联网参与社会经济活动的形式，我们日常生活中比较常见的网店、网上售票等交易都属于此类电子商务合同的范围。事实上 B-C 电子商务合同不仅给消费者带了极大的便利，也给传统的商业经营模式提出了巨大的挑战。因为互联网搜索和信息提供技术的飞速发展，作为消费者，其通过 B-C 的方式，就可以在网店里轻易减少传统的商品搜索所需要的巨大时间成本，消费者可以根据自己的消费层次、价格、偏好等对众多的商品进行分类与再分类的搜索，从而达到迅速搜索到自己所需要商品的目的。

二是 B-B(Business-Business)合同，即公司(企业)之间从事电子商务活动所达成的合同。从公司的角度看，其总是处于一定的生产链条之中，因此，其同样存在一个成为买家或者卖家的过程之中，此时，公司借助互联网将自己的供给或者需求信息发布出去，交易对方就可以根据这些信息，寻找公司满意的交易对象，这种方式既降低了传统的交易成本，也将一系列的交易后续行为，如货款收取、商品运输与跟踪、纠纷索赔等实现了便捷处理，从而提升交易效率，降低交易成本，实现电子商务合同主体的双赢。

三是 B-G(Business-Government)电子商务合同，也就是公司(企业)和政府之间的电子商务合同，例如，政府通过互联网发布招标采购合同，公司基于政府的公告要求，提出自己的产品或者服务提供方案，从而达到节约交易成本、便捷完成政府与公司之间商事活动的目的。

3. 基于合同文本形式的分类

基于电子商务合同的文本是事先签订好的还是由当事人双方要约承诺之后逐步达成的不同，我们可以将电子商务合同分为电子商务格式合同和电子商务一般合同。所谓电子商务格式合同，是指考虑到有些交易属于标准化的交易类型，此时，买家就无须和商家进行交易合同的商定，而由商家根据交易的实践经验而总结出相关的交易条款，买家只需认真读取甚至无须读取就可以进行确认交易的电子商务合同。鉴于此类电子商务合同并不是针对某个主体且适用于不特定的所有相对人，因此，基于这种电子商务合同的交易手续非常便捷，往往买家只需确认同意即可完成交易。从实践来看，我国电子商务格式合同又可以进一步区分为拆封合同和点击合同：前者是指买家只需打开合同上的封条即表示同意的合同；而后者是指该合同的接受只需买家点击相关按钮就可以订立的合同。所谓电子商务一般合同，是指运用互联网技术手段订立的，双方当事人经过要约、承诺等过程而订立的电子商务合同。需要注意的是，此类电子商务合同在现实中一般不太常见，且往往发生于一些个性化的产品定制方面，同时，这类合同往往除了当事人之间的特殊约定，其他电子商务交易活动中的一些默认的条款也是为双方认可的，除非双方另有约定或者说明。

二、电子商务合同的签订和生效制度

合同的签订（订立）是指合同当事人达成协议的过程，也就是缔约当事人相互为意思表示并达成协议的状态。[①] 但是，与传统的合同一样，电子商务合同的签订和生效并不是一回事，因此，对电子商务合同的生效制度进行分析十分必要。

（一）电子商务合同的签订制度

电子商务合同的签订主要涉及到两个关键的环节：一是哪些主体能够订立电子商务合同；二是电子商务合同是如何被签订的。以下分述之。

1. 电子商务合同签订的主体

在探讨电子商务合同的签订主体时，我们需要重点思考以下三个问题：

一是关于签订电子商务合同的主体范围问题。一般认为，民事主体又称为民事权利主体、民事权利义务主体、权利主体，是指"参加民事法律关系而享有民事权利和承担民事义务的人"。[②] 总体而言，签订电子商务合同的主体和普通的民事主体并没有实质性的差别，其外延范围包括法人（包括营利法人、非营利法人、特别法人）、非法人组织（包括个

① 参见李昌麒主编：《经济法》，中国人民大学出版社 2011 年版，第 225 页。
② 梁慧星：《民法总论（第五版）》，法律出版社 2017 年版，第 59 页。

人独资企业、合伙企业、不具有法人资格的专业服务机构）和自然人，民事主体可以自由地参加网络经济中的商事活动，并且缔结电子商务合同。但是，电子合同的缔约主体和普通的合同主体相比，又有一些特殊的地方：在网络经济活动中，为了推动网络经济活动的发展，甚至是为了保障网络经济活动的运行的基本技术环境，有一些主体在平等地参与网络经济活动的过程中，也会成为电子合同的缔约主体，这些主体就包括网络经济在线服务供应商（ISP）、网络经济安全保障机构、网络经济金融服务机构等。

二是关于签订电子商务合同主体的民事行为能力问题。一方面，与传统的合同签订一样，电子商务合同的签订也需要相关的主体具有相应的民事行为能力。根据我国《民法典》及相关规定，无民事行为能力人只有在实施纯获利益而不负担义务的行为时，才有法律上的效力，而限制民事行为能力人只有在实施与其年龄、智力相适应的行为时才具有法律效力，除非经过法定代理人的同意。另一方面，鉴于现在网络电子交易的简单化，如果电子商务合同中出现了由无民事行为能力主体或者限制民事行为能力主体签订的情况该如何处理？目前主要有两种办法：一种是网站一般会通过告诫或者声明来通告无民事行为能力人或者限制民事行为能力人从事网络电子商务活动；一种是将这种网络电子商务活动视为网络虚拟账号注册者的活动——除非该账号拥有者有确切的证据证明其是无民事行为能力或者限制民事行为能力人的行为，但是，即便是在此种情况下，如果造成了相应的损失，那么，其法定代理人可能就需要承担相应的监护责任。需要注意的是，根据我国《电子商务法》第48条的规定，如果电子商务合同的当事人使用自动信息系统订立或者履行合同的，则在电子商务中推定该当事人具有相应的民事行为能力，除非有相反的证据。

三是如何保障电子商务合同主体的身份。与传统的合同交易一样，身份的确定在电子商务合同中同样具有非常重要的意义。在网络经济活动中，缔约身份保障的最经常办法就是交易对象进行身份注册，通过提供注册者的姓名、年龄、身份证号码、电话号码等方式，以表明注册者的身份。但是，这依然不能"确定"电子商务合同交易对象的真正身份，此时，就出现了一些辅助性的身份确定手段：其一是通过电子认证。电子认证主要是基于第三方的权威来确认交易者的身份，该认证以技术为手段，通过身份识别和身份验证两个技术性环节，最终使得交易实际上的数据电文发出者、接收者相一致，从而防止电子商务交易在虚拟化的状态下，当事人之间产生误解甚至是抵赖。其二是通过电子签名。电子签名是通过密码技术实现的对电子文档的电子形式的签名，其类似于手写签名或者盖章，但其并非书面签名的数字化或者图像化。我国电子签名目前有比较成熟的规定，详见我国《电子签名法》。但是，随着网络技术的发展，电子签名的技术漏洞也是客观存在的，如视网膜识别生物技术可能被克隆技术攻破，而电子签名中的数字签名密钥也可能被技术高超的黑客窃取，等等。其三是网络市场准入。应当说，这种方式是保障电子商务合同主体身份中的制度性措施。网络经济给了各类经营者空前的营业自由，理论上，只要在互联网上有一个网店，就可以面向全球的经营者和消费者，传统的基于监管和行业协会的约束在这种技术手段面前几乎形同虚设。国家针对某些特殊行业，如金融、新闻出版、信息服务提供商（ISP）、数字证书认证机构（CA）等实行更加严格的市场准入制度安排，如实行特许主义的市场准入模式等，以保障网络经济活动中相关主体的可信度。

2. 电子商务合同签订的程序

合同签订的程序，一般是经过要约和承诺两个阶段，电子商务合同也不例外。但是，电子商务合同毕竟有其自身的一些特殊之处，因此，其在要约和承诺方面也呈现出一些新的特性。

一是要约。要约又称发盘、出盘、发价、报价、出价，根据我国《民法典》第472条的规定，要约是希望与他人订立合同的意思表示，要约应当符合两个基本要求：其一，内容具体确定；其二，表明经受要约人承诺，要约人即受该意思表示约束。因此，一般认为，所谓要约就是希望同他人订立合同的意思表示①。从根本上来讲，电子商务合同中的要约和普通合同中的要约并没有本质性的区别，其差异部分主要在于由于信息网络传播速度引起的信息传播时间几乎可以被忽略的情形下引起的一些问题。以传统合同中的要约邀请为例，在电子商务合同中依然是存在的，因为是否是要约邀请，和信息的传播速度几乎没有必然的逻辑联系。因此，三种典型的网上交易形式——网上购物、网上销售软件、网上服务——虽然展示的方式都是通过网络文字、图片、影像和声音，或者以上信息组成的综合文本，但是，其到底是要约还是要约邀请，要看这种发布的信息在内容方面是否确定具体、在后果方面是否表明了一旦承诺人作出承诺，则受要约人必受该意思表示约束。如果一个网页信息只是告诉潜在的购买者有什么商品或者服务，但是，其并没有标注价格，也没有指导如何具体去购买，或者仅仅表示如果有意向的话可以通过向制定的电子邮箱或者联系方式进行咨询，或者网络广告的发布者虽然规定了用户点击即可购买，但是必须经由第三方或者指定方再确认才可购买，则此时自然仅能被视为是要约邀请。反过来，如果网络产品或者服务的经营者明确告知客户如何购买和付款，或者指示潜在的购买者将产品放入购物车之后点击购买即可完成交易，则此时显然属于要约。就电子商务合同中要约的特殊性而言，本书认为其主要是由于电子交易信息传播速度几乎没有时间差而带来的，其主要表现在如下几个方面：（1）要约的生效具有特殊性。在传统的合同签订过程中，要约的送达需要一定的时间，为此学术界和实务界还有所谓的投邮主义和到达主义的差异。但是，在互联网时代，电子商务合同的要约信息都是通过互联网进行传播的，因此，其对投邮主义和到达主义进行区分已经没有意义，或者说，没有太大的价值——对电子信息的传

---

① 参见李昌麒主编：《经济法》，中国人民大学出版社2011年版，第225页。

播而言，投邮就可能意味着送达。事实上，我国《民法典》第 137 条也明确规定："以非对话方式作出的采用数据电文形式的意思表示，相对人指定特定系统接收数据电文的，该数据电文进入该特定系统时生效；未指定特定系统的，相对人知道或者应当知道该数据电文进入其系统时生效。当事人对采用数据电文形式的意思表示的生效时间另有约定的，按照其约定。"显然，在传统合同中，区分投邮主义和到达主义还是具有很大的现实意义和价值的。(2)要约的撤回具有特殊性。在传统合同领域，如果撤回要约的要求在要约到达之前到达承诺人手中或者同时到达，除非是法定的不可撤销的要约，否则，这种撤回是有法律效力的。但是，在电子商务合同中，要约的撤回一般不可能比要约的速度更快，特别是通过 EDI 进行的电子商务合同，其对要约的确定基本就是一个电子化的自动操作过程，在此种情况下，撤回几乎是不可能的事情。(3)要约的撤销。与要约的撤回不同，要约的撤销是要约还没有到达受要约人，而要约的撤销是要约达到承诺人之后，在承诺人还没有作出承诺之时所进行的民事法律行为。根据《民法典》第 476 条的规定，以下两种情况不能撤销要约：其一，要约人以确定承诺期限或者其他形式明示要约不可撤销；其二，受要约人有理由认为要约是不可撤销的，并已经为履行合同做了合理准备工作。需要注意的是，在电子商务合同中讨论要约的撤销问题意义不大，因为电子商务合同中要约的信息传送非常的快，从技术的角度看，基本上不存在撤销的可能性，特别是在基于 EDI 的电子商务合同中，要约数据传送过来后，系统就会立即对其作出同意还是不同意的回复，因此，要约的效力几乎没有一个存在期间。在要约已经被接受的情况下，就只存在违约的问题了，或者缔约方可能要承担缔约过失责任的问题，基本上不存在要约撤销的问题。

二是承诺。承诺在商业交易中又叫接盘，是指受要约人向要约人作出的订立合同的意思表示，一般说来，承诺的主体具有特定性、承诺的期限具有限制性、承诺的内容具有相对性、承诺的方式具有特殊性[1]。与传统的合同一样，承诺也是可以撤回的。根据我国《民法典》第 485 条的规定，承诺可以撤回。但是，具体如何撤回，应当适用《民法典》第 141 条的规定："行为人可以撤回意思表示。撤回意思表示的通知应当在意思表示到达相对人前或者与意思表示同时到达相对人。"但是，如果承诺撤回的通知晚于承诺到达，则合同已经成立，自然没有撤回的余地。此外，如果撤回承诺的通知按照正常情况可以先于承诺到达，但是，由于不可归咎于承诺人的原因而没有先于承诺到达，或者仅仅是由于送达的原因，使得承诺的撤回通知没有先于承诺到达，则要约人应当及时将此种情况告知承诺人，否则，撤回承诺的通知将被视为没有迟到，承诺自然也就不发生效力。本书认为，与要约一样，鉴于在电子商务合同中，数据传输的时间基本可以忽略不计，因此，在承诺的撤回方面，我国《民法典》的有关规定可能主要具有的是理论意义。因为通过电子数据进行

---

① 参见李昌麒主编：《经济法》，中国人民大学出版社 2011 年版，第 228 页。

签订的电子商务合同，基本上没有办法使得后来的通知快于前面的通知。需要注意的是，电子商务合同承诺的不可撤销主要是在商事合同领域内，在消费合同中，电子商务合同是可以撤销的。例如，欧盟《远程销售合同指令》第6条就对的，消费者在缔结远程销售合同时，享有不少于7天的撤销订单而无须负担任何费用的撤销权。7天时间的起算为：商品从收到产品之日起算，服务则自消费者收到消费合同已缔结的书面通知文件之日开始计算。值得注意的是，2013年修订的我国《消费者权益保护法》第25条规定了网购及电视购物中消费者的撤销权①。

(二)电子商务合同的生效制度

在合同法上，合同的成立和生效历来就是两个问题，因此，合同的成立不等于合同的生效，在电子商务合同中也是如此。概言之，电子商务合同的生效要件包括如下几个方面：

1. 订立电子商务合同的主体具有相应的缔约能力

根据我国《民法典》第143条的规定，民事法律行为要有效，条件之一就是该行为人具有相应的民事行为能力，在电子商务合同中也是如此。需要注意的是，在电子商务合同的签订过程中，所谓的相应的民事行为能力意味着：其一，无民事行为能力或者限制民事行为能力主体订立的纯获益的电子商务合同，或者与其智力状况、年龄相适应的合同，应当是合法有效的合同；其二，当事人是否具有此种相应的民事行为能力，应当考察的是当事人在电子商务合同签订之时是否具有此种民事行为能力；其三，在电子商务合同的代理中，不仅要求代理人具有相应的民事行为能力，还要求其具有代理权。那么，我国现行规定中关于电子商务合同当事人的行为能力是如何规定的呢？根据我国《电子商务法》第48条的规定，在电子商务活动中我国采用推定具有相应的行为能力，同时有相反的证据证明的除外。需要注意的是，电子代理人订立的电子商务合同是否具有效力？学术界一般认为，电子代理人虽然不具有相应的法律人格②，但是，其本质上是当事人意思的体现，因此，电子代理人签订的合同，理当对其被代理人产生合同上的法律效力。

2. 电子商务合同当事人的意思表示真实

一般认为，意思表示真实有三个衡量标准③：其一，意思表示的一致性；其二，意思

① 《中华人民共和国消费者权益保护法》第25条规定，"经营者采用网络、电视、电话、邮购等方式销售商品，消费者有权自收到商品之日起七日内退货，且无需说明理由，但下列商品除外：（一）消费者定作的；（二）鲜活易腐的；（三）在线下载或者消费者拆封的音像制品、计算机软件等数字化商品；（四）交付的报纸、期刊。除前款所列商品外，其他根据商品性质并经消费者在购买时确认不宜退货的商品，不适用无理由退货。消费者退货的商品应当完好。经营者应当自收到退回商品之日起七日内返还消费者支付的商品价款。退回商品的运费由消费者承担；经营者和消费者另有约定的，按照约定。"

② 参见齐爱民、徐亮：《电子商务法原理与实务》，武汉大学出版社2001年版，第136页。

③ 参见李昌麒主编：《经济法》，中国人民大学出版社2011年版，第232页。

表示的自愿性；其三，意思表示的独立性。在电子商务合同中，电子商务合同当事人意思表示是否真实，也可以以上三个方面进行衡量。需要注意的是，在电子商务合同的意思表示中，有一种比较常见的问题，这就是电子错误，也就是在数据处理时由于技术问题而出现的错误。美国《统一计算机信息交易法》第213条规定："电子错误是指没有提供检测并纠正或避免错误的合理方法，消费者在使用一个信息处理系统时产生的电子信息中的错误。"随着互联网技术的发展和不断普及，电子错误应当说是电子商务合同签订中意思表示方面存在的重大问题之一。

那么，在电子商务合同中，如何来处理这种电子错误呢？本书认为，主要可以采取如下基本措施：(1)采取协议承担方式。这种方式就是电子商务合同的主体实现约定，一旦出现电子错误，谁来承担责任、如何承担责任。(2)采用过错责任承担方式。也就是说，在电子商务合同的签订过程中，如果电子错误是由于一方的过错导致的，如，基于EDI签订的电子合同中，一方的EDI系统有重大的安全隐患，或者已经发现有安全隐患而没有采取措施予以补救，在此种情况下，自然可以要求过错的一方承担相应的责任。(3)采用谁避免过错最便捷、最经济就谁承担责任的方式。正如有学者所指出的，"最关键的问题不是追究交易的哪一方出了错，而是哪一方处于更有利避免错误后果的地位，哪一方就应当承担错误的不利后果"。① 事实上，这种承担责任的方式也可以说"汉德公式"的变种。(4)采取公平责任的方式。也就是，一旦发生电子错误的意思表示，则由双方基于公平的原则来分配责任的承担。

3. 电子商务合同不得违反法律的强制性规定或者社会公共利益

电子商务合同虽然是当事人的意思自治和意思表示的结果，但是，这种意思自治显然不能超过必要的限度，这个限度就是法律的强制性规定(包括禁止性规定)和不得侵害社会公共利益。事实上，我国《民法典》第153条就明确规定，违反法律、行政法规的强制性规定的民事法律行为无效。但是，该强制性规定不导致该民事法律行为无效的除外。此外，违背公序良俗的民事法律行为无效。就合同领域而言，我国《民法典》第534条还对合同监管作出了明确规定："对当事人利用合同实施危害国家利益、社会公共利益行为的，市场监督管理和其他有关行政主管部门依照法律、行政法规的规定负责监督处理"。

4. 电子商务合同的标的需确定和可能

一般来讲，当事人签订合同就是为履行合同，签订合同是手段，履行合同是目的。因此，在合同法领域，合同必须被履行就成为一个很重要的原则。但是，合同要能够履行，就需要合同的标的确定和可能，这一点在电子商务合同中也是一个先决性的条件。所谓电子商务合同标的确定，是指电子商务合同的标的在电子商务合同成立时就已经确定或者处

---

① 薛虹：《知识产权与电子商务法》，法律出版社2003年版，第67页。

于履行时可以确定的状态，而所谓电子商务合同的标的可能，是指电子商务合同的标的在客观上有实现的可能性。在这个意义上，如果电子合同的标的存在事实不能、法律不能、自始不能、全部不能、客观不能或者永久不能中的任何一种情况，则该合同就是无效的合同。

三、我国《电子商务合同法》关于电子商务合同的主要规定

根据我国《电子商务法》中涉及电子商务合同订立与履行的规定主要分布在该法第47条到第57条，除了第47条系关于电子商务合同中法律适用的原则规定外，其他共有10个条文对电子商务合同作了一些特殊的规定。限于篇幅，这里仅介绍以下五个方面，以下分述之。

（一）电子商务合同主体使用自动信息系统的规定

在互联网及科学技术飞速发展的今天，承认自动信息系统在相关商事活动中的意义和价值，已经是一个不容回避的问题。一般认为，自动信息系统是指以电子商务合同的签订为目的，通过事先设定的一些技术手段——如程序指令或者参数运行条件等，在缺乏人工干预的情况下，电子商务合同当事人为电子商务合同的签订或者履行而进行信息互动的技术系统。根据技术中立的原则，自动信息系统的使用及技术状态完全可以被认为是电子商务合同签订中的正常行为，不管是一方使用其单位的自动信息系统还是双方均使用共同的自动信息系统都属于这里的使用自动信息系统的范围。事实上，根据我国《电子商务法》第48条的规定，自动信息系统的使用者应当承担该系统运转所产生的法律责任，反过来说，该系统的使用者不得因该系统的"自动性"而否认其法律效力，甚至可以认为，自动系统的法律责任也是自动的。进言之，除非发生不可抗力等因素，否则，自动系统的使用者就应当对该系统可能存在的技术性问题导致的对方损失或者合同不成立承担相应的法律责任。需要注意的是，自动信息系统并非人工智能，因为人工智能具有智慧的自主性，而《电子商务法》中的自动信息系统则是按照其使用人预先设立的程序或者指令运行的。正因为如此，在我国《电子商务法》第49条中，该法规定电子商务经营者通过自动信息系统或者其他方式发布信息如果构成要约的，则一旦用户选择该商品或者服务且提交了订单，此时电子商务合同便已经成立。例如，在互联网拍卖中，其自动信息系统发布的信息具有拘束力，我国法院在实践中已经将其视为要约进行认定。

（二）电子商务合同当事人行为能力的推定

电子商务合同当事人是否具有相应的民事行为能力，这直接影响到电子商务合同的效力，也关系到整个电子商务交易安全的实现。但是，在电子商务的实践过程中，交易对方往往只能基于交易向对方通过网络或者自动信息系统获取相关的交易信息，要去判断对方

当事人是否具有相应的民事行为能力，往往面临很大的困境。为此，为了保障电子商务交易活动的交易安全，为了平衡双方当事人的权利义务，电子商务法作出了一个妥协性的制度安排：

一方面，电子商务法规定了一方当事人可以推定对方具有相应的民事行为能力。事实上，这一点在我国《电子商务法》第48条充分肯定自动信息系统交易的法律效力时就已经显示出来。根据《电子商务法》第48条的规定，电子商务交易主体利用自动信息系统进行的交易是具有法律效力的，显然，要认定这种自动交易系统进行的交易具有法律效力，则在逻辑上自然需要推定任何使用该系统的人的交易都是有法律效力的，否则，如何认定该自动交易系统交易的法律效力呢？更进一步的问题是，并不是所有的交易都是通过自动信息系统的交易，在这种情况下，为了保障交易的安全，我国《电子商务法》第48条第二款又明确规定，在整个电子商务活动中，都推定进行电子商务活动的主体具有相应的民事行为能力，可以说，这一规定有效地维护了电子商务活动的交易安全，同时，也有力地防止了某些主体对无民事行为能力人、限制民事行为能力人的监护责任，维护了电子商务活动的基本交易秩序。

另一方面，为了防止电子商务活动中一方当事人恶意利用对方当事人无民事行为能力或者限制民事行为能力，从而缔结对自己有利而对对方不利的电子商务合同，我国《电子商务法》第48条又进一步规定，如果一方当事人有相反的证据证明对方知道其无民事行为能力或者不具备相应的民事行为能力，则不认为该民事主体具有相应的民事行为能力，自然，该主体签订的电子商务合同也就是无效合同或者可撤销合同。例如，一方当事人明知对方是无民事行为能力人或者为限制民事行为能力人，依然与之进行与其民事行为能力不相应的民事活动，则此时理当属于《电子商务法》第48条所规定的除外情况。同时，随着网络技术特别是认证技术的发展，很多的电子商务经营者不仅能够从多渠道获取当事人的相关情况，也能够基于人脸识别、身份证号码验证、实名手机认证甚至是大数据等技术手段准确掌握交易对方的准确情况，此时理当属于《电子商务法》第48条所讲的相反证据——因为此时电子商务经营者已经足以知道缔约方有无相应的民事行为能力。

总之，对于电子商务活动中一方缔约主体的民事行为能力，我国《电子商务法》一方面规定了一般情形下推定有相应民事行为能力，另一方面，为了防范电子商务交易活动中利用是否具有相应的民事行为能力之道德风险，我国《电子商务法》又基于利益平衡的考虑而规定了有相反证据证明的情况除外，从而最大限度地保障了电子商务互动的交易安全。

(三)电子商务经营者的信息保障义务

电子商务活动的优势之一就是迅速、便捷，其优势的基础是信息交换的速度非常快，甚至可以快到忽略信息传播速度的程度。因此，在电子商务合同的签订过程中，电子商务经营者的信息保障义务就具有非常特殊的意义和价值。根据我国《电子商务法》第 17 条和第 50 条的规定，电子商务经营者的信息保障义务体现在如下方面：一是电子商务经营者对商品或者服务本身的信息提供义务。一般说来，电子商务经营者应当全面、真实、准确地披露商品或者服务的信息，包括不得进行虚假的商业宣传，如通过编造虚假的用户评价或者进行虚构的交易等方式来误导消费者或者用户，或者不得在电子商务经营活动过程中，利用消费者或者用户的信息疏忽而将一些商品以其默示同意的方式进行搭售。同时，这种信息的提供方式应当达到显著的标准。二是电子商务经营者应当保证消费者或者用户有机会更正输入错误。与传统的商业运营方式相比，不管是通过经营者自身的自动信息系统还是基于第三方网络进行的交易系统，电子商务活动中消费者或者用户在操作中误击"确认"或者"同意"按钮的情况是非常常见的，此时，电子商务经营者如果不负担此种允许消费者或者用户更正自己错误的机会，就会对消费者或者用户产生重大不利。因此，在电子商务活动中，一般要求电子商务经营在最终的环节再一次向消费者或者用户确认是否真的"确认"或者"同意"，从而在此种商务环境下更好地保护其利益。

总之，我国《电子商务法》第 17 条和第 50 条的规定，主要是基于电子商务经营者的信息提供义务而设置的——因为不管是清晰、全面、明确地告知用户如何订立合同或者下载方式等，或者是提供商品或者服务的基本情况，亦或是保证用户提交订单前更正输入错误的机会，都是通过对经营者施加信息提供义务的方式来实现的，因此，本书将电子商务经营者的此种义务统称之为信息保障义务。

（四）电子商务合同的交付时间

总体而言，电子商务法是高度重视意思自治的，也就是如果电子商务合同当事人对交付的时间、交付的方式另有约定的，则从其约定。但是，在没有约定的情况下，如何确定交付的时间呢？概言之，电子商务合同的交付时间根据交付标的和交付方式的不同而有所差异：

一是在交付对象为商品的情况下，如果交付商品采用快递物流方式进行的，则交付的时间为收货人的签收时间。如此一来，一旦商品在收货人签收之前发生毁损或者灭失的风险，则该风险将由电子商务的经营者来承担。但是，如果消费者另行选择经营者提供或指定的物流快递之外的物流服务，则消费者对商品运输途中的风险不承担基于物流而产生的风险和责任。

二是在交付对象为服务的情况下，根据《电子商务法》的规定，其交付的时间为生成的电子凭证或者实务凭证中载明的时间。但是，如果生成的电子凭证中没有载明交付的时间，或者载明的时间与实际交付的时间不一致的，则交付的时间为服务实际被提供的时间。

三是在交付方式为在线传输方式时，交付时间的确定具有一定的复杂性。鉴于电子商务合同交易标的很可能是一些数字产品或者网络虚拟财产，或者某些编码、密钥或者电子权利凭证等，此时，电子商务合同的交付方式很可能就是通过在线传输的方式来进行的，事实上，这也符合我国《民法典》关于对数据、网络虚拟财产的有关规定。根据我国《电子商务法》第 51 条的规定，如何确定在线传输方式下的标的交付时间，需要根据电子商务活动中是否使用了指定的特定系统而有所区别：其一，在使用了指定的特定系统的情况下，合同交付时间为进入对方当事人指定的特定系统并且能够检索识别的时间，应当说，这一规定非常形象具体，在实践中也便于判断。需要注意的是，在实践当中，可能出现一些特殊的情况，如收件人由于系统设置的原因或者是系统的安全防护技术措施的原因等，造成一方当事人的数据、网络虚拟财产等无法进入其指定的特定系统，或者进入之后无法进行检索识别，在此情况下，收件人理当对这些问题承担责任，如果因此发生交付时间的延迟，则损失也应当由收件人承担。但是，如果收件人虽然收到了相关的数据电文，但是，无法进行解码或者识别时，收件人可以请求发件人提供必要的协助，此时发件人应当进行协助。但是，如果收件人有证据证明该数据或者虚拟财产系发件人的格式不对或者被病毒感染等原因从而导致无法识别，则发件人应当承担相应的不交付、交付不适当、迟延交付的责任。其二，在没有使用指定的特定系统的情况下，我国《电子签名法》《民法典》对此都有一些相关的规定，但是，出于保护交易安全与交易相对人利益的需要，如果采用《电子签名法》规定的推定只要数据电文进入收件人的任何系统就视为交付完成，那么这样对于保护收件人的合法权益和交易安全是非常不利的：一方面，收件人完全可能存在多个系统，如果进入任何系统就视为交付完成，那么，很可能出现发件人早已发送但收件人确实没有看到的情况；另一方面，在一些特殊的情况下，特别是电子商务合同一方当事人为消费者的情况下，如果进入交易方的任何系统都视为交付完成，那么，其对于消费者就可能造成重大的不公平。因此，在没有指定的特定系统的情况下，一般要求发件人承担更多的诚信义务，例如通知义务或者提醒义务等，否则，其可能就要承担不利的法律后果。

第七章　互联网经济与数据金融法治

第一节　互联网金融发展与法律规制的一般原理

肇始于第三次科技革命的信息化浪潮深刻地改变了人们的生活。互联网的发展和普及使得信息交换变得更为及时和便捷，低成本和高效率的天然优势使得互联网不断地渗透到社会经济的各个角落，并且对信息交换的传统模式形成了巨大的冲击。在信息化浪潮中，金融市场受到的影响尤为瞩目，互联网成为了金融活动的主要通道，在信息技术进步的影响下通过互联网实现更低的交易成本，传统金融模式出现了深刻的变革，甚至出现了基于互联网的全新金融模式，即互联网金融模式。在信息化给金融市场注入全新活力的同时，也存在着新的时代命题，其中包括信息爆炸所带来的信息甄别成本，以及互联网衍生的新样态的金融风险，以及互联网金融模式的交易结构和监管框架等。这些新问题超出了传统金融法的制度框架而不能得到有效回应。因此金融法制需要顺应信息化浪潮，有针对性地结合互联网时代的发展进行制度变革，实现金融法制从传统走向现代的蜕变，有效因应信息化给金融市场带来的新问题。

一、信息革命给传统金融模式带来的深刻变革

社会活动的本质是信息的交换，而信息交换的方式则反映着社会变迁的进程。伴随着人类社会的进化，信息的生产和处理手段的高度发展导致了社会生产力和生产关系的变革，此即所谓的信息革命。而最新的信息革命即是以计算机技术和通信技术为基础，拓展到其他社会经济部门，并以此改造传统的社会经济结构，亦即信息化过程。信息革命使得现代信息交换不同于以纸面文字和印刷为表征的传统信息交换模式，而是通过 0 和 1 这种二进制数据来对信息进行虚拟化的处理，并且信息的表现和传递能够脱离书面载体而存在。并且，现代信息交换也不同于利用电话、电报和电视等通讯手段进行简单的信息传递，而是借助了计算机能够对海量信息进行高效的处理。概言之，信息化的过程使得信息的生产、传递和处理日益脱离实体束缚，愈益以一种数字化和虚拟化的形式通过计算机网

络得以完成。金融活动作为社会经济活动的一种表现形式，其在信息化的背景下也产生了深刻的变革。具体而言表现在以下几个方面：

（一）金融工具的无纸化

金融工具最原始的状态都是以纸面记载的实物形态为表征，但信息革命以来，这些金融工具都开始通过电子数据进行记载，逐渐脱离了纸质载体实现了无纸化。这一方面是由于金融工具种类和数量日益繁多以及金融交易的日益频繁所带来的纸面作业危机所提出的客观要求，另一方面更是得益于也是根源于信息技术的不断进步奠定的坚实基础。所谓金融工具的无纸化，是指金融工具不再表现为纸质实物形态，而是以电子数据的形式记载在金融交易信息系统中，金融工具的交付由信息系统中的数据变动拟制。不论是货币、股票、期货、外汇、保单等，还是金融衍生合约，都呈现出了无纸化的特征。

以货币为例，尽管世界各国主要的流通货币仍然是纸币，但电子货币的出现和发展已经体现出明显的无纸化特征。电子货币的本质是实现了货币支付手段的无纸化，即将货币转化成电子化的数据，通过互联网或其他电子通信方式将该数据转移给支付对象以完成支付行为。[①] 通过电子货币完成的支付，相比于使用传统纸币进行的支付而言，成本更低，且更为方便快捷。事实上，电子货币并非由纸币衍生而成的新型货币，而是传统纸币的无纸化。电子货币的生成并非由金融机构任意创设，而是由电子数据完成对现实货币的模拟。电子货币的持有者是使用了一定数额的现金或存款从发行人处兑换的代表同等数额货币的数据。货币的持有者的财富水平不再取决于其持有的纸币数量，而是账户上的数据余额，并且在其进行支付时无需使用有形的货币，而是通过转移账户上的数据完成支付。

无纸化体现得更为显著的是有价证券。华尔街的证券洪流带来的纸面作业危机体现了证券行业的发展对证券无纸化的强烈需求。通过无纸化改造，证券不再是记载于纸面的票证，而是记载于证券登记结算系统中的数据。从证券的创设来看，发行人无需印刷和交付纸质证券，而是只需要在登记结算系统中创设相应的电子数据，该数据即可代表证券上记载的相应的证券权利。从证券的权属来看，证券权利人的认定不再需要纠结于实际占有与券面记载之间的关系，只需根据登记结算系统中的记载即可确定证券权属。记名证券的操作难度已随着无纸化作业而消失殆尽，无记名证券将注定成为历史名词。无纸化证券相对于实物券而言，其实质是实物券的电子化，作为数据的无纸化证券与实物券都是对于证券权利的记载，在本质上并无二致。[②] 然而，无纸化证券却能够极大地降低证券交易的成本因而具有较大的积极意义。

---

① 参见黄诚、李纯安：《电子货币的本质与网络经济条件下的金融制度创新》，载《经济科学》2000年第 2 期。

② 参见范健：《关于我国证券无纸化立法的几点思考》，载《社会科学》2009 年第 3 期。

除了货币和证券这些常见的金融工具之外，其他的金融工具也都在逐步实现无纸化。例如金融衍生合约，也都是采用了电子数据的方式，包括股指期货合约以及"纸黄金"等，都是将合约内容用电子数据进行标准化，然后由客户进行认购和交易。此外，保单也开始采用电子保单的形式由保险公司进行线上销售。应该说，金融工具的无纸化实现了传统金融工具的变革，金融工具的创设不再依赖于实物纸张，而是利用了信息技术的有益成果转化为电子数据，既能减少纸张使用而有利环保，更为重要的是将金融工具从杂乱的纸堆中解放出来，极大地便利金融工具信息的处理，降低相应的成本。

(二)金融交易的网络化

互联网的普及以及技术进步，加快了金融交易从传统走向网络化的步伐。所谓金融交易的网络化，主要有两方面意涵，一方面指的是金融交易主体无需再在线下柜台进行面对面的交易，而是通过互联网渠道交易即可在线完成，另一方面指的是各类金融服务在互联网平台上能够得到有效整合，互联网的优势提升了金融服务提供的整体效果。

金融交易的网络化首先是基于电子商务和网上支付的兴起。[①] 金融交易的完成离不开资金的流动，网上支付为资金的即时高效的转移提供了便利条件，交易人足不出户轻点鼠标即可完成资金流动，在金融工具无纸化的基础上，只要有互联网的接入就能实现钱货两讫。同时，互联网终端的普及和云计算的发展促进了金融交易的网络化。包括个人计算机、手机和平板电脑在内的越来越廉价的互联网终端逐渐进入寻常百姓家，而云计算的发展则进一步降低了终端设备的硬件要求使得终端价格更低，并实现了数据处理能力的提升。在此基础上，通过互联网完成金融交易在硬件上具备了更大的可能性。另外，社交网络和搜索引擎的发展能够实现金融信息的组织化和精确化，更为强大的数据挖掘和人工智能技术可以降低网络金融交易的操作难度，进而为金融交易的网络化提供便利条件。

金融交易网络化最显著地表现为交易场所由线下转到线上。传统意义上的金融交易主要是在金融机构柜台现场完成，需要耗费大量的人力和物力。在实现了网络化之后，金融交易可以在网络空间通过在线数据交换完成。网络化的金融交易不需要到金融机构的柜台，只需要进入交易系统即可，并且相应的交易业务可以由交易人自行操作并由系统后台自动处理，无需专门的柜员代为操作。就拿网上银行转账来看，只需要进入网银系统，输入转账金额和密码，点击鼠标就能实现相应款项的划转，而不需要专门到银行柜台办理。再如证券交易委托下单，在网上证券交易系统出现后，买卖证券不需要再到交易大厅进行现场交易或进行电话委托，只需要在计算机系统上进行相应操作就能实现证券的买入和卖出。网络化的金融交易与传统金融交易相比，在交易成本和效率上都实现了极大的突破。

金融交易网络化的另一个表现就是金融服务在互联网平台上的整合。首先，金融服务

---

① 参见马蔚华：《电子商务、网上支付与网上银行发展》，载《金融电子化》2001 年第 1 期。

的提供者通过妥善设计的金融服务网站和系统能够将所有金融服务一目了然地呈现在金融消费者面前，从而形成"金融服务超市"由后者根据实际需要进行选择。金融消费者也能够较为便利地在网站和系统上对金融服务的具体信息进行查询和了解。其次，电子商务多元化的发展使得金融服务与互联网发生了更为深入的渗透。一方面电子商务中对于金融服务的需求与金融服务的网络化相依相生，另一方面金融服务也成为了电子商务的交易标的，例如保险的销售开始从保险公司自己销售到银行代销，再发展到网上商城、支付平台等第三方网站上销售。再次，金融交易的网络化使得各类群体能更为便利地获取金融服务，并通过获取金融服务机会的提升实现金融的普惠性。

（三）金融机构的虚拟化

金融机构的虚拟化指的是在互联网技术不断发展的背景下，金融机构提供金融服务的场所不再局限于有形的物理性空间，开始转移至无形的信息空间，金融机构不再单一地以有形的营业场所作为其基本形态，而是逐渐呈现为能够开展金融业务的虚拟站点。金融机构的虚拟化是以金融工具的无纸化和金融交易的网络化为前提的，金融机构日益通过网络化的虚拟方式在线开展业务，其客户直接在办公室、家里甚至旅行途中获得金融机构提供的各类服务，因此金融机构不再需要大量的有形营业场所和巨额的固定资产投资，而是更加注重网络站点和交易系统的建设。

虚拟金融机构最典型的就是网络银行。全新的网络银行正借助互联网技术，通过计算机网络及其终端为客户提供金融服务。传统意义上的商业银行逐步意识到网络银行业务的重要地位，都纷纷拓展网络银行业务，建设网络银行系统并将其作为重要的分支。而事实上，网络银行也能够提供基础的金融服务，为商业银行分流了大量的业务。网络银行虽然不具备金融机构的固定营业场所，但却能够发挥金融机构的实际功能，其实质是一种虚拟的金融机构。除了传统商业银行加网络银行的组合模式之外，还存在着纯网络银行的模式。1995年10月18日，世界上第一家没有传统银行经营网点的网络银行——安全第一网络银行在美国诞生，它创立的全部费用仅为100万美元，只相当于传统银行开办一个分支机构的费用，其经营成本也远远低于传统银行。[①] 安全第一网络银行的诞生与发展标志着虚拟化银行的开端，预示了金融机构形态的未来发展趋势。

除了网络银行之外，交易所虚拟化也是金融信息化时代的显著趋势。随着网上证券交易的不断发展，证券交易模式发生了根本性的变革，电子化交易已经取代人工交易，证券交易的主阵地已经转移到网上证券交易系统，传统意义上的交易大厅已经成为一种摆设。这实际上反映着交易所作为金融机构的核心功能已经是由电子化交易系统完成。另外，新型的网上金融交易平台，例如网络借贷平台、众筹门户等，尽管其法律属性尚待明确，但

---

① 参见李莉：《网上银行业务风险及其防范》，载《中国金融电脑》2010年第6期。

无一例外的都不具备有形的营业场所，其存在形态都是互联网上的站点以及交易系统。因此可以形成一个基本判断，即在信息化时代金融机构虽然不能完全脱离有形营业网点，但将会越来越明显地存在虚拟化的趋势。

二、互联网金融概述

信息网络技术的发展和进步，对于金融市场产生了重要影响。传统金融体系运行与"开放、平等、协作、分享"的互联网精神结合，通过互联网工具和互联网技术，使得金融业务具备透明度更强、参与度更高、协作性更好、成本更低、操作更便捷的特点。金融和互联网的高度融合，以互联网作为资源和技术平台，以大数据、云计算、社交网络、搜索引擎等作为技术职称，通过对海量信息的捕捉、挖掘和处理，形成了基于互联网大数据的信用体系、信息识别体系和风险定价体系，[①] 由此形成了互联网金融这种新型金融业态。

（一）互联网金融的概念

互联网金融是在市场创新实践中形成的一个非正式的概念，其内涵和外延都随着技术进步和市场探索不断地拓展。对于互联网金融这个不断扩张和发展的概念进行界定并非易事，需要立足于发展的眼光来看待互联网金融的概念。

上海市《关于促进本市互联网金融产业健康发展若干意见》认为：互联网金融是基于互联网及移动通信、大数据、云计算、社交平台、搜索引擎等信息技术，实现资金融通、支付、结算等金融相关服务的金融业态，是现有金融体系的进一步完善和普惠金融的重要内容。其表现形式既包括以互联网为主要业务载体的第三方支付，金融产品销售与财富管理，金融资讯与金融门户，金融大数据采掘加工，网络融资与网络融资中介等新兴、新型金融业态；也包括持牌互联网金融机构，以及各类持牌金融机构设立的主要从事互联网金融相关业务的法人机构或功能性总部。中国人民银行等十部委联合发布的《关于促进互联网金融健康发展的指导意见》将互联网金融定义为"传统金融机构与互联网企业利用互联网技术和信息通信技术实现资金融通、支付、投资和信息中介服务的新型金融业务模式"。

以上权威机关对互联网金融的定义堪可赞同，从学理上可以认为互联网金融（Internet Finance）是金融市场主体凭借互联网平台、互联网工具、互联网技术手段等实现资金融通的业务模式总称。

（二）互联网金融的特征

按照互联网金融的定义，可以从基础、主体、内容、目标四个层面对其进行解构，即互联网金融具有以下几个方面的特征：

---

① 参见何松琦、周天林、石峰：《互联网金融中国实践的法律透视》，上海远东出版社 2015 年版，第 5 页。

1. 互联网金融的基础是日新月异的互联网技术。电子化、信息化和网络化是互联网金融的基本表现，点对点传输、数据挖掘、移动互联、社交网络、搜索引擎等为互联网金融的业务实现创造了区别于线下金融活动的全新场域，而大数据、云计算、区块链、人工智能等技术不断提高金融业务活动的成本并创造新的金融业务样态，为互联网金融的创新与发展提供了强有力的底层技术支撑。随着互联网金融模式的日益拓展和应用水平的不断提升，对于新兴互联网技术的需求也将逐步增加，数据加密、身份识别等前沿科技成果和新型数字技术也将在互联网金融领域得到更加广泛的应用。可以说，互联网金融根植于互联网发展和互联网技术进步，以网络空间作为业务场域，以互联网技术作为技术支撑，是互联网金融区别于传统金融模式的最为核心的特征。

2. 互联网金融的主体涵盖了金融机构、互联网企业、融资者、金融消费者和投资者等各类互联网金融活动参与者。互联网金融的功能在于提供更加高效的投融资渠道，其并未偏离传统金融的核心功能，依然是在金融中介直接或间接的参与下对接资金供给者和需求者，实现资金的有效融通和提供便利的金融服务。[1] 因此互联网金融所涉及到的主体仍然是传统金融市场中的金融机构、融资者、投资者和金融消费者。然而互联网金融的技术属性，则将互联网企业作为一种全新的主体引入了金融市场。互联网企业一方面通过技术创新、技术外包等方式为金融机构提供技术支持，实现其在互联网金融领域的介入，例如京东数科等公司为银行、保险公司提供技术解决方案；另一方面则是借助其技术优势和客户资源，通过获取相应的金融牌照，直接扮演起金融产品和服务的提供者的角色，例如蚂蚁金服直接开展第三方支付和网上基金销售等金融业务。

3. 互联网金融的内容仍然是对接资金供需实现资金融通，提供金融产品和服务。金融的本质是资金融通，尽管互联网金融在一定程度上优化了资金融通的效率和组织形式，但并未从根本上改变金融活动的核心逻辑，更谈不上颠覆了金融体系。相比于传统金融而言，互联网金融只是利用互联网技术、互联网平台和互联网工具为资金的融通提供了更加多元化的选择，但并没有偏离对接资金供需实现资金融通的业务内容。所以，不论互联网金融以何种模式、何种样态出现在金融体系之中，其内容总是提供金融产品和服务。

4. 互联网金融的目标是实现金融普惠和金融效率的提升。互联网金融的产生和发展，固然是乘着网络信息技术发展的东风，但更深层次的原因是旺盛的金融服务需求和降低金融交易成本的期待。互联网金融模式的兴起，能够通过网络空间减少金融活动的物理限制，增加金融服务的覆盖率，提高居民获取金融服务的便利程度，同时还能够通过金融脱媒，以去中心化和去中介化的技术手段和业务模式，减少金融交易的成本，便利资金的高效融通。

---

① 参见唐勇、赵涤非、陈江城：《互联网金融概论》，清华大学出版社 2017 年版，第 2 页。

（三）互联网金融的分类

互联网金融是一个相对宽泛且仍在不断拓展的概念。为更加全面地理解互联网金融的范畴，可以按照以下几种分类标准，对互联网金融进行分类：

1. 按照发起主体的不同，可将互联网金融分为金融机构发起的互联网金融活动和非金融机构发起的互联网金融活动。前者又称金融互联网，是指传统金融机构利用计算机和网络技术实现的传统金融业务的延伸，包括网络银行、网络保险、网络证券等；后者是指在互联网技术发展中由电商平台、互联网公司和金融科技公司等非金融机构基于新型技术或创新模式所形成的新型金融业务模式，包括第三方支付、网络借贷、股权众筹、数字货币等。如果严格将两者进行区分，金融互联网属于传统金融的网络化和信息化，在法律关系和监管框架上与传统金融并无根本区别，而后者则作为超越了传统金融模式和法律框架，被认为是狭义范畴的互联网金融。

2. 按照功能定位的不同，可以将互联网金融分为网络支付、网络货币、网络融资、网络理财和网络信息服务等类型。① 网络支付主要包括网络银行支付系统、第三方支付、移动支付等，是区分于通过现金流转、票据转让和银行汇兑等传统方式，是以数字化和网络化的方式实现货币支付和资金流转的模式。网络货币又称数字货币，是采用一系列经过加密的数字在互联网上进行传输的可以脱离银行实体而进行的数字化交易媒介，包括了电子钱包、区块链虚拟货币例如比特币等。网络融资是指通过互联网金融活动为资金需求者筹集资金的交易模式，例如网上银行贷款、P2P网贷、众筹融资等。网络理财是指通过网络购买金融产品或金融服务，为投资者拓展投资途径并实现资产保值增值的业务模式，例如网上基金销售、网上保险等。由于投资和融资是一个行为的两个方面，对于资金供给方而言是投资，而对于资金需求方即时融资，因此P2P网贷和众筹融资等实际上嫁接着网络融资和网络投资。网络信息服务主要指互联网金融门户在大数据、云计算、社交网络、搜索引擎等技术的支持下，提供综合性金融服务的业务模式，主要包括互联网征信、基金产品超市、一站式金融服务平台等。

3. 按照业务模式的不同，可以将互联网金融分为第三方支付、网络借贷、众筹融资、数字货币、互联网保险、智能投顾、互联网综合理财平台等。由于在技术驱动和市场需求的双重作用下，日新月异的互联网金融创新会催生出各类新型的互联网金融模式，因此在此种分类方式下，会因为具体的业务模式的拓展而形成多样化的互联网金融类型。就目前而言，比较常见的互联网金融模式主要是以上提及的几类，而未来可能会出现其他的更多业务类型。本书将在后面着重介绍当前比较典型的几类互联网金融模式。

---

① 参见郭福春等：《互联网金融概论》，中国金融出版社2018年版，第4页。

三、互联网金融的法律关系

互联网金融在运营上涉及到平台方、融资方、投资者、金融消费者等多类主体，同时还因其金融活动的特殊行业属性而受到政府的监管，此外还有可能因为互联网金融运行中违反金融管理秩序的犯罪行为而涉及刑事法律的问题。因此，互联网金融的法律关系呈现出多层次、多元化、复合型的特点。

1. 民商事法律关系

互联网金融并未改变金融的功能，只是改变了实现原有功能的模式。如传统金融机构的依托互联网技术创新的电子银行、网络证券、网络保险，以及非金融机构和民间融资借助互联网技术创新的 P2P、众筹、第三方支付、互联网基金销售、互联网保险等功能仍然是融资、投资、理财、支付、结算等和转嫁风险等。①因此，互联网金融在民商事法律关系结构中，并未突破传统金融领域中资金供给方、资金需求方以及金融中介之间的民商事法律关系的一般构成。

合同关系是互联网金融民商事法律关系的基础。在金融市场中，金融市场主体之间主要是通过合同的形式开展交易，不论是购买金融产品还是享受金融服务，不论是投资者与融资者之间，还是在与互联网金融平台之间，都是基于民商事合同构建其法律关系。而具体的合同形式，则涵盖了居间合同、委托合同、买卖合同、借款合同、投资合同等各种类型，根据具体的交易结构而有所区别。例如就网络贷款而言，网贷平台是作为居间商的角色与借款人和贷款人形成居间关系，而借款人与贷款人之间则属于借款合同关系。而在网上基金销售中，网上基金销售机构②与投资者之间系委托合同关系，基于投资者的委托购买基金公司发行的基金产品。

投资关系与借贷关系是投资者与融资者之间民商事法律关系的主要内容。投资与借贷的区别，主要在于是否到期还本付息以及是否存在本金损失的风险。投资关系主要包括股权投资、收益权投资、基金份额投资等，投资者不能享受保本承诺，而是要根据投资标的的经营情况分配收益。例如股权众筹中，投资者系投资于融资方的股权，享有股东权范围内的身份权和财产权，若融资方经营出现损失破产的，投资者无法收回本金。而借贷关系，则是基于借款合同而形成，借款人须向出借方按照约定的利率偿还本息，不因借款人的经营状况而有所改变。

互联网金融所涉及的民商事法律关系，基本上可以按照现有《民法总则》《合同法》《担

---

① 参见李爱君：《互联网金融的本质与监管》，载《中国政法大学学报》2016 年第 2 期。

② 例如蚂蚁（杭州）基金销售有限公司作为蚂蚁金服的子公司，在支付宝 APP 上进行网上基金销售，属于网上基金销售机构。

保法》《公司法》的框架予以厘清，与线下的金融活动的民商事法律关系构成并无二致。

2. 行政法律关系

互联网金融的运行需要在监管部门的行政监管下做到依法依规，否则就需要按照法律和行政法规的规定承担相应的行政责任。因此，不论是互联网金融的运营者和平台，还是投资者与融资者，都与行政监管机关之间形成了行政法律关系。这种行政法律关系主要包括两个方面，第一是互联网金融作为金融活动，需受到金融监管部门按照金融法规所实施的行政监管，第二是互联网金融作为依托网络和信息化开展的活动，依法受到网络行业主管部门实施的行政监管。

互联网金融活动本质上是金融业务活动，金融行业作为一种特殊行业，涉及到各类金融风险和金融消费者的切身利益，受到包括中国人民银行、银保监会和证监会等金融监管部门的严格监管。由于金融机构的设立和金融业务的开展需要金融监管部门的行政许可和持续监督，互联网金融中介的设立和业务亦属于应当纳入金融机构市场准入和持续监管的范畴，而互联网金融的合法与否在很大程度上取决于是否获得了金融监管部门的行政许可。此外，互联网金融业务活动，也根据基础金融活动的属性，需要满足相应的监管要求。例如第三方支付机构的备付金存管要求、P2P网贷的资金存管规则、网上金融产品销售的信息披露要求和投资者适当性规则等，都是互联网金融活动需要遵守的监管规定。如果互联网金融参与者违反这些规定，将会产生相应的行政处罚后果。

同时，互联网金融活动又是借助互联网为载体，使用了互联网技术和信息通信技术，为客户提供增值电信服务，因此也受到网络与信息化监管部门的监管。尤其是互联网金融涉及网络基础设施、网络安全、大数据存储与使用、互联网服务等内容，这就落入到网信办、工信部等行政机关的监管范围。例如网络借贷信息中介机构在完成地方金融监管部门备案登记后，应当按照通信主管部门的相关规定申请相应的电信业务经营许可。此外，互联网金融还可能会因为行业竞争、消费者权益等方面的原因，需要接受市场监管部门的行政监管。

3. 刑事法律关系

我国刑法对破坏市场秩序和金融秩序的行为设置了相应的罪名。在互联网金融的市场实践中，也大量存在着因违反《刑法》相关规定而承担刑事责任的现象。因此，刑事法律关系也是互联网金融法律关系中的重要一环。例如目前股权众筹在我国依然存在着较为明显的法律障碍，贸然开展股权众筹业务的平台将有可能构成非法经营罪，滥用股权众筹融资的发行人有可能构成非法公开发行股票罪。而当前市场上大量出现的P2P爆雷事件，也都有不少网贷平台和行为人因涉嫌非法吸收公众存款罪、集资诈骗罪、高利转贷罪、非法设立金融机构罪、挪用资金罪等承担了刑事责任。

互联网金融领域的刑事法律关系，反映了在互联网金融的市场实践中因触犯了《刑法》而应当承担刑事责任的基本逻辑，体现了国家为维护金融市场秩序，打击互联网金融领域的犯罪活动所提供的刑法保障。正是因为严格的刑事责任，能够在一定程度上打击和遏制借助互联网金融实施犯罪，损害投资者利益和破坏金融市场秩序的行为。

四、互联网金融的法律治理

出于对利益的追逐，金融创新有着不竭的动力。信息技术的发展和互联网的普及为新型互联网金融模式提供了生长的土壤。基于网络平台开展的金融活动超出了传统金融市场的固有模式，呈现出前所未有的新面貌。尤其是互联网技术加速了金融脱媒的过程，金融活动开始不需要金融中介的参与而直接进行供需信息匹配和资金资源配置。既不同于商业银行的间接金融模式，又不同于资本市场的直接金融模式的第三种金融模式即互联网金融模式横空出世。P2P 网络借贷平台和众筹融资门户不断涌现并进行了大量的实践，吸引了理论界和实务界的普遍关注。这种新型金融模式是伴随着技术革命和金融创新而兴起，传统金融法制显然无法预测到这种新变化而不能进行有效规制，从而使得新型互联网金融模式游走于法律空白地带。缺乏法律规定，使得互联网金融模式处于法无明文禁止即自由的状态而大行其是，相关交易主体的法律地位以及金融交易活动的合法性都处于不确定的状态，使得这类金融活动的参与者都面临着巨大的法律风险。如果不通过及时的制度设计对新型金融模式进行规范，则既不利于市场主体权益的保护，又不利于金融市场的稳定和发展。

互联网金融的创新在提高金融效率、覆盖范围扩大、便捷性增加、减少摩擦性信息不对称的同时也增加了某些风险，也因此增加了社会成本，社会成本的增加会阻碍经济和整个金融业的发展。降低社会成本最有效的工具就是制度。通过对互联网金融治理法律制度的设计，规定共同标准，设置了各个主体的权利与义务、权力与责任可以保证最低的可信度，还可能减少交易风险与社会成本成本，保证互联网金融及整个金融业的稳定与发展。

（一）治理框架

互联网金融的迅猛发展，给整个金融市场带来了巨大的挑战。为确保互联网金融的稳定健康发展，需要综合发挥各类治理力量的作用，建立一个有机统一的治理框架。①

1. 外部监管。由于互联网金融是互联网与金融的融合，因此金融行业监管部门和互联网行业监管部门都是互联网金融的外部监管力量的来源。即中国人民银行、银保监会、证监会以及工信部、网信办等，都在各自范围内对互联网金融实施外部监管。同时，地方

---

① 参见何松琦、周天林、石峰主编：《互联网金融中国实践的法律透视》，上海远东出版社 2015 年版，第 54~63 页。

金融监管部门也在互联网金融的发展过程中逐步确立了其监管主体地位，例如在 P2P 行业监管中，地方政府金融监管部门已经开始发挥重要的监管作用。在实践中，由于互联网金融领域立法不健全，互联网金融机构的法律地位、经营范围和监管主体等往往缺乏明确的法律界定因而存在较多的灰色模糊地带，导致了大量的监管真空。同时由于互联网金融往往涉及到多种业务类型，跨越证券、银行、基金、保险等多个领域，较难按照机构监管的思维纳入到相应的监管主体的监管范围之内。因此互联网金融监管亟需按照功能监管的思维明确外部监管主体。

2. 行业自律。由于互联网行业日新月异的创新，政府监管一方面由于涉及不同部门之间的协调沟通，另一方面也是因为立法的滞后导致监管依据的不足，还有就是政府监管的过度刚性导致互联网金融领域"一管就死，一放就乱"的尴尬局面，因此以行业协会为代表的行业自律在互联网金融治理框架中的作用也是举足轻重。互联网金融行业组织的行业自治规范是基于成员的同意或自愿接受而产生，体现了行业成员的合意，并且很多内容是对市场中普遍的商业习惯做法的总结和定型化，并以行业组织章程为基础对行业成员具有普遍的约束力。这种行业自律在缺乏成文法的情况下具有非常重要的特殊意义，也由于行业组织的积极监督，从而能够为互联网金融的治理发挥重要作用。

3. 内部治理。互联网金融在运行过程中存在着各类风险，互联网金融企业加强内部治理和风控合规管理，既能够有效防范自身风险，又能够起到推动互联网金融健康稳定发展的客观效果。通过以法律法规对互联网金融企业课以风控合规要求和内部治理规范，使其加强内部治理结构的完善，优化流程管理防范利益冲突，同时加强风险控制和合规管理，能够起到显著的治理效果。

(二)互联网金融法律治理的主要原则

互联网金融的法律治理，其核心在于实现安全、效率、公平等价值目标，尽可能地发挥互联网金融的积极意义，防止互联网金融野蛮生长带来的负面效果。从总体而言，通过防范互联网金融风险以实现安全价值，通过保障互联网金融创新以实现效率价值，通过保护金融消费者以实现公平价值，使以上三种价值统一于互联网金融法律治理体系之中，是完善互联网金融法律治理的核心要义，也是法律治理的主要原则。

1. 防范互联网金融风险

金融本身具有高风险属性，而金融风险又体现为包括市场风险、信用风险、流动性风险、操作风险和法律风险等各种不同样态的风险类型。有效识别并妥善处置金融风险，是维护金融市场安全的前提条件。而对于互联网金融而言，其不仅受到传统金融风险的影响，又因为新型业务模式和网络技术特征而具有更为复杂的风险样态：(1)信用风险。互联网金融不再需要交易双方面对面进行交易，双方对交易对手的了解更多的是依据网络上的身份认证或其他间接的信息，并且对交易主体信息进行虚构和伪造在技术上具有现实可能性，因而较难对交易对手的资信状况等信息进行充分且真实的了解。这就导致对金融交易进行风险评估的难度增加，且在违约行为发生后主张权利时存在不易克服的困难。（2）关联交易风险。互联网金融关联交易包括其机构内部交易、内部资金和商品的互相划拨、自融、互相担保和抵押、交叉持股、流动资产管理等。关联度越高，则经营失败给金融体系造成的风险越大。互联网金融机构组织结构上的复杂性又使得关联交易隐蔽性增强，投资者、债权人难以清楚了解内部各个成员之间的授权关系和管理责任，从而无法准确判断和衡量公司的整体风险。① 互联网金融的关联交易常常伴随风险的转移与累积，形成金融机构内部的系统性风险，从而危及整个机构的经营与稳健。② （3）缺乏透明度的风险。互联网金融的机构和业务往往比较复杂，如果没有充分且真实的信息披露，将会导致互联网金融机构利用不透明的缺陷操纵交易和掩盖损失，导致风险的隐蔽化，影响投资者对于风险的准确判断，增加信息不对称和交易成本，与互联网金融的初衷背道而驰。（4）技术风险。互联网金融主要是借助计算机系统和互联网得以完成，计算机网络系统的软件或硬件的故障不可能完全避免，然而一旦出现故障将轻则导致交易失败或交易数据的混乱，重则造成整个交易系统的瘫痪。在金融交易网络化的背景下，金融交易信息都是通过计算机系统进行处理和存储并通过网络进行传递，不论是在哪个环节都有可能出现信息泄密的风险。一旦客户使用的互联网终端疏于防范，黑客可能通过种植木马的方式获取交易密码或其他交易信息。同时，金融机构的计算机系统也可能被找到漏洞而被入侵，大量的交易信息都有可能被窃取。在信息传递过程中，交易信息的数据包也有可能被截获和破解。另外，云计算的发展虽然可以使得信息处理能力获得大幅度的提升，但在云端进行集中处理的交易信息也更容易被泄露，云端隐私的问题也将成为互联网金融信息安全的一个重难点。

有效防范互联网金融风险，是防止互联网金融风险传导至金融市场，防范互联网金融风险造成投资者利益损失，防范互联网金融风险危害整体金融安全与稳定的基本要求。从互联网金融发展历程来看，随着互联网金融作为一种新兴模式出现，在缺乏有效法律治理的情况下出现了野蛮生长的状态，各种借助互联网金融模式实施的欺诈行为不断爆发，各种以互联网金融为名的违法犯罪活动层出不穷，例如以 P2P 或虚拟货币为名实施的非法集资，造成了大量的投资者损失和社会不稳定因素，甚至在一定程度上造成了区域性的系统性风险。因此，互联网金融的法律治理，必须树立风险意识与底线思维，以防范和化解互

---

① 例如 P2P 的担保模式，有的是平台自身担保，还有的是控股、持股等关联关系的机构，或合作关系，大量平台的融资方与平台也存在关联关系，产生了自融，这些就会产生信用风险、欺诈及诈骗风险。

② 参见李爱君：《互联网金融的本质与监管》，载《中国政法大学学报》2016 年第 2 期。

联网金融的各类风险作为基本要求。

2. 保护金融消费者利益

保护消费者的合法权益是互联网金融生存与发展所必须解决的问题。互联网金融与传统金融消费者相比：一是，互联网金扩大了消费者的在个人金融决策中的作用，增大了消费者需要负的责任。二是，互联网金融的普惠性、产品投资的大众化导致了互联网金融服务面对的是一般投资者。投资者分为一般投资者和专业投资者，一般投资者即零售客户以及小型的法人和公益法人。一般投资者缺乏金融知识及经验是金融市场的弱势群体，不一定有能力担负起良好金融决策的责任。一般投资者应该按照金融消费者进行保护。三是，互联网金融交易结构复杂、产品专业化和复杂化、法律关系复杂而隐蔽、互联网技术化等都加剧了双方当事人之间的信息不对称性，使得金融消费者难以了解其产品和服务的本质和其中蕴藏的风险。四是，金融消费者自身的知识结构和获取信息渠道的局限性导致其对金融商品和金融服务存在认知上的偏差。因此互联网金融的消费者更需要从监管的角度进行保护，通过对金融消费者的保护，使其理性投资、合理地使用信贷，更成功地积累财富，增加长期整体福利，同时①互联网金融业的有效竞争得以形成，有助于形成运行良好的市场，促进互联网金融的稳定发展。

3. 支持互联网金融创新与发展

互联网金融虽然在发展的过程中可能会发生一些负面的效果，但其代表未来金融发展趋势的基本方向是并无疑问的。尽管互联网金融在应用过程中会阶段性地形成风险敞口，并且可能产生不同程度的风险事件，但是从金融市场发展的趋势来看，互联网金融创新在整体上会提升金融市场的效率，并且会系统优化金融市场的运行。因此法律治理应当为互联网金融创新留下空间，不宜以过于严格的监管限制和妨碍互联网金融的创新与发展。②正如前任纽约金融服务部主任本杰明·罗斯基在面对比特币监管的问题时所认为的，如果可以做好正确的监管，确保趋利避害并减少监管因素带来的过多负担，我们就有机会帮助一个可能会给我们的系统带来重大改进的技术成长。③因此互联网金融的法律治理，不能因噎废食片面地采用管制思维，而是需要兼顾互联网金融给金融市场带来的积极效用，既要有效防范互联网金融风险，又要为互联网金融创新应用提供良好的制度环境，以实现创新激励与风险防范的协调相容。鉴于互联网金融仍处在发展初期，对其实施法律治理时应当保持一定的容忍度和弹性，采取原则导向监管方式，充分吸收以往新型金融行业发展初期的监管经验与教训，避免一管就死一放就乱的现象，在保障金融系统性风险安全可控的

①　参见李爱君：《互联网金融的本质与监管》，载《中国政法大学学报》2016 年第 2 期。

②　参见袁康：《区块链在证券市场的应用及其监管》，载《证券法苑》2017 年第 4 期。

③　参见［加］唐·塔普斯科特、［加］亚历克斯·塔普斯科特：《区块链革命：比特币底层技术如何改变货币、商业和世界》，凯尔、孙铭、周沁园译，中信出版社 2016 年版，第 274 页。

前提下，支持金融创新，促进互联网金融的稳步发展。①

五、我国互联网金融法律治理的整体框架

目前我国并未专门就互联网金融制定相应的法律法规，能够直接规范互联网金融实践的法律依据相对比较有限，主要还是依靠传统民商事法律制度、刑事法律制度以及金融监管法律制度进行调整。但是，围绕互联网金融的整体监管思路和个别互联网金融模式的监管规则和政策性文件已经实现了一定数量的积累。本书后面会在具体的互联网金融模式中对相关规则予以介绍，本节主要从整体角度对《关于促进互联网金融健康发展的指导意见》和《互联网金融风险专项整治工作实施方案》予以简要介绍。

（一）《关于促进互联网金融健康发展的指导意见》

2015 年 7 月 18 日，经党中央、国务院同意，《关于促进互联网金融健康发展的指导意见》（以下简称《指导意见》）正式发布。《指导意见》按照"鼓励创新、防范风险、趋利避害、健康发展"的总体要求，提出了一系列鼓励创新、支持互联网金融稳步发展的政策措施，积极鼓励互联网金融平台、产品和服务创新，鼓励从业机构相互合作，拓宽从业机构融资渠道，坚持简政放权和落实、完善财税政策，推动信用基础设施建设和配套服务体系建设。按照"依法监管、适度监管、分类监管、协同监管、创新监管"的原则，确立了互联网支付、网络借贷、股权众筹融资、互联网基金销售、互联网保险、互联网信托和互联网消费金融等互联网金融主要业态的监管职责分工，落实了监管责任，明确了业务边界。

1.《指导意见》的主要目的和考虑

作为新生事物，互联网金融既需要市场驱动，鼓励创新，也需要政策助力，促进健康发展。近几年，我国互联网金融发展迅速，但也暴露出了一些问题和风险隐患，主要包括：行业发展"缺门槛、缺规则、缺监管"；客户资金安全存在隐患，出现了多起经营者"卷款跑路"事件；从业机构内控制度不健全，存在经营风险；信用体系和金融消费者保护机制不健全；从业机构的信息安全水平有待提高等。互联网金融的本质仍属于金融，没有改变金融经营风险的本质属性，也没有改变金融风险的隐蔽性、传染性、广泛性和突发性。

党中央、国务院对互联网金融行业的健康发展非常重视，对出台支持发展、完善监管的政策措施提出了明确要求。要鼓励互联网金融的创新和发展、营造良好的政策环境、规范从业机构的经营活动、维护市场秩序，就应拿出必要的政策措施，回应社会和业界关切，深入研究在新的市场环境和消费需求条件下，如何将发展普惠金融、鼓励金融创新与

---

① 参见李有星、陈飞、金幼芳：《互联网金融监管探析》，载《浙江大学学报》（人文社会科学版）2014 年第 2 期。

完善金融监管协同推进，引导、促进互联网金融这一新兴业态健康发展。为此，人民银行根据党中央、国务院部署，按照"鼓励创新、防范风险、趋利避害、健康发展"的总体要求，会同有关部门制定了《指导意见》。

2.《指导意见》的政策措施

一是积极鼓励互联网金融平台、产品和服务创新，激发市场活力。支持有条件的金融机构建设创新型互联网平台开展网络银行、网络证券、网络保险、网络基金销售和网络消费金融等业务；支持互联网企业依法合规设立互联网支付机构、网络借贷平台、股权众筹融资平台、网络金融产品销售平台；鼓励电子商务企业在符合金融法律法规规定的条件下自建和完善线上金融服务体系，有效拓展电商供应链业务；鼓励从业机构积极开展产品、服务、技术和管理创新，提升从业机构核心竞争力。

二是鼓励从业机构相互合作，实现优势互补。支持金融机构、小微金融服务机构与互联网企业开展业务合作，创新商业模式，建立良好的互联网金融生态环境和产业链。

三是拓宽从业机构融资渠道，改善融资环境。支持社会资本发起设立互联网金融产业投资基金；鼓励符合条件的优质从业机构在主板、创业板等境内资本市场上市融资；鼓励银行业金融机构按照支持小微企业发展的各项金融政策，对处于初创期的从业机构予以支持。

四是相关政府部门要坚持简政放权，提供优质服务，营造有利于互联网金融发展的良好制度环境。鼓励省级人民政府加大对互联网金融的政策支持。

五是落实和完善有关财税政策。对于业务规模较小、处于初创期的从业机构，符合我国现行对中小企业特别是小微企业税收政策条件的，可按规定享受税收优惠政策；结合金融业营业税改征增值税改革，统筹完善互联网金融税收政策；落实从业机构新技术、新产品研发费用税前加计扣除政策。

六是推动信用基础设施建设，培育互联网金融配套服务体系。鼓励从业机构依法建立信用信息共享平台；鼓励符合条件的从业机构依法申请征信业务许可，促进市场化征信服务，增强信息透明度；鼓励会计、审计、法律、咨询等中介机构为互联网企业提供相关专业服务。

3.《指导意见》规定的互联网金融的监管分工和基本业务规则

《指导意见》提出，要遵循"依法监管、适度监管、分类监管、协同监管、创新监管"的原则，科学合理界定各业态的业务边界及准入条件，落实监管责任，明确风险底线，保护合法经营，坚决打击违法和违规行为。

在监管职责划分上，人民银行负责互联网支付业务的监督管理；银监会负责包括个体网络借贷和网络小额贷款在内的网络借贷以及互联网信托和互联网消费金融的监督管理；

证监会负责股权众筹融资和互联网基金销售的监督管理；保监会负责互联网保险的监督管理。在银监会和保监会合并后，两者的职能也合并由银保监会一并行使。

此外，《指导意见》还规定了互联网支付、网络借贷、股权众筹融资、互联网基金销售和互联网信托、互联网消费金融应当遵守的基本业务规则。例如，个体网络借贷业务及相关从业机构应遵守合同法、民法总则等法律法规以及最高人民法院相关司法解释，相关从业机构应坚持平台功能，不得非法集资；网络小额贷款应遵守现有小额贷款公司监管规定；股权众筹融资应定位于服务小微企业和创新创业企业；互联网基金销售要规范宣传推介，充分披露风险；互联网保险应加强风险管理，完善内控系统，确保交易安全、信息安全和资金安全；信托公司、消费金融公司通过互联网开展业务的，要严格遵循监管规定，加强风险管理，确保交易合法合规，并保守客户信息；信托公司通过互联网进行产品销售及开展其他信托业务的，要遵循合格投资者监管规定，审慎甄别客户身份和评估客户风险承受能力，不能将产品销售给与风险承受能力不相配的客户。

4.《指导意见》关于规范互联网金融市场秩序的要求

一是加强互联网行业管理。任何组织和个人开设网站从事互联网金融业务的，除应按规定履行相关金融监管程序外，还应依法向电信主管部门履行网站备案手续，否则不得开展互联网金融业务。

二是建立客户资金第三方存管制度。除另有规定外，要求从业机构应当选择符合条件的银行业金融机构作为资金存管机构，对客户资金进行管理和监督。

三是健全信息披露、风险提示和合格投资者制度。从业机构应当对客户进行充分的信息披露，及时向投资者公布其经营活动和财务状况的相关信息，进行充分的风险提示。

四是强化消费者权益保护，在消费者教育、合同条款、纠纷解决机制等方面作出了规定。

五是加强网络与信息安全，要求从业机构切实提升技术安全水平，妥善保管客户资料和交易信息。相关部门将制定技术安全标准并加强监管。

六是要求从业机构采取有效措施履行反洗钱义务，并协助公安和司法机关防范和打击互联网金融犯罪。金融机构在和互联网企业开展合作、代理时，不得因合作、代理关系而降低反洗钱和金融犯罪执行标准。

七是加强互联网金融行业自律。人民银行会同有关部门组建中国互联网金融协会，充分发挥行业自律机制在规范从业机构市场行为和保护行业合法权益等方面的积极作用。协会要制订经营管理规则和行业标准，推动从业机构之间的业务交流和信息共享，明确自律惩戒机制，树立诚信规范、服务实体经济发展的正面形象。

八是规定了监管协调与数据统计监测的内容。各监管部门要相互协作、形成合力，充分发挥金融监管协调部际联席会议的作用，密切关注互联网金融业务发展及相关风险，建立和完善互联网金融数据统计监测体系。

(二)《互联网金融风险专项整治工作实施方案》

为落实《指导意见》要求，规范各类互联网金融业态，优化市场竞争环境，扭转互联网金融某些业态偏离正确创新方向的局面，遏制互联网金融风险案件高发频发势头，提高投资者风险防范意识，建立和完善适应互联网金融发展特点的监管长效机制，实现规范与发展并举、创新与防范风险并重，促进互联网金融健康可持续发展，切实发挥互联网金融支持大众创业、万众创新的积极作用，国务院发布《互联网金融风险专项整治工作实施方案》，按照"打击非法、保护合法。积极稳妥，有序化解。明确分工，强化合作。远近结合，边整边改"的思路和原则对互联网金融风险予以治理。

1. 明确了重点互联网金融模式的整治要求

《实施方案》对P2P网络借贷、股权众筹、互联网资产管理、第三方支付、互联网金融领域广告等重点问题提出了工作要求。具体规定如下：

第一，P2P网络借贷和股权众筹业务。P2P网络借贷平台应守住法律底线和政策红线，落实信息中介性质，不得设立资金池，不得发放贷款，不得非法集资，不得自融自保、代替客户承诺保本保息、期限错配、期限拆分、虚假宣传、虚构标的，不得通过虚构、夸大融资项目收益前景等方法误导出借人，除信用信息采集及核实、贷后跟踪、抵质押管理等业务外，不得从事线下营销。股权众筹平台不得发布虚假标的，不得自筹，不得"明股实债"或变相乱集资，应强化对融资者、股权众筹平台的信息披露义务和股东权益保护要求，不得进行虚假陈述和误导性宣传。P2P网络借贷平台和股权众筹平台未经批准不得从事资产管理、债权或股权转让、高风险证券市场配资等金融业务。P2P网络借贷平台和股权众筹平台客户资金与自有资金应分账管理，遵循专业化运营原则，严格落实客户资金第三方存管要求，选择符合条件的银行业金融机构作为资金存管机构，保护客户资金安全，不得挪用或占用客户资金。房地产开发企业、房地产中介机构和互联网金融从业机构等未取得相关金融资质，不得利用P2P网络借贷平台和股权众筹平台从事房地产金融业务；取得相关金融资质的，不得违规开展房地产金融相关业务。从事房地产金融业务的企业应遵守宏观调控政策和房地产金融管理相关规定。规范互联网"众筹买房"等行为，严禁各类机构开展"首付贷"性质的业务。

第二，通过互联网开展资产管理及跨界从事金融业务。互联网企业未取得相关金融业务资质不得依托互联网开展相应业务，开展业务的实质应符合取得的业务资质。互联网企业和传统金融企业平等竞争，行为规则和监管要求保持一致。采取"穿透式"监管方法，根据业务实质认定业务属性。未经相关部门批准，不得将私募发行的多类金融产品通过打包、拆分等形式向公众销售。采取"穿透式"监管方法，根据业务本质属性执行相应的监管规定。销售金融产品应严格执行投资者适当性制度标准，披露信息和提示风险，不得将产品销售给与风险承受能力不相匹配的客户。金融机构不得依托互联网通过各类资产管理产品嵌套开展资产管理业务、规避监管要求。应综合资金来源、中间环节与最终投向等全流程信息，采取"穿透式"监管方法，透过表面判定业务本质属性、监管职责和应遵循的行为规则与监管要求。同一集团内取得多项金融业务资质的，不得违反关联交易等相关业务规范。按照与传统金融企业一致的监管规则，要求集团建立"防火墙"制度，遵循关联交易等方面的监管规定，切实防范风险交叉传染。

第三，第三方支付业务。非银行支付机构不得挪用、占用客户备付金，客户备付金账户应开立在人民银行或符合要求的商业银行。人民银行或商业银行不向非银行支付机构备付金账户计付利息，防止支付机构以"吃利差"为主要盈利模式，理顺支付机构业务发展激励机制，引导非银行支付机构回归提供小额、快捷、便民小微支付服务的宗旨。非银行支付机构不得连接多家银行系统，变相开展跨行清算业务。非银行支付机构开展跨行支付业务应通过人民银行跨行清算系统或者具有合法资质的清算机构进行。开展支付业务的机构应依法取得相应业务资质，不得无证经营支付业务，开展商户资金结算、个人POS机收付款、发行多用途预付卡、网络支付等业务。

第四，互联网金融领域广告等行为。互联网金融领域广告等宣传行为应依法合规、真实准确，不得对金融产品和业务进行不当宣传。未取得相关金融业务资质的从业机构，不得对金融业务或公司形象进行宣传。取得相关业务资质的，宣传内容应符合相关法律法规规定，需经有权部门许可的，应当与许可的内容相符合，不得进行误导性、虚假违法宣传。

2. 明确了具体的风险整治制度

第一，严格了市场准入制度。《实施方案》要求设立金融机构、从事金融活动，必须依法接受准入管理。未经相关有权部门批准或备案从事金融活动的，由金融管理部门会同工商部门予以认定和查处，情节严重的，予以取缔。工商部门根据金融管理部门的认定意见，依法吊销营业执照；涉嫌犯罪的，公安机关依法查处。非金融机构、不从事金融活动的企业，在注册名称和经营范围中原则上不得使用"交易所""交易中心""金融""资产管理""理财""基金""基金管理""投资管理""财富管理""股权投资基金""网贷""网络借贷""P2P""股权众筹""互联网保险""支付"等字样。凡在名称和经营范围中选择使用上述字样的企业（包括存量企业），工商部门将注册信息及时告知金融管理部门，金融管理部门、工商部门予以持续关注，并列入重点监管对象，加强协调沟通，及时发现识别企业擅自从事金融活动的风险，视情采取整治措施。

第二，强化了资金监测制度。加强互联网金融从业机构资金账户及跨行清算的集中管理，对互联网金融从业机构的资金账户、股东身份、资金来源和资金运用等情况进行全面监测。严格要求互联网金融从业机构落实客户资金第三方存管制度，存管银行要加强对相关资金账户的监督。在整治过程中，特别要做好对客户资金的保护工作。

第三，建立了风险整治组织协调机制。《实施方案》建立了由中国人民银行牵头的互联网金融风险政治工作领导小组，领导小组办公室设在中国人民银行。个省级人民政府成立落实政治方案领导小组，办公室设在地方政府金融办。各省级人民政府应充分发挥资源统筹调动、靠近基层一线优势，做好本地区摸底排查工作，按照注册地对从业机构进行归口管理，对涉嫌违法违规的从业机构，区分情节轻重分类施策、分类处置，同时切实承担起防范和处置非法集资第一责任人的责任。同时还明确了各相关部门积极配合金融管理部门开展工作的协同机制。

第四，建立风险监测制度。《实施方案》要求建立互联网金融产品集中登记制度，研究互联网金融平台资金账户的统一设立和集中监测，依靠对账户的严格管理和对资金的集中监测，实现对互联网金融活动的常态化监测和有效监管。加快推进互联网金融领域信用体系建设，强化对征信机构的监管，使征信为互联网金融活动提供更好的支持。加强互联网金融监管技术支持，扩展技术支持系统功能，提高安全监控能力。加强部门间信息共享，建立预警信息传递、核查、处置快速反应机制。

第二节　网络借贷

一、P2P 网络借贷的概念与特征

（一）P2P 网络借贷的定义

P2P 网络借贷（Peer-to-Peer Lending），又称 P2P 网贷，是指资金供给方与资金需求方借由第三方网络借贷平台对接资金供需信息并完成借贷过程的互联网金融模式。P2P 网络借贷的出现，使得资金需求者在正规金融机构和传统线下民间借贷之外，能够获得新的贷款途径，因此 P2P 网络借贷也作为正规金融机构的补充，以非正规金融的形态实际上发挥着资金融通的功能。

自 2005 年世界第一家 P2P 网络借贷平台——Zopa 创立以来，自此以后，P2P 网络借贷在全球兴起，在各个国家都蓬勃发展。2007 年 6 月我国首家 P2P 网络借贷平台——拍拍贷成立，从此 P2P 网络借贷在我国开始走上发展之路。由于其具备贷款期限短、融资门槛低、金额小等特点，因而在我国一出现就获得了大量的关注，短短十几年发展迅速。

截至 2018 年 3 月 31 日，我国 P2P 平台累计 6054 家，P2P 网贷行业历史累计成交量达到 66111.44 亿元。P2P 网贷的发展吸引了大量的投资者，据统计，2017 年 1 月到 9 月，月均成交量达到 2400 亿元。其中，成交额排名前十的平台，投资人数达到十万人以上就有七个，人人聚财平台投资人数达到 70 多万人，宜人贷、多多理财、爱钱进等平台投资人数也达到 20 多万人。然而，伴随着平台的高速发展，问题也不断出现，其中平台失联、跑路、提现困难、停业等是主要原因，问题平台给投资者带来了大量损失，也给政府和社会带来了巨大压力。由于缺乏有效的法律监管，不少 P2P 平台在开展业务时都出现了异化，① 有的平台对借款人信息审核不力导致了不少借款人使用虚假身份信息获取贷款，同时风控手段和能力不足导致了借款人违规使用贷款资金且无力偿还产生了大量坏账，还有 P2P 平台直接虚构借款需求开展"资金池"业务，吸收社会资金用于对外项目投资或高利贷。"e 租宝案"成为了中国 P2P 行业最典型、最惨痛的案例。从 2014 年开始，e 租宝通过虚构融资项目的方式，以高额利益为诱饵②，采取借新还旧、自我担保等方式大量非法吸收公共资金，实际吸收资金 500 多亿元，涉及投资人 90 余万名。e 租宝平台吸收的资金都用于了高管挥霍、广告营销和对外投资，是一种典型的庞氏骗局。虽然 e 租宝的责任人都被判处了刑罚，但几十万投资者至今仍未能取回其被骗的投资。而随着个别平台的"爆雷"，导致了投资者出现群体性的恐慌，进而引发 P2P 行业的集中挤兑，进而造成了整个行业系统性风险的爆发，原本正常经营的 P2P 平台也因此倒闭。③ 根据网贷天眼的数据，截至 2019 年 6 月，P2P 问题平台累计达 5462 家，正常平台仅 1118 家。④

（二）P2P 网络借贷的特点

P2P 网络借贷作为一种新型借贷方式，与传统银行借贷以及线下的民间借贷有着显著的区别。从 P2P 网络借贷的运营模式来看，其特点主要表现在以下几个方面：

1. 额度小。P2P 网络借贷来源于小额信贷，其最初目的是帮助无法提供适格抵押物的低收入人群获取信贷，实现消除贫困的目标。随着网络技术的发展，小额信贷得以与互联网结合，但并未完全改变其小额信贷的基本属性。从 P2P 行业发展的情况来看，P2P 网络借贷尽管总体规模比较庞大，但交易笔数和频次较高，单笔借贷额度通常也都较小。不论是作为正规金融体系的补充，还是其自身信用水平和安全程度的不足，都决定了 P2P 网络

---

① 参见冯果、蒋莎莎：《论我国 P2P 网络贷款平台的异化及其监管》，载《法商研究》2013 年第 5 期。

② e 租宝的预期年华收益率从 9% 到 14.6%，远远高于一般理财产品的收益率。

③ 参见汪青松：《论个体网络借贷系统性风险的法律控制机制》，载《商业经济与管理》2018 年第 11 期。

④ 参见 https：//www.p2peye.com/shuju/hysj/。

借贷难以达到很高的额度。①

2. 线上交易。作为互联网金融的典型模式，P2P 网络借贷最大的特点在于借贷交易全程在线上完成。从资金供需信息的发布与匹配，到交易对象的甄别与选定，再到借贷资金的划转支付，最后到债务的清偿，都是借助网络借贷平台所提供的线上系统予以实现，由此形成了 P2P 网络借贷与线下面对面借贷的典型差异。也正是由于 P2P 网络借贷的线上交易特点，才实现了其交易成本低、覆盖面广、进入门槛低、风险分散等优势。

3. 去中介化。P2P 网络借贷与传统银行借贷之间的核心差异在于是否有资金中介的参与。银行借贷作为典型的间接融资模式，银行在信贷交易过程中扮演着资金中介的角色，在弥合资金供需双方信息不对称的同时，也在某种程度上挤占了借贷双方的利差收益。而 P2P 网络借贷尽管有平台的参与，但平台只是作为信息中介而非资金中介，借贷双方直接联系匹配，从而实现了金融"脱媒"，能够以直接借贷降低交易成本。

（三）P2P 网络借贷的法律性质

尽管 P2P 网络借贷属于典型的互联网金融模式，但由此形成的借贷交易与正规金融体系的借贷活动仍有所区别，而是应当归入民间借贷的范畴。2015 年 7 月人民银行等十部委出台的《关于促进互联网金融健康发展的指导意见》第八条明确认定：在 P2P 网络借贷机构上发生的直接借贷行为属于民间借贷范畴，受《合同法》《民法通则》等法律法规以及最高人民法院相关司法解释规范。将 P2P 网络借贷定性为民间借贷，主要理由包括以下几个方面：

1. P2P 网络借贷关系发生在不特定的出借人与借款人之间。从 P2P 网络借贷的业务模式来看，任何符合条件的自然人、法人和其他组织都可以通过 P2P 网贷平台发布资金供给或需求信息，直接完成信息匹配并成立借贷关系。这种关系与民间借贷中的基于亲缘、地缘或其他关系而形成的借贷关系并无二致，只是借助互联网的作用将民间借贷的主体范围扩大化了。

2. P2P 网络借贷中的出借人并非以借贷为常规业务的放贷人。从 P2P 网络借贷的实践来看，出借人通常是有富余资金的自然人、法人或其他组织，并非依法从事贷款业务的金融机构。能够依法从事贷款业务的机构通常会面临大量的贷款需求，并且往往额度较高，

---

① 《网络借贷信息中介机构业务活动管理暂行办法》第十七条规定：网络借贷金额应当以小额为主。网络借贷信息中介机构应当根据本机构风险管理能力，控制同一借款人在同一网络借贷信息中介机构平台及不同网络借贷信息中介机构平台的借款余额上限，防范信贷集中风险。同一自然人在同一网络借贷信息中介机构平台的借款余额上限不超过人民币 20 万元；同一法人或其他组织在同一网络借贷信息中介机构平台的借款余额上限不超过人民币 100 万元；同一自然人在不同网络借贷信息中介机构平台借款总余额不超过人民币 100 万元；同一法人或其他组织在不同网络借贷信息中介机构平台借款总余额不超过人民币 500 万元。

并不需要通过 P2P 平台发布贷款信息。同时其严格的风控要求和贷款管理规定也决定了其并不适合 P2P 模式。对于并非以发放贷款为经常性营业的主体而言，其与借款人之间形成的借贷关系，也由于其偶然性和临时性，而不能作为商事借贷，仅能作为民间借贷予以认定。

3. P2P 网络借贷平台只信息中介而非资金中介。按照《关于促进互联网金融健康发展的指导意见》，P2P 网络借贷机构为资金供需双方提供信息交互、撮合、资信评估等信息服务，不得提供增信服务，不得进行非法集资。而《网络带带信息中介机构业务活动管理暂行办法》也将 P2P 网络贷款机构界定为网络借贷信息中介机构，并不能直接或间接归集资金。因此，P2P 网络借贷平台只为借贷关系的成立提供信息服务，并非借贷关系的主体。

二、P2P 网络借贷的典型模式与法律关系

P2P 网络借贷发展过程中形成了多种多样的业务模式，不同业务模式下的法律关系也各有不同。就市场实践而言，在我国 P2P 网络借贷发展过程中，主要形成了纯平台模式、债权转让模式、担保模式等三种类型。下面对三种典型模式逐一予以分析介绍。①

（一）纯平台模式

纯平台模式，是指 P2P 网贷平台在交易过程中仅以信息中介平台的角色出现，通过提供信息服务撮合交易的 P2P 网络借贷模式。在纯平台模式所进行的交易过程中主要存在以下三种主体：（1）借款人，即由资金需求，通过平台发布借款信息的主体；（2）贷款人，即出借人，是将一定资金通过平台完成出借并获取利息收益的主体；（3）网络借贷平台，即为撮合借款人和贷款人完成借贷的信息服务商。上述三种主体在纯平台模式下构成以下两种法律关系。

1. 借款人和出借人之间的借贷合同关系。P2P 网络借贷的本质是民间借贷，借贷合同是 P2P 网络贷款双方完成借贷交易的基础。在 P2P 网络平台仅作为纯粹的信息中介的情况下，借贷交易在借款人和出借人之间直接达成，因此借款人和出借人之间也直接订立借款合同，进而直接成立借贷合同关系。通常而言，借款人如果要在平台借款，需要在平台注册成为用户，填写详尽的借款信息和身份信息，待平台审核后予以发布，该借款信息作为要约，在出借人确认出借的承诺被平台记载确认后，借款合同成立，平台依此生成电子合同。借款人和出借人依此合同完成资金出借和本息偿还。

2. 借贷平台在借款人和出借人之间的居间服务合同关系。居间是指居间人向委托人报告订立合同的机会或者提供订立合同的媒介服务，委托人向居间人支付报酬的一种法律

---

① 参见陈晓华、唐岫立：《互联网金融法律与实务》，中国金融出版社 2017 年版，第 50~57 页。

关系。P2P 网贷平台作为纯粹的信息中介平台，向借贷双方提供资金供需信息，为借款人和出借人达成借贷交易提供信息服务，符合居间法律关系的特征。

纯平台模式下，P2P 网贷平台并不实际参与资金归集和借贷关系，不设资金池，不实际经营金融业务，因此不会产生非法从事金融业务的法律风险。同时也因其仅提供信息服务，无需就网络借贷违约承担责任，因此也不会因坏账而发生支付义务，从而能够保障其稳健运营。按照当前监管规则的要求，P2P 网络借贷均须按照纯平台模式开展经营。

(二) 债权转让模式

债权转让模式，是指出借人先对借款人放款，然后将债权在平台上全部或部分转让给其他投资者的模式。债权转让模式通常有两种实现方式：第一种是已经通过 P2P 平台将款项贷出的债权人，在 P2P 平台上将其债权项目挂出，并与其他投资者 (债权受让人) 签订债权转让协议，从而实现债权转让和出借人身份的让渡。第二种是借贷双方不直接签订借款合同，而是由第三方专业放贷人 (通常是平台或平台的关联方) 先行放款给借款人，再由该第三方将债权转让给其他投资者的模式。

从法律关系上来看，债权转让模式通常也包含两层法律关系。(1) 借贷合同法律关系。即借款人和出借人之间由于资金借贷的事实并签订借款合同，而形成的借贷法律关系；(2) 债权转让关系。按照《合同法》的规定，债权人可将合同权利全部或部分转让给第三人，借贷关系中的债权人有权将债权转让给第三人，由此在债权人与受让人之间形成债权转让关系。相应地受让人也取得了借贷合同关系中的债权人 (出借人) 身份。

在债权转让模式的第一种实现方式下，出借人是按照纯平台模式下合法合规完成的资金出借，平台并未直接或间接归集资金，允许出借人通过债权转让的方式快速收回资金，保障其进行流动性管理，既符合法律的规定，也是丰富平台服务内容的要求。而在第二种实现方式下，平台通过直接或间接地参与放贷，在一定程度上突破了其仅作为信息中介的身份，容易产生极大的利益冲突，可能造成信息不透明、资金使用不规范甚至被挪用的风险，可能涉及非法集资和损害投资者利益的法律风险，因此属于监管部门打击取缔的业务模式。

(三) 担保模式

担保模式，是指 P2P 网络贷款平台在作为信息中介撮合借贷的同时，为鼓励交易以及保障出借人资金安全而采取的为借款人到期还本付息提供担保的模式。由于 P2P 网络借贷中，出借人有可能要承担贷款损失的风险，网贷平台通过推行担保模式，能够帮助出借人对冲此风险，有利于保障出借人的资金安全，也由此对出借人形成激励，增加平台上资金的供给，从而提升平台贷款的成交率和贷款规模。

担保模式实际上是在纯平台模式的基础上增加担保安排，以实现风险控制和信用增级的效果，可以被认为是一种复合模式。因此担保模式在法律关系上，除了具有纯平台模式下的法律关系构成之外，还存在着一种担保法律关系，即以借款人和出借人之间形成的借款关系为基础，设立了担保关系，由担保人对借款人到期还本付息承担保证责任，当借款人到期无力偿还本息时，由担保人在担保范围内承担偿还义务。

担保模式的实现方式主要有两种：（1）平台自身提供担保，即由网贷平台作为担保人。这种担保方式事实上是被监管部门所否定的，不论是《互联网金融风险专项整治工作实施方案》还是《网络借贷信息中介机构业务活动管理暂行办法》，都明确了平台自身不得提供担保，不得直接或变相向出借人提供担保或者承诺保本保息。然而，尽管平台提供担保违反了这些部门规章，但若实际发生了违约事件，也需要实际承担担保责任。按照《最高人民法院关于审理民间借贷案件适用法律若干问题的规定》，P2P 网络借贷机构通过网页、广告或者其他媒介明示或者有其他证据证明其为借贷提供担保，根据投资人请求，法院可以判决网贷机构承担担保责任。（2）第三方提供担保，即由保险公司、担保公司等提供信用保险和担保服务。引入适格的第三方提供担保，能够在一定程度上保障出借人即投资者的资金安全。监管部门禁止平台自身提供担保，是担忧平台自身并无实际担保能力。只要引入的保险公司、担保公司等第三方机构具有充足的偿付能力，在其担保能力范围内为 P2P 网络贷款提供担保，并且对担保数额和担保形式进行严格管理，只会降低风险而不会产生不利影响。

三、P2P 网络借贷的主体结构

在 P2P 网络借贷模式中，主要的参与者是借款人、出借人和网贷平台。为确保 P2P 网络借贷的健康稳定运行，银监会制定了《网络借贷信息中介机构业务活动管理暂行办法》，对各参与主体的权利义务和业务规则予以了明确。借款人与出借人遵循借贷自愿、诚实守信、责任自负、风险自担的原则承担借贷风险。网络借贷信息中介机构承担客观、真实、全面、及时进行信息披露的责任，不承担借贷违约风险。

（一）借款人

借款人是 P2P 网络借贷中的资金需求者，是在网络借贷关系中的债务人，其通过 P2P 网络贷款平台发布借款信息，获取借贷资金，并依法依约负有到期偿还本息的义务的自然人、法人及其他组织。

1. 借款人的资格要求。借款人具有完全民事行为能力，是其参与 P2P 网络借贷的前提条件。同时借款人应当为网络借贷信息中介机构核实的实名注册用户。

2. 借款人应当履行下列义务：（1）提供真实、准确、完整的用户信息及融资信息；（2）提供在所有网络借贷信息中介机构未偿还借款信息；（3）保证融资项目真实、合法，并按照约定用途使用借贷资金，不得用于出借等其他目的；(4)按照约定向出借人如实报告影响或可能影响出借人权益的重大信息；(5)确保自身具有与借款金额相匹配的还款能力并按照合同约定还款；(6)借贷合同及有关协议约定的其他义务。

3. 借款人禁止从事的行为：(1)通过故意变换身份、虚构融资项目、夸大融资项目收益前景等形式的欺诈借款；(2)同时通过多个网络借贷信息中介机构，或者通过变换项目名称、对项目内容进行非实质性变更等方式，就同一融资项目进行重复融资；(3)在网络借贷信息中介机构以外的公开场所发布同一融资项目的信息；(4)已发现网络借贷信息中介机构提供的服务中含有本办法第十条所列内容，仍进行交易；(5)法律法规和网络借贷有关监管规定禁止从事的其他活动。

4. 借款人借款额度限制。同一自然人在同一网络借贷信息中介机构平台的借款余额上限不超过人民币 20 万元；同一法人或其他组织在同一网络借贷信息中介机构平台的借款余额上限不超过人民币 100 万元；同一自然人在不同网络借贷信息中介机构平台借款总余额不超过人民币 100 万元；同一法人或其他组织在不同网络借贷信息中介机构平台借款总余额不超过人民币 500 万元。

(二) 出借人

出借人是 P2P 网络借贷中的资金供给者，是在网络借贷关系中的债权人，其通过 P2P 网络贷款平台贷出资金，到期依法依约收回本金和利息收益的自然人、法人及其他组织。

1. 出借人的资格要求。出借人具有完全民事行为能力，是其参与 P2P 网络借贷的前提条件。同时出借人应当为网络借贷信息中介机构核实的实名注册用户。参与网络借贷的出借人，应当具备投资风险意识、风险识别能力、拥有非保本类金融产品投资的经历并熟悉互联网。

2. 出借人应当履行的义务。(1)向网络借贷信息中介机构提供真实、准确、完整的身份等信息；(2)出借资金为来源合法的自有资金；(3)了解融资项目信贷风险，确认具有相应的风险认知和承受能力；(4)自行承担借贷产生的本息损失；(5)借贷合同及有关协议约定的其他义务。

3. 出借人的权利。借款人支付的本金和利息应当归出借人所有。未经出借人授权，网络借贷信息中介机构不得以任何形式代出借人行使决策。

(三) 网络借贷信息中介机构

网络借贷信息中介机构是指依法设立，专门从事网络借贷信息中介业务活动的金融信息中介公司。该类机构以互联网为主要渠道，为借款人与出借人(即贷款人)实现直接借贷提供信息搜集、信息公布、资信评估、信息交互、借贷撮合等服务。网络借贷信息中介机构按照依法、诚信、自愿、公平的原则为借款人和出借人提供信息服务，维护出借人与借款人合法权益，不得提供增信服务，不得直接或间接归集资金，不得非法集资，不得损害国家利益和社会公共利益。

1. 网络信贷信息中介机构的义务。(1)依据法律法规及合同约定为出借人与借款人提供直接借贷信息的采集整理、甄别筛选、网上发布，以及资信评估、借贷撮合、融资咨询、在线争议解决等相关服务；(2)对出借人与借款人的资格条件、信息的真实性、融资项目的真实性、合法性进行必要审核；(3)采取措施防范欺诈行为，发现欺诈行为或其他损害出借人利益的情形，及时公告并终止相关网络借贷活动；(4)持续开展网络借贷知识普及和风险教育活动，加强信息披露工作，引导出借人以小额分散的方式参与网络借贷，确保出借人充分知悉借贷风险；(5)按照法律法规和网络借贷有关监管规定要求报送相关信息，其中网络借贷有关债权债务信息要及时向有关数据统计部门报送并登记；(6)妥善保管出借人与借款人的资料和交易信息，不得删除、篡改，不得非法买卖、泄露出借人与借款人的基本信息和交易信息；(7)依法履行客户身份识别、可疑交易报告、客户身份资料和交易记录保存等反洗钱和反恐怖融资义务；(8)配合相关部门做好防范查处金融违法犯罪相关工作；(9)按照相关要求做好互联网信息内容管理、网络与信息安全相关工作；(10)国务院银行业监督管理机构、工商登记注册地省级人民政府规定的其他义务。

2. 网络信贷信息中介机构不得从事或者接受委托从事的活动：(1)为自身或变相为自身融资；(2)直接或间接接受、归集出借人的资金；(3)直接或变相向出借人提供担保或者承诺保本保息；(4)自行或委托、授权第三方在互联网、固定电话、移动电话等电子渠道以外的物理场所进行宣传或推介融资项目；(5)发放贷款，但法律法规另有规定的除外；(6)将融资项目的期限进行拆分；(7)自行发售理财等金融产品募集资金，代销银行理财、券商资管、基金、保险或信托产品等金融产品；(8)开展类资产证券化业务或实现以打包资产、证券化资产、信托资产、基金份额等形式的债权转让行为；(9)除法律法规和网络借贷有关监管规定允许外，与其他机构投资、代理销售、经纪等业务进行任何形式的混合、捆绑、代理；(10)虚构、夸大融资项目的真实性、收益前景，隐瞒融资项目的瑕疵及风险，以歧义性语言或其他欺骗性手段等进行虚假片面宣传或促销等，捏造、散布虚假信息或不完整信息损害他人商业信誉，误导出借人或借款人；(11)向借款用途为投资股票、场外配资、期货合约、结构化产品及其他衍生品等高风险的融资提供信息中介服务；(12)从事股权众筹等业务；(13)法律法规、网络借贷有关监管规定禁止的其他活动。

四、P2P网络借贷的监管制度

随着P2P网络借贷业务模式的不断发展，监管部门在市场实践的不断试错过程中探索出了相应的监管制度。在一定意义上来讲，P2P网络借贷的监管是互联网金融监管中相对最为成熟的监管制度体系。

（一）监管部门

按照《关于促进互联网金融健康发展的指导意见》中"鼓励创新、防范风险、趋利避害、健康发展"的总体要求和"依法监管、适度监管、分类监管、协同监管、创新监管"的监管原则，国务院银行业监督管理机构及其派出机构负责制定网络借贷信息中介机构业务活动监督管理制度，并实施行为监管。各省级人民政府负责本辖区网络借贷信息中介机构的机构监管。工业和信息化部负责对网络借贷信息中介机构业务活动涉及的电信业务进行监管。公安部牵头负责对网络借贷信息中介机构的互联网服务进行安全监管，依法查处违反网络安全监管的违法违规活动，打击网络借贷涉及的金融犯罪及相关犯罪。国家互联网信息办公室负责对金融信息服务、互联网信息内容等业务进行监管。

国务院银行业监督管理机构及其派出机构负责制定统一的规范发展政策措施和监督管理制度，负责网络借贷信息中介机构的日常行为监管，指导和配合地方人民政府做好网络借贷信息中介机构的机构监管和风险处置工作，建立跨部门跨地区监管协调机制。各地方金融监管部门具体负责本辖区网络借贷信息中介机构的机构监管，包括对本辖区网络借贷信息中介机构的规范引导、备案管理和风险防范、处置工作。

中国互联网金融协会从事网络借贷行业自律管理，并履行下列职责：（1）制定自律规则、经营细则和行业标准并组织实施，教育会员遵守法律法规和网络借贷有关监管规定；（2）依法维护会员的合法权益，协调会员关系，组织相关培训，向会员提供行业信息、法律咨询等服务，调解纠纷；（3）受理有关投诉和举报，开展自律检查；（4）成立网络借贷专业委员会；（5）法律法规和网络借贷有关监管规定赋予的其他职责。

（二）网络借贷信息中介机构备案登记制度

为加强网络借贷信息中介机构的监督与管理，打击和清理违法违规的问题平台，完善事中事后监管，我国确立了网络借贷信息中介机构备案登记制度备案登记是指地方金融监管部门依申请对管辖内网络借贷信息中介机构的基本信息进行登记、公示并建立相关机构档案的行为。《网络借贷信息中介业务活动管理暂行办法》对备案登记制度予以了规定，《网络借贷信息中介机构备案管理登记指引》对具体事项予以了细化。

拟开展网络借贷信息中介服务的网络借贷信息中介机构及其分支机构，应当在领取营业执照后，于10个工作日以内携带有关材料向工商登记注册地地方金融监管部门备案登记。地方金融监管部门负责为网络借贷信息中介机构办理备案登记。为避免备案登记导致投资者误解为政府对平台的信用背书，《网络借贷信息中介业务活动管理暂行办法》和《指引》特别明确备案登记不构成对网络借贷信息中介机构经营能力、合规程度、资信状况的认可和评价。

网络借贷信息中介机构完成地方金融监管部门备案登记后，应当按照通信主管部门的相关规定申请相应的电信业务经营许可；未按规定申请电信业务经营许可的，不得开展网络借贷信息中介业务。网络借贷信息中介机构备案登记事项发生变更的，应当在5个工作日以内向工商登记注册地地方金融监管部门报告并进行备案信息变更。经备案的网络借贷信息中介机构拟终止网络借贷信息中介服务的，应当在终止业务前提前至少10个工作日，书面告知工商登记注册地地方金融监管部门，并办理备案注销。经备案登记的网络借贷信息中介机构依法解散或者依法宣告破产的，除依法进行清算外，由工商登记注册地地方金融监管部门注销其备案。

新设机构备案登记的程序为：(1)网络借贷信息中介机构办理工商登记注册并取得企业法人营业执照，并在经营范围中明确网络借贷信息中介机构等相关内容；(2)网络借贷信息中介机构向工商登记住所地金融监管部门提出备案登记申请；(3)地方金融监管部门应当在文件资料齐备、形式合规的情况下，办理备案登记，并向申请备案登记的网络借贷信息中介机构出具备案登记证明文件。

新设的网络借贷信息中介机构申请办理备案登记是应当向金融监管部门提供以下资料：(1)网络借贷信息中介机构的基本信息，包括名称、住所地、组织形式等；(2)股东或出资人名册及其出资额、股权结构；(3)经营发展战略和规划；(4)合规经营承诺；①(5)企业法人营业执照正副本复印件；(6)法定代表人及董事、监事、高级管理人员基本信息资料；(7)分支机构名称及其所在地；(8)网络借贷信息中介机构官方网站网址及相关APP名称；(9)地方金融监管部门要求提交的其他文件、资料。

(三)资金存管制度

为防止利益冲突，避免P2P网贷平台在开展业务过程中设立资金池和进行期限错配，造成业务过程中的自融现象和资金挪用现象，保障投资者和出借人的资金安全，我国建立了P2P网络借贷中的资金存管制度。资金存管，是指商业银行作为存管人接受委托人的委托，按照法律法规规定和合同约定，履行网络借贷资金存管专用账户的开立与销户、资金保管、资金清算、账务核对、提供信息报告等职责的业务。《网络借贷信息中介机构业务活动管理暂行办法》规定：网络借贷信息中介机构应当实行自身资金与出借人和借款人资金的隔离管理，并选择符合条件的银行业金融机构作为出借人与借款人的资金存管机构。《网络借贷资金存管业务指引》对资金存管制度予以了细化。

1. 对象与主体构成

_____

① 新设的网络借贷信息中介机构申请备案时应当以书面形式提交合规经营承诺书，对下列事项进行承诺：(1)在经营期间严格遵守《网络借贷信息中介机构业务活动管理暂行办法》有关规定，依法合规自经营；(2)依法配合地方金融监管部门、银监局的监管工作；(3)确保及时向地方金融监管部门、银监局报送真实、准确的相关数据、资料。

网络借贷资金存管制度的对象是网络借贷资金。网络借贷资金是指网络借贷信息中介机构作为委托人，委托存管人保管的，由借款人、出借人和担保人等进行投融资活动形成的专项借贷资金及相关资金。

网络借贷资金存管制度的主体包括了委托人和存管人。

（1）委托人，即网络借贷信息中介机构。委托人负责网络借贷平台技术系统的持续开发及安全运营；组织实施网络借贷信息中介机构信息披露工作，包括但不限于委托人基本信息、借贷项目信息、借款人基本信息及经营情况、各参与方信息等应向存管人充分披露的信息；每日与存管人进行账务核对，确保系统数据的准确性；妥善保管网络借贷资金存管业务活动的记录、账册、报表等相关资料，相关纸质或电子介质信息应当自借贷合同到期后保存 5 年以上；组织对客户资金存管账户的独立审计并向客户公开审计结果；履行并配合存管人履行反洗钱义务；法律、行政法规、规章及其他规范性文件和网络借贷资金存管合同约定的其他职责。

（2）存管人，也称资金存管机构，即为网络借贷业务提供资金存管服务的商业银行。存管人对申请接入的网络借贷信息中介机构，应设置相应的业务审查标准，为委托人提供资金存管服务；为委托人开立网络借贷资金存管专用账户和自有资金账户，为出借人、借款人和担保人等在网络借贷资金存管专用账户下分别开立子账户，确保客户网络借贷资金和网络借贷信息中介机构自有资金分账管理，安全保管客户交易结算资金；根据法律法规规定和存管合同约定，按照出借人与借款人发出的指令或业务授权指令，办理网络借贷资金的清算支付；记录资金在各交易方、各类账户之间的资金流转情况；每日根据委托人提供的交易数据进行账务核对；根据法律法规规定和存管合同约定，定期提供网络借贷资金存管报告；妥善保管网络借贷资金存管业务相关的交易数据、账户信息、资金流水、存管报告等包括纸质或电子介质在内的相关数据信息和业务档案，相关资料应当自借贷合同到期后保存 5 年以上；存管人应对网络借贷资金存管专用账户内的资金履行安全保管责任，不应外包或委托其他机构代理进行资金账户开立、交易信息处理、交易密码验证等操作；存管人应当加强出借人与借款人信息管理，确保出借人与借款人信息采集、处理及使用的合法性和安全性；法律、行政法规、规章及其他规范性文件和存管合同约定的其他职责。

2. 业务规范

委托人开展网络借贷资金存管业务，应指定唯一一家存管人作为资金存管机构。委托人需向存管人提供真实准确的交易信息数据及有关法律文件，包括并不限于网络借贷信息中介机构当事人信息、交易指令、借贷信息、收费服务信息、借贷合同等。资金存管机构承担实名开户和履行合同约定及借贷交易指令表面一致性的形式审核责任，但不承担融资项目及借贷交易信息真实性的实质审核责任，不对网络借贷信息数据的真实性、准确性和完整性负责，因委托人故意欺诈、伪造数据或数据发生错误导致的业务风险和损失，由委托人承担相应责任。

商业银行担任网络借贷资金的存管人，不应被视为对网络借贷交易以及其他相关行为提供保证或其他形式的担保。存管人不对网络借贷资金本金及收益予以保证或承诺，不承担资金运用风险，出借人须自行承担网络借贷投资责任和风险。

(四)信息披露制度

为维护网络借贷业务活动中相关主体的合法权益，建立客观、公平、透明的网络借贷信息中介业务活动环境，监管部门规定了网络借贷信息中介机构信息披露制度。信息披露，是指网络借贷信息中介机构及其分支机构通过其官方网站及其他互联网渠道向社会公众公示网络借贷信息中介机构基本信息、运营信息、项目信息、重大风险信息、消费者咨询投诉渠道信息等相关信息的行为。网络借贷信息中介机构应当在其官方网站及提供网络借贷信息中介服务的网络渠道显著位置设置信息披露专栏，展示信息披露内容。信息披露应当遵循"真实、准确、完整、及时"原则，不得有虚假记载、误导性陈述、重大遗漏或拖延披露。披露用语应当准确、精练、严谨、通俗易懂。

网络借贷信息中介机构应当向公众披露以下信息：(1)备案信息，即网络借贷信息中介机构在地方金融监管部门的备案登记信息、取得的电信业务经营许可信息、资金存管信息、取得的公安机关核发的网站备案图标及编号、风险管理信息等。(2)组织信息，即网络信贷信息中介机构的工商登记信息、股东信息、组织架构及从业人员概况、分支机构工商信息以及官方互联网渠道信息。(3)审核信息，即网络信贷信息中介机构上一年度的财务审计报告、经营合规重点环节的审计结果、上一年度的合规性审查报告。(4)交易信息，即网络借贷信息中介机构应当在每月前 5 个工作日内，向公众披露截至上一月末经网络借贷信息中介机构撮合交易的信息，包括自网络借贷信息中介机构成立以来的累计借贷金额及笔数；借贷余额及笔数；累计出借人数量、累计借款人数量；当期出借人数量、当期借款人数量；前十大借款人待还金额占比、最大单一借款人待还金额占比；关联关系借款余额及笔数；逾期金额及笔数；逾期 90 天(不含)以上金额及笔数；累计代偿金额及笔数；收费标准等。

网络借贷信息中介机构应当向出借人披露以下信息：(1)借款人基本信息，应当包含借款人主体性质(自然人、法人或其他组织)、借款人所属行业、借款人收入及负债情况、截至借款前 6 个月内借款人征信报告中的逾期情况、借款人在其他网络借贷平台借款情况；(2)项目基本信息，应当包含项目名称和简介、借款金额、借款期限、借款用途、还款方式、年化利率、起息日、还款来源、还款保障措施；(3)项目风险评估及可能产生的风险结果；(4)已撮合未到期项目有关信息，应当包含借款资金运用情况、借款人经营状况及财务状况、借款人还款能力变化情况、借款人逾期情况、借款人涉诉情况、借款人受行政处罚情况等可能影响借款人还款的重大信息。

网络借贷信息中介机构或其分支机构发生下列情况之一的，网络借贷信息中介机构应当于发生之日起 48 小时内将事件的起因、目前的状态、可能产生的影响和采取的措施向公众进行披露。(1)公司减资、合并、分立、解散或申请破产；(2)公司依法进入破产程序；(3)公司被责令停业、整顿、关闭；(4)公司涉及重大诉讼、仲裁，或涉嫌违法违规被有权机关调查，或受到刑事处罚、重大行政处罚；(5)公司法定代表人、实际控制人、主要负责人、董事、监事、高级管理人员涉及重大诉讼、仲裁，或涉嫌违法违纪被有权机关调查，或受到刑事处罚、重大行政处罚，或被采取强制措施；(6)公司主要或者全部业务陷入停顿；(7)存在欺诈、损害出借人利益等其他影响网络借贷信息中介机构经营活动的重大事项。

(五)安全管理制度

1. 网络信息安全。网络借贷信息中介机构应当按照国家网络安全相关规定和国家信息安全等级保护制度的要求，开展信息系统定级备案和等级测试，具有完善的防火墙、入侵检测、数据加密以及灾难恢复等网络安全设施和管理制度，建立信息科技管理、科技风险管理和科技审计有关制度，配置充足的资源，采取完善的管理控制措施和技术手段保障信息系统安全稳健运行，保护出借人与借款人的信息安全。网络借贷信息中介机构每两年至少开展一次全面的安全评估，接受国家或行业主管部门的信息安全检查和审计。网络借贷信息中介机构成立两年以内，应当建立或使用与其业务规模相匹配的应用级灾备系统设施。

2. 认证与数据安全。各方参与网络借贷信息中介机构业务活动，需要对出借人与借款人的基本信息和交易信息等使用电子签名、电子认证时，应当遵守法律法规的规定，保障数据的真实性、完整性及电子签名、电子认证的法律效力。网络借贷信息中介机构使用第三方数字认证系统，应当对第三方数字认证机构进行定期评估，保证有关认证安全可靠并具有独立性。网络借贷信息中介机构应当采取适当的方法和技术，记录并妥善保存网络借贷业务活动数据和资料，做好数据备份。保存期限应当符合法律法规及网络借贷有关监管规定的要求。网络借贷信息中介机构应当记录并留存借贷双方上网日志信息，信息交互内容等数据，留存期限为自借贷合同到期起 5 年。

(六)投资者适当性管理制度

投资者适当性管理，是指根据投资者的知识水平、风险承受能力、资产状况等方面的因素对其进行评估，并以此为基础向其提供风险水平相适当的金融产品和服务。投资者适当性管理制度广泛应用在金融服务领域，是保护投资者的重要制度类型。在 P2P 网络借贷中，也确立了相应的投资者适当性制度。

《网络借贷信息中介机构业务活动管理暂行办法》规定，网络借贷信息中介机构应当对出借人的年龄、财务状况、投资经验、风险偏好、风险承受能力等进行尽职评估，不得向未进行风险评估的出借人提供交易服务。网络借贷信息中介机构应当根据风险评估结果对出借人实行分级管理，设置可动态调整的出借限额和出借标的限制。该制度有助于将网络借贷的出借人的风险限定在其所能够承受的范围之内，避免因贷款损失而影响其正常生活，从而有效维护其利益。

2019 年以后，P2P 平台监管逐渐确立了以机构退出为主的整治方向。2019 年 1 月，互联网金融风险专项整治工作领导小组办公室、P2P 网络借贷风险专项整治工作领导小组办公室联合下发《关于做好网贷机构分类处置和风险防范工作的意见》(整治办函〔2018〕175 号)。意见分为总体工作要求、有效分类、分类处置指引、有关要求四部分。意见要求坚持以机构退出为主要工作方向，除部分严格合规的在营机构外，其余机构能退尽退，应关尽关。2019 年 9 月，互联网金融风险专项整治工作领导小组、网络借贷风险专项整治工作领导小组联合下发的《关于加强 P2P 网贷领域征信体系建设的通知》，通知支持在营 P2P 网贷机构接入征信系统、对已退出经营的 P2P 网贷机构持续开展恶意逃废债行为的打击，加大对网贷领域失信人的惩戒力度。

第三节 众 筹 融 资

信息化的发展与互联网技术的进步给金融市场带来了深刻变革，基于互联网的新型金融模式对传统金融模式形成了巨大挑战，尤其是社交网络的发展，使得资金供给者与需求者之间的距离极大地缩小，资金配置更为高效，由此带来一种新型融资方式即众筹融资(crowdfunding)的出现，无力承担高额融资成本的资金需求者通过网络平台直接向投资者募集小额资金成为可能。这种新型融资模式超越了传统融资模式的法律结构和监管框架，众筹融资主体的法律地位、融资行为的合法性以及资本形成与投资者保护的平衡等问题成为了信息时代金融法制需要回应的新命题。

一、众筹融资概述

(一)众筹融资的概念

众筹融资是一种利用社交网络由大量人群集体协作完成的融资方式。[1] 其基本模式是

---

[1] 参见 Joan MacLeod Heminway, Shelden Ryan Hoffman, Proceed at Your Peril: Crowdfunding and the Securities Act of 1933, Tenn. L. Rev. Vol. 78, 2011, pp. 879-881。

筹资者在众筹平台上发布融资请求，说明融资用途和使用方案，感兴趣的投资者自愿提供资金，并根据融资请求获得相应的物质或精神回报。与向少量的成熟投资者（如 VC、PE 和天使投资人）融资不同，众筹融资立足于向一大群投资者筹集资金，每个投资者只需投资少量的资金。① 并且众筹融资不需要银行或承销商等中介机构，任何人只要能够通过社交网络说服公众相信其理由和想法，均可以直接从投资者处实时获取资金且无需承担其他中间费用，单个投资者提供少量资金，聚沙成塔积少成多，形成筹资者所需资本。② 众筹融资是微金融与众包在互联网中的融合，代表着信息时代一种全新的互联网金融模式。③

首先，众筹融资的形式来源于众包（crowdsourcing）。所谓众包，是指将某项工作外包给非特定的大众网络，由后者共同协作完成的一种创新模式。④ 众包起源于软件开发中的开源运动（open source movement），后者指的是某种软件的源代码向公众公开，由不特定的软件开发者们根据自己的兴趣持续地改进该软件，增加新的特征和功能甚至将其分拆为新的程序，通过开发者群体的共同努力实现软件的整体改进，如 Linux 系统。之后众包进一步发展，渗入到更多的领域，比如维基百科等。在众包中发挥主体性功能的群体（the crowd）由一个个单独的个体组成，并通过互联网联合起来形成一股强大的力量。众筹融资正是基于众包的形式，将大量的只具有少量资金且欠缺投资能力的投资者的力量集合起来，汇集成一定数量的资金供筹资者使用。

其次，众筹融资的本质是一种微金融（microfinance）。微金融的原意是指基于消除贫困的考量向穷人提供小额信贷，通过资金支持促进穷人获得减贫和发展的机会。⑤ 其基本的表现形式是由一个从事小额信贷的金融机构向不特定的多数资金需求者提供少量资金。而众筹融资则是大量不特定的资金提供者向一个资金需求者提供少量资金。显而易见，众筹融资与微金融正好是一个相反的过程，即不再是一对多而代之以多对一提供少量资金。尽管有人以此认为众筹融资与微金融有区别，但事实上两者都是数额较小的资金的流动，并且通过众筹融资方式获取资金的也都是无力负担正规渠道高额融资成本的初创企业或其他缺乏资金的主体，众筹融资实际上也是在解危济困。因此，众筹融资的实质是微金融的一

① 参见 Paul Belleflamme, Thomas Lambert, Armin Schwienbacher, Crowdfunding: Tapping the Right Crowd, Center for Operations Research & Econometrics, Discussion Paper No. 2011/32。

② 参见 C. Steven Bradford, Crowdfunding and the Federal Securities Laws, Columbia Business Law Review, No. 1, 2012, p. 11。

③ 参见谢平：《互联网金融模式的机遇和挑战》，载《21 世纪经济报道》2012 年 9 月 3 日，第 016 版。

④ 参见 Jeff Howe, Crowdsourcing: Why the Power of the Crowd Is Driving the Future of Business, Three Rivers Press, 2008, p. 8。

⑤ 参见 Susanna Khavul, Microfinance: Creating Opportunities for the Poor, Academy of Management Perspectives, vol. 24, 2010, pp. 58-72。

种表现形式。有学者也明确提出，众筹融资是近 20 年来微金融和众包两大创新的天然衍生。[1]

再次，众筹融资的基础是互联网的发展。互联网技术的进步带来了支付方式、信息处理和资源配置上的重大变革，尤其以电子商务和社交网络的兴起为代表。愈益成熟且安全的网上支付系统为资金的流转提供了便捷可靠的通道，日益增长的电子商务消费群体也成为了众筹融资中的潜在投资者。社交网络的发展使得资金供求信息的发布、传播和匹配更为迅速有效，在搜索引擎等工具的辅助下，筹资者的相关信息更加透明，基于此筹资者可以吸引大量的潜在投资者，而投资者也可以便捷地作出投资选择，进一步拓展投资途径。若是没有互联网，发起众筹融资的影响范围和目标群体将受到极大的限制，融资的规模和信息有效性将会大打折扣，这都将导致众筹融资的失败。可以说，正是互联网为众筹融资提供了滋生土壤和运行通道。

(二)众筹融资的类型化分析

众筹融资自其出现后开始广泛应用于电影制作、艺术创作、创意产品以及个人梦想实现上，投资者的回报主要是在电影字幕上署名、获赠唱片、创意产品的成品或者直接无回报。但随着这种有效融资方式逐渐被人们重视，其适用领域开始向直接股权投资扩张，投资者开始寻求股权和红利等经济回报。不同的回报性质事关众筹融资的性质以及监管的介入，因此在研究众筹融资时必须要将其进行类型化分析以正本清源，进而准确地对其进行法律定位。

有学者根据回报内容的差异将众筹融资分为捐赠众筹、奖励众筹、预购众筹、借贷众筹和股权众筹五种类型。[2] (1)捐赠众筹(donation model)，指的是投资者提供资金的性质为捐赠而不收取任何回报的众筹融资类型。从理论上看这种类型只关注投资者是否获得回报，筹资者是否是营利主体在所不问。但实践中纯粹的捐赠众筹平台比较少，并且通常只允许慈善活动或非营利性组织发起众筹，例如 GlobalGiving。[3] 在我国有水滴筹等。(2)奖励众筹(reward model)，即投资者收取的回报不是基于筹资者的营业活动及利润，而是具有一定纪念意义的物品或署名，例如旅行明信片或唱片上署名。[4] (3)预购众筹(pre-purchase model)，即以筹资所开展的生产或创作而形成的产品作为投资者回报，相当于投

① 参见 Andrew C. Fink, Protecting the Crowd and Raising Capital Through the JOBS Act, available at SSRN: http://ssrn.com/abstract=2046051 or http://dx.doi.org/10.2139/ssrn.2046051。

② 参见 C. Steven Bradford, Crowdfunding and the Federal Securities Laws, Columbia Business Law Review, No. 1, 2012, pp. 14-27。

③ 参见 GlobalGiving, available at www.globalgiving.org, 2012-11-27。

④ 参见 Tim Kappel, Ex Ante Crowdfunding and the Recording Industry: A Model for the U.S.? Loyola of Los Angeles Entertainment Law Review, Vol. 29, 2009, p. 375。

资者提前出资订购某种新产品，例如通过 Kickstarter 获得众筹融资的 Pebble 手表项目。①（4）借贷众筹（lending model），即投资者以本金和利息为预期回报，将分散的资金暂时集中给筹资人使用。典型的众筹门户有 Kiva、Prosper 等。（5）股权众筹（equity model），即指向投资者提供相应的股份为回报并支付股息和红利的众筹融资类型。这一类型是事实上构成了证券发行，因此受到严格的监管。JOBS 法案颁布后，美国的股权众筹迎来了春天，以 FounderClub 为代表的众筹门户开始为大量初创企业提供众筹融资服务。此种分类方式的特点在于对众筹融资进行了细分，便于对众筹融资模式进行直观的理解。

也有学者根据是否有资金回报为基础，将众筹融资分为赞助型众筹（patronage crowdfunding）和投资型众筹（investment crowdfunding）。② 赞助型众筹中的筹资者不向投资者支付资金回报，通常是不回报或者仅仅是提供一些纪念品或其他方式作为回报。前面所提到的捐赠众筹、奖励众筹和预购众筹即属于赞助型众筹。目前众筹融资的主要模式还停留在赞助型众筹的类型上。③ 相比于赞助型众筹已经流行十余年而言，投资型众筹还属于新生现象。其中投资型众筹又分为复合赞助众筹（patronage-plus crowdfunding）和纯投资众筹（pure investment crowdfunding）。前者要求投资者获得除纪念品或成品回报之外，还应获得筹资者项目收益的分成。例如在英国的 Bandstocks 网站的一个唱片融资项目，不仅给投资者提供唱片，还向投资者支付唱片销售净收入分成。④ 而纯投资众筹则仅向投资者提供经济利益作为回报，包括利息、分红等。借贷众筹和股权众筹即为此类。赞助型众筹融资体现为单务合同或者买卖合同，对不特定投资者利益的影响不大，更多的是依靠投资者个人的喜好或者判断，不需要监管的过度介入，可以交由市场自行调节。而投资型众筹则因其属于向不特定人发行的收益不确定的投资合同而构成证券发行行为，关涉到投资者的利益，因此需要纳入监管框架之中。

（三）众筹融资与其他类似新型金融模式

众筹融资通过互联网将筹资者与融资者直接连通的形式，与互联网金融模式下的一些概念具有相似的外观，例如人人贷（peer to peer lending, P2P）与网上直接公开发行（DPO）。对于众筹融资与这些概念之间的关系仍然观点不一争议尚存。

---

① 工程师埃瑞克·米基科瓦斯基（Eric Migicovsky）的 Pebble 智能手表项目在 Kickstarter 上融资，投资者 115 美元资助的回报是一块预计市场价格 150 美元以上的 Pebble 手表。该项目大受欢迎，共融资 10266845 美元，共吸引到 68929 个出资人。。

② 参见 Edan Burkett, A Crowdfunding Exemption? Online Investment Crowdfunding and U. S. Securities Regulation, Transactions: The Tennessee Journal of Business Law, Vol. 13, 2011, pp. 71-77。

③ 参见 Matt Villano, Small Donations In Large Numbers, With Online Help, N. Y. TIMES, Mar. 18, 2010, at F31。

④ 参见 Tim Kappel, Ex Ante Crowdfunding and the Recording Industry: A Model for the U. S. ? Loyola of Los Angeles Entertainment Law Review, Vol. 29, 2009, p. 381。

人人贷中借款人无需通过传统的金融中介,而直接在网上寻找贷款人并完成借贷关系。① 有学者基于贷款人来源的不特定以及借贷平台的网络化,认为众筹融资中的借贷众筹即是人人贷。② 但是更多人倾向于认为众筹融资与人人贷之间存在着一定的区别。③ 其理由在于众筹融资是集合了大量的小额资金,单笔资金数额的限制使得众筹融资具有典型的微金融属性,而人人贷的单笔数额受到的限制不大,只要信息匹配成功即可完成较大数额的借贷。另外,众筹融资中除了借贷之外,还有大量的赞助和发行股份的交易结构,而人人贷的交易结构只是纯粹的借贷。更为重要的一个理由是在众筹融资中往往是单个筹资者与大量的投资者之间构成了"一对多"的主体结构,而人人贷中则可能有单个借款人直接向单个贷款人获取资金的情况,亦即人人贷的主体结构中包含着"一对一"的主体结构。④ 事实上,人人贷主要有两种模式,一种是借贷双方依托人人贷网络平台的信息匹配而直接发生借贷关系,网络平台只是起到管道作用,而另一种则是人人贷网络平台向贷方发行票据获得资金后根据借方的请求发放贷款,在这种模式下网络平台成为介入到借贷关系中的主体。⑤ 只有第一种模式即借贷双方直接发生借贷关系且贷款人数量为多人的情况下,人人贷才构成借贷众筹。概言之,我们认为人人贷与众筹融资是一组并不完全重合的概念,两者在一定程度上存在着外延的重合但更多的是差异。

网上直接公开发行指的是公司抛弃传统的通过承销商公开发行股份的传统路径,代之以通过网络直接向投资者发行股份的融资模式。⑥ DPO 最经典的一个案例即为春街酿造公司(Spring Street Brewing Company)通过自己公司的网站发布招股说明书并募集资金,在没有中介机构参与的情况下直接向投资者融资并获得了成功。⑦ 这种模式将发行人与不特定的多数投资者直接连接在一起,并且由发行人自行负责发行事务而无需借助承销商的力

---

① 参见 Kevin E. Davis, Anna Gelpern, Peer-to-Peer Financing for Development: Regulating the Intermediaries, N. Y. U. J. Int'l L. & Pol. Vol. 42, 2010, p. 1209。

② 参见 C. Steven Bradford, Crowdfunding and the Federal Securities Laws, Columbia Business Law Review, No. 1, 2012, pp. 20-24。

③ 参见 Edan Burkett, A Crowdfunding Exemption? Online Investment Crowdfunding and U. S. Securities Regulation, Transactions: The Tennessee Journal of Business Law, Vol. 13, 2011, p. 47。

④ 参见 Clint Schaff, Kiva. org: Crowdfunding the Developing World, available at http://www. urbanministry. org/wiki/kivaorg-crowdfunding-developing-world, 2012-11-28。

⑤ 参见 Andrew Verstein, The Misregulation of Person-to-Person Lending, University of California Davis Law Review, Vol. 45, 2011, p. 445。

⑥ 参见 William K. Sjostrom, Going Public Through an Internet Direct Public Offering: A Sensible Alternative for Small Companies? FLA. L. REV., Vol. 53, 2001, pp. 529-531。

⑦ 参见 John C. Coffee, Brave New World? The Impacts of the Internet on Modern Securities Regulation, Business Lawyer, Vol. 52, 1997, p. 1195。

量。① 这种结构与股权众筹神似，甚至有人认为股权众筹实质上是网上直接公开发行的另一种称谓。② 尽管存在着相似之处，但具体而言两者仍有一定的区别。首先，不论是赞助型众筹还是投资型众筹，即使细化到股权众筹，都有众筹门户作为筹资者与投资者之间的媒介。而网上直接公开发行则更多是利用发行人自己的网站。其次，众筹融资具有较强的微金融属性，其融资规模较小，③ 相比于动辄数百万美元融资额的网上直接公开发行而言，显然难以望其项背。一个更为显著但往往却被忽视的差异在于众筹融资的投资者是基于对筹资者创意或品味的认同以及强烈的参与愿望，④ 即使是有资金回报的投资型众筹也与网上直接公开发行中投资者传统的收益预期有着动机上的差异。

二、投资型众筹的法律构造

在众筹融资中，筹资者通过众筹门户发布筹资需求信息，投资者根据该信息作出投资决策并将资金转移给筹资者，整个融资过程需要由三类主体共同协作方得以完成，即筹资者、众筹门户和投资者。众筹融资的类型丰富多样，基于投资者自愿的赞助型众筹具有单务合同属性因而法律构造相对简单，但基于资金回报预期的投资型众筹则因为权利义务的复杂性以及关涉不特定公众的投资权益，筹资者以投资收益为对价向不特定的投资者募集资金，涉及到证券发行，会引发证券法调整以及监管的介入。其法律构造则相对而言更为复杂。理论界对于众筹融资的法律疑问也更多集中于投资型众筹的法律性质以及各类参与主体的法律地位之上。⑤ 投资型众筹是众筹融资最具增长性的新类型，且其本身也引发相应的监管问题，故而本书亦将着重分析投资型众筹的法律构造。

(一) 筹资者的证券发行

投资型众筹中的筹资者(promoter)是众筹融资的发起人，通过许诺股权或利息回报向不特定的投资者募集资金。与没有经济利益回报的赞助型众筹不同，投资型众筹中的股权

---

① 参见 Bernard S. Black, Information Asymmetry, the Internet, and Securities Offerings, J. SMALL & EMERGING BUS. L. Vol. 2, 1998, p. 91。

② 参见 Edan Burkett, A Crowdfunding Exemption? Online Investment Crowdfunding and U. S. Securities Regulation, Transactions: The Tennessee Journal of Business Law, Vol. 13, 2011, p. 78。

③ 参见 Jouko Ahvenainen, Crowdfunding for startups: Idea behind this emerging model is to fix the current inefficiencies of private seed funding for firms, BUS. TIMES, May 3, 2010, available at 2010 WLNR 9097842。

④ 参见 K. Giriprakash, Come Here to Fund a Promising Idea, BUSINESS LINE (Hindu), Aug. 4, 2010, at 9, available at 2010 WLNR 15425105。

⑤ 参见 C. Steven Bradford, Crowdfunding and the Federal Securities Laws, Columbia Business Law Review, No. 1, 2012, pp. 49-80。

或利息回报可能会使众筹融资具有证券发行的特征因而引发证券法的调整。① 因此投资型众筹融资是否构成证券发行，筹资者是否属于发行人，是研究投资型众筹的法律结构首当其冲的问题。

要解决这个问题，首先需明确证券的定义。尽管我国证券法将证券界定为"股票、公司债券、政府债券、证券投资基金份额和国务院依法认定的其他证券"，② 但学界对于这一界定进行了批评并呼吁扩大证券的范围并进行一般性的界定。③ 美国证券法中用"投资合同"（investment contract）概括了除股票、债权等之外未明确列举的金融工具并共同构成了证券的定义。美国最高法院在 Howey 案中提炼出了投资合同的四个标准，即（1）以获得利润为目的；（2）投入资金；（3）用于共同的事业；（4）利润主要来自他人的努力。④ 在众筹融资中，尽管并非所有的筹资者都会与投资者订立书面合同，但是基本上都存在着要约、承诺以及相互间的权利义务内容等合同的构成要件。⑤ 因此众筹融资中筹资者与投资者之间的合同关系存在无疑。我们可以用 Howey 标准检验众筹融资中的合同是否构成证券。

第一，投资型众筹确以获得利润为目的。与赞助型众筹不获取利润相区别，投资型众筹以固定收益或资本权益作为回报，在借贷众筹中，筹资者向投资者偿还本金并支付约定的利息，而在股权众筹中投资者可以获得相应的股息和红利。第二，投资者向筹资者投入了资金。在众筹融资中都存在着资金从投资者向筹资者的转移，投资者根据众筹计划所披露的信息作出投资决策。赞助型众筹获取的资金主要用于公益或个人消费，投资者不予取回，故不构成投资行为，而投资型众筹所获取的资金则用于经营，投资者以收回本利为基础，属于投资行为。第三，众筹融资所获资金用于共同的事业。根据众筹融资的普遍规则，若融资数额未达到预定目标则视为失败，资金将返还投资者，而一旦融资数额超过预定目标则众筹成功，所筹资金由筹资者使用，在投资型众筹中，投资者的固定收益或资本权益建立在众筹项目的成功运行基础之上，此即共同的事业。第四，投资者的利润主要来源于筹资者的努力。众筹融资的投资者往往不直接参与众筹项目公司的管理，投资收益的产生依赖于筹资者的成功经营。因此，从这个分析看来，众筹融资份额符合 Howey 标准，

---

① 参见 Thomas Lee Hazen, Crowdfunding or Fraudfunding? Social Networks and the Securities Law: Why the Specially Tailored Exemption Must Be Conditioned On Meaningful Disclosure, North Carolina Law Review, Vol. 90, 2012, p. 1735。

② 《证券法》第 2 条。

③ 参见陈洁：《金融投资商品统一立法趋势下证券的界定》，载《证券法苑》（第五卷），法律出版社 2011 年版，第 1~23 页。

④ 参见 SEC v. W. J. Howey Co., 328 U. S. 293(1946)。

⑤ 参见 Joan MacLeod Heminway, Shelden Ryan Hoffman, Proceed at Your Peril: Crowdfunding and the Securities Act of 1933, Tenn. L. Rev. Vol. 78, 2011, p. 863。

构成了证券法理论中的"证券"。由于众筹融资是通过网络向不特定的公众筹集资金，投资者数量众多且不特定，因此构成了证券公开发行。

基于投资者保护的考虑，证券发行需要向监管部门注册且进行充分的信息披露。但是过于严格的监管会增加融资的时间成本和经济成本，不适用于经济实力较弱的初创企业。[1] 由于众筹融资的融资规模较小，基于减少初创企业或小微企业融资成本的考量，可以对小额发行进行豁免。[2] 我们可以从美国证券法的实践中寻找证据：美国证券法中的 Regulation A 对于融资额小于 500 万美元的证券发行进行了豁免，规定了低于一般公开发行的要求，尤其是免于一般劝诱禁止的限制使得众筹融资通过互联网的推广宣传获得一定数额的资金更加便利。[3] 也有人认为 Regulation D 对于私募发行的豁免也适用于众筹融资，[4] 但事实上众筹融资的投资者更多的是互联网上的一般投资者，与 Regulation D 中合格投资者要求不相符。概言之，众筹融资的筹资者或者说发行人，一般都是规模较小且融资数额较少的初创企业、个人或其他组织。一方面选择众筹融资模式是因其自身能力限制使然，另一方面也正是因为融资规模小方使其具备豁免的基础。

(二) 众筹门户的法律定位

众筹门户(funding portal)，即众筹中介(crowdfunding intermediary)，指提供众筹信息发布、查询和匹配并促成众筹交易等中介服务的网络平台。在这一平台上，筹资者发布融资需求信息，投资者根据这些信息选择其感兴趣的众筹项目，并在相应的交易系统中完成资金的转移。实际上，众筹门户在众筹融资的过程中起着撮合交易、项目推荐和提供交易场所的作用，在某种意义上与证券经纪商、投资顾问和交易所有着相似之处。问题的关键在于，众筹门户在众筹融资过程中究竟扮演何种角色，直接关系到众筹门户的权利义务以及监管要求，因此需要对众筹门户的法律地位进行准确定位。

众筹门户撮合资金供需双方的匹配，是否构成交易所？根据我国《证券法》的界定，证券交易所是"为证券集中交易提供场所和设施，组织和监督证券交易，实行自律管理的法人"。[5] 美国的《1934 年证券交易法》第 3(a)(1) 条则将交易所定义成"为将证券买卖双方汇集在一起，或以其他方式就证券履行通常由一般所理解的证券交易所来履行的各项职能

① 参见 Stuart R. Cohn, Gregory C. Yadley, Capital Offense: The SEC's Continuing Failure to Address Small Business Financing Concerns, New York Journal of Law and Business, Vol. 4, 2007, p. 6。

② 参见[美]路易斯·罗斯、乔尔·赛里格曼：《美国证券监管法基础》，张路等译，法律出版社 2008 年版，第 288 页。

③ 参见 James D. Cox et al, Securities Regulation: Cases and Materials, Aspen Publishers, 6th edition, 2009, pp. 319-323。

④ 参见 C. Steven Bradford, Crowdfunding and the Federal Securities Laws, Columbia Business Law Review, No. 1, 2012, pp. 49-80。

⑤ 《证券法》第 102 条第 1 款。

而构成、维持或提供一种市场或各种设施的任何法人、非法人组织、协会或团体，包括由该等交易所维持的市场和设施"。① 众筹门户将发行证券的筹资者与购买证券的投资者连接起来并促成交易的达成，在一定程度上具有交易所的外观。但是，根据 Rule3b-16 的规定，要构成交易所，须有将多个买方和卖方的指令汇集起来的交易系统。② SEC 也确定了若只有单个卖方将自己的股票销售给投资者的系统，并不属于交易所。③ 尽管外观相似，若众筹门户并无交易系统，则其并不构成交易所。即便有的众筹门户有交易系统，但根据众筹融资的构成来看，也只是单个筹资者向多个投资者发行证券，并且发行后的证券不能转售交易，即其交易的证券只有单个卖方，不符合交易所中多个卖方(multiple sellers)的要求。因此，众筹门户并不具有交易所的属性。④

众筹门户为投资者购买证券提供服务，是否构成经纪商？美国《证券交易法》第 3(a)(4)条将经纪商定义为"为他人账户从事证券交易业务的人"⑤，单从众筹门户组织证券发行显然无法判断其是否构成经纪商，但是可以通过评估其是否从事营业(engaged in a business)以及是否影响证券交易(effecting transactions in securities)来进行判断。⑥ 众筹门户以组织众筹融资，为筹资者与投资者之间的证券发行提供服务为其常规业务并收取费用，毫无疑问构成了从事营业标准。而对于是否构成影响证券交易的标准，则需要考虑(1)是否在证券交易中扮演了重要角色(包括劝诱、谈判或实施交易)；(2)是否基于证券交易收取了报酬；(3)是否从事了影响证券交易的业务；(4)是否处理了交易标的证券。⑦ 在众筹融资中，有些众筹门户不仅仅只是为筹资者与投资者之间提供信息匹配，还直接介入并推动了证券发行和交易的完成，其中包括提供投资咨询和建议、构建交易结构、接收和转移募集资金、融资后的持续性介入、参与协商谈判、发布劝诱广告并获取盈利。⑧ 因此，除了仅仅提供信息匹配的众筹门户可能不构成经纪商，那些介入融资关系中的众筹门户符合经纪商的认定标准，可以被认定为经纪商并需办理相关的注册登记。

众筹门户处理并提供投资信息，是否构成投资顾问？根据美国《投资顾问法》第 202

① Securities Exchange Act of 1934 § 3(a)(1).

② 参见 Exchange Act Rule 3b-16。

③ 参见 Regulation of Exchanges and Alternative Trading Systems, 63 Fed. Reg. 70844-01。

④ 参见 C. Steven Bradford, Crowdfunding and the Federal Securities Laws, Columbia Business Law Review, No. 1, 2012, pp. 50-51。

⑤ 参见 Exchange Act § 3(a)(4)。

⑥ 参见 Abraham J. B. Cable, Fending for Themselves: Why Securities Regulations Should Encourage Angel groups, 13 U. Pa. J. Bus. L. Vol. 13, 2010, pp. 107-136。

⑦ 参见 Guide to Broker-Dealer Registration, SEC (Apr. 2008), available at http://www.sec.gov/divisions/marketreg/bdguide.htm, 2012-12-01。

⑧ 参见 C. Steven Bradford, Crowdfunding and the Federal Securities Laws, Columbia Business Law Review, No. 1, 2012, pp. 52-67。

（a）（11）条，投资顾问指为取得报酬而直接或通过出版物或著述就证券的价值或就投资于、购买或出售证券的明智性向他人提供咨询，或将其作为其经常性业务的一部分而出具或发布有关证券的分析或报告的人。① 也就是说，投资顾问的判断标准包括（1）是否获取报酬；（2）是否提供投资咨询；（3）投资咨询是否是其经常性业务。但是，在 Lowe v. SEC 案②中，最高法院确定了出版商豁免（publisher exemption）规则，即"包含对证券和黄金市场一般评论、市场指数和投资战略评论以及买卖或持有特定股票或黄金的具体建议"的新闻和图标服务属于出版商，不构成投资顾问的情形。众筹门户由于其网站页面显示的问题，可能会存在隐性的推荐，即首页显示或置顶的众筹项目似乎代表着其倾向性，确实会对投资者的投资决策产生客观的引导效果。但是，众筹门户的信息一般是向其用户无差别地免费提供，尽管该咨询信息亦是经常性提供，但并不存在针对特定投资或特定客户的个性化建议，因此可以将众筹门户视为出版商予以豁免。③ 也就是说，只要众筹门户并不向某些特定客户提供收费的个性化咨询服务，都可以不被视为投资顾问。

（三）投资者

众筹融资中的投资者（funder）是资金的提供者。赞助型众筹的投资者是基于自愿将资金提供给筹资者使用，其与筹资者之间形成赠与合同或买卖合同的关系，并不涉及到投资关系。而在投资型众筹中，投资者基于对投资回报的预期将资金有偿提供给筹资者使用，并取得相应的利息收入或投资权益，这种投资关系相比于合同关系而言更为复杂且权益保护的诉求更为突出。

投资型众筹的投资者与一般意义上的投资者具有一定的区别。众筹融资的特点决定了单笔融资额数量极少，机构投资者或者天使投资人基本上不会选择众筹融资模式进行投资，其所面向的投资者范围除了是对众筹项目确实感兴趣的富人之外，主要是资金实力较弱的草根主体，包括一般职员甚至是学生。这些投资者的资金实力有限、风险承受能力有限、投资知识有限、信息获取能力有限，是投资者群体中最为脆弱的部分。出于投资者保护的要求，需要对投资者的范围与投资数额进行合理的限制。由于众筹融资本来就是没有投资门槛的草根金融模式，传统意义上的投资者适当性与众筹融资的初衷背道而驰因而显然并不适用，而只能是通过限制投资数额及其在投资者收入中所占比重来尽可能最小化投资风险。另外，这些草根投资者信息获取和分析的能力极为有限，加上众筹融资信息披露要求不高，且通过互联网发布的信息良莠不齐，容易加剧信息不对称进而导致众筹融资欺

---

① 参见 Investment Advisers Act of 1940 § 202（a）（11）。

② 参见 472 U. S. 181（1985）。

③ 参见［美］路易斯·罗斯、乔尔·赛里格曼：《美国证券监管法基础》，张路等译，法律出版社 2008 年版，第 648 页。

诈横行。① 不能因为投资额和可能的损失额较小而忽视对于草根投资者的保护。

还有一个问题在于通过众筹平台进行投资的投资者投资权益的形态以及行使权益的可能性，包括能否或者如何介入筹资者的治理，权益能否转让等。正如前文所述，众筹融资是属于主要依靠他人努力获取收益的投资行为。② 但筹资者如何合理使用募集资金以及如何开展经营活动，直接关系到投资者预期收益能否实现，故而介入筹资者的治理是一个重要的问题。就借贷众筹而言，投资者与筹资者之间属于借贷关系，投资者作为债权人并不享有资本权益，不能直接享有表决权介入公司治理。而在股权众筹模式下，投资者的资金构成了众筹项目公司的资本，投资者相应地具有股东地位。但由于股东人数众多以及所占股权比例极小，单个股东基本上不可能直接对公司治理产生实质性影响。众筹门户虽然在融资时搭建了筹资者与投资者沟通的桥梁，但融资完成后却客观上形成了投资者介入筹资者公司治理的障碍。抛开投资者是否有介入公司治理的积极性不论，尽管股权众筹中的投资者在法理上具有股东地位，但却缺乏介入公司治理的途径，也缺乏介入公司治理的组织化力量。此外，众筹平台实际上只是发行平台，并不提供交易和转售的功能，投资者一旦完成投资便较难转让投资权益，缺乏相应的退出通道。解决这个问题有赖于众筹融资模式的进一步完善和众筹门户功能的拓展。

三、众筹融资的监管难题：资本形成与投资者保护之平衡

一般来说发生在筹资者与投资者之间的融资行为属于私人契约，政府不宜介入这种本属私人自治范畴的事务，除非其威胁到公共利益或他人利益。③ 由于众筹融资涉及到向不特定的投资者公开募集资金，并且在投资型众筹中筹资者系使用他人的资金开展经营活动，这就使得众筹融资与金融市场秩序和投资者利益密切关联，进而产生了金融监管的合理性与必要性。但是众筹融资作为小型企业或初创企业的融资方式，若受到严格监管势必会产生高企的融资成本进而影响其资本形成，但如果放松监管却又会将投资者暴露在风险之中。因此，正如金融监管中效率与公平的两难，对众筹融资的监管需要在资本形成与投资者保护之间寻求平衡。④ 这给众筹融资提出了难以把握的监管难题。

---

① 参见 Thomas Lee Hazen, Crowdfunding or Fraudfunding? Social Networks and the Securities Law: Why the Specially Tailored Exemption Must Be Conditioned On Meaningful Disclosure, North Carolina Law Review, Vol. 90, 2012, p. 1735。

② 参见 Joan MacLeod Heminway, Shelden Ryan Hoffman, Proceed at Your Peril: Crowdfunding and the Securities Act of 1933, Tenn. L. Rev. Vol. 78, 2011, pp. 903-904。

③ 参见宋征：《关于私募投资基金监管体制的思考》，载《证券市场导报》2010 年第 11 期。

④ 参见 generally C. Steven Bradford, Transaction Exemptions in the Securities Act of 1933: An Economic Analysis, Emory L. J. Vol. 45, 1996, p. 591。

（一）放松监管的要求：资本形成

资本是企业运行的血液，缺乏资本的企业很难形成发展动力。作为市场经济中最活跃的中小企业所面临的资本瓶颈更为突出，而中小企业恰恰是提供大量就业机会和产生源源不断的创造力的主体，对于一个国家的经济社会稳定发展产生着重要的作用。要保持一国经济的活力，需要给中小企业尤其是初创企业提供良好的环境，而资本形成恰恰是最重要的一个环节。金融监管必须要考虑到初创企业资本形成的制度环境，以确保初创企业能够便利地筹集发展所需资金。

但是这些企业获取资本却有着现实的困难。首先，过高的门槛将初创企业挡在了常规资本市场门外。一方面初创企业在存续时间、资产规模和融资规模等方面均不符合公开发行股票的条件和要求，另一方面公开发行股票所带来的发行承销费用等高昂的资金成本以及漫长的发行周期所形成的时间成本都会成为初创企业不能承受之重。[1] 也就是说，初创企业的资本形成并不适应通过常规资本市场公开发行股票的融资方式。其次，初创企业寻求银行信贷的路径受阻。由于初创企业缺乏提供抵押担保的能力和充足的现金流，并不属于银行的优质信贷客户，银行往往会基于贷款风险的考量拒绝向中小企业尤其是初创企业提供贷款。小微企业"融资难"的问题相当明显。小微企业在正规金融中无法获得资金后只能转投非正规金融，即小额贷款公司、信用担保公司或民间借贷。但是非正规金融中高昂的风险对价使得小微企业融资成本过高，往往会成为资金饥渴的初创企业饮下的一杯毒酒，最终极易导致初创企业的夭折。另外，"看起来很美"的股权投资、风险投资以及天使投资人也并不能成为初创企业的救世主。股权投资以认购原始股的方式，通过在公司上市或股权转让时退出以获取溢价收入，处于初创期的企业显然离这一目标较为遥远，因此很难成为股权投资机构所青睐的理想对象。即便是倾向于进行前期投资的风投而言，更强的介入公司治理的动机以及各种对赌协议将会给初创企业戴上厚重的枷锁，[2] 控制权的旁落不利于初创企业按照创始人的意志自由发展。而天使投资与风投一样，更加青睐特定的高增长、高回报的高科技行业，[3] 并且具有非常鲜明的地域特色即集中于某些特定区域，比如硅谷等高新技术区。[4] 对于分散于各行各业和不同地区初创企业并不具有普适意义。总体而言，现有传统的融资模式并不能很好地解决初创企业的融资需求。

① 参见 Jeffrey J. Hass, Small Issue Public Offerings Conducted Over the Internet: Are They 'Suitable' for the Retail Investor? S. Cal. L. Rev. Vol. 72, 1998, pp. 67-75。

② 参见 Jill E. Fisch, Can Internet Offerings Bridge the Small Business Capital Barrier? J. Small & Emerging Bus. L. Vol. 2, 1998, pp. 57-64。

③ 参见 Darian M. Ibrahim, The Puzzling Behavior of Angel Investors, Vand. L. Rev. Vol. 61, 2008, pp. 1405-1417。

④ 参见 Simon C. Parker, The Economics of Entrepreneurship, Cambridge University Press, 2009, p. 249。

众筹融资模式的出现给初创企业融资提供了一种新的解决方案，资金的供给与需求通过互联网实现有效匹配，大量的小额投资者可以跨域地域限制将资金转移给初创企业使用且对筹资者干预较小。尽管众筹融资并不一定能绝对完美地弥补传统融资方式的缺陷，但毕竟是一种全新且低成本的融资方式，能够有效地促进资本形成，解决初创企业的资本难题。如果对众筹融资施加严格的监管，过高的监管要求将使其高效便捷低成本的优势受到减损，不利于初创企业充分利用众筹融资完成资本形成。易言之，要充分发挥众筹融资的优势，使其真正成为传统融资模式的补充，有效地为初创企业资本形成创造条件，即应避免对其过度监管。

(二)加强监管的要求：投资者保护

投资者保护从来都是金融市场关注的重点，也是金融监管的重要目标之一，投资者受到有效保护不仅事关每个投资者的切身利益，也关系到金融市场秩序及长远发展。众筹融资特殊的主体结构和融资模式使得投资者更容易暴露在风险之中，投资者保护面临着更严峻的考验。

首先，通过众筹融资募集资金的基本上都是并不成熟稳定的小微企业，而这些小微企业尤其是初创企业更容易出现经营失败。[1] 调查结果表明，大约80%的初创企业在设立后五到七年内都失败或者不复存在。[2] 缺乏相应的信息搜集和处理能力的投资者极难对筹资者的经营前景进行有效判断，而筹资者经营失败将导致投资者血本无归。其次，互联网信息芜杂容易导致欺诈横行。筹资者直接通过网络向投资者募集资金，并无相应的保荐承销机构对其进行约束，其发布信息的真实性没有第三方中介机构的验证。投资者主要根据众筹平台上披露的信息以及搜索引擎检索网络上的相关资料作出投资决策，这些信息质量参差不齐且极易被操纵，容易造成对消费者的误导进而形成欺诈。再次，众筹融资面临着较高的代理成本以及信息不对称引发的投机主义。[3] 中小企业尤其是初创企业的经营具有较大的不确定性，由于在众筹融资模式中投资者投资数额和持股比例极小，且都是通过网络完成，其对于筹资者公司治理的介入程度不够，公司的重大经营决策都是由投资者并不熟悉的管理者作出，投资者既不能及时有效地对筹资者的经营状况进行了解，也不能指望筹资者诚信地与投资者及时沟通，投资者与筹资者之间存在着较为严重的信息不对称。简而言之，筹资者能够全面地掌控局面而投资者缺乏足够的信息以对公司进行监控。由此会产

---

① 参见 Howard M. Friedman, On Being Rich, Accredited, and Undiversified: The Lacunae in Contemporary Securities Regulation, Okla. L. Rev. Vol. 47, 1994, pp. 291-306。

② 参见 U. S. Government Accountability Office, Small Business: Efforts to Facilitate Equity Capital Formation, GAO/GGD-00190, 2000, p. 19。

③ 参见 Ronald J. Gilson, Engineering a Venture Capital Market: Lessons from the American Experience, Stan. L. Rev. Vol. 55, 2003, pp. 1067-1077。

生大量的诸如不正当自我交易、超额薪酬、滥用公司机会等损害投资者利益的投机行为。[①] 此外，众筹融资结构中投资者的特殊性也更容易使其自身陷入到风险之中。众筹融资向最普通的一般投资者开放，这些投资者缺乏充足的投资知识和风险防控能力，并且容易对自身的投资能力进行错误评估。因此，众筹融资的投资者因其不成熟而缺乏足够的自我保护能力，在投资风险面前显得尤为脆弱。还有就是众筹融资未形成交易途径，使得投资者面临着不能转售的流动性风险。众筹门户不能像交易所那样提供交易平台，投资者不能通过转手交易获取溢价，只能根据筹资协议的安排在约定的时间退出，缺乏流动性使得投资者要承担更多的风险。[②] 易言之，缺乏流动性使得投资者只能一直承担欺诈和经营失败的风险，难以实现风险转移。

与其他融资模式相比，众筹融资的投资者面临的风险更为复杂多样，投资者更为脆弱，这就对投资者保护提出了更高的要求。要实现投资者保护的目标，需要强化对于众筹融资的监管，包括限制众筹门户的滥设，加强对信息披露真实性、有效性和及时性的要求，防范虚假信息与欺诈等方式，对本已脆弱的投资者进行有效的保护。

(三)适度监管：可行的中间道路

金融安全与金融效率是一组难以平衡的矛盾，放松监管，能够推动金融创新但却不利于金融安全；强化监管固然能实现金融安全，却会对金融创新形成抑制，因此监管限度一直是金融监管中永恒的悖论。对于众筹融资的监管，既要基于鼓励金融创新和促进资本形成放松监管，又要基于维护金融安全和保护投资者利益加强监管，任何片面地强调放松监管或者加强监管都会使众筹融资失去其应有的作用，可行的方案是对众筹融资采取适度的监管。一方面要对于募集资金注册进行豁免，尽可能减少融资过程中的审批，进一步降低中小企业特别是初创企业的融资成本，发挥众筹融资高效便利的优势，促进中小企业资本形成。另一方面要规范众筹融资的过程，规范众筹门户的运行，控制众筹融资的规模，加强对于信息披露的监管要求，防范和控制融资过程中欺诈，确保投资者利益得到有效的保护。

四、众筹融资监管制度的域外经验：以 JOBS 法案为例

尽管众筹融资尚属于新生事物，但各国都开始关注并积极对其进行回应。2011 年 9 月 28 日，葡萄牙组织了一场国际众筹融资会议专门对众筹融资进行研讨。2011 年 11 月 18

---

① 参见 George W. Dent, *Venture Capital and the Future of Corporate Finance*, Wash. U. L. Q. Vol. 70, 1992, pp. 1029-1032。

② 参见 C. Steven Bradford, *Crowdfunding and the Federal Securities Laws*, Columbia Business Law Review, No. 1, 2012, pp. 108-109。

日，欧洲发展机构协会(European Association of Development Agencies)发布了针对众筹融资的正式声明，提出了欧盟成员国应对未来众筹融资趋势的指南。在此之后，英国一家名为 Seedr 的公司获得监管许可从而成为世界上第一家股权众筹平台。[①] 其中最引人注目的是美国对于众筹融资监管的立法探索，从早先的立法尝试到 JOB 法案的出台，勾勒出了相对较为完整的监管框架。

(一)JOBS 之前的立法尝试

在 JOBS 法案出台之前，美国立法机构提出了几项寻求众筹融资获得联邦证券监管豁免的法律草案，力图实现减少众筹融资监管障碍和保护投资者之间的平衡。也正是这些立法尝试，为 JOBS 法案的出台奠定了良好的基础。

在 2011 年 11 月初，美国众议院通过了《企业融资法案》(The Entrepreneur Access to Capital Act)[②]，其中重要的部分就是为小企业众筹融资创建了证券法豁免的安全港。该法案将众筹融资的募资总额限定在一百万美元以内，提供了经审计的财务报告的筹资者的募资额可以达到两百万美元；单个投资者的投资应限制在一万美元或者其年收入的 10% 以内；筹资者须向投资者进行风险提示并通知 SEC 以尽可能降低投资者风险；要求提供中介服务的众筹门户设置统一的信息处理标准以减少虚假信息。

参议员 Scott Brown 向参议院提交的《民主化融资法案》(Democratizing Access to Capital Act)[③]是第二件回应众筹融资的法律草案。该草案与众议院的法案保持了整体的一致，但在三个方面作出了改变。首先是将单个投资者的投资限额从一万美元或年收入的 10% 降低到 1000 美元；其次是要求众筹融资必须通过众筹门户完成；再次是要求筹资者在获得联邦证券监管豁免时，还需要接受州和北美证券管理协会(NASAA)的监管。

第三件针对众筹融资的立法草案是 2011 年 12 月 9 日参议员 Jeff Merkley 提出的《网上融资中减少欺诈与不披露法案》(Capital Raising Online While Deterring Fraud and Unethical Non-Disclosure Act)[④]。该草案对众筹融资的投资者单笔投资额更严格更详细地界分，并且限定了投资者的年度投资总额。年收入 5 万美元以下的投资者单笔投资不超过 500 美元，年度投资总额不超过 2000 美元；年收入 5 万到 10 万美元之间的投资者单笔投资不超过年收入的 1%，年度投资总额不超过年收入的 4%；年收入 10 万美元以上的投资者单笔投资不超过年收入的 2%，年度投资总额不超过年收入的 8%。此外，该草案还对众筹门户规定了较多的义务，包括对筹资者进行审查、投资者教育、投资者分类和接受 SEC 监管等。

---

① 参见 Andrew C. Fink, Protecting the Crowd and Raising Capital Through the JOBS Act, available at SSRN: http://ssrn.com/abstract=2046051 or http://dx.doi.org/10.2139/ssrn.2046051, 2012-11-27。

② 参见 H. R. 2930。

③ 参见 S. 1791。

④ 参见 S. 1790。

（二）JOBS 法案对众筹融资的回应

2012 年 4 月 5 日，JOBS 法案①经美国总统奥巴马签署后正式生效。该法案对 1933 年证券法和 1934 年证券交易法中的部分条款进行了修订，将新兴公司（emerging growth company）作为一个单独的发行人类型予以特殊监管，部分消除了私募发行中一般劝诱禁止的限制，提高了触发向 SEC 报告的股东人数门槛，并对众筹融资创设了特别豁免，以实现便利中小企业尤其是初创企业融资的目标。JOBS 法案中对于众筹融资的规定，集合了此前立法尝试的有益成果。

JOBS 法案为众筹融资创设了对于联邦证券法的豁免，通过众筹融资模式在 12 个月内的融资额不超过 100 万美元的发行人不受到联邦证券法的监管。并且限制了单个投资者投资额度，即投资者年收入少于 10 万美元的，其投资额不得超过 2000 美元或年收入的 5%，若投资者年收入等于或高于 10 万美元的，其投资额不得超过 10 万美元或年收入的 10%。②单笔投资额超过上述要求的将不再适用豁免。此外，JOBS 法案还对于众筹融资中投资者数量到达触发注册标准的限制进行了豁免③，将公开发行的人数限制由 300 人界线提高到 1200 人④。使得众筹融资可以在较大范围的投资者中完成。

JOBS 法案对于为众筹融资提供中介服务的众筹门户虽然豁免其作为经纪商或承销商注册，⑤ 但仍然要求其在 SEC 和相关自律监管组织进行注册，并提供包括风险提示和投资者教育等在内的相关信息，确保投资者知悉众筹融资的相关风险，采取相应措施减少欺诈，提前至少 21 日向 SEC 及潜在投资者披露发行人相关信息，确保只有在融资额达到预期数额后才将其转移给发行人，确保投资者在一定期限内的反悔权，采取措施保护投资者隐私，禁止众筹门户的董事、高管及其他具有类似地位的成员从发行人处获取经济利益。⑥ 另外，JOBS 法案还要求众筹门户不得向投资者提供投资咨询或建议，不得劝诱投资者购买在其网站上显示的证券，不得占有、处置或操纵投资者的资金或证券。⑦

JOBS 法案对于筹资者即发行人也提出了相应的信息披露要求。发行人需向 SEC 报告并向投资者披露以下信息：（1）名称、组织形式、地址及网址；（2）董事、高管以及持股 20%以上股东的基本情况；（3）经营情况的描述以及参与的商业计划；（4）过去 12 个月的财务状况，发行额度在 10 万美元以内的需提供纳税证明以及主要高管背书证明的财务报

① 　参见 H. R. 3606。
② 　参见 H. R. 3606. Section 302(a)。
③ 　参见 H. R. 3606. Section 303(a)。
④ 　参见 H. R. 3606. Section 601(b)。
⑤ 　参见 H. R. 3606. Section 304(a)。
⑥ 　参见 H. R. 3606. Section 302(b)。
⑦ 　参见 H. R. 3606. Section 304(b)。

告，发行额度在 10 万至 50 万美元的财务报告需经独立的公共会计师审核，发行额度在 50
万美元以上的需提供经审计的财务报告；(5)募集资金的目的和用途；(6)募集资金的数
额及截止日期；(7)发行股份的价格或计算方法以及撤销投资的方式；(8)所有权及资本
结构的描述。① 法案还要求发行人除直接通知投资者或众筹门户外不得发布广告，除非向
SEC 披露并得到认可不得向帮助其发行的任何人支付报酬，至少每年向 SEC 报告并向投资
者披露经营结果以及财务报表。此外，发行人还需要满足 SEC 基于公共利益以及投资者保
护所提出的要求。

（三）对 JOBS 法案的批评与反思

JOBS 法案的出台使得众筹融资的注册和披露负担得到极大的减轻，较低的融资成本
能够促进初创企业的发展并创造就业机会。但是对于 JOBS 法案仍然存在着质疑和反对的
声音，一个最重要的观点就是其不利于投资者保护。有学者指出对众筹融资的豁免会降低
对投资者保护的水平，这与保护缺乏自我保护能力的中小投资者这一证券监管的基本理念
背道而驰。② SEC 主席 Mary Schapiro 对于众筹融资豁免也是持反对态度，并认为这种降低
投资者保护水平的做法会助长欺诈并损害市场信心，最终会使得融资成本更高。③ 美国著
名的证券法专家 Thomas Lee Hazen 也指出，JOBS 法案中对于投资者保护的设计实际上是
很幼稚的。以作为豁免前提的单个投资者投资限额为例，不能指望发行人和众筹门户基于
诚信对其进行监管，即使可以也难以避免单个投资者通过重复投资的方式规避这一限
制。④ 按照这些人的观点，JOBS 法案实际上是片面地注重了初创企业的资本形成而忽视了
投资者保护。

实际上，投资者保护与资本形成反映着安全与效率这一对恒久的矛盾，很难实现两者
之间的完美协调，但两者依然不可偏废。只要对众筹融资的风险进行充分的提示，愿意承
担风险的投资者参与众筹的愿望就应当被尊重。我们不应因噎废食，片面地强调投资者的
保护而将众筹融资这种新型便捷的融资模式扼杀在襁褓之中。⑤ 并且并非只有限制豁免加
强监管的方式才能实现投资者保护，投资者自身以及众筹门户可以实现自我监管。众多的

---

① 参见 H. R. 3606. Section 302(b)。

② 参见 Joan MacLeod Heminway, Shelden Ryan Hoffman, Proceed at Your Peril: Crowdfunding and the
Securities Act of 1933, Tenn. L. Rev. Vol. 78, 2011, p. 937。

③ 参见 Chicago Tribune, An American Growth Bill: The Jobs Act Would Cut Red Tape for Growing
Companies, Mar. 21, 2012, http://articles. chicagotribune. com/2012-03-21/news/ct-edit-investors-20120321_1
_jobs-act-growth-bill-red-tape, 2012-12-12。

④ 参见 Thomas Lee Hazen, Crowdfunding or Fraudfunding? Social Networks and the Securities Law: Why
the Specially Tailored Exemption Must Be Conditioned On Meaningful Disclosure, North Carolina Law Review,
Vol. 90, 2012, p. 1763。

⑤ 参见 Andrew C. Fink, Protecting the Crowd and Raising Capital Through the JOBS Act, available at
SSRN: http://ssrn. com/abstract=2046051 or http://dx. doi. org/10. 2139/ssrn. 2046051, 2012-11-27。

投资者实际上可以利用众筹门户提供的内部论坛进行信息的交流与共享，形成一股自发的监管力量对筹资者行为进行约束。① 并且搜索引擎的广泛使用也能带来更多的信息，投资者通过信息共享可以增强透明度。并且众筹门户基于自身发展的考虑，也会对相关信息进行甄别并对筹资者进行监管以建立市场信心。众筹融资行业正在制定众筹平台认证标准（Crowdfunding Accreditation for Platform Standards，CAPS），通过统一的认证标准筛选出一批高质量且具有公信力的众筹门户以维持市场秩序。也就是说，投资者保护不能仅仅依赖监管部门，而应该充分发挥市场主体的自我监管（self-policing）能力，引导投资者自我意识风险、自我管理风险，强化众筹门户的自律监管，最终实现投资者保护与资本形成的有机统一。

五、我国众筹融资的法律制度环境与框架

（一）我国股权众筹的制度障碍

尽管众筹融资尚属于新生事物，但正如境外众筹融资发展的一般路径，我国已经开始了众筹融资模式的萌芽，出现了一批提供赞助型众筹的门户。其中比较有代表性的如"点名时间"，该网站为筹资者提供免费发起众筹融资项目的平台，每个项目都有目标金额和时间限制，项目必须在发起人预设的时间内获得超过目标金额才算成功，没有达到目标的项目将退回所有支持者的款项。项目成功后，该网站监督项目发起人执行项目，并收取最终筹集资金的10%作为手续费，项目不成功则不收费。② 在该众筹门户上，筹资者已经完成了捐赠众筹③、奖励众筹④以及预购众筹⑤等各种类型的众筹融资。由于投资型众筹目前依然存在着法律障碍，所以并无成型的投资型众筹门户出现。

投资型众筹尤其是股权众筹所面临的法律障碍主要来自于《证券法》和《公司法》。首先，股权众筹不符合我国证券公开发行的监管规定。根据《证券法》第十条之规定："公开发行证券，必须符合法律、行政法规规定的条件，并依法报经国务院证券监督管理机构或者国务院授权的部门核准；未经依法核准，任何单位和个人不得公开发行证券。向不特定

---

① 参见 Zach O'Malley Greenburg, The JOBS Act's Real Impact on Crowdfunding, FORBES MONEYBUILDER April 5, 2012, http://www.forbes.com/sites/moneybuilder/2012/04/05/the-jobs-acts-real-impact-on-crowdfunding/. 2012-12-12。

② 点名时间，http://www.demohour.com/，2012-12-13。

③ 如一个大学生发起的"情系湘西，筑梦九龙——每个孩子都有一个穿漂亮衣服的梦"项目成功筹集了目标金额172%的资金。http://www.demohour.com/projects/309408，2012-12-13。

④ 如"一个傻子和一个疯子帮您无忧无虑上西藏"项目融资成功，对不同金额的支持者给予寄送明信片、客栈住宿优惠和小菜园冠名权等不同等级的奖励。http://www.demohour.com/projects/305457，2012-12-13。

⑤ 如"I2Link 蓝牙防丢器"项目，支持者可以免费获得成品。http://www.demohour.com/projects/306519，2012-12-13。

对象发行证券或者向特定对象发行证券累计超过 200 人的，视为公开发行。"股权众筹向不特定的众多投资者募集资金，实际上带有公开发行证券的性质。通过股权众筹募集资金的初创公司，基本上难以满足《证券法》规定的公开发行条件，并且需要报经证监会核准。这就给股权众筹设置了一道难以逾越的障碍。其次，股权众筹门户法律地位尴尬。正如前文所述，股权众筹门户具有经纪商的性质，其开展营业活动，必须根据《证券法》第一百二十二条之规定经过国务院证券监督管理机构审查批准，但要求众筹门户符合批准条件则具有较大的难度。在现行制度框架下股权众筹门户不可能产生。再次，股权众筹投资者数量可能突破公司股东人数限制。《公司法》要求有限责任公司股东人数不得超过 50 人，股份有限公司股东为 2 到 200 人。众筹融资的一大特点就是投资者众多，很容易超出上述限制。尽管可以通过隐名股东或股份代持等方式予以规避，但终究不是治本之策。此外，股权众筹还极有可能触发《刑法》第一百七十九条擅自发行股票、公司、企业债券罪，使筹资者和众筹门户的负责人有牢狱之虞。这些法律障碍直接阻碍了股权众筹在我国的正常发展。

尽管我国现行监管制度并不允许，但市场还是在小规模地尝试股权众筹。目前已经有筹资者利用豆瓣、人人网等社交网络平台尝试了股权众筹。例如在北京创立的"很多人的咖啡馆"即是通过众筹融资方式吸引了近 80 位股东出资设立的，在长沙、天津、武汉等城市均不乏这样的案例。众筹融资模式体现出了旺盛的市场需求和内在活力。

不仅市场深化孕育了众筹融资的现实发展，而且我国经济发展和多层次资本市场的完善也需要众筹融资。初创企业是现代市场经济中最具活力和创造力的主体，但这些企业由于自身规模和发展阶段的限制，往往被排除在主板、中小板、创业板以及新三板等资本市场之外。由于缺乏资产作为抵押，也极难从银行获取贷款；即使寻求风险投资是一条可行道路，但由于风投数量少覆盖面窄，往往能获得风投的初创企业也不过是凤毛麟角。[①] 初创企业的融资问题成为了横亘在企业发展和经济繁荣前面的一道鸿沟。只有引入众筹融资，使其成为常规资本市场的有益补充，全方位地拓展初创企业的融资渠道，便利其资本形成，才能培育和发展中小企业，进而促进经济的增长与繁荣，稳定和扩大就业，实现经济社会的全面发展。

(二)我国股权众筹的制度框架

在我国当前的金融体制和监管环境下，对众筹融资的规范几乎是空白。《关于促进互联网金融健康发展的指导意见》对互联网股权众筹作出了规定，但并未实现制度的突破。股权众筹融资必须通过股权众筹融资中介机构平台(互联网网站或其他类似的电子媒介)进行。股权众筹融资中介机构可以在符合法律法规规定前提下，对业务模式进行创新探索，发挥股权众筹融资作为多层次资本市场有机组成部分的作用，更好服务创新创业企业。股

---

① 参见 Andy Cosh et al., Outside Entrepreneurial Capital, ECON. J. Vol. 119, 2009, pp. 1494-1530.

权众筹融资方应为小微企业，应通过股权众筹融资中介机构向投资人如实披露企业的商业模式、经营管理、财务、资金使用等关键信息，不得误导或欺诈投资者。投资者应当充分了解股权众筹融资活动风险，具备相应风险承受能力，进行小额投资。股权众筹融资业务由证监会负责监管。

2014 年 12 月，中国证券业协会颁布了《私募股权众筹融资管理办法（试行）》（征求意见稿），明确规定股权众筹应当采取非公开发行方式，并通过一系列自律管理要求以满足《证券法》第 10 条对非公开发行的相关规定：一是投资者必须为特定对象，即经股权众筹平台核实的符合《管理办法》中规定条件的实名注册用户；二是投资者累计不得超过 200人；三是股权众筹平台只能向实名注册用户推荐项目信息，股权众筹平台和融资者均不得进行公开宣传、推介或劝诱。但该征求意见稿受到诸多批评，认为将股权众筹限定为非公开发行的方式，与众筹的"公开、小额、大众"的属性背道而驰，因而始终未正式通过。

2015 年，证监会发布了《关于对通过互联网开展股权融资活动的机构进行专项检查的通知》，明确未经国务院证券监督管理机构批准，任何单位和个人不得开展股权众筹融资活动。目前，一些市场机构开展的冠以"股权众筹"名义的活动，是通过互联网形式进行的非公开股权融资或私募股权投资基金募集行为，不属于《指导意见》规定的股权众筹融资范围。根据《公司法》《证券法》等有关规定，未经国务院证券监督管理机构批准，任何单位和个人都不得向不特定对象发行证券、向特定对象发行证券累计不得超过 200 人，非公开发行证券不得采用广告、公开劝诱和变相公开方式。根据《证券投资基金法》《私募投资基金监督管理暂行办法》等有关规定，私募基金管理人不得向合格投资者之外的单位和个人募集资金，不得向不特定对象宣传推介，合格投资者累计不得超过 200 人，合格投资者的标准应符合《私募投资基金监督管理暂行办法》的规定。

2016 年，证监会印发《股权众筹风险专项整治工作实施方案》，对众筹平台及平台上的融资者在进行互联网股权融资时禁止从事以下活动。一是擅自公开发行股票。向不特定对象发行股票或向特定对象发行股票后股东累计超过 200 人的，为公开发行，应依法报经证监会核准。未经核准擅自发行的，属于非法发行股票。二是变相公开发行股票。向特定对象发行股票后股东累计不超过 200 人的，为非公开发行。非公开发行股票及其股权转让，不得采用广告、公告、广播、电话、传真、信函、推介会、说明会、网络、短信、公开劝诱等公开方式或变相公开方式向社会公众发行，不得通过手机 APP、微信公众号、QQ 群和微信群等方式进行宣传推介。严禁任何公司股东自行或委托他人以公开方式向社会公众转让股票。向特定对象转让股票，未依法报经证监会核准的，股票转让后公司股东累计不得超过 200 人。三是非法开展私募基金管理业务。根据证券投资基金法、私募投资基金监督管理暂行办法等有关规定，私募基金管理人不得向合格投资者之外的单位和个人募集资金，不得变相乱集资，不得向不特定对象宣传推介，不得通过分拆、分期、与资产管理计划嵌套等方式变相增加投资者数量，合格投资者累计不得超过 200 人，合格投资者的标准应当符合私募投资基金监督管理暂行办法的规定。四是非法经营证券业务。股票承销、经纪（代理买卖）、证券投资咨询等证券业务由证监会依法批准设立的证券机构经营，未经证监会批准，其他任何机构和个人不得经营证券业务，不得向投资人提供购买建议。五是对金融产品和业务进行虚假违法广告宣传。平台及融资者发布的信息应当真实准确，不得违反相关法律法规规定，不得虚构项目误导或欺诈投资者，不得进行虚假陈述和误导性宣传。宣传内容涉及的事项需要经有权部门许可的，应当与许可的内容相符合。六是挪用或占用投资者资金。根据《指导意见》，互联网金融从业机构应当严格落实客户资金第三方存管制度，对客户资金进行管理和监督，实现客户资金与自身资金分账管理，平台应严格落实客户资金第三方存管制度。平台及其工作人员，不得利用职务上的便利，将投资者资金非法占为己有，或挪用归个人使用、借贷给他人、进行营利或非法活动。

第四节　第三方支付

随着互联网信息技术和电子商务的发展，网络支付越来越成为人们重要的日常支付方式之一。以支付宝为代表的第三方支付机构的出现，缓解了交易双方对彼此信用的担忧，增加了网上购物的可信度，在一定程度上促进了电子商务的发展。作为一个新兴行业，同时也作为金融市场基础设施的重要组成部分，第三方支付从出现之初即受到了中国人民银行的严格监管，因此也呈现出相对规范的发展过程。

一、第三方支付概述

（一）第三方支付的概念

信息技术的发展为支付业务提供了巨大的多样性和便利性，由此也出现了许多概念，诸如电子支付、网上支付、网络支付、移动支付等。这就导致了很多人在见到这些五花八门的概念时难以正确区分这些概念之间的区别，极易造成混淆与误解。我们在正确认识互联网金融时代的第三方支付时，需要对各类概念之间的关系予以厘清。

支付，实际上应该全程为支付结算，指单位和个人在社会经济活动中使用现金、票据、银行卡和汇兑、托收承付、委托收款等结算方式进行货币给付和资金清算的行为，是实现资金从一方当事人向另一方当事人转移的交易过程。广义的支付结算包括现金结算和银行转账结算。

按照支付的技术方式来分类，可以将支付分为传统支付和电子支付。传统支付主要是现金支付和票据交换等需要在特定物理场所或书面记账当面完成的支付手段。电子支付，按照中国人民银行《电子支付指引》的定义，是指单位、个人直接或授权他人通过电子终端发出支付指令，实现货币支付与资金转移的行为。按照电子支付指令发起方式的不同，电子支付又可以分为网上支付、电话支付、移动支付、销售点终端交易、自动柜员机交易和其他电子支付。因此，借助电子终端和信息化工具实现的支付，都应当属于电子支付的范畴。当前最为普及且最有应用前景的电子支付形式是网络支付，按照 2010 年中国人民银行颁布的《非金融机构支付服务平台管理办法》的界定，网络支付是指依托公共网络或专用网络在收付款人之间转移货币资金的行为，包括货币汇兑、互联网支付、移动电话支付、固定电话支付、数字电视支付等，也就是说网上支付、电话支付和移动支付都被纳入了网络支付的范畴。

按照支付的渠道来分类，可以将支付分为直接支付、银行支付和非银行支付机构支付。直接支付是最为简单原始的支付方式，当事人在资金转移时无需借助任何中介，直接完成货币给付与资金转移。银行支付则是借助银行支付中介的功能，借助银行的支付结算体系完成资金转移。非银行支付机构支付，则是借助银行以外的第三方独立机构作为中介平台完成资金给付，非银行支付机构即所谓的"第三方"，因此也称第三方支付。

因此，我们理解与支付相关的庞杂繁复的概念时，需要将其放在相应的维度里考虑。银行支付和第三方支付都有可能是网上支付、电子支付、移动支付。我们不能仅以是否使用网络、是否借助互联网技术来认定第三方支付，而是应当结合是否有银行以外的第三方支付中介的参与予以认定。而按照《非金融机构支付服务管理办法》，第三方支付即非金融机构支付服务包括了网络支付、预付卡的发行与受理、银行卡收单等，即广义上的第三方支付不仅包括了网络支付，而且还包括了预付卡发行与受理、银行卡收单等其他业务模式。

在我国，能够提供网络支付的主体有中国人民银行清算中心、商业银行和获得许可的非金融机构。"第三方支付"正是由除了中国人民银行清算中心、商业银行之外的非金融机构提供支付服务的电子支付，其基于其自身客户优势和技术优势，依托和借助银行的支付结算功能，为企业和个人提供多样的支付结算和增值服务。① 在电子商务发展过程中，第三方支付机构瞄准大量小额的支付，形成了海量的交易数据和资金沉淀，借助"长尾效应"②得以迅速发展。

---

① 参见李爱君：《互联网金融法律与实务》，机械工业出版社 2015 年版，第 110 页。
② 长尾效应，英文名称 Long Tail Effect。"头"（head）和"尾"（tail）是两个统计学名词。正态曲线中间的突起部分叫"头"；两边相对平缓的部分叫"尾"。从人们需求的角度来看，大多数的需求会集中在头部，而这部分我们可以称为流行，而分布在尾部的需求是个性化的，零散的小量的需求。而这部分差异化的、少量的需求会在需求曲线上面形成一条长长的"尾巴"，而所谓长尾效应就在于它的数量上，将所有非流行的市场累加起来就会形成一个比流行市场还大的市场。

因此，第三方支付有广义和狭义之分，广义上的第三方支付是指非金融机构在收付款人之间作为中介机构提供网络支付、预付卡的发行与受理、银行卡收单和中国人民银行确定的其他支付服务，包括线上支付和线下支付。而狭义上的第三方支付，是指具备一定实力和信誉保障的，利用计算机和网络技术，通过搭建特定的中介平台，采用与相应银行签约方式接入银行支付结算系统，实现资金转移的网络支付模式。[①]

从价值链的角度来看，第三方支付在前端是在线商户和网络消费者，中间为第三方平台，后端是以银行为代表的金融机构。第三方平台利用其客户资源和技术优势，在基础支付层提供统一平台和接口的基础上进行集成封装等二次开发，通过非银行支付机构网络支付清算平台("网联")接入各银行支付结算系统，从而实现资金的高效安全的给付转移。

（二）第三方支付的特点

第三方支付在互联网技术发展和普及后，以及开始成为互联网金融的关键性业务模式和重要的基础设施，并且日渐成为人们日常消费的主要支付方式。其特点主要表现为以下几个方面：

1. 第三方支付是非金融机构提供的支付中介服务。由非金融机构提供支付服务，是第三方支付的最核心的特征，是第三方支付区别于银行支付体系的根本标准。第三方支付机构以支付中介的角色提供支付服务，连接客户与银行，提供高效便捷安全的支付服务，是第三方支付产生和发展的客观土壤。

2. 第三方支付是支付结算体系的重要组成部分。随着电子商务的迅速发展和客户对支付服务便捷性要求的提高，第三方支付得以迅速发展，市场规模不断扩大，日益成为当前居民生活的重要支付方式，成为我国传统银行支付结算体系的有益补充，有助于推动我国支付结算体系的发展和创新。

3. 第三方支付是网络支付的重要类型。网络支付是第三方支付的主要内容，也正是网络支付需求的日益旺盛为第三方支付的发展壮大提供了机会和土壤。对于电子商务的粘性和对于互联网技术的高度依赖性，决定了第三方支付的应用场景和技术基础具有很强的网络性特征。

4. 第三方支付发挥着一定的信用担保的作用。第三方支付机构的信誉是用户使用其支付服务和进行电子商务交易的基础。在网络商品交易的过程中，买卖双方的交易过程并不像传统交易那样钱货两清。第三方支付机构对于资金收付的处理和监管，实际上为交易双方提供了信用担保，消除了交易双方因信息不对称而造成的交易风险。

5. 第三方支付与银行既竞争又合作。第三方支付机构需要银行为其提供接口和支付渠道，这给双方带来了合作的基础，第三方支付机构在开展业务时也能给银行降低成本和

---

① 参见陈晓华、唐岫立：《互联网金融法律与实务》，中国金融出版社 2017 年版，第 86 页。

增加收入。但第三方支付在一定程度上又挤占了银行的业务空间，引发了更加常态化的竞争，成为了银行的强有力的竞争对手。

（三）第三方支付的分类

第三方支付以第三方支付机构为服务提供主体，以互联网等开放网络为支付渠道，通过第三方支付机构和商业银行之间的支付接口，在商户、消费者与商业银行之间形成一个完整的支付服务流程。具体的第三方支付的运行模式包括以下几种类型：

1. 支付网关模式

支付网关模式也称独立第三方支付模式，是指其有独立的运营平台，为前端的网上商户和签约用户提供以订单支付为目的的增值服务运营平台，系统后端连着不同银行的专用网络，所以被称为"支付网关"。从整个过程来看，支付网关模式是一个把银行的签约用户连起来的虚拟通道，消费者通过第三方支付平台付款给商家，第三方支付为签约用户提供了一个可以兼容多家银行支付接口平台。我国支付网关模式的典型代表是首信易和交钱。网关模式下，网络支付平台仅仅是银行内部金融网络和公共互联网的联结者，其主要作用是对两者之间的数据进行打包、加密、解密并完成数据之间的传递。这样的模式如同一个"链式"结构，链的前端联系着各种支付结算方式，供签约网上消费者选择，链的后端则是第三方支付平台的签约银行，第三方支付平台只是起着"信使"作用，将互联网上各种支付请求指令进行搜集，分析并实时传递给后台的银行内部金融系统，银行完成相关转账业务后将支付信息传递给网络支付平台，非金机构借此向商户发出指令，告知资金清算结果。该种模式的主要特征是在支付过程中有银行机构"网银界面"的跳出，且这种类型的网络支付机构本身不从事电子商务活动，是互联网和传统银行网络之间的居间人。

2. 虚拟账户模式

虚拟账户模式是指第三方支付机构不仅为商户提供银行支付网关的集成服务，还向客户提供了一个虚拟账户，使之与客户的银行账户进行绑定。客户可以直接将存放在银行账户的资金注入该虚拟账户，或者把虚拟账户内的资金提取到相应的银行账户。客户的网上支付可以在虚拟账户和银行账户之间进行，如果虚拟账户内的资金充足，也可以直接通过双方的虚拟账户完成资金划拨。该种模式不仅具有支付网关模式的优点，而且还解决了交易双方之间的隐私保护和信息不对称问题，第一，虚拟账户能够避免交易者的身份信息和账户信息暴露；第二，虚拟账户可用于为电子商务交易提供信用担保。但是，虚拟账户也同样存在着支付机构无权处分、沉淀资金孳息归属等问题。根据虚拟账户的功能不同，可以将其细分为以下两类：①

---

① 参见何松琦、周天林、石峰：《互联网金融中国实践的法律透视》，上海远东出版社 2015 年版，第 331~335 页。

（1）无担保的虚拟账户。即虚拟账户只负责资金的暂时存放和转移，第三方支付机构不承担信用中介等其他功能。也就是说，支付机构并不承担监管交易各方虚拟账户资金是否充足、也不就交易安全进行担保。

（2）有担保的虚拟账户。即第三方支付机构将自身商业信用注入交易支付过程中，在交易发生时，买方先通过虚拟账户将资金划入支付平台，在卖方发货且经买方收货验货确认后，再委托支付机构将款项划拨至卖方虚拟账户。此时第三方支付机构实际发挥了代收代管代付的功能，能起到信用增强保护电子商务交易安全的作用。

二、第三方支付机构

在第三方支付中，提供支付服务的第三方支付机构是最为重要的主体。作为一种新兴的金融市场主体类型，其法律地位和市场准入条件，是需要重点关注的两大问题。第三方支付机构，也称第三方支付平台，是依法取得支付业务许可证，提供第三方支付服务非金融法人企业。

（一）第三方支付机构的法律性质

第三方支付机构的法律地位和法律性质，决定了其在开展业务时应当受到何种程度的监管。尽管《非金融机构支付服务管理办法》将第三方支付机构界定为"非金融机构"，但从具体业务运行来看，第三方支付机构具有很强的金融机构属性，包括其从事的清算结算业务、信用担保业务、通过虚拟账户占有沉淀资金类似于吸储、虚拟账户可用于消费转账和理财等等，都具有很强的金融业务色彩。然而根据我国《商业银行法》的规定，只有银行才吸收存款和办理货币结算，而作为非金融机构的第三方支付机构显然不具备相应的主体资格。

在美国，第三方支付平台定性为代理商和服务商。美国负责监管第三方支付机构的联邦存款保险公司（FDIC）把第三方支付平台上直流的资金定义为负债而非银行存款，第三方支付平台也不需要获得银行业务许可证。在欧盟，则将第三方支付机构定性为银行或其他存款机构，因此第三方支付机构只有在取得银行执照或电子货币公司执照后才能开展业务。[①] 而我国对于第三方支付机构性质界定的模糊，引发了学界的广泛探讨。主要的争论主要有以下几种：

1. 商业银行说。有学者认为第三方支付机构在事实上通过设置虚拟账户吸收和占有资金，并办理货币结算业务，在实质上与商业银行的吸收存款和货币结算业务并无差异，在某种意义上已经在发挥着网络银行的部分功能，因此应当将其作为商业银行进行严格监管。而反对意见则认为占用沉淀资金生息获利的行为并不能绝对地认定为吸收存款，因为

---

① 参见李爱君：《互联网金融法律与实务》，机械工业出版社 2015 年版，第 113 页。

存款构成债权债务关系，而第三方支付机构对虚拟账户中的资金并不承担还本付息的责任，仅能认定为一种货币保管关系。即便是占用沉淀资金生息获利，也只能认定为一种不当得利。

2. 支付清算组织说。2005年中国人民银行曾颁布《支付清算组织管理办法》（征求意见稿），以支付清算组织的概念定义了提供支付清算服务的法人组织。第三方支付机构明显可以被涵盖在支付清算组织的概念范畴之内。尽管该办法并未最终出台，但《非金融机构支付服务管理办法》以"非金融机构"的概念有意地将第三方支付机构与金融机构进行了区分，暗合了中国人民银行对其以支付清算组织予以定性的态度。但是，支付清算组织与金融机构究竟有何差异，如果有差异又为何要将其纳入中国人民银行的金融监管？这个问题可能即便是中国人民银行也难以回答。

3. 非银行金融机构说。即便第三方支付机构不属于商业银行，但也因其货币代收代管代付等业务模式而具有极强的金融属性，应当将其作为金融机构纳入监管。第三方支付机构不能吸收公众存款和发放贷款，因此其不具有银行类金融机构的特点，但可以将其作为非银行金融机构，按照金融监管的框架和规则对其业务活动进行有效规制，从而能够防范金融风险和保护金融消费者利益。这种观点充分认识到了第三方支付机构的金融属性和对其进行金融监管的紧迫性，堪可赞同。

(二) 第三方支付机构的市场准入

第三方支付在迅速发展的过程中，由于缺乏监管和经营粗放，行业乱象丛生，非法套现、洗钱、挪用客户资金等现象频出。在此形势下，2010年中国人民银行出台《非金融机构支付服务管理办法》，对从事网络支付的第三方支付实施行政许可支付。至此，第三方支付机构需要满足市场准入标准，经中国人民银行批准并取得支付业务许可证后方能开展业务。具体准入要求如下：

1. 组织要求。《支付业务许可证》的申请人应当具备下列条件：(1)在中华人民共和国境内依法设立的有限责任公司或股份有限公司，且为非金融机构法人；(2)有符合要求的注册资本最低限额；(3)有符合规定的出资人；(4)有5名以上熟悉支付业务的高级管理人员；(5)有符合要求的反洗钱措施；(6)有符合要求的支付业务设施；(7)有健全的组织机构、内部控制制度和风险管理措施；(8)有符合要求的营业场所和安全保障措施；(9)申请人及其高级管理人员最近3年内未因利用支付业务实施违法犯罪活动或为违法犯罪活动办理支付业务等受过处罚。

2. 资本金要求。申请人拟在全国范围内从事支付业务的，其注册资本最低限额为1亿元人民币；拟在省(自治区、直辖市)范围内从事支付业务的，其注册资本最低限额为3千万元人民币。注册资本最低限额为实缴货币资本。支付机构的实缴货币资本与客户备付金日均余额的比例，不得低于 10%。

3. 主要出资人资质。申请人的主要出资人，即拥有申请人实际控制权的出资人和持有申请人 10% 以上股权的出资人，应当满足以下条件：（1）为依法设立的有限责任公司或股份有限公司；（2）截至申请日，连续为金融机构提供信息处理支持服务 2 年以上，或连续为电子商务活动提供信息处理支持服务 2 年以上；（3）截至申请日，连续盈利 2 年以上；（4）最近 3 年内未因利用支付业务实施违法犯罪活动或为违法犯罪活动办理支付业务等受过处罚。

4. 高管要求。组织要求中所称的有 5 名以上熟悉支付业务的高级管理人员，包括总经理、副总经理、财务负责人、技术负责人或实际履行上述职责的人员，须具有大学本科以上学历或具有会计、经济、金融、计算机、电子通信、信息安全等专业的中级技术职称，须从事支付结算业务或金融信息处理业务 2 年以上或从事会计、经济、金融、计算机、电子通信、信息安全工作 3 年以上。

三、第三方支付的法律关系

第三方支付业务涉及到基础交易双方、支付机构和银行，在业务流程中，个民事主体分别缔结合同，形成多组关联的合同关系。具体的法律关系包括以下几个方面：

（一）基础债务关系

一般的支付要求都存在着基础交易关系，因基础交易关系而产生一方主体向另一方主体负有债务，从而产生支付的义务和需求。虽然支付指令具有无因性，但是当出现款项错划或者网络欺诈时，支付双方的基础债权债务关系就成为了判断是否负有返还义务的重要依据。换句话说，支付关系的双方必然是有着基础债务关系的。

（二）支付机构与客户的服务合同关系

1. 服务合同与委托代理

支付网关模式下，第三方支付机构根据其与付款人之间的合同，向付款人提供银行网关，与收款人不存在直接的法律关系。在虚拟账户的模式中，买卖双方在成为支付机构的用户时必须要在平台上注册账户，与支付机构签订服务协议。这份协议是由第三方支付机构单方提供的格式合同，内容包括服务项目、双方的权利义务以及争议处理条款等。在同意并签署该份协议后，收款人和付款人基于第三方支付机构建立起了服务合同关系。

第三方支付机构根据客户指令履行代收代付职能，在交易双方发生争议时，依其自行判断决定争议款项归属，这种行为模式来源于第三方支付机构与客户间的委托代理关系。即因服务合同建立委托代理关系，依客户指令办理资金收付行为，资金收付的后果由客户承担。

2. 担保交易与资金保管

在有担保的虚拟账户支付中，第三方支付机构往往用"担保中介"或"担保交易"来表述此项功能。此项功能的实现，来源于资金在从付款人虚拟账户支付至收款人虚拟账户之前，会停留在第三方支付平台专门账户或者被第三方支付平台暂时冻结。这实际上是第三方支付平台根据付款人和收款人的委托，暂时保管该笔款项。若交易按时完成，资金会流入收款人账户，若发生履行瑕疵则第三方支付机构可以根据协议作出相应处理。因此，尽管表面上第三方支付机构是以"担保交易"为名实现该功能，但事实上该模式并不符合信用担保的法律关系结构，第三方支付机构与交易双方既未订立担保合同，且未承诺承担担保责任，其实质应该是基于服务合同而成立的资金保管关系。

(三) 支付机构与银行的业务合同关系

第三方支付机构并不能直接从事金融业务，必须依靠银行来构建自己的服务体系。在支付网关模式中，支付机构并不直接参与资金划拨，仅作为付款行的代理人为其客户提供网关，法律关系相对简单。在虚拟账户模式中，支付过程涉及两类银行：一类是为第三方支付机构提供资金转移和结算服务的银行；另一类是为第三方支付机构提供资金存管服务的银行。

1. 支付机构与结算银行

支付机构与结算银行之间的关系是业务合作关系，是基于双方签订的业务合作协议，由结算银行为支付机构提供接口，使第三方支付机构能够连接收款人和付款人在不同银行的账户，实现资金收付的过程。此种关系并非简单的外包关系，因为结算银行并未将其支付清算业务外包给支付机构，第三方支付机构是基于其特殊的业务模式独立地为客户提供专门服务，并未承担银行的业务。此种关系也并非委托代理关系，第三方支付机构在开展业务时并非基于银行的授权，也非依照银行的指示行事，更不会由结算银行承担法律后果。因此，支付机构与结算银行之间是基于独立平等、互利共赢的原则缔结的业务合作关系。

2. 支付机构与备付金银行

第三方支付机构与备付金银行之间具有资金存管服务合同关系和监督关系。根据《支付机构客户备付金存管办法》，备付金存管银行是指可以为支付机构办理客户备付金的跨行收付业务，并负责对支付机构存放在所有备付金银行的客户备付金信息进行归集、核对与监督的备付金银行。一方面，第三方支付机构通过与备付金银行签订协议明确他们在备付金的划拨、存管和使用方面的权利义务，由备付金银行为其提供资金存管服务。另一方面，备付金银行又根据法律授权对支付机构的备付金合规进行监督。

为了进一步加强客户备付金监管，切实保障消费者合法权益，规范集中存管后备付金业务，央行于 2021 年 1 月 19 日发布了部门规章《非银行支付机构客户备付金存管办法》（人民银行令〔2021〕第 1 号），与此同时《支付机构客户备付金存管办法》（中国人民银行公告〔2013〕第 6 号）同时废止。按照互联网金融风险专项整治工作的部署，非银行支付机构客户备付金已于 2019 年 1 月全部集中存管。与原备付金办法相比，《办法》主要明确了以下几个方面：1. 规定备付金全额集中交存至人民银行或符合规定的商业银行。2. 规定客户备付金的划转应当通过符合规定的清算机构办理。3. 详细规定了备付金出金、入金以及自有资金划转的范围和方式，明确了支付机构间开展合规合作产生的备付金划转应当通过符合规定的清算机构办理。4. 明确了中国人民银行及其分支机构、清算机构、备付金银行各方对于客户备付金的监督管理职责。5.《办法》增加备付金违规行为处罚条款。

四、非银行支付机构网络支付清算平台

近年来，第三方支付的高速发展的同时，机构多头直连、备付金分散存放、跨行资金清算导致的信息碎片化、资金监管困难、市场竞争失衡等问题对支付行业的健康发展带来了制约，特别是在清算基础设施缺位情况下的非中心化清算安排蕴含了显著的系统性风险隐患。在此背景下，2016 年国务院推动设立非银行支付机构网络支付清算平台（网联平台），在中国人民银行指导下，由中国支付清算协会组织支付机构按照"共建、共有、共享"原则进行建设，主要处理支付机构发起的涉及银行账户的网络支付业务，提供统一公共的转接 清算服务，实现资金清算的集中、透明和规范化运作，提升清算效率，降低连接成本，并助力资金流向有效监控。[1]

在网联平台出现之前，中国第三方支付机构主要采用直连银行模式。直连模式下第三方支付机构一边直接和银行系统连接，一边和用户连接，交易数据无法被监控。非银行支付机构在实际操作中承担了清算职能，与商户、资金托管银行共同构成新的三方模式，完成整个支付过程。从监管者的角度看，第三方支付机构直连银行的模式可能存在资金监管方面的漏洞。第三方支付机构采用直连模式与银行业金融机构直接对接。在直连模式下，支付机构可以在多家银行开立账户，这样资金在同一家支付机构内部流转，支付机构只需在内部轧差之后，调整不同银行账户的金额，就完成所有支付交易的流程。在这个过程中，支付交易的具体信息只会留存在支付机构内部，而监管机构只能够看到支付机构在各家银行账户上的资金变动，无法有效监管支付过程中可能存在的违法违规现象，其中可能存在洗钱和税务上的风险，同时这些机构也存在一些违规的账户。网联作为线上交易的清算平台，一边连接支付机构，一边连接银行系统，类似于线上"银联"。

网联平台的运行在其与第三方支付机构、商业银行三方之间展开，接受客户指令、清

---

① 参见董俊峰：《打造高效网络支付清算平台》，载《中国金融》2018 年第 1 期。

分轧差及跨行厘清债权债务关系以进行之后的资金划拨是网联平台运行流程的三部曲。第一步，接受客户指令。网联平台作为中转站连接第三方支付机构和商业银行，通过支付机构的数据获取客户支取资金的需求，将信息进行记账发送给商业银行一方。此时的网联平台在商业银行和支付机构之间担当信鸽角色。第二步，清分轧差。对于客户间同一银行的转账请求，清算过程比较简明，通过单一的记账过程即可迅速厘清双方债权债务关系进行结算与清算。但涉及跨行支付的情况，网联清算平台需要在记账的同时逐笔计算债权债务差额，将轧差汇总后计算出最终的银行间交易总额。第三步，划拨资金。由于消费者在支付机构的记录资金余额是委托存管的预付价值，所以网联清算平台清分轧差后的汇总数额需要网联平台通过央行的支付系统在各商业银行于央行开设的账户中进行划拨，这才能完成资金在银行间的真正转移，完成该次交易。

2017 年 8 月，中国人民银行支付结算司发布《关于将非银行支付机构网络支付业务由直连模式迁移至网联平台处理的通知》（"209 号文"），要求支付机构受理的涉及银行账户的网络支付业务全部通过网联平台处理。

第五节　虚 拟 货 币

互联网金融的发展，不仅在金融交易模式上出现了大量创新，而且借助信息技术尤其是区块链技术的进步，在金融工具层面也开始涌现出新生事物。以比特币为代表的虚拟货币即在很长时期内吸引了世人的广泛关注，各种虚拟货币也如雨后春笋般推出。然而在虚拟货币大量出现的同时，以虚拟货币为噱头的骗局也导致了大量投资者的经济损失，金融市场秩序也受到了严重冲击。然而，技术的发展和新生事物的出现在某种程度上也代表着未来发展的必然趋势。尽管目前对于虚拟货币的法律制度尚有争议，但在现有制度框架下对其予以介绍，仍然殊为必要。

一、虚拟货币概述

(一) 虚拟货币的定义

虚拟货币(Virtual Currency)并非一个非常严谨的概念，随着产生与发展的阶段不断演进，被赋予了不同的内涵。从广义上讲，虚拟货币是指在互联网虚拟环境中产生的以信息技术为基础并以数据传递方式实现支付和流通功能的一般等价物。按照欧洲央行的定义，虚拟货币是指"在一个不受监管的环境中，由开发商发行和控制的数字货币，并用作特定虚拟社区成员之间的一种支付方式"

最原初层次的虚拟货币，主要是指网络游戏虚拟货币、门户网站或即时通讯服务商发行的专用货币。网络游戏虚拟货币是指由网络游戏运营企业发行，游戏用户使用法定货币按一定比例直接或间接购买，存在于游戏程序之外，以电磁记录方式存储于网络游戏运营企业提供的服务器内，并以特定数字单位表现的一种虚拟兑换工具。网络游戏虚拟货币用于兑换发行企业所提供的指定范围、指定时间内的网络游戏服务，表现为网络游戏的预付充值卡、预付金额或点数等形式。① 网络游戏虚拟货币的使用范围仅限于兑换发行企业自身所提供的虚拟服务，不得用以支付、购买实物产品或兑换其他企业的任何产品和服务。比较典型的就是游戏中的"金币""欢乐豆"等。门户网站或即时通讯服务商发行的专用货币则是由特定运营商面向客户或会员发行的用于购买本网站内服务的代币工具，例如腾讯的 Q 币、京东豆等。这类虚拟货币，仅是用于特定虚拟空间的交易活动，并未进入金融体系，因此并未引起金融监管的关注。

而随着虚拟货币逐渐侵入金融市场，当代话语下的虚拟货币则开始具备金融属性，寻求与现实货币同等功能，由此也激起了金融市场和监管部门的高度重视。在这个层次，虚拟货币是指非由中央银行或政府部门发行的，却作为一种支付途径被公众接受的，并且可以通过电子化方式转账、储存和交易的价值的数字表示。这类虚拟货币可以通过电子方式获得、存储、访问及交易，只要交易各方同意使用，可以用于买卖、赠与、投资以及其他各种目的。在实际上发挥着与法定货币并无差异的经济功能。我们当前讨论虚拟货币的法律问题，也更多地是集中在这个层次。

(二) 虚拟货币的特征

1. 数字化。虚拟货币的货币形态是数字化的，其交易与流通是通过网络系统完成。互联网的开放性致使虚拟货币具备了一种特殊的性质，即通过数字化实现了虚拟性。虚拟货币的传播速度极快，隐蔽性极强，并且还具有跨时空的特征。这些不同寻常的特质使得金融市场更加自由，更加充满活力，大大降低了交易成本。但是，网络的虚拟性也为一些不法犯罪分子提供了便利条件，容易引发洗钱、贪污等各种经济犯罪。

2. 获取方式多样性。法定货币获得方式是唯一的，通过让渡劳动或者财产而取得。而虚拟货币的获取方式是多样的，既可以通过挖矿等技术手段和网上活动获取，也可以通过交易取得。

3. 发行主体的私人性。与法定货币由央行发行不同，虚拟货币的发行主体是私人，包括私人企业或者网络服务商。从理论上讲，只要具备了相应的技术条件，任何自然人或企业都能够发行虚拟货币。正是由于发行主体的私人性，决定了其难以像法定货币那样具有稳定的法偿性。

---

① 参见 2009 年 6 月 28 日文化部和商务部联合下发的《关于加强网络游戏虚拟货币管理工作的通知》。

4. 在有限范围内行使货币职能。虚拟货币之所为冠以"货币"之名，是因为其在特定场景、特定范围内发挥着与货币类似的功能。从货币金融学的角度来看，货币具有价值尺度、流通手段、储藏手段、支付手段和世界货币等五大职能，虚拟货币在一定范围内（例如在游戏空间中，或者在特定群体中）能够被接受为衡量特定商品价值以及用以流通支付的工具。尽管其并不在法律层面上或者在金融学意义上与货币等同，但也不能否认其在特定范围特定群体中是被接受作为货币的。

（三）虚拟货币与相关概念

伴随着各类虚拟货币的出现以及技术实现方式的迭代，电子货币、数字货币、加密货币等概念的层出不穷与混同使用，导致了人们对这些概念之间的界限与区别不甚明了。因此有必要对其予以区别。

1. 虚拟货币与电子货币

电子货币（Electronic Currency），是银行或其他相关金融机构依托于互联网技术将法定货币电子化和网络化的存储和支付的形式。其记账单位是真实的法定货币，价值与法定货币等值，在使用和存储时与法币绑定。电子货币在本质上属于法定货币的支付手段。比如，银行办理的借记卡和信用卡，我们今天常用的微信支付和支付宝，以及美国苹果公司的 Apple Pay 等都是电子货币的一种。虚拟货币尽管也具有电子化、数字化的特征，但因为其并非由发行机关依法发行，不具备法定货币的属性，因此其与电子货币是有区别的。

2. 虚拟货币与数字货币

数字货币是一个笼统的术语，无论是虚拟货币还是加密货币。数字货币的定义特征是，它们仅以数字或电子形式存在，与实际的纸币或硬币不同，它们是无形的。它们只能通过电子钱包或指定连接的网络在网上拥有和使用。广义上的数字货币（Digital Currency）是以国家或私人为发行主体，以区块链技术为根本技术依托，以数字信息为存在形式，以密码学、金融学为理论支撑，以互联网为交易流通平台的独立的货币类型。它是一个庞大的货币体系，既涵盖了各国央行发行的法定数字货币也囊括了以比特币为代表的私人数字货币；狭义上的数字货币则等同于法定数字货币，是指以国家财政信用为担保的，以数字信号形式存在的，由各国政府官方发行的法定货币。也就是说，数字货币既有私人发行的非法定货币，又有官方发行的法定货币形式。在这个角度上，尽管数字货币与虚拟货币同样具有数字化的属性，然而数字货币并非完全被官方否定（包括中国在内的很多国家也都在寻求发行法定数字货币），因而数字货币可以作为虚拟货币的上位概念。

当然，也有人认为数字货币与虚拟货币虽然都是依托网络信息技术而存在，但就技术先进程度、基本构架和应用原理都有质的不同。虚拟货币更多的是利用传统的数字技术来生成和记载相关信息，用以表示价值及其转移，而数字货币的底层技术则是区块链技术。

我们认为将数字货币与区块链技术划等号，将数字货币的底层技术局限于区块链技术，可能有对数字货币概念过于限缩之嫌。

3. 虚拟货币与加密货币

加密货币（Cryptocurrency）是指使用密码学原理确保交易安全即控制交易单位创造的交易媒介。加密货币是基于密码学的、不具备物理形式的货币，是数字货币的表现形式之一，在区块链中是指"一种基于 P2P 网络、没有发行机构、总量基本确定、依据确定的发行制度和分配制度创建及交易、基于密码学及共识机制保证流通环节安全性的、具备一定编程性的数字货币"。之所以称其为"加密"，是因其使用密码学原理而实现的"匿名性"和"不可篡改"等属性。相比于其他类型的虚拟货币，加密货币的技术路径上更具有特殊性。因此，可以认为加密货币是虚拟货币的下位概念。

二、虚拟货币的形态

正如前面所提到的，虚拟货币包括了原初层次的传统虚拟货币和当代语境下的新型虚拟货币。传统虚拟货币仅在特定范围内使用，并不会形成对法定货币体系的冲击，而以比特币为代表的新型虚拟货币则在一定程度上可能颠覆以国家作为发行主体的货币体系。

（一）传统虚拟货币

传统虚拟货币可以区分为单一性虚拟货币和复合型虚拟货币。单一型虚拟货币是指发行方与虚拟产品和服务的提供方主体身份重合的虚拟货币，其职能在单一平台上使用，具有明显的封闭性特征。也就是说，单一型虚拟货币的使用范围相对固定，不具有普遍意义上的价值尺度和支付手段职能，其影响也仅能局限在特定空间内。而复合型虚拟货币，例如 Q 币等，则是发行方与虚拟产品和服务提供方主体身份补充和的虚拟货币，可以在多方平台使用，具有相对开放性。这种相对开放性须以平台间的协议认可为前提，由于平台间的竞争以及结算难度大，且在一定程度上冲击了法定货币的功能和地位，因此也会受到较大的监管阻力，因而并未形成气候。

（二）新型虚拟货币

新型虚拟货币以加密货币为代表，是建立在区块链等新兴技术上的虚拟货币。当前出现了各种类型的虚拟货币，例如比特币、以太币、莱特币、艾达币、瑞波币、Libra 币等。其中最为典型的，也是掀起虚拟货币热潮的，正是比特币。

比特币（BitCoin）是一种基于网络开源、区块链技术和点对点传输的虚拟货币。2008年11月1日，一个自称中本聪（Satoshi Nakamoto）的人在 P2P foundation 网站上发布了比特币白皮书《比特币：一种点对点的电子现金系统》，陈述了他对虚拟货币的新设想——比特币就此面世。和法定货币相比，比特币没有一个集中的发行方，而是由网络节点的计算生成，由计算机生成的一串串复杂代码组成，新比特币通过预设的程序制造，谁都有可能参与制造比特币，而且可以全世界流通，可以在任意一台接入互联网的电脑上买卖，不管身处何方，任何人都可以挖掘、购买、出售或收取比特币，并且在交易过程中外人无法辨认用户身份信息。

比特币具有以下特点：(1)去中心化。点对点的传输意味着一个去中心化的支付系统。比特币不依靠特定货币机构发行，它通过特定算法的大量计算产生，比特币经济使用整个P2P网络中众多节点构成的分布式数据库来确认并记录所有的交易行为。P2P的去中心化特性与算法本身可以确保无法通过大量制造比特币来人为操控币值。没有中央发行机构、不会恶意超发货币造成通货膨胀，这也是中本聪最开始设计比特币时的最重要的考虑，也是比特币赢得大量拥趸的根本原因。(2)匿名性。基于密码学的设计可以使比特币只能被真实的拥有者转移或支付。这同样确保了货币所有权与流通交易的匿名性。在区块链技术下，使用比特币交易并不会留下个人信息，从而有效地保护了交易者的隐私。当然，正如硬币之两面，这种匿名性也造成了比特币被大量用于暗网、犯罪、洗钱等，带来了很大的隐患。(3)总量有限。比特币根据其算法规则生成，封顶数额为2100万个，因此不会造成因货币超发导致的通货膨胀。(4)安全性。这种安全性主要源于区块链技术的不可篡改。从理论上分析，要操纵交易和币值需要控制比特币网络51%以上的算力，这对于依托公有链的比特币网络基本上是不可能的。当然，比特币的安全并不意味着比特币交易平台的安全，也有不少交易平台出现比特币被盗的现象。(5)使用不受限制。比特币可以在任意一台介入互联网的电脑上管理，并且可以实现无国界的跨国跨境汇款，且不受到支付限额和外汇管制。

Libra是由Facebook推出基于区块链技术与一篮子货币存款或政府债券挂钩的加密虚拟货币。Libra的概念首次提出于2019年6月18日Facebook在新发布的白皮书。① 按照白皮书的描述，Libra不是和某一种法币相挂钩，而是和一篮子货币联系，因此消费者可以用法定货币购买Libra，也可以用Libra换回法定货币。Libra由Libra协会负责治理，以赋予其内在价值的资产储备为后盾。Libra协会的使命是建立一个简单的全球支付系统和金融基础设施。Libra计划的公布引发了各界的关注和讨论，各国央行和监管机构纷纷表示要通过最严格的监管防范超主权私人货币带来的洗钱、恐怖主义和金融稳定风险，美国国会也多次召集关于Libra和区块链的听证会，也引发了学界和业界的广泛讨论。②

互联网平台基于自身信誉开发与自身体系内权益相关的虚拟币并不少见，但这些虚拟

---

① 参见 White Paper·v2.0·From the Libra Association Members https：//libra. org/en-US/white-paper/ 2021. 7. 18。

② 参见傅晓骏、任浩：《天秤币、比特币、泰达币与央行数字货币的比较》，载《金融会计》2019年第12期。

币往往使用场景有限、兑换方式不稳定、更无法与法定货币之间顺畅兑换，与货币价值尺度、流通手段和支付手段的功能差距较大。第三方支付工具(如支付宝和微信支付)中的余额，也仅仅是法定货币的电子化。而 Libra 在制度设计上更为复杂也更接近货币的本质。Libra 模仿的是中央银行货币发行模式，注重微乎其价值的稳定，规定其锚定一篮子货币，形成资产储备天秤币(Libra coin)。综合以上分析，Libra 的法律性质应界定为由互联网平台发行的超主权货币。

Libra 制度主要包含以下三大支撑：(1) Libra 区块链作为安全、可靠和可拓展的区块链技术，构成了 Libra 的技术基础；(2) Libra 储备是具有支持内在价值的资产储备，构成Libra 的价值支撑；(3) Libra 协会作为独立的治理机构，立足于促进金融生态系统发展，构成了 Libra 的治理基础。① 在最新的白皮书中，为了解决关键的监管问题，Libra 协会进行了四项改革：(1)除了锚定多种资产的稳定币外，Libra 还会提供锚定单一货币的稳定币；(2)建立稳健的合规性框架提高 Libra 支付系统的安全性；(3)在保持 Libra 主要经济特性的同时，放弃未来向无许可系统的过渡；(4)在 Libra 储备的设计中加强有效的保护措施；这四项改革可以看作 Libra 对于其自身监管合规以及风险问题的回应。

与比特币相比，Libra 有以下三个新特点。(1) Libra 要求有 100% 的资产储备，在此基础上通过与一篮子法定货币②或政府债券进行挂钩来保持币值稳定，这与我国香港的货币发行机制相似；反之，比特币等虚拟货币的发行量主要取决于其设计的算法以及运算能力，缺乏真实资产担保，因而币值波动较大。(2)治理机制不同，Libra 虽也采用区块链分布式技术，但是 Libra 协会作为管理机构，由 Facebook 联合 27 家机构成立，为储备资产提供了便利，有助于维护币值的稳定。(3)应用场景丰富，Facebook 在全球的用户数量 27亿，具有强大的生态系统和日常消费、跨境支付等丰富的应用场景，平台公司庞大的规模和广阔的应用空间使得 Libra 可以迅速得到推广；与此相比，比特币由于币值变化较大，只能作为投机性资产，难以成为支付手段。

三、虚拟货币的法律地位

对于虚拟货币的法律地位，理论界与实务界一直处在争论之中。有的国家和机构认可比特币等数字货币的货币地位，而大多数国家都否定其货币地位。准确界定虚拟货币的法律地位，是明确对其监管态度和法律调整的前提。中国人民银行、工信部和银监会在 2013年发布《关于防范比特币风险的通知》，明确了比特币被称为"货币"，但由于其不是由货

---

① 参见杨东、马扬：《天秤币(Libra)对我国数字货币监管的挑战及其应对》，载《探索与争鸣》2019年第 11 期。

② 包含美元、英镑、欧元和日元四种货币。

币当局发行，不具有法偿性与强制性等货币属性，并不是真正意义的货币。从性质上看，比特币应当是一种特定的虚拟商品，不具有与货币等同的法律地位，不能且不应作为货币在市场上流通使用。随着互联网金融的发展和虚拟货币炒作的兴盛，虚拟货币暴涨暴跌，严重扰乱经济金融正常秩序，侵害人民群众财产安全，对于虚拟货币炒作的监管和打击也日趋严苛。2021 年 5 月 18 日，中国互联网金融协会、中国银行业协会、中国支付清算协会联合发布《关于防范虚拟货币交易炒作风险的公告》，强调金融机构、支付机构等会员单位不得用虚拟货币为产品和服务定价，不得直接或间接开展与虚拟货币相关的业务。2021 年 5 月 21 日，国务院金融稳定发展委员会召开第五十一次会议。会议要求强化平台企业金融活动监管，打击比特币挖矿和交易行为，坚决防范个体风险向社会领域传递。在此之后，国内相关监管机构加强了对虚拟货币的监管，对于比特币挖矿和交易行为进行了打击，众多地下矿机被查封，相关交易平台也遭到封锁。

(一)从货币本质的角度分析

经济学家通常将货币定义为在商品和劳务支付以及债务偿还中被普遍接受的东西。[1]故货币主要有两个特点：第一，货币可以作为商品或劳务支付和债务偿还的手段；第二，货币在生活中被普遍接受。故了解货币本质在于其被"普遍接受"。但是虚拟货币显然不可能被普遍接受，这可从以下几个方面进行分析：

1. 发行权

首先，虚拟货币的发行者不是现代国家，没有国家的信用支持。国家信用对币值的稳定及持续性提供保证。虚拟货币是由网络公司发行的，如腾讯、网易、新浪等。这些网络公司作为优胜劣汰的市场组织，"还不具有足够的公信力使全社会认同和接受其发行的虚拟货币"。[2]

其次，现代国家凭借其发行特权，虽然可以利用所获得的货币面值与发行成本之间的差额，征收所谓的铸币税。然而，现代国家发行货币的中央银行却不是营利性的机构，其发行货币的目的只是创造一个普遍的支付体系。与此不同的是，网络公司则是营利性的机构，其存在发行超额货币的风险，这也在很大程度上削弱了其本来就薄弱的信用体系。

再次，现实中发行的虚拟货币原则上只被其发行者或者发行者的代理人接受，其流通范围也只限于购买发行者或者其合作伙伴的升级服务。尽管虚拟货币在虚拟世界发展迅速，但是相对于整个国民经济，其流通的领域仍十分狭小，根本不可能"普遍流通"。相对于法定货币，虚拟货币只在很狭小的领域内承担货币的某些职能。

---

① 参见［美］弗雷德里克·S. 米什金：《货币金融学》(第七版)，郑艳文译，中国人民大学出版社 2006 年版，第 47 页。

② 参见尚文敬、吴洪、姬智敏：《中国网络虚拟货币发展现状分析》，载《北京邮电大学学报》2008 年第 2 期。

2. 法偿性

法偿性货币是指在一国主权范围内，由法律规定的统一承担价值尺度、流通手段、支付和贮藏手段等职能的货币。人民币的法偿性，即人民币是"法定货币"，是指法律明确规定，在我国境内的各类债务均以人民币进行支付，任何债权人在任何时候都不得以任何理由拒绝接受以人民币偿付的债务，否则将面临法律制裁。《中国人民银行法》第16条和《人民币管理条例》第3条规定，"以人民币支付中华人民共和国境内的一切公共的和私人的债务，任何单位和个人不得拒收"，从而明确了人民币的法偿性。

如前所述，目前人民币并不包括虚拟货币，因此虚拟货币不适用前述保障人民币法偿性的法律条款。故，虚拟货币不具有法偿性。

(二)从货币职能角度分析

货币作为交易中的一般等价物，主要因为其特有的职能。一般认为货币主要有交易媒介(medium of exchange)、记账单位(unit of account)、价值储存(store of value)和支付手段(means of payment)四种职能。以下将从货币的这四种职能分析虚拟货币，以探求虚拟货币与现实世界流通的货币的差异。

1. 交易媒介

货币充当交易媒介的职能是指货币可以用来购买商品或者劳务。[1] 货币作为交易媒介，节省了交易的时间，促进了经济效率。虚拟货币也可以在网络中购买虚拟商品或者其他升级服务，如在线杀毒等，这是否表明其也具有与现实世界货币性质一致的交易媒介的职能呢？这需要对货币和虚拟货币的流通过程进行分析。

现实中的货币若未被中央银行通过公开市场操作购买而退出流通市场，现实中的货币可能被无数次消费，其流通是持续的。但网络中的虚拟货币通常只能被消费一次。从这个角度观察其流通，虚拟货币只是一种普通的商品，经过一次消费就退出市场流通，故虚拟货币在市场的流通都是一次性的。从这个角度讲，虚拟货币类似商场的购物券。

2. 记账单位

记账单位是指货币可以作为经济社会中商品或服务的价值的衡量手段。[2] 货币作为记账单位，为社会中的商品提供了统一的价值衡量标准，节约了交易成本。虚拟货币作为衡量虚拟世界中商品和服务的价格的衡量手段，其发挥着和现实世界货币的相同的职能。然而，虚拟货币可作为价值标准的根源在于发行者对虚拟物品的定价，而这种定价最终是由

---

[1] 参见[美]弗雷德里克·S. 米什金：《货币金融学》(第七版)，郑艳文译，中国人民大学出版社2006年版，第48页。

[2] 参见[美]弗雷德里克·S. 米什金：《货币金融学》(第七版)，郑艳文译，中国人民大学出版社2006年版，第49页。

现实中真实货币作为依据的。①

3. 价值储藏

价值储藏是指货币可以作为跨时间段的购买力的储藏。② 货币作为价值储藏手段并非独一无二的，任何资产都可作为价值储藏的手段。同样，虚拟货币也可以作为价值储藏的手段，因为人们购买虚拟货币后并非立即将其花费掉。但是货币作为价值储藏手段的主要优点在于其流通性，即其转化为交易媒介的便利程度和速度。货币本身作为交易媒介，其无疑最容易转化为交易媒介。如上文所述，虚拟货币并非典型的交易媒介，其实质只是一种电子化的资产，虽然其可以转化为现实中的交易媒介（人民币等），但由于其交易范围和认可程度的限制，不可能有类似于现实货币作为价值储藏的优势。虚拟货币本身制造的成本可以忽略不计，这和现实中流通的纸币是一样的，但是由于发行虚拟货币的网络公司都是盈利性的机构，又缺乏国家信用的支持，因此其币值的稳定性与流通的持续性都很难得到保证。因此，在现实生活中，虚拟货币难以承担价值储藏的职能。网络世界虚拟货币迅速通货膨胀的事实就是明证。③

4. 支付手段

货币的支付手段职能是随着信用经济的产生而出现的。在信用经济中货币可以被用来支付债务、地租、税款和工资等。随着有些网络货币被用来支付某些论坛的版主的工资，虚拟货币是否具有支付手段的职能，也是当前学者争论的一个焦点。实际上，任何有价值的物品都能充当支付手段的职能。尤其在古代，用实物代替金钱支付债务或地租，是一个极其常见的现象。这种现象只不过是物物交换加上时间这个维度，即信用这个维度综合考察的结果。因此虚拟货币作为支付手段出现并不能认为虚拟货币就是货币，因为真实的货币作为支付手段是普遍的、强制性的。另外，货币作为支付手段，产生了利息的概念，即因时间这个维度导致货币的增值。但是在虚拟世界，虚拟货币随着时间的增加并不能产生利息。虚拟货币只是作为一个普通的商品而作为支付手段的，并非以货币的身份而作为支付手段的。

综上，虽然虚拟货币发挥了货币的某些职能，但这些职能之所以存在，主要是其本身具有一定的价值，而不在于其具有普遍的被强制接受的一般等价物的属性。虚拟货币作为交易媒介其流通是一次性的，性质与购物券没任何差别。虚拟货币之所以能发挥记账单

① 参见尚文敬、吴洪、姬智敏：《中国网络虚拟货币发展现状分析》，载《北京邮电大学学报》2008年第2期。

② 参见[美]弗雷德里克·S. 米什金：《货币金融学》(第七版)，郑艳文译，中国人民大学出版社2006年版，第49页。

③ 参见李乐：《虚拟世界中的通货膨胀现象探析》，载《重庆邮电大学学报》(社会科学版)2009年第4期，第27页以下。

位、价值储藏和支付手段的职能，主要在于其的有价性。虚拟货币这些职能的发挥只局限于虚拟经济的领域，不可能普遍延伸到整个经济领域。①

（三）虚拟货币的财产性质

虚拟货币的财产性质，主要涉及三个方面的问题。一是虚拟货币是否构成法律意义上的财产，二是虚拟货币是什么类型的财产，它在财产体系中处于什么地位。三是虚拟货币财产权利的内容与权利的归属，它是虚拟货币财产问题的核心。

1. 虚拟货币的财产属性

虚拟货币的财产属性界定，涉及到财产法中的一个基本原则，即原生财产法定原则。原生财产法定原则在传统上称为"物权法定原则"，它要求"当事人不得自由创设物权，也不得改变物权的内容。"②在目前社会，原生财产不仅包括有形财产，还包括知识财产和货币财产，它们是与有形财产同一层次的财产体系，都是直接与主体相对应的，非由财产行为形成的基础性财产。因此，物权法定原则就应扩展为原生财产法定原则。它"是指主体对财产的权利（权力）义务（职责）都是法定的，只有法律上承认某物品是财产，它才是现实的财产，否则它就不是实际的财产。财产的法定性不仅包括财产性质的法定性，还包括财产权能的法定性，某些财产认定的法定性，甚至财产客体的法定性"。③ 在财产法的法理上，之所以规定其财产法定原则是由于原生财产权是一种对全社会的权利（权力），它不可能由财产客体拥有人自行创制，必须由法律明确规定。在我国，原生财产的法定原则主要包括，物权法定原则、知识产权法定原则和货币财产权法定原则。④ 因此，物权财产、知识财产和货币财产是国家法律明确承认的财产，它的财产属性是没有任何疑问的。

虚拟货币不是法定货币而是约定货币，它不是国家或国家联盟创制的货币，虚拟货币创制或拥有主体不可能对全社会的其他主体享有新型的法定权力，而只能对在约定范围内对各签约主体享有权利。另外，由于它是私主体自行创制的财产，国家法律也不可能将其规定为一种新型的财产。否则，发行主体将会获得巨大的法定财产利益。因此，国家法律不可能将其规定为一种新的原生财产。事实上，虚拟货币也并不能构成一种新的原生财产，它的来源也不是产生于国家法律的制定，而是来源于其他财产的转化，无论是哪种类型的虚拟货币，它最终都是由其他法定财产转化来的。因此，它在财产属性上属于衍生财产。

既然虚拟货币属于衍生财产，是由其他原生财产或衍生财产转化而来，而其他原生财产或由此转化而来的衍生财产是得到法律承认的，虚拟货币就必然构成法律意义上的财

① 参见郭婧然：《虚拟货币的货币属性探讨》，载《互联网法律通讯》2010年第1期。
② 王卫国：《民法》，中国政法大学出版社2007年版，第195页。
③ 刘少军：《法边际均衡论》，中国政法大学出版社2007年版，第180页。
④ 我国《物权法》第5条，《专利法》第2条，《人民银行法》第16条的规定。

产，要受到财产法的保护。因此，我国台湾地区目前已经承认虚拟货币是财产，他们认为"虚拟财产具有真实的财产属性，应当以真实财产论"。① 韩国的相关法规也明确规定，"网络游戏中的虚拟角色和虚拟物品独立于服务商而具有财产价值。这种'网络虚拟财产'的性质与银行账号中的钱财并无本质的区别"。② 虽然，我国目前法律没有明确承认虚拟货币是财产。但是，考虑到虚拟货币只是一种衍生财产，是原生财产或其他衍生财产的转化形式，按照财产法的法理，它自然就是一种新的衍生财产，它的财产属性是不需要另外立法承认的。在现实生活中，我国自承认虚拟货币合法以后，司法裁判中已经普遍承认其财产属性。当然，这涉及到整个虚拟财产体系的问题，如果有法律的明确承认则更具有确定性。毕竟虚拟货币是虚拟财产的组成部分，它虽然不是原生财产却也可以构成一种新的财产类型。

2. 虚拟货币的财产类型

虚拟货币的财产类型，目前的理论观点主要包括，物权说、知识产权说和债权说。

物权说认为，"只要具有法律上的排他支配或管理的可能性及独立的经济性，就可以被认定为法律上的物"，加之"网络虚拟财产与民法上的物之间在基本属性上是相同的，所以，在理论上认识网络虚拟财产，应当把网络虚拟财产作为一种特殊物，适用现有法律对物权的有关规定。"③也有人感觉到以物权理论无法解释虚拟货币的许多特征认为："从虚拟货币的四个特征出发，虚拟货币在权利归属、权利变动的公示方法、存续、占有和支配权能方面不同于民法的物权。虚拟货币应是一种类似于物权的准物权。"④

知识产权说把虚拟财产作为知识产权的客体，⑤ 认为玩家在游戏过程中耗费了大量的时间和精力，并进行了创造性的劳动，因此，可以把玩家对虚拟财产享有的权利看作知识产权。但是，也有专家学者提出了明确的反对意见，认为"虚拟物品在玩家取得之前就已经存在，由开发商设定产生，版权已有归属，相对于玩家并无创造性可言。另外，虚拟财产权利也并不符合知识产权的特征。首先，知识产权具有排他的专有性，一个玩家不可能排他地专有某一种类虚拟物品之权利。其次，知识产权具有法定的时间性，虽然也可以说虚拟财产权利具有时间性，但其是由玩家的意愿和游戏的运营状况来决定的"。⑥

债权说认为，游戏运营商与玩家是从一种服务合同的关系出发，虚拟财产的本质是一

---

①　于志刚：《论网络游戏中虚拟财产的法律性质及其刑法保护》，载《政法论坛》2003 年第 6 期。

②　施凤芹：《对'网络虚拟财产'问题的法律思考》，载《河北法学》2006 年第 3 期。

③　杨立新、王中合：《论网络虚拟财产的物权属性及其基本规则》，载《国家检察官学院学报》2004 年第 6 期。

④　朱腾伟：《虚拟货币法律问题研究》，载《法学》2009 年第 9 期。

⑤　参见孙万军著：《对于'红月'一案的观点》，载《北京晚报》2003 年 11 月 12 日。

⑥　房秋实著：《浅析网络虚拟财产》，载《法学评论》2006 年第 2 期。

种债权性权利。在这个债权法律关系中，玩家通过向网络游戏服务商支付对价取得虚拟财产的使用权，网络游戏服务商在接受了玩家支付的对价后有义务在游戏规则允许的框架下向玩家提供其欲取得的虚拟财产。① 也有人从其他角度提出支持意见，认为"这种关于虚拟财产性质的论述提出了新意，并在理论上有一定的可取之处。虚拟财产的重点不应在于虚拟物品本身，而在于它所反映的服务合同关系，虚拟财产权利就是玩家可以享有由服务商所提供的特定的服务内容的权利。每一个虚拟物品就是一张合同"。②

有人认为，虚拟财产是一种混合的新型财产权。"虚拟财产权不是纯粹的物权，也不是知识产权。虚拟财产实际上是游戏玩家通过与网络游戏公司签定一个电子协议并付费使用后取得的，所以它本身也不是债权，而是债权行使的结果。因此，其只能理解为一种独立的财产权。虚拟财产基于由现实世界进入虚拟世界时发生的债的关系而产生，即基于形成 的娱乐消费合同法律关系；其从产生条件，产生环境上讲属于知识产权保护的范畴；从内容上讲，其进入虚拟世界后，在虚拟环境中成为一种介于物和债之间的新型财产——虚拟财产。其对虚拟环境有极大的依赖性，产生于债的关系，但却具有类似物的内容或者说特性，是一种新型财产权。"③这些观点无疑对研究虚拟货币的财产类型都是有帮助的，甚至在条件成熟时将其规定为一种新型的原生财产在法律技术上也是可行的。

有人认为，虚拟货币作为约定货币，它是由各虚拟货币相关方共同约定的，在各受约主体之间买卖特定商品的过程中可以作为货币使用的特殊财产。至于它的财产类型，我们必须从受约各方和社会外界两个范围来分析。从受约各方的角度来分析，它应该属于一种特殊的货币，它具备社区货币的所有功能。从社会外界的角度来分析，它是一种由原生财产衍化出来的一种衍生财产。这种财产既具有一定原生财产的属性，它有一个相对独立于主体的财产客体，是一个法律应该保护的财产权利。但同时，它又不是一个纯粹的原生财产。它在原生财产的基础上，又加入了各受约人之间约定的因素。并且，这个约定不是某几个人之间的，而是这一社区内的所有成员共同约定的，我们只能认为它是由某原生财产或某衍生财产转化而成的，在受约各方组成的社区内具有货币功能的衍生财产。在现实生活中，它通常是由法定货币或存款货币财产、电子货币财产衍化成的特殊财产。

3. 虚拟货币的权利归属

虚拟货币权利是一种多重的权利，不同的相关主体享有不同的权利。"第一，虚拟货币虽由网络游戏运营企业发行，并以电子记录方式存储于网络游戏运营企业提供的服务器内，但其被玩家以法定货币直接或间接购买以后，其权利归属就发生了变化，不再归属于

① 陈旭琴著：《论网络虚拟财产的法律属性》，载《湘江学刊》2004 年第 5 期。
② 房秋实：《浅析网络虚拟财产》，载《法学评论》2006 年第 2 期。
③ 李可：《虚拟财产法律性质初探》，载《理论探索》2005 年第 3 期。

发行企业或游戏运营企业，而应归属于游戏用户。第二，虚拟货币财产权权利变动的公示方法，是网游用户使用密码第一次登录网络游戏系统。第三，虚拟货币的存续依赖于网络游戏运营企业的存续。第四，虚拟货币权利人对虚拟货币的占有表现为对游戏登录密码事实上的控制。最后，虚拟货币权利人需要通过登录网络游戏系统才能实现对虚拟货币的支配。"①因此，虚拟货币的权利归属应该不同于物权、知识产权和法定货币，也不同于由它们衍化而来的其他财产。

关于虚拟货币或虚拟财产的权利归属，"我认为玩家拥有所有权和使用权。虚拟财产的占有权虽然表面上归属运营商，但这只是玩家与运营商的合意，而使用权人、收益权人、处分权人皆为玩家。这说明，虚拟财产权人应该是玩家。而且这些东西有的是玩家花钱从游戏运行公司手中买过来的，有的凝结着玩家的无差别人类劳动，拥有了一定的价值，是玩家的私人财产，法律应该予以保护。与其他财产不同，这种财产通常情况下并不在玩家实际直接掌握中，而是作为一种数据存在于游戏运行公司的服务器中，我认为应该将其定性为一种保管合同关系"。② 这种看法虽然有一定道理，但并不一定完全适合虚拟货币。对于虚拟货币来讲，不存在收益权的问题，这是由于货币本身是不增值的；也不存在处分权的问题，因为货币只能用作交易媒介，不能直接用于生活或生活消费；同时，作为货币它还存在发行权、发行收益、货币兑换、货币回赎、流通效力等权利问题。

有人认为，虚拟货币主要涉及到发行主体、持有主体和接受主体，虚拟货币的财产权利归属，也就是虚拟货币财产权利在它们之间的分配。按照虚拟货币的基本法理，发行主体所享有的货币权利主要包括：虚拟货币的发行权、发行收益占有权、发行收益使用权和货币客体占有权。网络机构有权发行虚拟货币，有权取得虚拟货币发行兑换收益，有权在保证持有主体随时回赎的条件下使用货币发行收益，有权以虚拟方式实际占有虚拟货币的客体。这些权利同法定货币发行主体既有相同之处，也有许多不同。主要的区别是这一权利是约定的权利而不是法定的权利，它的权利范围仅限于受约主体之间。另外，它不享有发行收益的最终归属权，它必须允许持有主体将虚拟货币随时兑换为法定货币或其他财产。虚拟货币的持有主体享有的货币权利主要包括：虚拟货币的兑换权、间接支配权、支付结算权和货币回赎权。虚拟货币持有主体有权以约定的财产(通常为法定货币、存款货币或电子货币等)，向发行主体兑换虚拟货币；兑换后取得的虚拟货币只能存储于网络机构为其设置的虚拟货币账户内，但他对这些虚拟货币享有支配权，发行主体必须保证持有主体能够间接支配该货币，不得拒绝持有主体的支付命令，也不得违约冻结、没收、注销该虚拟货币；各受约主体必须在约定的支付结算权范围内接受以虚拟货币进行的支付结

① 朱腾伟：《虚拟货币法律问题研究》，载《法学》2009 年第 9 期。
② 李可：《虚拟财产法律性质初探》，载《理论探索》2005 年第 3 期。

算，不得拒绝接受虚拟货币；当持有主体不再需要该虚拟货币时，有权向发行主体回赎虚拟货币，发行主体必须以约定的财产赎回其发行的虚拟货币。虚拟货币接受主体则必须承担约定范围内虚拟货币接受义务，同时，作为虚拟货币的持有主体，享有持有主体的全部权利。①

四、数字人民币的制度与实践

当前，数字经济快速发展，数字支付日益兴盛。移动支付的快速发展为社会公众提供了便捷高效的零售支付服务，培育了公众数字支付习惯，提高了公众对技术和服务创新的需求。在此背景下，零售支付的普惠性、便捷性、稳定性、安全性和隐私性等方面的需求日益受到社会公众的重视。因此，为了牢牢把握数字经济时代的竞争优势，各个国家和地区的货币机构都在积极开展法定数字货币的探索，从而使法定数字货币逐渐成为现实。

中国人民银行（以下简称央行）非常重视法定数字货币的研究与开发。2014 年，央行领导下的法定数字货币研究小组成立，负责法定人民币发行机制、技术路线、流通机制以及域外相关研究经验研究。2016 年，央行成立数字货币研究所，完成法定数字货币的第一代原型系统搭建。2017 年末，经国务院授权，央行开始组织并开展由指定商业机构参与的法定数字货币研发试验。2019 年，数字人民币研发试验基本完成顶层制度设计、货币功能研发以及运行系统调试等工作。同年，数字人民币相继在深圳、苏州、雄安新区、成都及未来的冬奥场景启动试点测试，到 2020 年 10 月增加了 6 个试点测试地区。② 2021 年 5 月，数字人民币子钱包再度扩容，网商银行（支付宝）成为第七家参与公测试点的商业银行。③数字人民币研发是我国金融史上具有划时代的意义，随着数字人民币试验的推开，我国距离发行法定数字货币又近了一步，因此对数字人民币现有制度框架进行介绍殊为必要。

（一）数字人民币概述

数字人民币（又称"DC/EP""法定数字货币""央行数字货币"），是指央行与指定的中间投放机构合作发行、运营的数字化形态非实体法定货币。数字人民币依托于广义账户体系，与实物人民币等价，由央行指定的运营机构（主要为商业银行）参与运营，支持银行账户松耦合功能，具有法偿性。具体来说，数字人民币具有以下含义：

1. 数字人民币是由央行发行的法定货币。首先，数字人民币与实物人民币相同，具有货币的基本功能。④ 其次，数字人民币是数字形式的法定货币。从货币发展史看，实

---

①　参见刘少军：《虚拟货币监管法律制度研究》。

②　包括上海、海南、长沙、西安、青岛、大连。

③　参见中国人民银行数字人民币研发工作组：《中国数字人民币的研发进展白皮书》，http：//www. gov. cn/xinwen/2021-07/16/content_5625569. htm，访问时间：2021-7-20。

④　如价值尺度、流通手段、支付手段、储藏手段。

物、金属铸币、纸币均是货币在不同历史时期发展的产物，货币的形态理应随着科技进步、经济活动发展而不断演变，数字人民币的发行适应了数字经济发展的需要。数字人民币的发行、流通管理与实物人民币一致，区别在于以数字形式实现价值转移。最后，数字人民币以国家信用为支撑，是央行对公众的负债，因此具有法偿性。

2. 数字人民币采用中心化管理的双层运营体系。数字人民币作为法定货币，决定了其发行权属于国家。数字人民币采用中心化管理，央行作为我国的货币发行机构，在数字人民币发行运营过程中处于核心地位，负责对数字人民币的发行和流通环节进行全周期管理。在经营方面，首先由央行负责向指定的运营机构发行数字人民币，再由指定运营机构再向社会公众提供数字人民币兑换和流通服务。

3. 数字人民币主要作为现金类支付凭证(M0)与实物人民币长期并存。① 数字人民币与实物人民币都是央行对公众的负债，具有同等的法律地位和经济价值。我国是面积广阔、人口众多、地区发展差异大的多民族国家，居民的年龄结构、支付习惯、安全性要求等因素决定了数字人民币无法完全替代实物人民币。多样化的支付手段有助于满足经济体内部不同的支付需求。央行将并行发行数字人民币与实物人民币，并对二者统筹管理、协同分析、共同统计。只要存在对实物人民币的需求，央行就不会停止实物人民币发行或以行政手段进行替换。

4. 数字人民币是一种零售型数字货币，主要用于国内零售支付。由货币当局开发的数字货币根据用途可区分为两类，一种是批发型数字货币，要面向商业银行等机构类主体发行，多用于大额结算；另一类为零售型数字货币，面向社会公众，主要用于日常交易。各主要国家或经济体基于自身发展的需要研发重点略有不同，有的注重零售系统效能的提高，有的侧重批发交易。数字人民币立足国内支付系统的现代化的要求，其推出可以进一步提高零售支付系统效能，降低全社会零售支付成本，是一种面向公众日常支付需要的零售型央行数字货币。②

5. 数字人民币和指定运营机构的电子账户资金具有通用性，共同构成现金类支付工具。③ 为了充分发挥现有支付等基础设施作用，在未来的数字化零售支付体系中，商业银行和持牌非银行支付机构在获央行认可支持且全面持续遵守合规(包括反洗钱、反恐怖融资等要求)及风险监管要求的基础上，可以参与数字人民币支付服务体系，为客户提供数字化零售支付服务。

---

① 参见范一飞：《关于数字人民币 M0 定位的政策含义分析》，中国金融新闻网 https://www.financialnews.com.cn/pl/zj/202009/t20200915_200890_1.html，访问时间：2021-7-20。

② 参见徐忠、邹传伟：《金融科技：前沿与趋势》第五篇，中信出版集团 2021 年版。

③ 参见中国人民银行数字人民币研发工作组：《中国数字人民币的研发进展白皮书》，http://www.gov.cn/xinwen/2021-07/16/content_5625569.htm，访问时间：2021-7-20。

（二）数字人民币的研发意义

数字人民币的研发符合我国现行的法律框架。根据人民银行法央行有权发行人民币并具有唯一发行权，并负责管理人民币流通，因此由央行牵头的数字人民币研发符合我国法律规定。2020 年 10 月，央行公布的《中国人民银行法（修订草案征求意见稿）》进一步明确了"人民币包括实物形式和数字形式"，将为数字人民币的研发提供法律基础。数字人民币的研发主要有以下几点意义：

1. 数字人民币作为数字货币，可以减少纸币发行、流通所带来的成本，提高交易的效率和便捷性。我国人口众多，经济总量庞大，市场交易频繁，纸币消耗量大。纸币的制造、印刷、防伪、运输、押送，都需要大量的人力财力，而且纸币极容易造假。纸币的使用寿命在半年到一年不等，每年都需要大量回收。与此相比，数字人民币依托于软件和技术生成，制造成本低，不容易造假。按照现有设计，数字人民币交易方式比起第三方支付更便捷，只要有数字人民币钱包，不需要联网及绑定银行卡便可支付。在疫情背景下，这种支付形式也可以减少接触，也不用担心金钱因账号被盗丢失，能够保证群众人身财产双重安全。

2. 数字人民币能增强交易的透明度，从而更好地打击洗钱等违法行为。在数字人民币运营体系中，负责兑换流通的指定运营机构和其他商业机构是履行反洗钱义务主体，承担反洗钱义务。[1] 央行作为反洗钱行政主管部门实施反洗钱监管，推动和督促各方落实反洗钱责任。根据现有公开渠道信息获知，央行数字货币将以"可控匿名"的模式运行。从资金风险管控的角度，央行作为"发起端"，在"央行—商业银行"双层架构下，按照可疑交易模型规则，将信息下发至金融机构。金融机构基于交易二次分析和尽职调查基础之上，对客户项下的数字货币整体交易进行判断，并上报或排除洗钱风险。

3. 数字人民币有助于提升金融系统风险防范能力，利于金融系统宏观调控的开展。通过数据追踪，央行可以加强对货币供给和流通的监管。与现行法定货币传统形态相比，数字货币可以设计"条件触发机制"等大量货币创新机制。[2] 运用大数据和人工智能也使得金融部门对货币流向的把握更加精细，央行的施策能够更精准，从而可以有效防范金融风险，合理调控社会财富。

4. 数字人民币作为一种新的支付方式，可以有效提升支付体系的效率。数字人民币主要用于零售支付，定位为 M0。数字人民币与电子支付工具具有差异，二者相互补充。数字人民币和电子支付工具的差异主要有以下三个方面：一是数字人民币是国家法定货

---

[1]　如客户尽职调查、客户身份资料和交易记录保存、大额及可疑交易报告等。

[2]　参见谢星，封思贤《法定数字货币对我国货币政策影响的理论研究》，载《经济学家》2019 年第 9 期。

币，与电子支付相比安全性更高。二是数字人民币具有"支付即结算"特性，支持离线交易，从而实现价值转移脱离银行账户。三是数字人民币采用"可控匿名"模式，有助于保护隐私及用户信息安全。

5. 数字人民币满足了社会对于数字现金形态的需求，丰富了央行向社会公众提供的现金形态，有利于推动普惠金融的全面实现。随着现金在零售支付中的应用减少，数字货币的发行为社会公众提供了数字经济时代直接获取法定货币的渠道。数字人民币进一步降低了公众享受金融服务的门槛，满足了数字经济时代法定货币的需求，扩大了金融服务在农村、偏远地区和弱势群体中间的覆盖范围。社会公众即使没有银行账户也可以享受基础的金融服务。除此之外，短期来华的境外居民也可以开立数字人民币钱包来满足短期消费需要。

6. 数字人民币将实现跨境使用，有助于改善跨境支付，推动人民国际化。跨境支付是一个复杂的问题，涉及货币主权、外汇管理、会对安排以及监管合规各项制度。虽然数字人民币主要满足国内零售支付，但其具有跨境使用的技术条件。现在，央行正积极响应二十国集团(G20)等国际组织关于跨境支付的倡议，研究数字人民币跨境支付的可行性及优化方向。在此基础上，根据国内试点的情况和国际社会的需求，央行将在尊重货币主权，依法合规的前提下探索跨境支付试点，建立数字人民币汇兑安排及监管合作机制。在国内，央行应明确其具有境内与跨境支付的双重法偿性，吸收境外金融机构参与结算系统的运营，并为传统代理行模式以及跨境金融市场基础设施的实时结算提供互联互通的法律保障。①

(三)数字人民币的法律属性

数字人民币作为适应数字经济的法定货币形态，融合了实物人民币与电子支付工具的优势。数字人民币既具有实物人民币的支付即结算、匿名性等特点，又具有电子支付效率高、成本低、不易伪造、便携性等特点。综合央行表态和现有资料，数字人民币主要拥有以下法律属性：

(1)法定性。法定性是数字人民币法律属性的核心。数字人民币属于法定货币，具有法偿性，由央行统一发行并实行中心化管理。因此，除非法律对交易金额进行了限制，我国的任何个人或者机构均不可以拒绝接收数字人民币。数字人民币是"对 M0(现金)的替代"，其作为法定货币形态具有无限法偿性；但是，基于监管和风险防范的要求，数字人民币可以设置每日或者每年的累计交易限额，或者设计大额兑换预约制度，甚至可以在必

---

① 参见柯达：《人民币国际化背景下区块链数字货币跨境支付的机制构建》，载《国际经济法学刊》2021 年第 3 期。

要时选择对兑换实行分级收费。① (2)数字性，指数字人民币以数字形态存储于电子设备中，其主要定位为 M0 的数字化。(3)可流通性，指作为流通手段和支付手段的数字人民币可以在经济活动中进行持续不断的价值运动。(4)可存储性，指作为数字化形态的数字人民币以电子形式贮存在使用者的电子设备中。(5)可离线交易性，指数字人民币不需要通过有线或无线等方式与其他系统或设备交流，通过电子设备进行流通时也不需要与主机或者系统发生联系。(6)不可重复交易性，指不可将数字人民币先后或者同时支付给一个以上的用户或者商户。(7)不可抵赖性，指用数字人民币进行交易后，交易双方对于交易的真实情况以及交易的各个要素不能否认。(8)可控匿名性，指除了法律规定的情形外任何参与方不会知道拥有者或者以往使用者的身份信。具体来说，数字人民币遵循"小额匿名、大额依法可溯"的原则，高度重视个人信息与隐私保护，在充分考虑当下电子支付系统的运行逻辑和风险特征的基础上，尊重社会公众对于小额交易匿名的需要。央行数字人民币管理收集的信息少于传统电子支付模式。除非法律法规有明确规定，央行不得将相关信息提供给第三方或者其他政府部门。央行还将通过内部设置信息"防火墙"，通过专人管理、业务隔离等安排来保障信息安全和隐私保护，禁止任意查询、使用。② 但是，为了打击恐怖主义、电信诈骗、洗钱、逃税、网络赌博等违法犯罪行为，确保相关交易遵守法律，央行等监管机构在法律允许的情形下可以获得和追踪相关交易信息。③ (9)不可伪造性，指数字人民币的安全性，也与不可重复交易性相关联。数字人民币依托于数字签名、数字证书体系、安全加密存储等技术，实现了不可非法复制伪造，不可重复花费，交易不可篡改。在此基础上，央行通过建立多层次安全防护体系，来保障数字人民币的生命周期安全和风险可控。

除了以上法律属性之外，数字人民币还有以下特点：

(1)数字人民币兼具账户和价值特征。数字人民币兼容基于价值(value-based)、基于账户(account-based)和基于准账户(quasi-account-based)三种方式，通过可变面额设计，实现加密币串形式下的价值运动。④ 因此在"账户松耦合"模式下，数字人民币可以兼顾数字货币与账户的优点。数字人民币与银行账户对接的"松耦合"模式，即在商业银行传统账户

---

① 参见范一飞：《关于央行数字货币的几点考虑》，载《第一财经日报》2018 年 1 月 26 日，第 5 版。

② 参见中国人民银行数字人民币研发工作组：《中国数字人民币的研发进展白皮书》，http：// www. gov. cn/xinwen/2021-07/16/content_5625569. htm，访问时间：2021-7-21。

③ 参见小 P《【独家】数字人民币正内测有限匿名交易方案》，载微信公众号"移动支付网"，2020 年 10 月 15 日。

④ 参见中国人民银行数字人民币研发工作组：《中国数字人民币的研发进展白皮书》，http：// www. gov. cn/xinwen/2021-07/16/content_5625569. htm，访问时间：2021-7-21。

体系(在身份认证的基础上使用账号进行资金转移)中引入数字人民币钱包的属性(类似需要客户和银行双重权限才能打开的保管箱),从而实现一个账户下既可以管理现有存款货币,也可以管理数字人民币。[①]"松耦合"模式使得数字人民币对于账户的依赖程度大大降低,数字人民币可以脱离传统银行账户实现价值转移,有助于在提升交易便捷程度的同时实现反洗钱的目标。(2)数字人民币不计付利息。数字人民币与同属 M0 范畴的实物人民币一致,不计付利息。(3)数字人民币的低成本性。数字人民币与实物人民币管理方式一致。基于数字化下管理的便利性,央行不需要向运营机构收取兑换流通的服务费用。所以,运营机构也不得向个人收取数字人民币兑换费用。(4)数字人民币支付即结算。由于数字人民币采用账户"松耦合"模式,通过数字人民币钱包进行资金转移,可实现支付即结算。(5)数字人民币具有可编程性。可编程性指市场可以参与数字人民币应用的开发(如支付条件和支付路径)等。对于有利于实现货币职能的智能合约,可以在确保合规与安全的前提下,依据交易双方商定的规则、条件进行自动支付交易,从而实现业务模式创新。但是,数字人民币的智能合约要控制在其职能范围内,在人民币上赋予额外的行政或者社会功能有可能损害人民币的权威,其次还会影响人民币的流通速度,对于人民币的法偿性、国际化也会带来不利影响,也有可能损害公民的隐私权。[②]

(四)数字人民币的发行制度

在双层运营体系下,数字人民币的发行需要央行通过"100%准备金兑换"将其投入市场。首先由央行负责向指定的运营机构发行数字人民币,再由指定运营机构再向社会公众提供数字人民币兑换和流通服务。2016 年,周小川首次提出数字人民币发行要立足于现有的"中央银行—商业银行"体系来实现。[③] 在此之后,数字货币研究所又提出"按需兑换"(允许非银行主体以 1∶1 的比率将其银行存款转化为数字人民币,从而替代现金)以及"扩表发行"(根据货币政策的要求,通过资产购买发行人民币)两种双层投放体系。[④] 最后,确定了代理投放机构向央行 100%全额缴纳准备金后才可向市场投放数字人民币的方案。[⑤]这种方案不改变现有的货币投放体系和二元账户结构,有利于防止人民币超发,并充分利用商业机构现有的资源、人才、技术优势。

---

① 参见姚前:《数字货币与银行账户》,载《清华金融评论》2017 年第 7 期。

② 参见范一飞:《关于央行数字货币的几点考虑》,载《第一财经日报》2018 年 1 月 26 日,第 5 版。

③ 参见王烁、张继伟、霍侃:《专访周小川》,载《财新周刊》2016 年第 6 期。

④ 参见姚前:《数字货币的发展与监管》,载《中国金融》2016 年第 14 期。

⑤ 参见范一飞:《关于央行数字货币的几点考虑》,载《第一财经日报》2018 年 1 月 26 日,第 5 版。

对于数字人民币发行的机构设置，央行曾提出采用"一币、两库、三中心"架构。① 然而，2020 年 10 月苏州成立"长三角数字金融数据中心"作为数字人民币主运营中心，担负数字人民币生产、发行和运营的功能，实质上将"三中心"的职能进行了合并。②

（五）数字人民币的技术规范

数字人民币的技术路线选择是一个长期演进、动态升级的过程。对此，央行提出坚持技术中立的原则。只要能够达到央行对于发行量和发行质量的需求并符合技术规范，运营机构可以自主选择要采取的技术路线，央行不强制规定运营机构的技术路线选择，充分保持对未来技术的洞察力和前瞻性。在此基础上，央行以市场需求为导向定期开展评估，持续进行优化改进。

央行对于数字人民币系统的技术选择也进行了规范。在系统设计方面，为了增强系统的稳定性和可拓展性，数字人民币系统将采用分布式、平台化设计，从而能满足支付交易量快速增长的需要；在系统安全方面，央行将应用可信计算、软硬件一体化专用加密等技术，来保障系统的可靠性和稳健运行；为了保障业务连续性和应急处置能力，央行将致力于建立多层次的安全体系，建立多点多活数据中心，从而保障系统能提供全天候服务。除此之外，数字人民币体系将综合集中式与分布式架构的特点，形成敏态与稳态双模共存、分布式与集中式融合发展的混合技术架构。③

---

① "一币"指由央行负责数字人民币本身的设计要素和数据结构；"两库"指央行私有云上存放发行基金的数字人民币发行库和商业银行存放币的数字人民币商业银行库；"三中心"指负责对运营机构及用户身份信息进行集中管理的认证中心，负责数字人民币发行、流通、清点、消亡全过程的登记中心和负责金融和犯罪行为监管以及相关数据分析的大数据分析中心。参见姚前、汤莹玮：《关于央行法定数字货币的若干思考》，载《金融研究》2017 年第 7 期。

② 参见王茜：《长三角数字金融数据中心在苏州落成，将承担数字人民币生产发行等功能》，http：//www.dzwww.com/xinwen/guoneixinwen/202010/t20201026_6897249.htm，访问时间：2021-7-21。

③ 参见中国人民银行数字人民币研发工作组：《中国数字人民币的研发进展白皮书》，http：//www.gov.cn/xinwen/2021-07/16/content_5625569.htm，访问时间：2021-7-21。

第八章　互联网经济与数据竞争法治

第一节　互联网经济中的新型反竞争表现与规制困境

一、大数据技术在互联网平台竞争中的新应用

和传统企业模式相比，大数据技术可以实时地为企业撷取、管理、处理、整理数据，生成企业所需要的数据资料，因此大数据也蕴含着很高的商业价值，被称为"数字生产力"。现如今，越来越多的企业开始重视大数据和大数据技术的运用建设。大数据技术主要有可存储巨量数据；可以抓取、收集类型繁杂的数据；分析具有较高的商业价值和应用价值；计算速度更加快速的特点。相较于传统的企业竞争模式，大数据技术下的互联网平台竞争产生了许多新型的应用方式。

(一)数据的可迁移性提高企业竞争力

互联网行业不同于传统产业，它无论在基础设施层面，还是应用服务层面，均有很强的网络效应，即在网络双边或者多边平台中，一方用户量会随着另一方用户量的增加而提升即使公司本身不收集数据。[①] 数据可迁移性也扩展了企业公司对数据的访问的容易程度。在企业层面，任何依赖数据来实现一定产出的生产过程都将受益于更多的数据。例如，可以协同使用数据来确定和自动化生产输出，同时减少材料浪费。研究还表明，采用更多数据驱动决策过程的组织，其产出和生产率比投资信息技术公司的预期要高出5%~6%。

数据的可移植性也可以通过"输入范围的经济效益"来创造效率。严重依赖消费者数据分析的企业是独一无二的，因为各种各样的数据输入可能会影响业务的成本。通过数据的多样性，企业可以访问更多的数据源，同时可以更好地洞察消费者行为，这也是消费者数据分析的一个重要驱动力。有了更好的洞察力，企业就能更好地开发和改进针对其客户群

[①] 参见李震、王新新：《平台内网络效应与跨平台网络效应作用机制研究》，载《科技进步与对策》2016年第2期。

的产品。因此，产品开发的成本可能会降低，因为组织能够更好地了解他们的客户群，新产品失败的可能性也更小。节省的成本可能会转移到其他补充服务上，例如，广告活动可能会更便宜，因为公司可以更好地把营销目标对准相关消费者。

对于公司企业而言，数据的可携性可能会开放不同机构收集的数据，令这些输入范围的经济效益得以实现。然而，只有在不同组织收集的数据足够、甚至明显不同的情况下，这种效应才会产生。如果所有组织都以类似的结构收集相同类型的信息，那么通过数据可迁移性获得的数据将不会比每个组织已经拥有的数据更多样化。据中国互联网信息中心（CNNIC）统计，2016 年我国互联网整体即时通信工具（IM）市场中市场份额的差异化十分明显，QQ 和微信分别在该市场占据 87%、92.6%。①

投入范围的经济性不仅有利于组织。在欧洲关于数据保护的相关法律中，数据可迁移性经常被作为一项消费者权利来讨论。个人消费者决定他的数据是否向其他机构开放，以及哪些机构应该接收他的数据。这使得消费者可以从组织节省的成本中获益。通过行使他的选择保留来自那些提供"差报价"的公司的数据，而选择只提供给那些提供"好报价"的公司企业。当然，消费者可以向服务提供商施加积极压力，要求它们提供更具竞争力的服务或产品。

（二）促进供需双方效益提升

对供给方而言，大数据技术对于提高透明度、改进现有产品和开发新产品都具有一定的帮助作用。经济合作与发展组织（OECD）关于颠覆性创新的研究揭示了企业如何利用大数据技术开发新产品，提高市场的准入门槛。这触发了一种良性机制，使公司面临着持续创新的压力，从而提高了动态效益。供给方对大数据技术的运用还能够降低生产成本、提高产品质量、提升资源利用率、简化业务流程，进而提高静态效益。

对需求方而言，大数据技术可以协助消费者进行决策，从而对市场活力产生显著的影响：它们能够对信息进行更合理的编排，以便消费者更快速、有效地获取；还能提供除价格以外的有关市场竞争的其他信息，例如产品质量和消费者偏好。因此，大数据技术能够给消费者和社会利益带来积极的影响。

大数据技术使公司能够通过改善资源配置来降低生产成本。这一点能够被商品售价的降低所印证。过去，公司为了作出最佳决策，可能需要在建立模型和判断趋势上花费不少时间。现在，大数据技术可以在几秒钟内完成这项工作。深度学习的技术使公司能够在进行试验和获得反馈后立即优化其商业策略。自我学习大数据技术正在快速地发展，它现在几乎能为商业运营的所有领域提供支持，尤其是在计划、交易和组织方面。

---

① 参见中国互联网信息中心（CNNIC）：《2016 年中国社交应用用户行为研究报告》，http://www.cnnic.net.cn/hlwfzyj/ hlwxzbg/sqbg/201712/t20171227_70118.htm。

一些大数据技术可以带来广泛的质量提升效果。他们可以通过多种方式帮助改进、改良或者开发产品和服务。例如，搜索引擎通过分析数据的方式来提供更相关的和质量更高的搜索结果。通过分析用户搜索的问题及对相关结果的点击，搜索引擎可以给出特定问题的最相关的结果，还可以使用该数据为用户提供额外的"增值"服务。一些电子商务网站通过分析用户以往的购物信息和浏览历史，来为其提供个性化的购物推荐。在线媒体则利用用户的浏览历史和个人信息，来向其推荐他（她）可能感兴趣的其他文章。

动态定价的广泛采用也让人们注意到了大数据技术所能带来的好处，它使消费者在许多商业领域中能够和供应商一样，看到快速变化的价格，并据此采取行动，例如及时掌握出租车费、赛事门票、酒店客房等价格的变化。定价大数据技术能够根据多种因素（包括可用库存和预期需求等）动态调整和优化单项价格（individual prices）。定价大数据技术从大量的、不同种类的数据中总结定价模式，并进行反复试验，从而实现最优化的定价。随着公司收集到更多的用户数据，并且大数据技术也有更多的机会进行试验（例如推送商品和提出购买建议），定价变得更加动态化、差异化和个性化。

大数据技术不仅可以帮助公司改善业务流程，还可以帮助消费者作出购买决策，从而增进需求方的效益。"大数据技术消费者"的概念，说明了数据驱动型市场中消费者决策方式的转变：在这样的市场中，消费者可以将购买决策的工作"外包"给大数据技术来做。由于大数据技术可以对价格和质量进行比较，可以预测市场趋势并快速地作出决策，因而它能够显著地降低搜索和交易成本，帮助消费者克服偏见并作出更合理的选择，提升买方的能力。虽然已有很多种大数据技术可以帮消费者作出购买决策，但新一代的大数据技术又具备了更强大的功能，它可以通过互联网直接与其他系统进行通讯，进而为消费者制定并执行购买决策。这类大数据技术能够自动识别消费者的需求，搜索最佳报价并执行交易。它们被称为"数字化的另一半"（digital half）或"数字管家"（digital butlers）。

在衡量数字管家的速度、信息水平以及它们分析问题的熟练度时，除了考虑它们所给出的商品报价之外，还要参照其他的相关参数；他们在作出购买决策的过程中是否具有考虑其他因素的能力，对消费者而言非常重要。这类大数据技术不仅能够为消费者展现价格对比的情况，还能提供有关商品质量的其他方面的大量信息，为不同的购物目的提供不同的决策参考。通过避免可能导致决策失误的消费者偏见，大数据技术可以帮助消费者躲过操纵性的营销陷阱。由于自主运作，大数据技术还可以增进消费者之间的平等：不懂得如何使用在线购买工具的消费者，可以让数字管家作为他们的代理，帮他们轻轻松松地优化购买策略。

除了纯粹地增进需求方的效益之外，大数据技术消费者还会对供给方进行创新和竞争的动机产生影响。大数据技术能够让消费者对大量的报价进行比较，这一功能可能会导致消费者更换其之前选择的供应商，从而增加了供应商的竞争压力。此外，由于可以对影响消费选择的更多变量进行检验和比较，大数据技术还导致商家在更多的方面展开竞争。例如，大数据技术的分析范畴涵盖了市场结构和共谋行动等问题；它们能够看出供应商之间的协同行为（即能够识别出共谋定价的情况），并将购买渠道变得多样化，从而激励新的公司进入市场（即帮助市场竞争的新加入者）。此外，大数据技术的另一项功能是，通过聚集消费者和创建购买平台来聚合需求，这可以增加买方力量，解决买方集体行动的一些问题。

当然，这种相互的效益促进行为也有可能导致默示合谋。明示的合谋通常以书面或者口头的协议、决定等明确形式表达出来，其取证和证明依一般的证据规则即可。但默示合谋的证明存在这样一种悖论：对合谋的证明，必须要有存在协议的证据，但是从界定上讲，它又意味着并不存在此类证据。①

二、大数据技术应用带来的新型反竞争方式

当大数据技术为其所有者带来显著的竞争优势时，企业将需要获得更多的数据和并且可以更好地去分析和利用数据，以保持竞争力，同时获得相对于市场竞争对手的竞争优势。为获取这些数据而实施的行为可以从竞争法的角度加以审查。与此同时，企业可以利用其基于数据的市场力量，在邻近市场获得竞争优势。与数据有关的价格歧视也经常引起学者和社会的关注。同时，探讨竞争法与隐私规则之间可能存在的相互作用也给新型反竞争方式带来了一些改变。

（一）合并和收购

为了更好地访问数据，作为企业和公司所作出的第一个策略往往是收购其他拥有大型数据集的公司，或者与它们进行合并。经合组织在 2015 年的一份分析报告②中曾经指出，在一些与数据相关的行业中，"并购交易的数量从 2008 年的 55 起迅速增加到 2012 年的 164 起"。

在许多市场中，由于新企业的市场份额较低，甚至于没有存在横向市场上的竞争企业，导致目前存在的企业与创新企业的合并对现有市场结构造成的影响很小。但是，在大数据、大数据技术相关的市场中，如果新进入者能够有机会去访问大型数据库（例如从另一个市场获得的数据），这样的合并则很有可能会导致合并后的新公司生成对外界所不同的数据访问，同时还会增加该企业公司与这个市场相关的数据的集中度。

---

① 基斯·N. 希尔顿：《反垄断法——经济学原理和普通法演进》，赵玲译，北京大学出版社 2009 年版，第 61～62 页。

② OECD, Data-Driven Innovation: Big Data for Growth and Well-Being, OECD Publishing, Paris (2015), http://dx.doi.org/10.1787/9789264229358-en.

此外，在评估合并有可能带来的竞争限制时，竞争监管机构在以后需要更加密切地关注合并后的新个体通过合并不同的大数据、并利用其技术所带来的优势。尤其是，如果是两个拥有不同的数据库和数据技术的合并进行组合，导致竞争对手无法复制从中提取的信息，那么不同数据集的组合可能会引发竞争担忧。

同时，如果两家已经在各自的上游或下游市场拥有强大市场地位的公司进行了合并，则很有可能会使得这些市场失去新的竞争对手。例如，消费大量个人数据的在线服务提供商可能希望收购电脑、智能手机或软件生产商，以确保继续消费这些服务的用户访问重要数量的数据。

在欧盟国家，竞争当局已经考虑到了这些因素，并将其反映在其决策实践中。例如，在 Facebook 和 What's App 合并的背景下，欧盟委员会（European Commission）评估了 Facebook 的社交网络平台和消费者通讯应用 What's App 之间的潜在整合后果，比如这样的合并是否会让 Facebook 获得 What's App 用户的额外数据，以及这是否会改变现有的竞争格局。同样，在 Telefonica、Vodafone、Everything Everywhere 公司的合并决定中，欧盟委员会评估了合资公司是否会通过合并个人信息、位置数据、响应数据、社交行为数据和浏览数据，以及，是否将成为目标移动广告的基本输入形式，而且任何竞争对手的移动数据分析服务提供商或广告客户都将无法对其进行复制。

最后，与数据有关的合并或收购也可能产生效率收益，只要使用的合并控制制度接受效率抗辩，就必须将其与竞争所带来的风险进行比较。例如，在一些合并案例中，双方使用操作产生的数据规模作为效率抗辩。在微软和雅虎进行合并中，双方都声称合并后的公司可以更快地生产出更好的产品。相较以往的传统收购和合并模式，大数据技术给执法者带来了新的困境。

（二）排他竞争

排他竞争本身属于传统的竞争行为，早在 1956 年，芝加哥大学 Aaron Director 和 Edward H. Levi 便对其进行了研究，后来 Howard P. Marvel 对排他竞争的理论模型也进行了规范。可以发现，一些企业和公司通过剥夺部分竞争对手获取数据的行为同样也会削弱竞争，甚至在某些特定情况下会导致竞争对手被排除在外。对于这样的竞争方式需要执法者进行判断其是否造成了垄断，并对其规制办法进行商榷。而大数据技术导致的主要排他竞争方式，包括以下几类：

1. 拒绝其他竞争者进入市场

如果数据的适用，是要求访问的企业活动进行的基本前提，那么拒绝访问数据可能是反竞争的行为。对此，我国尚未有明确的法律规定，但是欧洲的法院已将其行为强制加入到了必要设施的权利应当限制在少数情况下的规定，因为即使某公司企业在其行业中是占主导地位，它原则上也没有义务促进其竞争对手的业务。例如，根据欧洲法院的判决，对于"布朗"①"IMS 健康"②和"微软"公司，如果其拒绝授予访问问题进行的产品是必不可少的业务问题，那么他们可以请求访问一个设备或网络，如果他们拒绝阻止一个新产品的出现，此时还存在一个潜在的消费需求，并且没有客观的考虑，是有可能排除二级市场所有竞争的。此外，对于布朗公司，法院裁定中表明，其所有的产品或服务是必不可少的。只有没有替代产品、服务和现有技术、法律或经济障碍，使其不可能或不合理地寻求在下游市场的开发经营的情况下，才可能允许它与其他公司进行的合作。

因此，只有证明现有企业拥有的数据确实是独一无二的，并且竞争对手不可能获得其执行其服务所需的数据，上述要求才能得到满足。当然，改善数据访问也可能降低竞争对手开发自己数据来源的动机。访问公司的数据可能会引起大众对于自己隐私的担心，如果公司在未征得消费者同意的情况下与消费者没有关系的第三方公司共享他们的个人信息，那么强制共享用户数据可能会违反关于数据隐私的相关法律，那么对于大数据技术所产生的隐私方面的内容，则需要更加深入对待。

2. 对数据的歧视性访问

拒绝其他企业、用户访问数据如果是带有歧视性的话，也可能被视为新型的反竞争方式。对此，以下关于 Cegedim 公司③的例子可以说明：Cegedim 公司的医疗信息数据库的供应商在法国，其拒绝出售其主要数据库（One Key），使用名为 Euris 软件给客户，Cegedim 的竞争对手的相邻市场的客户关系管理（CRM）所使用的软件归其卫生部门管理，但他们会将其卖给其他客户。法国竞争委员会认为这种行为是具有歧视性的，得出结论的原因是：鉴于 One Key 是市场上的领先数据集医疗信息的数据库，同时，Cegedim 是在该市场上对于医疗信息数据库具有主导地位的公司，这种具有歧视性的实践，在实际上限制了 Euris 在 2008 年到 2012 年之间的发展。而这种具有歧视性的访问竞争，同样值得我们思考。

更普遍地说，互联网平台中的纵向一体化可能导致一些公司对战略信息的歧视性获取，从而会对原本的竞争市场造成扭曲。例如，一些市场运营商以在线零售商的身份进行运营，他们可以获得竞争对手在该市场销售的信息，以及消费者行为的信息。通过确定全球需求从而选择是否扩大产品范围，集成平台就能够更有效地调整其销售的产品范围和产品定价。类似的效果也可以通过这样一个平台实现，如果它限制了竞争对手在市场上运营

① ECJ, "IMS Health", C-418/01, judgment of 29. 04. 2004, §§ 34-52.

② GC, "Microsoft", T-201/04, judgment of 17. 09. 2007, §§ 320-336.

③ 参见 French Competition Authority, Decision n° 14-D-06, dated 08. 07. 2014, relative à des pratiques mises en œuvre par la société Cegedim dans le secteur des bases de données d'informationsmédicales. This decision has been confirmed on appeal but is still pending in front of the Cour de Cassation (the French Supreme Court)。

时获得的交易信息，这样的信息传输和限制可能使综合平台运营商比其市场竞争对手更具竞争力。

3. 签订独家合同

反竞争的数据驱动策略还可能包括阻止竞争对手通过与第三方提供商签订排他性条款访问数据而实施，或者阻止竞争对手通过加大消费者采用其技术或平台的难度来获取类似数据的机会。众所周知，排他性的协议是可以将竞争对手排除在外的，尤其是当这些协议是由占主导地位的公司进行签订的时候。网络平台上签订的独家协议造成这种情况的可能性则更为突出。例如，《欧盟运行条约》(TFEU)的第 102 条便是针对谷歌的程序作出了一定措施。对此，欧盟委员会调查了谷歌的一系列与广告市场签订的独家合同，以用来查询其可能产生的取消抵押品赎回权的竞争对手。

4. 大数据的捆绑销售和交叉使用

众所周知，在一个特定的市场上所收集的数据可以被公司用来发展或提高其在另外一个市场上的反竞争能力。例如，在 Competition and Markets Authority, The Commercial Use of Consumer data (2015)的报告中，英国竞争与市场管理局提到了捆绑销售的可能性，即拥有着有价值大数据的公司，将其访问大数据库与使用自己的数据分析服务联系起来。正如报告中所指出，在某些情况下，这种捆绑销售可能会提高公司的工作效率，但它们也可能减少和排除竞争，因为在数据分析市场上，拥有大数据库的公司相对于竞争对手是处于有利地位的。

在 2010 年的一份意见中，法国竞争管理局便强调了互联网数据的交叉使用，即在某些情况下，将一个市场收集到的数据使用到另一个市场，是可能会产生排除竞争的影响的。特别是在其公共服务活动范围内享有数据特权的前垄断企业，他们可以利用这些数据向邻近市场的消费者提出最合适的建议，从而可能获得竞争供应商无法做到的强大竞争优势。这一理由也导致法国竞争管理局对 GDF-Suez 公司采取了临时措施，要求天然气供应商允许其竞争对手访问其作为受监管供应商收集的部分数据，尤其是消费数据。这项临时措施的目的是使所有供应商都能获得同等水平的有关数据，以便向消费者提供报价。

(三)价格歧视载体

事实上，通过收集消费者的数据[1]，公司能更好了解他们的购买习惯，并能更好地评估他们是否愿意为某项商品或服务付费。如果该公司拥有市场上足够的份额和实力，那么

---

[1]　参见 Nathan Newman, The Costs of Lost Privacy: Consumer Harm and Rising Economic Inequality in the Age of Google, 40 WM. MITCHELL L. REV. pp. 850 (865-873), available at http: //open. wmitchell. edu/cgi/viewcontent. cgi? article = 1568&context = wmlr。

该公司将能够利用这些信息，根据收集到的数据，为这种数据技术所识别的不同客户群体设定不同的价格。然而，作为政府，应当考虑这些价格歧视导致的不同影响。

从负面来看，价格歧视往往被视为对消费者应当进行平等对待的违背。此外，虽然消费者可以选择在其他地方购物从而避免不利的价格歧视，但更大的价格歧视可能会增加搜索成本，从而降低替代的建议性。

最后，由于价格歧视，一些消费者最终可能会为他们购买的商品支付比实施歧视之前更高的价格。然而，经济分析也表明，假设价格歧视是由于大数据技术的原因而变得更容易，那么价格歧视的影响就会更加模糊和难以界定。事实上，由于基于大数据导致的价格歧视，一些消费者最终会为某一商品或服务支付更高的价格，而另一些消费者会得到比没有歧视时更好的价格。但是，其实这些所谓富裕的顾客中会包括一些普通的消费者，如果只允许存在一个相同的价格，对于这些普通的消费者，便买不起这种产品。他们可能对价格变得更加敏感。在这一方面，价格歧视的确可以改善社会福利，即企业利润与消费者剩余之和，通过增加交易数量，与不存在价格歧视的情况进行比较。然而，社会福利的最大化并不一定意味着消费者剩余的最大化。事实上，价格歧视可以帮助供应商根据消费者的支付意愿来设定价格，这样供应商就可以从大部分的消费者手中获得更多盈利。

除此之外，基于数据的价格歧视也会加强竞争。例如，由于价格歧视，企业可以向那些对其他产品有强烈偏好的客户提出更低的价格，从而导致更大的价格竞争。因此，即使假设数据允许更大的价格差别，其影响也难以评估。

（四）大数据、市场力量和隐私

欧洲法院（European Court of Justice）在 Asnef-Equifax（2006）报告中曾表示，任何有关个人资料敏感性的问题，并不属于竞争法的范畴，但可根据有关保障资料的条文予以解决。欧盟委员会（European Commission）通过"Face book 和 What's app"的例子证实了这一观点："任何关于隐私相关的问题，从 Face book 的数据增加导致的交易是不属于欧盟竞争法的规定范围的，但欧盟内的数据会保护正常规则的运行。"在这种情况下，关注市场的广告、广告商是可以通过增加 Face book 的市场力量来增加数据收集的功能。正如欧盟委员会自己所解释的那样，"为了这一决定的目的，委员会分析了潜在的数据集中程度，其程度仅在于它可能加强 Face book 在在线广告市场或其任何细分市场中的地位"。

不过，一些特定的法律文书可以解决有关个人资料的敏感问题，但这并不意味着竞争法与个人资料就毫无关系。一般来说，在根据竞争法进行法律评估时，可以考虑其他机构、部门所提出的法定要求，即使只是作为背景因素。例如，在 2013 年的匈牙利安联案件中，欧洲法院认为，政府是可以考虑另一套国家规则所追求目标的损害的，从而评估是否存在竞争限制的。① 根据德国竞争法，德国联邦法院表示，合同条款不符合法律规范的一般条件和贸易条件可能是构成滥用支配地位的，如果使用的合同条款是基于该公司的市场主导性而偏向订立，即使数据保护和竞争法的目的不同，隐私问题也不能仅仅因为其性质而被排除在竞争法的考虑之外。

企业就收集和使用个人资料所作的决定，可同时对市场经济和市场竞争产生影响。因此，隐私政策可以从竞争的角度进行考虑，只要这些政策可能影响竞争，特别是当这些政策是由数据作为其产品或服务主要输入的主导企业实施的时候。在这些情况下，公司的主导地位、数据收集过程和在相关市场上的竞争之间可能存在密切的联系，这可能证明在竞争程序中考虑隐私政策和法规是合理的。

对此，欧洲委员会已明确考虑到文化多样性，特别是在合并控制领域。《欧洲联盟运作条约》第 167 条第 4 款规定，"欧洲联盟在根据条约其他规定采取行动时应考虑到文化的因素，特别是为了尊重和促进文化的多样性"。第 16 条虽然没有明确规定欧洲联盟根据条约所采取的一切行动都必须考虑到数据保护方面的问题，但确实确认"每个人都有权保护个人数据"。即使它依然有待商榷这些规定是否携带竞争监管机构的具体义务，在 2014年，欧洲数据保护主管曾经提到，政策的转变和"适用更全面的方法来执行政策"之间需要一个更系统的交流方式来保持竞争，对于消费者和数据保护部门，无论出现的具体案例中，消费者福利和数据保护的担忧多么岌岌可危。

在合并管理的个案中，如果某项业务能从对最终用户的强大市场力量中获益，则从竞争的角度来看，资料私隐的问题可能特别重要。事实上，通过合并获得强大地位的公司可能会通过收集更多的消费者数据和隐私退化来获得更大的市场影响力。如果两个横向竞争对手在产品质量的隐私方面展开竞争，他们的合并可能会降低质量。对一些相关专家来说，隐私的减少实际上等于产品质量的降低。然而到目前为止，这仍然是一个理论，因为隐私到目前为止还没有成为竞争当局实践中竞争的一个重要参数。

此外，如果通过明显违反可能制定的数据保护法来收集数据，并且数据收集与企业的市场地位之间存在很强的相互作用，那么减少隐私也可能是滥用控制的问题。到目前为止，竞争监管机构将剥削行为主要理解为一种反对过高定价的工具。这种针对过高定价的干预面临许多实际困难，因为它涉及寻找一个可比较的市场或复杂的以成本为基础的价格比较和确定有用的"基准"价格。一些人认为，这些实际困难和竞争当局得出错误结果的风险是十分之大的，因此对剥削行为的执法行动只能作为最后的手段。然而，过度交易条

---

① 参见 ECJ，"Allianz Hungária"，C-32/11，judgment of 14.03.2013，http：//curia.europa.eu/juris/document/document.jsf? text=&docid=135021&pageIndex=0&doclang=E N&mode=lst&dir=&occ=first&part=1，§§ 46，47。

件，特别是条款和条件强加给消费者以购买和使用服务或产品，数据隐私规则可能是一个十分有用的标准，用来评估一个剥削行为是否违法竞争法，尤其是企业公司提供了一个上下文被大多数消费者都不能够被理解的条件和服务条款，隐私政策的服务。①

综上所述，大数据技术应用所带来了新型反竞争方式的改变，垄断行业因为大数据互联网的发展变革已经较之前发生了许多的变化，这也对我国的执法部门提出了更高的要求。

三、大数据背景下互联网平台反垄断规制面临的新挑战

大数据背景下数字技术和其他信息技术向公共和私人反垄断原告提出了艰巨的挑战，我们需要认真思考有效的制度设计以规制互联网平台经营者的垄断行为。下文将介绍目前互联网平台反垄断规制面临的主要挑战。

(一) 相关市场界定与企业市场势力的分析评估

市场势力分析及相关市场界定的问题通常是反垄断案件的核心内容，尽管其起因因反垄断问题的差异而有所不同。在商业运作中获得强大市场势力的实体可能通过采取阻碍竞争的行为来收回成本，如掠夺性定价和垂直封锁。缺乏市场势力或无法过的市场势力的实体所从事的商业行为通常被认为是良性的 (当然除了那些赤裸裸的价格垄断和相关的卡特尔行为)。在大多数案例中，要决定被告是否具有或可以获得强大的市场势力，并因此 (根据定义) 得以维持或将价格提升至竞争水平之上，这一点很关键。由于具有强大市场势力的主体更有可能有能力及动力来从事排除或限制竞争的商业活动，因此决定一个企业或一个企业集团是否具有市场势力至关重要。

大数据背景下互联网平台反垄断规制面临的第一个挑战就是边际效应和动态竞争带来的相关市场界定问题。首先，对相关产品市场进行界定时，其实质就是考察产品或服务之间具有的可替代性。需求可替代性分析的重点是从消费者的市场需求为出发点，从产品特征、价格、用途、消费者的消费习惯等因素考察不同产品之间是否存在合理的可替代性。互联网行业技术和产品快速创新的竞争特点，使得互联网产品的可替代性逐渐增强。其次，现实生活中的传统市场与互联网市场存在重叠，这也增加了运用定性的产品功能界定分析法来界定互联网行业相关市场的难度。最后，是传统 SNNIP 衡量工具的失效。双边或多边网络市场中在不修改另一方价格的情况下增加一个价格没有多大意义，并且没有明确的理论指导来了解双方价格变化应该平衡的方式。当一方采取免费模式时，问题就更加复杂了。在这些情况下，一些人提议采取 SSNDQ 测试。该测试面临着与 SSNIP 测试相同的

---

① 参见 Data protection Eurobarometer (June 2015) shows that only a fifth of respondents fully read privacy statements (18%) http：//ec. europa. eu/justice/dataprotection/files/factsheets/factsheet _ data _ protection _ eurobarometer_240615_en. pdf。

双方平衡难度。此外，目前尚不清楚如何在没有精确测量质量的情况下使该测试在实践中运行，这将使竞争监管机构和法院无法量化相关平台企业的市场影响。

此外，将反垄断与其他对不当商业行为的合法控制区分开来的主要特征是，反垄断威胁到企业行使"市场势力"的行为或威胁到其盈利能力，这种盈利能力是通过将产出降低到竞争水平以下，进而提高价格所获得的。如果无市场势力的公司减少其产出，那么其他公司会迅速弥补产出损失，价格将不受影响。因此，一家公司（或合谋集团公司）要想具有市场势力，那么它通常必须足够大，以从市场上消除相当大的产出份额。此外，某些公司必须限制其竞争对手或潜在竞争对手进入市场或增加其产量。欺诈、欺骗消费者、讨价还价以及一些涉及破坏或贬低竞争对手资产的商业侵权行为都会影响到产品的价格。然而他们并不是反垄断的违法行为，除非其以增加或扩大市场势力来产生威胁。这种市场势力的先决条件对大多数反垄断分析是至关重要的，因为许多诸如技术共享、搭售安排的排他性协议、拒绝交易等行为，是社会良性的或在竞争市场中是有益的。对于这些行为，市场势力是竞争损害的必要条件。

数字技术影响着企业利用市场势力的方式，也带来了严重的市场势力测度上的困难。产品开发和分销的数字革命是分阶段进行的。最极端的是完整的数字发行。所谓完整的数字发行是指诸如下载歌曲或流视频内容以及电子书籍的市场。整个消费者"包"是以纯电子方式发行的。当然，利用数字内容需要能读取和处理它的设备，有相当数量的诉讼涉及这些设备或是将数字内容连接到这些设备的限制。竞争通常将价格推向短期边际成本，短期边际成本是额外生产一单位产品的增量成本。分析数字市场势力的一个普遍问题是，卖方通常具有非常高的固定成本与可变成本比率。这意味着价格必须远远高于短期边际成本才能盈利，以免企业无法收回其固定成本。例如，开发 Microsoft Office 的代码可能要花费1000 万美元，但每张光盘用于在 DVD 上制作和发行实体产品的成本只有 5 美元。如果微软与几家产品无法区分的制造商进行正面竞争，价格将被推向 5 美元，而这些公司将无法收回他们的大额投资。

由于这些事实，许多传统的衡量市场势力大小的方法会出现不可接受的误报结果。这些措施包括勒纳指数和从其衍生的其他工具。从竞争推动价格移向边际成本的观察开始，勒纳指数以比率(P-MC)/P 评估市场势力的大小，其中 P 是观察到的价格，MC 是公司在该价格下的短期边际成本。在竞争价格（等于边际成本）下，指数为零。随着市场势力的增加，指数值接近 1。[1] 然而，重要的是，勒纳指数与固定成本完全无关。结果，全数字公

---

① 参见 A. P. Lerner, The Concept of Monopoly and the Measurement of Monopoly Power, REV. EON. STUD. p. 157, 1934; Herbert Hovenkamp, Response: Markets in IP Antitrust, 100GEO. L. J2012, P2133。

司收取的价格可能远远高于其边际成本，因此显示出巨大的市场势力，但它仍会破产，因为它不能收回其固定成本。

数字网络市场往往是双边或多边的，这也造成了市场势力评估的复杂性。卖方在双边市场面临两个或更多的要么相互竞争，要么互补的买方群体。例如，信用卡公司必须争夺商家和持卡用户，并且扩大一边的做法可能放大或缩小另一边。给商家的价格太高会减少其数量，这反之又会使信用卡对于使用者来说不那么有价值。因此，为了确定给商家的最优价格，发卡机构也必须考虑对持卡用户的影响。

多边市场是数字网络的常见特征之一。诸如新闻杂志、音乐服务器和一些游戏的各种数字网站是免费向用户提供的，并由广告来提供支持。各数字网站既有广告支持的免费版本，也有用户需付费并由提供商移除或严格限制广告的 vip 版本。衡量多边市场中的市场势力时会遇到特殊的困难，因为一边的价格变化影响不同边的规模和收入时，会发生"反馈"效应。单从一边来看，价格和边际成本之间没有必然的关系，甚至在完全理性和竞争的商业策略中可能包括对消费者的零价格。评估市场势力时需要同时考虑市场的所有边。例如，得出"由广告赞助的互联网音乐网站不具有势力的原因时其对用户的价格为零"这样的结论是不正确的。

由于大多数多边平台市场的高固定成本限制我们使用价格成本利润来评估市场势力，上述这些问题会进一步加剧。这些复杂性导致人们批评反垄断机构经常忽视市场多边性并将其注意力过度或完全集中在市场的一边来分析市场势力问题。对其的反驳是，某个行为是否被不合理地排除在外通常是市场份额或支配地位的结果。此外，在多变市场的一边占主导地位的企业经常可以反竞争地排斥其竞争对手。

界定相关市场和评估市场势力的另一个问题出现在动态市场环境导致流动性，快速变化的替代性关系，以及可能在不同服务之间的不同重要性的部分重叠之间，有时与多宿主与改变对消费者需求的看法相结合。例如，许多专家认为，汽车需求正在转变为对移动性的更广泛需求。与几年前相比，消费者对旅行信息的需求可以以非常不同的方式得到满足，消费者对可行替代品的看法可能会发生变化。在这样的设置中，基于当前选择模式的可替代性关系的确定在事后可能变得太窄并且导致"误报"。与此同时，仅仅因为改变市场边界的可能性而采取不作为可能会导致"假阴性"。

所有这些因素都预示着，在以非常低的可变成本、知识产权、网络、多边性或这些性质的某种组合为特征的市场中，评估市场势力的大小是非常困难的。互联网平台竞争的相关市场具有上述所有特征也不足为奇。在这些情况下，如果没有完全了解市场的特征，那么市场势力的评估就存在偏差极大的重大风险。我们有必要确定应用程序制造商的做法将如何导致市场范围(与个人相对)的排斥性行为以及这种排斥发生的可能性。与此同时，谴责这些制造商之间的价格垄断或净市场分割时无需犹豫。

（二）垄断协议规制的法律困境

大数据时代的垄断协议具有智能化、隐蔽化和整合化的特点，使得当前垄断协议监管面临新的法律问题。鉴于目前的反垄断法理论和制度更多地基于传统工业时代的背景，相关法律法规没有及时调整以适应大数据时代的特点，因此可以说垄断协议上述特点和趋势也必将对整个反垄断法律体系提出新的挑战。

识别主体要素的困难是垄断协议智能化带来的主要挑战。在这种情况下，即使程序员自身也无法预测哪些其他算法会与算法达成共谋，以及何时何地实施排除和限制行为。此种情形会直接产生两个问题：

1. 垄断协议难以认定

在垄断协议的传统规制框架中，明确了法律主体需具有权利能力和行为能力，世界各国都将其限定为人或者公司、企业等其他经济组织。[①] 我国《反垄断法》第 12 条也概括界定了经营者的主体范围，并将经营者和行业协会作为认定构成垄断协议的主体要件。而无论是经营者还是行业协会，它们作为自然人、法人或者其他组织的权利能力、行为能力以及责任能力在法律中均有十分清晰的界定。但随着大数据时代的到来，算法以及计算机技术成为垄断协议的参与者，在当前没有任何法律对其行为能力有明确的规定，这使得垄断协议的追责面临法律困境。

2. 垄断协议无法追责

法律规则由行为模式和后果模式组成，其中后者具有保障行为规范被遵守的重要意义。[②]对于反垄断法的责任制度，惩罚垄断协议的参与者是目前最重要的监管工具，但这是基于参与者有责任能力这一预先确定的前提。在大数据时代，我们不能根据现有的监管思想对参与者追责。因为如果算法设计者被追究责任并让其受到相应处罚，我们将发现并不存在追责的法律基础。因为算法之间实施的共同行为不是来自设计者，他们没有明示或默示合谋的意思联络，也没有客观地实施相应的行为。此外，算法只是一种程序工具，它本身并不属于法律主体，显然不能承担相应的民事和刑事责任。因此，当算法具有高度智能性，并且垄断协议从人的勾结转变为算法之间的勾结时，应该遵循谁应该承担垄断责任以及采用何种方法等法律问题。解决方案无疑需要及时调整相关法律和监管思想的转变。

如前文所述，隐蔽化是大数据时代垄断协议的特点之一，而其默示合谋的趋势对垄断协议的主观要件证明带来了法律上的困境。这主要体现在以下几个方面：

---

① 参见金美蓉：《核心卡特尔规制制度研究》，对外经济贸易大学出版社 2009 年版，第 41～43 页。
② 参见应乙、顾梅：《论后果模式与法律遵循—基于法经济分析的视角》，载《法学》2001 年第 9 期。

3. 默示合谋的证明本身存在争议

对默示合谋的证明和认定在反垄断的理论和实践中均秉持谨慎态度。较为典型的案例是美国 1921 年的 American Column & Lumber Co. V. Unite States 案。在该案中，联邦最高法院认定其中的相互报告价格的行为是一种默示合谋，并违反了谢尔曼法第一条，但这一判决引起了很大的争议，不少学者认为法院所作出的论断十分牵强。[①] 在之后有关默示合谋的判定中，美国法院对于意思联络的判定始终持非常谨慎的态度，这体现在 1984 年著名的 E. I. DuPont de Nemours& Co. v. FTC 一案中，虽然案件中的几家公司客观上有共谋的意思表示行为，但法院最终认为，由于少数公司的定价行为是相互独立的，因此，它们之间相同的定价行为并不构成默示共谋。我国《反垄断法》有关默示合谋的规定体现在第 13 条中的"协同行为"中，后者指竞争者之间在没有书面或者口头协议、决定的情形下，相互进行了沟通并心照不宣地共同实施排除、限制竞争行为。但如何证明协同行为却存在较大的分歧，有学者认为应综合间接证据法律推定和举证责任倒置，同时也要注意环境证据的特殊应用，还有学者提出主要应通过基于间接证据的事实推定方式来证明。总之，有关默示合谋的证明和认定问题无论是在反垄断法实践领域还是在理论界都始终存在分歧。

4. 算法主导的默示合谋增加了证明难度

明示的合谋通常以书面或者口头的协议、决定等明确形式表达出来，其取证和证明依一般的证据规则即可。但默示合谋的证明存在这样一种悖论：对合谋的证明，必须要有存在协议的证据，但是从界定上讲，它又意味着并不存在此类证据。在大数据时代下，通过算法主导的垄断协议加深了这一矛盾和冲突。

进一步分析，默示共谋的证明在算法高度智能化的情形下将存在以下问题：首先，算法的智能化实现意味着其自学习和自主学习能力得到显著提高，因此可以独立达成并实施垄断协议。从垄断协议参与者的角度来看，算法本身是理性的，在法律意义上没有主观意图，因此更不可能证明它们之间是否存在意义联系。其次，默示共谋的存在仍然主要基于协议的存在，但这种协议不是我们通常意义上的明确协议，而是有意识的协调行为。然而，大数据时代的市场是高度透明的，数据量不仅大而且容易获得。因此，当使用算法来实现和实现垄断协议时，它实际上不需要具有任何有意义的连接并且可以通过使用现有数据资源来自主地实现。如果根本没有意思联络，那么默示共谋的证据就更难以找到。最后，从算法设计者的角度来看，算法的发展自然有其特定的目的，包括及时了解消费者偏好，监控竞争对手的行为等。并根据这些数据信息，自动实现最优的业务战略。换句话说，当我们从客观分析的角度思考一些公司已经达成了不同算法之间的某种垄断协议时，

---

① 参见理查德·A. 波斯纳：《反托拉斯法》(第二版)，孙秋宁译，中国政法大学出版社 2003 年版，第 189 页。

这可能只是寻求最佳市场竞争策略的算法（这也是算法设计者的初衷），而不是联合实施对相关市场的排斥和限制竞争行为。

5. 基本价值衡量方面的困境

默示合谋的证明更多地还是从目的论的角度出发，其主要就是否存在共同的反竞争目的予以认定。而除了进行目的论的审查之外，我们还应就垄断协议在大数据时代下的反竞争效果进行评估，因为产生排除、限制竞争后果同样是垄断协议的基本特征之一。① 因此，当大数据算法等核心技术介入垄断协议后，反垄断法以及整个竞争政策的基本价值衡量问题应引起我们关注。

当算法设计者在没有合谋和意思联络的情况下，其设计出的算法根据市场动态和最优策略，独立、自主地选择与其他竞争者或者上下游经营者共同实施了某种具有排除、限制竞争效果的市场行为（如固定价格、限制生产和销售数量等），同时其他公司的算法以及借此实施的经营行为同样是独立、自主的。那么在此种情形下，不考虑前文所述的因主体要件、主观要件等导致的垄断协议认定问题，该行为是否应受到反垄断法的制裁？如果从竞争秩序维护的价值角度来看，它无疑应该受到反垄断法制裁，因为它客观上破坏了市场竞争。但我们不能忽略这样一个事实，即反垄断法之所以将竞争秩序作为其基本价值所在，正是因为竞争本身传递了效率这一价值目标，② 保护有效竞争最终也是为了提升经济运行效率，这在我国《反垄断法》第1条中有明确体现。

毫无疑问，创建算法技术是为了提高经济效率。如果由于算法技术的合理应用而被反垄断法所禁止，这是否意味着企业应该放弃先进的算法技术？因为大多数企业只能使用更先进的算法技术，大多数公司都会将它们结合使用。这种算法无疑会增加协调行为的概率。同时，为了保持市场稳定性，这类算法可以选择共同实现一些并行行为，因为这也符合经济学和博弈论的基本理论。如果反垄断法禁止这样做，则意味着公司应该避免使用先进的、高度智能的算法。实际上，这确实维持了相关市场的公平竞争，但似乎对阻碍技术创新感到恼火，反托拉斯法的价值与经济运行的效率相悖。毕竟，从人类科学技术史的角度来看，算法技术的创造和发展可以说是一个里程碑。Apple 和 Facebook 等公司掌握了这些核心技术，以改变当今的生产和生活方式。因此，反垄断法应该明确禁止破坏竞争秩序的行为，但如果由算法的智能引起的垄断协议受到规范，这似乎违反了反垄断法的效率价值，因为该算法的诞生是为了提高效率，而禁止算法的功能只会阻碍高级算法的推广和发展。从而阻碍创新。尽管竞争秩序已得到客观维护，但维持竞争秩序的最终目标是确保经

---

① 参见王晓晔：《反垄断法》，法律出版社 2011 年版，第 99 页。

② 参见盛杰民、叶卫平：《反垄断法价值理论的重构——以竞争价值为视角》，载《现代法学》2005年第 1 期。

济运营的效率。这造成了法律上的两难困境，即如果我们禁止这种行为，是否符合反垄断法的立法目的？

(三)经营者集中的审查困境

在数字时代越来越重要的一个问题是，通过横向、纵向或集团效应来获取具有特定数据资源的目标是否以及何时能够显著阻碍竞争。通过允许提供新的合并，这些合并会产生促进竞争的后果。由于可以访问更丰富的数据集，但它们有时会集中控制有价值和不可复制的数据资源，从而为合并方提供比竞争对手更好的数据访问；当它们导致不同数据库的特别有价值的组合时，它们可能会加强支配地 位或允许收购实体利用市场势力。

然而，一些相关案例提出了另一个问题，这个问题在理论上或实践中尚未得到充分解决：关于如何利用快速增长的用户处理小型但成功的初创企业的收购问题已经出现了争论主导平台的基础和显著的竞争潜力。更具体地说，争论的焦点还在于目前的经营者集中控制制度是否需要修改，以使其能够更好地解决与早期消除潜在竞争对手有关的问题。网络外部性在数字经济中的重要性加强了人们的关注。

在许多情况下，此类收购将有利于竞争。一般而言，无论是通过内部增长还是外部增长来寻求公司的最佳边界都是竞争过程的重要组成部分。在数字领域，成熟公司和初创公司之间的合并可能经常带来实质性的协同效应和效率：虽然初创公司可能提供创新的想法、产品和服务，但已建立的公司可能拥有所需的技能，资产和财务资源。进一步部署这些产品并将其商业化。同时，大公司获得初创企业的机会是风险资本市场的重要组成部分：它是投资者的主要退出途径之一，它为高风险创新的私人融资提供了动力。然而，当这种收购导致优势地位增强并因此严重阻碍有效竞争时，例如，可能会引起担忧。通过消除竞争威胁或通过提高其他(潜在)竞争对手的准入门槛，从而进一步降低从边缘攻击一个根深蒂固的市场地位的风险。如果主流平台有这种收购的系统模式，这种担忧可能会特别严重。例如，美团和大众点评、携程和去哪儿、滴滴和快的以及滴滴和优步中国等不同经营领域的大数据相关企业都先后完成了合并。大数据背景下互联网平台企业的集中化发展趋势逐渐加深了人们的担忧。

互联网平台企业的集中可以提高效率、降低交易成本以及增加消费者福利，但也伴随着复杂丛生的反垄断问题。大数据背景下互联网平台的特性为经营者集中审查带来的法律问题主要表现在以下几个方面：

1. 大数据背景下互联网平台的用户锁定效应引发的垄断隐忧

互联网平台的用户锁定效应意味着当用户选择大数据产品或服务时，由于技术标准和兼容性等因素，它们会受到退出障碍。这对原始大数据公司有很强的依赖性。与过去不同，今天的用户在选择产品或服务方面的自由度较低。一方面，大数据公司可以通过某些技术对用户施加限制，即在用户选择企业的产品或服务之后，由于不同企业产品采用不同的技术标准，用户难以相互通信。另一方面，即使用户可能自由选择产品或服务，他也必须选择放弃有限的自由选择，因为退出的成本很高。在用户锁定效应下，用户变得依赖于产品或服务，并且产品或服务产生相应的外部性，从而吸引更多用户选择产品和服务。随着这个循环，用户越来越大。相应的营业额将继续扩大。

在企业的兼并收购中，如果竞争对手无法复制或超越数据的类型、规模和范围，企业可能形成并加强市场支配地位，滥用这种地位将在进入市场时造成障碍。在上游和下游市场中，如果一家公司垄断数据，它不仅会降低行业创新和消费者议价能力，还可能造成巨大的信息安全威胁。仅仅依靠事后监管和执法是不够的，但事先并购审查也面临许多问题。一方面，如果无论交易价值（购买价格）如何将收入规模用作标准，数据市场中的许多并购交易都不能落入竞争审查的范围。

2. 大数据企业的特殊盈利模式颠覆了营业额计算的传统路径依赖

传统行业的自由行为不计入公司的营业额，因此不受反垄断法的约束。然而，在具有外部性和用户锁定效应的大数据公司下，为了能够获得市场机会，低价或免费的商业策略对于公司来说也是无法实现的。在这一点上，名义上的"自由"或低价行为并不代表真正的盈利行为，公司可以通过其他方式弥补损失。例如，在所提供的服务之上插入适当的广告，或者用户免费提供他或她的个人信息作为考虑获取服务。因此，在确定大数据公司的营业额时，很难通过简单地计算企业的销售量和销售价格来客观地反映大数据公司的真实营业额。同时依靠传统的假定垄断者测试（SSNIP 测试）在单边市场、单边价格竞争之时能够发挥有效作用，但是在面对大数据企业双边平台产品和服务之时也就无能为力。①

3. 互联网平台动态竞争市场结构模糊了申请审查标准的时间边界

与传统的相对静态的市场竞争结构不同，大数据企业以技术创新为主要竞争手段，只有通过不断的技术改造才能获得或保持其市场地位。因此，在这种创新活动模式下，大数据市场是一个动态的市场竞争结构。此外，由于网络外部性和用户锁定效应的影响，大数据公司的业务规模也在不断变化。因为在外部效应下，大数据公司的销售额会随着用户的增加而增加，作为回报，愿意免费提供个人信息的用户数量也会相应增加；锁定效应使用户依赖于大数据公司，并且无法再次选择其他类似产品。在这种情况下，大数据公司可能无法达到合并时国家规定的相应报告标准。但是，合并后，可以在短时间内获得较大的市场份额，这种市场份额取决于企业的创新能力。稍微粗心一点，公司的营业额可能急剧下降。因此，如何选择合适的时机或正确的方式来考虑大数据公司的营业额是司法实践中的难题。例如，在滴滴收购优步中国的情况下，滴滴在收购时没有向商务部提交声明，理由

_____

① 高重迎：《双边市场中市场支配地位的认定问题分析》，载《价格理论与实践》2016 年第 4 期。

是当时的营业额不符合国家公布的报告标准。然而，在收购快的后，滴滴的市场份额从85.3%快速上升至90%以上，此次市场份额的再次快速增长使其获得了决定性的市场支配地位。但在此情形下，从实然角度来看申请审查的时间标准是模糊的。

第二节　互联网平台滥用市场支配地位的反垄断法规制

一、算法定价的价格歧视嫌疑

(一)算法定价概述

算法最早是由波斯数学家于公元 9 世纪提出的一个数学概念，最初的名称是 algorism，意为阿拉伯数字的运算法则，后逐渐演变成 algorithm。[①] 随着计算机的发明以及计算机科学的发展，人们开始利用算法编写计算机程序来解决复杂的问题。算法是通过输入符合一定规范的一系—系列解决问题的明确指令，就能够在目标时间内获契合的输出。算法是计算机科学的基础与核心并且贯穿于计算机程序设计之中，没有算法就没有计算机程序。被誉为结构化编程语言之父的尼古拉斯沃斯提出一个著名的公式：算法+数据结构=程序，由此可见，一个计算机程序是由算法和数据结构两个要素组成，算法提供执行任务的方法和思路，数据结构提供得出结果所需要的数据来源。算法最基本的结构是，当输入值满足某条件时，则转到某步骤或输出某结果。利用算法解决问题通常以目标任务为导向，组织数据确定数据结构，分析问题设计算法，设定算法输出条件，测试并调整得出最终有效的算法，运行算法获得所需要的数据或所要求的结果。编写和运行算法是一种程序化解决问题的过程，当计算过程非常复杂、数据量非常庞大、要求结果非常精确时，算法可以通过迅速、海量的运算，得出准确且最佳的结果。算法可以节省大量的时间和资源，甚至可以完成以前无法完成的任务。在一些需要处理数千个对象的应用程序中，精心设计的算法甚至可以将程序加速数百万倍。[②]

动态定价是指综合考虑产品市场需求、消费者购买力和购买偏好等各方面因素，根据市场条件的实时变化进行调整的定价方式。目前，动态定价算法在酒店预订、航空 企业订票、零售行业等领域尤为常见。动态定价算法会通过分析市场条件来对相关产品价格进行设定和调整，只需要在定价系统里事先设置定价规则，算法便会根据产品供应情况和市场需求情况设定价格，并根据市场供需变化即时调整价格，无需后续人为操作。动态定价

①　参见施春风：《定价算法在网络交易中的反垄断法律规制》，载《河北法学》2018 年第 11 期。

②　参见 Nicola Petit. Antitrust and Artificial Intelligence：A Research Agenda. Journal of European Competition Law and Prac-tice，2017，8，p. 361。

算法通过抓取并分析海量数据，不仅使价格更符合市场规律，达到更加理想的利润水平，还能根据市场条件的变化快速作出反应，很大程度上提高市场效率。同时，消费者和经营者都可以即时看到价格的变化，满足消费者需求的同时也避免供应过剩，实现最优定价。在数字经济时代，算法往往是企业最重要的创新成果和核心竞争力。现实生活中，许多网络零售商使用定价算法，自动调整零售价格以匹配竞争对手的价格或者根据不同的情况动态调整面向不同消费者的价格。如 2017 年 10 月，欧盟委员会发布的电子商务领域最终调查报告认为，有超过 2/3 的电子商务零售商都在使用定价算法跟踪竞争对手。[①]

（二）算法定价的价格歧视运用

为了成功地区分价格（即向不同的消费者群体收取不同的价格），企业必须拥有一定程度的市场支配力。经济学家提出了三种主要的价格歧视类型：1. 一级或所谓的完全价格歧视，其中每个客户被收取与他或她的支付意愿完全匹配的不同价格；2. 二级价格歧视，其价格取决于购买的数量；3. 三级价格歧视，其中根据与支付意愿相关的其他特征（例如学生折扣）对消费者进行分类。一级价格歧视被认为是最完美的价格歧视，因为它允许卖方捕捉市场中所有可用的消费者剩余。[②] 约翰古尔维尔教授认为，从理论上讲，一级价格歧视一直很难实施，它需要符合以下几个条件：第一，企业能够掌握消费者需求，能够准确刻画消费者需求曲线。生产者由于拥有某种能力，能够准确掌握消费者的信息，知道消费者购买产品时愿意支付的最高价格。在传统商业活动中是很难准确了解消费者需求的，商家一般只能通过普遍认同的规律来做不太精确的定价。第二，企业必须具有一定的垄断地位，对定价有着话语权。只有这样，企业才能把价格提升到高于边际成本的水平，但同时也不会因为这样定价而失去消费者。因为其具有垄断优势，即使价格很高，也不用担心消费者放弃购买。第三，不存在套利空间，同一产品的市场存在较大的差异，消费者无法在低价场上购买再以高价销往较高价的市场。如果存在套利机会，这种一级价格歧视的手段就会无法达成。第四，消费者对同一产品的需求弹性不同。不同的消费者有自己的喜好，产品需求的弹性也不同，企业只有在这种情况下才能针对不同消费者不一样的需求弹性而制定不一样的价格。[③]

但是这个困境正在被扭转，因为许多企业正在收集更多关于个人消费者的数据，并试着以越来越细微的方式分析和使用这些数据。2014 年白宫关于大数据的报告指出："人们自己创造的数据信息量很大，包括从语音通话，电子邮件和文本到上传的图片，视频和音乐的全方位通信，更多、更强大，更快速的数据分析使企业能够将客户分成越来越小的

---

①　参见李侠：《基于大数据的算法杀熟现象的政策应对措施》，载《中国科技论坛》2019 第 1 期。

②　参见 Mehra S K. Antitrust and the Robo-Seller：Competition in the Time of Algorithms［J］. Social Science Electronic Publishing，2015。

③　参见陈永伟：《人工智能的算法合谋挑战》，载《互联网经济》2019 年第 4 期。

组。2014 年，FTC 发布了数据经纪人报告。该报告发现，经纪人"掌握了大量关于个人消费者的信息"，并指出"几乎每个美国消费者都拥有 3000 个数据段"。因此，企业通常能够根据这些数据段来定价，将定价个性化作为一种商业策略。2013 年，Safeway 的首席执行官解释说，"这将使我们的货架定价变得非常无关紧要，因为我们可以为人们提供个性化的服务。"随着价格歧视战略变得更加个性化，它们可能开始表现出一级价格歧视的特征，"错误的价格歧视可能无法实现。但"近乎完美的"行为歧视可能是触手可及的"。①

消费者通常认为价格歧视的做法令人反感。亚马逊是众所周知的电商大巨头，它成立于 1995 年，现今是已成长为全球商品种类最多的电商大企业，并且已发展为全球第二大的互联网企业。亚马逊拥有天然的优势，通过多年的在线经营获取的海量大数据是不可估量的，于 2000 年 9 月，亚马逊利用大数据技术实施了歧视定价实验。为了获取更多的商业利益，亚马逊利用自己当时已拥有 2300 万注册用户大数据信息的优势，选择了 68 种 DVD 碟片进行歧视定价试验，通过以往获得的购物记录、客户人口统计信息、消费者网上行为以及其他相关的大数据信息来给这 68 种碟片制定不同价格。现今比较知名的就是它们对名为《Titus》的碟片采取歧视定价，对新客户收取 22.74 美元，而对老客户收取 26.24 美元。亚马逊通过这一方法短时间提高了销售的毛利率，但在这个信息畅通的互联网时代，这种歧视定价策略必然好景不长，消费者不到一个月就发现了定价的差别，成百上千的 DVD 消费者在 DVDTalk 交流网站上知道了这件事，一时之间消费者怨声载道，对亚马逊的指责不绝于耳。在此事发生不久前，亚马逊对外界做了一个公告，公告的内容是它记录和跟踪了消费者在网上购物的行为和习惯。此次曝光之后，消费者开始将亚马逊的歧视性定价与敏感的互联网隐私问题联系起来，这给亚马逊带来了巨大的负面影响。时任亚马逊首席执行官的贝佐斯为此向广大消费者公开表示了道歉，此外亚马逊给价格测试期间购买了那 68 部 DVD 的所有消费者最大的购物折扣，此事才得以告一段落。亚马逊此次利用大数据进行歧视定价的试验以完全失败而告终，经过此事，亚马逊在经济上和市场声誉方面都蒙受了巨大的影响。②

(三)算法歧视定价对市场竞争的影响

1. 积极影响

从竞争法的角度考量，定价算法的应用一方面具有促进竞争的积极效果，比如卖家通过定价算法能够快速作出有竞争性的价格调整，减少调整价格所需要的人工成本，促使商品价格更具透明度，市场竞争也因此更加具有活力；算法定价的实施能够减少进入特定市

---

① 参见谭浩俊：《在线平台"数据杀熟"背离公平原则》，载《中国商报》2019 年 2 月 13 日刊。

② 参见李侠：《基于大数据的算法杀熟现象的政策应对措施》，载《中国科技论坛》2019 年第 1 期。

场的专门知识，从而降低市场进入门槛；针对消费需求的临时变动，利用定价算法实现价格的应急性上浮，拉动供给侧增加，迅速达到供需的动态平衡。如，美国的 Uber 企业率先采用激增定价(Surging Pricing) 策略，利用价格刺激引导，确保特殊时段，如雨雪天气等，有足够的出租车供给。类似地，国内的滴滴、首汽约车、易道等网约车平台，在出行的高峰时段，也会按一定比例动态提高车费。

此外，作为经济理论的问题，价格歧视对消费者福利的影响是模棱两可的，在某些情况下，有针对性的价格歧视实际上可能使消费者受益。价格歧视可以增加某些消费群体的市场产出和降低价格。实际上，如果没有价格歧视，就不会提供某些产品和服务。与默契合谋一样，单方面的价格歧视本身并不违反反托拉斯法。同时，算法启用了价格 通过创造较窄的产品市场，歧视可能在不久的将来对合并审查过程产生重大影响。卖方越来越多的细微差别和有利可图的价格歧视策略可能导致更窄的产品市场。最初，互联网使更多的客户能够以相同的价格访问相同的产品。数字商务的这一特征有助于平衡以前的定价地理差异。在许多情况下，电子商务的增长促进了区域相关地理市场的扩大或"合并"。即使个人消费者生活在一个物品的实体价格异常高的地区，对于在线零售商来说，只是一个更广泛的销售区域的另一个顾客。从定价的角度来看，消费者基本上是匿名的。

2. 消极影响

定价算法同时具有潜在的反竞争效果：一方面，不同的竞争主体无需再经过传统的书面协议或者当面讨论，直接利用事先设定的定价算法，即可达成隐蔽的价格共谋；另一方面，定价算法可能基于不同的变量因素和定价规则对不同的交易者进行价格歧视，从而利用信息不对称优势，攫取利润最大化。针对定价算法，在实践当中国外已经出现执法和司法案例。如，2015 年 4 月，美国司法部依据《谢尔曼法》，在其历史上首次针对电子商务中利用算法的价格共谋行为，在旧金山加利福尼亚州北区的地方法院对 Topkins 等提起重罪指控，A 企业是一家美国企业，通过亚马逊的各种在线市场出售海报等印刷品。该案被告 Topkins 是 A 企业管理人员。他与 A 企业的竞争对手达成了一系列持续性协议，约定共同维持他们在亚马逊平台上海报的销售价格。Topkins 撰写了用于定价的计算机算法来完成协议中约定的事项。该定价算法能够搜集在亚马逊上出售的海报的定价信息，并运用事先制定的定价规则，以确保 A 企业和竞争对手自动交换价格信息，协调卖价。Topkins 被指控了以下几个犯罪行为：(a) 与其他竞争者就特定海报协商定价；(b) 在协商过程中，与其他合谋者达成协议，以固定、提高、维持和稳定特定海报商品的销售价格；(c) 为实施价格协议，与合谋者约定采用特定定价算法，以协调各自的价格调整；(d) 为落实合谋，撰写定价算法代码，该代码可指导 A 企业按照价格合谋约定对特定海报商品定价；(e) 为落实价格协议和监督定价算法的效力，与合谋者搜集、交换、监督和讨论相关定价与销售信息；（f）与合谋者按照达成的价格协议销售海报商品，收取价款。①

　　Topkins 被美国司法部指控违反了《谢尔曼法》关于定价的规定，实施了"合谋修改在线销售商品价格"。2015 年 4 月 30 日，Topkins 与美国司法部达成认罪协议，同意接受 6 至 12 个月的有期徒刑并支付罚款 2 万美元。Topkins 案是第一起因利用计算机定价算法违反反垄断法而遭受处罚的案件。该案件在全球范围内引起广泛关注。Topkins 撰写的定价算法帮助具有竞争关系的经营者之间协调价格的行为，实质上构成了多数国家反垄断法下严厉打击的价格合谋行为。

二、数据独占的排他性应用嫌疑

（一）数据与大数据

　　通常，数据缺乏组织及分类，无法明确地表达事物代表的意义。数据是描述事物的符号记录，是关于事件离散但客观的描述，也是构成信息和知识的原始材料。如今数字技术高度发达，物理世界的很多东西都可以被数字化，如大自然的气象变化、水文地理信息都可以被记录和存储形成数据，还包括人类自身的特征和行为，可以说人与人、人与物乃至物与物之间都会产生大量数据。随着互联网全面融入社会生活，数据积累已经到了一个引发变革的程度，不仅表现为数据"大爆炸"，数据量增长迅猛，而且表现为数据类型的多元化，包括结构性数据和非结构性数据。如今移动互联网、物联网、车联网、医学影像、金融服务、电信服务、人工智能服务等等都无时无刻不在产生着数据，数据随处可得。②

　　一般而言，学术界认可的关于大数据，从早起的 3V、4V 说法到现在的 5V。大数据的 5 个 V，可以将其归纳为规模性（Volume）、高速性（Velocity）、多样性（Varity）、真实性（Veracity）、价值性（Value）。实际上这也是大数据的五个特征：第一，数据体量巨大，从 TB 级上升到 PB 级。③ 到了 2011 年世界范围内存储的电子信息总量就达到 1ZB（100 万 PB），预计不久会达到 1YB（1000ZB）；第二，数据的处理速度够快，通常都是对数据进行实时的分析；第三，数据的种类繁多，来自不同种类的数据源，其类别与格式也在不断增加；第四，数据的真实性。大数据的来源多与现实世界有关，因此通过对大数据的采集和分析可以预测现实事件的整个经过；第五，价值高。通过对数据的分析可以有效的帮助企

---

① 参见韩伟：《算法合谋反垄断初探——OECD〈算法与合谋〉报告介评（下）》，载《竞争政策研究》2017 年第 6 期。

② 参见黄诺洲：《数据垄断相关问题的反垄断法分析思路的探索》，载《法制博览》2018 年第 35 期。

③ 参见 Vestager, M.（2017），Algorithms and Competition, Speech at the Bundeskartellamt 18th Conference on Competition, Berlin, https://ec.europa.eu/commission/commissioners/2014-2019/vestager/announcements/bundeskartellamt-18th-conference-competition-berlin-16-march-2017_en。

业抓住最佳基于避免不必要的风险并收获最大价值。① 因此，我们通过对其特征的分析可以给予一个简单的定义：大数据利用硬件并使用非传统的数据库软件工具收集、管理、分析和处理的、种类、体量巨大，需要快速反应的具有极高商业价值的真实数据集。其最核心的就是数据，也是现代网络社会的最基本组成部分。

（二）数据独占的排他性应用典型

从表面看来，对具有市场支配地位的数据控制者而言，其对于数据的排他性使用的行为应当受到反垄断法限制。但事实上，此时应区分数据控制者是否在数据拥有方面占有市场支配地位的不同情形进行分析。对于非因数据本身而享有市场支配地位的数据控制者而言，其拒绝向第三方开放数据的行为并不会触及反垄断法，而应归属于市场自由交易领域。因为此时数据控制者并不享有对相关数据的垄断地位，不符合滥用市场支配地位认定的基本前提。而对于在数据拥有方面占有市场支配地位的数据控制者而言，则需进一步判断其拒绝开放数据的行为是否构成滥用市场支配地位。② 此时，除了判断具有市场支配地位的数据控制者拒绝开放数据的行为是否会产生排除、限制竞争的后果、是否会损害消费者利益外，还应当考察数据控制者是否存在拒绝开放数据的正当理由。比如，当交易相对方提供的交易对价明显不合理时，其拒绝开放数据的行为就具有正当性。③

此外，基于数据与个人隐私的密切关系，隐私保护是否应纳入反垄断分析框架也引发了诸多讨论。这一问题起因于 Facebook 滥用市场支配地位收集用户数据一案。在该案中，德国联邦卡特尔局即侧重于从隐私角度对 Facebook 展开反垄断调查。目前，也不乏有观点支持将隐私保护纳入反垄断分析框架。其主要理由在于，价格不是商业竞争的唯一维度，反垄断执法部门承认价格竞争，故隐私作为一种重要的非价格竞争维度，应当受到反垄断法关注。反对者则认为，将隐私保护纳入反垄断分析框架，违背了反垄断法的基本价值，同时，反垄断法并不能解决隐私保护问题。对此，应当明确的是，维护竞争秩序是反垄断法的基本价值取向，这一点不容动摇。同时，在数字经济时代，非价格竞争的确已经成为一个重要的竞争维度。这一点也值得反垄断法关注。但是，隐私保护度与竞争的关系尚不明确，还有待进一步研究。以 Facebook 滥用市场支配地位收集用户数据的行为为例，隐私保护度的降低事实上是这种滥用行为的一种后果，其对于市场竞争的影响尚不明确。对于此类隐私保护问题，将其纳入反垄断法中对消费者利益的考量可能更为合适。④

---

①　参见叶明：《数据垄断案件的几个焦点问题》，载《人民法院报》2018 年 12 月 5 日刊。

②　参见牛喜堃：《数据垄断的反垄断法规制》，载《经济法论丛》2018 年第 2 期。

③　参见李秀玉、钟洲：《反垄断执法中的数据选择探析》，载《中国市场监管研究》2018 年第 9 期。

④　参见刘志成、李清彬：《把握当前数据垄断特征 优化数据垄断监管》，载《中国发展观察》2019 年第 8 期。

（三）数据独占对市场竞争的影响

1. 积极影响

首先，数据独占不会提高其商品和服务的价格。Facebook 在收购 WhatsApp 或 Instagram 时并没有向用户收取费用。相反，Facebook 在其一些国家的短信应用程序中取消了 WhatsApp 的小额费用。假设"较低的价格改善了消费者的福利（其他条件相同）。当客户的产品或服务的价值随着使用它的其他客户的数量增加而增加时，就会发生网络效应"。电话是一个典型的例子。随着越来越多的人购买电话，越来越多的人可以打电话。反过来，让更多人打电话会增加拥有电话的价值。

此外，数据控制者通常能够及时、准确掌握用户的一些基本动态，例如交易习惯、个人偏好等等，进而改良自己的产品或服务，最终产生提高运营效率、增强用户黏度、提升盈利机会等积极效果。从这一角度来看，数据有利于数据控制者增强或巩固自身的竞争优势。Facebook 的社交网络说明了这些网络效应。一个间接的网络效应是吸引制造商和开发商的正反馈循环。像 Alexa 和 Google Home 这样的数字个人助理就是这种反馈循环的一个例子。开发人员为每个数字助理创建应用程序，硬件和软件效率很低。相反，开发人员可能会专注于最畅销的数字助理。因此，如果更多人主要使用亚马逊的 Alexa，其平台可能会吸引更多的开发人员和智能家电制造商。因此，Alexa 将学习与竞争对手相关的更多技能，增加对潜在购买者的吸引力，进而增加对开发商和制造商的吸引力。另一种数据驱动的网络效应是边做边学，例如搜索引擎。使用特定搜索引擎的人越多，搜索引擎算法越有可能学习消费者的偏好，搜索结果可能变得越相关。这些因素可能会吸引其他人使用搜索引擎，并且积极反馈仍在继续。这些数据驱动的网络效应可以放大赢或输客户的竞争利益。通常，效果是销售的收益或损失。例如，当消费者从竞争对手剃须刀切换时，领先品牌剃须刀的质量不会受到影响。相反，对于数据驱动的网络效应，用户的收益或损失会影响产品或服务的质量。例如，可以提高质量为更多的用户提供数字助理参与并为更多的开发者开发的技能为助理。虽然数据挖掘可能会创新，但质量收益的很大一部分可能仅仅来自用户和开发人员的网络效应。因此，从这个层面上看，数据独占对反垄断损害的风险很小。

2. 消极影响

首先，数据独占难免会降低隐私保护，例如，如果 Facebook 用户访问纽约时报网站，即使用户没有按下"类似按钮"，但已经调出了嵌入了这样一个按钮的网站，也会收集个人数据。用户不知道 Facebook 的跟踪和数据收集程度。正如 2017 年 OECD 秘书处准备的一份背景报告——《算法与共谋：数字时代的竞争政策》①中所指出的那样，"通过保持隐私

---

① OECD, Algorithms and Collusion-Background Note by the Secretariat, DAF /COMP(2017) 4, 9 June 2017. 该报告主要采用了 Ezrachi 和 Stucke 两位学者的分析框架，具体内容可详见 2016 年合著的 VirtualCompetition：The Promise and Perils of the Algorithm-Driven Economy, Harvard University Press.

政策故意模糊，服务提供商使消费者难以评估其数据的真实价值。用户可以立即获得零价服务的好处但却不知道泄露信息的短期或长期成本，因为他们不知道数据将如何使用以及由谁使用"。因此，如果数据独占在其隐私声明中声明其收集的数据在其产品和服务中用于广告目的，那么这是否足以披露同意？不太可能。在实际层面，如果用户不知道收集的是什么数据，如何使用他们的个人数据，以及由谁使用，则同意是没有意义的。即使数据独占明确披露了它收集的数据及其（和第三方）对数据的使用，当议价能力如此不平等以至于用户没有可选择性时，通知和同意制度毫无意义。因为替代选择的数据组合通常以"接受或离开"为基础授予服务。Facebook 只是让用户选择"接受整个套餐或没有服务。"潜在用户通常别无选择，只能同意。除非他们的朋友和亲戚都切换到另一个社交网络，任何一个人都不可能为了不被收集数据而牺牲与家人和朋友互动的能力，因为这是任何社交网络的核心功能。

其次，企业通过数据独占攫取高额利润，数据独占商可以通过获取个人数据（包括用户的喜欢，不喜欢，意图等）来获取财富，而无需支付数据的公平市场价值。从表面上看，许多数据企业为个人消费者"免费"提供服务。但是，他们收集的个人数据所产生的价值可能远远超过提供"免费"服务的成本。经合组织指出：谷歌持续不断地开发以零价格提供给用户的新产品也反映了数据的感知价值。通过结合 Android 和其他产品收集的数据，并使用自己的算法以及机器学习程序，谷歌能够使用其他竞争对手所拥有的信息来增强其详细的用户配置文件，并且该信息应该足够有价值以恢复投资。服务"免费"的事实并不意味着用户对其数据和内容的公平补偿。假设在竞争市场中，个人数据价值 10 美元。作为交换这些数据，企业提供价值 1 美元的服务。① 通常，用户会拒绝并选择另一个服务提供商（i）支付公平数据的价格（即，提供"免费"服务加上考虑的 9 美元）；（ii）提供更大的回报价值；（iii）收集更少的个人数据。正如欧盟委员会的几位官员观察到的那样，如果一个合并后的网站"将开始需要更多的个人数据从用户或向第三方提供此类数据作为交付其"免费"产品的条件"，这可能被视为增加其价格或降低其产品质量。"因此，数据独占对于维持盈利现状产生了强大的经济动力，用户"不知道他们提供了多少个人数据，如何使用，以及它的价值。"数据独占商可以提取财富的第二种方式是免费获取用户的创意内容。在面向消费者的竞争市场中，用户不仅可以要求对他们的数据进行补偿，还能要求对他们对YouTube 和 Facebook 的贡献进行付费。然而，但这种权利已经被削弱。用户通过发布内容，评论其他人的内容以及支持广告商，有效地免费为数据独占商工作。数据独占商利用

① 参见 Ariel Ezrachi，Maurice E Stucke. Two Artificial Neural Networks Meet in an Online Hub and Change the Future（of Compe-tition，Market Dynamics and Society）[J]. University of Tennessee College of Law，2017，7（323）：1。

用户发布的内容来吸引其他人访问他们的平台。Facebook 指出其用户群的规模和用户的参与程度对其成功至关重要。因为 Facebook 用户的帖子很大程度上会吸引其他人加入社交网络。如果另一个大型社交网络对于用户发布内容并在其平台上花费时间支付一定的报酬，那么 Facebook 这种运营方式将会受到巨大的冲击。事实上，Facebook 用户在"喜欢"产品、广告或企业时，他们实际上是免费的代言人。[①] 除非他们明确选择退出，否则用户的照片和身份可用于该产品针对朋友，家人和其他人的广告中。如果数据用户停止免费劳动，并且发布的质量和频率降低，那么将直接导致 Facebook 的利润降低。

此外，大众对于类似产品的市场信赖度会降低，正如前面所讨论的那样，尽管数据独占商不会向消费者收取其服务的高货币价格，但它仍然可以提取消费者和卖家的财富。当数据独占对个人的内容或数据支付太少(或没有)时，某些人可能会放弃撰写帖子或发布动态，分享图片或制作高质量的音乐和电影。这种损失将代表无价值的福利损失。数据独占商导致的隐私退化可能使其被信任度降低而导致利润损失。市场经济依赖信任。并且公平和信任，商业和经济高度相互关联。在宏观层面上，经验证据并未将利益至上视为市场经济的先决条件。拥有唯利主义者的社会不一定拥有更强大的经济。相反，公平的规则在支持市场经济方面可以比利润发挥更大的作用。正如林恩斯托特教授所认为的那样，公平和亲社会行为的社会规范在市场经济中是常见的，也是必需的。反之，违反社会公平准则会降低信任度并增加受损失的几率。为了使互联网市场能够蓬勃发展，人们必须信任企业及其对个人数据的使用。但随着技术的发展和收集愈来愈多个人数据，我们意识到互联网企业正在利用我们的个人信息赚取利益。经调查发现，许多英国公民对企业所作出的收集个人数据的原因解释不满意。如果数据企业将隐私保护压低到竞争水平以下，一些消费者将选择"不分享他们的数据，限制与企业的数据共享，甚至在提供信息时撒谎，消费者可能会放弃要提供个人数据的服务，但他们本可以使用这些服务。这种损失将代表经济学家所谓的无价值福利损失。换句话说，随着不信任的增加，社会总体上变得更糟。

三、互联网平台的相关市场界定

(一)相关市场的传统界定方式

依据《反垄断法》的基本法理和该法关于市场支配地位界定的基本法条，认定上述互联网平台经营者的行为是否构成滥用市场支配地位，首先是要认定该平台经营者的相关市场。根据《国务院反垄断委员会关于相关市场界定的指南》，相关市场是指经营者在一定时期内就特定商品或服务进行竞争的商品范围和地域范围。一般而言，传统线性企业的相关

---

① 参见雷琼芳:《论大数据垄断的法律规制》，载《湖北经济学院学报(人文社会科学版)》2019 年第 6 期。

市场可以分为以下几类：相关产品市场、相关地域市场、相关时间市场和相关技术市场①。

首先要界定的是相关产品市场，这是相关市场界定的关键判断要素。美国联邦最高法院在 1962 年布朗鞋一案中突出了相关产品市场的决定性因素。然而，不仅仅是考察相关产品市场，考察相关地域市场也可以用以下三种进行评估的方式：其一是产品消费需求的可替代性；其二是产品供给需求的可替代性；最后是"假定垄断者"（SSNIP 和 SSNDQ）测试，其中，可替代性分析都是定性的分析，而"假定垄断者"测试则是定量的相关市场界定方法。在需求替代性方面，美国联邦最高法院在"美国联邦诉杜邦公司一案"中，首次提出了以产品用途为基点，从消费者需求的角度考察"交叉需求弹性"来分析产品的可替代性，进而界定相关市场。法院以杜邦公司生产玻璃纸与其他软包装材料存在较高的需求弹性为由，从而将其相关市场界定为软包装材料，而非玻璃纸。由此可以认为由于各种原因软包装材料和玻璃纸不能发生替代。在供给替代性方面，根据《关于相关市场界定的指南》第 6 条的定义，简单来说，供给替代就是从供给者（也即生产者）的角度来分析不同商品的替代性，在一些特殊的情形中，生产者跟消费者的认知状态会出现偏差，此时单单考虑需求替代性就会出现偏差，这时就需要供给替代性分析发挥作用。分析供给替代性需要考察供给替代技术上的可行性和供给替代商业上的可能性。《关于相关市场界定的指南》中对其进行了准确划定。

以上的分析方法都是确定了相关产品市场的性质，但这种方法较为模糊，需要定量方法进行精确界定，这种定量的方法就是依靠实际的价格来确定市场范围。1982 年美国《合并指南》首次提出了"假定垄断者"测试的方法，其采用了 SSNIP 的方式，现在几乎成为所有国家反垄断执法机构界定相关市场的主要方法之一。该方法由四个步骤组成：第一步是确定产品的初始市场；第二步是分析提价或者假定降低产品质量，因为根据勒纳指数的观点，垄断者可以高于成本价销售并且获利，也可以在短暂的产品质量下降时牟利。SSNIP 的分析方式是假使经营者在 1 年内提价 5% ~ 10%，如果这个经营者在划定的这个相关市场中还保持盈利状态，则这个经营者在这个相关市场中就占据较大的市场力量。如果这个经营者不能盈利，则需要调整初始市场，重新分析提价或者降低质量，直到这个经营者盈利为止，一词划定这个假定垄断者相关市场的范围。"假定垄断者"测试的方法也有其弊端，即是所谓的玻璃纸谬误以及高转化产品谬误，这限制了该方法的适用方式以及范围。

（二）互联网平台相关市场的新特性评价

互联网平台与传统的线性流程的经营者不同，其有着"双边市场、互联网外部性，交

---

① 参见种明钊主编：《竞争法》，法律出版社 2016 年版，第 242 页。

叉补贴"等新特性，上文所述的传统类型的市场支配地位的方法可能并不能在互联网平台的相关市场中适用，因此要确定互联网平台的相关市场界定方式，首先需要认识互联网平台相关市场已经出现或可能会出现的一些新特性。其一是双边或者多边市场特性。让·夏尔·罗歇和让·梯若尔认为，双边市场（或者更一般地说，多边市场①）可以粗略地定义为，使终端用户之间相互交往的一个或多个平台，并通过适当地向双边（或多边）收费使双边（或多边）都参与其中。换言之，平台在保证整体盈利，或至少不亏损的前提下，试图满足每一边的需求。有许多双边市场的例子，诸如雅达利、任天堂、世嘉、索尼 PS 系列和微软 X-Box 一类的电子游戏平台，都需要通过吸引游戏玩家而说服游戏开发者在其平台上设计游戏，同时也需要通过游戏吸引游戏玩家购买并使用其游戏主机。双边市场的新特性主要体现在"双边"之中，它并不是指"让双边都参与"，而是指其终端用户之间的交易量不仅取决于平台征收的总体费用水平，更取决于其收费结构。平台的使用费（或可变收费）会影响双边在平台上交易的意愿，及其通过潜在交易获得的净剩余；平台的会员费（或固定收费）决定终端用户是否使用该平台。当双边无法通过协商解决使用外部性和会员外部性（这是双边市场网络外部性的具体分类，下文将阐述）时，平台精细设计可变收费和固定结构收费结构才有意义。另外，该种双边市场与传统意义上的双边市场不同（例如银行卡支付市场），在这个市场之中，平台两边的经营者和消费者不直接联系，不直接交易，这就导致了互联网平台不同"边"的产品替代性都不同。由此，传统意义上双边市场虽然有"双边市场"的属性，但是由于双边用户对替代品的认知一致，也就相当于只需要对一类平台产品进行界定，这一平台产品的价格是两边用户的收费之和。互联网平台双边市场则因两边用户的替代品不同而需要进行单独界定，这也是互联网平台型产业中界定相关产品市场的研究重心。

由于互联网平台具备核心产品和附属产品的多产品特征，而且网络会带来外部性效应。所以互联网平台具备极强的外部性效应。如同上文所述，互联网平台的网络外部性可以分为会员外部性以及使用外部性。② 会员外部性是指，对于平台一边的用户而言，另一边用户越多，在平台上成功搜索到交易用户并成功交易的可能就越大，这样平台对用户的吸引力就越大，用户在决定是否到平台上注册交易时会考虑平台另一边的用户规模。而使用外部性是指用户实际通过平台进行交易所产生的外部性。用户在就是否加入平台进行决策时会对获得的效用和平台的定价进行比较，如果净效用为正，则加入平台，否则就不加

---

① 为简化分析，我们只关注双边市场。但许多市场或平台（例如，一个试图使一组专利持有人加入并简化设定标准，同时吸引各类潜在用户应用该组的技术标准制定组织）是多边的。对双边市场分析的洞见可以更一般化地用于分析多边市场。

② ［法］让·梯若尔著：《创新、竞争与平台经济——诺贝尔经济学奖得主论文集》，寇宗来、张艳华译，法律出版社 2017 年版，第 173～174 页。

入。因此会员外部性以及使用外部性的特征共同铸就了互联网平台"赢家通吃"的特性，能够成几何倍数迅速产生网络外部效应。在双边市场的背景下，互联网平台的间接网络效应正是这种外部性的体现，间接网络效应表现为"交叉"效应，在一个用户组（例如消费者）中传递给每个用户的价值随着另一个相互依赖的群体（生产者）中的用户数量而增加。直到新进入市场的企业能够在网络的两边积聚大量用户，它才能成长并发展成为一个蓬勃发展的平台，即使它采用了同样优秀甚至更好的技术。

基于上述两个特征，互联网平台企业为了实现发展壮大，其会采取"交叉补贴"方式，即所谓的免费经营模式，将平台的一边视为"亏损端"，另一边视为"获利端"。有许多互联网平台经营者采取"交叉补贴"的商业模式以及价格结构，比如索尼、世嘉、任天堂等游戏平台通过向游戏开发商收取版权许可费和开发工具的固定费用赚钱，并将主机购买者视作亏损端，即免费模式。而电脑与移动设备操作平台行业则采取了相反的商业模式，其将消费者视作盈利端而将应用软件开发商视作亏损端，但即便如此，这种模式也是可以划入"交叉补贴"的外延之中。当然，交叉补贴也涉及到第三方市场中的掠夺，即在多边市场中用第三方的盈利补贴其他"边"的用户。国内的百度、腾讯、360以及国外的google、MSN等网络企业所采取的均为第三方市场盈利来源模式。[①]根据google公司2012年的财务报表，当年总收入为501亿美元，其中436亿美元来源于广告收入。谷歌的搜索引擎业务与其在线广告业务是紧密相连的，没有在线广告这一庞大的收入支撑，免费搜索服务不可能生存下去。因此，从上述分析中可以看出，亏损端的相关市场界定对于认定市场支配地位来说是至关重要的，因为亏损端市场力量可以通过"交叉效应"扩展到其他"边"的客户中去。

（三）传统界定模式在互联网平台背景下的变革

基于上述互联网平台的新特征，以价格的观测为中心的传统界定模式即出现问题。传统界定模式在互联网领域内的不适在2011年著名的"3Q大战"一案中可见其端倪。在该案中讨论是否适用"假定垄断者"测试的问题时，最高院首先认为"作为界定相关市场的一种分析思路，其具有普遍适用性"。其次，互联网经营者之间的竞争更加注重质量、服务和创新，而不是价格战。在"免费"成为主流的互联网领域，用户对于价格较为敏感，SSNIP的方式不完全适合于本案。因此，最高院提出要运用了SSNDQ的方式对其进行界定，但首先最高院并没有使用此种方式进行进一步分析，其次是SSNDQ的方式也有其固有的缺点，在涉及个人数据的隐私作为SSNDQ的评价标准时，一是消费者难以发现某平台的隐私条款作出了修正，二是消费者存在现状偏见，即便有更优的选择，他们仍然继续使用默

---

① 参见孙晋、钟瑛嫦：《互联网平台型产业相关产品市场界定新解》，载《现代法学》2015年第6期。

认选项。这就导致了即使隐私保护质量下降，消费者也不见得会转向。但不管怎么说，由于无法根据价格评估需求交叉弹性，竞争执法机构必须依靠某种非价格质量参数的下降来评估消费者需求。因此以 SSNDQ 确定相关市场的方式还是有一定的适用空间的。

盈利模式测试法也是界定互联网平台相关市场的有效方法，但其也仅仅具有定性的作用。目前，欧盟委员会在反垄断实践中，通过采取"盈利模式测试法"来处理有关媒体案件。所有的企业在市场竞争中，为的就是能够实现自身的利益最大化，企业通过在市场的不断竞争，逐步建立了一套特有的商业运营模式，这种特有的商业运营模式就是企业的盈利模式。"盈利模式测试法"认为，在相同的盈利模式之间，其相对性的交易主体是相对能够代替的，能够归属于同一市场。"盈利模式测试法"通过对盈利模式的分析，以收费的主体以及收费的对象作为研究基础，从而进行对相关市场的界定，该法摆脱了对互联网较为复杂的"关键技术或性能"认定的专业技术问题。在实际操作中，如果不同的交易主体之间，其盈利模式能够被证明具有可替换性，那么我们就可以认定其为同一市场。在"3Q大战"一案中，广东高院就利用盈利模式测试法对传统电话、传真与即时通讯服务之间的可替代性进行了分析，取得了良好的效果。

从美国的实践来看，互联网平台的相关市场界定通常很狭窄。在 LiveUniverse, Inc. v. MySpace, Inc. 一案[①]中，原告指控 MySpace 运营的相关产品市场是基于互联网的社交网络。而被告声称，除社交网站外，其他的具备社交功能的企业也在相关市场上竞争，但被告却并没有认为实体企业在相关市场竞争的理由。加州中区法院讨论了这一相关市场的界定是否能够被充分论证，最终其支持了原告观点。实际上，很难想出会与社交网站竞争的实体企业，甚至很难想象与社交网站竞争的互联网业务的经营者。例如，针对被告关于在线交友网站应该被包含在社交网站相关市场中的论点，法院表示尽管社交网站也可能用于约会但如果 MySpace 突然倒闭，其客户却不会通过转向在线约会网站以填补社交空白。相反，他们会到另外的社交网站上注册个人资料。因此，需求替代性分析对于互联网平台企业的相关市场界定来说还是有一定作用的，而且大多保持狭窄而且谨慎的态度，不能界定过宽。因此，在难以定量分析互联网平台相关市场界定的时候使用价格分析以外的其他方法，保持狭窄的界定态度，这对于传统范式在互联网平台中的相关市场界定分析很有意义。

四、互联网平台经营者市场力量的数据判定因素

在界定互联网平台相关市场之后，需要认定其市场支配地位，这时候市场力量的大小即是其是否具备市场支配地位的衡量因素。垄断意义上的市场力量有市场支配地位与相对

---

① 参见 LiveUniverse, Inc. v. MySpace, Inc., 304 Fed. Appx. 554。

优势地位两种界分，但高额的市场力量都毫无疑问是其首要特征。然而，数据已经成为界定互联网平台市场力量的重要因素。首先，数据有助于改善企业的产品或服务；其次，获取数据还可以使公司利用新的商机。通过重新使用在某一经营中根据不同目的而收集的数据，企业可以基于这些数据提供新服务。最后，数据还可以用来更好地定位潜在客户，为他们提供个性化的广告、服务或产品。因此，公司可以通过指向他们的实际目标受众来降低广告成本。基于上述考量，数据很大程度上成为了互联网平台的核心竞争力的重要表示，可谓得数据者得天下。因此，界定互联网平台的市场力量理应从数据入手，下文将作简要阐述。

(一) 数据的获取能力

德国反垄断局认为，获取数据来源是认定市场力量的一个因素，其可表明市场力量，应在竞争法的总体评估中加以分析，特别是在网络平台和网络方面。关于这一问题的详细讨论详见法国竞争管理局与联邦卡特尔局的联合发布的有关数据及其对竞争法影响的报告。①

客户和用户数据，以及第三方数据，一直是企业宝贵的信息来源。客户或其个人数据的经济性使用并不是互联网时代的新现象，也是"虚拟"世界的一个重要经济因素。市场研究，即系统收集、处理和分析数据，一直是企业营销活动的基础。企业的目标是获得尽可能多的信息(这些信息是关于他们的潜在客户的)，这样可以使商家能够改进他们的产品，提供个性化的服务。

数字化，尤其是互联网，打造了数据收集和使用的新层次。例如，数字化通信网络使电信企业能够在任何地方收集各种数据，以了解消费者之间的通信时间和位置。现在可以在网上搜索信息以及货物和服务贸易，使企业能够通过所谓的"跟踪方法"建立(潜在)购买者的信息资料。只有数字化的方式才有可能以最快的速度分析大量不同来源和种类的数据。因此，在审查市场力量时考虑到这一因素似乎是极其必要的。

许多互联网产品都是以数据为基础的。如果这些数据是互联网业务的一部分或投入品，那么对特定数据的独占控制就能成为竞争对手进入市场的壁垒，这尤其适用于受间接互惠网络效应(indirect reciprocal network effects)影响的市场。对数据控制本身并不是市场支配力的体现，然而，在针对所有情况的总体评估中，数据可以发挥重要的作用。审查时应个案分析，包括收集了哪些数据；这些数据与市场竞争是否相关；数据是否可以被复制；如果某企业希望整合不同来源的数据，其有哪些方法与途径。

(二) 数据的规模与数据的个性化效果

现时掌握的数据规模会为经营者提供市场力量。越多人主动或者被动地提供数据，经

---

① 参见 Autorité de la concurrence and Bundeskartellamt (2016)，*Competition Law and Data*。

营者越是能够提升产品质量，该产品对其他用户更有吸引力，公司将拥有更多数据进一步改进产品，该产品对潜在用户则更具备吸引力，公司将拥有更多数据进一步改进产品，该产品对潜在用户更具吸引力。不同于传统网络效应，在这种网络效应中，刚开始可能并不会认为某人的效用随着他人使用该产品而增加。例如谷歌，消费者可能并不会在乎是否以及有多少其他人使用谷歌进行网页搜索。但是，事实上，某人会因为他人使用相同的搜索引擎而获益（并实现效用提升），因为搜索结果的质量将会因此而有所提高。越多的人使用某搜索引擎，他便可进行越多次试错实验，该搜索引擎的算法更加可能从中获知用户偏好，搜索结果可能更具相关性，进而可能吸引其他用户使用该搜索引擎，这种正反馈将持续进行。另外，OECD 也发现，数据存在规模收益递增效应。有学者认为，数据积累能够显著提升数据驱动型服务，进而吸引更多的用户，带来更多可搜集的数据。这种"正反馈效应"使得强者更强，弱者更弱，体现出赢家通吃的效果。

德国反垄断局认为，如果产品本身属于数据供应的类型，更多数据可能会导致产品或服务的改进。[1] 以在线约会平台的基础为例进行说明：越多的用户在平台上发布他们的个人数据，那么越多的用户将访问该页面以在该平台上找到他们的"最佳"合作伙伴。反过来说，这又使平台对新用户和数据供应商更加具有吸引力。这就是所谓的"学习效应"。此时，就存在两个关键问题：企业提供商品到底需要多少数据？数据积累到何种程度，额外数据的回报率会降低？如果更大数据规模无法带来进一步收益，则不仅市场领先者，较小市场份额的企业也会获益于学习效应。这些具体指标都需要进一步进行观察和测量，但"赢家通吃"的特点决定了小企业在数字市场上总是步履维艰，难以与大企业抗衡。

有研究表明，收集和使用更多的数据可能会加强了本身具备数据优势且市场份额较大的公司的市场力量。同时，由于数据访问的方式不同，较小数据规模的经营者可能会被强迫式地使其市场边缘化：规模较小的公司吸引的消费者可能会减少，因此数据的持有量也会减少。然而，较大型企业所通过其数据市场力量获得的较高收入可以推动更高的投资（例如新算法，新功能，进入相邻市场等），从而吸引更多客户和获取更多数据。由于互联网的外部性影响，这种趋势可能会成为一种垄断数据的恶性循环而损害竞争。

另外，数据可以被用来改进产品以符合其目标用户的需求。互联网平台企业可能做到包括了内容或产品提供个性化以及定制广告或价格个性化。这也可以提高客户忠诚度或充分利用客户支付这些通过数据以个性化服务的意愿。造成"用户锁定"的效果。

（三）数据的可迁移性

数据可迁移性解决了数据经济面临的一些基本挑战——使数据在最有用的地方移动和流动，并增强公众对其个人数据的更多控制。数据可迁移性允许个人在不同的服务中为自

---

[1] 参见 Bundeskartellamt（2016），Working Paper：Market Power of Platforms and Networks。

己的目的获取和重复使用其个人数据。它使这些数据能够以安全和有保障的方式轻松地将个人数据从一个 IT 环境移动、复制或传输到另一个 IT 环境而不妨碍可用性。因此，数据可迁移性能够解决与当前数据收集和数据使用相关的问题。①

所以，历史交易数据的可移植性有望为某新的平台经营者增加产品的竞争力提供动力，使得新客户转换所选的平台经营者，因为新服务提供商一旦访问客户的历史交易数据就可以立即提供更加个性化的服务。数据可迁移性可以通过减少竞争对手之间的障碍来使客户受益，因为这些数据对于竞争对手提供类似产品很重要甚至是必不可少的。所以数据的可迁移性将为客户的竞争带来更多活力，并为服务创新提供动力。

然而，实践中，数据可迁移要求也可能促使企业将相关合规成本转移给消费者。因此，数据的可迁移性有利有弊，在考量数据的市场力量的时候，需要注意数据的可迁移性对市场力量带来的影响，这种可迁移性可能减损了由上述两种因素带来的市场力量。但也需要注意数据的可迁移性本身对于消费者造成的损害。

（四）数据的延展能力引发的垄断杠杆问题

一些平台具有非常强大的数据延展能力，能非常容易地将一个领域的数据信息迁移到其他应用领域。数据作为互联网平台的黄金资源，其运用范围具有天然的延展性，互联网平台获取的用户数据信息以及相关的经营信息在其他需要这些数据的领域具有广泛的应用价值。一些平台具有强大的数据迁移能力，能整合相关数据并将之运用于不同的领域，而一些平台缺乏数据迁移运用的能力。

因此数据使得公司可以探索新的业务领域。特别是通过评估在其他环境中获得的数据，使得平台企业的转向成为可能。例如，关于移动电话用户的位置数据可以用于为导航服务提供相应位置的交通情况。这种情况被称为"垄断杠杆"（monopoly leveraging）。②

美国反垄断法不承认垄断杠杆是一种犯罪形式。与欧盟法律不同的是，美国反垄断法不承认对垄断地位的剥削性滥用。因此，如果没有反竞争协议，在一个市场单方面滥用其支配地位在第二个市场获得优势，在这种情况下，只有该行为具有构成或维持在第二市场垄断地位的高度危险可能性的情况下，才被认定是非法的。

即使在第二个市场存在形成或维持垄断的风险的情况下，美国最高法院对任何可能指向资源共享或强制开放的救济措施（包括网络共享、网络访问、数据共享或数据访问要求），均采取谨慎的态度。在 Trinko 案（Verizon Communications v. Law Offices of Curtis

---

① 参见 Personal Data Protection Commission, in collaboration with Competition and Consumer Commission of Singapore. Discussion Paper on Data Portability 2019. 2. 25。

② 参见 Comments of the American Bar Association's Section of Antitrust Law on the European Commission's Request for Input on the Evolution of Competition Policy in Light of the Digitization of the Economy, 2018. 12. 18, http：//ec. europa. eu/competition/scp19/contributions/aba. pdf。

V. Trinko LLP，540 U. S. 398，（2004））中，原告称，Verizon 利用其在批发电话服务市场的垄断地位，在下游本地电话零售服务市场中获得竞争优势，特别是以一种限制进入零售市场的歧视性方式提供批发服务。虽然法院承认拒绝交易可能引起垄断责任，但对强制获得或分享补救办法的合理性表示怀疑。

美国最高院认为，企业可以通过建立一种基础设施来获得垄断力量，使他们能以独特方式为客户服务。迫使这些企业分享其优势来源，与反垄断法的根本目的存在矛盾，因为这可能降低垄断企业、竞争对手或他们双方对经济上有益的设施进行投资的动机。强制共享还要求法院扮演中央计划者的角色，确定适当的价格、数量和其他交易条款——但这并非法院的适当角色。此外，竞争对手之间的强制性协商，也可能助长反垄断中最大的恶，即合谋的出现。因此，一般而言，完全私营的贸易商或制造商可以自由选择交易对象，《谢尔曼法》并不会限制企业拥有的这一长期被公认的权利。

虽然美国最高法院对数据导致的市场支配地位的转换保持了谦抑的态度，但是"垄断杠杆"问题确实可能会影响实际的竞争效果。这并不仅仅在于互联网平台经营者所参与的行业之中，早在"微软的世纪大战"一案中，"垄断杠杆"的反竞争效果已经被提及，因此在认定互联网平台经营者市场力量的过程中，数据是否造成了垄断杠杆，在第二市场中占据了支配地位，这种市场力量的产生是否具备合理性，将会是互联网市场力量的重要考量因素。

（五）以数据外化的表象衡量市场支配地位

以上都是对数据本身的特性进行分析，但是需要说明的是，我国《反垄断法》并没有将数据的多寡，数据取得的难易程度等具体指标列入其中，而是根据将数据给企业带来的优势外化为通常认为具备市场力量的各项因素来判断互联网平台市场支配地位的因素。我国《反垄断法》第 18 条规定了一系列的市场支配地位认定标准，其中就有市场份额这一项。[①]大规模的数据可能体现出高额的市场份额，对数据源的掌控可能会造成高的市场壁垒。这些都是对数据进行分析时应当解决的将其归属于《反垄断法》法条之中，以成功适法的必要步骤。因此，所谓的数据判断因素最终也体现在上述法条所述的五点内容之中。

五、互联网平台经营者利用数据行为的抗辩理由

正如上文提到，数据的可迁移性可能使持有大规模数据的经营者并不会形成强大的市场力量。即使是经营者作出一开始提到的算法定价或者是数据独占行为，也可能并不具备

---

① 《反垄断法》第 18 条：认定经营者具有市场支配地位，应当依据下列因素：（一）该经营者在相关市场的市场份额，以及相关市场的竞争状况；（二）该经营者控制销售市场或者原材料采购市场的能力；（三）该经营者的财力和技术条件；（四）其他经营者对该经营者在交易上的依赖程度；（五）其他经营者进入相关市场的难易程度；（六）与认定该经营者市场支配地位有关的其他因素。

强烈的反竞争效果。也许该种行为还可以促进竞争，增进社会整体利益和消费者利益。如果能够产生此等效果，反垄断执法机构在权衡利弊的时候，就需要着重加以考量，以免扼杀某互联网平台经营者的效率和积极性。而如果经营者能够证明这些利用数据行为产生了积极价值，则可以对反垄断执法机构的执法进行抗辩。

（一）数据有益于企业效率和消费者利益

收集数据的规模和种类以及处理数据的速度都因为数据具有价值而提升，大数据与大分析是互相联系的，具有互相强化的关系。如果经营者不能迅速分析数据并据以迅速行事，大数据的价值将会降低。机器学习也依赖于获取大量数据集。以卢比科项目（Rubicon Project）为例，该公司是"一家从事广告买卖业务自动化的领先科技公司"。它认为大数据、机器学习和数据驱动型网络效应之间的互动构成一项竞争优势。

大数据在构成企业核心竞争力的同时，其产生的价值和网络效应也同时会惠及企业和消费者。数据有助于降低企业识别消费者并了解其需求的成本。企业能够运用数据提供"智能"产品，以此提高能源使用效率和总体福利。能源和消费模式数据能够催生"智能电网"技术，以降低和更好地管理电力消费，例如电热水器通过收集消费者的热水使用数据能够预测消费需求并据此进行加热。地理定位数据能够帮助降低交通拥堵，节省通勤时间，提高通勤者的福祉，以及减少污染。政府能够运用数据确定如何配置稀缺资源，例如通过识别哪些在线商务领域不够活跃，考察在位企业是否以反竞争方式阻碍市场进入或破坏创新。企业还能够运用消费者数据实现非收入目的，例如履行监管方面的义务。

大数据的运用能够以多种方式使消费者收益，这些好处包括增强研发；开发新产品，将数据本身作为一种产品或者作为某产品的主要成分；优化生产和交付流程；通过提供定向广告和定制推荐改进营销方式；开发新的组织和管理方式，或者大幅改进现有做法。以提高市场透明度对消费者的影响为例，数字化数据的日益收集和使用往往与提高在线市场透明度有关。从经济角度来看，这种透明度对市场的运作产生了某种有益的影响。

市场透明度越高，消费者可能受益的可能性就越大，因为市场透明度使得消费者能够更容易地比较相互竞争的商品或服务的价格或特点。例如，比价网站或像 TripAdvisor 这样的平台使消费者能够在更加知情的情况下作出选择，从而在使得企业在价格和质量方面产生更激烈的竞争。减少市场壁垒是的另一个例子，以证明市场透明度可能带来好处。Amazon 平台市场或 E-Bay 中有许多网上商店，其中包括了较小的网上商店。如果没有上述这样的平台，这些商店可能会被阻止进入市场。此外，它们还允许对在其平台上经营的商家提供货物或服务的价格和条件进行比较，该方案有助于提高市场透明度。在某些情况下，提高透明度也有助于掌握更多关于消费者需求和市场条件的信息的新竞争对手进入市场。

因此，在某些情况下，数据的获得和利用有助于改善企业产品质量，提升企业生产效率，能够减少交易成本。数据的独占和算法定价并不完全带来负面效果。正如我国《反垄断法》第18条中的"没有正当理由"的表述，这说明了在采取"合理原则"判断滥用市场支配地位的范式之下，上述的改进生产效率，增进消费者福利的要素都需要加以考量。根据其体系解释《反垄断法》第15条正是体现了这一点。

（二）数据有益于规模经济和创新

大数据的本质，就是把数学算法运用于海量数据的处理，以预测事物发生的可能性，由此使人工智能获得强大的支持。正是在这种意义上，我们说大数据革命催生了第四次工业革命。第四次工业革命的主导性成果，在于通过深度运用信息技术和网络物理系统等手段，实现制造业从自动化向智能化转型。[①] 基于数据革命的第四次工业革命的主导性成果——设备智能化、能源管理智能化、生产智能化与供应链管理智能化，使得制造企业开始摆脱"规模效益"与"差异化需求满足"不可兼得的困境，大踏步向大规模个性化定制生产方式华丽转身，柔性制造得以成为现实，差异化战略取代低成本战略的主导地位成为日益增多企业的首要选择。大数据时代与智能制造的开启，一方面使个性化定制生产方式加速成为一种普遍化生产方式，另一方面使企业的管理信息数据获取能力及所获取的管理信息数据呈几何级数增长。前者，预示了商品差异化战略实施的极其灿烂的前景；后者，则展现了企业获取规模效益的极其广阔的空间。简言之，我们正在告别差异化生产与规模效益不可兼得的工业社会，正在步入差异化生产与规模效益可以兼得的大规模个性化定制的后工业社会。

按照熊彼特的观点，大企业的大规模经营具有效率优势，能够成为技术进步与创新发展过程的发动机。上世纪中叶，人们沿此思路进一步提出了两个所谓的"新熊彼特假定"，即企业规模与研发的投入产出能力存在正向相关关系；企业集中度和由此形成的市场结构与研发的投入产出能力存在正向相关关系。[②] 因此，数据造成的规模经济必然对创新有帮助作用，虽然这也有赖于企业家作为主体的内生性因素，即是否具有"企业家精神"等因素。我们虽然不能将垄断和创新完全划等号，"熊彼特——阿罗"争论依然在持续进行，但是将数据导致的规模经济与创新作为某企业垄断的抗辩事由或者考量因素是必要的。例如携程、去哪儿等购票及订酒店平台，就不断地创新其抢票技术，为每个消费者定制最佳的出行方案，也能以最短的时限抢到火车票，即是其涉及算法定价或者算法推荐等强迫交易、拒绝交易或者搭售问题，但是这种商业模式是合理的，其通过不断创新为消费者提供

---

① 参见李曼：《大数据时代的商品差异化与规模经济》，载《吉首大学学报（社会科学版）》2017年第6期。

② 参见王先林：《反垄断法与创新发展——兼论反垄断与保护知识产权的协调发展》，载《法学》2016年第12期。

更优质的服务。这些即是反垄断执法部门在判定互联网平台经营者是否构成滥用市场支配地位所应当考量的事由。

（三）数据的可迁移性、透明度与共享可削弱垄断效果

在数字市场，数据存在着去中心化倾向，因此导致了数据共享和数据的转移的成本不高。假设数据的这些特性得以发挥，对于消费者福利和社会整体利益是有好处的，尽管这些共享和迁移行为可能违反了相关的隐私保护条例，但可以作为竞争法意义上的抗辩事由。数据共享和数据可迁移均是为了削弱数据的排他性，在这些共享和迁移的过程中保持相当程度的透明度，使消费者知情，虽然看上去可能有损消费者权益，但是起码保障了消费者的知情权。数据可迁移可以降低同时使用不同平台的用户的转换成本，并相应地降低强大市场力量带来的网络效应，同时促进竞争对手基于不同的商业模式进行竞争。如果有助于改善商品和服务的"学习效应"非常重要，数据共享就是一种更为有效的监管措施，以代替了其他具有强制目的的监管措施，比如说最近在热议的数据是否构成必要设施，是否应当强制开放监管行为的讨论①。在难以认定数据构成必要设施的情况下，数据的共享确实是有助于解决利用数据的垄断的有效手段，因此在一些数据共享的场合里，并不能就此认定这种行为完全损害了消费者合法权益（构成对隐私权的侵害）而使用竞争法以规制。

另外，数据的透明度也是反垄断规制需要判断的重要方面。法国"国家人工智能战略"要求将私有公司持有的重新利用数据向公众公开，与其他公司共享或由公共部门安全处理，具体取决于共享数据存在的隐私风险或破坏竞争的程度。加拿大"信息、隐私与道德常务委员会"也建议加拿大政府修改法律，要求社交媒体平台创建可搜索和机器可读的用户友好型在线政治广告数据库，并允许任何人（包括个人和为广告提供资金资助的机构）使用过滤词查找广告、所涉及的政治议题、广告在线的时间段以及目标受众的人口统计资料。不仅如此，其还提出了建议政府提出有关算法透明度的要求，并授予现有或新的监管机构审查算法的权力。国外的种种建议和实践表明，在不影响个人隐私和企业自身价值的情况下，开放数据，使得数据的使用和转移更加透明，有利于维护消费者的合法权益。

第三节　互联网平台垄断协议的反垄断法规制

一、算法合谋的价格协同嫌疑

现代社会科技条件的完善给算法的大规模运用创造了条件，人类生活的各个方面几乎

---

① 参见孙晋、钟原：《大数据时代下数据构成必要设施的反垄断法分析》，载《电子知识产权》2018年第5期。

都会成为算法影响的潜在领域。随着数字经济时代的加速到来，算法成为了企业竞争优势的重要方面，越来越多的企业运用算法来制定自己的价格策略，改进其定价模型、定制服务，预测市场价格变动，针对性地优化流程改善客户服务。尽管算法的运用会提升效率，但在某些情况下，算法也会引发竞争关注。使用定价算法可能导致反竞争效果，特别是以合谋的方式导致反竞争效果。合谋是一种市场现象，企业通过相互协调(比如协调价格或数量)去获得高于正常竞争水平的利润。因此，合谋行为会损害客户利益，也不利于社会整体利益。全球反垄断执法机构在逐渐关注到算法在促进合谋中的重要作用，并力图避免出现促进价格协同情形。

美国、英国、欧盟等国家或组织的竞争管理专员先后提出对通过复杂的价格算法排除、限制竞争的关注。2015 年时任美国司法部助理检察长的 Bill Baer 提出："我们不会容忍限制竞争的行为，不论其发生在烟雾缭绕的房间里，还是通过复杂的价格算法发生在互联网上。"①2017 年 2 月，英国竞争与市场管理局的主席 David Currie 提出："执法部门需要确保广泛运用算法的结果是促进竞争而非排除竞争。"②2017 年 3 月，欧盟委员会竞争委员 Margrethe Vestager 则指出："我们需要关注那些借助软件实现的更为有效的卡特尔。"③

世界主要反垄断辖区的竞争执法部门近年发布的相关调研报告已经开始涉及算法问题，比如德国反垄断委员会 2015 年发布的调研报告《竞争政策：数字市场的挑战》、美国联邦贸易委员会 2015 年发布的调研报告《大数据：包容工具抑或排除工具》以及法、德竞争执法部门 2016 年联合发布的《竞争法与数据》调研报告均一定程度上涉及算法问题。④

算法可以用来实现各种传统的反竞争行为。根据目前的文献，最令人关注的反竞争行为是将该算法视为促进共谋的因素，从而导致以前未曾出现或以前不可能出现的新的共谋。这种合谋被称为"算法共谋"。合谋是一种竞争对手共同实施的常见的利润最大化策略，它会损害消费者利益。共谋可以分为"默示共谋"和"明示共谋"。明示共谋是指通过明确约定，如书面或口头手段，维持共谋的反竞争行为。模式共谋是指竞争对手在没有明确约定的情况下，通过承认相互依存关系来维持合谋，从而实现反竞争合作。

① Former E-Commerce Executive Charged with Price Fixing in the Antitrust Division's First Online Marketplace Prosecution, https：//www. justice. gov/opa/pr/former-e-commerce-executive-charged-price-fixing-antitrust-divisions-first-onlinemarketplace.

② David Currie on the role of competition in stimulating innovation, https：//www. gov. uk/government/speeches/david-currie-onthe-role-of-competition-in-stimulating-innovation.

③ Vestager, M. (2017), Algorithms and Competition, Speech at the Bundeskartellamt 18th Conference on Competition, Berlin, https：//ec. europa. eu/commission/commissioners/2014-2019/vestager/announcements/bundeskartellamt-18th-conferencecompetition-berlin-16-march-2017_en.

④ 参见韩伟：《算法合谋反垄断初探——OECD〈算法与合谋〉报告介评(上)》，载《竞争政策研究》2017 年第 5 期。

为了达成以及持续维系合谋均衡，算法为竞争对手之间达成价格协同提供了优越的实施工具。在 OECD"算法与合谋"圆桌会议上，一些与会代表提供的证据表明，自动定价工具确实可以促进默示合谋。欧委会透露，根据其针对电子商务行业的调查，大约一半的受访者都会追踪竞争对手的在线价格。乌克兰竞争管理局介绍了一项调查，涉及通过在线交换信息去促进价格固定。俄罗斯联邦反垄断局指出，经销商使用定价算法可能促进协调的发生，新加坡竞争委员会的一项研究也得出了类似的结论。最后，一位专家讨论了在线发布实时价格，如何使得澳大利亚、智利和德国的加油站能够单方面提价。这表明，算法合谋的价格协同嫌疑值得竞争法关注与回应。

(一)算法合谋促进价格协同的特点

1. 智能化：算法成为垄断协议达成和实施的参与者

所谓的垄断协议智能化有两个含义：第一，算法作为传递信息的工具，开始进入垄断协议的实现阶段，即它成为了协议的参与者，但其背后却是算法或其他相关程序的设计者、改进者和使用者；第二，由于算法本身具有特殊的功能，提高了算法的智能化程度。为了避免企业被市场淘汰或保持市场的稳定，它将独立地选择将企业的价格和销售量保持在与其他竞争对手相同的水平。这种情况客观上产生了消除和限制竞争的后果。因此，垄断协议已经从"人"合谋转变为智能算法之间的合谋。[①]

(1)算法成为垄断协议直接参与者

算法是大数据的核心技术之一。[②] 公司通过各种算法收集，整理和分析数据，并利用这些数据来分析竞争对手的策略和消费者偏好，从而设计新产品，计算新流程和新业务战略。[③] 为了保持市场稳定性和提高市场透明度[④]，市场上的竞争对手也非常愿意开发、设计或直接引入算法。然而，随着算法技术的逐步普及和使用及其在公司生产经营活动中逐渐显著的地位，反垄断执法实践中已经开始通过算法达成和实施垄断协议，如上述亚马逊案例。

在亚马逊案件下，虽然该算法直接参与垄断协议的达成和实施，但事实上，它更多地被用作这种情况下的工具，垄断协议仍然是幕后设计师的工作。一些外国学者将其归类为

---

① 参见钟原：《大数据时代垄断协议规制的法律困境及其类型化解决思路》，载《天府新论》2018 年第 2 期。

② 参见詹馥静、王先林：《反垄断视角的大数据问题初探》，载《价格理论与实践》2018 年第 9 期。

③ 参见 D. D. Sokol, R. Comerford. Antitrust and Regulating Big Data. 23 George Mason Law Review 119, 1129, 1134 (2016)。

④ 参见 Salil K. Mehra. Antitrust and the Robo-Seller: Competition in the Time of Algorithms. Minnesota Law Review, Vol. 100. March 10, 2015。

"信使"共谋，因为此时该算法仅作为信使。① 就垄断协议的本质而言，它与传统的垄断协议并没有根本的不同，但它所使用的工具已经成为大数据时代的产物——算法。

（2）从人的合谋到算法的合谋

严格来说，算法是由运营商为了数据收集、整理和分析工具而开发的，以避免被市场淘汰。然而，随着具有自主学习能力的机器和计算机技术即人工智能技术的出现，算法可能演变出自主学习和自主执行能力。实际上，许多领域中的许多算法已经具有此功能。例如，我们熟悉的许多在线交易平台已经开始使用具有自动定价功能的算法。② 具体而言，在垄断协议中，当算法被智能化时，算法可能独立地实现和实施垄断协议，这不是设计者或经营者的初衷。以最典型的固定价格协议为例，当企业实施价格上涨行为时，其他竞争对手的算法可能认为跟随价格上涨或维持整个市场的平衡是一种最优策略，并根据这一判断，提高竞争对手产品的价格，形成价格协同。事实上，由于算法对数据的识别和分析只需要很短的时间，而且经营者更多地是为了及时了解市场信息和实现市场均衡而设计算法，实现市场均衡，这种垄断协议是独立达成和实施的，即所谓"自主合谋"在大数据时代具有很高的可能性。

2. 隐蔽化：市场透明度提升导致默示合谋的增加

垄断协议的认定必须具有协议各方的意思联络，即经营者之间的共谋。反垄断法将合谋分为明示共谋和默示串谋。由于大数据时代市场透明度的提高，垄断协议的共谋逐渐呈现出隐蔽性的特征，合谋形式开始以默示共谋的形式出现。大数据时代的基本特征之一是海量数据，再加上信息交换工具的进步和成熟，市场透明度是必然趋势。市场透明度的提高无疑有利于经营者对市场动态的及时反应，有利于市场结构的客观维护和市场竞争的稳定，也有利于市场经营者之间的信息交流和互动，从而促进整个行业的发展。因此，从这一角度看，无论是在反垄断法领域还是在整个竞争法领域，市场透明度都是值得肯定的，也符合市场经济的实质要求。

（二）算法合谋实现价格协同的方式

目前，较为全面细致地总结算法共谋的是 2017 年 OECD 秘书处准备的一份较为翔实的背景报告——《算法与共谋：数字时代的竞争政策》（Algorithms and Collusion：Competition Policy in the Digital Age），将算法可能引起反垄断法合规问题的方式归纳为四类，分别是

---

① 参见 Ariel Ezrachi, Maurice E. Stucke. Artificial Intelligence & Collusion：When Computers Inhibit Competition. Oxford Legal Studies Research Paper No. 18 /2015。

② 参见 L. M. Minga, Yu-Qiang Feng, Yi-Jun Li. Dynamic pricing：ecommerce-oriented price setting algorithm. Machine Learning and Cybernetics, 2003 International Conference on, Vol (2)。

监测型算法、平行型算法、信号类算法、自主学习型算法在促进价格协同方面的作用。①

1. 监督型算法维持价格协同

算法作为合谋便利工具最为直接的角色是，为了确保、维持合谋协议的实施而监督竞争对手的行为。算法可能用于收集竞争对手商业决策的信息、观察筛选潜在的有关背离行为的数据，以及设计快速报复方案。收集数据可能是通过算法进行监督最困难的部分。即使定价数据可以公开获得，也并不必然意味着市场是透明的。企业参与一项合谋仍需要通过一种能定期更新且易于使用的格式，从所有竞争对手那里收集数据。比如一些比价网站直接从在线企业那里接收数据，或者利用网络机器人等软件从网页抓取信息。自动信息收集技术目前正从电子商务向传统市场拓展。因此，参与合谋的企业可以通过复杂的算法去提升它们监督相互行为的能力。通过自动收集方法搜集到的数据可以被监督，并可以与对背离行为进行自动报复的定价算法相配合。比如，企业可能设计使定价算法有效实施的"触发策略"，该策略实质是设置一项协议价格，所有竞争对手都适用该价格，但只要任何企业背离则立刻转向价格战。由于算法发现与惩罚背离行为的速度很快，企业没有任何动机实施背离行为。综上，监督算法通过避免不必要的价格战使得合谋更有效率，可以便利合谋协议。

但这种类型的算法，在建立以及实施垄断协议的过程中仍需要明确的交流。因此，尽管竞争执法部门应警惕监督算法，但只要价格以及其他交易条件仍由人类协商，则这类行为仍可以通过传统的反垄断执法工具予以规范。

2. 平行类算法促进价格协同

这种情形出现在竞争性卖家使用相同算法或数据池去设定价格时。当竞争对手发现不使用自己的数据和算法，而是使用第三方算法供应商（它们可以从多个供应商那里获得数据或了解其定价策略）提供的算法更为有效时，就会出现这种情况。如果这给平台或"轴"提供了将价格提高到竞争水平之上从而最大化集体利润的能力和动机，则可能引发竞争关注。

在高度动态化的市场中实施垄断协议的困难是，供给与需求的持续变化要求合谋主体频繁调整价格、产出以及其他交易条件。因此，企业必须通过会议、电话、邮件或通过第三方进行频繁的重复协商，这些行为都有被发现的风险。这些协商行为的替代性方案是将决策过程自动化，即价格可以自动反馈市场条件的任何变化，从而达成"有意识的平行行为"。目前动态定价已经在各国市场中被实施，比如很多提供机票、酒店预订服务的企业

---

① 参见 OECD, Algorithms and Collusion-Background Note by the Secretariat, DAF /COMP(2017) 4, 9 June 2017. 该报告主要采用了 Ezrachi and Stucke 两位学者的分析框架，具体内容可详见其 2016 年合著的 Virtual Competition：The Promise and Perils of the Algorithm-Driven Economy, Harvard University Press。

都在运行动态定价机制。如果企业分享同一动态定价算法，则可能引发竞争关注，因为动态定价算法可能被设计为不与其他企业竞争。这类算法使得企业不仅可以合谋，而且他们的价格可以自动反馈市场变化而无需进一步沟通。此外，尽管与竞争对手分享定价算法是更为清晰的违反竞争法的行为，但可能还存在一些无需实际沟通而实施协同性平行行为的更微妙的方式。比如，如果企业将某算法向同行业 IT 企业或程序员开源，就可能导致合谋风险。这可能创造一种"轴辐协议"，这种情形下，竞争对手通过使用同一"轴"（同一算法）去开发其定价算法并最终依赖同样的（或版本非常相近）算法，从而可以实施定价合谋。类似地，如果行业中大部分企业利用定价算法实时跟随某个市场领导者，即实施"针锋相对策略"，领导者负责设置将价格固定在竞争水平之上的动态定价算法，这种情况下合谋也很可能会达成。

3. 信号类算法促进价格协同

这种情形出现在定价算法以可预测的方式对事件作出回应时。这使得算法可以发出意图信号，让竞争对手很容易了解市场条件，从而提高实现默示性合谋结果的可能性。

高度动态化的市场中，企业的规模不同，出售差异化产品，实施差异化商业策略，合谋缺乏成熟的基础（聚点），因此默示合谋往往很难达成。为了避免明示沟通，企业可能通过披露合谋的意图，通过特定的信号以及单边价格宣传行为，实施更为复杂的合谋策略。竞争执法很难针对信号行为划定明确的规制标准，如果这类行为同时存在促进竞争与反竞争的效果，执法部门则需要权衡与评估单边信息披露行为的反竞争效果与效率增进效果。

更高的市场透明度一般可以提升效率，但如果透明度只有利于市场供给方，这可能会便利合谋或者给企业提供合谋的基础，从而导致反竞争效果。传统市场中，发布合谋的信号可能给企业带来很高的成本。比如，如果某企业通过提升价格来传递合谋的意图，当大部分竞争对手都不接受该信号或者故意不予回应时，发出信号的企业便会损失销量与利润。这一风险的存在，可能激励大多数企业等待其他企业发出信号，最终导致合谋的迟延甚至失败。算法让企业可以自动设置消费者无法发觉但竞争对手的高级算法可以察觉的快速迭代行为，从而可以降低甚至完全消除信号成本。存在若干方式可以实现上述目的，比如，企业可以通过自动算法在午夜调整价格，这不会对销量产生影响，但可能被竞争对手的算法确认为一个合谋的信号。企业也可能利用算法公开披露大量的详细数据，而这些数据则被用作提议以及协商涨价的暗号。

4. 自我学习型算法自主实现价格协同

当算法变得更为复杂后，为其设置一个利润最大化的目标，则算法便可以通过自我学习达到默示合谋的结果，而人类并不存在合谋的意图，这使得监管机构很难发现这类合谋行为。

算法能够实现合谋结果的最为复杂的方式便是利用机器学习和深度学习技术，基于这些技术，甚至不需要竞争者之间设置达成合谋的具体算法就可能达成合谋的结果。也即是说，存在一种风险，即一些算法具有很强的预测能力，通过持续学习以及对市场主体行为（可能是人类作出，也可能是人工智能作出）的反复适应，在不需要人类干涉的情况下就可能形成合谋。① 机器学习算法如何实际达成合谋结果，这点其实迄今我们并不清楚。但一旦市场条件倾向于合谋，则算法可以比人类更快地进行学习，从而通过高速的反复试错最终达成合作性均衡。

自我学习算法更容易确定合谋者之间的共同利润最大化价格，这可能最大程度地损害消费者利益。目前并不清楚自我学习算法是否已经在数字市场中导致了合谋结果或者这类合谋发生时是否能够被发现，因为机器学习导致的合谋结果只能通过效果去观察，而无法通过形式去判断，即所谓的"虚拟合谋"。如果企业再进一步，通过深度学习算法自动设置价格以及其他商业决策，合谋结果将更难通过传统的反垄断工具予以阻止。深度学习算法的具体工作过程是个"黑箱"，由于其处理原始数据的方式复杂、快速以及精确（类似人类大脑），我们无从知晓算法决策背后的相关细节。因此，基于深度学习技术，企业甚至可能在没有意识的情形下达成合谋，这带来的问题是，企业是否应当因其使用深度学习算法而承担相应的违法责任。

二、对垄断协议概念的扩大适用

（一）传统垄断协议遭遇的困境

我们有必要区分两种类型的算法相关行为，一种是基于目前法律框架可以处理的行为，一种是超出目前反垄断规则范围的行为。对于第一种类型，应将算法及其帮助实施的违法行为一起评估。尽管由于涉及算法，发现违法行为以及证明违法行为可能非常复杂，但执法部门仍可以基于目前有关反竞争性协议、协同行为以及便利行为的规则去执法。这种情形下的主要挑战可能是，执法部门需要理解技术方法以及算法如何便利或支持反竞争行为。在促进既存的协调策略方面，算法可以让明示的合谋协议更为稳定。例如，算法可以让发现和回应背离行为更为容易，降低背离合谋协议的错误或意外发生的可能性。但是，对此类协议的分析，与不涉及算法的普通合谋协议的分析框架，基本一致。对于第二种类型，竞争执法部门在评估算法相关的反竞争风险时会更为复杂，因为这类行为可能无法被现有反垄断规则所规范。这一难题主要涉及通过算法达成默示合谋，而无需竞争者之间进行任何联系或者不需要任何便利行为。整体而言，第二种类型体现了算法给竞争执法

---

① 参见韩伟：《算法合谋反垄断初探——OECD〈算法与合谋〉报告介评（上）》，载《竞争政策研究》2017 年第 5 期。

带来的真正挑战。

大数据时代垄断协议具有智能化、隐蔽化和综合化的特点，这对当前的垄断协议规制工作提出了新的法律问题。而鉴于当前反垄断法理论和制度构建更多是以传统工业时代为背景，其规则并没有适时调整以适应大数据时代的特征，因此可以说，垄断协议所体现出的以上特点和趋势也势必会对整个反垄断法体系提出新的挑战。

垄断协议智能化所带来的第一个挑战便是垄断协议的认定困难。因为在传统的垄断协议规制框架中，主体要件都是明确的、具有权利能力和行为能力的法律主体，世界各国都将其限定为人或者公司、企业等其他经济组织①，我国《反垄断法》第 12 条也通过概括的方式对经营者予以界定②，并将经营者和行业协会作为垄断协议认定的主体要件。

在目前反垄断执法现状之下，合谋协议概念有几个要素：一是经营者合意，二是通过协商达成，三是存在限制竞争的内容。传统合谋中协议的形式和内容比较单一，即经营者通过协商达成关于固定价格、限制数量、划分市场等内容的合意，经营者会按照协议内容实施合谋，后续还可能通过持续磋商对合谋内容进行调整，从而实现并保持限制竞争的合谋状态。然而，算法在合谋中的应用使得合谋的达成更加复杂和巧妙，经营者联络和互动的方式也更加多样。按照目前普遍认知的协议概念，很多算法合谋行为将无法通过反垄断法进行规制。例如，对于通过达成共享算法协议实现一致的行为，单纯共享算法的协议内容不符合传统反垄断法合谋协议的内容，因此也很难用反垄断法进行规制；而对于默契合谋，经营者之间仅有达成合谋的主观意图，但没有进行协商的客观行为，这种通过心照不宣达成一致的行为目前并不能视为一种协议，因此无法受到反垄断法的规制。但如前文所述，这些行为在特定的市场环境之下很可能对竞争造成同明示合谋相近的反竞争效果，应当通过反垄断法进行规制。这就要求对反垄断法意义上的协议概念进行扩大解释，而不应仅局限于特定的形式和特定的内容。

随着大数据时代的到来，算法以及计算机技术成为垄断协议的参与者，其行为能力在当前没有任何法律有明确的规定，这给垄断协议的追责带来了法律上的困境。由于算法在达成与执行共同政策方面的作用，为了将那些基于算法帮助而达成的"合意"也纳入规范范围，有人提议应该考虑对反垄断法上协议的定义予以修改。目前很难认定算法互动是否应当类似于"合意"那样被竞争法规则下的协议概念所覆盖。但是，更为清晰地界定协议概念，不仅有助于降低执法的不确定性，帮助企业了解哪些行为合法、哪些行为违法，也有利于未来处理算法合谋问题。因此，针对算法问题，我们需要重点考虑的是，我国《反垄断法》目前有关垄断协议的概念，能否有效规范算法合谋这类新问题。

---

① 参见金美蓉：《核心卡特尔规制制度研究》，对外经济贸易大学出版社 2009 年版，第 41~43 页。
② 参见王玉辉：《垄断协议规制制度》，法律出版社 2010 年版，第 33 页。

以横向垄断协议为例，从法律概念上分析，它具有以下几个构成要件：首先，主体是互为竞争对手的经营者；其次，卡特尔成员具有协调行动限制竞争的主观意图；再次，客观上实施了该协调行为；最后，该行为对相关市场竞争造成了损害。据此，当反垄断执法机构或者法院进行司法裁量时，都是严格地遵循这一分析框架，在完成所有论证工作之后将其归于《反垄断法》第13条中特定的卡特尔类型，最后依据责任条款对参与者进行处罚。但正如前文所述，以抽象法律概念为基础的规制思路在大数据时代下正面临着诸多挑战。

具体来说，当我们进行垄断协议的主体要件认定时，会发现达成和实施垄断协议的其实是各种先进算法，这导致垄断协议主体并不是法律上的适格主体，无法追责，因为算法本身不具备责任能力。

当我们认定主观意思联络时，算法主导的默示合谋存在较大的证明难度甚至无法证明的情形，而严格按照概念思维的方式，垄断协议认定必须要有共同的主观意图，因此如果照此思维去认定垄断协议同样将十分困难。当我们再依据反垄断法对算法自主完成的排除、限制竞争行为进行违法性认定时，发现其中存在基本价值的冲突问题，依照概念思维我们同样无法对该行为是否违法进行一种"非此即彼"的判断。这些困境都使得概念思维形式性、机械性等弊端逐步凸显。

（二）垄断协议概念困境的解决思路

算法可以视同一个机制或者手段来执行已经达成的共谋协议，但并不是共谋本身。因此，在坚持共谋仍需传统的主观要件时，仍旧需要证据来证明共谋协议的达成。但是共谋协议的达成，并不是要最终确定一个价格，只要有提高、降低、固定价格的目的和效果，即使是制定了自动运行的定价规则，也是触犯反垄断法的。因此，在认定算法共谋时，需要进一步拓展共谋达成的方式。①

从各国竞争法的规则设计来看，确定竞争者之间存在"协议"是竞争执法处理合谋的前提条件。大部分案件中，协议一词被广义解释，从而确保竞争规则有更大的适用范围。但是，如果缺乏沟通以及明示的合作，竞争法规则对于协议的可适用性就不是很确定了。这引发一个值得关注的问题，即为了处理算法合谋，是否应该考虑重新反垄断法下协议的定义。这并非新问题，但该问题近年在有关经典寡占行为能否被确定为非法协议这一问题的争论中，被重新提了出来。比如Kaplow教授就认为目前规范横向协议的方法可能太过形式主义，无法处理有违法可能性的企业之间的相互依赖关系。他主张，更狭义、机械地看待协议的含义，这与竞争法更为重视经济分析方法的趋势是相违背的，他认为"不论产生结果的特定沟通方式如何，那些成功导致超竞争水平定价的相互依赖性合作，在经济结果

---

①　参见施春风：《定价算法在网络交易中的反垄断法律规制》，载《河北法学》2018年第11期。

上是相同的"。① 他倡导对协议的认定采用更为宽泛的解释。

但是,竞争法规范标准的寡占行为这一建议面临质疑,比如波斯纳法官在一起案件中便提出警告,在法律上将默示合谋与明示合谋同等对待是危险的做法。② 涉及算法问题时也会面临类似挑战。因为算法的快速发展使得竞争对手之间可以迅速并隐蔽地进行互动,竞争对手可能利用复杂的编码作为媒介去达成共同的目标,因此数字经济中协议的概念及适用边界越来越模糊。由于算法在达成与执行共同政策方面的作用,为了将那些基于算法帮助而达成的"合意"也纳入规范范围,有人提议应该考虑对协议的定义予以修改。比如,前面提及的"信号算法"可能导致价格的快速反复变化,最终导向共同定价,这类似于企业之间进行了实际的协商以执行合谋性协议。因此是否可以得出结论,即回应竞争对手的快速价格调整直到最终价格一致,这相当于一项协议?

类似地,"平行算法"可能被视为执行一项协议的替代性自动机制。比如,在"追随策略"中,一家企业通过实施一个可以实时模拟市场领头企业价格的算法去提出合谋要约,而领头企业则可以通过涨价去回应竞争对手的算法从而接受该要约。一家企业可能通过公开一项定价算法发出要约,竞争对手则通过利用同一算法作为其业务策略的一部分,从而接受该要约。③ 目前很难认定算法互动是否应当类似于"合意"那样被竞争法规则下的协议概念所覆盖。但是,更为清晰地界定协议概念,不仅有助于降低执法的不确定性,帮助企业了解哪些行为合法、哪些行为违法,也有利于未来处理算法合谋问题。

算法合谋的形式远比明示合谋复杂,我们可以把明示合谋以外的算法合谋分为两种情况讨论:一是有合意、有协商的算法合谋;二是有合意、无协商的算法合谋。对于有合意、有协商的算法合谋,除了上述有明确的合谋协议的情况之外,还可能通过性质更加模糊的约定实现。例如,经营者各方基于合谋的合意,通过协商达成共享动态定价算法的约定。这样的约定与传统的合谋协议内容不同,并没有直接就价格进行固定或限制,而是单纯的共享算法。即使动态定价算法根据市场条件的变化最终导致价格一致的结果,根据目前协议的概念也很难把共享算法的约定视为反垄断法意义上的协议,经营者依然可以抗辩称这只是经营者之间的技术交流。但是,这样通过协商共享动态定价算法的行为,其对竞争的损害性和明示合谋非常类似,甚至比明示合谋危害性更大。因此,应当延伸合谋协议的概念,只要能够证明经营者存在合谋的合意,且共享算法与一致行为之间有直接的因果

① Kaplow, L. (2011), "On the Meaning of Horizontal Agreements in Competition Law", California Law Review, Vol. 99, No. 3, pp. 683-818, https://www.jstor.org/stable/23014697? seq = 1-page _ scan _ tab _ contents. 最后访问日期:2019 年 5 月 2 日。

② 参见 Aircraft Cheque Services et al. v. Verizon Wireless et al. , No. 14-2301 (7th Cir. 2015)。

③ 参见韩伟:《算法合谋反垄断初探——OECD〈算法与合谋〉报告介评(上)》,载《竞争政策研究》2017 年第 6 期。

关系，那共享定价算法的约定也应当视为反垄断法意义上的协议。对于有合意、无协商的算法合谋，可能通过价格跟随算法、信号算法等实现，未来也可能通过人工智能算法实现。经营者之间有想要达成合谋的目的，但并没有进行协商，而是基于市场中彼此之间的依存关系，心照不宣地实施特定行为实现保持一致目的。例如，利用跟随算法与行业内价格领导者保持产品价格的相对一致，或者利用信号算法对其他竞争者发出合谋邀约且其他经营者积极回应。这两种行为都会造成竞争者之间的竞争被限制，但由于这种默契合谋缺乏协商的过程，很难认定经营者之间达成了反垄断法禁止的协议。由于这种行为确实会对竞争造成损害，甚至可能造成非常严重的损害（例如整个行业形成惯例保持同步涨价，或寡头垄断企业长期保持默契合谋制定垄断高价），因此不应局限于协议的形式，可有将这种情况推定为经营者心照不宣地达成共谋协议。

识别竞争者之间的"协议"是执行反垄断法反对共谋结果的前提条件。但实践中，协议概念也许仍旧不能指导更多细微的交流形式，他们是否应该落在竞争规则应用的范围内。例如像单边公开宣示价格的传递信号机制被看作一种达成公共政策的一种邀请，但是如果在某种情况下等同一种协议，在现行的司法体制下这种判断方法受到质疑。随着算法的出现也引起了相似的挑战。[1]

算法的不断发展允许竞争者之间利用复杂的代码作为中介以达到共同的目标，使用这样的手段他们可以进行快速而复杂的相互交流，协议的概念及其对数字经济应用愈加清晰：在竞争者达成固定价格被视为本身违法时，而允许快速公告和作出回应的计算机技术模糊了协议的含义，对反垄断执法机关区分公开的协议与竞争者之间的交流造成了困难。根据实现和执行公共政策的作用，有人提出这样的问题：为了体现在算法的辅助下达成众人的思想交流，我们是否应该重新考虑协议的定义。例如前面讨论的信号算法可能会导致快速的反复的价格变动，最终会促成统一的价格，相当于商人之间的实际谈判协商达成共谋协议。竞争者对快速调整价格的反应直至形成共识等同于与协议吗？关于这一点，对于算法交流（也叫算法集会）是否应该和竞争法覆盖定义下的思想交流相似对待，仍旧很难下肯定的结论。然而，比较清晰的协议定义不仅要通过帮助企业知晓什么活动是非法的、什么活动是可以接受的，以减少较少概念的不确定性，而且还要潜在地强调与算法共谋相关的一些热点问题。因为在现行的法律标准内要证明诸如有意识的平行行为的纯粹单边行为构成限制竞争的协议是很困难的，特别是在司法制度内对协议解释非常狭窄的情况下，一些竞争执法部门有可能借助如不正当竞争法灵活地处理反垄断法目前不能解决的算法共谋行为。

---

① 参见李振利、李毅：《论算法共谋的反垄断规制路径》，载《法学研究》2018 年第 7 期。

三、对默示合谋的放宽认定

反垄断法意义上合谋的概念，合谋是指特定市场中两个或两个以上独立的经营者，采取协议、决定或其他形式，共同对产品或服务的价格、数量等进行限定，从而排除、限制竞争的行为。[①] 虽然各国反垄断法对合谋的表述不尽相同，但都将合谋作为反垄断法关注的重点问题。算法改变了数字市场的特征，能够提升市场透明度、加速业务决策的速度，提高了企业快速回应对手行为的能力。算法合谋本质上是一种合谋行为，可以理解为利用算法实施的合谋。从类型上看，学界主要将算法合谋分为明示合谋和默示合谋两种。在数字市场经济的环境下，算法可能使企业在不需要明确沟通或互动的前提下相互依赖，提升默示合谋的风险，从而导致更高的价格水平。而结合当前国际上反垄断法的实施情况看，对后者即默示合谋行为的规制困境更加突出，基于此，对默示合谋的放宽认定的合理性进行研究并逐步将其纳入到《反垄断法》的规制范围内就变得十分必要了。

(一)默示合谋及其相关概念的界定

默示合谋，也称有意识的平性行为，是指在没有达成正式协议的情况下，经营者心照不宣地一致行动，有意识地以实际合作来代替竞争。[②] 默示合谋更可能发生在市场透明度较高、产品差异较小、经营者数量较少的市场中，经营者都清楚彼此间的相互依存关系，知道可以从联合的市场力量中获益，从而不需要任何明确的意思联络，自发地保持产品价格等条件的一致，从而形成合谋。在默示合谋中，虽然经营者有合谋意图，却没有协商的过程，也没有达成明确的合谋协议。相较于明示合谋，默示合谋更加不容易达成，也更加不稳定，对竞争的危害性较小。因此，反垄断法主要规制明示合谋，而不是规制默示合谋。但是，算法为经营者提供了更多实现默契合谋的方式，使得经营者之间即使没有明确的协议，也可能通过算法将利润维持在竞争水平之上。同时，算法的广泛应用模糊了明示合谋与默示合谋的边界，可能出现虽达成协议但协议内容区别于明示合谋的合谋形式。在特定的市场环境之下，某些默示合谋对竞争秩序的危害性并不小于明示合谋的危害性。

从实现形式上来看，默示合谋的主要以价格合谋为主。价格合谋是具有竞争关系的经营者通过协商等方式，约定以相同的价格出售同种商品或提供同种服务的合谋方式。价格合谋是合谋最常见的形式，原因在于价格在市场竞争中扮演着非常重要的角色，是经营者和消费者之间互通信息的媒介，也是经营者之间竞争的重要手段。经营者为了取得竞争优势，往往会以低于竞争对手的价格水平出售商品，而竞争对手为了应对，也可能对相应产品实行降价策略。竞争者之间的价格战会导致利润下降，也使经营者必须通过降低成本等

---

① 参见孟雁北：《反垄断法》，北京大学出版社 2017 年版，第 97 页。
② 参见种明钊：《竞争法》，法律出版社 2009 年版，第 250 页。

方式来提升利润。为了避免价格战带来的利润损失，经营者趋向于选择合谋以保持价格一致，从而能够以更高的价格出售商品或提供服务，获得垄断利益。应当注意的是，合谋价格水平的高低并不是影响合谋是否违法的因素，即使合谋价格维持在商品合理的价格水平，该合谋依然是违法的。因为价格是否合理只能通过市场竞争的结果来判断，只有维护竞争才能最有力地保护社会公共利益不会因垄断而遭到损害。而且市场处于动态变化之中，现在合理的价格在未来也可能变得不合理，合谋限制了价格随着市场变化而自我调整的能力。① 因此，只要合谋使价格竞争受到限制，无论价格水平高低，该合谋行为就可能构成违法。

　　而在互联网经济下，某一产品销售或服务提供市场的海量价格数据均可以被同行业的其他经营者及时、便捷地获得，因此同一行业内的经营者可以更加迅速地对同类经营者发起的价格变动作出响应，从而在相关市场形成一种高价格的垄断效果，达到算法默示合谋下的价格合谋。可以发现，当前市场上广泛使用算法来确定价格的证据，尤其是互联网在线平台。例如，亚马逊上的许多卖家都使用定价算法。除了平台提供的简单定价规则外，一些第三方企业也向零售商提供更为复杂的定价算法，或者直接代理客户使用计算机模型进行定价。正因如此，互联网经济下，算法导致默示合谋的发生可能性及危害性大大增强，而对于默示合谋的认定也应随之变得更加宽泛从而适应反垄断法对互联网企业实行算法默示合谋行为的规制需求。

　　(二) 对默示合谋放宽认定的合理性及必要性分析

　　基于大数据时代下算法对默示合谋发生的可能性及反竞争性的增强效果，放宽对默示合谋行为的认定就变得十分必要且合理了。算法之所以能增加默示合谋的可能性及其带来的反竞争性，主要有以下三点原因：第一，互联网的发展和大数据的普及，使得算法能够被广泛且深入地应用到市场经济的各个行业，因而利用算法实现的默示合谋对市场竞争秩序的危害范围也变得更大；第二，利用算法实现的默示合谋更具有隐蔽性，这使得传统的对合谋主观性进行判定的理论失效，从而影响对默示合谋的反竞争性的规制；第三，算法为经营者进行默示合谋提供了新的联络点，从而大大加强了默示合谋发生的可能性及便利性。下文将对上述三点展开详细论述。

　　(三) 算法的广泛应用

　　目前算法的应用非常广泛，在商业、医学、生物、土木工程等众多领域都发挥着重要作用。数据挖掘与分析是算法的基础功能也是核心功能，很多算法应用都建立在数据挖掘与分析的基础之上。算法根据大量历史数据，来估测市场需求，分析价格变化，预测消费

---

① 参见[美]马歇尔·霍华德：《美国反托拉斯法与贸易法规》，孙南中译，中国社会科学出版社1991年版，第78页。

者的行为和偏好，评估市场环境可能带来的风险。随着电子商务的快速发展与普及，算法在商业中的应用也成为经营者之间竞争的重要工具。算法在商业领域的应用，逐渐改变着经营者的竞争方式，算法常见的应用有动态定价、数字管家等。

动态定价是指综合考虑产品市场需求、消费者购买力和购买偏好等各方面因素，根据市场条件的实时变化进行调整的定价方式。目前，动态定价算法在酒店预订、航空公司订票、零售行业等领域尤为常见。动态定价算法会通过分析市场条件来对相关产品价格进行设定和调整，只需要在定价系统里事先设置定价规则，算法便会根据产品供应情况和市场需求情况设定价格，并根据市场供需变化即时调整价格，无需后续人为操作。动态定价算法通过抓取并分析海量数据，不仅使价格更符合市场规律，达到更加理想的利润水平，还能根据市场条件的变化快速作出反应，很大程度上提高市场效率。同时，消费者和经营者都可以即时看到价格的变化，满足消费者需求的同时也避免供应过剩，实现最优定价。

数字管家是指通过算法比较产品价格和质量，打破信息不对称的障碍，协助消费者作出更加合理的购买决策。2017 年，Gal 和 Elkin-Koren 提出"算法消费者"的概念，即由算法代替人们作出消费决策，根据数据的输入而自动输出决策结果。[①] 数字管家算法通过识别消费者的需求，搜索最优产品和最低报价，并进行交易。数字管家近年来应用越来越广泛，在旅游、房地产、保险行业等领域皆有涉及。价格比较网站是数字管家算法的典型应用，网站提供一个透明的市场环境，消费者可以通过网站获得可比的价格信息，从而找到最佳选择。利用价格比较网站，可以显著降低搜索成本，避免在不同经营者之间切换的成本，也可以帮助消费者认识新的品牌或服务。数字管家方便快捷地获取信息，除节约成本外，还可以使消费者克服营销技巧，帮助消费者寻求最优选择。同时，价格和质量信息的透明，也有助于平衡竞争环境，扩大经营者之间的竞争压力。

可以说，大数据时代，算法已经广泛而深刻地影响到市场经济中各类主体进行经济活动的方方面面。正因如此，基于算法产生的默示合谋其危害范围与危害效果也就被大大增加，因而放宽对默示合谋的认定标准，尤其是将利用算法的默示合谋纳入反垄断法规制的范围内就变得十分必要了。

(四)利用算法的默示合谋隐蔽性大大增强

默示合谋本身就具有隐蔽性，而大数据时代下，市场透明度大大增加，利用算法进行默示合谋行为的隐蔽性就更加突出了。大数据时代的基本特征之一便是海量数据，再加上信息交流工具的进步和成熟，市场透明度提升是必然的趋势。市场透明度的增加无疑有利于经营者及时对市场动态有所反应，客观上维持了市场结构和市场竞争的稳定性，同时也

① 参见 Michal S. Gal, Niva Elkin-Koren: Algorithmic Consumers, Harveard Journal of Law and Technology (2017)。

有益于市场经营者之间的信息交流和互动，从而可以促进整个行业的发展。因此，从这一层面来看，无论是反垄断法还是整个竞争法领域对于市场透明度提升都是持肯定态度的，它也符合市场经济的实质要求。但不可否认的是，随着市场透明度的高度提升，一定程度上也增加了默示合谋的发生风险。这主要是基于以下两方面原因：

第一，数据获取的成本降低。由于数据和信息的数字化传递、交流方式，使得数据的获取更为容易，其直接体现便是数据收集成本的显著降低。当市场上一个经营者出现产品价格、销售量等企业生产经营行为的变动时，其他竞争者可以在短时间内得知这些消息。因此，经营者可以通过大数据手段对竞争对手实施实时监测，而企业的任何策略变动都会及时、准确地被市场上其他竞争者所察觉。

第二，数据技术减少了经营者采取竞争措施的获利机会。同样以典型的价格行为为例，通常情况下，一家企业实施产品降价行为是为了吸引更多客户，从其他竞争对手处争取顾客，这是一般情形下的降价动机。[①] 但如前文所述，随着大数据技术的引入以及市场透明度的提升，其他竞争者对于企业降价行为的反应速度变快，加之算法技术使得策略制定和实施效率增加，竞争者们可以在短时间采取适应竞争（Meeting Competition）的策略，即为了匹配竞争对手的报价而同样采取降价措施。[②] 因此，在这种条件下，率先采取竞争措施的经营者的获利机会随着其他竞争者反应速率的提升而明显减少。而当经营者们都认为自己不大可能从降价、提升产量等竞争性措施中获利时，他们共同采取协同行为以维持现有利益的可能性无疑会增加。因此，经营者采取竞争措施的获利机会减少，使得竞争者之间更有意采取协同行为，而数据获取成本的降低，使经营者之间实现合谋的方式更为容易，它不再需要几个经营者之间明确的意思联络，或者形成任何书面协议、决定，依据现有的数据以及自身的算法技术就能实现这种默示的合谋。

在这种情形下，利用算法的默示合谋将变得更加隐蔽，而这也大大增加利用传统反垄断法的垄断协议分析理论判断其合谋主体的难度，从而为垄断协议的主观要件证明带来了法律上的困境。这种困境主要体现在以下几个方面：

1. 默示合谋的证明本身存在争议

反垄断法理论与实践对默示合谋的证明和认定都持谨慎态度。实践中的典型案例是较为典型的案例是美国 1921 年的 American Column &Lumber Co. V. Unite States[③]案。我国《反

---

①　参见叶卫平：《价格垄断协议的认定及其疑难问题》，载《价格理论与实践》2011 年第 4 期。

②　参见周围：《价格差别待遇的抗辩事由探析——以"适应竞争"抗辩为中心》，载《法律适用》2013 年第 4 期。

③　参见 American Column &Lumber Co. V. Unite States，257 U. S. 377（1921）。

垄断法》有关默示合谋的规定体现在第 13 条[①]"协同行为"中，后者指竞争者之间在没有书面或者口头协议、决定的情形下，相互进行了沟通并心照不宣地共同实施排除、限制竞争行为。但如何证明协同行为却存在较大的分歧，有学者认为应综合间接证据法律推定和举证责任倒置，同时也要注意环境证据的特殊应用，[②] 还有学者提出主要应通过基于间接证据的事实推定方式来证明。[③] 总之，有关默示合谋的证明和认定问题无论是在反垄断法实践领域还是在理论界都始终存在分歧。

2. 算法主导的默示合谋增加了证明难度

默示合谋的证明存在这样一种悖论：对合谋的证明，必须要有存在协议的证据，但是从界定上讲，它又意味着并不存在此类证据。在大数据时代下，通过算法主导的垄断协议加深了这一矛盾和冲突。在算法高度智能化的情形下，默示合谋的证明会存在以下几个难题：

首先，算法实现智能化意味着其自主学习、自主执行能力显著增强，因而可以自主、独立地达成和实施垄断协议。而从垄断协议参与者的角度来看，算法本身是理性的，它不存在任何法律意义上的主观意图，从而也就更不可能对它们之间的意思联络予以证明了。

其次，默示合谋的证明实质上仍然是围绕有无协议而展开，只是这种协议不是我们通常意义上的明示协议，而体现为有意识的协调行为。但正如前文所述，大数据时代的市场高度透明，数据信息不仅数量极大而且很容易获得。因此，当借由算法来达成和实施垄断协议时，它事实上根本不需要有任何意思联络，只用借助现有的数据资源便可自主完成。而如果根本不存在意思联络，对默示合谋的取证则更是无从谈起。

最后，从算法设计者的角度来看，其开发创造一种算法自然有其特定的目的，包括及时了解消费者的喜好、监测竞争对手的行为等，并根据这些数据信息自动实施最优经营策略。也就是说，当我们从客观分析的角度认为不同企业的算法之间形成了某种垄断协议时，有可能这只是算法在寻求一种最优的市场竞争策略（这也正是算法设计者的初衷），而不是为了在该相关市场内共同实施排除、限制竞争的行为。

基于以上论述，大数据时代下利用算法进行默示合谋的行为将愈发隐蔽，而利用传统的反垄断分析理论对其进行主观要件上的认定也变得更加困难。因此，为了对默示合谋尤其是互联网领域中的算法默示合谋进行精准、合理的认定并对其展开适度的规制，将利用算法的默示合谋认定条件放宽，进而将其纳入反垄断法研究、规制的范围内就变得十分必

---

① 《中华人民共和国反垄断法》第 13 条："本法所称垄断协议，是指排除、限制竞争的协议、决定或者其他协同行为。"

② 参见陈云良、陈婷：《垄断协议中协同行为的证明问题研究》，载《政治与法律》2008 年第 10 期。

③ 参见马敬：《论反垄断法协同行为证明中的推定》，载《政治与法律》2009 年第 10 期。

要且合理了。

（五）算法为经营者进行默示合谋提供了新的联络点

利用合谋信号算法实现合谋，是指经营者通过发出特定的合谋信号及相应的价格信息，并利用算法捕捉竞争对手的反应。若竞争对手即时响应并随之涨价，则合谋达成。[1]这是一种推动默示合谋实现的方式，由于缺少自然的联络点，默示合谋很难形成。因此，如果可以提前给竞争对手发出合谋信号，则有助于默示合谋的形成。

通常情况下，经营者发布合谋信号是有风险的，若竞争对手没有接收到信号，或者接收到信号也不愿意参与合谋，那信号发布者实施涨价后可能会面临失去消费者，从而导致利润受损。而算法的使用可以使发布信号的风险和成本降低，一方面，经营者发布信号后，竞争者通过算法可以更快更全面地掌握涨价信号，避免无法接收信号的风险；另一方面，发布信号者可以利用算法迅速对其他竞争者响应或者不响应的情况作出反应，若发现其他竞争者没有一同涨价，经营者可以迅速对价格进行调整。另外，发布信号者还可以将涨价时间定于深夜等对销量影响不大的时段，在消费者没有察觉时进行涨价，既可以测试其他经营者的反应，也不会对销量产生影响。合谋信号算法的作用类似于单方面的信息公示及合谋邀约，为经营者提供合谋的联络点，从而促成默示合谋的形成。

通过算法发出合谋联络信号，再通过算法响应合谋的联络信号，算法为互联网企业达成价格协议等合谋提供了新的隐蔽的联络点，借助这一联络点，默示合谋的便利性被大大提高。基于利用算法进行默示合谋的高度可能性、便利性与隐蔽性，其主观条件认定更加困难，传统的确认合谋主体、责任及主观性的理论已经不能对其产生良好的效果，因此将默示合谋尤其是利用算法的默示合谋的认定条件予以放宽，从而将其纳入反垄断的规制范围内，已经成为规制大数据时代下默示合谋行为的必然路径。

（六）大数据时代算法默示合谋的规制及其放宽认定的实施

如前所述，大数据时代下，利用算法进行的默示合谋给反垄断法带来新的挑战，其面临的困境主要体现在：第一，利用算法的默示合谋往往超出当前反垄断法的规制范围。反垄断法意义上的合谋必须是通过经营者协商并达成明确协议而形成的，若经营者之间没有明确的协议，反垄断法不宜过度干预。而无论是发出合谋信号算法的行为，还是共享动态定价算法的行为，都很难认定经营者之间存在反垄断法意义上达成的协议，从而将其纳入规制范围。第二，利用算法的默示合谋更具有隐蔽性，经营者为了规避法律责任，降低违法性风险，可能利用算法以更加微妙的方式实现合谋，因此反垄断执法机构往往很难发现并认定这一行为的反竞争性。要想解决迅猛发展的信息时代给反垄断法带来的默示合谋行

---

[1]　参见 OECD：Algorithms and Collusion：Competition Policy in the Digital Age. www.oecd.org/competition/algorithms-collusion-competition-policy-in-the-digital-age. htm。

为难以规制的新挑战，就必须突破传统反垄断法的规制路径，放宽对默示合谋尤其是算法默示合谋的认定，从反垄断理念的革新和实践的改进两方面对算法默示合谋予以规制。

1. 理念的革新——对"协议"概念的重新界定

在本章第 2 节中已经对垄断协议概念的扩大适用做了详细分析。如前所述，达成协议是合谋的必然途径。我国反垄断法并未明确规定"协议"的概念，而是直接给出"垄断协议"的概念。① 这样的协议概念非常宽泛，甚至没有要求协议的具体内容。依据这个概念，在特定的市场条件下，经营者有意识地基于相同目标实施的默契合谋也可能包含在协议范围之内。但是，在实际操作中并非如此，未经协商达成的一致行为并不包含在反垄断法意义上的协议范围之内。

在互联网市场领域，算法在合谋中的应用使得合谋的达成更加复杂和巧妙，经营者联络和互动的方式也更加多样。按照目前普遍认知的协议概念，很多算法合谋行为将无法通过反垄断法进行规制。例如，对于通过达成共享算法协议实现一致的行为，单纯共享算法的协议内容不符合传统反垄断法合谋协议的内容，因此也很难用反垄断法进行规制；而对于默契合谋，经营者之间仅有达成合谋的主观意图，但没有进行协商的客观行为，这种通过心照不宣达成一致的行为目前并不能视为一种协议，因此无法受到反垄断法的规制。若想规制上述造成反竞争效果的算法合谋行为，对反垄断法上的"协议"概念做适度扩大解释并予以延伸就变得十分必要了。

具体来看，针对有合意或协商的算法合谋，应当延伸合谋协议的概念，只要能够证明经营者存在合谋的合意，且共享算法与一致行为之间有直接的因果关系，那共享定价算法的约定也应当视为反垄断法意义上的协议。针对无协议或无协商的算法默示合谋，由于经营者可以通过价格跟随算法、信号算法、未来也可能通过人工智能算法等实现。其达成合谋的目的，但并没有进行协商，而是基于市场中彼此之间的依存关系，心照不宣地实施特定行为实现保持一致目的。因此对于算法默示合谋，不应局限于协议的形式，而应将这种情况推定为经营者心照不宣地达成共谋协议。

2. 算法默示合谋的分析路径与认定

对于利用算法实现的默示合谋，由于实现默示合谋的各方之间没有明确的协议，所以这种合谋的达成对市场结构条件的要求较高，通常是在寡头垄断的市场环境中比较容易达成，在经营者数量较多的市场中很难形成默示合谋，其反竞争性是潜在但不明显的。因此，应当扩大合谋协议的概念，并适用合理原则规制利用算法的默示合谋。

在分析路径上，应当遵循反垄断分析的惯有思路，先从大数据产品或服务的相关市场

---

① 《中华人民共和国反垄断法》第 13 条第 2 款规定："本法所称垄断协议，是指排除、限制竞争的协议、决定或者其他协同行为。"我国"垄断协议"的概念实质上是合谋的概念，而非"协议"的概念。

界定入手，之后要对相关市场的主要市场主体力量进行对比分析。对于利用算法实现的默示合谋而言，通常对市场结果的依赖性较大，只有当合谋者占据市场优势地位时，才会对竞争秩序造成较大损害。因此首先要对合谋者的市场力量进行判断，当合谋各方所拥有的总市场份额较低时，所达成的合谋对整个市场而言不太可能产生严重的限制竞争效果。而若合谋各方中只有一方市场力量较大，其他合谋者的市场力量都微不足道，也不能认定他们之间的合谋行为构成违法。① 只有当合谋集团市场力量较大时，合谋才会对竞争秩序造成较大损害。

在认定某一算法行为是否属于默示合谋时，针对其较强的隐蔽性，可以调查相关证据予以辅助认定。为了明确经营者算法行为的真实意图，执法者可以通过市场的异常变化，推断出经营者可能达成了合谋，进而对相关经营者进行反垄断调查。以下这些情形可以作为推断算法合谋的辅助证据：（1）经营者同时或几乎同时宣布提价；（2）经营者频繁地交换信息；（3）经营者同时发生商业策略的重大变化；（4）经营者出现与个人利益不一致的统一行为；（5）经营者没有明显的经济压力而发生异常变化；（6）经营者保持长期的一致高价；等等。但是必须注意的是，使用这些辅助工具必须采取十分谨慎的态度，做到尽量排除一切偶然因素，只有如此才能将算法默示合谋的放宽认定限制在合理的范围内，从而避免反垄断执法权力的滥用。

四、互联网平台经营者达成数据协议的抗辩理由

反垄断法领域抗辩的有效性取决于对反垄断法宗旨与基本价值的判断。一般而言，人们认为反垄断法旨在建立公平、有效的市场竞争秩序，并且有促进资源优化配置、保护消费者和社会公共利益的目的。② 基于上述目的，反垄断法的有效抗辩行为应当是符合上述目的的行，即至少要满足促进某一特定市场内竞争性的"内部平衡"，或者满足促进消费者利益和社会公共利益的"外部平衡"之一。我国反垄断法的抗辩理论主要体现在《反垄断法》第 15 条③中。依据此条规定，可以看出，反垄断法的有效抗辩途径有很多，主要包括

---

① 参见 Guidelines on the applicability of Article 101 of the Treaty on the Functioning of the European Union to Horizintal Co-operation Agreements。

② 参见王晓晔：《反垄断法》，法律出版社 2011 年版，第 29 页。

③ 《中华人民共和国反垄断法》第 15 条：经营者能够证明所达成的协议属于下列情形之一的，不适用本法第十三条、第十四条的规定：（一）为改进技术、研究开发新产品的；（二）为提高产品质量、降低成本、增进效率，统一产品规格、标准或者实行专业化分工的；（三）为提高中小经营者经营效率，增强中小经营者竞争力的；（四）为实现节约能源、保护环境、救灾救助等社会公共利益的；（五）因经济不景气，为缓解销售量严重下降或者生产明显过剩的；（六）为保障对外贸易和对外经济合作中的正当利益的；（七）法律和国务院规定的其他情形。属于前款第一项至第五项情形，不适用本法第十三条、第十四条规定的，经营者还应当证明所达成的协议不会严重限制相关市场的竞争，并且能够使消费者分享由此产生的利益。

破产抗辩、效率抗辩、公共利益抗辩等，因此互联网平台经营者要想就达成的数据协议进行抗辩也应从这几种途径出发。作为算法与数据的生产者、使用者，互联网企业的行为带来的竞争影响往往比较复杂，因此针对其达成数据协议的行为发起的抗辩也就应该进行更为细致的考量，这种考量应当从上述抗辩理由出发，以"内部平衡"和"外部平衡"为两个基本视角，分析其达成数据协议的行为对效率、公共利益以及竞争性等因素的具体影响，从而判定其对达成数据协议行为进行抗辩的有效性。具体来看，互联网企业对数据协议行为进行抗辩的理由应当至少符合以下理由之一：第一，该数据协议是否能促进其相关市场内的市场竞争效果；第二，该数据协议是否对行业效率有明显提升作用；第三，该数据协议是否可以增加消费者利益或公共利益。而事实上，大数据时代下，达成数据协议是可能实现上述效果从而完成有效抗辩的。

（一）达成数据协议可能促进市场竞争效果

数据协议即互联网企业通过明示或者默示的方式进行的算法合谋与数据相关合谋，其本质是参与者之间的数据传输、交流与共享，即数据的移植。从竞争的角度来看，数据协议实现的数据移植可以提高互联网企业的效率，因为企业在数据共享中可以发现更容易访问、更多变化的数据集，而这些数据是互联网企业改进企业策略、提高运营效率的基础。此外，互联网企业可以从扩展数据中获得更多信息，而这可以提高他们开发和改进为客户服务的能力。

更重要的是，基于数据协议的数据移植无需重新输入数据信息，可以减少甚至免除企业单独搜集数据的费用，降低转换成本。这使得平台经营者的经营成本大大降低，从而增强企业的竞争力。① 此外，在某些领域尤其是互联网领域，企业依赖关键数据作为进入相关市场的基础。因此，如果新的企业无法获取此类数据则可能会妨碍其有效进入该市场或削弱其进入市场后的生存能力。而互联网平台经营者针对这些关键数据达成数据协议，则可以降低相关市场的准入门槛，增加市场内的经营者，保证市场竞争活力，从而加强市场竞争效果。

（二）达成数据协议可能提升行业效率，增强消费者福利

效率抗辩堪称最重要的抗辩机制。一般而言，效率可以分为"静态效率"与"动态效率"，而静态效率又可细分为"生产效率"与"配置效率"。就特定行为的抗辩而言，数字经济环境下，效率抗辩中的"动态效率"抗辩可能会越来越重要。动态效率指企业有能力与动

---

① 参见 Discussion paper on Data Portability：Personal Data Protection Commission In collaboration with Competition and Consumer Commission of Singapore。

机去开发新产品或生产新工艺(或改进既存的工艺)，即"去推进生产效率向前发展"。① 静态效率关联于特定的时点，动态效率则关联于研发之类的演化性力量，动态效率往往要经历一段时间后才能出现并产生效果。干中学(learning by doing)、减少过多的研发开支、实现研发的规模经济等都是动态效率的例证。

在互联网领域中，动态效率抗辩将越发成为反垄断的抗辩理由，这一切都建立在数据被广泛应用的基础之上。在迅猛发展的电子信息时代，数据的应用与绝大多数科学、商业和技术都密切相关。在日常生活中，数据无处不在，不仅存在于电脑与手机里，汽车、家电甚至玩具中都可能包含成千上万的数据。数据在商业中应用更是广泛，可以建立购票系统、安排航班、协助交易、管理企业等。数据已渗透入社会生活的方方面面，显著提高了社会运转效率和自动化程度。目前数据的应用非常广泛，在商业、医学、生物、土木工程等众多领域都发挥着重要作用。根据大量历史数据，来估测市场需求，分析价格变化，预测消费者的行为和偏好，评估市场环境可能带来的风险，这已经成为互联网企业的基本经营模式。

通过数据协议带来的数据传输与共享，使得企业能够迅速了解市场与消费者变动，从而能够及时地更新产品、完善服务，而这种建立在数据基础上的大数据模式使得企业生产效率与服务效率均得到显著提升。事实上，互联网企业达成数据协议的行为虽然往往是一种合谋行为，但是却有可能实现提升企业效率与促进竞争的双重正面效果。比如，如果市场上的竞争者通过共享动态数据来达到经营者共享优势的目的，这能够协助经营者积极使用数据，提高产品水平和服务质量，从而增强企业竞争力。还可能使其他经营者基于竞争压力，加大数据收集、处理与分析的投入，从而达到促进市场竞争的效果。而这种对效率与竞争的正面促进作用是可以作为互联网企业进行数据协议抗辩的重要理由予以重点考虑的。

更进一步来说，达成数据协议，实现数据共享，这不仅增强了企业自身的经营效率，同时带来的更新产品、完善服务的能力的提升也增加了消费者福利。在需求方面，通过支持消费者作出更合理的购买决策，数据共享可能显著影响市场的动态格局。诸如比价网站的数据共享协议等可用于帮助消费者比较价格与质量，预测市场发展趋势，提升决策作出的速度，从而明显降低搜索与交易成本，帮助消费者克服卖方的偏见，作出更为理性的选择，从而强化了买方力量。因此，数据协议有潜力对消费者福利和社会福利创造积极效应。利用这些数据协议，可以加深企业合作，形成较为完整的产品生产线与服务提供模

① 参见 Motta, M. (2004), Competition Policy: Theory and Practice, Cambridge University Press, Cambridge, United Kingdom. 29. OECD, Dynamic Efficiencies in Merger Analysis, 2007; OECD, The Role of Efficiency Claims in Antitrust Proceedings, 2012。

式，从而更好地满足市场上消费者的多样化需求，这也是数据协议可能带来的好处之一。

数字经济环境下，互联网平台经营者达成数据协议等市场行为的竞争影响往往非常复杂，为避免政府对市场的过度干预，挫伤市场创新激励，导致寒蝉效应，应强调反垄断执法中对程序正义的重视，确保当事人充分行使抗辩权利。就数据垄断协议的抗辩而言，效率抗辩是最为重要的抗辩理由，特别是针对动态效率方面的抗辩，并合理结合公共利益抗辩新经济环境下，总之，应对互联网领域中的协议行为，这需要执法部门具有更审慎的考量和更为开放的态度。

第四节　互联网平台合并的反垄断法规制

一、互联网经营者集中制度的现实困境

（一）数据寡头趋势明显

从 1995 年我国开始出现商用互联网算起，中国互联网经济已经走过 24 年的历程。根据互联网实验室的研究，在这 24 年的发展过程中，互联网经济经历了三次浪潮。[①] 第一次浪潮是从 1995 年到 2003 年，这一期间由于互联网经济属于全新的产业领域，各类新的经营者刚开始进入市场，不存在在位者，互联网行业自由竞争程度较高，互联网垄断尚未出现。第二次浪潮是从 2003 年到 2009 年，这几年互联网进入快速发展的轨道，随着网民人数的增加和资本支持力度的加大，各细分行业均有经营者进入，互联网行业开始呈现垄断竞争的结构。第三次浪潮从 2010 年以后持续至今，经历前期比较充分的竞争，市场开始发挥优胜劣汰的筛选功能，在前期积累起竞争优势的经营者在这段时期内开始通过一系列收并购的手段继续做大做强，整个互联网行业出现比较明显的垄断竞争，在某些相关市场上更是出现寡头垄断的情形。从产业链的角度来看，根据经营者在链式结构中的不同位置和关系，可以将互联网经营者分为三类：第一类是基础层互联网经营者，他们主要从事硬件生产业务，提供互联网技术设备、通信设施以及接入服务，如英特尔、AMD、高通、联想和中国电信等经营者。第二类是服务层互联网经营者，这些经营者主要面向终端层从事网络应用设施的生产和开发，提供软件开发和网站设计等技术服务，典型的如微软和IBM。第三类是终端层互联网经营者，也就是互联网平台经营者，其是在前两层互联网经营者的基础上利用互联网作为平台直接面向公众提供相关增值内容信息服务，主要通过自主开发终端应用程序、建立门户网站并允许网络接入从而提供电子商务、即时通讯、资讯实时推送以及网络搜索等服务，如阿里巴巴、亚马逊、百度、腾讯等公司。前两层互联网

---

① 参见互联网实验室：《中国互联网行业垄断状况调查及对策研究报告》，2010 年版。

经营者主要作用在于搭建互联网这一平台，更大程度上属于智能制造产业而非服务业，存在巨大的沉没成本和显著的规模经济效应，因而这两层领域具有自然垄断性质，一直呈现的是寡头垄断的市场结构。互联网平台经营者，是给互联网做加法，不断往已有的网络平台上增加新内容，前期的技术条件和资金投入要求相对较低，不具有自然垄断性质，场外的经营者可以较为容易地进入这一领域进行各类创新。因此，这一层的经营者数量最多，也被称为狭义的互联网经营者，前述研究结果呈现的也正是这类经营者的发展趋势。

目前来看，互联网平台经营者集中的热潮也并未有消退的丝毫迹象。一方面，这些集中案件的发生是市场整合资源、优化产业结构、提升交易效率的结果，有其正当性和合理性；另一方面，这些实例也印证了互联网平台经营者寡头化发展的趋势。南都大数据研究院反垄断课题组发布的研究报告也认为"寡头竞争"逐渐成为中国互联网行业竞争的一个特点，在一些互联网细分市场领域，已出现寡头或双寡头。① 从数字分析来看，某些细分市场上的寡头实际已经长期存在，如在微信尚未发布之前的 2010 年第三季度，腾讯在即时通讯市场的份额就已经达到 76.56%，在即时通讯市场处于具有市场支配力的寡头地位；同一阶段，百度在搜索引擎市场的份额也高达 72.3%，同样处于国内搜索引擎市场的寡头地位；而同期内，阿里巴巴在 B2B 市场的份额也有 54.39%，淘宝在 C2C 市场的份额则达到 94.71%，支付宝在第三方网上支付市场上的份额超过 70%，可见阿里巴巴在 B2B、C2C 和第三方网上支付市场均处于寡头垄断地位。②

2017 年 5 月，《经济学人》杂志刊发了标题为《世界上最有价值的资源不再是石油，而是数据》的封面文章，提到数据已经取代石油成为最珍贵的资源，并催生出一个快速发展且利润丰厚的产业，使得反垄断监管者不得不介入，以约束数据资源流动的控制者。③ 尤瓦尔·赫拉利也曾对未来人类社会做过这样的预言："掌握数据掌握一切。"④可见，《经济学人》的文章和赫拉利的预言均揭示了同样的内容：互联网时代的市场经济，最有价值的"硬通货"不是黄金，而是信息，最重要的生产要素不是石油，而是数据。互联网平台企业不但要在自己原本所在的相关市场成长为寡头，而且还要进行跨界竞争，将自己的寡头地位不断向尽可能多的细分市场渗透，同样以我国当前互联网平台经济中的三巨头 BAT 为代表，这些企业通过投资、并购等方式，建立了金融、文娱、交通等多个领域的产业体系，基本可覆盖其自身的社交数据、电商数据、移动支付数据、交通数据、文娱数据、视频音乐数据，几乎覆盖各个行业，均已构建起自己的产业生态圈。而互联网平台经营者全

---

①　参见南都大数据研究院：《中国互联网行业竞争与垄断观察报告（2008—2018）》（征求意见稿），2018 年 12 月。

②　参见互联网实验室：《中国互联网行业垄断状况调查及对策研究报告》，2010 年版。

③　参见 The Economist：The world's most valuable resource. 2017-5-6。

④　尤瓦尔·赫拉利：《大而不倒已经过时，未来流行船小好调头》，搜狐网，2017-8-22。

方位布局生态圈的内在驱动力正是互联网平台经济本质上具有的数据竞争属性，互联网平台经济作为数字时代的典型产物，数据资源是其关键的竞争资源，具体来说，数据经过一定的处理，特别是借助大数据技术可以帮助经营者构筑用户画像，进行精细化运营，提升用户体验，提高网络营销效率；通过数据的搜集分析，形成基于企业的资源分布可视图，帮助经营者锁定所需资源；利用大数据计算社交信息数据、用户互动数据等，可以帮助企业进行品牌信息的水平化设计和碎片化扩散；通过搭建数据全景图，实时准确地监控、追踪竞争对手动态，帮助企业获取竞争情报；对业内数据进行大数据分析，发现市场需求走势，发掘出适应企业发展环境的商业形态，为企业决策部门和管理层提供战略决策工具。易言之，当下的经济社会中数据之所以成为关键的竞争资源，是因为其作为记录信息的载体，过去没有技术能力对其进行深度挖掘，而在数字时代或者说信息时代随着大数据、云计算等技术的出现、发展及应用，这种技术壁垒已经被逐渐克服从而使数据的经济价值开始得以兑现。从应然逻辑上来讲，互联网平台经营者最为市场交易链条中的一种中介组织，其产生的目的在于克服交易双方之间存在的信息不对称，从而降低交易成本、提升经济效率。为实现这一目的互联网平台经营者自身必须具备强大的信息资源，谁的信息资源优势更突出谁就更可能在互联网平台经济中立于不败之地，信息对于互联网平台经营者的重要性也就不言而喻。无需赘言，数据当然成为互联网平台经营者关键竞争资源，数据竞争也就顺理成章地成为这些经营者之间最主要、最核心、最关切的竞争内容。

随着新兴数字技术逐渐被开发利用以及知识进步带来的算法创新和改进，数据信息给互联网平台经营者带来越来越大的经济利益，为了能够继续维持和扩大这种利益，这些企业的首要目标就是期望能够获得数量更多、质量更优的数据。期初在互联网普及率较低尚处于提高阶段时，互联网平台经营者争夺数据资源的主要方式是尽可能扩大自身流量入口来争取更多新用户的进入来积累数据，各个经营者为自身利益，采取低价、补贴甚至免费等多种措施吸引客户，又采用价格战、"流量封杀"等方式来压缩竞争对手流量入口，其中最典型的流量之争当属2010年腾讯和奇虎360之间爆发的3Q大战。然而，如今形式早已不同，经历2011年到2016年这段时间内手机网民的快速增长带来的流量爆发性的增长之后，用户增长红利接近尾声，过去几年网民增速已经呈现个位数的发展。在这种背景下，经营者再想继续通过做用户增量来带动数据增量只能是举步维艰，中国互联网络信息中心（CNNIC）的最新的统计数据也可以印证这一点，截至2018年12月，我国网民规模达8.29亿，普及率达59.6%。[①] 另外，如今的大型互联网平台经营者基本都采取了开放平台的模式，微信和支付宝上小程序的引入即是很好的例证，流量不再局限于自己的平台，不再什么都自己做，而是开放出来，和众多的第三方开发者一起服务平台上的用户。开放平台的

---

① 参见中国互联网络信息中心：第43次《中国互联网络发展状况统计报告》，2019年。

模式一方面表明流量入口之争作为数据竞争的主要形式已经是过去式，大众很难再看到
3Q大战这类"流量封杀"的商战大戏；另一方面，这也预示了当今的数据竞争已经演变成
对存量数据本身的争夺，用户借助大型平台经营者的开放平台进入其他平台的过程中，大
型平台经营者在一定程度上也能获得其他平台的数据从而可以扩大和优化自身的数据资
源。这种用户流量之争向数据之争的转变也反映在了近年来的热点案件中，如新浪诉脉脉
案、大众点评诉百度案、菜鸟与顺丰快递数据之争、微信与华为数据之争以及新浪与今日
头条数据之争等。由于借助开放平台的方式从其他平台获得的数据毕竟是有限的，并且对
于多数的中小平台经营者来说，完全依靠单个平台自身的力量来获取数据，不仅速度较慢
而且成本较高，再加上互联网平台经济具有的动态市场竞争特点也可能导致因获取数据慢
而丧失市场机遇。于是，与其他平台经营者进行经营者集中便成为经营者的战略首选，这
种情况从表3-1列举的众多案例中可见一斑。经历IT时代的信息化和数字化，每个互联网
平台经营者在DT时代都是一个大数据公司，抛开互联网平台经营者的现金流、固定资产、
人力资源等物质属性，可以把这些经营者简化地看作一系列的数据集束。因此，伴随着互
联网平台经营者集中的热潮，每一个互联网平台经营者手中掌握的大量的数据资源正在快
速聚集，一个个数据集束正在快速膨胀，一个个数据寡头正在应运而生。根据前述南都大
数据研究院的报告，当下的互联网平台经济领域，零售电商行业，阿里巴巴占据近60%的
份额；网约车行业，滴滴和优步合并后市场份额占据90%；互联网在线视频行业，爱奇艺
与PPS合并后，市场份额超过50%；在O2O市场中，美团与大众点评合并后所占据市场
份额则超过80%。这种高市场份额的形成正是获得数据竞争优势的一种体现和结果，背后
站立的都是相关行业内的数据寡头。此外，数据寡头们为获取全面、准确的数据而具有的
跨界竞争特点在该报告中也有提及，在21起样本合并案例中有18起涉及的企业背后有
BAT的身影，报告表示，BAT通过参股或控股各大互联网企业，实际也完成了跨行业的生
态布局。百度、阿里巴巴、腾讯除主营业务外，还涉及金融、物流、出行、外卖、影视、
游戏等领域。[①]

（二）数据寡头形成过程中监管缺位

截至目前，表3-1统计的22起互联网平台经营者集中的案件中尚未有一起正式受理的
互联网平台经营者集中的案件，其中，滴滴与优步中国合并案也只是在合并达成两年后才
明确受到反垄断调查，结果还尚未可知。除此之外，从反垄断法实施以来至今，在互联网
领域只有2012年沃尔玛收购一号店一案依法申报并获附条件批准。从监管维度来看，在
互联网平台经营者借助经营者集中的手段成长为数据寡头的过程中似有监管缺位之虞。

① 参见南都大数据研究院：《中国互联网行业竞争与垄断观察报告（2008—2018）》（征求意见稿），
2018年12月。

对经营者集中的审查，通常包括三种模式：事先申报，事后申报和自愿申报。根据我国《反垄断法》第21条的规定，我国目前采用的是事先申报模式。[①] 事先审查制度的目的是调和集中造成的垄断影响和集中带来的经济效益之间的矛盾。如果申报标准过高，就很难有效地规范一些实质上破坏竞争的集中行为；如果申报标准过低，又将不合理地增加经营者的运营成本，增加反垄断执法机构的工作量，浪费社会资源。互联网领域面临的这种矛盾更加严峻，互联网的创新竞争和企业并购具有很强的时效性，要求互联网平台经营者进行申报将造成其巨大的时间成本。而在执法机构依职权主动审查的模式下，执法的成本是巨大的。然而，如果允许互联网平台经营者任意集中，又将不可避免地导致垄断，危及技术创新和众多消费者的利益。目前来看，我国的反垄断立法在诸多层面缺乏细致考量，缺少理性的经济分析的基础，规则的制定多数依赖于历史经验的积累。这些缺陷也反映在经营者集中制度中。例如，在《国务院关于经营者集中申报标准的规定》第三条中，100亿元、20亿元、4亿元的标准来源不得而知；《经营者集中申报办法》第五条认定经营者、不同关系经营者之间的营业额划分、一个或多个经营者以及不同类型并购中营业额计算等规则实际上直接借用了公司法和证券法的相关经验。经营者事先申报规则的制定应基于事实依据和经济分析。对于前者，立法者应该切实考察限制、危害市场竞争的经营者集中通常具备哪些典型特征。通过对经济事实的观察和归纳，找到描述危害市场竞争的经营者集中的定性和定量属性，从而获得初始的规范标准。之后再通过经济分析具象化地描述原始标准，使其与不断变化的经济事实保持一致。

就事实而言，从前述分析中可以看到，近年来我国互联网平台经济领域竞争的激烈程度有所减弱。经过一系列的兼并购，市场结构已经从原来的群雄逐鹿演变为寡头竞争格局，在大多数细分市场中，行业中都有一个稳定的寡头处于市场支配地位，这些寡头大都具有本行业或跨行业的数据优势，预计在未来很长一段时间内也很难撼动他们的垄断地位。目前，互联网的市场份额已基本划分完毕。尽管一些经营者仍在争夺市场份额，但场外的潜在竞争者并不容易进入相关市场参与竞争。从国家政策层面来看，在注重建设公平竞争审查制度和强调竞争中立的语境下，互联网领域的政策关注重心也在与时俱进，逐渐从产业政策转向竞争政策，在鼓励行业创新的同时，更注重创造公平自由的竞争环境。在现有的规则框架下，事先申报的标准主要取决于营业额的多少，这就带来了一系列问题。首先，除少数寡头外，多数中小互联网平台经营者属于未上市公司，财务披露制度不健全，只要其认为自身未达到申报标准就不会对外披露财务状况，其营业额就无从得知。其次，营业额等企业财务标准均可以被这些经营者巧妙地控制，从而人为加大了申报审查的

---

① 《反垄断法》第21条规定："经营者集中达到国务院规定的申报标准的，经营者应当事先向国务院反垄断执法机构申报，未申报的不得实施集中。"

难度。最后，经营者集中涉及的相关市场具有模糊性，营业额的计算范围很难控制，如前所述，互联网平台经济领域的竞争具有跨界竞争的特性，尤其是那些数据寡头经营者，出于对全面综合数据的需求，在多个细分市场均有子公司或者业务存在，有他们牵涉的特定集中案件涉及的具体相关市场因而很难界定。

从规则层面来看，既然现在互联网平台经济中诸多相关市场均已出现垄断端倪，对互联网平台经营者的事先申报标准也就没有必要过分宽松。至于如何判断互联网平台经营者的集中是否达到需要向反垄断执法机构进行申报的情形还需要进一步探讨。目前我国《反垄断法》仅列举了经营者集中的三种情形，并在《关于经营者集中申报的指导意见》中作出了一定解释，但这些规则并不细致，在实务中很容易被规避。① 申报标准中的数据种类，前已提及采用的是营业额作为标准，但从前段分析来看，在互联网平台经济领域依然沿用这一标准多少是有问题的，执法者在实务中将难免陷入一系列的窘境。

二、经营者集中申报的数据标准

（一）互联网平台经济的特殊性及对申报制度的冲击

互联网平台经营者以互联网为平台，以数据竞争为核心，具有不同于传统经营者的特点，反映到现行的经营者集中申报制度上主要表现在以下几个方面：

1. 互联网平台经济的用户锁定效应加大了申报标准的确定难度

互联网平台经济具有用户锁定效应，这意味着当用户选择产品或服务时，由于受到技术标准和兼容性等因素的影响而造成退出障碍，这导致对原平台经营者产生的较强依赖。与过去相比，今天的用户在选择产品或服务方面的自由度较低。一方面，平台经营者可以通过某些技术对用户实施限制，即用户选择企业的产品或服务后，由于不同企业产品采用的技术标准不同，造成产品之间难以实现互联互通。另一方面，即使用户有可能自由选择产品或服务，由于退出的高成本，他也不得不放弃有限的自由选择。在用户锁定效应下，用户变得越来越依赖于产品或服务，而产品或服务又产生相应的外部性，从而吸引更多用户选择产品和服务。随着这个循环的继续，用户越来越多，相应的营业额也会持续扩大。

2. 互联网平台经营者的特殊盈利模式颠覆了营业额计算的传统路径依赖

在传统行业中，免费行为不计入经营者的营业额，自然也不受反垄断监管。然而，对于具有外部性和用户锁定效应的互联网平台经营者，其为了抓住市场先机，低价或免费的商业策略对于经营者来说是一种普遍做法。此时，名义上的免费或低价行为并不代表真正的让利行为。平台运营商可能在增长的早期阶段遭受亏损，而当他们从激烈的市场竞争中

---

① 参见郭传凯：《互联网平台企业合并反垄断规制研究——以"滴滴""优步中国"合并案为例证》，载《经济法论丛》2018 年第 1 期。

脱颖而出时，他们就成为特定相关市场中的寡头。在那之后，他们可以通过攫取垄断利润来弥补之前的损失。因此，在确定平台经营者的营业额时，难以通过简单地计算运营商的销售量和销售价格来客观地反映实际营业额。同时，依靠传统的假设垄断测试（SSNIP 测试）可以在单边市场、单边价格竞争中发挥有效作用，但面对互联网平台经营者双边平台产品和服务时就无能为力了。

3. 互联网平台经营者的动态竞争市场结构模糊了申请标准的时间边界

与传统的相对静态的市场竞争结构不同，互联网平台经营者以技术或商业模式创新为主要竞争手段，只有通过不断的技术改造或模式改进才能获得和保持其市场竞争力。因此，在这种创新活动模式下，互联网平台经济领域是一个动态的市场竞争结构。此外，由于互联网平台经济具有的交叉网络外部性和用户锁定效应的影响，平台经营者的业务规模也处在不断变化中。因为平台作为一个双边市场，一边的用户越多对另一边用户的价值就越大，经营者因而也能提供更高的交易机会，平台的销售额自然会随着用户的增加而增加，一旦经营者集中达成，在这种交叉外部效应下，双边的用户规模和销售额都可能快速增长；而锁定效应使用户被固化在平台经营者的网络平台上，很难再选择其他类似的产品和服务。在这种情况下，平台经营者在集中时可能无法满足国家规定的相应申报标准，但在集中后，他们可能在短时间内获得较大的市场份额，并且这个市场份额的维持时间长短取决于企业的创新能力，一招不慎，经营者的营业额就可能急速下降。因此，如何选择合适的时间或者恰当的方式来确定平台经营者的营业额是司法实践中的一大难题。例如，在滴滴和优步中国合并交易中，滴滴在合并时没有向商务部报告，理由在于其当前的营业额数额不符合国家公布的申报标准。然而，在合并之后，滴滴的市场份额从 85.3% 快速上升到 90% 以上，获得了决定性的市场支配地位。[①]

（二）数据申报标准的完善进路

面对互联网平台经济领域的事实问题和执法难题，申报规则必须作出具有针对性的回应。单纯以营业额为事先申报标准能够对传统经营者作出正确的认定，但对于互联网平台经营者，顾名思义，是以互联网为平台，具有网络外部性、用户锁定效应以及动态化竞争等结构特点，同时该领域具有高市场集中度的天然倾向，使得该指标在新的环境下面临着挑战。此外，互联网平台经济领域数据竞争、跨界竞争、长期不盈利等运营模式特点也会导致营业额界定的复杂性和模糊性，事实上造成一些经营者集中交易得以豁免。在数字经济时代中，被收购对象经常是些初创型企业，这些新型企业在前期为了吸引和锁定用户大都采取资本密集型的"烧钱"模式以换取足够的流量，因而这些被收购的企业往往没有盈

---

① 参见邹开亮、刘佳明：《大数据企业合并的反垄断审查初探》，载《石家庄学院学报》2018 年第 2 期。

利甚至出现亏损。然而，这些初创型企业凭借创新的商业模式或技术开辟了新的细分市场并掌握了大量该市场中的用户和数据，因此，收购方开出高价实施并购，目的是获得相关市场中的用户、数据或创新技术，同时消灭特定市场中潜在的竞争对手，从而稳固自身的寡头地位。例如在 Facebook 收购 WhatsApp 的交易中，虽然后者的营业收入规模很小，但前者仍然愿意支付 190 亿美元的对价收购后者，Facebook 通过此次收购不仅可以消除潜在的竞争对手，而且利用集中后的数据共享机制，可以将自己的竞争优势传递至移动通信服务市场，同时强化原本在社交网络市场的竞争优势。对于此类互联网平台经济领域中以获取数据为目标的重要交易，欧盟委员会借助的是案件移送制度来对其进行审查，① 但对于我国当前的经营者集中审查机构来讲，面对这类案件时则显得有些手足无措。

其实，除了修订申报标准扩大申报范围这一长期进路之外，经营者集中审查机构想要现实地把互联网平台经济领域的并购交易纳入申报范围并非难事，在我国现行规则框架内也有相应的制度手段可以使用，《国务院关于经营者集中申报标准的规定》第四条规定，经营者集中未达到相应的申报标准，但按照规定程序收集到的事实和证据表明该经营者集中具有或可能具有排除、限制竞争效果的，国务院商务主管部门应当依法进行调查。2018 年 11 月，市场监管总局披露对滴滴和优步中国合并案进行反垄断审查，在并购交易双方未主动进行申报的前提下，市场监管总局依据的可能正是这一条规定。然而，问题的关键是将类似于 Facebook 收购 WhatsApp 的并购交易纳入申报范围后是否能真正起到筛选出有竞争问题的交易的作用，因为将交易纳入审查范围会给企业和执法机构带来显著的成本，如果无法发挥出识别竞争问题的效用，执法机构主动审查或者修订申报门槛都只能是徒增负担。② 目前也尚未出现具有竞争问题的数据驱动的经营者集中交易，2016 年微软并购领英的交易是迄今对相关数据聚集竞争影响分析最全面的案例，欧盟竞争委员会首次将数据作为重要的投入品进行分析。③ 该案集中体现了数据驱动型经营者集中反垄断审查中涉及数据的相关问题点，比如数据原料封锁问题，与数据驱动业务直接关联的隐私保护、网络效应、多归属、云计算等新兴问题在该案中也都有所体现。④ 最终，欧盟委员会的结论是大数据本身不是问题，仔细评估企业并购的动机和反竞争效应后能够作出判断。因此，无论

---

① 《并购条例 139/2004》第 4(5) 条规定，即使一项企业并购交易没有满足"门槛"的标准，但是却可能受到至少 3 个欧盟成员国的相关竞争法审查时，申报方可以申请将案件移送欧盟委员会管辖，假如 15 个工作日内没有成员国反对，那么该案件被认为符合"欧共体"影响，由欧盟委员会管辖。参见刘璇：《欧盟企业并购控制法律管辖权制度分析》，载《经济特区》2016 年第 5 期。

② 参见曾雄：《数据垄断相关问题的反垄断法分析思路》，载《竞争政策研究》2017 年第 6 期。

③ 参见韩春霖：《反垄断审查中数据聚集的竞争影响评估——以微软并购领英案为例》，载《财经问题研究》2018 年第 6 期。

④ 参见韩伟：《数据驱动型并购的反垄断审查——以欧盟微软收购领英案为例》，载《竞争法律与政策评论(第三卷)》2017 年 8 月，第 143~170 页。

是走解释论的路径由执法机构主动介入审查，还是选择立法论的进路通过修改申报标准，对于互联网平台经济这一新事物都应保持当下说包容审慎的监管思路。

一如前述分析所言，目前，以单一的营业额为申报标准明显不能适应大数据背景下互联网平台经营者新的经营模式特点，未来谦抑性监管的理念下需要在立法上对其进行适当修改。针对平台经营者的双边市场，其申报标准也应当有所特殊安排。一方面，在对营业额进行定量分析之时，应适当考虑平台经营者经济特点、集中后数据聚集的影响等非定量因素。具体来说，平台经营者进行集中申报的时候，首先应当对平台经济领域的特征进行概括性评价，明确其市场结构特点、商业经营模式等。此外，将用户数量、数据聚集造成的封锁效应的情况作为申报标准的参考因素。同时也要细化国务院反垄断执法机构主动审查的条件，一方面，发挥商谈机制和举报揭发机制的作用，筛除不需要申报的案件，积极通知、敦促适格企业履行申报义务；① 另一方面，也对执法机构的自由裁量权进行必要的限制，以避免行政权力的恣肆和经营者权利状态的不确定性。鉴于多数互联网平台经营者财务信息披露制度不健全的情形，在申报标准中还可以适当引入"盖然性"标准。"盖然性"的申报标准应当以经营者自身公开的信息、公司年度财务报表以及公开资料中显示的营业额、市场竞争力报告等为基本考量因素，同时还要参考第三方评估机构所提供的信息，例如管理咨询机构、行业协会统计数据、资信评级等机构发布的企业业绩、排名信息、资产规模等，最后结合执法部门在调查中所收集的资料作出相应调整以进行综合评估。② 当平台经营者的营业额满足上述条件之时，就应当向执法机构主动进行申报，未依法申报的由反垄断执法机构对其进行处罚。

三、经营者集中实质审查的数据标准

（一）大数据企业经营者集中对竞争的双重影响

当数据资源能给经营者带来巨大的经济利益之时，为了能够维持这种利益，大数据企业的首要目的就是希望能够获取数量更多、质量更优的数据信息，并对其加以分析与利用。但是，单个企业完全依靠自身力量来获取数据信息速度较慢且成本较高，而大数据企业的动态市场竞争结构特点也有可能因获取数据信息较慢而丧失市场机遇，于是，大数据企业之间的经营者集中便成为经营者的战略首选。

对经营者集中的规制目的在于对可能出现的限制竞争效果构建前瞻性的"防御工程"，与禁止具有排除、限制竞争的垄断协议和禁止滥用市场支配地位一起，对市场力量的形

---

① 参见郭传凯：《互联网平台企业合并反垄断规制研究——以"滴滴""优步中国"合并案为例证》，载《经济法论丛》2018 年第 1 期。

② 参见邹开亮、刘佳明：《大数据企业合并的反垄断审查初探》，载《石家庄学院学报》2018 年第 2 期。

成、维持、固化以及滥用进行控制，以防止限制竞争后果发生。针对大数据企业，同样应该发挥对经营者集中进行规制的制度功能。大数据行业企业的经营者集中对市场中的竞争具有双重影响，因此大数据行业企业的经营者集中不应因为其集中会形成市场力量就认定违法而阻却竞争，应该平衡其合并对竞争的双重影响，这是《反垄断法》规定对经营者集中实质审查的意义。

经营者集中有效益型和非效益型之分。[①] 大数据企业进行经营者集中对集中双方企业具有积极效益，主要表现在，经营者集中是大数据企业扩大企业规模最迅速，最有效的方法。经营者集中给大数据企业带来更多的数据资源，在当下大数据行业的竞争中，数据是企业竞争的关键因素，掌握更多的数据，对数据进行分析利用，是大数据企业保护行业竞争优势的重要途径。大数据企业的经营者集中不但可以增强企业的实力，还能增强其发展后劲，也能一定程度上促进市场上的大企业之间的竞争，增强这一行业在国际上的竞争能力。大数据企业的经营者集中还可以促进企业的有形资产、无形资产包括数据资源的调整与重新组合，利于实现资源优化配置，促进产业结构，企业服务和企业组织结构的合理化，大数据行业是基于创新发展的企业，产品服务生命周期短，更新换代快，实现经营者集中也是在大数据企业之间实现优胜劣汰的过程，以经营者集中方式实现优胜劣，减少了对社会的冲击。正是因为集中是大数据企业扩大自身规模，提高竞争能力，以更好地参与市场竞争的一种重要手段。我国《反垄断法》第 5 条对经营者集中作了原则性规定"经营者可以通过公平竞争、自愿联合，依法实施集中，扩大经营规模，提高市场竞争能力"。[②]

与此同时，大数据企业之间的经营者集中也会给市场竞争环境带来消极影响。大数据企业合并直接会带来市场竞争者的消灭、减少，这会形成或加强合并后的企业的市场支配力量，在某些细分市场，可能出现少数企业独占或寡占市场的情况，破坏有效竞争的市场结构，形成市场竞争障碍，产生垄断。[③] 在此情况下，具有市场支配地位的企业为了利润极易作出损害消费者权利的行为，限制了消费者对服务的选择，降低了消费者接受服务的质量。

基于大数据企业经营者集中的双重影响，我国《反垄断法》对其并不存在像横向垄断协议那样"本身违法"的认定，在第五条规定了经营者集中的原则，即"通过公平竞争，自愿联合，实施集中"，"应当依法进行"。这里的依法进行体现在《反垄断法》第四章以专章的形式对经营者集中进行了规定：经营者集中达到国务院规定的申报标准的，应当按照规定

① 参见张乃根：《经济学分析法学》，三联书店 1995 年版，第 231~232 页。

② 高建昆：《社会主义市场经济中的垄断与反垄断新析》，载《中国经济规律研究报告（2016）》，中国经济规律研究会：中国社会主义经济规律系统研究会 2016 年版。

③ 参见李燕：《反垄断法视野中的企业合并制度》，载《江苏建材》2008 年第 4 期。

的程序事先向国务院反垄断执法机构申报，未申报的不得实施集中；经营者集中具有或者可能具有排除、限制竞争效果的，国务院反垄断执法机构应当实质审查，作出禁止经营者集中的决定；国务院反垄断执法机构对不予禁止的经营者集中，可以决定附加减少集中对竞争产生不利影响的限制性条件。

经营者集中对市场竞争的影响，往往是长远的、潜在的，对经营者集中实施控制时需要考虑的因素很多。反垄断法需要根据本国经济的发展阶段、发展情况，本国企业的实际情况、行业特殊性，市场竞争情况等因素，决定如何对经营者集中实施控制以及控制到什么程度。在大数据技术创新、社会应用以及产业发展高歌猛进的同时，合并与收购所带来的限制竞争问题也浮出水面。大数据企业毫无例外地也要遵守《反垄断法》对经营者集中规定的要求，只是针对大数据行业的特殊性，对经营者集中实质审查标准和宽严程度有特殊之处。当下，从市场结构角度来看，大数据行业的垄断结构已经显现。大企业纷纷开展平台化、多元化经营，主导与推动着企业的集中与收购。与之相对，小企业在初创阶段不得不接受大企业的持股，在获得消费者的青睐并占据一定市场份额之后，则难逃被完全收购的命运。经营者集中后，经由集中与收购成长起来的大数据寡头平台实施搭售、拒绝交易、歧视性排序等行为的频率显著上升。

实践中，各主要反垄断法域的反垄断执法机构对于大数据企业的经营者集中都进行了不同程度的实质审查。如微软收购雅虎搜索、谷歌收购 DoubleClick、Facebook 收购 WhatsApp 的经营者集中案件，执法机构都在经营者集中过程中对集中后对市场竞争的影响进行了实质审查。[①] 在对大数据企业经营者集中实质审查中，由于行业特殊性，价格理论的适用困难、企业的市场份额与市场力量难以度量，企业集中后对数据的控制对新企业的进入壁垒难以估量等原因在技术层面阻碍了反垄断法对于大数据企业经营者集中案件的实质审查。但是，由于现目前需求已存在，我国一些大企业纷纷开展平台化、多元化经营，主导与推动着企业的集中与收购，大型大数据企业经营者集中已经有许多案例出现，即使难以确定出对于各方都无异议的实质审查标准，面对现实需求也需要制定针对大数据企业经营者集中合理的实质性审查标准，直到大数据企业经营者集中。数据是大数据企业竞争力的重要资源，数据标准是评价反竞争效果的重要因素，在经营者集中双重影响下建立大数据企业经营者集中实质审查的数据标准具有现实意义。[②]

(二)《反垄断法》的规制理念与实质审查标准

我国《反垄断法》对经营者集中实质审查的标准是判断其集中是否具有或者可能具有排

① 参见张素伦：《欧盟互联网行业反垄断政策及对我国的启示》，载《赤峰学院学报(汉文哲学社会科学版)》2013 年第 4 期。

② 参见蒋岩波：《网络产业的反垄断政策研究》，中国社会科学出版社 2008 年版，第 134 页。

除、限制竞争效果。这个标准还是较为严格的，因为凡是经营者实施经营者集中的行为，在市场上都会产生反竞争的效果。如果达到一定申报条件，就能够说明经营者已经初具规模，在相关市场竞争中形成影响。虽然对竞争的损害尚未达到严重的程度，但如果经营者不能够证明该集中对竞争产生的有利影响明显大于不利影响，或者符合社会公共利益的，经营者集中行为就无法通过执法机构的实质审查。《反垄断法》第 27 条对经营者集中的实质审查具体规定了包括兜底条款在内的六个方面的考虑因素，分别是：参与集中的经营者在相关市场的市场份额及其对市场的控制力；相关市场的市场集中度；经营者集中对市场进入、技术进步的影响；经营者集中对消费者和其他有关经营者的影响；经营者集中对国民经济发展的影响；国务院反垄断执法机构认为应当考虑的影响市场竞争的其他因素。在实质审查中，考虑这些因素是复杂的，其中既有较为清晰的量化标准例如市场份额与集中度又有较为模糊的政策标准如社会公益、经济效益。考虑大数据新经济领域的特点，较为清晰的量化标准在大数据企业经营者集中的实质审查中也较为模糊。

在进行经营者集中的反垄断实质审查中，市场份额和市场集中度往往是首先考虑的因素。市场份额，市场集中度与市场支配地位、竞争的状况有着密切的联系。市场份额越大，市场集中度越高，产生或者加强市场支配地位的可能性就越大，具有排除或者限制竞争效果的可能性也会越大。与市场份额相比，市场集中度更加全面、精确的分析了相关市场的结构，可以更加科学、合理地评价经营者集中对相关市场竞争的影响。这些列举的考量因素与其他国家实质审查的考量因素类似，不过，更多的问题是在实质审查具体过程中的把握。反垄断执法机构对经营者集中的实质审查是一个权衡利弊的结果，这一权衡的过程也许是政策考量的结果，其具有灵活性与不确定性，与当下国家层面经济整体发展有关，与产业政策也有关联，并且往往具有技术性特点。这些也体现了反垄断法适用中的特点。在大数据领域这种不确定性和技术性体现得更加明显，我国反垄断执法机构长期以来秉持了一种谦抑执法理念，依赖行业监管代替反垄断执法。

(三)大数据企业经营者集中实质审查中的数据标准构建

反垄断规制与市场经济相生相伴，市场的不确定性既包括市场情势的瞬息万变，也包括垄断行为的千变万化。市场的不确定性决定了反垄断法规制的不确定性，经营者集中反垄断规制的理念与审查框架也跟随着市场的变动而不断调试。大数据行业的垄断与竞争具有区别于传统行业的特殊性，辨明大数据行业经营者集中区别于传统行业经营者集中的特质，是经营者集中反垄断规制适用于大数据行业的基础与前提。大数据行业经营者集中的特质对经营者集中的规制理念与实质审查框架提出了挑战，在确定大数据行业经营者集中的规制理念与实质审查框架的基础上，数据标准是评价反竞争效果一个重要因素，可以构建以数据为标准的审查标准。

1. 建立实质审查数据标准的必要性

传统的经营者集中反垄断规制发端于工业经济时代，遵循是的是静态的、结构主义的、价格主导的规制理念。而在数字经济、信息经济时代，依托信息平台与技术创新的大数据行业面临着动态的、行为主义的、创新主导的反垄断规制理念革新。

大数据企业市场份额与市场控制力认定。大数据产业经营者集中审查制度的重中之重在于确定相关市场上大数据产品或服务的市场份额与市场控制力。实践中常用的界定相关市场的方法包括需求替代分析法、供给替代分析法和假定垄断者测试的 SSNIP 方法或者 SSNDQ 改进 SSNIP 测试法等，这些方法均是以传统行业市场的特征为基础的。大数据行业具有特殊性，在相关市场界定方面，需考虑更多的因素。① 首先，在相关商品市场方面，有些大数据企业的产品与服务与实体市场的类似商品服务在需求层面上具有可替代性，这点往往在相关商品市场认定中被忽视；其次，一些大数据企业依托其技术特性创造的商品或者服务，具有不可替代性，例如利用大数据构造的大数据企业就短时间难以被对手模仿，供给方面不具有替代性；再次，在相关地域市场的界定中，因为企业的商品服务依托大数据构建，大数据具有全球互通性，因此在界定相关地域市场中，总是将依托大数据发展的企业的地域市场界定为全球，这实际上是不准确的，相关地域市场的界定应根据商品或服务的相关竞争区域、消费者或用户的文化习惯、政治环境等因素综合确定；最后，在相关市场界定中，价格模式难以发挥作用。SNNIP 方法中价格被假设为界定相关市场的关键性因素。但这一假设在大多数情况下不适用于大数据产业，因为决定大数据企业对用户的服务是通过免费商业模式提供，大数据企业的兴衰不取决于价格，而是技术、模式等其他因素，例如上文所说的占有的可供使用的数据。②

市场集中度是量化企业对市场的控制力的重要指标。其中卖方集中度反映了某产业市场上规模结构及生产集中状况，具有较大参考价值。一般而言，如果某几个经营者集中后市场集中度显著增高，意味着其对市场竞争结构的破坏越大，则垄断越严重。在大数据企业中，数据的集中度应该作为市场集中度考虑的指标之一。

大数据企业特殊盈利模式颠覆了营业额计算的传统路径依赖。传统经营者集中实质审查标准在判断市场份额，选择的是营业额指标，免费行为不计算到企业的营业额当中，自然也就不受到反垄断的规制。从我国一些数据企业的发展来看，如滴滴打车、饿了么等企业，他们的兴起时的战略目标并不是即刻的盈利，而是抢占市场份额，在具有连锁效应和用户锁定效应特征的大数据企业之下，为了能够获得市场先机，低价格或者免费行为的经

---

① 参见李俪：《互联网产业经营者集中审查制度探析——以滴滴和优步合并案为例》，载《山东青年政治学院学报》2017 年第 6 期。

② 参见丁春燕：《论我国反垄断法适用中关于"相关市场"确定方法的完善——兼论 SSNIP 方法界定网络相关市场的局限性》，载《政治与法律》2015 年第 3 期。

营策略对于大数据企业来说往往是其进入市场时的战略选择。虽然企业打着低价免费的旗帜，但是企业在行业发展初期就占据了巨大的市场份额，并且企业可以通过其他途径来弥补损失，例如广告收益，这已然成为一种商业模式。这使得传统经营者集中实质审查标准以营业额为确认市场份额的基准指标不能够合理地适用于大数据企业的审查，建立数据标准也可以解决这一问题。①

大数据企业以数据为核心，以大数据为平台，具有与传统企业不同的特征，综合以上特点，大数据企业经营者集中在实质审查过程中对于相关市场的认定和对市场集中度的评判除了考虑传统因素外还要结合自身特点，考虑数据对大数据公司经营者集中的影响，以及集中后对数据的掌控会对行业市场竞争的影响。

2. 实质审查数据标准建立的困境

大数据企业的用户锁定效应增加了构建数据为标准的实质审查标准的难度。大数据企业的用户锁定效应是指用户在选择大数据产品或者服务之时，由于受到技术标准、兼容性等因素的影响而形成退出障碍，从而对原大数据企业产生较强的依赖性。传统行业中用户在对商品和服务的选择中自由度较高，在大数据时代，选择依托大数据建立的商品服务自由度下降，大数据企业能够通过某些技术来实现对用户的限制，当用户选择某企业的产品或服务之后，由于不同企业的产品所采用的技术标准不同，造成产品之间难以互通，受限用户的自由选择。即使用户存在自由选择产品或服务的可能，但是由于不同大数据企业采用不同的技术标准，导致用户退出成本较高，也不得不放弃退出。在用户锁定效应之下，用户对该产品或者服务形成依赖，继而形成相应的传导效应，从而吸引更多的用户选择该产品和服务。大数据企业的经营者集中将会因此循环过程，带来指数倍增长的数据掌控量，并通过对数据的锁定实现用户的锁定，占据越来越大的市场份额。这种对数据的掌控和拥有数据后带来的市场进入壁垒是难以量化的，不像传统企业有营业额这种数据可以作为具体的可获得的量化指标，进而用户锁定使大数据企业数据实质审查标准的建立也存在量化困难。

3. 建立评价性质的实质审查数据标准

在经营者集中各国在立法中对合并申报的数量上的要求已十分具体，但是执法机构对申报主体作出的是否限制竞争的实质审查所依据的标准并未常态化、公开化，仍停留在极具主观色彩的定性的层面，未辅以必要的定量手段。大数据企业经营者集中的审查由于技术限制，更是具有主观色彩。针对大数据企业经营者集中，在市场力量的认定方面，要改

---

① 参见邹开亮、刘佳明：《大数据企业合并的反垄断审查初探》，载《石家庄学院学报》2018 年第 2 期。

进市场份额计算，充分考虑集中后企业占有的数据占行业可得数据的比重。① 应从消费者的转移成本壁垒以及集中交易可能构成的技术创新壁垒等来考察经营者集中造成的对市场数据的支配力或控制力的提升。在具体竞争效果的考察上，除了对价格与服务予以关注之外，还应当考量拟议交易是否封锁了数据资源与关键技术，是否延缓了新产品进入市场的速度，通过数据垄断对新进者形成数据障碍，是否降低了产品的多样性，是否损害了消费者选择的能力与范围。

对于大数据企业经营者集中的实质审查，要综合考虑大数据企业的特征，改变不符合大数据企业经营特点的审查标准，关注数据在经营者集中实质审查中的作用。在构建大数据企业经营者集中实质审查标准时，要考虑集中后企业占有的数据资源的市场份额，以及数据资源的市场集中度，并且以占有的数据资源大小作为评价企业支配力量的指标。除此以外，要关注大数据企业集中后对数据资源的占有是否达到对后来者的进入壁垒，掌握数据资源的大小是否实质上可以掌控整个市场的定价权。由于大数据企业经营者集中会出现连锁效应和客户锁定效应，数据标准难以量化，即使这样也要充分考虑数据资源的占有对市场竞争的重大影响，进行利益衡量。②

四、数据合并型互联网平台经营者集中的抗辩事由

当下，互联网平台具有很强的竞争性，他们的竞争优势在于不断的技术创新，而不同于传统行业基于优质资产，并且在某个行业占据主导地位的平台仍然很容易受到其他用户群类似平台的攻击甚至是其他用户群不类似平台的攻击。当下技术变革又十分迅速，互联网平台垄断者的主导地位不可能像传统企业才那么可以长期延续，相比于传统行业要斥巨资打造出实体基础设施才能形成一定的进入壁垒，互联网平台企业进入壁垒要低得多，其中最严重的进入壁垒就是技术壁垒和数据壁垒。技术在不断创新，数据应是数据合并型互联网平台企业经营者集中实质审查时的关键标准。互联网平台企业进入壁垒更低意味着即使现在一个平台是某个行业的霸主，它依然时刻面临着迫在眉睫的威胁，这种威胁可能来源于另一家成功的互联网平台，还有可能来源于一家崭露头角的新公司。由于平台生态做得越来越大，尽管当下每个行业都有那种一家独大的平台，例如阿里巴巴在电子商务领域，腾讯在通讯与游戏领域以及百度在搜索领域，但是他们的生态链正在不断做大，可能随时进入到对方的领域，并且通过用户锁定效应瞬间占据较大的对方市场。这些竞争性的

---

① 参见沈熙菱：《大数据背景下垄断认定标准的量化问题——以法经济学分析为维度》，载《法制博览》2016 年第 16 期。

② 参见马洪达：《〈反垄断法〉中"经营者集中"量化标准研究》，北京交通大学 2010 年硕士毕业论文。

生态系统的出现意味着每个平台面临持续的竞争威胁。因此，数据合并型互联网平台经营者集中，对市场竞争的影响不同于传统领域，并且具有多变性。而这样的多变性和不确定性平台经营者最为敏感，因此在数据合并型互联网平台经营者集中审查中，其抗辩权的行使极为重要。

我国《反垄断法》第28条规定了允许达到申报标准并可能产生排除或限制竞争影响的经营者集中的豁免事项，一个是集中对竞争产生的有利影响明显大于不利影响。反垄断执法机构审查经营者集中，关键是审查该集中对市场竞争的影响，因此如果集中对竞争产生的有利影响明显大于不利影响，则可以得到豁免。另一个豁免事项是集中符合社会公共利益。维护社会公共利益是本法的立法目的之一。某项经营者集中虽然具有或者可能具有排除、限制竞争的效果，但符合社会公共利益，如有利于在相当大的程度上促进就业，明显推动技术进步、增强国际竞争力等，也可以得到豁免。《经营者集中审查办法》规定，参与集中的经营者的书面抗辩意见应当包括相关的事实和理由，并提供相应的证据。参与集中的经营者逾期未提交书面抗辩意见的，视为对反对意见无异议。即实施经营者集中的企业需要对抗辩事由承担举证责任，证明其集中产生的有利影响大于不利影响。被审查企业积极行使抗辩权，有利于提高反垄断执法机构的审查效率，也能充分发挥经营者的积极性。除了上述法律和行政法规对抗辩理由做了原则性规定外，之前商务部的其他细则没有对经营者集中抗辩事由作出像垄断协议豁免规定般的具体的规定，缺乏实际操作性，难以在经营者集中审查中发挥作用。可以对互联网平台企业的抗辩事由具体为效率抗辩，创新性抗辩，公共利益抗辩。

(一)抗辩事由的分类

1. 效率抗辩

效率价值是反垄断法追求的重要价值，甚至波斯纳在《反托拉斯法》一书中认为反垄断法的唯一目标应该是经济学意义上的效率。[①] 如果仅以促进市场公平竞争作为反垄断法价值评判标准不能够很好地解释为什么垄断状态和其他高度集中的市场结构也能够被反垄断立法机构和执法机构容忍以及行为主义立法的盛行，不考虑效率价值不仅背离了经济现实也背离了反垄断法的制度现实。互联网企业经营者集中最明显的积极作用就是通过资源整合提高效率。实施集中行为的经营者可以通过举证证明其可以提高效率并且效率的提高可以弥补在市场上产生的反竞争效果。例如证明，平台经营者通过将外部成本内部化而节省相关交易成本从而节省了反复多次的交易谈判成本；平台经营者通过实施经营者集中实现上下游产业的融合，节约大量成本；平台经营者通过吸收不同的管理、财务、技术或服

---

① 参见理查德·A.波斯纳：《反托拉斯法》(第二版)，孙秋宁译，中国政法大学出版社2003年版，第2页。

务，实现优势互补，同时也分散经营风险。①

2. 创新能力抗辩

互联网平台企业竞争十分激烈，免费策略或大量优惠券补贴用户和与商家使得互联网平台企业在前期进入市场阶段需要投入大量的资金才能在市场中占有一定的份额。或者可以说，这一新的消费市场就是个别企业前期巨额投入创造出来的。对于互联网平台企业来说，技术优势不仅在竞争和集中的过程中发挥着重要作用，更在市场优势地位的保持中有着举足轻重的意义，很容易被现有市场竞争者或者市场潜在竞争者利用新的技术创新超越。② 互联网技术的易模仿性已被后起公司超越、互联网竞争的跨界性潜在进入者的进入壁垒小于传统企业，使得互联网平台企业必须时刻进行技术创新。

同时，因为技术创新需要大量时间和资金的投入，而投入的同时也伴随很高的风险，可能在研发出来的同时技术就不存在先进性，可能该技术根本无法转化为实际生产，在这种考虑下并不是中小企业愿意承担技术革新的巨额成本，也没有能力去承担巨额的研发费用，更多的中小企业愿意成为"追随者"，从而节省自己的研发成本。互联网平台企业证明其合并后资本和数据的掌握程度有利于创新可以成为抗辩事由。

互联网平台企业处于时刻的动态竞争中，使得经营者集中后对市场竞争的影响需被特别考虑。如果两家互联网平台企业的经营者集中可以在实现创新上有显著贡献，应该可以作为抗辩理由提出，来证明集中产生的积极影响大于对市场竞争的消极影响。但是互联网平台必须要证明合并后的平台可以通过整合技术优势、分享数据资源，在技术创新领域发挥重要作用，可以实现显著的技术创新。这里的显著性要求，合并后对技术创新的有利影响是重大的，并且这种技术创新的有利成果可以被消费者共享。③

3. 公共利益抗辩

互联网平台企业经营者还可以以公共利益作为集中的抗辩理由。公共利益抗辩在《反垄断法》中没有做详细的解释，并且与效力抗辩和创先抗辩也有一定的重合部分。较为常见的公共利益抗辩具体可以是极大促进社会就业、增强国际竞争力，促进消费者利益等。

(二)抗辩事由的证明标准

对于提出抗辩的互联网平台企业，其证明标准应该达到，证明其效率的提高或对创新的促进或者对公共利益的维护的效果足以抵消集中行为对市场竞争的消极影响。具体来说，首先，互联网平台企业要正确其提出的抗辩理由效果是重大的。但凡是经营者集中都可能产生规模效应等提高效率的效果，集中的经营者将其作为抗辩理由需要这种积极影响是重大的，有利影响足以超过反竞争效果。其次，消费者可以最终从互联网平台经营者集中产生的积极影响中获益。在经营者集中实质审查中应该考虑消费者因经营者集中的获益情况，如经营者集中后提供的服务质量更便捷，成本降低等，因此互联网平台企业实抗辩时可以将集中对消费者的有利影响作为标准。只有可以转嫁到消费者身上的效益，才能成为经营者集中审查考虑的效益。美国的法律也有类似的要求，需要并购企业所取得的积极效益能够向消费者转移，或通过低价的方式或通过高质量方式。消费者应当在企业并购中分享到一定的收益，从购买商品或接受服务中享受或价格或质量方面的实惠。欧盟的合并指南也要求集中效益要传递到消费者身上。① 再次，产生的积极影响为互联网平台企业经营者集中所特有。实施集中的经营者要证明这一效率提高或是对科技创新的有益影响或是对社会公共利益的维护不是集中行为之外行为产生的。如果可以不通过经营者集中这种将可能产生排除或限制相关市场竞争的行为而实现这些积极效果，且能以较低的代价实现同样的目标，这时，集中所实现的积极影响就不能被证明是集中行为特有，抗辩事由也因此不能成立。最后，互联网平台企业经营者集中产生的积极影响可以被证实。经营者集中行为发生后产生的积极影响如效率提高、创新能力增强或者是促进了社会公共利益，这些影响在经营者集中申报之时往往难以评估，实施经营者集中的企业总是会夸大集中行为带来的积极影响，隐瞒企业合并后对相关市场竞争的不利影响。在实施集中的互联网平台企业抗辩之时，需要其证明这种积极的影响可以在相对合理的较短的时间内发生。虽然实践中难以对经营者集中后产生的积极影响进行准确的评估，但是其所称的积极影响在集中行为发生后出现的时间越晚，其归于经营者集中行为的可能性越小，这可以作为考量证明标准的一个方法。

---

① 参见 EC Horizontal Merger Guidelines. para. 84。

参 考 文 献

一、著作类

[1]《马克思恩格斯选集(第4卷)》,人民出版社1995年版。

[2]彭万林主编:《民法学(第二次修订版)》,中国政法大学出版社1999年版。

[3][美]爱德华·J. 科恩卡:《侵权法(第二版)》,法律出版社1999年版。

[4]王利明主编:《民法》,中国人民大学出版社2000年版。

[5]俞可平主编:《治理与善治》,社会科学文献出版社2000年版。

[6]齐爱民,万暄,张素华:《电子合同的民法原理》,武汉大学出版社2002年版。

[7][法]米歇尔·福柯:《规训与惩罚》,刘北成、杨远婴译,三联书店2003年版。

[8]薛虹:《知识产权与电子商务法》,法律出版社2003年版。

[9]张楚主编:《网络法学》,高等教育出版社2003年版。

[10]张新宝:《隐私权的法律保护(第二版)》,群众出版社2004年版。

[11][美]斯塔夫里阿诺斯:《全球通史:1500年以后的世界》,吴象婴、梁赤民译,上海社会科学院出版社2005年版。

[12]饶传平:《网络法律制度——前沿与热点专题研究》,人民法院出版社2005年版。

[13]苏丽琴主编:《电子商务法》,电子工业出版社2006年版。

[14]漆多俊:《经济法基础理论(第四版)》,法律出版社2008年版。

[15]李昌麒主编:《经济法》,中国人民大学出版社2011年版。

[16]吴伟光:《网络与电子商务法》,清华大学出版社2012年版。

[17]梁慧星:《民法总论(第五版)》,法律出版社2017年版。

[18]陈甦主编:《民法总则评注(下册)》,法律出版社2017年版。

[19]于志刚主编:《网络法学》,中国政法大学出版社2019年版。

[20]《柏拉图全集》第一卷,人民出版社2002年版。

[21]邓春梅:《消极自由与积极自由——柏林法价值理论及其发展研究》,湘潭大学出版社2014年版。

[22]冯军：《刑事责任论》，法律出版社 1996 年版。

[23]高铭暄，马克昌：《刑法学》，北京大学出版社、高等教育出版社 2000 年版。

[24]郝艳兵：《风险刑法——以危险犯为中心展开》，中国政法大学出版社 2012 年版。

[25]何荣功：《自由秩序与自由刑法理论》，北京大学出版社 2013 年版。

[26]康德：《纯粹理性批判》，商务印书馆 1960 年版。

[27]梁根林：《刑事法网：扩张与限缩》，法律出版社 2005 年版。

[28]伦一：《互联网业务准入和监管政策》，载腾讯研究院等：《网络空间法治化的全球视野与中国实践》，法律出版社 2016 年版。

[29]马克昌：《犯罪通论》，武汉大学出版社 1999 年版。

[30]皮勇：《网络犯罪比较研究》，中国人民公安大学出版社 2005 年版。

[31]吴玉军：《非确定性与现代人的生存》，人民出版社 2011 年版。

[32]亚里士多德：《形而上学》，商务印书馆 1959 年版。

[33]杨兴培：《反思与批评——中国刑法的理论与实践》，北京大学出版社 2013 年版。

[34]于志刚、郭志龙：《网络刑法的逻辑与经验》，中国法制出版社 2015 年版。

[35]张平等主编：《互联网法律法规汇编》，北京大学出版社 2012 年版。

[36][爱尔兰]J. M. 凯利：《西方法律思想简史》，王笑红译，法律出版社 2002 年版。

[37][澳]亚当·苏通、阿德里恩·切尼、罗伯·怀特：《犯罪预防——原理、观点与实践》，赵赤译，中国政法大学出版社 2012 年版。

[38][波]齐格蒙特·鲍曼：《被围困的社会》，郇建立译，江苏人民出版社 2005 年版。

[39][德]黑格尔：《精神现象学》(上卷)，贺贺麟、王玖兴译，商务印书馆 1979 年版。

[40][德]乌尔里希·贝克：《风险社会》，何博闻译，译林出版社 2004 年版。

[41][德]乌尔里希·贝克：《世界风险社会》，吴英姿、孙淑敏译，南京大学出版社 2004 年版。

[42][德]耶林语，转引自[美]E. 博登海默：《法理学：法律哲学与法律方法》，邓正来译，中国政法大学出版社 2004 年版。

[43][美]E. 博登海默：《法理学：法律哲学与法律方法》，邓正来译，中国政法大学出版社 2004 年版。

[44][美]道格拉斯·胡萨克：《过罪化及刑法的限制》，姜敏译，中国法制出版社 2015 年版。

[45][美]曼纽尔·卡斯特尔：《网络社会的崛起》，社会科学文献出版社 2001 年版。

[46][美]诺阿姆·乔姆斯基、[法]米歇尔·福柯：《乔姆斯基、福柯辩论录》，刘玉红译，漓江出版社 2012 年版。

[47] [美] 詹姆斯·克里斯：《社会控制》，纳雪沙译，电子工业出版社 2012 年版。

[48] [挪威] 尼尔·克里斯蒂：《犯罪控制工业化》，胡菀如译，北京大学出版社 2014 年版。

[49] [挪威] 托尔·布约格：《恐怖主义犯罪预防》，夏菲、李休休译，中国人民公安大学出版社 2016 年版。

[50] [日] 高桥则夫：《规范论和刑法解释论》，戴波、李阳译，中国人民大学出版社 2011 年版。

[51] [日] 松宫孝明：《刑法总论讲义》（第 4 版补正版），钱叶六译，中国人民大学出版社 2013 年版。

[52] [日] 陶山二郎：《謙抑主義に関する一考察》，载森尾亮、森川恭刚、冈田行雄主编：《人間回復の刑事法学》，日本评论出版社 2010 年版。

[53] [以色列] 艾利·里德曼等编著：《法律 信息 信息技术》（英文影印版），中信出版社 2003 年版。

[54] [英] 安德鲁·查德威克：《互联网政治学：国家、公民与新传播技术》，任孟山译，华夏出版社 2010 年版。

[55] [英] 安东尼·吉登斯：《超越左与右——激进政治的未来》，李惠斌、杨雪冬译，社会科学文献出版社 2009 年版。

[56] [英] 安东尼·吉登斯：《社会学（第 6 版，英文影印版）》，北京大学出版社 2010 年版。

[57] [英] 弗里德里希·奥古斯特·冯·哈耶克：《自由宪章》，杨玉生等译，中国社会科学出版社 2012 年版。

[58] [英] 戈登·休斯：《解读犯罪预防——社会控制、风险与后现代》，刘晓梅、刘志松译，中国人民公安大学出版社 2009 年版。

[59] [英] 海泽尔·肯绍尔：《解读刑事司法中的风险》，李明琪等译，中国人民公安大学出版社 2009 年版。

[60] [英] 卡尔·波普尔：《开放社会及其敌人》（第一卷），陆衡等译，中国社会科学出版社 2016 年版。

[61] [英] 马丁·因尼斯：《解读社会控制——越轨行为，犯罪与社会秩序》，陈天本译，中国人民公安大学出版社 2009 年版。

[62] [英] 齐格蒙特·鲍曼：《流动的现代性》，上海三联书店 2002 年版。

[63] [英] 斯科特·拉什：《自反性及其化身：结构、美学、社群》，载 [德] 乌尔里希·贝克，[英] 安东尼·吉登斯，斯科特·拉什主编：《自反性现代化——现代社会秩序中

的政治、传统与美学》，赵文书译，商务印书馆 2014 年版。

[64][英]以赛亚·柏林：《自由论》，胡传胜译，译林出版社 2003 年版。

二、论文类

[1]汤啸天：《网络空间的个人数据与隐私保护》，载《政法论坛》2000 年第 1 期。

[2]陈弘毅：《从福柯的〈规训与惩罚〉看后现代思潮》，载《环球法律评论》2001 年秋季号。

[3]杨立新、王中合：《论网络虚拟财产的物权属性及其基本规则》，载《国家检察官学院学报》2004 年第 6 期。

[4]熊光清：《推进中国网络社会治理能力建设》，载《社会治理》2015 年第 2 期。

[5]尹田：《人格权独立成编的再批评》，载《比较法研究》2015 年第 1 期。

[6]梅夏英，杨晓娜：《自媒体平台网络权力的形成及规范路径——基于对网络言论自由影响的分析》，载《河北法学》2017 年第 1 期。

[7]皮勇：《论网络服务提供者的管理义务及刑事责任》，载《法商研究》2017 年第 5 期。

[8]孙晋：《谦抑理念下互联网服务行业经营者集中救济调适》，载《中国法学》2018 年第 6 期。

[9]马长山：《智能互联网时代的法律变革》，载《法学研究》2018 年第 4 期。

[10]孙山：《网络虚拟财产权单独立法保护的可行性初探》，载《河北法学》2019 年第 8 期。

[11]马俊驹：《中国民法的现代化与中西法律文化的整合》，载《中国法学》2020 年第 1 期。

[12]刘权：《网络平台的公共性及其实现——以电商平台的法律规制为视角》，载《法学研究》2020 年第 2 期。

[13]王利明：《民法典人格权编的亮点与创新》，载《中国法学》2020 年第 4 期。

[14]邢会强：《人脸识别的法律规制》，载《比较法研究》2020 年第 5 期。

[15]李占国：《网络社会司法治理的实践探索与前景展望》，载《中国法学》2020 年第 6 期。

[16]王锡锌：《个人信息国家保护义务及展开》，载《中国法学》2021 年第 1 期。

[17]王迁：《著作权法中传播权的体系》，载《法学研究》2021 年第 2 期。

[18]孙晋：《公平竞争原则与政府规制变革》，载《中国法学》2021 年第 3 期。

[19][德]汉斯·约格·阿尔布莱希特：《安全、犯罪预防与刑法》，赵书鸿译，载《人民检察》2014 年第 16 期。

[20]丁慧敏《刑法目的观转变简史——以德国、日本刑法的祛伦理化为视角》，载《环球法律评论》2011 年第 2 期。

[21]高仕银：《美国政府规制计算机网络犯罪的立法进程及其特点》，载《美国研究》2017 年第 1 期。

［22］古承宗：《风险社会与现代刑法的象征性》，载台湾《科技法学评论》2013 年第 1 期。

［23］古丽阿扎提·吐尔逊：《英国网络犯罪研究》，载《中国刑事法杂志》2009 年第 7 期。

［24］简爱：《一个标签理论的现实化进路：刑法谦抑性的司法适用》，载《法制与社会发展》2017 年第 3 期。

［25］焦旭鹏：《自反性现代化的刑法意义——风险刑法研究的宏观知识路径探索》，载《政治与法律》2014 年第 4 期。

［26］靳高风、朱双洋、林晞楠：《中国犯罪形势分析与预测（2017—2018）》，载《中国人民公安大学学报（社会科学版）》2018 年第 2 期。

［27］劳东燕：《风险社会与变动中的刑法理论》，载《中外法学》2014 年第 1 期。

［28］劳东燕：《风险社会与功能主义的刑法立法观》，载《法学评论》2017 年第 6 期。

［29］黎宏：《刑法的机能和我国刑法的任务》，载《现代法学》2003 年第 4 期。

［30］李晓龙：《刑事归责的概念与构造》，载《江汉论坛》2014 年第 4 期。

［31］梁根林：《传统犯罪的网络化：归责障碍、刑法应对与教义限缩》，载《法学》2017 年第 2 期。

［32］梁根林：《责任主义原则及其例外——立足于客观处罚条件的考察》，载《清华法学》2009 年第 2 期。

［33］刘广三、杨厚瑞：《计算机网络与犯罪》，载《山东公安专科学校学报》2000 年第 2 期。

［34］刘文杰：《网络服务提供者的安全保障义务》，载《中外法学》2012 年第 2 期。

［35］刘艳红：《"风险刑法"理论不能动摇刑法谦抑主义》，载《法商研究》2011 年第 4 期。

［36］刘艳红：《入出罪走向出罪：刑法犯罪概念的功能转换》，载《政法论坛》2017 年第 5 期。

［37］皮勇：《论欧洲刑事法一体化背景下的德国网络犯罪立法》，载《中外法学》2011 年第 5 期。

［38］舒洪水、张晶：《法益在现代刑法中的困境与发展——以德日刑法的立法动态为视角》，载《政治与法律》2009 年第 7 期。

［39］孙道萃：《网络刑法知识转型与立法回应》，载《现代法学》2017 年第 1 期。

［40］孙万怀：《风险刑法的现实风险与控制》，载《法律科学》2013 年第 6 期。

［41］田宏杰：《行政犯的法律属性及其责任》，载《法学家》2013 年第 3 期。

［42］王世洲：《刑法的辅助原则与谦抑原则的概念》，载《河北法学》2008 年第 10 期。

［43］王肃之：《大数据环境下法人信息权的法律保护——以脱敏数据权利为切入点》，载《当代经济管理》2018 年第 8 期。

［44］薛晓源、刘国良：《法治时代的危险风险与和谐—— 德国著名法学家、波恩大学法学

院院长乌·金德霍伊教授访谈论》，载《马克思主义与现实》2005 年第 3 期。

[45]杨立新：《网络平台提供者的附条件不真正连带责任与部分连带责任》，载《法律科学》2015 年第 1 期。

[46]杨志琼《非法获取计算机信息系统数据罪"口袋化"的实证分析及其处理路径》，载《法学评论》2018 年第 6 期。

[47]于志刚、李源粒：《大数据时代数据犯罪的制裁思路》，载《中国社会科学》2014 年第 10 期。

[48]于志刚：《"双层社会"中传统刑法的适用空间——以"两高"〈网络诽谤解释〉发布为背景》，载《法学》2013 年第 10 期。

[49]于志刚：《网络犯罪的发展轨迹与刑法分则的转型路径》，载《法商研究》2014 年第 4 期。

[50]于志刚：《网络犯罪与中国刑法应对》，载《中国社会科学》2010 年第 3 期。

[51]于志刚：《网络思维的演变与网络犯罪的制裁思路》，载《中外法学》2014 年第 4 期。

[52]张康之、向玉琼：《网络空间中的政策问题建构》，载《中国社会科学》2015 年第 2 期。

[53]郑旭江、杨兴培：《论犯罪学与刑法学的相互关系与互补共进》，载《青少年犯罪问题》2014 年第 3 期。

[54]周光权：《积极刑法立法观在中国的确立》，载《法学研究》2016 年第 4 期。

三、外文文献

[1]Frank H. Easterbrook, Cyberspace and the Law of the Horse, U. Chi. Legal F, 1996.

[2]Shayne Bowman, Chris Wills, "We Media, How Audiences are Shaping the Future of News and Information", The American Press Institute Thinking Paper 7, 2003.

[3]Daniel J Solove, Understanding Privacy, Harvard University Press, 2008.

[4]Andréa Belliger, David J. Krieger, Network Publicy Governance: On Privacy and the Informational Self, Verlag Biefeld, 2018, pp. 38, 41.

[5]Andrej Savin, EU Internet Law, Eldward Elgar Publishing, 2013, pp. 4-7, 107.

[6]Andrew Ashworth, Lucia Zedner, *Preventive Justice*, Oxford University Press, 2015, pp. 7, 61.

[7]Anne Cheung, Rudolf H. Weber, "Internet Governance and The Responsibility of Internet Service Providers", Wisconsin International Law Journal, Vol. 26, No. 2, pp. 406-408.

[8]Barlow, J. P., "A Declaration of Independence of Cyberspace", Fitzgerald, B. (ed.), Cyberlaw I&I(Ashgate, Dartmouth 2006), Vol. I, p. 129.

［9］Bernd-Dieter Meier, *Kriminologie*, Verlag C. H. Beck 2003, S. 2.

［10］Bernd-Dieter Meier, *Strafrechtliche Sanktionen*, Springer, 2001, S. 17 f.

［11］Bundeskriminalamt, Cybercrime: Bundeslagebild 2017, S. 2, 7.

［12］Center for Strategic and International Studies in Mcafee, Net Losses: Estimating the Global Cost of Cybercrime 2014, p. 22.

［13］Christoph Demont-Heinrich, "Central Points of Control and Surveillance on a 'Decentralized' Net", INFO, Iss. 4, 2002, pp. 32, 33.

［14］Claus Roxin: *Strafrecht Allgemeiner Teil (Band I)*, *Grundlagen. Der Aufbau der Verbrechenslehre*), 4. Auflage, Verlag C. H Beck, 2006, S. 16, Rn7, S. 45, Rn 98.

［15］Cornelius Prittwitz, "Das Strafrecht: Ultima ratio, propria ratio oder schlicht strafrechliche Prohibition?" *ZStW* 2017(2), S. 390-400.

［16］Cornelius Prittwitz, *Strafrecht und Risiko*, Vittorio Klostermann, 1993, S. 33, 384.

［17］David Garland, *The Culture of Control: Crime and Social Order in Contemporary Society*, Oxford University Press, 2011, pp. 55-59.

［18］Dennis J. Baker, *The Right Not to be Criminalized*, Routledge, 2011, p. 215.

［19］Douglas Husak, *Overcriminalization: The Limits of the Criminal Law*, Oxford University Press, 2009, pp. 55, 120.

［20］Edited by Mark F. Grady, Francisco Parisi, *The Law And Economics Of Cybersecurity*, Cambridge University Press, 2005, p. 222.

［21］Elizabeth A. Glynn, "Computer Abuse: The Merging Crime and the Need for Legislation", *Fordham Urban Law Journal*, Vol. XII, 1984, pp. 77-78.

［22］EU General Data Protection Regulation, ABI. Nr. L119/1, 2016.

［23］Franz Streng, *Strafrechtliche Sanktionen: Die Strafzemessung und ihre Grundlagen*, 3. Aufl., Verlag W. Kohlhammer 2012, S. 21

［24］Großmann, *Liberales Strafrecht in der komplexen Gesellschaft*, Dike Verlag Zürich, 2017, S. 59ff.

［25］Günter Ellscheid/Winfried Hassemer, "Strafe ohne Vorwurf. Bemerkungen zum Grund strafrechtlicher Haftung", in: *Civitas. Jahrbuch für Sozialwissenschaften*, Bd. 9, Pesch-Haus, 1970, S. 45.

［26］Hans-Dieter Schwind, Kriminologie und Kriminalpolitik: Eine praxisorientierte Einführung mit Beispielen, C. F. Müller, 2016, S. 6, 8.

［27］Hans-Dieter Schwind, Kriminologie und Kriminalpolitik: Eine praxisorientierte Einführung mit Beispielen, C. F. Müller, 2016, S. 6.

［28］Hans-Dieter Schwind, *Kriminologie und Kriminalpolitik：Eine praxisorientierte Einführung mit Beispielen*, 23 Aufl., C. F. Müller 2016, S. 22.

［29］Hellmuth Mayer, "Kant, Hegel und das Strafrecht", in：Bockelmann/Kaufmann/Klug (Hrsg.), *Festschrift für Engisch*, Vittorio Klostermann, 1969, S. 54 (79).

［30］Henrique Carvalho, *The Preventive Turn in Criminal Law*, Oxford University Press, 2017, Preface, pp. 2, 4-5, 38, 132, 250.

［31］Herbert L. Packer, *The Limits of the Criminal Sanction*, Stanford University Press, 2008, p. 250.

［32］Herbet Landau, "Die jüngere Rechtsprechung des Bundesverfassungsgerichts zu Strafrecht und Strafverfahrensrecht", *NStZ* 2015, S. 665, 668.

［33］https：//www. itgovernance. co. uk/blog/2016-cyber-security-breaches-cost-uk-businesses-almost-30-billion/, 访问时间 2019 年 7 月 8 日。

［34］Internet Crime Complaint Center, 2018 Internet Crime Report, p. 19.

［35］J. Elster, *Nuts and Bolts for the Social Sciences*, Cambridge University Press, 1998.

［36］Jahn/Ziemann, "Die Fraukfurter Schule des Strafrechts：Versuch einer Zwischenbilanz", JZ 2014, S. 943, 946.

［37］Jörg-Martin Jehle, Hans-Jörg Albrecht, *Legalbewährung nach strafrechtlichen Sanktionen*, in：Forum Kriminalprävention 2014, S. 11.

［38］Kaiser, *Kriminologie* (Lb.), 207 ff; Stratenwerth/Kuhlen *AT/*I § 1/1 ff.

［39］Katharina Dimmroth, Wolf J. Schünemann, "The Ambiguous Relation Between Privacy and Security in German Cyber Politics", in：(Edited.) Wolf J. Schünemann, Max-Otto Baumann, *Privacy, Data Protection and Cybersecurity in Europe*, Springer International Publisher, 2017, p. 101.

［40］Klaus Ferdinand Gärditz, "Demokratizität des Strafrechts und Ultima Ratio Grundsatz", *JZ* 2016, S. 641, 644

［41］Klaus Lüderssen, Cornelius Nestler-Tremel, Ewa Weigend(Hrsg.), *Modernes Strafrecht und ultima-ratio-Prinzip*, Verlag Peter Lang, 1990, S. 11.

［42］Marika Samarati："Cyber crime cost UK businesses £ 29 billion in 2016".

［43］Matthias Jahnund, Dominik Brodowski, "Das Ultima Ratio-Prinzip als strafverfassungsrechtliche Vorgabe zur Frage der Entbehrlichkeit von Straftatbeständen", *ZStW* 2017(2), S. 368.

［44］Max von Schönfeld, Screen Scraping und Informationsfreiheit, Nomos, 2018, S. 27.

［45］NCA，Cybercrime Assessment 2016，p. 5.

［46］Office for National Statistics，Crime in England and Wales：year ending June 2017，pp. 18-19.

［47］Peter-Alexis Albrecht，*Kriminologie：Eine Grundlegung zum Strafrecht*，C. H. Beck，2005，S. 59，61，63.

［48］R. A Duff，Pre-Trial "Detention and the Presumption of Innocence"，in Andrew Ashworth，Lucia Zedner and P Tomlin（eds. ），*Prevention and the Limits of the Criminal Law*，Oxford University Press，2013，pp. 115-132；119-120.

［49］Sarah Summers，Crhistian Schwarzenegger，Gian Ege，Finlay Young，*The Emergency of EU Criminal Law*，Hart Publishing，2014，pp. 114-116.

［50］Thomas Fischer，*Strafgesetzbuch mit Nebengesetzen*，61. Aufl.，2014，Vorbemerkung zu § 303a，Rn. 2.

［51］Tobias Singelnstein，"Logik der Prävention-Eine kriminologische Perspektive auf das Strafrecht und andere Formen sozialer Kontrolle"，in：Brunhöber（Hrsg. ），*Strafrecht im Präventionsstaat*. Franz Steiner Verlag，2014，S. 41（45 f. ）.

［52］UNODC，Comprehensive Study on Cybercrime 2013，Exclusive Summary，p. 1.

［53］Volker Bützler，*Staatsschutz mittels Vorfeldkriminalisierung：Eine Studie zum Hochverrat，Terrorismus und den schweren staatsgefährdenden Gewalttaten*，Nomos，2017，S. 19.

［54］Winfried Hassemer/Ulfrid Neumann，im Kindhäuser/Neumann/Päffgen，*Strafgesetzbuch*，4. Aufl.，2013，Vorbemerkung zu §1 ff.，Rn. 154.

［55］Wolfang Frisch，"Voraussetzungen und Grenzen staatlichen Strafens"，*NStZ* 2016，S. 16，24.